STUDIEN ZUM ISLAM IN INTERKULTURELLEN WECHSELBEZIEHUNGEN

Schriftenreihe der Islamischen Wissenschaftlichen Akademie
zur Erforschung der Wechselbeziehung
zur abendländischen Geistesgeschichte und Kultur

Herausgegeben von
Prof. Dr. Abdoldjavad Falaturi
Direktor der Islamischen Wissenschaftlichen Akademie
in Köln

Islam: Raum — Geschichte — Religion

Band 1

Der Islamische Orient
Grundlagen zur Länderkunde eines Kulturraumes

Eckart Ehlers · Abdoldjavad Falaturi · Günther Schweizer · Georg Stöber · Gerd Winkelhane

Der Islamische Orient

Grundlagen zur Länderkunde eines Kulturraumes

Köln, Juni 1990

IMPRESSUM

Köln 1990

ISBN 3-89 108-003-4

Islamische Wissenschaftliche Akademie
zur Erforschung der Wechselbeziehung
zur abendländischen Geistesgeschichte und Kultur
Köln

Gesamtredaktion: Georg Stöber

Umschlagentwurf: Ingrid Mischau
Satz: Islamische Wissenschaftliche Akademie, Köln
Druck: poppdruck, Langenhagen
Vertrieb: Verlag Moritz Diesterweg GmbH & Co.

INHALTSVERZEICHNIS

Verzeichnis der Abbildungen VIII
Verzeichnis der Übersichten IX
Verzeichnis der Tabellen X
Vorwort XI
Danksagung XII
Anmerkungen zur Transkription XII
Autoren XIV

1. *Einleitung: Der Islamische Orient im Lichte der Geographie* (E. Ehlers) 1
1.1 Geographische Länderkunde und das Konzept der Kulturerdteile 2
1.2 Der Islamische Orient — ein Kulturraum 5
1.3 Nahost — Mittelost — Vorderer Orient — oder: Wer ist was? 10
1.4 Orientalismus 15
Anmerkungen zu Kapitel 1 18

2. *Der Islam und seine geographische Bedeutung* (G. Stöber) 20
Anmerkungen zu Kapitel 2 21
2.1 Die räumliche Präsenz des Islam: Entstehung und Ausbreitung einer Religion (G. Winkelhane) 22
2.1.1 Muḥammad als Gesandter Gottes (A. Falaturi) 22
2.1.2 Die Ausbreitung des Islam und die Verbreitung der Muslime in der Gegenwart (G. Winkelhane) 40
2.1.3 Exkurs: Die Muslime im heutigen Europa (A. Falaturi) 61
Anmerkungen zu Kapitel 2.1 66
2.2 Der Islam und die Gemeinschaft der Muslime (A. Falaturi) 70
2.2.1 Der Koran 70
2.2.2 Gott und Mensch im Islam 72
2.2.3 Die Ordnung der Gemeinschaft *(umma)* 83
2.2.4 Politische Aspekte der Gemeinschaftsordnung 94
2.2.5 Exkurs: Die Stellung der Frau aus islamischer Sicht 101
Anmerkungen zu Kapitel 2.2 109

3. *Der Naturraum* (E. Ehlers) 114
3.1 Der Islamische Orient: Naturraum im Überblick 115
3.1.1 Der Kettengebirgsgürtel des Islamischen Orients und sein Naturraumpotential 115
3.1.2 Die Schollen- und Plateaulandschaften des Islamischen Orients und ihr Naturraumpotential 123

3.1.3 Die Stromtiefländer des Islamischen Orients 126

3.2 Zusammenfassung: Klima und Vegetation als entscheidende Geofaktoren menschlicher Inwertsetzung 130

4. *Der Kulturraum* 133

4.1 Bauer, Nomade und Stadt im Islamischen Orient (G. Schweizer) 133

Anmerkungen zu Kapitel 4.1 136

4.2 Landwirtschaft und ländlicher Raum (E. Ehlers) 138

4.2.1 Landwirtschaftliche Nutzflächen — Grundzüge ihrer Verbreitung 138

4.2.2 Die naturgeographischen Grundlagen der Landwirtschaft 142

4.2.3 Die traditionelle Agrarsozialstruktur und ihre Wurzeln 147

4.2.4 Landreformen und agrarsoziale Wandlungen 159

Anmerkungen zu Kapitel 4.2 164

4.3 Der Nomadismus (G. Stöber) 169

4.3.1 Zur Entwicklung des Nomadismus 169

4.3.2 Formen des Nomadismus 174

4.3.3 Nomaden und Islam 186

4.3.4 Moderne Wandlungen 188

Anmerkungen zu Kapitel 4.3 192

4.4 Die Stadt (G. Schweizer) 196

4.4.1 Die Entstehung des Städtewesens 196

4.4.2 Grund- und Aufriß als formale Elemente der islamisch-orientalischen Stadt 200

4.4.3 Das funktionale Gefüge der traditionellen islamisch-orientalischen Stadt 214

4.4.4 Der Bazar — das Herz der islamisch-orientalischen Stadt 219

4.4.5 Berufe und Zünfte (G. Winkelhane) 227

4.4.6 Die „fromme Stiftung" *(waqf)* und ihre Bedeutung für die Stadtentwicklung (G. Winkelhane) 231

4.4.7 Die Stellung der Stadt und die städtische Gesellschaft im Islam (G. Winkelhane) 234

4.4.8 Stadt und Umland 242

4.4.9 Der Dualismus zwischen Tradition und Moderne im Modell 245

4.4.10 Orientalische Stadt oder islamische Stadt? 249

Anmerkungen zu Kapitel 4.4 250

5. *Erdölwirtschaft und Industrialisierung im Islamischen Orient* (G. Stöber) 252

5.1 Erdöl ... 252
5.1.1 Erdölvorkommen ... 252
5.1.2 Erdölförderung ... 257
5.1.3 Erdöleinkünfte und ihre Verwendung ... 264
Anmerkungen zu Kapitel 5.1 ... 270
5.2 Industrialisierung ... 274
5.2.1 Industrialisierung auf der Basis der Erdölwirtschaft ... 276
5.2.2 Formen und Probleme der Industrialisierung ... 280
Anmerkungen zu Kapitel 5.2 ... 291

6. *Räumliche Mobilität und Gesellschaftsstrukturen* (G. Stöber) ... 294
6.1 Internationale Arbeitskräftewanderungen ... 294
6.1.1 Die Entwicklung der Arbeitsmigration ... 295
6.1.2 Implikationen der Arbeitsmigration in den Zielländern des Islamischen Orients ... 307
6.1.3 Zur Problematik der Arbeitsmigration in den Herkunftsregionen des Islamischen Orients ... 313
Anmerkungen zu Kapitel 6.1 ... 318
6.2 Die Gesellschaften des Islamischen Orients im Wandel ... 321
6.2.1 Verstädterung und Land-Stadt-Wanderung ... 321
6.2.2 Veränderungen des Gesellschaftsaufbaus im Islamischen Orient ... 326
Anmerkungen zu Kapitel 6.2 ... 338
6.3 Ethnische und religiöse Differenzierung (E. Ehlers, G. Stöber) ... 341

7. *Der Islamische Orient als Konfliktraum* (G. Stöber) ... 348
7.1 „Ethnische und „religiöse" Konflikte ... 348
7.1.1 Zentralstaat und ethnisch-religiöse Minoritäten ... 349
7.1.2 Der Libanon-Konflikt (E. Ehlers, G. Stöber) ... 354
Anmerkungen zu Kapitel 7.1 ... 361
7.2 Soziale Krisen und die islamistische Antwort ... 362
7.2.1 „Brotaufstände" ... 362
7.2.2 „Reislamisierung" und „Fundamentalismus" — Ideologisierung des Islam ... 364
Anmerkungen zu Kapitel 7.2 ... 368

Literaturverzeichnis ... 369
Register ... 394

VERZEICHNIS DER ABBILDUNGEN

Abb. 1: Der Orient nach Schmitthenner ... 8
Abb. 2: Abgrenzungen des „Orients" und „Mittleren Ostens" ... 13
Abb. 3: Die Schnittstellenfunktion des Mittleren Ostens ... 14
Abb. 4: Der Vordere Orient um 600 n. Chr. ... 29
Abb. 5: Die Ausbreitung des Islam bis zum Ende des Umayyaden-Kalifats ... 39
Abb. 6: Zeittafel: Die politisch-dynastische Entwicklung der islamischen Länder ... 42
Abb. 7: Die Verbreitung des Islam heute ... 46
Abb. 8: Die Stationen der Wallfahrt (ḥağğ) ... 81
Abb. 9: Großstrukturen des Reliefs ... 116
Abb. 10: Bioklimate im Mittleren Osten ... 117
Abb. 11: Mittlerer jährlicher Wasserüberschuß im Mittleren Osten ... 120
Abb. 12: Landnutzung im Islamischen Orient ... 121
Abb. 13: Landnutzungsprofile durch die Türkei und Iran ... 122
Abb. 14: Saudi-Arabien — Hydrogeologische Übersicht ... 125
Abb. 15: Abfluß von Nil, Euphrat und Tigris sowie Indus — Jahresgang von Niederschlag und Temperatur am Oberlauf und im Tiefland ... 128
Abb. 16: Nomadisch-bäuerliche und nomadisch-städtische Wirtschaftsbeziehungen ... 135
Abb. 17: Landeigentum von Städtern in 170 Dörfern im Umland von Desful vor der Landreform ... 137
Abb. 18: Ernteaufteilung einer 10 ha-Weizenfläche in Südiran: Beispiel Marvdasht/Fars ... 150
Abb. 19: Talebabad: Landnutzung und Besitzverhältnisse 1340/41—1343/44 (1961/62—1964/65) ... 156
Abb. 20: Handelszüge und Weidegebiete der Ahaggar-Tuareg ... 175
Abb. 21: Weidewanderungen der Arba^ca ... 177
Abb. 22: Weidegebiete der Afšar Kermans ... 179
Abb. 23: Weidewanderungen der Al-Murrah Beduinen ... 180
Abb. 24: Mobilitätsmuster nomadischer Gruppen ... 182
Abb. 25: Spuren des hellenistisch-römischen Grundrisses im heutigen Damaskus ... 198
Abb. 26: Innenhofkomplexe und funktionale Elemente in der alt-orientalischen Stadt: Wohnviertel in Ur um etwa 1800 v. Chr. ... 199
Abb. 27: Grund- und Aufriß eines südarabischen „Hochhauses" aus Sana (Arabische Republik Jemen) ... 202
Abb. 28: Grund- und Aufriß eines Innenhofhauses mit drei Windtürmen in Dubai ... 205
Abb. 29: Grundrißskizze eines traditionellen Innenhofhauses in Damaskus ... 206

Abb. 30: Grundriß eines Hauses in Herat (Afghanistan) mit zwei Innenhöfen, wovon der äußere dem Gästetrakt angehört 207
Abb. 31: Altstadt von Schiras (Iran) um 1960 210
Abb. 32: Altstadt von Meknes (Marokko) 212
Abb. 33: Antakya (Türkei) um 1930 213
Abb. 34: Idealschema der funktionalen Struktur einer islamisch-orientalischen Stadt 215
Abb. 35: Altstadt von Täbris (Iran) 217
Abb. 36: Baubestand des Bazars von Täbris (Iran) 220
Abb. 37: Der Suq von Tunis 223
Abb. 38: Verzahnung von religiösen Einrichtungen, *Waqf*-Eigentum und Handel im Bazar von Jasd (Iran) 225
Abb. 39: Modell des Bazars im System der orientalischen Stadt 226
Abb. 40: Schema der Stadt-Stadt- und der Stadt-Umland-Beziehungen in Nordost-Iran 243
Abb. 41: Schema der Hierarchie zentraler Orte in Iran 244
Abb. 42: Die dualistische Struktur der islamisch-orientalischen Stadt am Beispiel der Alt- und Neustadt von Sfax (Tunesien) (Stand: 1943) 246
Abb. 43: Modell der zweipoligen islamisch-orientalischen Stadt am Beispiel Teheran (vor der islamischen Revolution) 247
Abb. 44: Profil durch die Erdöllagerstätte von Gačsarān (Iran) 253
Abb. 45: Profil durch Lagerstätten am Persischen Golf 254
Abb. 46: Entwicklung des Rohölpreises (in US-Dollar) 1900—1988 262
Abb. 47: Entwicklung der türkischen Bevölkerung in der Bundesrepublik Deutschland 1961—1987 296
Abb. 48: Gesellschaftsaufbau und soziale Hierarchie Irans vor der Islamischen Revolution 330
Abb. 49: Ägyptische Gesellschaftsstruktur um 1950 und um 1970 333
Abb. 50: Modell der kuwaitischen Gesellschaftsstruktur 336
Abb. 51: Religionsgemeinschaften im Libanon 1840 und 1953 355

VERZEICHNIS DER ÜBERSICHTEN

1. Innere Differenzierung der Muslime 90
2. Untergliederung der Schia und Stammbaum der schiitischen Imame 96
3. Hadithe zur Landwirtschaft 149
4. Hadithe mit Auswirkungen auf die Stadtgestaltung 208
5. Erstentdeckte und weitere wichtige Ölfelder in den Ländern des Mittleren Ostens und Nordafrikas 255

VERZEICHNIS DER TABELLEN

1. Mangelnde Übereinstimmung bei der Zuordnung von Staaten zum „Mittleren Osten" ... 11
2. Anzahl der Muslime nach Kontinenten und unterschiedlichen Schätzungen ... 49
3. Anteil der Muslime in den Staaten der Erde nach unterschiedlichen Schätzungen ... 50
4. Landwirtschaftliche Flächen in den Staaten des Islamischen Orients im Jahre 1983 ... 139
5. Demographische Struktur des Nahen und Mittleren Ostens ... 141
6. Traditionelle Formen der Teilpacht im Raum Varamin (Iran) ... 151
7. Ernteaufteilung in einem boneh ... 152
8. Eigentums- bzw. Besitzverhältnisse in der ägyptischen Landwirtschaft 1952 und 1965 ... 160
9. Größe der landwirtschaftlichen Betriebe Iraks vor der Agrarreform ... 161
10. Besitz und Sozialstruktur der Landfamilien in Iran vor der Landreform ... 163
11. Förderung und Reserven von Erdöl in den Ländern des Islamischen Orients ... 263
12. Regierungseinnahmen aus der Erdölförderung (in Mrd. US-Dollar), 1956—1985 ... 265
13. Der Islamische Orient: Sozio-ökonomische Strukturdaten ... 275
14. Wertschöpfung im Verarbeitenden Gewerbe nach Wirtschaftsbereichen, 1970 und 1985 ... 288
15. Zahl der Ausländer und ausländischen Arbeitnehmer bzw. Erwerbstätigen aus der Türkei, Marokko, Algerien und Tunesien in europäischen Staaten um 1985 ... 299
16. Arabische Arbeitsmigranten im arabischen Raum im Jahre 1975 ... 301
17. Ausländische Arbeitskräfte in den arabischen Staaten nach Beschäftigungs- und Herkunftsregion in den Jahren 1975 und 1985 ... 304
18. Anteil der Ausländer an der Bevölkerung und an den Erwerbspersonen in den GCC-Staaten, Libyen und Jordanien in den Jahren 1975 und 1985 ... 308
19. Einheimische und ausländische Arbeitskräfte in Saudi-Arabien nach Wirtschaftsbereichen in den Jahren 1975 und 1985 ... 309
20. Getätigte Investitionen marokkanischer Migrantenhaushalte nach Art und Höhe ... 317
21. Erwerbstätige bzw. Erwerbspersonen nach Berufsgruppen ... 327
22. Ethnisch-sprachlich-religiöse Differenzierungen der Bevölkerung Irans ... 342
23. Religionsgemeinschaften in Staaten des Nahen Ostens ... 343
24. Verteilung der Sitze im Abgeordnetenhaus der Republik Libanon nach Konfessionen ... 359
25. Libanons Bevölkerung nach Religionsgruppen 1932 und 1980 ... 359

VORWORT

In den Jahren von 1982 bis 1988 führten zahlreiche Wissenschaftler unterschiedlicher Fachrichtung ein Projekt zur Analyse von Schulbüchern in der Bundesrepublik Deutschland zum Thema *Islam in den Fächern evangelische und katholische Religionslehre, Ethik, Geschichte und Geographie sowie der dazugehörenden Richtlinien und Lehrpläne* durch. Aus dieser Beschäftigung erwuchs der Plan, es nicht nur bei der Analyse und Kritik falscher Aussagen und mißverständlicher Formulierungen bewenden zu lassen, sondern zusammenfassende Darstellungen zu erarbeiten, die allen Interessierten, vor allem aber auch Lehrern und Studenten, eine Einführung unter den Gesichtspunkten der jeweiligen Fächer bietet, aber auch von islamwissenschaftlicher Seite haltbar sind.

Vor diesem Hintergrund wird nun der Band *Der Islamische Orient — Grundlagen zur Länderkunde eines Kulturraums* als erster Band einer auf insgesamt drei Bände angelegten Reihe vorgelegt. Die beiden folgenden Bände werden sich mit der Geschichte sowie mit der Religion des Kulturraums *Islamischer Orient* befassen.

Der vorliegende Band, in Zusammenarbeit von Islamwissenschaftlern und Geographen konzipiert und verfaßt, will keine Länderkunde in geographischem Sinne sein. Dafür stehen andere und zum Teil leicht zugängliche Titel zur Verfügung. In diesem Band — wie auch in den in Vorbereitung befindlichen — geht es vielmehr darum, Bezüge und Zusammenhänge zwischen einer durch die Religion geprägten Kultur einerseits, der Geschichte, den Wirtschafts- und Sozialstrukturen dieses Raumes andererseits zu erfassen und darzustellen. Wie der folgende Text belegt, scheinen viele materielle wie immaterielle Phänomene der Kultur des *Islamischen Orients* nur im Zusammenhang mit der Religion verständlich. Dies soll aber keineswegs heißen, daß hier deterministische Zusammenhänge postuliert werden. Vielmehr geht es darum, häufig anzutreffende und gar zu vordergründige Klischees zu relativieren und in ihrer Fragwürdigkeit aufzuzeigen. Die Begrenzung auf den *Islamischen Orient* bedeutet, daß in dieser Darstellung der Staat Israel ausgeklammert bleibt.

An der Abfassung dieser Einführung arbeiteten verschiedene Autoren mit unterschiedlichem wissenschaftlichen Hintergrund zusammen. Die einzelnen Beiträge wurden diskutiert und bei der redaktionellen Bearbeitung teilweise durch Einschübe der Mitautoren erweitert. Diese sind im Text teilweise durch die Initialen der Verfasser gekennzeichnet. Wenn auch auf diese Weise die Texte stärker aufeinander bezogen werden konnten, als es bei separaten Beiträgen verschiedener Autoren im allgemeinen üblich ist, ließ sich dennoch nicht vermeiden, daß zahlreiche Problemfelder unter den unterschiedlichen Blickwinkeln der einzelnen Verfasser wiederholt angesprochen werden.

Die Erarbeitung des vorliegende Band war nur möglich durch das persönliche Engagement und die Ausdauer der Autoren, besonders der Herren Prof. Dr. Ehlers (Bonn) und Dr. Stöber (Marburg). Ihnen allen sei an dieser Stelle herzlich gedankt.

Köln, im Juni 1990 A. Falaturi

DANKSAGUNG

Für die Genehmigung zum Wiederabdruck von Abbildungen und die Überlassung von Druckvorlagen danken Autoren und Herausgeber den Herren und Verlagen

Prof. Dr. M. E. Bonine (Tucson, Arizona) für Abb. 38,
dem Centre of Middle Eastern Studies, Univ. of Cambridge für Abb. 27,
Prof. Dr. J. I. Clarke (Durham) für Abb. 31
Prof. Dr. K. Dettmann (Bayreuth) für die Abb. 25, 29 und 34,
Prof. Dr. H. K. Barth (Paderborn) und dem Franz Steiner Verlag, Wiesbaden für Abb. 14,
Prof. Dr. M. Scharabi (Darmstadt) für Abb. 28,
Dr. H.-U. Schwedler (Berlin) für Abb. 50,
Prof. Dr. M. Seger (Klagenfurt) für Abb. 43,
Dr. J. M. Wagstaff (Southampton) und dem Verlag David Fulton Publishers, London für die Abb. 9, 10, 11, 12 und 51
Prof. Dr. H.-G. Wagner (Würzburg) für Abb. 37 sowie
Prof. Dr. E. Wirth (Erlangen) für die Abb. 26 und 39.

ANMERKUNG ZUR TRANSKRIPTION

Diese Einführung wendet sich weitgehend an nicht orientalistisch vorgebildete Leser. Daher wurden arabische Namen und Begriffe, die im Deutschen eine gewisse Verbreitung gefunden haben, in der hier gebräuchlichen Schreibweise (Duden) wiedergegeben. Um die Lokalisierung zu erleichtern, wurde im Falle von Ortsnamen eine Schreibweise verwendet, wie sie in deutschen (Schul-)Atlanten üblich ist. Bei im Deutschen ungebräuchlichen Namen und Begriffen wurde das wissenschaftliche Transkriptionssystem der Deutschen Morgenländischen Gesellschaft zugrunde gelegt. Diese Begriffe sind kursiv gedruckt. Das gewählte Vorgehen ist insofern unbefriedigend, als hier verschiedene Transkriptionssysteme nebeneinander verwendet werden, so daß derselbe Laut/Buchstabe in verschiedenen Schreibweisen erscheinen kann. Daher seien im folgenden die verschiedenen Entsprechungen aufgeführt:

Arabisch	*Transkription*		
	wissenschaftlich	laut Duden	weitere Entsprechungen
ا	a, ā, ʾ	a	
ب	b	b	
ت	t	t	
ث	ṯ	t	
ج	ǧ	dsch	dj
ح	ḥ	h	
خ	ḫ	ch	kh
چ	č	tsch	(ch) (pers.)
د	d	d	
ذ	ḏ	dh	
ر	r	r	
ز	z	s	
س	s	s	
ش	š	sch	sh
ص	ṣ	s	
ض	ḍ	d	
ط	ṭ	t	
ظ	ẓ	s	
ع	ʿ		
غ	ġ	gh	rh
ف	f	f	
ق	q	k	
ك	k	k	
ل	l	l	
م	m	m	
ن	n	n	
و	w, ū	w,u	
ه	h	h	
ى	y, ī	j, i	

Liste nicht wissenschaftlich transkribierter Namen und Begriffe

Abbasiden
Akaba (hist. ᶜAqaba)
Antakya
Asir
Belutschen
Belutschistan
Bachtiaren
Bagdad
Chadidscha
Chorasan
Demawend
Desful
Djebel Ali
Djebel Tuwaiq
Djidda
Djubail
Drusen
Dubai
Elburs
Hedschas
Hedschra
Hadith
Hindukusch
Isfahan
Jemen
Kadi
Mufti
Pandschab
Paschtunen
Ramadan
Reza Schah
Rub-al-Khali
Scharia
Schardja
Schatt-el-Arab
Schiras
Seldschuken
Täbris
Taurus
Teheran
Tien-Schan
Umayyaden
umma
Yanbu
Zagros

AUTOREN

Prof. Dr. Eckart Ehlers
Direktor des Geographischen Instituts der Universität Bonn
Arbeitsschwerpunkte: Wirtschafts- und Sozialgeographie, insb. der Länder des Islamischen Orients.

Prof. Dr. Abdoldjavad Falaturi
Orientalisches Seminar der Universität zu Köln
Direktor der Islamischen Wissenschaftlichen Akademie, Köln
Arbeitsschwerpunkte: Philosophie, Recht, Theologie, Interkultureller Dialog.

Prof. Dr. Günther Schweizer
Direktor des Geographischen Instituts der Universität zu Köln
Arbeitsschwerpunkte: Wirtschafts-, Stadt- und Sozialgeographie, insb. der Länder des Islamischen Orients.

Dr. Georg Stöber

Wiss. Mitarbeiter des Geographischen Instituts der Universität Bonn

Arbeitsschwerpunkte: Wirtschafts- und Sozialgeographie des Islamischen Orients, insb. Nomadismus-Problematik.

Gerd Winkelhane, M.A.

Islamwissenschaftler; Lehrbeauftragter am Institut für Islamwissenschaft der Freien Universität Berlin

Referent beim Deutschen Entwicklungsdienst (Berlin)

Arbeitsschwerpunkte: Mitarbeit am Forschungsschwerpunkt „Syrien im 19. und 20. Jahrhundert: Soziale Desintegration und Tendenzen der Neustrukturierung“ (FU Berlin, Inst. f. Islamwissenschaft); Islamische Rechtsdokumente; die „Islamische Stadt“; Morphologie und Syntax der arabischen Sprache.

1. Einleitung: Der Islamische Orient im Lichte der Geographie

(E. Ehlers)

Es unterliegt keinem Zweifel, daß der Islamische Orient im Laufe seiner jüngeren Geschichte immer wieder breite Massen der Bevölkerung der westlichen Industrieländer in seinen Bann gezogen hat. Einmal war es der unendlich erscheinende Reichtum und der verschwenderische Luxus der oft als ,,Ölscheichs" oder ,,Wüstenkönige" apostrophierten Staatsführer nah- und mittelöstlicher Länder, die das Interesse und die Neugier des westlichen Durchschnittsbürgers auf sich zogen. Ein anderes Mal waren es sehr viel handfestere Beweggründe, die breiteste Schichten der Bevölkerung in Japan, Europa oder Nordamerika ihren Blick auf den Islamischen Orient wenden ließen: z. B., wenn Ölpreiserhöhungen die Kosten für Benzin und Heizöl in die Höhe schnellen ließen und wir alle unmittelbar von diesen Entscheidungen betroffen waren. So ist es auch heute noch, wenn die Androhung von Blockademaßnahmen bei der Erdölausfuhr den Lebensnerv der westlichen Industrieländer zu berühren droht. Ein dritter Anlaß für ein permanentes Interesse der Öffentlichkeit ergibt sich aus den nicht abreißenden politischen Spannungen in dieser Region. Die Palästinafrage, der Libanon-Konflikt, die fortwährenden Auseinandersetzungen zwischen Israel einerseits und der arabischen Welt andererseits, der iranisch-irakische Krieg, die Rolle Libyens in der arabischen Welt, der Krieg in Afghanistan: Sie alle sind Gegenwartsereignisse nicht nur von lokaler oder regionaler Brisanz, sondern sie betreffen den Weltfrieden. Gleiches gilt für die vielfältigen Erscheinungen eines oft religiös fundierten politischen Fanatismus, der sich in mörderischem Terror und in brutaler menschenverachtender Gewalt auch außerhalb der islamischen Welt artikuliert.

Mag man wirtschaftliche Entscheidungen oder kriegerische Ereignisse noch als unumgängliche und auch in anderen Teilen der Welt sich immer wiederholende Phänomene betrachten, so erscheinen die Ereignisse, die wir mit dem Etikett der ,,Re-Islamisierung" zu umschreiben uns angewöhnt haben, dem weitaus größten Teil auch der gebildeten Öffentlichkeit der Industrieländer fremd. Vor allem der Sturz der Monarchie in Iran im Jahre 1979 und die Ausrufung einer Islamischen Republik Iran sind der großen Masse der Bevölkerung bei uns bis heute weitgehend unverständlich geblieben. Fassungslos steht sie nicht nur vor einer blutrünstigen und wenig toleranten Gewaltherrschaft der religiösen Machthaber, sondern auch vor der oftmals euphorisch erscheinenden Begeisterung, mit der Junge wie Alte in den ersten Jahren der Auseinandersetzungen zwischen Iran und Irak blindlings und mit religiös begründetem Gottvertrauen in den Krieg und in den sicheren Tod zogen. Fassungslos aber steht die gleiche gebildete Öffentlichkeit auch vor der Renaissance islamisch fundierter Gerichtsbarkeit und Strafanwendung: ,,Dies also ist der Orient! Dies also ist der Islam!" So oder ähnlich mögen sich viele zu den ihnen unverständlichen Vorgängen in verschiedenen Teilen des Islamischen Orients äußern. Dabei ist, wie noch zu zeigen sein wird, die Deutung der jüngsten Ereignisse im Bereich des Islamischen Orients als ,,Re-Islamisierung“ eine ebenso verkürzte und typisch eurozentrische Sicht wie die Floskel von „fundamentalistischen Strömungen“ innerhalb der islamischen Welt. Von Re-Islamisierung könnte man allenfalls dann sprechen, wenn dem Islam verlorengegangene Gebiete missionarisch zurückgewonnen worden wären; solche aber gibt es nicht. Und wenn wir unter Fundamentalismus jene uns oftmals unbegreiflich erscheinenden Formen einer bedingungslosen Gläubigkeit und eines fast blinden Gehorsams der Muslime gegenüber der Geistlichkeit verstehen, so sind solche Verhaltensformen ebenso alt wie der Koran und die Religion selbst. Es gilt also, Mißverständnisse und Fehlurteile abzubauen. Im gleichen Maße, wie räumliche Distanzen durch moderne Transportmittel schwinden und Informationen über fremde Länder und Völker durch Presse, Funk und Fernsehen täglich in unser Bewußtsein rücken, steigt die Nachfrage nach Hintergrundinformation. Hier ist auch die Geographie in Zusammenarbeit mit anderen Wissenschaften berufen, einen völkerverbindenden Beitrag auf dem Wege zu einem besseren gegenseitigen Verständnis zwischen unterschiedlichen Völkern und Kulturen zu leisten.

1.1 Geographische Länderkunde und das Konzept der Kulturerdteile

Wenn regionale Geographie heute auch nicht mehr die zentrale Stellung in der Schulgeographie einnimmt und ihre Position im gesamten Lehrgebäude der Geographie heute eine andere ist als noch vor wenigen Jahrzehnten, so gilt gerade für die letzten Jahre eine unverkennbare Renaissance der Länderkunde. Dabei bedeutet regionale Geographie auch in der Schule allerdings schon längst nicht mehr bloße Aneinanderreihung der verschiedensten Geofaktoren in Bezug auf einen bestimmten, meist politisch abgegrenzten Raum. Vielmehr geht es einer auch wissenschaftlichen Ansprüchen genügenden Länderkunde in Schule und Hochschule heute mehr noch als früher um die Erkenntnis, daß Natur und Kultur in einem engen und sich gegenseitig beeinflussenden Wechselverhältnis stehen, daß Raum und Mensch einander bedingen und prägen und daß die Erfassung heutiger Gegebenheiten und Strukturen ohne Rückgriff auf deren Genese — seien es geologische Prozesse oder menschlich-historische Entwicklungsabläufe — unverständlich bleiben müssen. Abgesehen von der Tatsache, daß auch die großen klassischen Länderkunden der 20er und 30er Jahre ohnehin stets viel mehr und alles andere waren als starre länderkundliche Schemata, galt bei manchen länderkundlichen Darstellungen vor allem seit 1969 und in den siebziger Jahren eine klare Problemorientierung als modisch und allein angemessen. Ein solches, oftmals nur vordergründiges Problembewußtsein suggerierendes Geographieverständnis ist inzwischen der Einsicht gewichen, daß sogenannte „Probleme“ keine plötzlichen und allein im sozialen bzw. Politischen begründeten Spontanphänomene sind. Vielmehr haben sie ihre Wurzeln sehr häufig in tief verborgenen und weit zurückreichenden Aspekten kultureller oder religiös-weltanschaulicher Konflikte und Differenzierungen. Dieses gilt in ganz besonderer Weise für das oftmals problembeladene Zusammenleben verschiedener Bevölkerungsgruppen in einem Staat oder für die Koexistenz verschiedener Völker in benachbarten Staaten, Machtblöcken und Kulturen.

Mit der Erkenntnis solcher Wurzeln von Konflikten und Meinungsverschiedenheiten sind auch der regionalen Geographie in Schule, Hochschule und in der Öffentlichkeitsarbeit neue Aufgaben erwachsen: Verständnis zu wecken für die Andersartigkeit fremder Völker und Kulturen — unter Vermeidung eines eurozentrischen Blickwinkels oder dem einer bestimmten Interessengruppe. Den wohl besten Ausdruck hat einer solchen Zielsetzung der kürzlich verstorbene Bochumer Geograph Peter SCHÖLLER verliehen, indem er als Aufgabe der heutigen Länderkunde formulierte: „Ich sehe es als Ziel der Länderkunde, Länder und Völker, Kulturen und Gesellschaften in ihrer spezifischen Lebenswirklichkeit zu begreifen und sie aus den Bedingungen ihrer eigenen raumbezogenen Entwicklung verstehen und achten zu lernen" (SCHÖLLER 1978:296).

Eine so verstandene regionale Geographie lehnt sich eng an das Prinzip der Kulturerdteil-Länderkunde an. Ohne an dieser Stelle auf die kürzlich geführte heftige Diskussion um Sinn, Inhalt und Berechtigung einer auf die Schule bezogenen Kulturerdteil-Länderkunde einzugehen (vgl. dazu v. a. DÜRR 1987; NEWIG 1986, 1988 u a.), sei doch der Ansatz von Albert KOLB (1962/1966) hervorgehoben, der sich in besonderer Weise um die Formulierung und Begründung einer kulturerdteilbezogenen regionalen Geographie verdient gemacht hat. Er definiert den Begriff des Kulturerdteils wie folgt:

> „Dabei wird unter einem Kulturerdteil ein Raum subkontinentalen Ausmaßes verstanden, dessen Einheit auf dem individuellen Ursprung der Kultur, auf der besonderen einmaligen Verbindung der landschaftsgestaltenden Natur- und Kulturerdteile, auf der eigenständigen, geistigen und gesellschaftlichen Ordnung und dem Zusammenhang des historischen Ablaufs beruht."

Es versteht sich von selbst, daß eine solche Konzeption auf Vorgängen aufbaut, die nicht nur im deutschen Sprachraum, sondern auch in England, Frankreich, Amerika und anderswo entwickelt worden sind. Wenn im folgenden dennoch der Schwerpunkt der Betrachtung auf Gliederungsansätze deutscher Geographen gelegt wird, dann vor allem deshalb, weil den meisten Lesern dieses Buches der Zugriff zu den hier vorgestellten Ansätzen bibliographisch leichter möglich und damit nachvollziehbar ist. Die folgende Übersicht erhebt indes keinen Anspruch auf Vollständigkeit. Im deutschen geographischen Schrifttum sind schon seit Ende des Ersten Weltkrieges Versuche nachweisbar, verschiedene Kulturräume auszugliedern und zu begründen. So postulierte HETTNER (1923) eine auf der evolutionären Kulturstufentheorie basierende Differenzierung der Erde, die freilich historisch-genetisch aufbaute und in der europäischen Kultur ihren vorläufigen Abschluß, in der Europäisierung der Erde ihre letzte Konsequenz fand. Auch SCHMITTHENNERs Buch über „Lebensräume im Kampf der Kulturen" (1938) greift das Thema konkurrierender Kulturen und ihrer sich daraus ergebenden territorialen Konflikte auf.

Anders aber als HETTNER oder auch BOBEK (1959) folgt KOLB mit seiner Kulturerdteil-Länderkunde nicht einem zeitlich-evolutionären Konzept der Abfolge verschiedener Kulturstufen, sondern er geht von dem räumlichen und zeitlichen Nebeneinander mehrerer großer Kulturräume auf der Erde aus, die sich — einst wie heute — durch die Kombination verschiedenster geographischer und kulturgeschichtlicher Merkmale voneinander unterscheiden. Dabei ist es ein besonderer Vorzug dieser Konzeption, daß er nicht einzelne Geofaktoren, sondern stets eine Bündelung mehrerer Kriterien als Grundlage der Abgrenzung von Kulturerdteilen heranzieht. Diese können sowohl dem Bereich der Physischen Geographie (Relief, Klima) als auch — und dieses vor allem — dem Bereich der materiellen wie geistigen Kultur entnommen sein: Religion, Geschichte, rassisch-ethnische Kriterien, Sprache usw.. Sie alle prägen eine Kultur und sind damit dominante Faktoren einer Kulturerdteil-Länderkunde. Anders als die geographisch definierten Erdteile, die statisch sind, unterliegen die Grenzen der Kulturerdteile ständigen Wandlungen, die sich vor allem als Ergebnis historischer Ereignisse fassen lassen. Kulturerdteile sind dynamisch. KOLB (1962) unterscheidet für die Gegenwart zehn Kulturerdteile:

1. den sinischen oder ostasiatischen Kulturerdteil
2. den indopazifischen oder südostasiatischen Kulturerdteil
3. den indischen Kulturerdteil
4. den orientalischen Kulturerdteil
5. den negriden Kulturerdteil
6. den abendländischen Kulturerdteil
7. den russischen Kulturerdteil
8. den germanisch-amerikanischen Kulturerdteil
9. den ibero-amerikanischen Kulturerdteil
10. den austral-pazifischen Kulturerdteil.

Die von KOLB gewählte Benennung der einzelnen Kulturerdteile drückt die Vielfalt denkbarer Abgrenzungskriterien für die einzelnen Kulturerdteile aus. So wird zum Beispiel bewußt von einem „russischen" Kulturerdteil, d. h. von einem durch russische Sprache und Kultur geprägten, statt von einem „sowjetischen" im vergänglich-machtpolitischen Sinne gesprochen. Der von KOLB gewählte Ansatz macht aber zugleich auch die Problematik exakter und dauerhafter Grenzziehungen deutlich. Während beispielsweise die Trennlinie zwischen den beiden amerikanischen Kulturerdteilen entlang der US-amerikanisch-mexikanischen Grenze heute relativ unproblematisch gezogen werden kann, ergeben sich bei der Grenzziehung zwischen dem orientalischen und dem russischen Kulturerdteil Fragen: Welchem von beiden sind die durch den Islam geprägten und von einer persisch-sprachigen (Tajiken) bzw. turk-sprachigen Bevölkerung (Usbeken z. B.) Sowjetrepubliken Zentralasiens zuzuordnen?

Wie auch immer, stärker als andere geographische Konzeptionen[1] vermag die Anwendung der Kulturerdteil-Länderkunde das heute mehr denn je notwendige Verständnis für andere Kulturen und Völker zu erwecken. Dabei muß es in ganz entscheidender Weise darum gehen, für jeden Kulturerdteil das von der Natur vorgegebene Substrat zu erkennen und die kulturraumspezifische Eigenart der daraus entstandenen Kulturlandschaft als Ergebnis historischer, geistig-religiöser, wirtschaftlicher wie politischer Entwicklungsprozesse zu erfassen. So wenig wie ein Naturraum ohne Kenntnis seiner geologischen Entstehung und seines geologisch bedingten Baus, seiner klimatische Ausstattung und Differenzierung sowie der naturgegebenen Biofaktoren zu verstehen ist, so wenig ist auch die Kulturlandschaft ohne profunde Kenntnisse der materiellen wie der geistigen Kultur eines Volkes bzw. eines Kulturraumes zu verstehen. Unter ,,Kultur" soll dabei verstanden werden:

> ,,die Gesamtheit der Kenntnisse und Verhaltensweisen (technische, wirtschaftliche, rituelle, religiöse, soziale, etc.), die eine bestimmte menschliche Gesellschaft kennzeichnen. Es gibt keine Menschen ohne Kultur: Die Vorstellung eines Menschen ,,im Naturzustand" ist eine philosophische Hypothese" (PANOFF/PERRIN 1975:173).

1.2 Der Islamische Orient — ein Kulturraum

Es mag an der besonderen natur- und kulturgeographischen Eigenart des Islamischen Orients liegen, daß dieser Raum nicht nur in den bereits genannten Arbeiten von HETTNER und SCHMITTHENNER eine herausragende Rolle einnimmt, sondern daß er auch früher — und häufiger als andere Kulturräume — zu definieren versucht wurde. So nimmt bei HETTNERs Darstellung vom ,,Gang der Kultur über die Erde" unter den alten Kulturen (1923; 1929) ,,die orientalische Kultur" den weitaus größten Teil des entsprechenden Textes ein; 1931 hat HETTNER eine eigene Abhandlung zum Thema ,,Der Orient und die orientalische Kultur" veröffentlicht. SCHMITTHENNER entwickelte in seinem bereits genannten Buch eine Karte über die Kulturgebiete des Orients (vgl. Abb. 1).

Erste ernsthafte Versuche, den Islamischen Orient als geographisch eigenständigen Natur- und Kulturraum zu definieren und sodann auch monographisch darzustellen, reichen in das frühe 20. Jahrhundert zurück. Es war vor allem der Geograph Ewald BANSE, der bereits 1909 mehrere Versuche zu einer Begründung und Abgrenzung der Region des Orients vorlegte. Unter besonderer Betonung der Einheitlichkeit von Natur- und Kulturraum formulierte er u. a. (S. 301):

> ,,Als Orient erkenne ich die Länder Nordafrikas und Vorderasiens, die ein im wesentlichen trockenes Klima mit einem Großbesitz weit ausgedehnter Steppen und Wüsten beschenkt hat, so daß die meisten Teile wenige oder gar keine Abflüsse und Beziehungen zum Meer haben. Die einförmige Steppe bedingt eine überall ziemlich gleiche Lebens- und Denkweise, die auch den an den Meerrändern sitzenden Volkselementen sich mitgeteilt hat, da die meisten Küsten in nur geringem Maße verkehrsfreundlich sind, Fast alle Orientalen huldigen dem Islam, d. h. einem durch die uniforme Natur bedingten Denken, das weniger ein Ausfluß tiefsinniger Religiosität ist als eine Folge der Weltabgewandtheit des großen Trockenraums. Islamischen Geistes waren die meisten als Steppenbewohner von jeher, nur wurden sie erst kanonisch geeinigt durch Mohammed und Omar, deren Gottesgedanke für jene passend zusammengeschnitten ist. Die Charakterzüge der orientalischen Natur: Meerabgewandtheit, Trockenheit, deshalb Steppe und alles gleichmachende Einförmigkeit und Ähnlichkeit sind die Säulen des Islam, des Orients als ureignen Kulturindividuums. Sie ermöglichen den Mangel an Differenzierung, der der Kern des morgenländischen Ruins ist."

Der mit der fachinternen Diskussion Vertraute wird schon sehr bald merken, daß diesen einfachen Pauschalurteilen und der wenig differenzierten Denkweise nicht nur eine ausgeprägte individuell-emotionale Einschätzung des Verfassers zugrunde liegt, sondern daß hier auch sehr stark deterministische Grundmuster geographischen Denkens und Erklärens zum Vorschein kommen. Letzten Endes wird im genannten Zitat nichts anderes gesagt, als daß die Natur den Menschen und seine kulturellen, auch religiösen Leistungen und Wertungen determiniere. Eine solche, noch stark von RATZEL beeinflußte Deutung des Islam als einer eher passiv hinnehmenden religiös-weltanschaulichen Grundhaltung wird natürlich nicht nur der historischen Wirklichkeit nicht gerecht, sondern entspricht auch in keiner Weise dem Selbstverständnis des gläubigen Muslim.

Aus geographischer Perspektive führt die 1931 erschienene Abhandlung von HETTNER über „Der Orient und die orientalische Kultur" zu einer differenzierteren Einschätzung der Natur und Kultur dieses Raumes. Wenn auch HETTNER noch von dem Postulat ausgeht, daß „... die eigentümliche Kultur ... aus einer eigentümlichen Natur erwachsen" sei, so zeigen seine vor allem auf die historischen Leistungen des Alten Orients gerichteten Ausführungen doch bereits eine etwas differenziertere Sicht dieses Teils der Erde. Zunächst einmal weist HETTNER (1931:202 f.) auf die historische Vielfalt und Tiefe der orientalischen Kultur hin:

„Bei der Betrachtung der Eigenart der orientalischen Kultur — ... — muß man sich vor Einseitigkeit hüten. Der Geograph ist geneigt, die Eigenschaften der orientalischen Kultur und der orientalischen Psyche unmittelbar auf die Naturbedingunen zurückzuführen; dem gegenüber weist der Historiker darauf hin, daß vieles in unserem Mittelalter ähnlich gewesen, also nicht in der Landesnatur begründet sei. Andererseits wird der Historiker einseitig, wenn er die orientalische Kultur nur als eine ältere Kulturstufe im Vergleiche mit der modernen europäischen Kultur auffaßt und die großen Unterschiede übersieht, die zwischen unserem Mittelalter und dem Orient bestehen. Die orientalische Kultur ist eine ältere Kulturform als unsere moderne Kultur, und unser Mittelalter ist, obgleich von der antiken Kultur befruchtet, ein Rückfall in die alte Kultur gewesen; aber ganz abgesehen davon, daß die erreichte Kulturhöhe eine Funktion der geographischen Lage und Naturbeschaffenheit der Länder ist, hat die Kultur in jedem Lande ihr besonderes, unmittelbar von der Landesnatur abhängiges Gepräge; die orientalische Kultur unterscheidet sich infolgedessen nicht nur von der mittelalterlich-europäischen, sondern auch von der indischen und der ostasiatischen Kultur und ist ja auch, wie wir sehen werden, in den verschiedenen Teilen ihres Gebietes verschieden".

Etwas später (a.a.O., S. 208) vermerkt HETTNER zur Rolle und Bedeutung des Islam als prägendem Element des Kulturraums „Orient" folgendes:

„Der Islam ist keineswegs die Grundtatsache der orientalischen Kultur, die viel älter, seit dem grauen Altertum mehr oder weniger die gleiche ist; er ist vielmehr ihr Kind, hat von ihr seine Eigentümlichkeit bekommen, zeigt aber daneben deutlich die Einflüsse des Hellenismus und des Christentums. Dann ist er allerdings der Träger orientalischer Kultur geworden und hat im Gefolge der arabischen Völkerwanderung deren Eigenart über ganz Vorder-Asien und weit darüber hinaus ausgebreitet und hat, wenn dieser Ausdruck erlaubt ist, der orientalischen Kultur den Stempel aufgedrückt. Im besonderen ist er für die heutige Kultur des Orients dadurch bestimmend geworden, daß er sich im Laufe der

Zeit immer mehr in Gegensatz gegen das Christentum gestellt hat und dadurch das größte Hindernis für das Eindringen christlich-europäischer Kultur geworden ist".

Schließlich gelangt HETTNER auch im naturräumlichen Sinne zu einer Differenzierung der Region „Islamischer Orient". Mit der Ausscheidung von drei großen Naturräumen, die als geologisch-tektonische Einheiten voneinander unterschieden sind, die aber auch verschiedenen Kultureinflüssen unterlegen haben, betont er die innere Gliederung und Vielfalt des Gesamtraumes auch aus physisch-geographischer Sicht. Die von ihm ausgeschiedenen großen Naturräume sind

- das aralokaspische Tiefland;
- die Zone der Faltengebirge und
- der syrisch-arabische Block

Mit der groben Dreiteilung des asiatischen Teils des Islamischen Orients in große und vor allem durch geologischen Bau und Reliefgestaltung unterschiedlich strukturierte Naturräume hat HETTNER nicht nur physisch-geographische Elemente in die Diskussion um die innere Gliederung des Islamischen Orients eingebracht, sondern zugleich die Wurzeln für spätere und weiterführende Differenzierungsversuche gelegt. Bemerkenswert allerdings bleibt, daß HETTNER den nordafrikanischen Teil der islamischen Welt aus seiner Betrachtung weitgehend ausklammert. Erst SCHMITTHENNER (1938) bezieht in seinem Buch „Lebensräume im Kampf der Kulturen" die dominierende und einigende Rolle der Religion voll in seine Betrachtung ein. Für ihn ist der Orient „... die weite Welt des Islam", wobei der Islam, allen sonstigen Differenzierungen dieses Raumes zum Trotz, „der orientalischen Kulturwelt eine ideelle Einheit verleiht ... " (a.a.O., S. 32). Wenn er das „Kulturgebiet des Orients" dennoch nicht als einheitliches Gebilde auffaßt, sondern historisch, geistesgeschichtlich wie geographisch in mindestens sechs Teilräume untergliedert, dann drückt sich darin ein wachsendes Bewußtsein von der Heterogenität und Vielgestaltigkeit dieses Kulturraumes aus.

Es würde an dieser Stelle zu weit führen, auf weitere Versuche der Abgrenzung und inneren Differenzierung des Islamischen Orients einzugehen. Entscheidend scheint, daß nach einer langjährigen Diskussion sich seit dem Zweiten Weltkrieg in der fachgeographischen Öffentlichkeit die Auffassung durchgesetzt hat, daß sich der Orient zumindest als Natur-, daneben aber auch als ein durch die Religion bestimmter Kulturraum ganz eindeutig von seinen Nachbarräumen unterscheidet und in sich vielfältig gegliedert ist. Diese Auffassung kommt — stärker als in frühen geographischen Definitions- und Abgrenzungsversuchen — auch in anthropologischen Kulturraumgliederungen zum Ausdruck. So hat PATAI schon 1952 einen Aufsatz zur Frage des Mittleren Ostens als einer eigenständigen „culture area" veröffentlicht.

Es hat in Deutschland und im deutschen Sprachbereich nach dem Zweiten Weltkrieg lange gedauert, bis sich die heute verbreitete Konzeption der Kulturerdteil-Länderkunde durchsetzte. In der bekannten und auch leicht zugänglichen Reihe der „Fischer-Länderkunde" hat dabei für die Region Nordafrikas-Vorderasien WIRTH (1973) eine Charakterisierung der auch als Orient benannten Region gegeben. Er nennt — ganz im Sinne und im Gefolge der von KOLB entwickelten Kulturerdteil-Länderkunde — fünf,

Abb. 1: Der Orient nach Schmitthenner

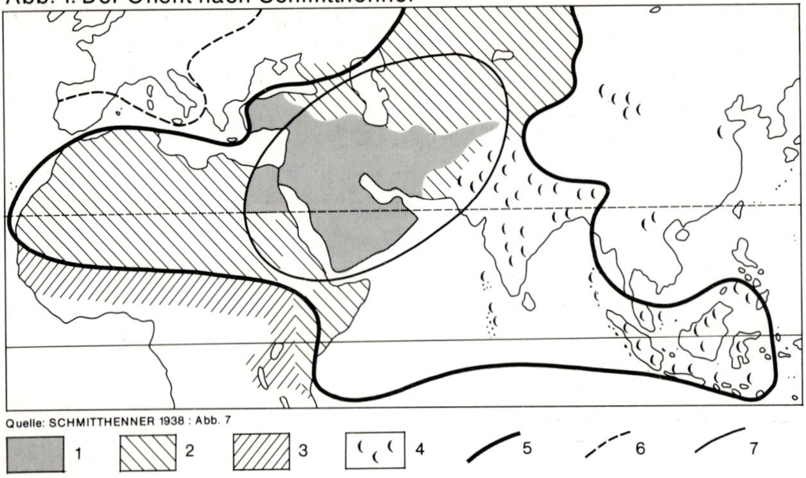

Nach SCHMITTHENNER (1938:Abb.7)

Legende nach SCHMITTHENNER:

1: Selbständige Länder orientalischer Kultur — 2: Länder orientalischer Kultur unter abendländischer und osteuropäischer Herrschaft — 3: Orientalische Kultureinflüße in Negerafrika — 4: Einflüße orientalischer Kultur und Herrschaft in Indien und in Ostasien — 5: Grenze der mehr oder weniger zusammenhängenden Verbreitung des Mohammedanismus — 6: Nordwestgrenze einstmaliger länger dauernder Herrschaft der orientalischen Kultur in Europa — 7: Umkreis des alt-historischen Orients.

in der 1989 erschienen Neuauflage des Buches dann sechs Merkmale, die in ihrer einmaligen und regional begrenzten Konstellation den orientalischen Kulturerdteil kennzeichnen. Hier mag es genügen, diese sechs Punkte aufzuführen, auf die z. T. ausführlichen Begründungen aber nur zu verweisen (1989:15—21). WIRTH nennt die folgenden sechs Charakteristika:

a) Der Orient ist der westliche und mittlere Teil des großen altweltlichen Trockengürtels.
b) Der Orient ist die nach heutigem Wissen erdölreichste Großregion der Erde.
c) Der Orient ist kulturgeschichtlich das Ursprungszentrum sowohl der neolithischen Revolution als auch unserer Hochkulturen.
d) Der Orient ist derjenige Teil der antiken, hellenistisch-römisch beeinflußten Mittelmeerwelt, der im 7. Jahrhundert n. Chr. von den Arabern erobert wurde und noch heute überwiegend dem Islam zugehört.
e) Im Mittelalter und in der frühen Neuzeit haben mächtige Staatensysteme mit ihrer politisch-wirtschaftlichen Organisation und ihrem kulturellen Gestaltungswillen einige Teilregionen des Orients bis heute nachhaltig geprägt.
f) Die Länder des Orients sind heute rentenkapitalistisch geprägte Entwicklungsländer alter Kulturtradition.

Angesichts des zuvor Gesagten verwundert nicht, daß aufgrund vor allem rassischer, sprachlicher und historischer Kriterien diese uns Europäern oftmals immer noch sehr homogen erscheinende Region in sich differenzierbar ist. Neben mehr oder weniger gängigen geographisch-regionalen Untergliederungen hat der französische Geograph X. de PLANHOL (1975) beispielsweise die islamische Welt in sieben Teilräume aufgelöst. Diese werden in Fortführung des schon bei SCHMITTHENNER erkennbaren Ansatzes nicht nur als historisch-geographische Räume, sondern zusätzlich auch als rassisch-ethnische Einheiten verstanden und begründet. Im einzelnen benennt de PLANHOL folgende Untergliederung:

Die arabische Welt: Der Vordere Orient
Dic arabische Welt: Nordafrika
Die arabische Welt: Die Sahara
Die türkisch-iranische Welt
Die Zone der Mißerfolge in Europa
Die tropischen Randgebiete
Die Meere des Südens.

Gerade der von de PLANHOL vorgelegte Versuch einer inneren Gliederung und Differenzierung des durch den Islam geprägten Kulturraums macht Möglichkeiten und Grenzen dieses Ansatzes deutlich. Auf der einen Seite identifiziert er die innere Unterteilung des heutigen Kernraums des Islam mit seinen Schwerpunkten in der arabischen und in der türkisch-iranischen Welt. Auf der anderen Seite läßt es das dem Konzept der Kulturerdteil-Länderkunde innewohnende dynamische Prinzip sehr gut deutlich werden: Den gegenwärtig expansiven Zonen der Ausweitung des Islam (wie z. B. in den Sahel-Staaten Afrikas oder in weiten Teilen Indiens sowie in der Staatenwelt Südostasiens) stehen die vom Islam lange geprägten Gebiete Europas (z. B. Andalusien, aber auch sonstige Teile der Iberischen Halbinsel, sowie weite Teile des Balkans) als Rückzugsräume gegenüber.

Dieses Beispiel zeigt jedoch zugleich, daß vor allzu großen Vereinfachungen gewarnt werden muß (wer von uns würde beispielsweise die beiden Bereiche der ,,Zone der Mißerfolge in Europa" als Teil eines islamischen Kulturraumes auffassen?). Auch der Vordere Orient und Nordafrika sind in sich differenziert. Bei aller Betonung von Gemeinsamkeiten dürfen die unterscheidenden Momente nicht außer acht gelassen werden. Wie weit eine Differenzierung zu gehen hat, ob mehr das Gemeinsame oder mehr das Unterscheidende im Vordergrund steht, ist dabei auch eine Frage des Zwecks einer Darstellung. Abgrenzung nach außen (und damit Gemeinsamkeit) wie Differenzierung nach innen bleiben zwei Seiten unserer Sicht von Realität, die eine abgewogene Darstellung beider im Auge behalten muß.

1.3 Nahost — Mittelost — Vorderer Orient — oder: Wer ist Was?

Ist es schon schwierig, zu einer einheitlichen Kennzeichnung des Kulturraumes „Islamischer Orient" zu gelangen, so ist es nicht minder schwer, die hier zur Diskussion stehende Region staatlich zu begrenzen und damit politisch zu definieren. Diese Schwierigkeit ergibt sich aus einer geradezu babylonischen Sprachverwirrung, was die Kennzeichnung und Umschreibung dieses Raumes im regionalen Sinne anbelangt. Nahost — Mittelost — Vorderer Orient: Dieses sind nur einige der im deutschen Schrifttum und in der deutschen Umgangssprache gängigen Bezeichnungen, die im übrigen in der englischen und französischen Sprache ihre Parallelen finden (Near East versus Middle East; Proche Orient versus Moyen Orient etc.). Dabei macht bereits diese Namengebung deutlich, daß es sich hier um eine Kennzeichnung aus einer ganz bestimmten Perspektive, der europäischen, handelt. Mit anderen Worten: Nahost, Mittelost oder Vorderer Orient sind eurozentrische Begriffe, die von Engländern, Franzosen oder Deutschen geprägt worden sind.[2] Aber nicht nur aus nationalstaatlichen Interessen der imperialen Großmächte erklären sich die terminologischen Schwierigkeiten. Auch haben in England, Frankreich oder Deutschland die genannten Begriffe zu verschiedenen Zeiten ganz unterschiedliche Inhalte gehabt. Problematisch — wiewohl umgangssprachlich als auch fachterminologisch immer wieder verwendet — erscheint der Gebrauch der Regionsbezeichnung „Vorderer Orient". Ganz abgesehen davon, daß es im deutschen Sprachbereich keine Ergänzungsbegriffe wie „Mittlerer" oder „Ferner Orient" gibt (allenfalls die eingedeutschten Begriffe „Mittelost" und „Fernost"), bezeichnet der „Orient"-Begriff auch im internationalen Sprachgebrauch unterschiedliche Regionen: im Englischen steht „Orient" oder „Oriental" letzten Endes für den gesamten asiatischen = östlichen Bereich. Während das Deutsche Orient-Institut in Hamburg z. B. allein die wissenschaftliche wie auch wirtschaftliche und politische Beobachtung und Dokumentation der islamischen Länder zur Aufgabe hat, wird ein Department of Oriental Studies in England, in Nordamerika oder anderswo im englischen Sprachbereich meist den Gesamtbereich der orientalischen Sprachen und Kulturen abzudecken versuchen.

Bester Ausdruck der allgemeinen Unsicherheit über die terminologische Abgrenzung und Zuordnung dieses Raumes sind die auch im wissenschaftlichen Schrifttum geführten Diskussionen um den Nah- und Mittelost-Begriff. Während einige der international renommiertesten Islamwissenschaftler zunächst ganz lapidar fragen, ob es überhaupt so etwas gäbe wie den Mittleren Osten (KEDDIE 1973), halten andere ihn für eine nicht definierbare Region (PEARCY 1964). Vergleichsweise hoffnungsfroh nimmt sich dagegen der Titel der Studie von DAVISON (1960) aus, der die Existenz eines Mittleren Ostens nicht prinzipiell leugnet, sondern der lediglich fragt: „Where ist the Middle East?" Die von THOMPSON (1981) publizierten Ergebnisse einer Auswertung der Abgrenzung und Definition der Region „Middle East" durch sechs amerikanische Mittelost-Experten lassen die ganze Problematik der auch heute keineswegs beantworteten Frage deutlich werden (Tab. 1).

Tabelle 1: Mangelnde Übereinstimmung bei der Zuordnung von Staaten zum ,,Mittleren Osten''

Staat	Autoren						Übereinstimm. Zuordnung
	Binder (1958)	Pearson (1963-64)	Brecher (1969)	Cantori/ Spiegel (1970)	Evron (1973)	Hudson (1976)	
Afghanistan	+	—	—	+	—	—	
Ägypten	++	++	++	++	++	++	++
Algerien	o	++	+	—	—	++	
Äthiopien	—	—	+	—	+	—	
Bahrain	o	—	o	++	—	+	
Irak	++	++	++	++	++	++	++
Iran	+	—	+	+	+	—	
Israel	++	++	++	+	++	—	
Jemen (Arab. Rep.)	—	++	+	++	+	+	
Jemen (Dem. VR)	o	—	+	++	+	+	
Jordanien	++	++	++	++	++	+	
Katar	o	—	o	++	—	+	
Kuwait	o	++	+	++	+	+	
Libanon	++	++	++	++	++	+	
Libyen	++	—	+	—	—	+	
Marokko	+	—	+	—	—	+	
Oman	o	—	o	++	—	+	
Pakistan	+	—	—	—	—	—	
Saudi-Arabien	++	++	+	++	+	++	
Somalia	o	—	+	—	—	—	
Sudan	++	—	+	++	+	+	
Syrien	++	++	++	++	++	++	++
Tunesien	+	—	+	—	—	+	
Türkei	+	—	+	+	—	+	
Vereinigte Arab. Emirate	o	—	o	o	—	+	
Zypern	o	—	+	—	—	—	

++ = Kernstaaten, voll hinzuzurechnen
\+ = Randstaaten, randlich hinzuzurechnen
o = explizit ausgeschlossen
— = nicht hinzugezählte Staaten

Quelle: THOMPSON 1981:216

Vor diesem Hintergrund ist es interessant, sich der Begriffsentwicklung zumindest ansatzweise bewußt zu werden. Offensichtlich wurde der Begriff „Middle East" erstmals 1902 von dem amerikanischen Marinehistoriker A. T. MAHAN geprägt. Für ihn bildete das Gebiet des Persischen (von einigen heute auch als Arabischen) bezeichneten Golfes das Zentrum dieser Region. Dabei stand eine solche Abgrenzung im offensichtlichen Gegensatz zu der Bezeichnung „Near East", mit der das Britische Außenministerium zu jener Zeit den Herrschaftsbereich des Osmanischen Reiches umschrieben hatte. Ohne an dieser Stelle auf weitere Details der im englisch- und französischsprachigen Schrifttum verwendeten Abgrenzungen einzugehen (vgl. dazu Abb. 2), mag es an dieser Stelle genügen, anhand einiger jüngerer Publikationen in deutscher Sprache die Problematik der Abgrenzung und Differenzierung unseres Raumes zu belegen. In einem um 1960 erschienenen und für eine breitere Öffentlichkeit bestimmten Buch hat der Schweizer Geograph H. BOESCH (1959) den Mittleren Osten zu umschreiben versucht. Unter Hinweis auf Raumabgrenzungen, die von internationalen Organisationen zwischen 1945 und 1960 in Gebrauch waren, definiert er die von ihm als „Mittlerer Osten" verstandene Region wie folgt:

> „In unserer Betrachtung verwenden wir die Bezeichnung Mittlerer Osten ... Sie schließt im besonderen die Levante-Küste und ihr Hinterland, das Tiefland von Euphrat und Tigris, die nordarabischen Wüstengebiete und den Persischen Golf ein. Dieser so abgegrenzte Raum zeigt weitgehend einheitliche geographische Züge; jede Erweiterung würde uns sofort auf immer neue und immer weiter wegführende Probleme stoßen lassen".

Nur wenig später legte E. WIRTH (1963; erschienen 1970) eine zunächst kürzere Darstellung des von ihm als Orient verstandenen islamischen Raumes vor. Dabei definierte er wie folgt:

> „Nordafrika und Vorderasien seien im folgenden unter dem Oberbegriff Orient zusammengefaßt ... Der Orient umfaßt also den durch den Islam geprägten westlichen und mittleren Teil des großen altweltlichen Trockengürtels. Es seien ihm folgende Staaten zugerechnet: Marokko, Algerien, Tunesien, Libyen, Ägypten, die Staaten der Arabischen Halbinsel, Jordanien, Libanon, Syrien, Irak, Türkei, Iran und Afghanistan" (1970:259 f.).

Wenn in dieser, später dann in der bereits genannten „Fischer-Länderkunde" ausgeweiteten Darstellung von „Orient" die Rede ist, dann ist damit bereits die Hinwendung zu einer Umschreibung dieses Raumes im Sinne der Kulturerdteil-Länderkunde vollzogen. Dies aber kann dann nur heißen: „Islamischer Orient"; oder besser noch: der durch den Islam kultur- und geistesgeschichtlich geprägte Teil des Orients. Auch STEWIG, der sich in seiner Übersicht über den „Orient als Geosystem" (1977) ausführlich mit dem Problem der Abgrenzung des Begriffes und des Raumes Orient auseinandersetzt (a.a.O., S. 37—44), folgt im wesentlichen der Konzeption der Kulturerdteil-Länderkunde. Unter den Geographen wagt es dann erst wieder F. SCHOLZ (1981), eine eindeutige räumliche Abgrenzung der Region Mittlerer Osten vorzuschlagen. Indem er sogar zwischen einem Mittleren Osten im engeren Sinne und einem solchen im weiteren Sinne unterscheidet (vgl. Abb. 2), bleibt er in seiner Begründung dieser Grenzziehungen und Differenzierungen allerdings in den schon genannten Denkschemata verhaftet.

Abb. 2: Abgrenzungen des "Orients" und "Mittleren Ostens"

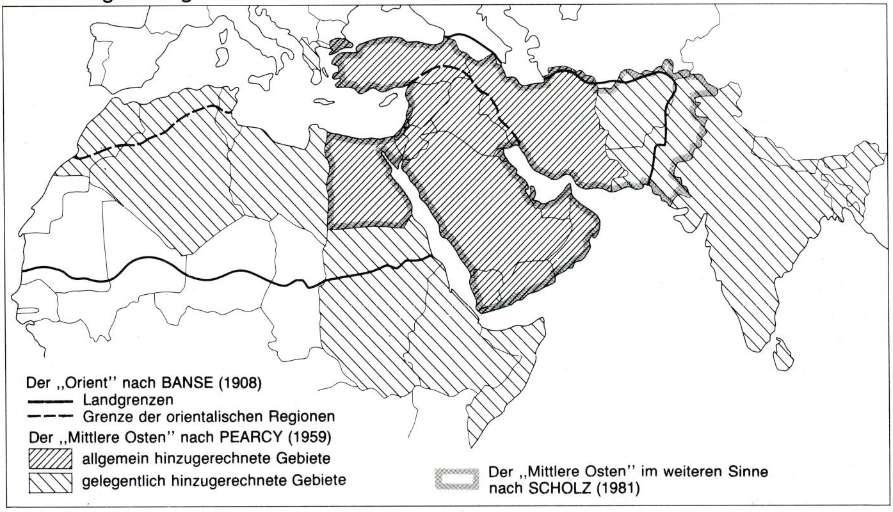

In merkwürdigem Gegensatz zu dem verbreiteten Gebrauch des unverbindlichen Begriffes „Orient" sowie der etwas spezifischeren Bezeichnung „Mittlerer Osten" bei den Geographen scheint bei den politischen Wissenschaften der Begriff „Naher Osten" eindeutig Vorrang zu genießen. Wohl bestes Beispiel für diese Aussage ist das von STEINBACH/HOFMEYER/SCHÖNBORN (1979) herausgegebene „Politisches Lexikon Nahost". Es umfaßt in seiner räumlichen Ausdehnung den gesamten Bereich zwischen Marokko im Westen und Pakistan im Osten. Gleiches gilt übrigens für das 1988 erschienene zweibändige „Handbuch des Nahen und Mittleren Ostens" (STEINBACH/ROBERT 1988), das ebenfalls unter dieser Region den Raum zwischen dem Maghreb im Westen und Pakistan im Osten zusammenzufassen sucht. Aber auch andere Titel zeitgeschichtlichen Inhalts verwenden den Begriff „Naher Osten" für die Gesamtregion (z. B. HENLE 1972). Einen terminologischen Kompromiß darzustellen scheint das jährlich in England erscheinende Handbuch „The Middle East and North Africa": es umfaßt den gesamten Raum zwischen Marokko im Westen und Iran, seit 1968/69 auch Afghanistan im Osten. Als letztes Beispiel für die auch unter Wissenschaftlern verbreitete Unsicherheit über die Kennzeichnung des Islamischen Orients als einem eigenständigen Kulturraum sei auf das von deutschen Orientwissenschaftlern betriebene Forschungsprojekt „Tübinger Atlas des Vorderen Orients" (TAVO) verwiesen. Dieses seit vielen Jahren von der Deutschen Forschungsgemeinschaft unterstützte Projekt vereinigt verschiedenste Wissenschaften von der Geologie bis hin zur Islamwissenschaft und konzentriert sich auf die Publikation eines großen Atlas, der insgesamt etwa 300 Karten bzw. Kartenausschnitte enthalten wird. In ihm ist die im Titel des Projektes explizit genannte Region „Vorderer Orient" definiert als der Raum, den Ägypten und die Türkei im Westen sowie Afghanistan im Osten begrenzen.

Abb. 3: Die Schnittstellenfunktion des Mittleren Ostens

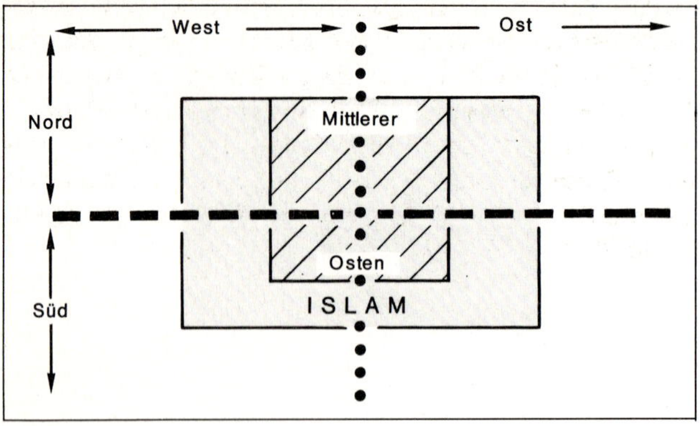

(nach: FISHER 1978:6)

Wie auch immer die Region des Islamischen Orients verstanden sein mag: Alle politischen Bezeichnungen — wie übrigens auch ein großer Teil der politischen Grenzziehungen in diesem Raum — entstammen der Nomenklatur und der politischen Wirksamkeit imperialer Großmächte. Fast alle haben ihren Ursprung im späten 19. und frühen 20. Jahrhundert, als Engländer, Franzosen, Russen und Deutsche diesen Raum in ihre Herrschaftsbereiche und Einflußsphären zu integrieren begannen. Aus diesem Kräfte- und Wechselspiel politischer Konstellationen mag auch die bis heute verwirrende Vielfalt an Begriffen und Definitionen für diese Region erklärbar sein. Daß dabei sowohl Teile Nordafrikas als auch Vorderasiens von diesem Raum erfaßt werden, ist kein Widerspruch. Sie sind nichts anderes als geographische Teilräume dieses Kulturraumes und entsprechen damit den schon zuvor genannten regionalen Untergliederungen unter dem übergeordneten Begriff „Islamischer Orient". Freilich sollte ein solcher Vorschlag zur räumlichen Charakterisierung des von KOLB so genannten „orientalischen Kulturerdteils" als „Islamischer Orient" nicht darüber hinwegtäuschen, daß auch dieses ein eurozentrischer Ansatz bleibt, der mit Sicherheit nicht den Vorstellungen aller Betroffenen entspricht. Sie verstehen sich vielmehr als Angehörige des *dār al-islām*, des „Hauses" = Lebens- und Einflußbereichs des Islam, den sie von der außerislamischen Welt abgrenzen. Daher sind weder der Begriff *dār al-islām* noch der des *dār al-ḥārb* (Haus des Krieges) (vgl. Kap. 2.2.4) als geographische Begriffe sensu stricto aufzufassen.

Eine auf Regionen bezogene Begriffsbildung gibt es aber auch im Arabischen, wenn nicht für den islamischen Orient insgesamt, so doch für Teilräume und dies aus einer auf Arabien bezogenen Perspektive. In die europäisch-geographische Terminologie eingegangen ist der Begriff des „Maghreb": Seit dem Mittelalter bezeichnet *ǧezīrat al-maġrib* („die Insel des Westens) den von Mittelmeer, Atlantik und den Sandmeeren der Sahara begrenzten Raum Nordafrikas, wobei die östliche Grenze je nach Autor schwankt, der Raum aber in jedem Fall die heutigen Staaten

Marokko, (Nord-)Algerien und Tunesien umfaßt. Als Gegensatz hierzu steht heute wie im Mittelalter *al-mašriq* (der Osten), zu dem heute im allgemeinen die arabischsprachigen Länder des Nahen Ostens gerechnet werden: Ägypten, Palästina (und Israel), Jordanien, Syrien, Libanon, Irak sowie die Staaten der Arabischen Halbinsel (Al-FARUQI/Al-FARUQI 1986:355). Es handelt sich also nicht um die Länder, die östlich Arabiens liegen, sondern um die Staaten des arabischen Raumes, die sich östlich des ,,Westens" erstrecken; die Definition dieses Raumes als Gegenteil von *maġrib* findet sich schon im ,,Geographischen Wörterbuch" des arabischen Geographen Yāqūt (1179—1229 n. Chr.).

(G. St.)

1.4 Orientalismus

Sowohl die aus geographischer wie historischer, am stärksten jedoch die aus politischer Sicht formulierten Abgrenzungen und Definitionen des Kulturraumes ,,Islamischer Orient" und die Probleme der Begründung und inhaltlichen Ausfüllung haben bereits deutlich gemacht, daß die Begriffe ,,Naher Osten", ,,Mittlerer Osten", ,,Vorderer Orient" usw. eindeutig westlichen Ursprungs sind. Nicht nur das: Sie wechselten zumindest in der Vergangenheit ihren Inhalt je nach den politischen Konstellationen und Ambitionen einer ausländischen Großmacht. Sie wechselten ihren Inhalt aber auch für ein und dieselbe Großmacht in veränderten zeithistorischen Zusammenhängen. Der keineswegs zu leugnende ,,Eurozentrismus" in der Begrifflichkeit und Abgrenzungsproblematik hat nun in den letzten Jahren in dem massiven Vorwurf des ,,Orientalismus" eine erhebliche Verschärfung erfahren. 1978 veröffentlichte der amerikanische Soziologe palästinensischer Herkunft Edward SAID sein Buch ,,Orientalism", das inzwischen auch in einer — allerdings äußerst mangelhaften — deutschen Übersetzung vorliegt (1981). Es ist hier nicht der Platz, auf die dem Buch zugrundeliegenden provokanten und — vielfach vereinfacht — fragwürdigen Thesen einzugehen. Nur soviel sei gesagt: SAID spricht fast der gesamten abendländischen Orientalistik (wobei er sich vor allem auf die englischen und französischen Traditionen des 18. und 19. Jahrhunderts sowie auf die der modernen amerikanischen Orientalistik kapriziert) nicht nur das Recht, sondern auch die Befähigung zu einer verständnisvollen Auseinandersetzung mit der Kultur des (islamischen) Orients ab. Einer der entscheidenden Sätze seines Buches in der deutschen Übersetzung lautet (SAID 1981:8):

> ,,Der Orient war fast eine europäische Erfindung, und er war seit der Antike ein Ort der Romantik, des exotischen Wesens, der besitzergreifenden Erinnerungen und Landschaften, bemerkenswerten Erfahrungen."

Der Orient aber ist — nach SAID — nicht nur Idylle europäischer Schwärmer und Geistesgrößen, sondern es sind insgesamt vier Elemente, die im 19. Jahrhundert zu voller Blüte gelangten und die zusammen das Wesen des Orientalismus, so wie SAID ihn sieht, ausmachen:

— die räumlich-territoriale Expansion der europäischen imperialen Großmächte nach Nordafrika und nach Vorderasien hinein;
— die daraus resultierende historische Konfrontation zwischen Europa und der islamischen Welt in machtpolitischem Sinne;
— die vor allem im Bildungsbürgertum weit verbreitete Sympathie und das romantisierende Interesse am Leben der orientalisch-islamischen Welt sowie schließlich
— das analytische Kalkül der verschiedensten wissenschaftlichen Disziplinen, die dann auch die Orientalistik als eigenständiges Fach begründet und entwickelt haben.

Anders ausgedrückt: Moderner Orientalismus sei ein Aspekt sowohl des machtpolitischen Imperialismus als auch des geistigen Kolonialismus. Kein Zweifel: Seit der abendländischen Antike bildet das östliche Mittelmeer einen permanenten geistigen wie politischen Begegnungs- und Konfliktraum zwischen Abend- und Morgenland. Religiös zunächst auf den Gegensatz zwischen dem Judentum und dem Christentum beschränkt, bedeutet das Auftauchen und das Erstarken des Islam ab dem 7. Jahrhundert ein zusätzliches Konfliktpotential. Der vor allem seit den Kreuzzügen über Jahrhunderte hinweg tobende Kampf um die heiligen Stätten von Juden, Christen und Muslimen ist beredter Ausdruck dieses bis heute fortwährenden Konfliktes. Es ist sicherlich nicht ganz abwegig, die Zeit der Kreuzzüge und der in ihr sich begründenden Manifestation einer ganz bestimmten Sicht des Islam und der Muslime als eine der wichtigen emotionalen Wurzeln des geistigen „Orientalismus" im Sinne verbreiteter Fehlinformationen und emotionaler Vorurteile zu sehen.

Der moderne Orientalismus freilich ist jünger. Kultur- und geistesgeschichtlich interessant, wenngleich umstritten, ist die These von SAID, daß die „intellektuelle" Wiederentdeckung des Islamischen Orients zur militärisch-politischen Penetration dieses Raumes durch imperiale Großmächte beigetragen habe. Tatsache ist, daß seit dem ausgehenden 18. Jahrhundert in verstärktem Maße der Orient als eine geistige Idylle sowohl in der Literatur als auch im europäischen Musiktheater erscheint. Daß dabei die Welt des Islamischen Orients weitgehend gleichgesetzt wird mit dem Herrschaftsbereich und den kulturellen Artikulationen des Osmanischen Reiches, versteht sich angesichts der politischen Weltgeltung des Osmanenreiches und der gleichzeitigen Bedeutungslosigkeit der arabischen Welt fast von selbst. Beispiele für eine Auseinandersetzung der deutschen Literatur mit der islamischen Geisteswelt sind beispielsweise Goethes „West-östlicher Diwan" oder — in der Musik — Mozarts „Entführung aus dem Serail" sowie die vielfältigen Formen „türkischer" Marsch- und Militärmusik, die im ausgehenden 18. Jahrhundert sich allgemeiner Beliebtheit erfreuten. Zum entscheidenden Wendepunkt für ein breitgefächertes und gehobenes Interesse des europäischen Bildungsbürgertums am „Orient" wurde die große napoleonische Ägypten-Expedition der Jahre 1789—1801. Vor allem die über zwanzig Bände umfassende ,,Description d'Egypte" und die in ihr enthaltenen Mitteilungen über orientalisches Leben, aber auch über die viele Jahrtausende umfassende Kultur dieses Raumes und Volkes führten zunächst in Frankreich, dann in ganz Europa zu einer wahren Orientbegeisterung. Diese fand ihren Niederschlag nicht nur in einer verstärkten literarischen und musikalischen Auseinandersetzung mit orientalischen Themen, sondern auch in der Entwicklung der Orientalistik als wissenschaftlicher Disziplin. Ausdruck dieses kulturellen Orientalismus im 19. Jahrhundert sind in Frankreich und Italien vor allem das Musiktheater (z. B. ,,Samson und Dalilah" von Saint-Saëns, die ,,Perlenfischer" und ,,Djamileh" von Bizet, ,,Die Afrikanerin" von Meyerbeer, ,,Italienerin in Algier" von Rossini oder ,,Nabucco" und ,,Aida" von Verdi), sowie die Romanliteratur (,,Salambo" von Flaubert oder ,,Tartarin von Tarascon" von Daudet). Im wissenschaftlichen Bereich fachen die großen Entdeckungen und Ausgrabungen in Mesopotamien und Ägypten die Orientbegeisterung des schnell wachsenden Bildungsbürgertums an. In England werden vor allem Ägypten und Mesopotamien, mehr aber noch der indische Subkontinent zum Mittelpunkt des Interesses gehobener Bildungsschichten.[3]

Wie immer die These von SAID (zu einer umfassenden Kritik aus der Sicht der amerikanischen Orientalistik vgl. B. LEWIS 1982) zum Zusammenhang von geistiger und politischer Gewalt beurteilt werden mag, historisches Faktum bleibt, daß die intellektuell-romantische Beschäftigung mit dem Orient einhergeht mit einer machtpolitisch-imperialistischen Durchdringung der Region. Diese Penetration des Raumes geschieht auf breiter Front. Ab 1830 beginnt sich Frankreich in verschiedenen Teilen des Maghreb festzusetzen und inkorporiert bereits um die Mitte des vorigen Jahrhunderts das heutige Algerien als Teil des französischen Mutterlandes. Im östlichen Mittelmeer, noch immer unter mehr oder weniger fester Kontrolle des Osmanischen Reiches, beginnt sich England 1882 endgültig zu etablieren. Die Besetzung Ägyptens in diesem Jahr bringt das Britische Empire nicht nur in den Besitz des 1870 fertiggestellten Suez-Kanals, sondern führt 1914 mit dem Ausbruch des Ersten Weltkrieges auch zur Umwandlung Ägyptens in ein britisches Protektorat. In Zentralasien beginnt bereits Mitte des 19. Jahrhunderts die Expansion des zaristischen russischen Reiches: 1886 fällt das Khanat Buchara, wenige Jahre später fallen Chiva (1873) Kokand (1876) und andere bis dahin unabhängige Territorien des islamischen Zentralasiens unter die Zarenkrone. Daß dabei direkte Konflikte zwischen den imperialen Großmächten selbst nicht ausbleiben, versteht sich von selbst. Die Schaffung des Staates Afghanistan im Laufe des 19. Jahrhunderts als einem Puffer zwischen dem zaristischen Rußland und Britisch-Indien hat unmittelbare politische Auswirkungen bis auf den heutigen Tag (vgl. dazu WIEBE 1981). Auch die in den Jahren 1907/08 erfolgende Aufteilung des politisch unabhängigen Persien in eine russische und in eine britische Einflußsphäre gehören in diesen Zusammenhang (EHLERS 1980).

Fassen wir zusammen: Der notgedrungen kursorische Überblick über die Region sowie ihre inhaltliche Abgrenzung und Ausfüllung machen deutlich, daß es vor allem europäisch geprägte Denkvorstellungen sind, die immer wieder unsere Beschäftigung und Auseinandersetzung mit diesem Raum geprägt haben. Dies kommt nicht nur in unklaren Begriffen und räumlichen Zuordnungen sowie in fragwürdigen inneren Differenzierungen des Islamischen Orients zum Ausdruck, sondern auch in einer bis heute fortwährenden ganz spezifischen Sicht dieses Raumes und seiner Menschen durch die meisten Europäer.

Dem steht gegenüber, daß in der modernen und immer enger zusammenrückenden Welt auch entfernt scheinende Staaten, Völker und Kulturen immer mehr aufeinander angewiesen sind. Marrakesch — Algier — Kairo — Bagdad — Teheran — Aden — Ankara oder Islamabad: sie alle liegen nur wenige Flugstunden von uns entfernt. Menschen aus islamischen Ländern arbeiten bei uns zu Hunderttausenden. Tunesien oder Marokko sind beliebte Reiseziele unserer Urlauber. Unsere Wirtschaft ist ohne Erdöl aus Libyen, Saudi-Arabien und Iran nicht funktionsfähig. Dies alles (und vieles mehr!) gilt es zu bedenken, wenn die Forderung nach einer sachlichen und vorurteilsfreien Beschäftigung mit Land und Leuten fremder Kulturen, in diesem Falle des Islamischen Orients, erhoben wird. Dabei erscheint es wichtig und unabdingbar, daß solche Informationen bereits in der schulischen Auseinandersetzung — sei es im Erdkunde-Unterricht, sei es im Fach Geschichte oder Religion — auf eine Basis gestellt werden, die dem eingangs genannten Postulat von SCHÖLLER entspricht:

> ,,... Länder und Völker, Kulturen und Gesellschaften in ihrer spezifischen Lebenswirklichkeit zu begreifen und sie aus den Bedingungen ihrer eigenen raumbezogenen Entwicklung verstehen und achten zu lernen.''

Dabei kann und soll es nicht darum gehen, die gesamte staatliche, ethnische oder sonstwie geartete Vielfalt des Islamischen Orients im Detail abzuhandeln, sondern die Grundzüge dieses Kulturraumes zu erfassen. Dazu beizutragen, soll Sinn der folgenden Ausführungen sein.

Anmerkungen zu Kapitel 1

1. Für eine zusammenfassende Übersicht über länderkundlich-regionalgeographische Konzeptionen vgl. STEWIG 1979.
2. Gleiches gilt schon für die Begriffe ,,Osten'' bzw. ,,Orient'' (lat. ,,Osten'') ohne weitere adjektivische Kennzeichnung, ebenso für das antiquiert anmutende ,,Morgenland''. Alle Begriffe verweisen darauf, daß die unter diesen Termini gefaßten Länder aus der Sicht der Europäer in Richtung der aufgehenden Sonne, im Osten, lagen. Im biblischen Gebrauch hat der Begriff des Morgenlandes allerdings einen anderen Bezugspunkt als Europa: das ,,Heilige Land'' bzw. Jerusalem. (G. St.)

3. Im Sommer fand unter dem Titel „Europa und der Orient: 800—1900" eine große Ausstellung statt. Sowohl die Ausstellung selbst als auch der zu diesem Anlaß erschienene Katalog sind ein eindrucksvolles Beispiel für die sich gegenseitig befruchtenden Anregungen, die zwischen Orient und Okzident ausgetauscht worden sind und die bis auf die Zeit Karls des Großen zurückgehen. Ebenso eindrucksvoll allerdings sind die vielfältigen Belege eines „Orientalismus" in dem hier beschriebenen Sinne. Der interessierte Leser sei auf eine Vielzahl von Aufsätzen und Übersichten des Katalogbandes hingewiesen, die sich unter anderem mit Themen wie „Der Einfluß der Angewandten Künste und der Malerei des Islam auf die Künste Europas", über „Orientalismen in der Europäischen Kunstmusik vom 17. bis zum 19. Jahrhundert" oder aber mit einer Thematik wie „Der erfundene Orient in der Europäischen Literatur vom 18. bis zum Beginn des 20. Jahrhunderts" befassen. Diese Abhandlungen sowie die reich dokumentierte Rezeption des Orients in der abendländischen Malerei sind ein beredtes Zeugnis für die großen Einflüsse, die der Islamische Orient auf die europäische Kultur- und Geistesgeschichte ausgeübt hat. Andererseits wird deutlich, daß und in welchem Umfang sich die europäischen „Orientalisten" auch ein Bild des Islam und des Islamischen Orients geschaffen haben, das vielfach und z. T. gravierend an den Realitäten dieses Kulturraumes vorbeigeht. Eine besondere Rolle spielen dabei Klischees wie der „Harem", Prunk und Pomp festlicher Aufzüge und Empfänge durch islamische, insbesondere osmanische Herrscher sowie auch Darstellungen von Sklavenmärkten (v. a. verbunden mit Frauenhandel) oder Bazarszenen. Deutlich wird auch der große Einfluß, den sowohl Archäologen als auch Reisende und deren Berichte auf die Ausprägung eines romantischen und oftmals idealisierten Orientbildes gehabt haben.

Insgesamt stellt die voluminöse Dokumentation „Europa und der Orient 800—1900" eine vielseitige und üppig ausgestattete Analyse der Wechselbeziehungen zwischen zwei Kulturräumen und des einseitigen Bildes, das sich die Europäer vom Islamischen Orient über Jahrhunderte hinweg gemacht haben, dar.
(SIEVERNICH, G.; H. BUDDE (Hg.): Europa und der Orient 800—1900. München, Gütersloh (Bertelsmann Lexikon-Verlag) 1989, 923 S.)

2. Der Islam und seine geographische Bedeutung

Wenn im vorhergehenden Kapitel die Bezeichnung „Islamischer Orient" gewählt wurde, läßt dies vermuten, daß der Religion für die Gestaltung dieses Raumes eine hohe Bedeutung zugemessen wird. So wird beispielsweise in vielen journalistischen Berichten — wie in Indien der Hinduismus — in unserem Bereich der Islam für zahlreiche wirtschaftliche Probleme und eine unterbleibende Entwicklung verantwortlich gemacht. Solche Darstellungen greifen aber in der Regel zu kurz. Abgesehen davon, daß bei einem solchen Ansatz andere bedeutende Faktoren meist ausgeblendet bleiben — so die o. g. Penetration imperialistischer Mächte — läßt sich die gesellschaftliche Rolle einer Religion nicht allein aus Zitaten ihrer religiösen Schriften ableiten. Zum einen sind die religiösen Vorstellungen oft vielgestaltiger: Die Gläubigen interpretieren die Schrift — nicht immer auf die gleiche Weise; besonders im Volksglauben fließen Vorstellungen ein, die nicht durch die Schriften abgedeckt werden. Zum anderen bleibt die Rolle des Glaubens beim menschlichen Handeln zu problematisieren. Selbst da, wo ein Einfluß religiöser Normen offensichtlich erscheint, müssen diese mit der gesellschaftlichen Wirklichkeit verglichen werden: In der Praxis lassen sich Vorschriften umgehen, wie es im Fall des Islam z. B. mit dem Zinsverbot oder mit dem Erbrecht von Töchtern häufig geschieht. Und auch wenn die Realität den Normen zu entsprechen scheint, sind diese nicht unbedingt die Ursache; nachträglich werden oft die Normen den Gegebenheiten angepaßt, z. B. bei der religiösen Begründung vorislamischer Praktiken; zu deren Ableitung müssen andere Faktoren herangezogen werden. Bestandteil der äußerst komplexen Funktion von Religion in der Gesellschaft ist zudem, daß diese nicht selten zur Legitimierung von Macht wie von ganz individuellen Handlungen dient und sie vor Infragestellung schützen soll. Die realen, hinter dem Handeln stehenden Beweggründe müssen nicht den religiösen Motiven entsprechen, die nach außen vorgeschoben werden.[1] Diese vielfältigen Probleme können im Rahmen der vorliegenden Darstellung nicht näher analysiert werden. Sie sich zu vergegenwärtigen, ist jedoch wichtig, um nicht in Klischees und allzu große Vereinfachungen zu verfallen.

Trotz der gebotenen Vorsicht bei der Beurteilung der Rolle der Religion wird zu zeigen sein, daß der Islam eng mit dem realen Leben verbunden ist, ohne daß man ihn gleich als hinter allem stehende „Kraft", als alles determinierenden Faktor zu verstehen hat. So stellt er im Bewußtsein der Muslime — trotz aller Konflikte — ein einigendes Band dar und dient — auch über den Islamischen Orient hinaus — der Identitätsfindung der Gläubigen. Schon hierin mag eine Berechtigung dafür liegen, vom „Islamischen" Orient zu sprechen.

Eine solche Ansprache wird jedoch erst möglich, nachdem sich der Islam über diesen Raum ausgebreitet und sich zu einer der großen Religionen der Erde entwickelt hatte. Dieser Prozeß wird in Kapitel 2.1 skizziert. Die Glaubensgrundlagen der Muslime, die für ein Verständnis der Kultur Voraussetzung sind, werden dann in Kapitel 2.2 angesprochen.

(G. St.)

Anmerkungen zu Kapitel 2

1. Ein Beispiel soll dies veranschaulichen. Eine Stiftung (vgl. Kap. 4.4.6), auch zugunsten der Nachkommenschaft, gilt als fromme, Gott wohlgefällige Tat. Wenn nun der Stifter nur seine männlichen Nachkommen als Nutznießer einsetzt, wird auf diese Weise die im Koran festgelegte Erbregelung umgangen, nach der auch Töchter (jeweils mit der Hälfte eines Anteils der Söhne) berücksichtigt werden müssen. Nach außen hin gottgefällig, hat der Stifter somit ein wichtiges religiöses Gebot dem Sinn, nicht aber dem Buchstaben nach verletzt. (Die Gültigkeit einer solchen Stiftung wurde von einem Teil der Rechtsgelehrten angezweifelt, die Praxis war aber häufig in Gebrauch.) (G. St.)

2.1 Die räumliche Präsenz des Islam: Entstehung und Ausbreitung einer Religion

Schauplätze der Verkündigung der Lehren des Islam durch den Propheten Muḥammad Anfang des 7. Jahrhunderts waren zwei Orte auf der Arabischen Halbinsel: Mekka und Medina, das zu jener Zeit noch *Yaṯrib* hieß (vgl. Abb. 4). Die Region, in der sie liegen, der Hedschas *(Ḥiǧāz)*, bildete zu jener Zeit den Schnittpunkt wichtiger internationaler Handelswege, nämlich der Karawanenstraßen zwischen dem Byzantinischen Reich und Südarabien einerseits, Ostafrika und Persien andererseits. Vor allem Mekka hatte sich, besonders nachdem Südarabien politisch, ökonomisch und kulturell seine vormals große Bedeutung verloren hatte, zu einem prosperierenden Handelszentrum entwickelt.

Der Handel zwischen den verschiedenen arabischen Stämmen war an die Existenz heiliger Bezirke gebunden, Sitze von Gottheiten, denen dort in regelmäßigen Abständen gehuldigt wurde. Kriegerische Handlungen und Gewalttätigkeiten waren dann an diesen Orten grundsätzlich verboten; so war die für den Handel notwendige Sicherheit garantiert. Die Marktsaison richtete sich nach der Folge religiöser Feste. Auf diese Weise gelang es, einen regelmäßigen, organisierten und sicheren Handel zwischen Nomaden und Seßhaften zu gewährleisten. Der Stadt Mekka mit ihrem Heiligtum, der Kaaba *(Kaʿba)*, fiel hierbei eine zentrale Rolle zu. Die führenden mekkanischen Familien konnten sich dominierende Stellungen im Handel sichern (vgl. MÜLLER 1981:141—153).

Mehr ein größerer Komplex von Gehöften und Häusern denn eine Stadt im engeren Sinne stellte das ca. 400 km nördlich Mekkas gelegene Yaṯrib, das spätere Medina, dar, das vorwiegend von jüdischen Stämmen besiedelt war, die in erster Linie von der Landwirtschaft lebten. In dieser Umgebung legte Muḥammad durch seine Verkündigung die Grundlage für die neue Religion, den Islam.

(G. W.)

2.1.1 Muḥammad als Gesandter Gottes

(A. Falaturi)

Die Person Muḥammads nimmt im Selbstverständnis der Muslime eine zentrale Stellung ein, wenn er auch nicht — wie Jesus im Christentum — als Gott verehrt wird. Daher erscheint es gerechtfertigt, seinem Wirken vergleichsweise breiten Raum zu widmen. Nur so läßt sich auch die Situation anschaulich machen, in der der Islam verkündet wurde und die den geschichtlichen Maßstab abgibt für die Bewertung der neuen Religion, auch wenn der Muslim eine historische Relativierung seines Glaubens nicht akzeptiert. Ein besonderes Augenmerk verdienen hierbei die gesellschaftlichen Verhältnisse, die Bedeutung von Stammesstrukturen und -solidarität, ein Problemkreis, der in anderem Zusammenhang nochmals aufgegriffen werden muß (Kap. 4.3.2) und der in einigen Aspekten dort vielleicht deutlicher wird.

Muḥammad ibn (Sohn) ᶜAbdillāh ibn ᶜAbdilmuṭṭalib ibn Hāšim ibn ᶜAbd Manāf alqurašī wurde um 570[1] in Mekka geboren, und zwar als jüngste Mitglied einer Großfamilie der Sippe Hāšim (geb. 464) aus dem Stamm der Qurayš; einer Sippe, die in Zentral-Arabien und darüber hinaus (also stämmeübergreifend) bedeutende, mit Würde und Ansehen verbundene religiöse und gesellschaftliche Funktionen innehatte. Eine dieser Funktionen, die geraume Zeit vor Muḥammad ein Monopol des Stammes der Qurayš war und zu Muḥammads Zeit in den Händen seines Großvaters Abdulmuṭṭalib (geb. 497) lag, war das Privileg, die Besucher des großen *Ḥaǧǧ*, der jährlichen Wallfahrten, mit Wasser und Nahrung zu versorgen; eine Aufgabe, die auch stammesübergreifenden Einfluß und wirtschaftliche Stärke signalisierte. Der *Ḥaǧǧ* war das wichtigste Ereignis im Jahr, bei dem nicht nur die arabischen Polytheisten, sondern auch Anhänger aller im damaligen Arabien vertretenen Religionen (Juden, Christen, Sabaer, Ḥanīfen, Zoroastrier, Mazdakiden, Manichäer) anwesend waren, um die wenigen friedlichen Monate („Unverletzliche Monate“, vgl. Koran 9,5) über die religiösen, wirtschaftlichen und clanspezifischen Anliegen hinaus auch zum allgemeinen geistigen und kulturellen Austausch zu nutzen. Solange sie als *ḥuǧǧāǧ* (= „Pilger“) zu den Heiligtümern galten, waren sie Gast des Herrn *(šarīf/sayyid)* von Mekka, der für ihr Wohlergehen (Essen und Trinken) verantwortlich war, wofür er und auch sein Stamm einen großen Teil selbst spenden mußten. Welches Ansehen und welche Macht eine solche Person (in unserem Falle Muḥammads Großvater) besaß, ist nicht schwer zu erraten.

Muḥammads Vater ᶜAbdullāh (geb. in Mekka 545) war der Sohn des kinderreichen ᶜAbdulmuṭṭalib (10 Söhne). Er starb im Alter von 25 Jahren, einige Monate vor Muḥammads Geburt, während eines Aufenthalts in Yaṯrib (= al-Madīna/Medina), wo er auf der Rückreise aus Syrien seine Verwandten mütterlicherseits (aus der Sippe Banū Naǧǧār, vom Stamm al-Ḫazraǧ — später Unterstützer Muḥammads in Medina) besuchte. Da er bei seinem Tod noch sehr jung war, konnte er seinem Sohn nur ein bescheidenes Erbe hinterlassen. Muḥammad wurde einige Monate nach dem Tod seines Vater in Mekka geboren. Sein Großvater ᶜAbdulmuṭṭalib nannte ihn „Muḥammad“, ein in der damaligen Zeit weder besonders häufiger noch unbekannter Name. Kurz danach wurde Muḥammad entsprechend der Sitte der wohlhabenden Qurayš einer Amme aus *al-bādīya* (Steppengebiet) vom Stamm Banū Saᶜd übergeben. Nach fünf Jahren bei den Banū Saᶜd brachte ihn die Amme zu seiner Mutter Āmina bint Wahb (aus der Sippe Zuhra) in Mekka zurück. Um 575 reiste seine Mutter mit dem Fünfjährigen in Begleitung der Amme nach Yaṯrib (ca. 350—400 km), um Verwandte und das Grab des Vaters zu besuchen. Auf der Rückreise nach Mekka erkrankte Muḥammads Mutter und starb im Alter von 20 Jahren (nach anderen Quellen 30jährig) unweit von Yaṯrib, im Dorf al-Abwāʾ (576). Nur mit seiner Amme reiste der sechsjährige Muḥammad nach Mekka zurück.

Sein Großvater ʿAbdulmuṭṭalib kümmert sich nun intensiver um sein Mündel Muḥammad. Im Alter von acht Jahren verlor Muḥammad aber auch seinen inzwischen 80jährigen Großvater (578). Dessen Sohn Abū Ṭālib (wahrscheinlich um 540 geboren), der unter seinen Brüdern dafür am meisten qualifiziert war, trat die Nachfolge des Vaters im höchsten religiös-gesellschaftichen Amt an und übernahm zugleich die Vormundschaft für Muḥammad[2]. Im Hause eines der einflußreichen Männer Arabiens wuchs Muḥammad heran und stand unter seinem Schutz bis zum Tod von Abū Ṭālib (619).

Über die Zeit bis zu seiner Heirat mit Chadidscha bint Chuweilid (Ḫadīğa bint Ḫulayd) vom Clan der Asad gibt es wenig brauchbare Informationen; die legendenhaften Bruchstücke, die aus einer späteren Zeit stammen, halten nicht einmal den kritischen Methoden der islamischen Hadith-Wissenschaft stand. Daß die geschäftlich erfahrene Qurayšitin Chadidscha den Berichten nach bereit gewesen sein soll, Muḥammad ihr Kapital unter der Voraussetzung anzuvertrauen, daß die Gewinne anteilmäßig entsprechend ihrem Kapital und der Leistung Muḥammads geteilt werden *(muḍāraba)*, spricht dafür, daß er bei seinem Onkel, dem erfolgreichen Kaufmann Abū Ṭālib, reiche Erfahrungen gesammelt hat.[3]

Die häufig berichtete ,,Armut" Muḥammads erscheint sehr unwahrscheinlich angesichts der Tatsache, daß sein Onkel das mit hohem finanziellem Aufwand verbundene Amt des ,,Herrn von Mekka" verwalten konnte.[4]

Zusammenfassend läßt sich aus historischer Sicht folgendes feststellen:

> ,,Der Hāšim-Angehörige Muḥammad war seit früher Kindheit Vollwaise, damit allerdings im Rahmen des engen Sippen-Verbandes keineswegs ‚arm und hilflos' ... Als Erwachsener verdiente Muḥammad seinen Lebensunterhalt mit einer durchaus Qurayš-typischen Beschäftigung, dem Handel. In den Rahmen dieser Tätigkeit gehört dann auch seine Ehe mit Ḫadīğa bint Ḫulayd ..." (NOTH 1978:17).[5]

Seine Fähigkeiten, seine Aufrichtigkeit (er war bekannt als *al-Amīn* = der Vertrauenswürdige), sein gesellschaftliches Ansehen und sein Charakter erwarben ihm die Achtung der reichen Kaufmannswitwe Chadidscha, die er mit 25 Jahren (wahrscheinlich 595) heiratete (Chadidscha selbst war angeblich 15 Jahre älter als Muḥammad). Sie gebar ihm sechs Kinder: zwei Söhne, die als Kinder starben, und vier Töchter , von denen Fāṭima, die Jüngste, auf die die Nachkommen Muḥammads zurückgehen, um 605 zur Welt kam.

> ,,Muḥammad hätte wahrscheinlich sein Leben als nicht unvermögender qurayšitischer Kaufmann aus der Sippe Hāšim beschlossen, wenn sich in ihm nicht — im Alter von ungefähr vierzig Jahren — ein radikaler Wandel vollzogen hätte" (NOTH 1987:18).

Ob er der polytheistischen Religion seiner Umgebung angehangen hat, läßt sich nicht feststellen. Die Muslime glauben, daß Muḥammad nie Götzenanbeter war. Sicher (und historisch belegbar) ist aber, daß er den religiösen Traditionen seines Volkes und den gesellschaftlichen Zuständen gegenüber sehr kritisch eingestellt war und sich schon lange Zeit vor seiner Berufung dem Monotheismus (in welcher Form, ist unbekannt) zugewandt hatte, wie auch schon Kritiker vor ihm. Neben seiner Kaufmannstätigkeit zog er sich immer wieder in die Einsamkeit und Abgeschiedenheit der Berge zu Gebet und Meditation zurück. Diese religiöse Handlung, *taḥannuṯ* und *taḥnnuf* genannt, wurde schon vor ihm von vielen praktiziert, die die Vielgötterei ablehnten und sich dem einzigen Gott Allah im Gebet zuwandten; hauptsächlich von Ḥunafā', Anhänger eines Eingottglaubens, den der Koran mit Abraham in Verbindung bringt. Für sein *taḥannuṯ* hat Muḥammad eine Höhle vor dem Berg *al-Hirā'* (ca. 12 km nördlich von Mekka) gewählt und als Zeit den Monat Ramadan. Das war auch die Zeit und der Ort seines ersten Berufungserlebnisses.

Nach diesem Berufungserlebnis fühlte Muḥammad sich von Gott beauftragt, die von ihm kritisierte Glaubens- und Lebensweise seiner Umwelt zu ändern. Er verstand sich als „Warner" (arab.: *munḏir*) und verkündete als Botschaft Gottes zunächst folgende Koranverse:

„Im Namen Allahs, den Gnädigen, des Barmherzigen.
Lies im Namen deines Herrn, der erschuf,
Erschuf den Menschen aus einem Klumpen Blut.
Lies! Denn dein Herr ist der Allgütige,
Der (den Menschen) lehrte durch die Feder,
Den Menschen lehrte, was er nicht wußte." (96,1—6)

Die Koranverse dokumentieren den Hauptansatz seines Berufungsverständnisses:

- Die Eröffnung der Botschaft im Namen Gottes unter Betonung der Barmherzigkeit *(raḥma)* Gottes
- Die Betonung der Schöpfertätigkeit Gottes
- Die Erschaffung des Menschen durch Gott
- Die Belehrung des Menschen als Ausdruck der *karam* (= Güte) Gottes

Damit war der programmatische Rahmen seiner weiteren Tätigkeit als Prophet abgesteckt. Dieses Programm beinhaltete in erster Linie drei Schwerpunkte, die als Kampfansagen zu bewerten sind:

- gegen den Polytheismus
- gegen die gesellschaftliche Ungerechtigkeit
- gegen Unwissenheit mit all ihren nachteiligen Folgen

Diese Kampfansage war in zweifacher Hinsicht eine Bedrohung für die mekkanische Gesellschaft: gegen ihren Glauben und gegen ihre Gesellschafts- und Wirtschaftsordnung. Mit der neuen Offenbarung trat Muḥammad aber erst nach drei Jahren an die Öffentlichkeit. Vorher nahmen zunächst seine Frau Chadidscha, sein 13jähriger Vetter ʿAlī, der Sohn Abū Ṭālibs, der zu dieser Zeit wie ein Pflegesohn unter Muḥammads Obhut stand (der spätere Vierte Kalif) und Muḥammads Adoptivkind Zaid den neuen Glauben an. Der erste Gläubige außerhalb der Familie war Abū Bakr (der spätere Erste Kalif), ein reicher, angesehener Kaufmann. Ihm folgten dann eine Reihe von hochangesehenen Mekkanern, u. a. ʿUṯmān ibn ʿAffān (der spätere Dritte Kalif). Meist waren es Frauen und Männer, die dem Polytheismus skeptisch gegenüberstanden, oder auch Unterdrückte (z. B. Sklavinnen und Sklaven), die in der neuen Botschaft ihre Befreiung sahen.

Als Muḥammad nach drei Jahren seine Botschaft zunächst an die eigene Sippe und dann an alle Qurayš in Mekka richtete, erlebte er heftige Ablehnung von ihnen, denn sie sahen sich durch die neue Lehre in ihrer Existenz bedroht. Intrigen, Belästigungen, Schikanen gegenüber den mekkanischen Anhängern der neuen Botschaft waren an der Tagesordnung. Besonders den muslimischen Sklaven drohte qualvolle Folter. Dennoch gewann die neue Lehre immer mehr überzeugte Anhänger. Die Gefahr, die von der neuen Lehre für die tribalen Strukturen ausging, förderte den Haß der Mekkaner und machte das Leben für die Muslime in Mekka unerträglich. Es kam zu zwei Auswanderungen nach Äthiopien, wo die Muslime Berichten zufolge vom christlichen Herrscher freundlich aufgenommen wurden. Auch der Druck auf Muḥammad und die in Mekka gebliebenen Muslime erhöhte sich von Tag zu Tag; nur in den „Friedensmonaten" hatten sie die Möglichkeit, offen aufzutreten und den Anwesenden über ihre neue Botschaft zu berichten. Trotzdem war ein direkter Angriff auf Muḥammad nicht zu erwarten, weil er unter dem verstärkten Schutz seines Onkels Abū Ṭālib, seiner Frau Chadidscha und der Clans von Banū Hāšim und Banū ᶜAbdilmuṭṭalib stand, hauptsächlich der Clanmitglieder, die nicht aus islamischer Überzeugung, sondern nach dem Prinzip der Sippensolidarität Muḥammad schützen mußten (vgl. NOTH 1987:29). Für die Clans bedeutete das allerdings wirtschaftlichen Boykott und andere Einschränkungen durch die übrigen Qurayš. Das heißt, daß nach den Stammes- und Sippenprinzipien die Person Muḥammad und seine Lehre eine Stammes- und Sippenangelegenheit war, die auch von denjenigen verteidigt wurde, die an ihrem Polytheismus festhielten, gegen den Muḥammad von Beginn an aufgetreten ist.

Eine ernste Gefahr drohte Muḥammad erst nach dem Tode seines Onkels und Ersatzvaters Abū Ṭālib im Jahre 619, dem die Qurayš und andere arabische Stämme als letztem Hüter und Vertreter der heidnischen *ḥaǧǧ* bis zum Schluß Respekt zollten.[6] Die Gefahr wuchs, als kurze Zeit später auch Muḥammads Frau Chadidscha starb, der der Islam, die Muslime und vor allem Muḥammad unermeßlich viel zu verdanken haben.

Die Anfeindungen gegen Muḥammad nahmen in unerträglichem Maße zu. Er brauchte Verbündete außerhalb seines Stammes. Mit dem Koran und Mahnungen wandte er sich an so viele Stämme, wie er erreichen konnte; hauptsächlich in den *ḥaǧǧ*-Monaten, in denen sich die Muslime frei bewegen und äußern konnten. Bei einigen Stämmen fand er zwar Anerkennung und Gehör, aber die Furcht vor den Qurayš hinderte sie, den Islam anzunehmen, denn die Annahme des Islam bedeutete eine direkte Konfrontation mit den Qurayš. Hierin und in der Unterstützung der polytheistischen Sippe für Muḥammad deutet sich eine längst begonnene historische Entwicklung an, die für spätere Entwicklungen, besonders nach dem Tode Muḥammads, entscheidende Bedeutung gewonnen hat: In dem Prozeß, den Muḥammad in Bewegung setzte, liefen zwei mehr oder weniger gleichstarke, einander widersprechende Strömungen parallel zueinander:

- die Logik der Stammesstruktur, in der jeder einzelne seine Identität sah und wofür er leben und sterben mußte, und
- die neue Religion, die beinhaltete, unter Ausschaltung der Vielgötterei und der darauf aufbauenden Stammesstrukturen eine direkte Verbindung zwischen Mensch und Gott herzustellen.

Die neue Lehre konnte nur Aussicht auf Erfolg haben, wenn es ihr gelänge, unter Ausschaltung der tribalen Strukturen eine neue Ordnung aufzubauen oder die alte Ordnung und die neue Religion widerspruchslos miteinander zu verbinden. Nach zehnjähriger Erfahrung mußten die Muslime erkennen, daß Mekka als das Zentrum des Polytheismus *(širk)* sich zunächst als völlig ungeeignet erwies. Die Auswanderung nach Yaṯrib (Medina) sollte die Entscheidung bringen.

Für das Verständnis des historischen Ablaufs ist aber zunächst die Beziehung Muḥammads zu Juden und Christen in der mekkanischen Zeit von Bedeutung:

Während die Botschaft Muḥammads bei den Polytheisten selbst gegen seinen Willen eine tribale Dimension bekam (was im Schutz seiner Person zum Ausdruck kam), durchbrach seine Beziehung zu Juden, Christen und auch zu den Ḥanīfen diese engen Stammes- und Clangrenzen. Das war ein für die tribalen Strukturen der damaligen Zeit bedeutendes Phänomen, das seine Entsprechung nur in den *ḥaǧǧ*-Ritualen fand, die ebenso glaubensübergreifend wirkten.

Gewichtig ist auch die Tatsache, daß Muḥammad von Beginn seiner Verkündigung in mekkanischer Zeit an den Polytheisten gegenüber als Vertreter des Eingottglaubens der Juden, Christen und Abrahams aufgetreten ist, wie der Koran belegt.[7] In allen Zeitabschnitten der mekkanischen Periode spricht der Koran von Abraham, Moses, Jesus, Thora und Evangelium sowie den Propheten Israels als Verkündern der gleichen göttlichen Offenbarung. Dennoch gilt: So sehr er die Gemeinsamkeit von Juden, Christen und Muslimen gegenüber den Polytheisten betont, so deutlich betont er auch die Differenzen. Beispielsweise widerspricht er in der Beurteilung des Wesens von Jesus und Maria der jüdischen wie der christlichen Auffassung.[8]

Insgesamt läßt sich die Haltung Muḥammads gegenüber der jüdischen und christlichen Lehre sowie den Polytheisten so zusammenfassen:

- Den Polytheisten gegenüber betonte er konsequent die Bedeutung von Abraham, Moses und Jesus sowie anderer Propheten und deren Lehre in der Weise, wie er davon überzeugt war.
- Den Juden gegenüber verteidigte er die Reinheit Marias, und das Prophetentum Jesu.
- Den Christen gegenüber und im Rahmen christlich-jüdischer Auseinandersetzungen würdigte er die Leistung Mose und der anderen Propheten Israels, vor allem den Eingottglauben und die daraus abgeleiteten Handlungen.
- Juden und Christen gegenüber, und diese kritisierend, berief er sich auf den uneingeschränkten Monotheismus Abrahams. Aus dieser Haltung Muḥammads[9], die durch die mekkanischen Koransuren dokumentiert wird, ergeben sich für den Historiker sehr wichtige Schlußfolgerungen, die sich durch Fakten bestätigen lassen:
- Den mekkanischen Polytheisten mußten Abraham und Moses, Jesus sowie weitere prophetische Gestalten bekannt gewesen sein und authentisches Ansehen genossen haben, sonst hätte Muḥammad sie nicht mit solcher Selbstverständlichkeit als Beweis und Zeugen der Richtigkeit seiner Botschaft anführen können.
- Der geistige Einfluß von Juden und Christen in Mekka als Zentrum der religiösen Ereignisse und Auseinandersetzungen in der arabischen Welt dürfte erheblich größer gewesen sein, als man bislang angenommen hat.

Alles spricht dafür, daß zahlreiche Juden und Christen in Mekka gelebt haben, entweder auf Dauer oder in einem ständigen Verkehr zur Regelung wirtschaftlicher, religiöser und sogar politischer Angelegenheiten. Aus ihrer Mitte kommen Juden und Christen, die die Botschaft Muḥammads bejahten und die im Koran lobend erwähnt werden.

Eine enge Verbindung Arabiens zur christlichen und jüdischen Tradition wird durch verschiedene Umstände verdeutlicht, z. B. durch

- die Begrenzung der arabischen Halbinsel im Norden, Süden und Westen von christlichen Ländern, von denen Impulse zur Verbesserung der Situation der Christen in Arabien ausgingen[10] (vgl. Abb. 4);
- die Existenz mehrerer arabischer Stämme mit christlichem Glauben nördlich von Yaṯrib/Medina und südlich von Mekka in jemenitischen Gegenden;
- die Existenz zahlreicher jüdischer Stämme in Yaṯrib und dessen nördlicher Umgebung, die vor Verfolgung aus syrischen Gebieten ausgewandert waren, sowie die Ausbreitung jüdischer Stämme, Clans und Großfamilien in verschiedenen Gebieten des Jemen;
- jahrzehntelange, z. T. kriegerische Auseinandersetzungen zwischen den arabischen Stämmen al-Aws und al-Ḫazraǧ und den mächtigsten jüdischen Stämmen in Yaṯrib, Banū Qaynuqāᶜ, Banū Qurayẓa und Banū Naḍīr;
- der jahrhundertelang währende Zwist (zum Teil mit heftigen Kriegen) zwischen Juden und arabischen Christen, vor allem im Jemen, zu dem auch die Ausmerzung der Christen in Naǧrān durch den letzten ḥimyarischen König Ḏū Nuwās nach dessen Übertritt zum Judentum gehörte, sowie dessen spätere Niederlage gegen christliche Truppen aus Äthiopien[11]
- beträchtlicher Einfluß der religiösen Bräuche der Juden auf Araber auch außerhalb jüdischer Siedlungen[12]
- der christliche Einfluß auf die Weltanschauung der Araber[13]
- die Beteiligung vor allem christlicher Dichter an höchsten kulturellen Wettbewerben in Mekka während der Zeit der großen *Ḥaǧǧ* und auch zu anderen Gelegenheiten. Einer der bedeutendsten Vertreter, wenn nicht sogar der bedeutendste, war Imra' al-Qays aus Kinda (Südarabien)
- der geistige und moralische Einfluß christlicher Gestalten, wie z. B. des Dichters Ḥātam aṭ-Ṭā'ī aus Banū Ṭayi' nördlich von Medina, der als Symbol der Großzügigkeit bis heute fest in die islamische Kultur integriert ist;
- das im ganzen spannungsfreie bis sehr gute Verhältnis der arabischen Christen zu den anderen Arabern, weil jene sich auch als genuine Araber verstanden;
- die deutliche Neigung der Kritiker des Polytheismus zur Konversion zum Christentum, darunter auch einige aus der Sippe Muḥammads.[14]

Diese im Grunde unbestreitbaren, im Detail heute nicht immer leicht nachvollziehbaren Fakten bestätigen den Eindruck, daß Elemente der jüdischen und der christlichen Religion über den Rahmen der jüdischen und christlichen Stämme und Gebiete hinaus den arabischen Polytheisten bekannt waren, vor allem in der stämmeübergreifenden Religionsmetropole Mekka, und daß ihre Hauptvertreter bei den Arabern ein gewisses Ansehen genossen haben.

Abb. 4: Der Vordere Orient um 600 n. Chr.

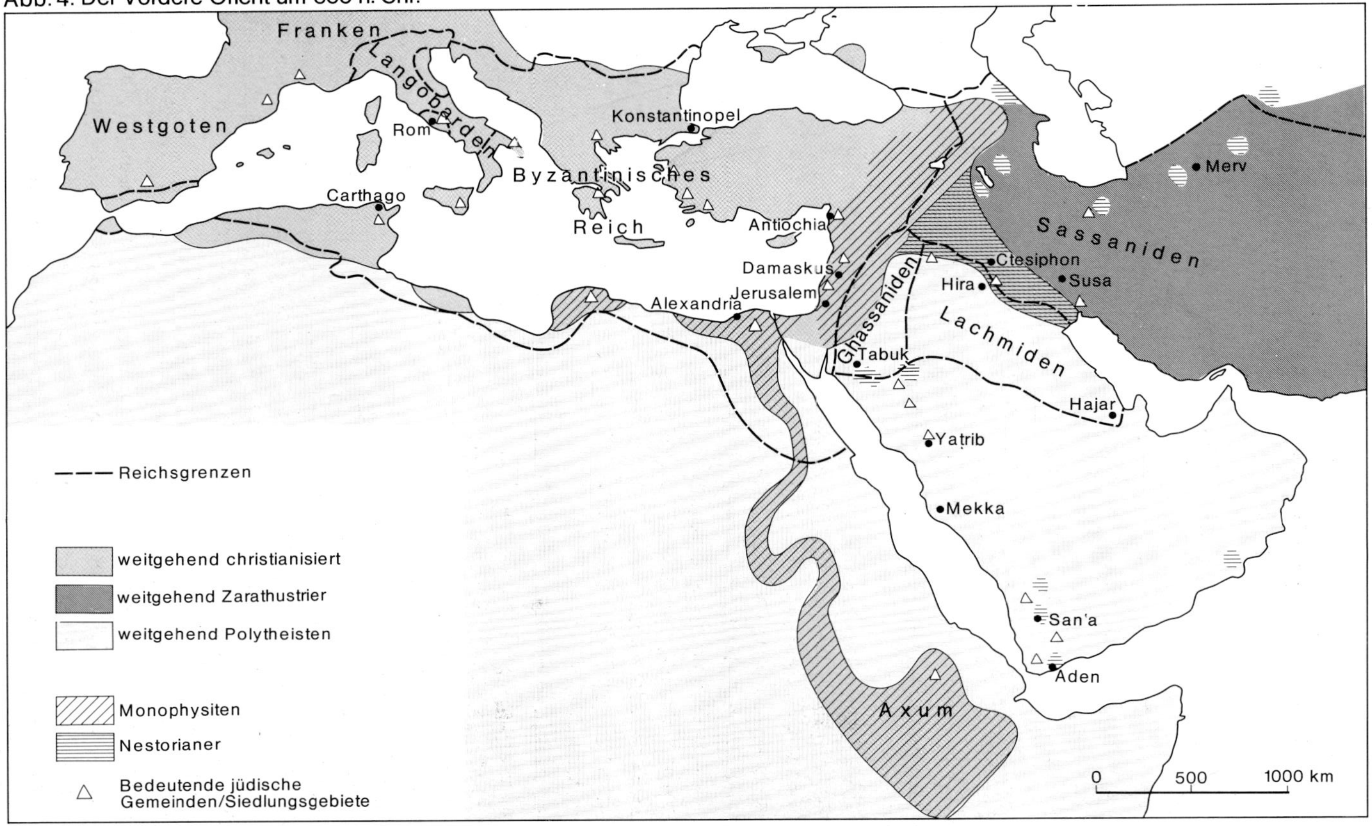

Entwurf: G. Stöber

Diese Tatsachen erklären, wie ein Mensch wie Muḥammad dazu kommt, mitten im Kernland des Polytheismus sich auf jüdische und christliche Lehren zu berufen (wenn auch in einer besonderen Version) und seine Landsleute zum Eingottglauben aufzurufen.

In der mekkanischen Periode sahen Juden und Christen, selbst diejenigen, die ihn ablehnten, in Muḥammad keine Gefahr für ihre Existenz und ihre Identität, wie dies bei den Qurayš der Fall war. In gleicher Weise hat auch Muḥammad in ihnen, anders als in den Qurayš, keine Feinde erblickt.

Die Grenze der Gemeinsamkeiten und Unterschiede zwischen ihm und Juden und Christen war ihm klar. Für diejenigen von den „Schriftbesitzern", die ihn ablehnten, galt das im Koran in der dritten mekkanischen Periode, wahrscheinlich im 10. oder 11. Berufungsjahr (also um 620) festgelegte Prinzip:

> „Und streitet mit den Leuten der Schrift nie anders als auf eine möglichst gute Art (oder: auf eine bessere Art (als sie das mit euch tun)!) — mit Ausnahme derer von ihnen, die Frevler sind! Und sagt: ‚Wir glauben an das, was (als Offenbarung) zu uns, und was zu euch herabgesandt worden ist. Unser und euer Gott ist einer. Ihm sind wir ergeben'." (29,46)

Damit bekommt Muḥammads Botschaft ihre endgültigen Konturen und Grenzen innerhalb der damaligen religiösen Strömungen; ein, gemessen an der gesellschaftlichen und religiösen Situation in Mekka, beachtlicher Erfolg. Es dürfte u. a. dieser Erfolg seiner Botschaft gewesen sein, der die Entscheidung Muḥammads zur Auswanderung nach Medina begünstigte, indem die Medinenser schon vor seiner Auswanderung für seine Botschaft gewonnen werden konnten, ungeachtet seiner verhältnismäßig kleinen mekkanischen Anhängerschaft.

Die ergebnislosen Versuche, außerhalb seines Stammes und selbst außerhalb von Mekka weitere Stämme und Sippen für die neue Botschaft zu gewinnen, endete für Muḥammad mit einer zukunftsweisenden Hoffnung. Möglicherweise schon im gleichen Jahr (619) begegnete er während des großen ḥaǧǧ Besuchern aus Medina, die ihn interessiert anhörten. Der letzte größere Krieg (Tag von Buʿāṯ) zwischen den zwei stärksten und tonangebenden Stämmen in Medina, den Aws und den Ḫazraǧ mit ihren Clans und Subclans, und die seit langem bestehende unüberbrückbare Verfehdung zwischen ihnen machten gewohnheitsgemäß einen unparteiischen, stammesfremden Schiedsrichter unentbehrlich (NOTH 1987:31 f.). Die folgenden Kontakte der Medinenser zu Muḥammad, vor allem aus der Sippe seines Vaters (Banū Naǧǧār), in den Jahren 620, 621 und 622 dürften höchstwahrscheinlich diesem Ziel gedient haben. Bereits 621 kam es nach den Berichte zum ersten und 622 zum zweiten und endgültigen geheimen Bündnis der beiden Stämme mit Muḥammad während des großen ḥaǧǧ in ʿAqaba. Bei dem ersten Bündnis ging es nur um den religiösen Inhalt.[15]

Das Bündnis aus dem Jahre 622 dagegen können wir aus unserer Perspektive mit Vorsicht als einen „politischen Akt" bezeichnen „Ich schließe mit euch das Bündnis *(ubāyiʿukum)*, mich zu schützen, genauso wie ihr eure Frauen und Söhne schützt" (HAIKAL 19:215). Die zu dieser Zeit bereits abbröckelnde Schutzverpflichtung seiner eigenen Sippe wird nun — vermutlich erstmals in der Geschichte des arabischen Stammeslebens — durch eine nur der Form nach ähnliche Schutzverpflichtung ersetzt: durch eine stämmeübergreifende — tribalistische Normen wohl beinhaltende — Bindung an die neue Botschaft.

Damit war die von langer Hand vorbereitete Übersiedlung (Hedschra, *hiğra*) Muḥammads und seiner mekkanischen Anhänger nach Medina gesichert. Unter Verzicht auf ihr Hab und Gut in Mekka (dieses wurde von den Qurayš beschlagnahmt) verließen sie 622 ihre Heimatstadt unter Verfolgung durch die Qurayš. Mit diesem Jahr wird in der Folge die Zeitrechnung der Muslime beginnen.[16]

Die Qurayš waren nun die Todfeinde von Muḥammad. Sie schöpften auch weiterhin alle Möglichkeiten aus, um zu verhindern, daß in Medina eine neue Macht entstand, die ihrer gesellschaftlichen und wirtschaftlichen Vorrangstellung ein Ende setzen könnte.

Entscheidend für den Ablauf der medinensischen Periode der neuen Botschaft war die Offenheit und Aufgeschlossenheit der Medinenser. Das schildert Albert NOTH (1987:34) folgendermaßen:

„Zieht man die Lage der Muslime im Qurayš-Stamm zum Vergleich heran, so ergibt sich zunächst als entscheidender Unterschied, daß Muḥammad als ‚Gesandter Gottes' und seine Gefolgschaft als Muslime in Yaṯrib/ Medina prinzipiell erwünscht und damit geschützt waren. Die Zeit, da sie als Störfaktor im Stammesverband angesehen wurden und den Verlust des überlebensnotwendigen (Sippen-/Stammes-)Schutzes befürchten mußten, war damit endgültig vorbei. Desweiteren hatte sich ein beachtlicher Teil der Bewohnerschaft in Yaṯrib/Medina — dadurch war die Hedschra ja überhaupt erst möglich geworden — bereits dem Islam angeschlossen, und — dies ist wesentlich — die vorherrschende Tendenz in der Oasensiedlung ging in die Richtung einer permanent fortschreitenden Islamisierung der dort lebenden tribalen Gruppen bis hin zur Vollständigkeit. Damit begann sich eine Umkehrung der Relationen abzuzeichnen: Muslim zu sein, wurde Yaṯrib/Medina zunehmend das Normale, die Ablehnung des Islam führte immer mehr in eine Außenseiterposition, derjenigen der Muslime im Stammesverband der Qurayš vor der Hedschra vergleichbar. (...)

So ist es sicherlich auch bezeichnend, daß es der Prophet mit einer spezifisch heidnischen Opposition in Medina nur ganz am Rande zu tun hatte" (a. a .O., 33).

Es spricht alles dafür, daß die Medinenser Muḥammad gerade „wegen seines Prophetentums und nicht trotz dieser Eigenschaft bei sich haben aufnehmen wollen". Muḥammad selbst muß sich dieser Tatsache bewußt gewesen sein. Einen Beweis dafür liefert seine allererste Handlung unmittelbar nach seiner begeistert gefeierten Ankunft (Ende September 622) in Qubā, einem Vorort von Yaṯrib/Medina: Mit großer Selbstverständlichkeit begann er sofort mit dem Bau der ersten Moschee im Islam; mit der gleichen Selbstverständlichkeit errichtete er direkt nach seiner Ankunft in Medina als erstes die bis heute wichtigste Moschee des Islam (auch dabei war er selbst an der Arbeit beteiligt) (NAJAFI 1985:5 ff., 30 ff.).

Ebenso mußte Muḥammad die Tatsache bewußt gewesen sein, daß er von den Medinensern nicht nur als Prophet, sondern auch als eine Autorität erwünscht war, die der bislang unlösbar erscheinenden, in der Geschichte verwurzelten vernichtenden Feindschaft der dortigen Stämme ein Ende setzen sollte. Das geht eindeutig aus dem Abkommen hervor (bekannt als „Gemeindeordnung" bzw. „Verfassung" von Medina), das er sehr bald nach seiner Ankunft mit den Clans abgeschlossen hat.

„Die am Abkommen beteiligten Clans von Yaṯrib erscheinen — einzeln namentlich aufgeführt — als weitgehend autonome Einheiten, die ‚Hiğra-Leute von den Qurayš' werden ihnen wie ein weiterer Clan parallelgesetzt und gleichgestellt. Die vorhandene tribale Struktur wurde folglich nicht ‚vertikal' durchbrochen oder gar aufgelöst, sondern nur ‚horizontal' ergänzt." (NOTH 1987:34).

Daraus entstand ein neues, stämme- und clanübergreifendes Gemeinschaftsgebilde, das formal der „Logik der Stammesstruktur" mit all ihren Vorteilen, aber auch Verpflichtungen und Belastungen unterworfen war. Das kommt vor allem im Inhalt des Abkommens zum Ausdruck. Es schließt an das an, was im zweiten Bündnis mit den Medinensern in ᶜAqaba fest vereinbart worden war: Die gegenseitige Schutzverpflichtung gegenüber Angreifern.

Die neue Gemeinschaft, an der sowohl die arabischen als auch die jüdischen Stämme und Clans beteiligt waren, verdankt genaugenommen ihr *Entstehen* der monotheistischen Botschaft Muḥammads und ihr *Weiterbestehen* der ebenso unangefochtenen „Logik" bzw. der „Gesetzmäßigkeit" der Stammesstruktur. Für Muḥammad bedeutete das, daß er von nun an die beiden von ihm erwarteten Funktionen auszufüllen hatte: Prophet und schlichtende Autorität.

Was das in der Praxis bedeutete, zeigen die für das Stammes-Selbstverständnis ungewöhnlichen Punkte im Abkommen. Zu den in Medina lebenden Stämmen kamen als neue Kategorie nach einem anderen Prinzip definierte, selbständige Vertragspartner: Die Differenzierung nach Juden und Muslime wurde als neues Strukturmoment der Gemeinschaft eingeführt. Dabei war entscheidend, daß sowohl die Juden, als auch die Muslime ihren Glauben beibehalten konnten. Das bedeutet, daß das neue Abkommen eine einheitliche Gemeinde konstruierte, innerhalb der, unbeschadet der Einheit, zwei geistige Strömungen nebeneinander wirkten. Der einigende Faktor war die *umma* (= Gemeinschaft) (vgl. Kap. 2.2.3), die allein das neue Gebilde trug.

Alle am Vertrag beteiligten arabischen und jüdischen Stämme waren Teil dieser *umma* und waren zu deren Bewahrung und Schutz verpflichtet (das war der einzige Gehalt des Abkommens). In bezug auf ihre geistige Haltung, ihren Glauben waren sie frei.

Nur die Muslime hatten sich Muḥammad in seiner Eigenschaft als Prophet unterzuordnen, nicht die Juden. Aber sowohl die Juden als auch die Muslime waren gleichermaßen zur Einhaltung des Abkommens verpflichtet, das auch in die strengen Stammesnormen fest integriert war. Dabei hatten sich die Vertragspartner Muḥammads in seiner Eigenschaft als schlichtende Autorität unterzuordnen. Die gemeinsame Pflicht zur Einhaltung dieses Abkommens beinhaltete, daß ein Verstoß gegen Teile den Bruch der gesamten Vereinbarung zur Folge haben sollte, und zwar mit allen Konsequenzen, die für Vertragsbrüche innerhalb der tribalen Strukturen gültig waren. Kennzeichnend ist, daß die überwiegende Mehrzahl aller koranischen Vorschriften über den Aufbau der Gesellschaft und das Verhalten des Menschen im privaten und öffentlichen Leben erst in der medinensischen Zeit als Offenbarung verkündet wurde. Das manifestiert sich in der Ablehnung, Berichtigung, Bestätigung oder Übernahme der vorhandenen Gewohnheitsregeln oder biblischen Normen, wie auch in der Prägung neuer Vorschriften. Dabei wird eine richtungsweisende Tendenz sichtbar, nämlich, die stämmespezifischen Normen durch stämmeübergreifende Regeln und Institutionen zu ersetzen[17], ohne die Autonomie der Stämme in bezug auf ihre internen Angelegenheiten abzuschaffen. Die daraus entstandene straffe Strukturierung der *umma* auf dieser Grundlage wurde zum Idealbild[18] für die spätere Struktur von Staaten, die auf dem Islam aufbauten, und begründete die islamische Vorstellung von der Einheit von Staat und Religion[19] (vgl. auch Kap. 2.2.4).

Als äußerst schwierig erwies sich allerdings die Aufgabe, die *umma* vor äußeren und inneren Gefahren zu schützen und sie sogar zu erweitern, wie das der Text des Abkommens vorgesehen hatte. Das lag vor allem an der unberechenbaren Situation in Medina, die sich auf das neue Gebilde, die *umma*, übertrug.

Die Lage wurde noch komplizierter dadurch, daß nichtmedinensische Clans und Stämme in die *umma* einbezogen wurden. Das hatte seine Ursache vor allem in der tief in der Geschichte verwurzelten Zerrissenheit der in dieser Region lebenden arabischen und jüdischen Stämme und in der traditionellen Feindschaft aller gegen alle: Araber gegen Araber, Araber gegen Juden, Juden gegen Juden (Stämme, Clans, Sippen), arabisch-jüdische Verbündete gegen andere arabisch-jüdische Verbände usw. Kennzeichnend war auch der damit verbundene rasche Frontwechsel der Gruppen und Parteien, je nachdem, wo sie sich Nutzen und Schutz versprachen; eine völlig unberechenbare Haltung.

Mit einem solchen, durch Geschichte und Gegenwart belasteten Bewußtsein sollten nun die Beteiligten eine neue Gemeinschaft tragen, deren Ziel gerade darin bestand, die Einheit aller zu fördern. Die *umma* hatte daher sehr stark unter der Tradition zu leiden, zumal die Einheit der Beteiligten sich nur auf ein Abkommen gründete und nicht auf Familienbindungen, wie das bei sonstigen Stammesverbänden der Fall war. Deshalb hatte der traditionelle Stammeszwist innerhalb der *umma*, der unaufhaltsam eskalierte, zur Folge, daß er die Lage der Feinde, der Qurayš und der mit ihnen verbundenen Stämme, begünstigte, statt die Gefahren abzuwehren, wie dies das Abkommen vorsah. Das Problem wuchs, je mehr Stämme und Clans sich der *umma* anschlossen. Entscheidend ist daher festzustellen, daß die Kämpfe zwischen den die *umma* bildenden Stämmen und Clans nicht religiös begründet waren; dem Polytheismus gegenüber stand das Judentum (und an anderen Orten das Christentum) als geistige und auch von den Polytheisten respektierte Macht da.

Die widersprüchlichen Berichte über die Verflechtung unterschiedlicher Strömungen innerhalb und außerhalb der *umma* sind erst im 2. Jahrhundert nach Muḥammad unter dem Einfluß der späteren Entwicklungen abgefaßt worden und halten nicht einmal den Kriterien der islamischen Überlieferungskunde stand. Sie machen jedoch alle deutlich, wie verworren und unüberschaubar die damaligen Entwicklungen in der Tat gewesen sein müssen.

Historisch sicher ist die Existenz folgender Personengruppen, die in den Koransuren der medinensischen Zeit erwähnt werden:

- die Gläubigen *(al mu'minūn, al-muslimūn)*[20], die wiederum in mekkanische Auswanderer *(al-muhāğirūn)* und medinensische Helfer *(al-anṣār)* eingeteilt werden;
- die Schriftbesitzer, Juden und Christen (*al-yahūd* und *al-naṣārā* — ,,Nazarener"');
- die Polytheisten (mekkanische und nichtmekkanische).
- die Heuchler *(al-munāfiqūn)*, die vom Koran folgendermaßen beschrieben werden:

„Und wenn sie die Gläubigen treffen, sagen sie ‚Wir glauben'. Wenn sie aber (wieder) mit ihren teuflischen Gesinnungsgenossen beisammen sind, sagen sie: ‚Wir halten es mit euch. Wir machen uns ja nur lustig'." (2,14)

- die Ungläubigen *(al-kāfirūn)*.

Der letztere Begriff bezeichnet keine besondere Personengruppe neben den genannten, sondern weist vielmehr auf eine ablehnende Haltung, die je nach dem Bezugsgegenstand (Gott, seine Propheten, Jenseits, Botschaft Muḥammads, Gabe Gottes . . .) einen spezifischen Inhalt mit unterschiedlicher Intensität und Wertung bekommt[21] und sich entsprechend mit einer der erstgenannten drei Gruppen deckt.

Untersucht man den Anwendungsrahmen der genannten Bezeichnungen in Verbindung mit den beiden Funktionen, die Muḥammad als Prophet und höchste Instanz der neuen Gemeinschaft auszuüben hatte, so ergeben sich folgende Feststellungen:

a) Von der Botschaft, mit der Tendenz, sie davon zu überzeugen, werden neben den Gläubigen die Juden, Christen und vor allem die Polytheisten angesprochen.
b) Im Rahmen der Schutz- und Verteidigungspflichten für die *umma* sind neben diesen auch die „Heuchler" die Ansprechpartner Muḥammads, jedoch nur in Hinblick auf die Erfüllung der Verpflichtungen, die ihnen als Mitgliedern der *umma* zukommt. Wichtig ist jedoch der Vermerk, daß diese funktional und situative Differenzierung nicht als Einteilung der Gemeinschaft und der Person Muḥammads verstanden werden darf, nicht einmal in zwei Ebenen.

Das Verhältnis Muḥammads zu den genannten Gruppen im Rahmen der Schutzverpflichtungen der *umma* gehört historisch gesehen zu den kompliziertesten und bedeutendsten Kapiteln seines Lebens. Es war nach dem Willen der Beteiligten seine Aufgabe, die Gemeinschaft zu führen und nach selbstverständlichen tribalen Prinzipien allen äußeren und inneren Strömungen entgegenzuwirken, die ihren Bestand gefährdeten.

Im Mittelpunkt der Sorge um die *umma* stand von Beginn an die Bedrohung durch die Qurayš und die Polytheisten *(al-mušrikūn)*, zu deren Abwehr ja bereits das erste Bündnis mit den Medinensern in Mekka (622) und dann das Abkommen in Medina geschlossen worden waren. Es war nur eine Frage der Zeit, daß es zu einem kriegerischen Zusammenstoß mit den Mekkanern und zu einer Zerreißprobe innerhalb der *umma* kam.

Die Kämpfe mit den Qurayš begannen — von Seiten der Muslime, die ihre Habe in Mekka hatten zurücklassen müssen — kaum mehr als ein Jahr nach der Hedschra mit Überfällen auf qurayšitische Karawanen. Zu regelrechten Schlachten kam es dann in den Jahren 624 (bei Badr, Sieg der Muslime), 625 (am Berg Uḥud nördl. Medinas, halber Sieg der Qurayš), und 627 (erfolglose Belagerung Medinas durch die Qurayš). Im Jahre 628 wurde bei Ḥudaybiya ein Waffenstillstand ausgehandelt, und 630 zog Muḥammad schließlich mit großen Truppen aber friedlich wieder in Mekka ein. Weitere Expeditionen richteten sich gegen andere Ziele: 629 nach dem byzantinischen Mu'ta (heute in Jordanien), 630 nach Tabūk (vgl. Abb. 5) und — nun gemeinsam mit den Qurayš — gegen weiter einflußreiche Stämme Arabiens (630 Sieg bei Ḥunayn) (vgl. NOTH 1987:53—55).

(G. St.)

Dabei ging es für alle Beteiligten nicht um die Religion und deren Wahrheitsgehalt, sondern — und das ist von entscheidender Bedeutung — um die Existenz aller Betroffenen und um die alte und neue Identität. Das gilt vor allem für die ersten Überfälle der Auswanderer auf diejenigen Karawanen, die ihre zurückgelassene Habe in Besitz genommen hatten und bei denen sie Ausrüstungen für Angriffe der Quraš gegen die Muslime vermuteten.

Die Koranberichte über die Kämpfe sind zwar hauptsächlich Beschreibungen einzelner konkreter, raum-zeitlich bedingter Schlachten zwischen Mekkanern und Muslimen. Sie bekommen dennoch im Rahmen der Schutzverpflichtung der tribalistisch strukturierten Gemeinde, der auch die Nichtmuslime verpflichtet waren, eine religiöse Dimension, für die im Laufe der Zeit der Begriff *ǧihād* geprägt worden ist (vgl. Kap. 2.2.4). Daß diese Kämpfe keine Glaubenskriege gegen die Mekkaner als Polytheisten waren, sondern gegen sie als Feinde der *umma* stattfanden, macht auch das Ende der Schlachten deutlich:

> „Das Ende der kriegerischen Auseinandersetzungen des Propheten mit seinem Stamm war jedoch eben gerade nicht die kriegerische Einnahme seiner Vaterstadt und die Auflösung des Qurayš-Stammes, sondern der weitgehend friedliche Einzug Muḥammads in Mekka (630) und die Eingliederung der Qurayš als Ganzes in die medinensische Konföderation (*umma*)" (NOTH 1987:57 f.).

Als höchste Instanz dieser *umma* hat Muḥammad also von ihnen keine Bekehrung zum Islam verlangt.

Unberechenbar und für die Muslime ein großes Problem war die Gruppe der Heuchler *(al-munāfiqūn)*, meist einflußreiche Clanoberhäupter aus den am Abkommen beteiligten Stämmen (al-Aws und al-Ḫazraǧ). Sie gaben sich als Muslime aus, agierten aber von innen und außen gegen Muḥammad und die *umma*: Von innen durch das Ausstreuen von Zweifeln an der Botschaft Muḥammads, durch Verunsicherung der Anhänger und durch Spott und Belästigungen gegenüber den Muslimen, besonders den muslimischen Frauen (Koran 2, 8—14; 33, 59—60); von außen durch Verrat und geheime Zusammenarbeit mit den Feinden Muḥammads. Sie bildeten jedoch keine geschlossene, von irgendeiner Idee getragenen Gruppe. Sie waren schwer faßbar. Der Koran richtet sehr harte Anschuldigungen gegen sie und setzt sie gelegentlich mit den Polytheisten gleich (4,140). Es ist aber nicht zu kriegerischen Auseinandersetzungen zwischen ihnen und den Muslimen gekommen.

So konsequent friedlich das Verhältnis Muḥammads in seiner Eigenschaft als Prophet zu den Schriftbesitzern (Juden und Christen) bis zum Schluß war, so getrübt war es mit Sicherheit in seiner Eigenschaft als höchste Instanz der *umma* zu manchen Gruppen von ihnen, die selbst Träger der neuen Gemeindeordnung waren. Der Koran berichtet nicht ausdrücklich darüber. Die ab dem 2. Jahrhundert nach Muḥammad verbreiteten Einzelberichte, die von den späteren Vorkommnissen beeinflußt waren, sind zumindest in den Details mit Vorsicht zu betrachten.[22]

Wenn eine abschließende Einschätzung der Persönlichkeit Muḥammads erfolgen soll, kann man sich nur NOTH (1987:18) anschließen:

> „Zu Muḥammads Eigenschaft als ‚Gesandter Gottes *(rasūl Allāh)*' ist hier nur soviel zu sagen, daß an der subjektiven Ehrlichkeit dieses Selbstverständnisses Muḥammads

> überhaupt nicht zu zweifeln ist; dafür hat ihm das Bewußtsein seiner Sendung — dies ist in den Quellen noch sehr deutlich spürbar — viel zuviel innere Zerrissenheit und äußere Schwierigkeiten bereitet. Mit dieser Feststellung aber kann und muß es aber für den *Historiker* sein Bewenden haben; alle weitergehenden Qualifikationen von Muḥammads Prophetentum sind Sache von *Theologen*, welcher Religion auch immer sie angehören mögen."

Auch in einer theologischen Perspektive betrachten die Muslime Muḥammad nur als Menschen:

> „Sag: Ich bin nur ein Mensch *(bašar)* wie ihr, (einer) dem (als Offenbarung) eingegeben wird, daß euer Gott ein einziger Gott ist. Wer nun damit rechnet, (am Tag des Gerichts) seinem Herrn zu begegnen, soll rechtschaffen handeln und, wenn er seinem Herrn dient, im niemand beigesellen" (18,110).

Das bedeutet in der muslimischen Überzeugung keinerlei Geringschätzung seiner Person. Vielmehr wird so seinen Anhängern jeder überschwengliche Enthusiasmus untersagt und damit unterbunden, ihn irgendwie gottähnlich zu machen und so den absoluten Monotheismus, den eigentlichen Inhalt des Islam, abzuschwächen oder zu untergraben. Im Menschsein Muḥammads sieht der Muslim gleichzeitig die höchstmögliche Qualifikation, als Mensch in unmittelbare Nähe Gottes zu gelangen, sein Ansprechpartner zu werden und sein Wort entgegenzunehmen. In diesem Sinne wird Muḥammad von jedem Muslim aufs höchste geschätzt und bei der Nennung seines Namens die Eulogie „Segen und Friede Gottes sei mit ihm" ausgesprochen. Er ist für die Muslime zwar kein Mittler zwischen Menschen und Gott, was für sie auch nicht mit dem reinen Monotheismus vereinbar wäre, aber er ist als Überbringer der Offenbarung nicht nur ein passives Sprachrohr Gottes. Als Empfänger der göttlichen Offenbarung verifiziert er diese in seiner Person. Darin liegt der Grund, weshalb der Koran ihn als nachahmenswertes Beispiel für alle Muslime herausstellt:

> „Im Gesandten Gottes habt ihr doch ein schönes Beispiel . . . " (33,21)

Die Verpflichtung, seinem Beispiel nachzueifern, schließt für den Muslim aus, ihn als sündigen Menschen (wie gering die Sünde auch sein mag) zu sehen (eine „Erbsünde" kennt der Islam nicht). Die beiden Koranstellen, die von *ḏanb*/ Schuld des Propheten sprechen (47,9 und 48,2), werden so interpretiert, daß kein Schatten auf ihn fällt. (Aus dem gleichen Grund ist es für Muslime aller Richtungen schwierig, auch den anderen Gesandten und Propheten Sünde und Schuld zuzusprechen.) Für jeden Muslim ist Muḥammad also der Topos eines vollkommenen Menschen. Dennoch gilt als Religionsstifter nur Gott, nicht Muḥammad.

Eine Besonderheit in der Biographie Muḥammads ist vor allem von westlicher Seite häufig Anlaß zu Polemik die Tatsache, daß er neun (andere Quellen sprechen von 13) Frauen geheiratet hat, während der Koran den übrigen Muslimen nur erlaubt, unter bestimmten Bedingungen mit bis zu vier Frauen gleichzeitig verheiratet zu sein. Die muslimische Erklärung dafür orientiert sich an folgenden Fakten:

Als 25jähriger hat Muḥammad die (vermutlich) 15 Jahre ältere Chadidscha geheiratet (595). Bis zu ihrem Tod 619 lebte er 25 Jahre lang mit ihr glücklich in einer zu damaliger Zeit und in der arabischen Gesellschaft nicht gerade häufigen Einehe. Chadidscha hat er von allen Frauen bis zum Schluß am meisten geschätzt und geehrt, und auch die Muslime insgesamt verdanken ihr viel. Nach dem Tode Chadidschas, die fünf Kinder zurückließ, heiratete er 620 die Witwe eines qurayšitischen Muslim, der bei der Auswanderung nach Äthiopien gestorben war. 623, also nach der Hedschra, heiratet er die junge Tochter des späteren Ersten Kalifen Abū Bakr, ʿĀyiša, die einzige seiner Frauen, die nicht Witwe war. Die weiteren Ehen (nicht alle gleichzeitig) wurden alle in einem Zeitraum von fünf Jahren (625—629) geschlossen, also in den Krisenjahren der *umma* — Krisen wegen der Intrigen der *munāfiqūn* von innen und der Bedrohung durch die Mekkaner von außen. Sie erklären sich aus historischer Sicht als notwendige Schritte zur Erhaltung der tribalistischen Struktur der *umma* und des Zusammenhalts der beteiligten und noch zu werbenden Stämme und Clans.

Die Muslime verweisen darauf, daß, wenn Zügellosigkeit der Grund für die zahlreichen Ehen des damals bereits 55jährigen Muḥammad gewesen wäre, er bereits vor seiner Berufung, im besten Mannesalter, eine damals übliche und sogar Ansehen verschaffende Vielehe hätte eingehen können. Aus seinem Verhalten zu seinen Frauen und seiner für manche von ihnen gelegentlich übertrieben bescheiden erscheinenden Lebensweise leiten die Muslime verschiedene Richtlinien für ihr eigenes Leben ab. Viele seiner Frauen gehören zu den angesehensten Überlieferinnen der *aḥādīṯ* des Propheten: Sie waren die erste Lehrerinnen, nicht nur für ihre Zeit, sondern für die islamische Welt bis heute. Der Koran bezeichnet jede von ihnen als „Mutter der Gläubigen" *(umm al mu'minīn)*.

Zu einer weiteren Vermutung, Muḥammad sei vor allem in der medinensischen Zeit von einem rein persönlichen Macht- und Herrschaftsdrang getrieben gewesen, und, in Gegenüberstellung dazu, zur Auffassung, daß Muḥammad in der aufrichtigen Überzeugung gehandelt hat, daß er den Auftrag Gottes ausfülle, sei abschließen auf folgendes Zeugnis eines Historikers verwiesen:

> „Das — in seinen Formen und direkten praktischen Auswirkungen eher konventionelle — Bündnissystem des Propheten unterschied sich nun allerdings in einem Punkt fundamental von den Ergebnissen bisheriger Bündnispraxis auf der Arabischen Halbinsel: Muḥammad ist seine verschiedenartigen Bündnisse — und darüber hat er seine Partner kaum einmal im Zweifel gelassen — nicht als zunehmend mächtiger werdender Stammes-Scheich, sondern immer als ‚Gesandter Gottes' eingegangen. Ein Abkommen mit ihm war daher — zumindest aus seiner Sicht und der Sicht seiner Anhänger — von grundlegend anderer Qualität als alle Bündnisse althergebrachter Art" (NOTH 1987:39 f.).

Was hier — abgesehen von der Darstellung der Person Muḥammads — aufgezeigt wurde und was es festzuhalten gilt, ist, daß verschiedene Prinzipien von Gruppenbildung und -solidarität relevant waren bzw. mit der Verkündigung des Islam wurden, die im Ablauf der Geschichte des Islamischen Orients — z. T. bis heute (vgl. Kap. 6) — wirksam bleiben und in ein Spannungsfeld zueinander geraten sollten:

- segmentäre tribale Strukturen, in denen sich das Individuum im Prinzip von der Abstammung her definiert (vgl. Kap. 4.3.2),
- religiöse Bekenntnisse, die sich ebenfalls — auch gesellschaftlich und politisch bedeutsam — in Subgruppen (z. B. Nestorianer, Monophysiten oder orthodoxe Christen) untergliederten oder in der Folge untergliedern sollten (sunnitische, schiitische Muslime etc.),

- das Prinzip der *umma*, das stammes- (und zumindest zu Beginn religions-)übergreifend war und die für das Individuum eine neue, oberste Identifikationsebene darstellte (vgl. Kap. 2.2.3).

Was bis zum Tode Muḥammads in Arabien selbst fehlte, obwohl sie die angrenzenden Gesellschaften überlagerten, waren staatliche Strukturen mit bürokratischem Apparat. Die weitere Ausbreitung des Islam brachte aber auch die Muslime in enge Bekanntschaft mit den Nachbarstaaten (Byzanz, sassanidisches Persien) und führte bald zur Staatenbildung auf islamischem Boden.

(G. St.)

Abb. 5: Die Ausbreitung des Islam bis zum Ende des Umayyaden-Kalifats

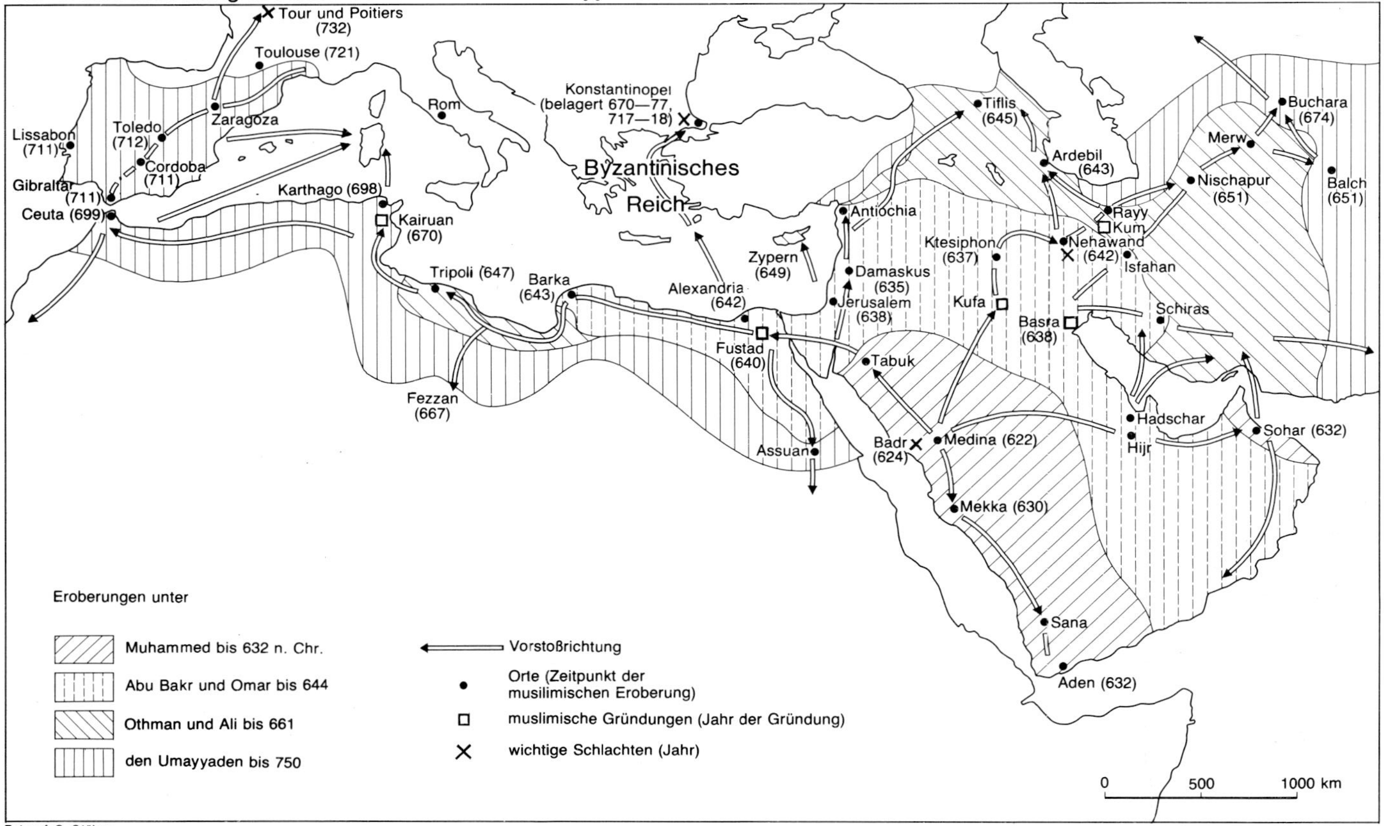

Entwurf: G. Stöber

2.1.2 Die Ausbreitung des Islam und die Verbreitung der Muslime in der Gegenwart

(G. Winkelhane)

Als Muḥammad im Jahre 632, zehn Jahre nach der Hedschra, starb, bekannte sich fast die gesamte Arabische Halbinsel zum Islam. Die meisten arabischen Stämme waren zumindest nominell zum neuen Glauben übergetreten. Die damit begründete „Pax Islamica", die die bis dahin anarchischen Strukturen auf der Arabischen Halbinsel beendete und die häufig verfeindeten und kriegführenden Araber befriedete und einte, war die Grundlage für die weitere Ausbreitung des Islam, die mit dem Tode des Propheten bekanntlich keineswegs ein Ende nahm.

Die Nachfolger Muḥammads als Oberhaupt der islamischen Gemeinde trugen den Titel *Kalif* (Stellvertreter). Als erster hatte dieses Amt einer der engsten Vertrauten Muḥammads, Abū Bakr, inne. Er konsolidierte die Herrschaft der Muslime in Gebieten, wo die Bevölkerung nach Muḥammads Tod vom Islam abzufallen drohte.

Die in der Folgezeit errungenen Siege der durch den Islam geeinten Araberstämme über die Reiche der Sassaniden und Byzantiner brachten den Islam nach Persien, Syrien, Ägypten und Nordafrika. In weniger als einem Jahrhundert stand den Muslimen der Weg zum Atlantischen Ozean im Westen, im Nordosten bis zum Kaukasus und im Osten bis zum Indus offen (vgl. Abb. 5). Die Bewohner der eroberten Gebiete wurden, soweit sie sich zu einer der älteren Offenbarungsreligionen, also zum Christen- oder zum Judentum, bekannten, nicht gezwungen, den Islam anzunehmen; diese Entscheidung blieb vielmehr weitgehend ihrer eigenen Wahl überlassen. Allerdings kamen gewisse gesellschaftliche und steuerliche Privilegien nur denen zugute, die zum Islam übertraten. Der Staat war auch keineswegs allerorts in gleichem Maße geneigt, die Islamisierung der Bevölkerung voranzutreiben. Ihre Sonderstellung als „Schutzbefohlene" *(ḏimmī)* hat den Fortbestand großer christlicher Gemeinden im Orient, wie der Kopten und Maroniten, ermöglicht.

Da der Prophet bei seinem Tode keine Regelungen hinsichtlich seiner Nachfolge getroffen hatte, ergaben sich bald, besonders nach dem Tode des 2. Kalifen ʿUmar im Jahre 634, heftige Auseinandersetzungen in der Frage, wer das Oberhaupt des muslimischen Staates sein sollte, und infolgedessen erste Spaltungen der Gemeinde; so kam es u. a. zu der bekannten Unterscheidung zwischen sunnitischen und schiitischen Muslimen.[23] Waren die ersten vier Kalifen noch gewählt worden, wurde das Kalifat schließlich seit dem Jahre 661 erblich. Bis 750 regierte die Dynastie der Umayyaden von Damaskus aus. Bald nach der Machtübernahme der Abbasiden-Dynastie wurde Bagdad die neue Hauptstadt des Kalifenreiches.

Im 8. Jahrhundert christlicher Zeitrechnung reichte das „Haus des Islam", *dār al-islām* (vgl. Kap. 2.2.4), bereits von Indien im Osten bis nach Marokko im Westen. In Europa breitete es sich von Andalusien bis nach Westfrankreich aus. Große Teile Zentral- und Vorderasiens, Anatolien, die gesamte Arabische Halbinsel, Nordafrika und der Westen Europas waren islamisches Territorium. Allerdings umfaßte das Kalifenreich nun nicht mehr alle vorwiegend von Muslimen bewohnten Gebiete (vgl. Abb. 6): In Spanien war es zur Gründung eines unabhängigen umayyadischen Kalifats gekommen (bis 929 sogenanntes Emirat), und auch in Nord-Indien hatten sich lokale Fürsten von den Abbasiden losgesagt.

Im 9. Jahrhundert gingen die von Spanien aus in Westfrankreich eroberten Gebiete wieder verloren, doch konnte der Islam zeitweilig auf den großen Mittelmeerinseln Sizilien, Sardinien, Korsika und Kreta Fuß fassen, später auch auf Malta und den Balearen. Schwere Bedrohungen für die islamische Welt brachte die Zeit zwischen dem 12. und dem 15. Jahrhundert. Den Christen gelang es, eine Reihe kleiner Kreuzritterstaaten in muslimischen Territorien zu errichten. Zur gleichen Zeit wurden die Muslime Spaniens von den christlichen Reconquistadores allmählich auf ein kleines Fürstentum in Granada zurückgeworfen. Im Jahre 1492 mußten sie schließlich auch diese Hochburg aufgeben. Damit gingen über 700jährige islamische Herrschaft und Kultur in Spanien zu Ende.

Katastrophen größten Ausmaßes für die islamische Welt bedeuteten auch die beiden verheerenden Mongolenstürme im 13. Jahrhundert unter Dschingis Khan und im 14. Jahrhundert unter Timur Lenk, denen viele Menschen und Städte zum Opfer fielen. Der größte Teil des islamischen Ostens war von diesen beiden schweren Heimsuchungen betroffen. Da die Mongolen zur Zeit Timurs ihrerseits den Islam angenommen hatten, trugen ihre Eroberungen in Zentralasien aber auch zur Expansion islamischen Territoriums bei.

Bereits im 11. Jahrhundert, nach der Eroberung durch die türkischen Seldschuken, war Zentral-Anatolien muslimisch geworden. In der Nachfolge der Seldschuken übernahm ein anderes türkisches Herrscherhaus, die Osmanen, die Macht. Ihr aufstrebender und expansionistischer Staat konnte schon bald nach seiner zeitweiligen Niederwerfung durch die Mongolen (1402) wiedererstarken. Im Jahre 1453 schließlich eroberten die Osmanen Konstantinopel, die alte Metropole und Hochburg des Byzantinischen Reichs, und machten es zu ihrer neuen Hauptstadt mit dem Namen Istanbul. Diese bedeutenden Ereignisse sollten nachhaltige Auswirkungen haben. Nun nahm die Expansion des Osmanischen Reichs bis weit nach Osteuropa hinein ihren Lauf.

Maßen auch die Osmanen der Missionierung dieser Gebiete nicht immer allzu viel Wert bei, fand der Islam doch viele neue Anhänger, insbesondere auf dem Balkan. Im Jahre 1517, nach der Einnahme der Kerngebiete der islamisch-arabischen Welt (Syrien, Ägypten, Arabien), nahm Sultan Selim I. den Schlüssel der Kaaba von Mekka in Empfang und legitimierte sich mit der Kontrolle über die „Heiligen Stätten" zur Annahme des Kalifentitels. Über vier Jahrhunderte prägte nun osmanisch-türkische Kultur den Islam.

Das Osmanische Reich erstreckte sich über einen großen Teil der muslimischen Gebiete und trug so zumindest zeitweilig zu einer weitgehenden Wiedervereinigung und Expansion des *dār al-islām* (vgl. Kap. 2.2.4) bei. In der Person des Sultans und Kalifen verband sich nun wieder die religiöse mit der weltlichen Autorität. Das Reich erlangte seine größte territoriale Ausdehnung im 17. Jahrhundert, doch nach der vergeblichen Belagerung Wiens im Jahre 1683 kam es bereits zu ersten Gebietsverlusten in Europa.

Durch die türkischen Usbeken fand der Islam auch im Osten weitere Ausbreitung, obwohl unter dem russischen Zaren Iwan IV. zwischen 1552 und 1556 die Khanate der

Abb. 6: Zeittafel: Die politisch-dynastische Entwicklung der islamischen Länder

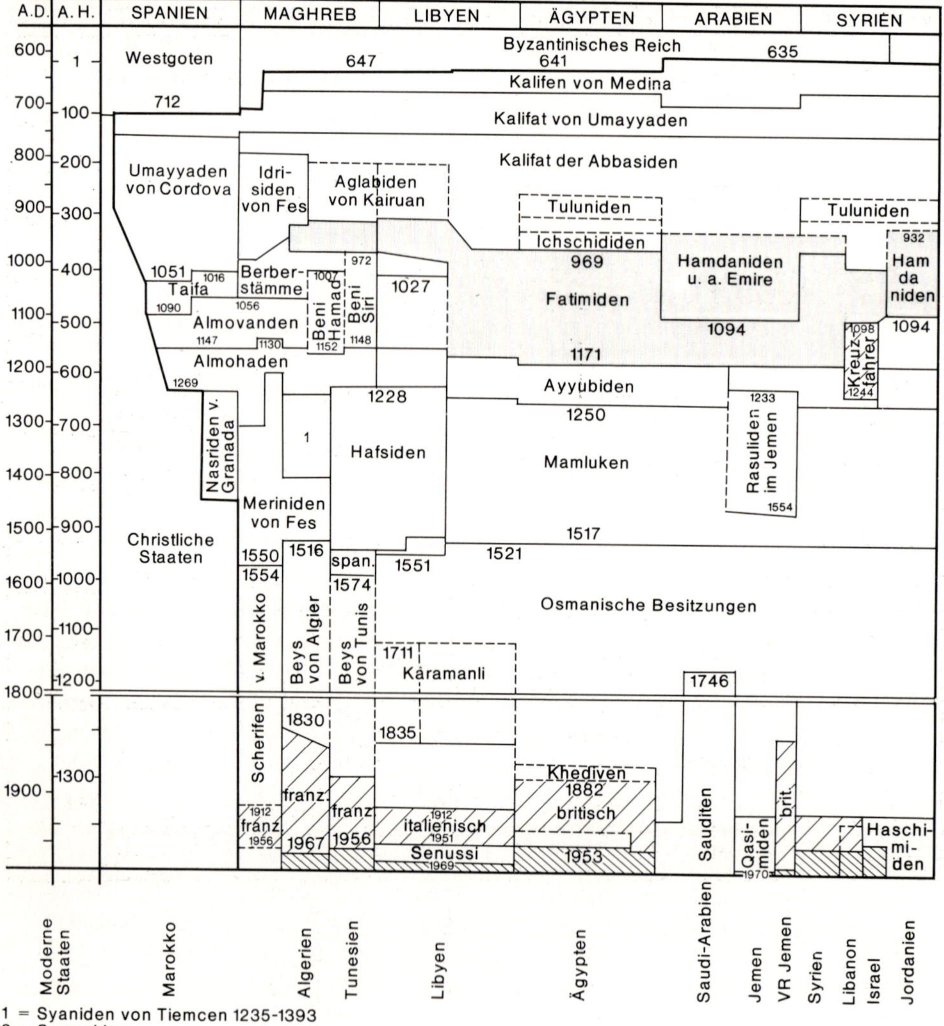

1 = Syaniden von Tiemcen 1235-1393
2 = Samaniden

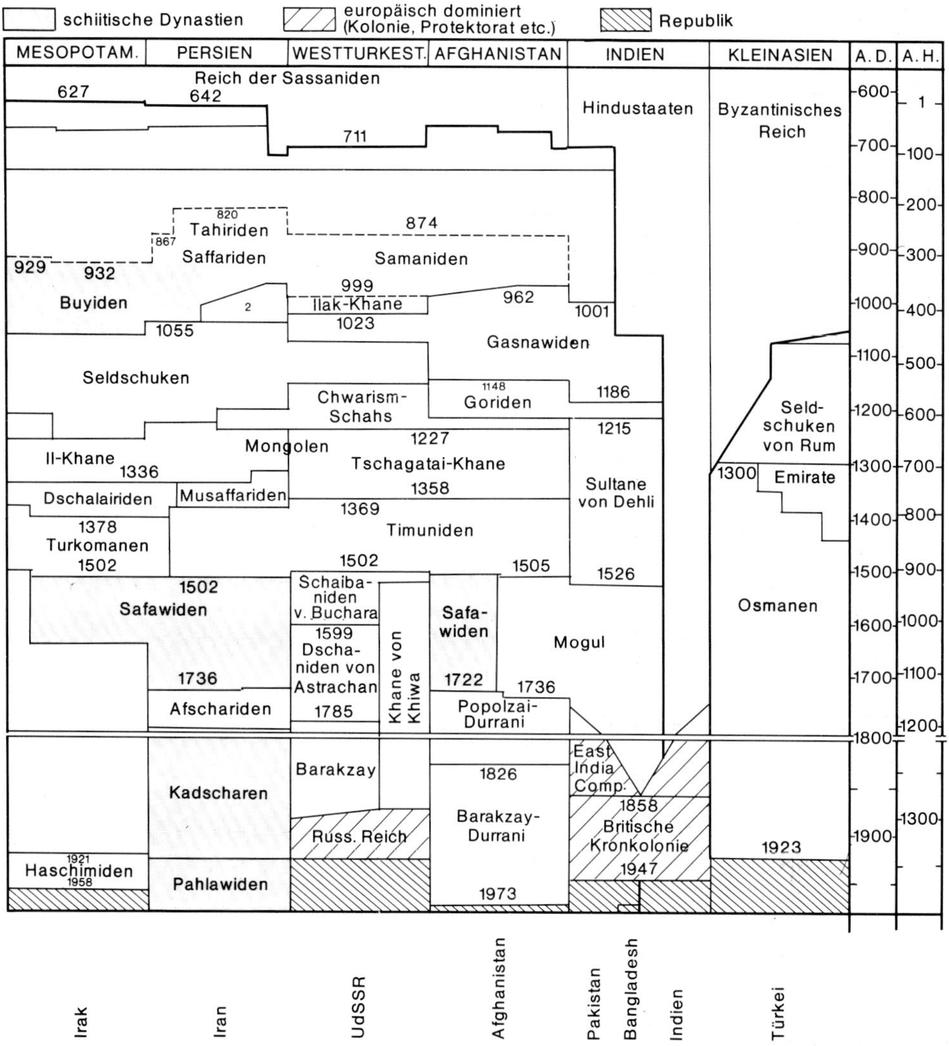
schiitische Dynastien
europäisch dominiert (Kolonie, Protektorat etc.)
Republik
MESOPOTAM.
PERSIEN
WESTTURKEST.
AFGHANISTAN
INDIEN
KLEINASIEN
A. D.
A. H.
Reich der Sassaniden
627
642
711
Hindustaaten
Byzantinisches Reich
820
Tahiriden
874
867
Saffariden
Samaniden
929
932
Buyiden
999
Ilak-Khane
962
1001
1055
1023
Gasnawiden
Seldschuken
1148
Goriden
Chwarism-Schahs
1186
1215
Seld-schuken von Rum
Mongolen
1227
Il-Khane
1336
Tschagatai-Khane
1300
Emirate
Dschalairiden
Musaffariden
1358
Sultane von Dehli
1369
1378
Turkomanen
Timuniden
1502
1502
1505
1526
1502
Safawiden
Schaiba-niden v. Buchara
Safa-widen
Osmanen
1599
Dscha-niden von Astrachan
Khane von Khiwa
Mogul
1736
1722
1736
Afschariden
1785
Popolzai-Durrani
East India Comp.
Barakzay
1826
Kadscharen
1858
Barakzay-Durrani
Russ. Reich
Britische Kronkolonie
1921
1923
Haschimiden
1958
1947
Pahlawiden
1973
600
700
800
900
1000
1100
1200
1300
1400
1500
1600
1700
1800
1900
1
100
200
300
400
500
600
700
800
900
1000
1100
1200
1300
Irak
Iran
UdSSR
Afghanistan
Pakistan
Bangladesh
Indien
Türkei

muslimischen Tartaren an der Wolga niedergeworfen und damit erstmals russisches Reichsgebiet in eine von islamischen Turkvölkern bewohnte Region vorgeschoben werden konnte.

Das islamische Territorium zerfiel nun in vier Teile: Das Osmanische Reich, das berberische Marokko, Persien (wo im 16. Jahrhundert das Safawidenreich entstand, das den schiitischen Islam zur Staatsreligion erklärte) und den Fernen Osten. Zwischen diesen Gebieten fand kaum noch ein nennenswerter kultureller Austausch statt.

Nord-Afrika von Ägypten bis Marokko war bereits im 1. Jahrhundert der Hedschra von den arabischen Eroberern islamisiert worden. Die weitere Islamisierung *Afrikas* verlief fast ausschließlich auf friedliche Weise, und zwar zunächst durch arabische Händler, die seit dem 9. Jahrhundert von Marokko aus Geschäftskontakte nach West-Afrika und dem Zentral-Sudan unterhielten. Doch beschränkte sich das Bekenntnis zum Islam dort zunächst jahrhundertelang vorwiegend auf die herrschenden Schichten. Erst in den letzten zweihundert Jahren findet die islamische Religion auch bei der einfachen Bevölkerung neue Anhänger und weitere Verbreitung.

In den meisten westafrikanischen Staaten stellen die Muslime heute die Majorität der Bevölkerung dar, in vielen anderen machen sie immerhin bedeutende Minderheiten aus. Seit dem 17. Jahrhundert wenden sich auch zunehmend Bewohner der südlichen Sahara von ihren traditionellen schriftlosen Glaubensrichtungen ab und der islamischen Lehre zu. In die heutige Republik Sudan, flächengrößter Staat Afrikas, ist der Islam von Ägypten aus gelangt und wurde im 13. und 14. Jahrhundert als offizielle Religion propagiert. Doch nahm ihn die Bevölkerung zunächst mehr aus politischem Opportunismus als aus echter Überzeugung an. Zu dieser kam es später durch das Wirken muslimischer Missionare. Heute ist der nördliche Sudan auch kulturell weitgehend arabisiert. Im Süden des Landes bekennt sich die Mehrheit weiterhin zum Christentum.

Nach Ost-Afrika war, wie wir sahen, bereits ein Teil der Frühgemeinde Muḥammads ausgezogen und hatte in Abessinien Aufnahme gefunden. Im äthiopischen Binnenland ist die Bevölkerung jedoch bis in unsere Zeit überwiegend christlich geblieben. In den Küstenregionen (Eritrea, Djibouti, Somalia) hingegen fiel der Islam, seit sich dort im 14. Jahrhundert erste muslimische Kleinstaaten bildeten, auf fruchtbareren Boden. Hier, wie auch weiter südlich, in den küstennahen Gebieten Tanzanias und auf den Komoren, sind heute die Muslime in der Überzahl. In machen ostafrikanischen Ländern (Uganda, Kenia, Mozambique) ist es erst seit dem 19. Jahrhundert zur Konversion größerer Bevölkerungsgruppen gekommen.

Die heute am stärksten islamisierten Gebiete Afrikas sind der Norden, der Nordosten und der Westen des Kontinents. In Zentral- und Süd-Afrika ist der Islam bislang bedeutungslos. Nur in den Küstenregionen West-Afrikas finden sich auch südlich des Äquators zahlenmäßig starke muslimische Bevölkerungsgruppen. Dem Christentum in Afrika hat zweifellos die europäische Kolonialpolitik viel Diskredit eingebracht.

In *Südostasien* und dem *Fernen Osten* leben heute rund 150 Mio. Muslime. Die Verbreitung des Islam erfolgte über die Jahrhunderte hinweg fast ausschließlich durch friedliche Missionierung, nachdem islamische Armeen im 8. Jahrhundert Nord-Indien erobert hatten. Noch in demselben Jahrhundert gelangte der Islam bis nach China, vorwiegend über den Landweg von Süd-Indien. Schon Mitte des 8. Jahrhundert siedelten

Araber in Kanton. In der Blütezeit des Abbasidenreiches erreichten arabische Händler regelmäßig chinesische Städte über Land und See. Andere Länder des Fernen Ostens (Japan, Korea) blieben dem Islam weitgehend verschlossen und auch in China blieben die Muslime stets eine Minorität, abgesehen von Gebieten, wo sie aus Gründen der Sicherheit oder aufgrund entsprechender Gesetzesverordnungen in starker lokaler Konzentration siedelten. Im Laufe der Zeit prägten sie infolge ihrer Isolation von den Zentren des Islam rituelle Abweichungen von der Orthodoxie aus. Erst das Wiederaufleben der Pilgerfahrten nach Mekka — zuvor lange Zeit unterbrochen — brachte Modernisierungsbestrebungen und Rückbesinnung auf die orthodoxe Lehre. Im 19. Jahrhundert kam es zu schweren Pogromen an der damals zahlenmäßig starken muslimischen Bevölkerung Yünnans, die sich auch schon zuvor Repressionen ausgesetzt gesehen hatte. Ein ähnliches Schicksal erfuhr gleichzeitig eine andere muslimische Volksgruppe, die Dunganen, die aus Turkestan in den Nordwesten Chinas eingewandert waren. Heute bekennen sich in der Volksrepublik China rd. 16 Mio. Menschen zum Islam, das sind etwa 2 Prozent der Gesamtbevölkerung.

Ein bis in die jüngere Vergangenheit recht starkes gesellschaftliches und politisches Gewicht hatten die Muslime in Kambodscha inne. Sie hielten stets eng an der Orthodoxie fest und unternahmen häufig Anstrengungen zur religiösen Unterweisung ihrer Glaubensbrüder im benachbarten Vietnam. Dort leben allerdings heute kaum noch Muslime (rund 60 000), in Kambodscha machen sie noch rund 200 000 aus.

Die Islamisierung Malaysias und Indonesiens ging ebenfalls von Indien aus. Sie setzte im 13. Jahrhundert in Sumatra ein und hatte bereits zwei Jahrhunderte später die Küstengebiete der Malaien-Halbinsel, Javas, Borneos, Celebes' und die Molukken erreicht. In die Binnenregionen dieser Inseln ist der Islam bis in die heutige Zeit noch nicht vollständig eingedrungen. Auf Bali und den sich östlich anschließenden Inseln konnte er nie Fuß fassen. Hier erhielt sich hindu-javanische Kultur. In Malaysia bilden die Muslime heute nur eine knappe Mehrheit (rund 7 Mio.), doch ist der Islam offiziell Staatsreligion. Indonesien, wo sich mehr als 125 Mio. Menschen (etwa 90 Prozent der Bevölkerung) zum Islam bekennen, ist heute der Staat mit der größten muslimischen Einwohnerzahl der Welt. Trotz seiner starken Präsenz konnte der Islam aber viele Reste vorislamischen Brauchtums bislang nicht verdrängen, sondern wurde von diesen teilweise überprägt.

Auf den Philippinen leben heute rund 2,5 Mio. Muslime, das sind 5 Prozent der Gesamtbevölkerung. Die Ausbreitung des Islam, die etwa im 12. Jahrhundert von Südchina ausging, beschränkt sich auf die westlichen Küstenregionen von Mindanao und die Sulu-Inseln. In der spanischen Kolonialzeit gehörten die Muslime zu den erbittertsten Widersachern der Spanier. Erst im 19. Jahrhundert konnte ihr Widerstand gebrochen werden.

Allgemein ist festzustellen, daß die Islamisierung in Ost- und Südost-Asien — ausgehend von Indien — stets in küstennahen Gebieten einsetzte und sich von dort ins Binnenland vorschob. Noch heute sind die Küstenregionen die am effektivsten islamisierten Gebiete in der Region.

Die Anzahl der Muslime auf dem Indischen Subkontinent und im südlichen Asien beträgt heute rund 250 Mio. Sie verteilen sich insbesondere auf die Staaten Indien, Pakistan und Bangladesh. Auch auf den Malediven leben zu fast 100 Prozent Muslime. Tibet, Nepal, Laos, Bhutan und Burma wurden hingegen niemals islamisch. Hier beläuft sich der muslimische Bevölkerungsanteil heute auf nur etwa 3 Prozent.

Abb. 7: Die Verbreitung des Islam heute

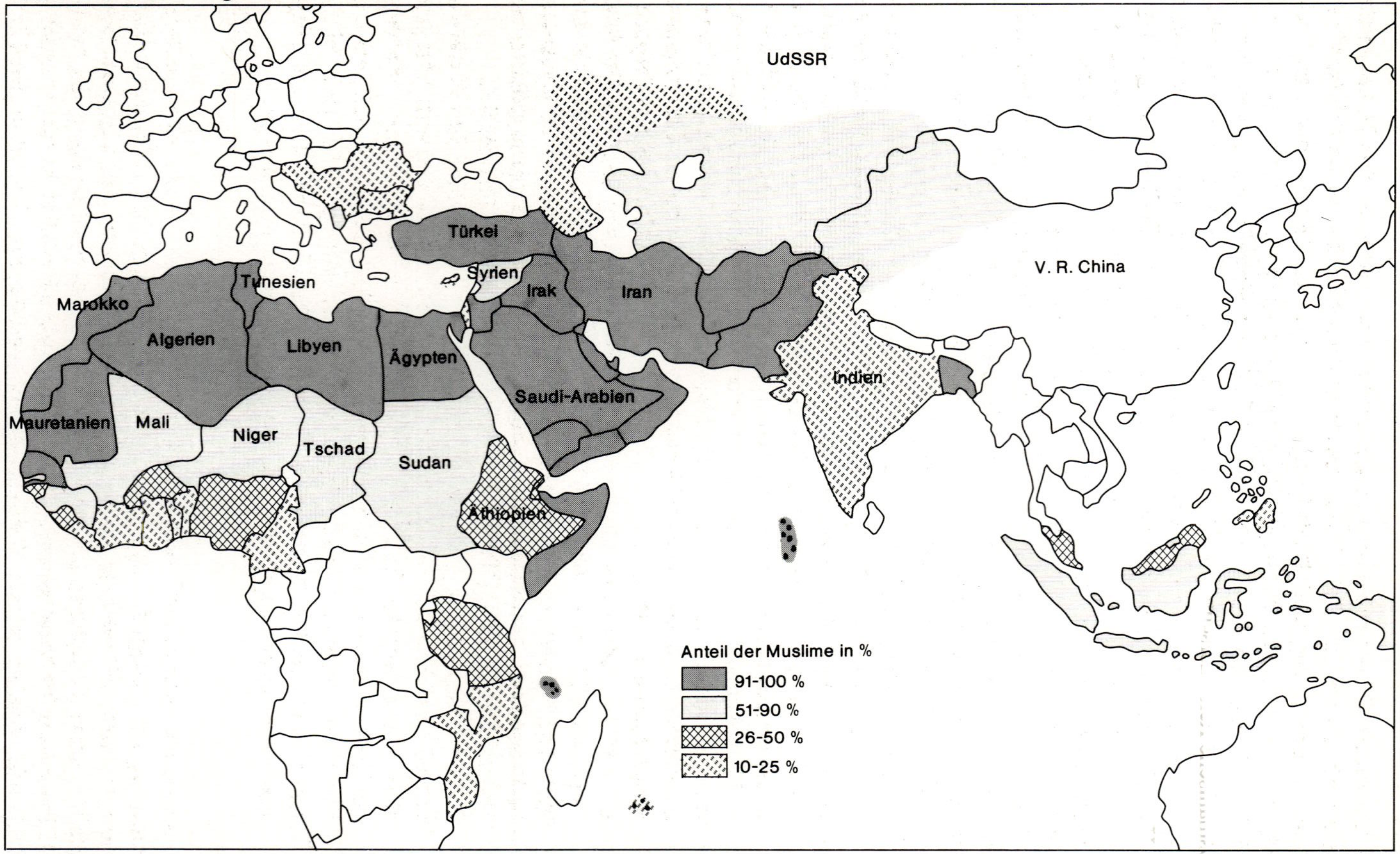

Die wachsende wirtschaftliche Überlegenheit Europas führte seit dem 18. Jahrhundert zu einer kontinuierlichen Einbindung des Orients in den von Europa beherrschten Weltmarkt. Die Schaffung neuer Handelswege trug zum wirtschaftlichen Niedergang vieler islamischer Länder bei. Wirtschaftliche, soziale und politische Strukturen erlebten eine bis in die heutige Zeit andauernde Krise. Nach dem 1. Weltkrieg wurde schließlich das Osmanische Reich zerschlagen. Weite Gebiete der islamischen Welt gerieten in Abhängigkeit von den europäischen Kolonialmächten, viele Muslime unter Fremdherrschaft.

Heute hat der größte Teil der islamischen Welt nationale Selbstbestimmung erlangt, doch ist sie nun in viele Einzelstaaten unterschiedlicher politischer und religiöser Ausprägung zersplittert. Ein gemeinsames religiöses Oberhaupt gibt es, seit mit dem Ende des Osmanischen Reichs das Kalifat abgeschafft wurde, derzeit nicht.

Die Ausbreitung des Islam ging jedoch weiter und gelangte im 19. und 20. Jahrhundert auch auf zuvor nicht erreichte Kontinente: Von Indonesien erreichte sie Neu-Guinea, und mit den großen Auswanderungswellen der beiden letzten Jahrhunderte entstanden auch in Nord- und Süd-Amerika und in Europa neue muslimische Gemeinden.

Tabelle 3 zeigt, soweit Daten vorliegen, die Anteile der Muslime in den einzelnen Staaten nach unterschiedlichen Angaben sowie — als Anhaltspunkt für die absolute Größenordnung — die jüngsten von den Vereinten Nationen vorgelegten Schätzungen der Einwohnerzahlen der betreffenden Länder. Zwei der zugrunde gelegten Veröffentlichungen stammen von muslimischen Autoren (HIJAZI 1982; AL FARUQI/AL FARUQI 1986). Vergleicht man die verschiedenen Schätzungen, so liegen die Zahlen der muslimischen Autoren in der Regel höher als der Rest. Andere, in die Tabelle aufgrund ihrer internen Unvergleichbarkeit und Lückenhaftigkeit nicht aufgenommenen Angaben (z. B. der Länderberichte des Statistischen Bundesamtes) liegen oftmals noch darunter und sind in vielen Fällen wohl zu niedrig gegriffen. Die Schätzungen von DELVAL 1984 dürften der Realität zu diesem Zeitpunkt recht nahe gekommen sein. Die auch heute ungebrochene Dynamik des Islam, die ansatzweise auch in den unterschiedlichen Schätzungen deutlich wird, dürfte dazu geführt haben, daß heute die Werte von DELVAL in verschiedenen Staaten überholt sind.

Z. T. lassen sich die genannten Überschätzungen der muslimischen Autoren als Hinweis darauf werten, wo der Übertritt zum islamischen Glauben heute eine große Bedeutung erlangt hat; Hohe Abweichungen vom Durchschnitt ergeben sich besonders in den Ländern West- und Ostafrikas. Hier spielen schriftlose Religionen, oft Natur- oder Stammesreligionen genannt, noch eine wichtige Rolle, ohne daß sich deren Anhängerschaft statistisch klar fassen ließe. Der Islam genießt hier in der Regel ein hohes Sozialprestige, was der Verbreitung erheblich zugute kommt.

(G. St.)

Heute bekennen sich weltweit mindestens 850 Mio Menschen zum Islam, nach manchen Angaben beträgt ihre Anzahl schon fast eine Milliarde. Mit 16 Prozent verzeichnete der Islam seit 1980 die größte Steigerungsrate unter den Weltreligionen. Somit stellt er heute die Religion mit der zweitgrößten Anzahl von Gläubigen dar, nämlich 18 Prozent der Weltbevölkerung. (Die größte Anzahl bilden die Christen mit rund 1,5 Milliarden Anhängern oder 32 Prozent der Weltbevölkerung.)[24] Nicht für alle Länder liegen zuverlässige demographische Statistiken vor. Aufgrund ihrer räumlichen Verteilung ist die muslimische Weltbevölkerung durch vielfältige politische, ethnische, sprachliche, ökonomische, kulturelle und sonstige Unterschiede gekennzeichnet — Ausdruck für ein hohes Maß an Integrations- und Entfaltungsfähigkeit des Islam und Spiegelbild der Vielfalt politischer und religiöser Denkansätze der Muslime. Dominierendes Element islamischer Theologie und Wissenschaft ist die arabische Sprache geblieben. Als Muttersprache wird sie heute von rund einem Siebtel aller Muslime gesprochen.

Tabelle 2: Anzahl der Muslime nach Kontinenten und unterschiedlichen Schätzungen

Erdteil	Caponera	Weekes	Hijazi	Heine	Delval	berechnet n. al-Faruqi/ al-Faruqi	berechnet n. Esposito
	1973:6	1978	1982	1984:150	1984	1986	1987
Europa					11.907.550	15.527.000	› 7.064.000[1]
UdSSR					42.475.000	86.596.000	49.860.000
Afrika					206.276.110	311.640.000	225.064.000
Asien					539.640.700	693.106.000	602.983.000
Ozeanien					278.500	254.000	› 56.000[1]
Nordamerika					2.100.000	5.168.000	› 1,5-3 Mio.[1]
Mittelamerika					97.790	324.000	› 173.000[1]
Südamerika					739.500	1.112.000	› 129.000[1]
Erde gesamt	400-500 Mio.	719.721.000	1 Mrd.	720 Mio. (1975)	803.515.150	1.113.835.000	› 888.329.000[1]

[1] Länder mit muslimischer Bevölkerung unvollständig

Quellen: Siehe Tabelle 3

Tabelle 3: Anteil der Muslime in den Staaten der Erde nach unterschiedlichen Schätzungen

Staat	Einwohnerzahl (in 1 000)	*Anteil der Muslime nach unterschiedlichen Schätzungen (in Prozent)*						
		Caponera (1973)	Weekes (1978)	Hijazi (1982)	Heine (1984)	Delval (1984)	Al-Faruqi/ Al-Faruqi (1986)	Esposito (1987)
Stand:	1986		1977	1981				1985
Afrika:								
Ägypten	49 609	94	91	95	91	90	93	91
Algerien	22 421	99	97	98	97	99	98	99
Angola	8 981	—	—	26	—	0	25	—
Äquatorialguinea	401	—	—	25	—	0,1	34	—
Äthiopien	44 927	35	40	65	40	35/19	65	35
Benin (Dahomey)	4 042	13	16	63	16	15	60	16
Botswana	1 128	—	—	0,2	—	2	5	—
Burkina Faso (Obervolta)	6 754	21	22	60	22	25	56	44
Burundi	4 857	—	1	20	1	2	20	—
Dschibuti	456	90	94	100	94	94,8	99	90
Elfenbeinküste	10 165	23	25	57	25	33/25	55	25
Gabun	1 172	—	1	45	1	3	40	—
Gambia	656	85	90	85	90	86	85	87
Ghana	14 045	12	19	40	19	19	45	15
Guinea	6 225	62	65	97	65	80	95	69
Guinea-Bissau	906	20	30	70	30	35	80	38
Kamerun	10 446	20	15	55	15	15	55	22
Kapverden	333	—	—	30	—	0	—	—

Tabelle 3: Anteil der Muslime in den Staaten der Erde nach unterschiedlichen Schätzungen — Fortsetzung

Staat	Einwohnerzahl (in 1 000)	*Anteil der Muslime nach unterschiedlichen Schätzungen (in Prozent)* Caponera (1973)	Weekes (1978)	Hijazi (1982)	Heine (1984)	Delval (1984)	Al-Faruqi/ Al-Faruqi (1986)	Esposito (1987)
Stand:	1986		1977	1981				1985
Kenia	21 163	—	9	30	9	7,3	26	6
Komoren	476	90	80	60	50	99,5	97	99
Kongo	1 787	—	1	5	1	0,5	11	—
Lesotho	1 559	—	—	0,1	—	1	10	—
Liberia	2 221	18	15	30	15	15	30	21
Libyen	3 742	100	98	100	98	98	100	98
Madagaskar	10 303	5	7	20	7	1	18	2
Malawi	7 279	12	15	35	15	11	55/31	16
Mali	8 438	65	60	92	60	68	95	80
Marokko	22 476	99	95	99	95	95	99	99
Mauretanien	1 946	98	96	100	96	99,4	100	100
Mauritius	1 030	14	17	11	17	16,5	17	17
Mosambik	14 336	—	10	70	10	13,5	60/24	13
Namibia	1 595	—	—	1	—	0	5,5	—
Niger	6 298	85	85	90	85	85	91	87,4
Nigeria	98 517	25	47	75	47	46,2	75	45
(Réunion — franz.)	538	—	—	40	—	2,3	22	2,4
Ruanda	6 275	—	0,5	10	—	5	—	8,6
West-Sahara	160	52	80	100	80	100	—	—
Sambia	6 896	—	1	5	1	0,18	13	—
São Tomé u. Príncipe	100	—	—	—	—	0	—	—

Tabelle 3: Anteil der Muslime in den Staaten der Erde nach unterschiedlichen Schätzungen — Fortsetzung

Staat	Einwohnerzahl (in 1 000)	*Anteil der Muslime nach unterschiedlichen Schätzungen (in Prozent)*						
		Caponera (1973)	Weekes (1978)	Hijazi (1982)	Heine (1984)	Delval (1984)	Al-Faruqi/ Al-Faruqi (1986)	Esposito (1987)
Stand:	1986		1977	1981				1985
Senegal	6 614	78	82	95	82	86	95	91
Seschellen	66	—	—	10	14	0,23	—	—
Sierra Leone	3 670	24	30	70	30	70	80	40
Simbabwe	8 406	—	0,05	5	—	0,84	13,5	—
Somalia	4 760	98	99	100	—	99	100	99
Südafrika	33 221	—	1,2	2	1	1,5	1,9	—
Sudan	22 178	75	72	88	72	73	85	72
Swasiland	670	—	—	0,1	—	0,06	9	—
Tansania	22 462	3	24	70	24	32	65	30
Togo	3 052	5	7	55	7	11,6	55	16
Tschad	5 139	52	50	57	50	47	85	51
Tunesien	7 234	95	92	95	92	99	95	99
Uganda	16 018	—	6	35	6	8,3	33	6,6
Zaire	30 850	—	2	0,5	2	1,5	9	—
Zentralafrik. Republik	2 740	5	5	57	—	5,8	—	8
Asien:								
Afghanistan	18 614	98	99	99	99	99	99	99
Bahrain	412	95	91	100	91	95,6	100	99
Bangladesch	100 616	—	85	87	85	85	85	89
Bhutan	1 447	—	—	3	2	3	5	5

Tabelle 3: Anteil der Muslime in den Staaten der Erde nach unterschiedlichen Schätzungen — Fortsetzung

Staat	Einwohnerzahl (in 1 000)	*Anteil der Muslime nach unterschiedlichen Schätzungen (in Prozent)*						
		Caponera (1973)	Weekes (1978)	Hijazi (1982)	Heine (1984)	Delval (1984)	Al-Faruqi/ Al-Faruqi (1986)	Esposito (1987)
Stand:	1986		1977	1981				1985
Birma	37 872	3	4	10	4	4	10	4
Brunei	244	54	—	80	—	60,8	76	64
China, Rep. (Taiwan)		—	0,12	0,9	—	0,25	0,08	—
China (Volksrepublik)	1 072 218	1,5	2,1	6,5	2	1,6	10,2	1,44
Hongkong	5 533	—	—	5	—	0,58	1	—
Indien	766 135	10	11,21	18	11	12	11	12
Indonesien	166 940	91	90	95	90	80	95	85
Irak	16 450	90	95	95	95	95	95	95
Iran	45 914	96	98	97	98	98	98	98
Israel	4 296	7	8	14	8	14,2	—	12,5
(Gaza/Palästina)		—	(90)	—	—	(71,7)	(87)	—
Japan	121 492	—	—	0,1	—	0,02	—	—
Jemen (Arabische Rep.)	7 046	97	99	100	99	99	99	100
Jemen (Demokratische Volksrepublik)	2 365	95	90	100	90	100	95	100
Jordanien	3 656	90	93	95	93	93	95	93
Kambodscha	7 492	—	1,2	10	10	2,92	1	2,4
Katar	335	96	100	100	100	100	100	96

Tabelle 3: Anteil der Muslime in den Staaten der Erde nach unterschiedlichen Schätzungen — Fortsetzung

Staat	Einwohnerzahl (in 1 000)	*Anteil der Muslime nach unterschiedlichen Schätzungen (in Prozent)*						
		Caponera (1973)	Weekes (1978)	Hijazi (1982)	Heine (1984)	Delval (1984)	Al-Faruqi/ Al-Faruqi (1986)	Esposito (1987)
Stand:	1986		1977	1981				1985
Korea (Demokr. VR.)	20 883	—	—	0,004	—	0,004	—	—
Korea (Republik)	41 569	—	—	0,016	—	0,03	0,02	—
Kuwait	1 791	93	93	100	93	93	100	95
Laos	4 218	—	—	1	—	1,1	1	—
Libanon	2 707	26	51	57	51	51	57	57
Malaysia	16 109	97	44	52	44	48	53	49
Malediven	189	—	100	100	100	100	100	100
Mongolische VR.	1 940	—	9,5	1	10	2,2	—	9,5
Nepal	17 131	—	—	4	—	3,03	3,6	5
Oman	1 271[1]	98	100	100	100	100	100	100
Pakistan	99 163	86	97	87	97	97	97	97
Philippinen	55 576	4	5,3	12	5	5,2	11	5,6
Saudi-Arabien	12 006	99	95	100	100	95	100	99
Singapur	2 586	—	15	15	15	16,9	17	18
Sri Lanka	16 117	6	8	8	8	6,8	9	8
Syrien	10 612	80	87	87	87	87	90	88
Thailand	52 094	3	4	14	4	4	13	4
Türkei	50 301	98	98	99	98	98	99	99
Vereinigte Arab. Emirate	1 384	97	92	100	92	92	100	90
Vietnam	60 919	—	0,11	0,5	0,1	0,11	0,5	—
Zypern	673	17	18	20	18	18,8	37	18,5

Tabelle 3: Anteil der Muslime in den Staaten der Erde nach unterschiedlichen Schätzungen — Fortsetzung

Staat	Einwohnerzahl (in 1 000)	*Anteil der Muslime nach unterschiedlichen Schätzungen (in Prozent)*						
		Caponera (1973)	Weekes (1978)	Hijazi (1982)	Heine (1984)	Delval (1984)	Al-Faruqi/ Al-Faruqi (1986)	Esposito (1987)
Stand:	1986		1977	1981				1985
Ozeanien:								
Australien	15 974	—	—	0,8	—	1,48	1	—
Fidschi	703	—	—	11	—	7,7	11	8
Naura	8	—	—	10	—	—	—	—
Neukaledonien	126	—	—	10	—	3	—	—
Neuseeland	3 248	—	—	0,75	—	0,06	1	—
Papua Neuguinea	3 426	—	—	90/95	—	—	—	—
Salomonen	281	—	—	40	—	0	—	—
Tonga	111	—	—	0,1	—	—	—	—
Westsamoa	164	—	—	0,5	—	0,5	—	—
Europa:								
Albanien	3 022	68	70	75	70	60	75	70
Andorra	47	—	—	20	—	—	—	—
Belgien	9 913	—	—	0,1	—	2,5	2	—
Bulgarien	8 959	10	10,5	20	10	9	16	11
Dänemark	5 121	—	—	0,02	—	0,35	—	—
Deutschland (BRD)	61 048	—	—	2	—	2,75	1,6	—
Deutschland (DDR)	16 624	—	—	0,5	—	0,08	—	—

Tabelle 3: Anteil der Muslime in den Staaten der Erde nach unterschiedlichen Schätzungen — Fortsetzung

Staat	Einwohnerzahl (in 1 000)	*Anteil der Muslime nach unterschiedlichen Schätzungen (in Prozent)*						
		Caponera (1973)	Weekes (1978)	Hijazi (1982)	Heine (1984)	Delval (1984)	Al-Faruqi/ Al-Faruqi (1986)	Esposito (1987)
Stand:	1986		1977	1981				1985
Finnland	4 918	—	—	0,025	—	0,03	0,08	—
Frankreich	55 392	—	1	4	—	4,5	2,5	—
Griechenland	9 966	—	2	3	2	1,5	3	2,5
Großbritannien u. Nordirland	56 147	—	—	2	—	1,43	5	—
Gibraltar	29	—	—	10	—	10	—	—
Irland	3 537	—	—	0,01	—	0,01	—	—
Island	243	—	—	0,2	—	0,21	—	—
Italien	57 221	—	—	0,1	—	0,35	1	—
Jugoslawien	23 271	5	19	18,5	19	13,38	21	16
Lichtenstein	27	—	—	0,5	—	—	—	—
Luxemburg	363	—	—	0,1	—	0,27	—	—
Malta	385	—	—	10	—	0,02	15	—
Monaco	27	—	—	1	—	—	—	—
Niederlande	14 563	—	—	0,05	—	2,1	—	—
Norwegen	4 169	—	—	0,1	—	0,14	—	—
Österreich	7 565	—	—	0,1	—	1,13	0,5	—
Polen	37 456	—	—	1	—	0,005	1	—
Portugal	10 291	—	—	0,025	—	0,15	—	—
Rumänien	23 174	4	0,8	1	1	0,22	1	—

Tabelle 3: Anteil der Muslime in den Staaten der Erde nach unterschiedlichen Schätzungen — Fortsetzung

Staat	Einwohnerzahl (in 1 000)	*Anteil der Muslime nach unterschiedlichen Schätzungen (in Prozent)*						
		Caponera (1973)	Weekes (1978)	Hijazi (1982)	Heine (1984)	Delval (1984)	Al-Faruqi/ Al-Faruqi (1986)	Esposito (1987)
Stand:	1986		1977	1981				1985
San Marino	22	—	—	0,5	—	—	—	—
Schweden	8 370	—	—	0,05	—	0,26	—	—
Schweiz	6 504	—	—	0,1	—	0,84	—	—
Spanien	38 668	—	—	0,06	—	0,04	—	—
Tschechoslowakei	15 534	—	—	0,1	1	0,98	—	—
Ungarn	10 627	—	—	0,5	—	0,001	1	—
Vatikanstadt		—	—	0,3	—	—	—	—
UdSSR:	280 144	9	15,564	20	16	16,87	—	18
darin:								
Armenische SSR		—	—	—	—	—	13	—
Aserbaidschan. SSR		—	—	—	—	82	78	—
Bjelorussische SSR		—	—	—	—	—	7	—
Grusinische SSR		—	—	—	—	—	24	—
Kasachische SSR		—	—	—	—	42	68	—
Kirgisische SSR		—	—	—	—	65,6	92	—
Moldauische SSR		—	—	—	—	—	3	—
Russ. Soz. Föd. SR		—	—	—	—	—	6,7	—
Ukrainische SSR		—	—	—	—	—	14	—
Usbekische SSR		—	—	—	—	86,8	88	—
Tadschikische SSR		—	—	—	—	85,7	90	—
Turkmenische SSR		—	—	—	—	83,2	90	—

Tabelle 3: Anteil der Muslime in den Staaten der Erde nach unterschiedlichen Schätzungen — Fortsetzung

Staat	Einwohnerzahl (in 1 000)	*Anteil der Muslime nach unterschiedlichen Schätzungen (in Prozent)* Caponera (1973)	Weekes (1978)	Hijazi (1982)	Heine (1984)	Delval (1984)	Al-Faruqi/ Al-Faruqi (1986)	Esposito (1987)
Stand:	1986		1977	1981				1985
Südamerika:								
Argentinien	31 030	—	—	1,4	—	1,12	2	—
Bolivien	6 547	—	—	0,1	—	0,1	—	—
Brasilien	138 493	—	—	0,2	—	0,16	0,01	—
Chile	12 327	—	—	0,05	—	0,05	—	—
Ecuador	9 647	—	—	0,05	—	0,05	—	—
Franz. Guyana	84	—	—	10	—	0,35	—	—
Guyana	1 971	—	9	13	—	9,32	15	9
Kolumbien	29 188	—	—	0,025	—	0,026	—	—
Paraguay	3 807	—	—	0,03	—	0,03	—	—
Peru	20 207	—	—	0,1	—	0,002	—	—
Surinam	380	—	20	30	30	23	29	14
Uruguay	2 983	—	—	0,05	—	0,06	—	—
Venezuela	17 791	—	—	0,5	0,6	0,26	—	—
Nordamerika:								
Karibik u. Zentral-amerika	—	—	—	—	—	—	0,3	—
Barbados	254	—	—	0,2	—	0,29	—	—
Costa Rica	2 666	—	—	0,1	—	0,09	—	—

Tabelle 3: Anteil der Muslime in den Staaten der Erde nach unterschiedlichen Schätzungen — Fortsetzung

Staat	Einwohnerzahl (in 1 000)	*Anteil der Muslime nach unterschiedlichen Schätzungen (in Prozent)*						
		Caponera (1973)	Weekes (1978)	Hijazi (1982)	Heine (1984)	Delval (1984)	Al-Faruqi/ Al-Faruqi (1986)	Esposito (1987)
Stand:	1986		1977	1981				1985
Dominikanische Republik	6 416	—	—	0,025	—	0,02	—	—
El Salvador	4 913	—	—	0,025	—	0,02	—	—
Guadeloupe	333	—	—	0,5	—	0,009	—	—
Guatemala	8 195	—	—	0,025	—	0,22	—	—
Haiti	5 358	—	—	0,025	—	0,024	—	—
Honduras	4 514	—	—	0,025	—	0,02	—	—
Jamaika	2 372	—	—	0,1	—	0,1	—	—
Kuba	10 246	—	—	0,005	—	0,05	—	—
Martinique	328	—	—	0,5	—	0,036	—	—
Mexiko	79 563	—	—	0,02	—	0,01	—	—
Nicaragua	3 385	—	—	0,025	—	0,02	—	—
Panama	2 227	—	—	0,05	—	0,05	2,9	4,5

Tabelle 3: Anteil der Muslime in den Staaten der Erde nach unterschiedlichen Schätzungen — Fortsetzung

Staat	Einwohnerzahl (in 1 000)	*Anteil der Muslime nach unterschiedlichen Schätzungen (in Prozent)* Caponera (1973)	Weekes (1978)	Hijazi (1982)	Heine (1984)	Delval (1984)	Al-Faruqi/ Al-Faruqi (1986)	Esposito (1987)
Stand:	1986		1977	1981				1985
Puerto Rico	3 502	—	—	0,05	—	0,05	—	—
Trinidat u. Tobago	1 204	—	6	12	6	6,6	12	6,5
USA	241 596	—	0,372	1,9	0,3	0,9	1,9	0,6—1,2
Kanada	25 612	—	—	0,38	0,5	0,4	3,5	—

[1] nach Stat. Bundesamt: Länderbericht Oman 1987.

Quellen:

United Nations: Demographic Yearbook 1986. New York 1988.

Al-FARUQI, I. R.; Al-FARUQI, L. L: The Cultural Atlas of Islam. New York 1986

CAPONERA, D. A.: Water Laws in Muslim Countries. Rom 1973 (FAO — Irrigation and drainage paper 20/1)

DELVAL, R. (Hg.): A Map of the Muslims in the World. Leiden 1984.

ESPOSITO, J. L (Hg.): Islam in Asia. Religion, Politics, and Society. New York, Oxford 1987.

HEINE, P.: Das Verbreitungsgebiet der islamischen Religion: Zahlen und Informationen zur Situation in der Gegenwart. In: ENDE; STEINBACH (Hg.): Der Islam in der Gegenwart. München 1984, S. 132—151.

HIJAZI, A. T.: Nahezu eine Milliarde Muslime. In: Al-Islam, Zeitschrift für Muslime in Deutschland 4/5 1982, S. 9—11.

WEEKES, R. V.: Muslim Peoples. A World Ethnographic Survey. Westport (Conn.), London 1978.

2.1.3 Exkurs: Die Muslime im heutigen Europa

(A. Falaturi — nach Smail Balič. In: Weltmacht Islam, 1989:363 ff.)

Wenn zum Abschluß dieses Kapitel auf die Situation der Muslime im heutigen Europa eingegangen wird, obwohl dies den Raum unserer Darstellung überschreitet, dann deshalb, weil in zahlreichen Ländern Europas, darunter auch in der Bundesrepublik Deutschland und West-Berlin, die Öffentlichkeit Muslime als „Gastarbeiter" wahrnimmt und unter (Kap. 6.1.1) auf diese Problematik kurz zurückzukommen sein wird. Aber nicht alle europäischen Muslime zählen zu dieser Kategorie. Insgesamt lassen sich vier Gruppen unterscheiden:

a) die traditionell muslimischen Bevölkerungsteile, hauptsächlich in osteuropäischen Ländern,

b) die vorwiegend nach dem Zweiten Weltkrieg aus allen islamischen Ländern in großer Zahl Zugewanderten, hauptsächlich in den westeuropäischen Ländern,

sowie

c) Diplomaten und Studenten, die sich in der Regel vorübergehend im gesamt-europäischen Staatenraum aufhalten, aber von ihrer Aktivität und Wirkung her von beachtlicher Bedeutung sind,

und schließlich

d) die neu Konvertierten.

Von grundsätzlichem Interesse ist hier die Frage, wie sich die Muslime als solche in einer nichtislamischen Umwelt zurechtfinden und inwiefern das jeweilige politische und gesellschaftliche Umfeld ihnen Offenheit entgegenbringt, schließlich noch die Frage, wie weit die Integrationsbemühungen zu einer reibungslosen Koexistenz beitragen können.

Im allgemeinen ist die Haltung des kommunistisch regierten Ostblocks dem Islam gegenüber ideologisch vorgeprägt. Dennoch gibt es zwei Strömungen, die sich dabei gegenseitig abwechseln: eine ältere und eine modernere und objektivere, welche weit mehr als die ältere das Wertsystem des Islam, also das islamische Selbstverständnis, berücksichtigt. Da die atheistische Propaganda jedoch weitaus bessere Möglichkeiten hat, sich kulturpolitisch zu artikulieren, als die Religion, befindet sich auch der Islam als religiöses Bewußtsein vor allem bei der jungen Generation in einer Art Agonie. Die Einwirkungsbasis der islamischen Tradition wird von Tag zu Tag schmäler.

Anders bestellt ist es um den Islam in den pluralistisch strukturierten Gesellschaften anderer Länder, vor allem Westeuropas: Die grundsätzliche bzw. relative Glaubensfreiheit gibt auch den Muslimen unterschiedlicher Schulen und Richtungen die Möglichkeit einer freien Selbstdarstellung und einer relativ freien Ausübung ihres Glaubens. Aber auch hier kann man von zwei Grundhaltungen (Strömungen) gegenüber dem Islam und den Muslimen sprechen: einer älteren, die mit alten Vorurteilen gegenüber dem Islam belastet ist, und einer neueren, die bemüht ist, den Islam aus dem islamischen Selbstverständnis heraus zu begreifen. Die ältere, bis etwa in die sechziger Jahre in den Werken von Orientkundlern, Journalisten und Missionaren verankerte

Strömung wird immer noch von den Europäern vertreten, die den Islam als eine Bedrohung ihrer eigenen Religion und Kultur ansehen. Diese Haltung, die nicht selten die freie Entfaltung der islamischen Überzeugung und eine reibungslose Koexistenz erschwert, bekommt zusätzliche Nahrung durch die zeit- und raumbedingten aktuellen politischen Entwicklungen innerhalb der islamischen Länder: Diese werden hier nicht aus der politischen Perspektive betrachtet, sondern als islamisch bewertet. Demgegenüber ist die neuere Strömung bestrebt, die herkömmlichen Aussagen über den Islam kritisch zu bewerten, den Islam aus seinem eigenen Selbstverständnis heraus zu begreifen und die Vorgänge in der islamischen Welt und innerhalb der islamischen Gemeinschaften differenzierter zu bewerten. Diese Haltung hat vor allem seit dem Ende der sechziger Jahre ihren Niederschlag in den Schriften der Islamkundler aus der jüngeren Generation, christlicher Theologen und sonstiger Schriftsteller und Wissenschaftler, die sich mit dem Islamischen Orient befassen, gefunden.

Diese unterschiedlichen Haltungen dem Islam und den Muslimen gegenüber bedingen auch unterschiedliche Reaktionen innerhalb der islamischen Diaspora in Europa, sie reichen von einer großen Aufgeschlossenheit bis zur Ghettoisierung, und zwar in unterschiedlichsten Variationen.

Der von christlicher Seite eingeleitete Dialog mit dem Islam und den Muslimen hat sich in der Praxis bis jetzt als der einfachste Weg zu einem vorurteilsfreien Zusammenleben bewährt. Der weitere Erfolg eines Dialogs in dieser Richtung setzt voraus, daß einerseits die christliche Umwelt die Haltung der praktizierenden Muslime akzeptiert und andererseits die Muslime die Gewißheit haben können, daß nicht über den Weg des Dialogs versucht wird, sie zum Christentum zu bekehren. Bis dies erreicht ist, und vor allem bis zu einer gesellschaftlichen Integration der Muslime ohne den Verlust der islamischen Identität, dürfte noch einige Zeit mit neuen Erfahrungen vergehen.

Im Einzelnen unterscheidet sich jedoch die Lage des Islam und der Muslime in Ost- und Westeuropa von Land zu Land:

In Albanien, bis 1967 der einzige europäische Staat mit mehrheitlich (ca. 70 Prozent) muslimischer Bevölkerung (geschätzt auf 1.300.000 bis 1.400.000), ist seit der Etablierung des kommunistischen Systems auch den Muslimen jede öffentliche religiöse Betätigung untersagt, ihre Moscheen und andere religiöse Einrichtungen wurden geschlossen. Albanien hat sich 1967 zum „atheistischen Staat" erklärt.

Auch in Bulgarien sind die Muslime (deren Anzahl 1950/51 mit 1.750.000 beziffert wurde und heute auf 1.250.000 geschätzt wird) dem Druck des herrschenden kommunistischen Systems ausgesetzt. Seit Mitte der sechziger Jahre sind alle islamischen Schulen geschlossen, und seit Jahren werden die Muslime gezwungen, ihre islamischen Namen aufzugeben. Laut einem Bericht der „Muslims of the Soviet East" von 1978 werden jedoch in den großen Städten sechs Muftis und 500 Imame von der Regierung entlohnt.

Anders steht es mit den ca. vier Millionen Muslimen (ca. 20 Prozent der Gesamtbevölkerung) in Jugoslawien. Zwar bringt auch hier das Abweichen von der Linie Gefahren mit sich und wird der Name „Muslim" sogar oft sinnentfremdet in rein weltlichem, nationalpolitischem Sinn verwendet, doch ist auf der anderen Seite das Engagement der muslimischen Bürger bei der Errichtung und Pflege ihrer Moscheen und Lehrstätten bis hin zur Wiedererrichtung der theologischen Fakultät sehr groß.

Hohes Ansehen genießt die dreitausendköpfige islamische Gemeinschaft in Polen. Die polnischen Muslime sind die Abkömmlinge jener tatarischen Soldaten, die einst im Dienste der Landesfürsten und Könige standen und sich heute durchaus als Polen fühlen. Sie werden von einem Zentralrat der „Islamischen Union", der in mehreren Städten vertreten ist, geleitet.

Im Gegensatz dazu fehlt den Muslimen in Rumänien (heute auf ca. 50.000 geschätzt) trotz der verhältnismäßig liberalen Haltung der Regierung ihnen gegenüber die Dynamik, die ausreichen würde, dem bedrohlichen Auflösungsprozeß Einhalt zu gebieten.

In Ungarn hat die einheimische, ohnehin kleine islamische Gemeinschaft schon in der Mitte der sechziger Jahre infolge des Dahinschwindens ihrer Mitglieder ihr Ende gefunden.

Anders als in den kommunistischen Ländern steht es mit den Muslimen in Griechenland (geschätzt auf 140.000). Von allen islamischen Gemeinschaften in Ost- und Südeuropa stehen sie sich wirtschaftlich am besten. Sie verfügen über eine große Anzahl von Moscheen, islamischen Einrichtungen und Schulen. Es werden neue Moscheen gebaut, und die älteren werden sogar vereinzelt mit finanzieller Unterstützung der Regierung renoviert.

Ähnlich wie in Griechenland steht es mit der freien Ausübung des islamischen Glaubens in Zypern, wo die islamische Gemeinschaft mit ca. 120.000 Mitgliedern 80 Prozent der Gesamtbevölkerung ausmacht. Anfang der achtziger Jahre wurde zusätzlich zu den bereits bestehenden Moscheen und islamischen Einrichtungen mit Hilfe aus Libyen und Saudi-Arabien in Levkose ein großangelegtes islamisches Zentrum errichtet.

Auch innerhalb der westeuropäischen Länder ist die Einstellung zu den Muslimen (hier größtenteils Zuwanderer nach dem Zweiten Weltkrieg) unterschiedlich:

In Belgien wurde durch das Gesetz vom 19. Juli 1974 die islamische Gemeinschaft (heute ca. eine Viertelmillion Mitglieder stark) rechtlich anerkannt. Das Islamische Kulturzentrum in Brüssel besitzt den Status der obersten islamischen Aufsichtsbehörde im Lande. Sie hat die Befugnis, im staatlichen Bildungswesen zu wirken, und ihr obliegt der geregelte, offizielle Religionsunterricht sowie die Ausbildung von Religionslehrern.

Auch in Österreich ist mit dem Bescheid vom 2. Mai 1979 der Islam in der Zweiten Republik in den vollen Besitz all der Rechte gekommen, die sonst den Kirchen zustehen. Die mehr als 70.000 Mitglieder zählende islamische Gemeinschaft hat ein Recht auf eigenen Religionsunterricht in den Schulen und sogar auf die Ausstrahlung ihrer Sendereihe „Die Stimme des Islam" durch den ORF.

Das Königreich Niederlande ist das einzige westeuropäische Land, in dem der Gebetsruf öffentlich von den Minaretten ausgerufen werden darf. Die „Föderation der muslimischen Organisationen in den Niederlanden" ist der Dachverband der 250.000 Bekenner des Islam.

In England hat der Islam seine bisher besten Organisationsstrukturen in Europa erreicht. Die Schätzungen über die Zahl der muslimischen Bevölkerung (von der die meisten aus Indien und Pakistan stammen) bewegen sich zwischen 800.000 und 1.500.000. Für ihre religiöse Betreuung und die Verwaltung der Moscheen und Gebetsräume sorgen 200 bis 300 Organisationen. Zu den bekanntesten von ihnen gehören: „The Islamic Foundation" in Leicester, „The Waltham Forest Islamic Association", „Muslim Educational Trust" sowie die „Union of Muslim Organisations of UK and Eire". Die Zahl der Muslime englischer Abstammung ist nicht bekannt, bemerkenswert ist aber, daß es in England eine Siedlung gibt, in der nur englischstämmige Gläubige des Islam leben. Ähnlich wie auch in mehreren anderen europäischen Ländern, vor allem in den Niederlanden und der Schweiz, ist auch in England die Sufi-Bewegung stark. Die in Irland lebenden Muslime sind organisatorisch mit denen in England verbunden.

In Frankreich bekennen sich mindestens zwei Millionen Menschen (vorwiegend algerischer und schwarzafrikanischer Herkunft) zum Islam. Dadurch beherbergt Frankreich die stärkste islamische Gemeinschaft im Westen. Mit einem Anteil von 3,5 Prozent der Gesamtbevölkerung ist der Islam die zweitgrößte Religionsgemeinschaft im Lande. Etwa 800 Mitglieder der Gemeinschaft sind französischer Abstammung. Die größten Probleme der Gemeinschaft sind die mangelnde Bildung und das fehlende Selbstvertrauen ihrer Mitglieder, die kulturellen Spannungen mit der Umgebung und untereinander sowie die schlechte wirtschaftliche Situation, in vielen Fällen: die bittere Armut. In Frankreich gibt es 147 islamische Gebetsräume, die zentrale Moschee in Paris bildet mit ihren Nebeninstituten ein islamisches Kulturzentrum.[25]

In den sechziger Jahren strömten Hunderttausende muslimische Arbeitnehmer in die Bundesrepublik Deutschland, ihre Zahl wuchs bald auf 1,7 Millionen an. Die meisten von ihnen (1,46 Mio.) stammen aus der Türkei, einen großen Anteil machen weiterhin Jugoslawen, vor allem aber Flüchtlinge aus dem Ostblock sowie Asylanten aus asiatischen Ländern aus. Die Muslime stellen ca. 3 Prozent der Gesamtbevölkerung. Eie große Anzahl von Vereinen, Kulturzentren und Moscheen finden sich in zahlreichen Städten, an profiliertester Stelle stehen die Islamischen Zentren in München, Aachen und Hamburg.

Der Versuch, eine Anerkennung des Islam als eine Körperschaft des öffentlichen Rechtes zu erreichen, scheiterte bisher daran, daß die formalen Voraussetzungen hierfür nicht geschaffen werden konnten. Daher steht den Muslimen in der Bundesrepublik Deutschland im Gegensatz zu denen in Österreich, Belgien und England kein eigener islamischer Religionsunterricht im Rahmen des offiziellen Schulunterrichts zu.

Die älteste islamische Gemeinschaft im europäischen Norden ist die von Helsinki. Bereits im Jahre 1835 wanderte eine größere Gruppe kasan-tatarischer Kaufleute und Gewerbetreibender nach Finnland aus, später kamen neue Einwanderer hinzu. Heute zählt die Islamische Gemeinschaft in Finnland mehr als 1.000 Mitglieder. Sie sind finnische Staatsbürger, aber sehr bedacht auf die Bewahrung ihrer religiösen Identität.

Die wichtigsten Stützpunkte haben die skandinavischen Muslime in Dänemark, wo ihre Zahl sich zwischen 30.000 bis 45.000 bewegt. Dort gibt es zwanzig islamische Gebetsstätten und drei Friedhöfe. In Kopenhagen wirken u. a. die „Islamische Weltliga", ein türkisches Islamisches „Kooperationszentrum" sowie jugoslawische und pakistanische Einrichtungen.

In Norwegen leben zwischen 12.000 und 15.000 Bekenner des Islam, die meisten von ihnen (ca. 10.000) in Oslo. Die wichtigsten Einrichtungen sind: die „Islamische Vereinigung", das „Türkische Kulturzentrum", die „Islamische Akademie" und der „Verein der jungen Muslime".

Eine weit größere Zahl muslimischer Zuwanderer (hauptsächlich südslawischer, türkischer, albanischer und zu einem kleineren Prozentsatz asiatischer Abstammung) weist Schweden auf. Der relativ großen Zahl stehen jedoch äußerst ungenügende Organisationsformen und eine sehr bescheidene Ausstattung mit Moscheen und Gebetsräumen gegenüber.

Die meisten in Italien lebenden Muslime sind Arbeitnehmer aus dem nordafrikanischen Raum, vorwiegend sind sie in Sizilien und Süditalien beschäftigt. Besonders hervorzuheben ist hier eine starke albanische Emigrantengruppe mit lebhaftem Engagement in Rom und anderen Städten. Zwei qualifizierte Islamische Kulturzentren versorgen die in Italien lebenden Muslime mit religiösen Schriften.

Die Zahl der Muslime in Spanien wird auf nahezu 80.000 geschätzt. Seit 1982 sind wieder zwei Moscheen aktiv, und in Cordoba wurde der Islamischen Gemeinschaft sogar eine alte, von den Mauren erbaute Moschee, die drei Jahrhunderte lang als Kirche gedient hatte, wieder in Besitz übergeben.

Wie in Spanien sind auch die meisten in Portugal ansässigen Muslime Einwanderer aus den ehemaligen afrikanischen Kolonien des Landes. In Lissabon wirkt ein sehr aktives islamisches Zentrum, das durch die Unterhaltung eines Gebetsraumes und durch die Herausgabe und den Vertrieb islamischer Literatur die Gemeinschaft vor dem religiösen Identitätsverlust zu bewahren versucht. Der Bau einer Moschee in Lissabon ist für die allernächste Zukunft geplant.

In der Schweiz hat die Gründung von islamischen Gemeinden erst in den sechziger und siebziger Jahren begonnen. Auch hier dürfte die Zahl der muslimischen Arbeitnehmer verschiedener Herkunftsländer beträchtlich sein. Neben ihnen beherbergt die Schweiz noch wohlhabende Muslime aus aller Welt. Genf ist Heimstätte für den Sitz der länderübergreifenden islamischen Organisationen wie die „Islamische Weltliga", das „Sekretariat der Außenministerkonferenz der islamischen Staaten" und der internationalen Organisation „Islam und der Westen". Zwei Islamische Zentren in Genf und Zürich sorgen für die Publikation zahlreicher Schriften in französischer und deutscher Sprache.

Die Muslime in Europa befinden sich in einer Diasporasituation, und viele versuchen, mittels einer starken Betonung ihrer Religion ihre durch die fremde kulturelle Situation oftmals in Frage gestellte Identität zu festigen. Obwohl der Glaube auch im Islamischen Orient heute z. T. eine ähnliche Funktion erfüllt (vgl. Kap. 7.2.2), bekennt sich doch der überwiegende Teil der Bevölkerung dort zum Islam, und die kulturelle Tradition wird weitgehend als „islamisch" verstanden. Aspekte des religiösen Weltbildes, das hinter dieser Kulturtradition steht, sind Gegenstand des folgenden Kapitels.

Anmerkungen zu Kapitel 2.1

1. Wahrscheinlich am 30. 8. 570. Auch bei weiteren Jahreszahlen wurde auf unterschiedliche Angaben verzichtet und die jeweils geläufigste gewählt.

2. Man kann zwar das geistliche Amt von Muḥammads Großvater Abdulmuṭṭalib und seines Onkels Abū Ṭālib nicht als Priesteramt bezeichnen. Aber von der damit verbundenen religiösen Auswirkung und Verantwortung her zu urteilen, bestand für die religiöse Prägung Muḥammads unverkennbare Ähnlichkeit. Mit diesem Amt standen alle geistigen Strömungen jener Zeit in enger Verbindung. Die daraus entstandene Atmosphäre bildete den Erlebnisbereich des Propheten.

3. Dafür spricht auch, daß Abū Ṭālib ihn schon als Zwölfjährigen auf eine Großhandelsreise (Karawanenreise) nach Syrien mitgenommen hatte. Die häufig erwähnte Tätigkeit als Hirte dürfte sich auf die Hütearbeit beschränkt haben, mit der die Kinder am Alltagsleben der Sippen und Großfamilien beteiligt waren. Es war kein Beruf, mit dem Muḥammad sich den Lebensunterhalt verdient hat.

4. Daß Abū Ṭālib dem ca. 25jährigen Pflegesohn Muḥammad nahelegte, Chadidschas Geschäfte zu übernehmen, entspricht einerseits seiner Fürsorgepflicht und beweist andererseits die Geschäftstüchtigkeit Muḥammads, denn eine solche Übernahme setzte reiche Erfahrungen voraus. Wenn die islamische Geschichtsschreibung in diesem Zusammenhang darauf hinweist, daß Abū Ṭālib materiell nicht so gut stand wie seine Brüder, ist das mit der Intention verbunden, sein Ansehen unter den Qurayš zu unterstreichen. Im Gegensatz zu üblichen Gepflogenheiten ist nämlich das hohe Amt nicht einem seiner reicheren Brüder, sondern ihm übertragen worden. Das ist ein Beweis dafür, daß er dafür am besten geeignet gewesen ist. (Sein reicherer Bruder, Abbās hat allerdings die *siqāya*/ Versorgung mit Trinkwasser übernommen.) Doch die wirtschaftliche Krise in den Jahren um 605, die die Qurayš stark in Mitleidenschaft gezogen hatte, muß den Amtsträger Abū Ṭālib besonders hart getroffen haben. Muḥammad konnte sich revanchieren, indem er seine Onkel Abbās und Ḥamza dazu bewegte, Abū Ṭālib finanziell zu entlasten, indem jeder von ihnen einen der drei Söhne in Pflege nahm. Den jüngsten von ihnen, den sechs- oder achtjährigen ʿAlī (später sein Schwiegersohn) hat Muḥammad selbst bei sich aufgenommen.

5. Auf den persönlichen Werdegang Muḥammads — wahrscheinlich auf die vorprophetische Zeit — bezieht sich die Sure 93, mit dem Vermerk, daraus Lehren zu ziehen und die Waisen und Bedürftigen zu unterstützen.

6. Hoffnungslos wurde die Situation vor allem deshalb, weil Abū Lahab, ein anderer Onkel Muḥammads und ein entschiedener Gegner des Islam, das Amt von Abū Ṭālib übernommen hat.

7. Schon in der Sure *al-Muddaṯṯir* (Sure 74), die von allen Schulen übereinstimmend als die vierte geoffenbarte Sure angesehen wird, ist von den „Gläubigen" (Muslimen) und denjenigen, „denen die Schrift *(kitāb)* gegeben ward" (also den

„Schriftbesitzern") die Rede (74,31), die gemeinsam den „Ungläubigen" (Polytheisten) gegenüberstehen. Zur gleichen Zeit verweist der Koran auf die Verbindung zu Abraham (in der siebten geoffenbarten Sure *al-Aʿlā*: „Dies (die vorgetragene Lehre) ist fürwahr dasselbe, was in den früheren Schriften war. Den Schriften Abrahams und Moses." (87,18—19)

8. „Solcher Art (wie dies) ist Jesus, der Sohn der Maria — um die Wahrheit zu sagen, über die sie (d. h. die Ungläubigen (unter den Christen?)) (immer noch) im Zweifel sind. Es steht Gott nicht an, sich irgendein Kind zuzulegen. Gepriesen sei er! (Darüber ist er erhaben.) Wenn er eine Sache beschlossen hat, sagt er zu ihr nur: Sei!, dann ist sie. Und (Jesus sagte): ‚Gott ist mein und euer Herr.'" (19,34—36)
   Mit der gleichen Souveränität wird in einer später verkündeten Sure (3.—5. Jahr) die Unbeflecktheit Mariens und die Zeugung durch den „Geist Gottes" („... da sandten Wir (Gott) unseren Geist zu ihr") betont; diese Sure trägt den Namen *Maryam* (Maria). Die Botschaft richtete sich nicht nur an die Polytheisten, sondern auch — und vielleicht in erster Linie — an die Juden, die diese Auffassung bestreiten. Das geschieht in Zusammenhang mit der Darstellung der Geschichte von Zacharias und dessen Nachkommen Yaḥyā (Johannes), der als „sein Erbe und Erbe von Jakobs Haus" charakterisiert wird. (19,1—15)

9. Eine häufig unterstellte opportunistische Übernahme und Verarbeitung der christlichen und jüdischen Lehre durch Muḥammad, jede taktische Affinität zu ihnen entspricht nicht den Tatsachen. Sie hätte auch keine irgendwie gearteten Vorteile für Muḥammad geboten (wie oft vermutet), denn schon von ihrer Stärke her hätten weder Juden noch Christen in der mekkanischen Zeit für Muḥammad eine Unterstützung sein können.

10. Von Norden war das islamische Kernland begrenzt vom Byzantinischen Reich (Syrien, Palästina), im Westen von Ägypten und in Südwesten von Äthiopien. Die Christen von Naǧrān in den südlichen Gebieten (Jemen) haben in Krisenfällen direkte Unterstützung, auch militärische, durch Äthiopien erhalten. Für ein positives Verhältnis der Äthiopier zu den Arabern spricht die erste Auswanderung der Gefährten Muḥammads in dieses Land.

11. Ḏu Nuwās eroberte Naǧrān 523 und versuchte vergeblich, die dort lebenden Christen (Banū al-Ḥāriṯ) gewaltsam zum Judentum zu bekehren; sie zogen den Märtyrertod durch Feuer vor. Kurze Zeit später wurde er vom christlichen äthiopischen Herrscher besiegt.

12. Unter anderem die Vorstellung von der Erschaffung der Welt, der Wiederauferstehung, der Abrechung und auch die Praxis von Ehe und Scheidung, Eßgewohnheiten, Beschneidung usw.

13. Z. B. Gott und seine Vaterschaft, Vermittlerrolle, Mönchtum und Abgeschiedenheit von der materiellen Welt.

14. Namentlich genannt werden Waraqa ibn Nūfal und Zaid ibn ʿAbd Manāf (geboren 43), der Urgroßvater Muḥammads.

15. Die zwölfköpfige Delegation verpflichtete sich stellvertretend für alle anderen Medinenser, die sich ebenso für die neue Botschaft interessierten, „Allah keinen Gott beizugesellen, nicht zu stehlen, keinen Ehebruch zu begehen, ihre Kinder nicht zu töten, keine Verleumdungen auszusprechen und nicht gegen die guten Sitten *(maʿrūf)* zu verstoßen" (HAIKAL 19:215).

16. Da sich der muslimische Kalender nicht nach dem Sonnenjahr richtet, sondern die Mondphasen zugrunde legt, besitzt er bei 12 Monaten nur ca. 354 Tage. Das Jahr ist also etwa 11 Tage kürzer als das Sonnenjahr: während das Jahr 1 A. H. (Anno Hedschirae) am 16. Juli 622 begann und am 4. Juli 623 endete, dauerte das Jahr 100 A. H. vom 3. August 718 bis zum 23. Juli 719; das Jahr 1989 (A. D.) entspricht dem Jahr 1409/10 (A. H.). Aus gleichem Grund verschieben sich auch Monate (und Feiertage) im Verhältnis zu unserem Jahresablauf.

    Zwar wurden schon bald nach Muḥammads Tod für chronologische Zwecke feste Monatslängen von abwechselnd 29 und 30 Tagen eingeführt, bei einem Schalttag am Ende aller zwei oder drei Jahre. Wie ursprünglich der gesamte Kalender richtet sich aber auch heute Beginn und Ende des Fastens nach dem ersten Sichtbarwerden des neuen Mondes am Abendhimmel. Beispielsweise eine Wolkendecke kann hier regional zu Terminverschiebungen führen. (G. St.)

17. Z. B. durch die Institution der Bruderschaft *(uḫuwwa)* der Gläubigen untereinander und ihre Fürsorgepflicht *(wilāya)* füreinander. Auf ersteres verweist der Koranvers 49,10: „Die Gläubigen sind doch Brüder. Sorgt also dafür, daß zwischen euren beiden Brüdern Friede (und Eintracht) herrscht, und fürchtet Gott! Vielleicht werdet ihr (dann) Erbarmen finden." Auf die Fürsorgepflicht der Vers 9,71: „Und die gläubigen Männer und Frauen sind untereinander Freunde. Sie gebieten, was recht ist, und verbieten, was verwerflich ist, verrichten das Gebet, geben die Almosensteuer *(zakāt)* und gehorchen Gott und seinem Gesandten. Ihrer wird sich Gott (dereinst) erbarmen. Gott ist mächtig und weise."

18. Das galt in der islamischen Geschichte als Meßlatte sogar für diejenigen Staats- und Herrschaftsgebilde, die de facto weit von der Einhaltung dieser Normen entfernt waren.

19. Im Grunde war zur Zeit des Propheten weder von der Einheit, noch von der Trennung von Staat und Religion die Rede. Es gab keine besondere Bezeichnung für den Staat (gegenüber der Religion). Was es gab, war die Notwendigkeit des Schutzes der *umma* als eine wichtige religiöse Aufgabe für alle Beteiligten; die inhaltliche Seite dieser Verpflichtung bestimmte die Offenbarung. Der in der Praxis daraus entwickelte Dualismus von Religion und Staat *(ad-dīn wa d-daula)* drückt nur die inhaltliche Verbindung beider Bereiche aus. Das ist keine Aussage darüber, daß der Regierende Geistlicher sein muß, bzw. der Geistliche regieren muß.

20. Koranvers 49,14 ist die Grundlage für die Unterscheidung zwischen den Stammwörtern der beiden Begriffe, nämlich *īmān* und *islām:* „Die Beduinen sagen: ‚Wir sind gläubig' *(āmannā)*. Sag: Ihr seid nicht (wirklich) gläubig. Sagt vielmehr: ‚Wir haben den Islam angenommen' *(aslamnā)*! (Denn) der Glaube ist euch noch nicht ins Herz eingegangen." Demnach kann *islm̄* im Gegensatz zu *imām* die rein

formale Annahme der Lehre des Propheten bedeuten, ohne sich ernsthaft daran gebunden zu fühlen. Im Koran werden beide Begriffe sonst überwiegend synonym verwendet.

21. Die unterschiedliche Intensität des Wortgehalts hängt von der Wichtigkeit des Objekts ab, auf das sich der Wortstamm *kufr* bezieht. *Kufr* bedeutet etwa, daß sich der Betreffende den Zugang zum jeweiligen Gegenstand durch einen „Vorhang", eine „Hülle" versperrt.

22. Es handelt sich oft um übertriebene Berichterstattung über Greueltaten, die offensichtlich dazu dienen sollte, manche späteren Schritte gegen die Schriftbesitzer zu rechtfertigen, die aber in der Tat der Grundhaltung des Koran und Muḥammads widersprachen.

23. Siehe hierzu auch Fritz STEPPAT 1985:36—51.

24. Zur zahlenmäßigen Verteilung und den Zuwachsraten der großen Weltreligionen vgl. „Frankfurter Rundschau" vom 26. 2. 1986.

25. Laut einer Meldung des „Tagesspiegels" (Berlin) vom 7. 3. 1989 (S. 3) liegt die Zahl der Muslime in Frankreich mittlerweile bereits zwischen drei und fünf Millionen. Die Zahl islamischer Kultstätten soll in den letzten 20 Jahren von 10 auf nunmehr mindestens 1.000 gestiegen sein; die Anzahl islamischer Vereinigungen wird mit ungefähr 600 angegeben.

    Betont wird in diesem Zusammenhang, daß es den Muslimen in Frankreich an einer Dachorganisation fehlt, die ihre Interessen gegenüber anderen Religionsgemeinschaften und dem Staat vertreten könnte, eine Einrichtung, die beispielsweise für Frankreichs Protestanten und Juden schon lange selbstverständlich ist, obwohl sie dort über wesentlich weniger Gläubige (1 Mio. bzw. 0,8 Mio.) verfügen als der Islam. (G. W.)

2.2 Der Islam und die Gemeinschaft der Muslime

(A. Falaturi)

Die Menschen des islamischen Kulturraumes sind als Individuen und Gemeinschaftsmitglieder auf vielfältige Weise geprägt, nicht nur vom Islam als einer das ganze Leben umfassenden Lehre, sondern — in nicht geringer Intensität — von ihren ethnischen, historischen und geographischen Eigenheiten und Bedingungen. Geprägt sind sie ferner von den Gesellschaftsstrukturen, die vor dem Auftreten des Islam die jeweilige Gesellschaft bestimmten und dann unverändert oder modifiziert in der neuen islamischen Gesellschaft fortbestanden. Art und Herkunft derartiger Einflüsse genau zu bestimmen, kann kaum ohne regions- und themenspezifische Monographien möglich sein und ist hier nicht geplant. Hier geht es vielmehr vor allem um Einflüsse, die der Islam auf die Raumgestaltung ausübt, indem sich die Weltanschauung der Muslime in ihrem Handeln niederschlägt, nicht nur in ihren rituellen Handlungen, sondern auch in ihrem Handeln auf gesellschaftlicher, wirtschaftlicher und politischer Ebene. Wenn im Rahmen dieser Problematik auch auf die Lehre des Islam eingegangen werden muß, so kann hier doch keine halbwegs komplette Darstellung erfolgen; hierfür sei der Leser beispielsweise auf die Arbeiten von WATT/WELCH (1980) und WATT/MARMURA (1985) verwiesen.

2.2.1 Der Koran

Die Grundlagen des Glaubens, die Muḥammad in Mekka und später Medina verkündete, sind im Koran, der heiligen Schrift des Islam, festgehalten. Koran (arab.: *al-qur'ān*) bedeutet sinngemäß etwa „Lesung", „Vortrag", „das Vorgetragene".

> „Der Text des Korans besteht aus 114 Abschnitten, die mit dem koranischen Ausdruck Sure (*sūra*; Pl.: *suwar*) bezeichnet sind; sie setzen sich aus Versen (*āya* Pl.: *āyāt* = wörtlich: ‚Zeichen') zusammen ... Die einzelnen Suren sind von unterschiedlicher Länge; die längste Sure (Sure 2) umfaßt 286 Verse, während die kürzesten Suren aus nicht mehr als drei Versen (z. B. Sure 108) bestehen. Den einzelnen Suren sind kurze Überschriften vorangestellt, die nicht zum geoffenbarten Text gehören, sondern erst später hinzugefügt worden sind (DIEM 1974:104)."

Nach der gängigen Verszählung enthält der Koran 4.468 in Mekka und 1.768 in Medina geoffenbarte Verse — insgesamt also 6.236 Verse. Die Meinungsverschiedenheiten sind redaktionell. Die Menge der Verse bleibt gleich. Die Anordnung der Suren ist im Gegensatz zu den Evangelien nicht nach chronologischen Gesichtspunkten, sondern überwiegend entsprechend ihrer Länge in abnehmendem Sinne vorgenommen. Eine Ausnahme bildet die kurze erste Sure, die *al-Fāṭiḥa* (= „Die Eröffnende").

Für die Muslime gilt der Koran als authentisches Wort Gottes[1], das Muḥammad wörtlich eingegeben wurde (Verbal-Inspiration). Interpretationen, die Muḥammad selbst als Autoren sehen, lehnen die Muslime ab. Muḥammad gilt für sie nur als der

„Sprachvermittler" Gottes. Ausdruck dieser geglaubten Verbalinspiration ist auch die Tatsache, daß nur die arabische Fassung des Koran als verbindlich angesehen wird.

Der Koran versteht sich als Ausdruck der *raḥma* („Gnade") Gottes und ist nach muslimischem Verständnis Bestätigung und unverfälschter Abschluß der alt- und neutestamentlichen Schriften (besonders Thora und Evangelium). Alle Offenbarungsschriften gelten den Muslimen in ihrer Urschrift als Abbilder eines präexistenten Urbuchs („Mutter des Buches"). Dieses Verständnis hat Entsprechungen in der Überzeugung der Juden (Thora als Abschrift) und der Christen (vgl. Joh. 1,1 ff. — Präexistenz des Logos) und erklärt aus muslimischer Sicht die zahlreichen Parallelen zwischen Thora, Evangelium und Koran (vgl. Sure 3,3—4).

Inhaltlich beschäftigt sich der Koran — im Gegensatz zu häufig anzutreffenden Behauptungen — nur in geringem Maße mit Lebens*vorschriften* (ca. sechs Prozent der Verse). Weit überwiegend im Vordergrund steht die Beschäftigung mit der gesamten Schöpfung: Welt, Himmel und Erde, Umwelt, Natur, verschiedene Tierarten, Naturerscheinungen, metaphysische Wesenheiten, ethische Werte, vergangene Völker und ihre Geschichte, wobei diese Schilderungen in der Regel mit der Betonung moralischer Verhaltensnormen verbunden sind.[2] Weitere inhaltliche Schwerpunkte sind: Aufbau und Regeln der Gemeinschaft (*umma*, vgl. Kap. 2.2.3); Gott und seine Eigenschaften; Propheten und historische Gestalten; frühere heilige Schriften und Offenbarungen. Der Koran versteht sich als *hudā* (= Rechtleitung):

> „Dies ist das Buch, an dem es keinen Zweifel gibt; (es ist) eine Rechtleitung für die Gottesfürchtigen." (2,2)

Diese Funktion wird auch Thora und Evangelium zuerkannt. Der Koran beschreibt sich selbst wie folgt:

> „Er (Gott) ist es, der dir das Buch herabgesandt hat. Darin sind eindeutige, klare Verse — sie sind die Grundlage des Buches — und andere, die mehrdeutig sind." (3,7)

Die mehrdeutigen Aussagen des Koran waren in der Geschichte des Islam immer wieder Anlaß für verschiedene Interpretationen und — daraus abgeleitet — verschiedene theologische Schulen. Der Muslim sieht gerade in diesen mehrdeutigen Koranteilen die Grundlage für eine gesellschaftliche Dynamik, die es ermöglicht, den Islam weiterzuentwickeln. Im Gegensatz dazu wird von westlichen Interpreten häufig die Auffassung vertreten, daß die Wortgläubigkeit der Muslime eine kulturelle, wirtschaftliche und gesellschaftliche Stagnation bedinge.

Von Anfang an hat Muḥammad die Aussagen des Koran für seine Gefährten in Wort und Tat interpretiert und kommentiert. Diese Kommentare werden als *sunna* bezeichnet. Die Überlieferung dieser authentischen Aussagen und der Lebensführung Muḥammads heißen Hadithe *(aḥādīṯ)* (sgl. *ḥadīṯ)*. Auch wenn die Verbindlichkeit dieser Hadithe im einzelnen durch sehr sorgfältige wissenschaftliche Untersuchungen[3] nachgewiesen werden muß, bleibt sie für die Muslime dem Koran weit untergeordnet.

Die zentrale Bedeutung des Koran für den gesamten Lebensbereich der Muslime findet ihren Ausdruck auch darin, daß die Kinder bereits in den ersten Erziehungsjahren dazu angehalten werden, den Koran zu verstehen, zu lesen und so viel wie möglich auswendig zu lernen.

Der Koran wurde nicht auf einmal vorgelegt, sondern während 23 Jahren in Mekka und Medina (610—632 n. Chr.) situationsadäquat als Offenbarung vorgetragen. Dabei ist folgende Grobstruktur erkennbar: Hatte die Offenbarung der mekkanischen Periode überwiegend warnenden Charakter und richtete sich gegen die Polytheisten, so standen in der medinensischen Periode der Aufbau und die Regeln der Gemeinschaft im Vordergrund. Erst nach dem Tode Muḥammads wurden die auf verschiedenen Schreibmaterialien festgehaltenen, zerstreuten Offenbarungen (Suren und Verse) gesammelt. Die heute für alle Muslime verbindliche Form geht auf den Kalifen ʿUṯmān, 644—656 n. Chr. = 23—35 n. H.) zurück. Als Vorlage diente nach der Tradition das Exemplar von Zaid ibn Ṯābit, einem der wichtigsten Schreiber der Offenbarung *(kuttāb al-waḥy)*. Zur textkritischen Beurteilung führt Rudi PARET (1979:5) im Vorwort seiner Koranübersetzung aus:

> „Obwohl zu Hunderten von Versen der einzelnen Kapitel oder ‚Suren' abweichende Lesarten überliefert sind, kann man sagen, daß der Text im großen ganzen zuverlässig ist und den Wortlaut so wiedergibt, wie ihn die Zeitgenossen aus dem Munde des Propheten gehört haben. Denn die Abweichungen beschränken sich in der weit überwiegenden Mehrzahl auf die Vokalisierung und auf gewisse diakritische Zeichen, d. h. auf Bestandteile, die in der arabischen Schrift ursprünglich überhaupt nicht berücksichtigt wurden und erst nachträglich ergänzt worden sind. Das Konsonantengerippe, die eigentliche Grundlage des Textes, wird durch sie kaum einmal in einer ernst zu nehmenden Weise beeinträchtigt. Wir haben keinen Grund anzunehmen, daß auch nur ein einziger Vers im ganzen Koran nicht von Mohammed selber stammen würde."

Es besteht ein Konsens der Muslime aller Denk- und Überzeugungsrichtungen darüber, daß der vorhandene Korantext die gesamte Offenbarung an Muḥammad ohne jede Änderung, ohne Zusatz oder Weglassung enthält. Die Unsinnigkeit jeder anderslautenden Behauptung wird sowohl von den sunnitischen, als auch von den schiitischen Gelehrten herausgestellt.

2.2.2 Gott und Mensch im Islam

Versteht der Muslim den Koran als Offenbarung Allāhs, so stellt sich das Problem: Bezeichnet „Allāh" eine anderen Gott als den Gott der Christen oder Juden? Dieser Eindruck wird häufig geweckt, wenn im Zusammenhang mit Islam nur der Begriff „Allāh" verwendet wird. Im Grunde ist aber „Allāh" nur das arabische Wort für „Gott" und wurde schon in vorislamischer Zeit von arabischen Juden und Christen gebraucht. Bis heute gibt es in der arabischen Fassung des Alten und Neuen Testaments keine andere Bezeichnung für Gott. Dieses Wissen um den gemeinsamen Gott ist die Grundlage dafür, daß der Koran Juden und Christen als „Schriftbesitzer" anspricht:

> „Und sagt: 'Wir glauben an das, was (als Offenbarung) zu uns, und was zu euch herabgesandt worden ist. Unser und euer Gott *(ilāh)* ist einer. Ihm sind wir ergeben *(muslimūn)*." (29,46)

Hier und an anderen Stellen (z. B. 3,64) betont der Koran die inhaltliche Übereinstimmung der monotheistischen Religionen in ihrem Gottesglauben.[4] Auch hat die Muslime nichts daran gehindert, *Allāh* auch in andere Sprachen zu übersetzen und diese zu akzeptieren. Die persische Übersetzung ist *ḫodā*, sie dominiert ihrerseits in der indischen, pakistanischen und sogar in der türkischen Sprache. Die Muslime selbst haben daran — trotz altiranisch-zoroastischer Herkunft des Wortes — keinen Anstoß genommen, weil sie unter *ḫodā* im jeweiligen Kontext den Sinngehalt von ,,Allah" in seiner ganzen Vielfalt verstanden haben.

Auch der Terminus ,,Islam" wirft Probleme auf. Der Wesensgehalt des Begriffs kann nicht aus Übersetzungen erschlossen werden, sondern nur aus der Wortfeldbestimmung des arabischen Wortes.[5] Abgeleitet ist *islām* vom IV. Stamm der Wurzel *s-l-m*, was ,,heil sein", ,,unversehrt sein" bedeutet. Zum Inhalt des Stammwortes gehört auch der Begriff ,,Friede" (arab. *salām*; hebr. *shalom*). Der Aspekt der ,,Unterwerfung unter den Willen Gottes" ist darin nicht enthalten. (Unterwerfung = arab. *ḫuḍūʿ*; Wille = arab. *irāda*, *mašīya*.)

Die Übersetzung des Begriffs *islām* in verschiedenen europäischen Sprachen mit Betonung der Unterordnung hat zu theologischen und anthropologischen Interpretationen geführt, die dem Wesen von ,,Islam" im koranischen Sinne nicht entsprechen. Häufig werden als Übersetzungsmöglichkeit angeboten: ,,Unterwerfung", ,,Ergebung" (engl. ,,submission", ,,surrender"), ,,blindes Sichergeben", ,,Dankbarkeit gegenüber der göttlichen Gnade". Um der Unterwerfung Ausdruck zu verleihen, wird von christlichen und selbst von muslimischen Autoren der Begriff des ,,Willen Gottes" in die Übersetzung eingebracht, was zu der häufig zu findenden Definition führt: ISLAM = Unterwerfung unter den Willen Gottes.

Der Ausdruck ,,Islam" wird somit über seinen eigentlichen Sinngehalt hinaus durch ein religiöses und theologisches Phänomen interpretiert, das die drei monotheistischen Religionen Judentum, Christentum und Islam gemeinsam haben, nämlich die Haltung des Menschen gegenüber Gott und seinem Willen in Gehorsam und Vertrauen. Damit wird nicht nur der Begriff ,,Islam" eingeengt, sondern der Weg zu falschen Folgerungen geöffnet: *aslama*, der IV. Stamm der Wurzel *s-l-m*, von dem islām den Infinitiv bildet, beinhaltet nämlich (in Verbindung mit der Präposition *li*) unter anderem auch, sich dem feindlichen Sieger ergeben, hingeben, was eine Auslieferung des Besiegten an die unterdrückende, erzwingende Willkür des Siegers bedeutet. Die Thematisierung des Göttlichen Willens bzw. des Gehorsames des Menschen ihm gegenüber in Verbindung mit dieser Erklärung des Terminus ,,Islam" öffnet aber falschen Assoziationen Tür und Tor.

Im koranischen Sinne enthält das Wort ,,Islam" einen ausschließenden und einen einschließenden Aspekt. Der ausschließende Aspekt, als Ausgangsbasis der Botschaft Muḥammads gegenüber den Polytheisten schlechthin, bestimmt den Wesensgehalt des Wortes: Keine andere Wesenheit als der Eine Gott darf als Gottheit geehrt werden. Das kommt sowohl im Glaubensbekenntnis zum Ausdruck (,,Es gibt keinen Gott außer dem Einen Gott, Muḥammad ist der Gesandte Gottes") als auch in verschiedenen Koranversen. Das schwerste Vergehen besteht für den Muslim deshalb darin, die Einheit und Einzigartigkeit Gottes dadurch infrage zu stellen, daß man ihm ein anderes Wesen beigesellt (vgl. Koran 4,49) (arab. *širk*).

Širk beschränkt sich nicht nur auf die Ablehnung des Polytheismus, sondern schließt auch die Vergötterung von Personen und Sachen ein. Nichts soll die Bindung des Menschen an Gott relativieren. Dieses Gottesverständnis erklärt auch die strikte Ablehnung der Bezeichnung ,,Mohammedaner" durch die Muslime, die nahelegt, Muḥammad, ein Mensch, sei Gott beigeordnet.

Der einschließende, positive Aspekt ist von der großen Ehrfurcht vor Gott bestimmt. *Anbetung* und *Verehrung* gelten allein ihm als dem Schöpfer und Erhalter von Himmel und Erde. Das wird besonders deutlich im folgenden Koranvers:

> ,,Gott ist es, der den Himmel und die Erde und das, was zwischen ihnen ist, in sechs Tagen geschaffen hat und sich dann auf dem Thron niederließ. Außer ihm habt ihr keinen Beschützer und keinen Vermittler. Wollt ihr dies nicht bedenken?" (32,5)

Das hier skizzierte Wortverständnis von ,,Islam" als Glaube an den Einen Gott ist sowohl historisch als auch koranisch belegbar. Sowohl Muḥammad als auch der Koran und folglich auch die islamische Tradition und die Muslime verwenden den Begriff überwiegend in der Abgrenzung zum Polytheismus im weitesten Sinne, d.h. in Abgrenzung davon, Gott irgend ein anderes Wesen beizugesellen. Aus dieser Wesensbestimmung erklärt sich, daß der Koran die Botschaft aller Propheten seit Adam als ,,Islam" und die Propheten und Gesandten selbst als ,,Muslime" (Botschafter des Einen Gottes) begreift. ,,Islam" beschreibt also ein monotheistisches Gottesverständnis, als ,,Muslim" wird ein Mensch bezeichnet, der an den Einen Gott glaubt.

Entsprechend dieser Überzeugung spricht der Koran von der natürlichen Gottausgerichtetheit der ganzen Schöpfung, besonders des Menschen (*dīn al-fiṭra*). Dieser Ur-Religion gehören alle Menschen an, deshalb ist nach koranischer Auffassung der Mensch von Geburt an zunächst Muslim. Diese ,,natürliche" Religiosität der Schöpfung wird durch die Botschaft Gottes mittels seiner Gesandten seit Adam geleitet und vertieft — deshalb empfindet der Muslim diese Botschaft in all ihren Teilen als Ausdruck der Gnade (*raḥma*) Gottes. *raḥma* (= Gnade, Barmherzigkeit) ist Ausdruck der persönlichen, gefühlsbetonten gegenseitigen Beziehung zwischen Gott und Menschen. Moses (7,154), Jesus (19,21) und Muḥammad (21,107) und ihre Lehren (12,111) werden mit *raḥma* in Verbindung gebracht. Das Vertrauen in Gottes *raḥma* (= Gnade, Barmherzigkeit), und nicht die Handlungen des Menschen (,,Werkgerechtigkeit") bestimmen das Gott-Mensch-Verhältnis.

Ebenso wie die Botschaft, die Gott den Menschen seit Adam durch seine Propheten vermittelt hat, nach koranischem Verständnis Ausdruck der *raḥma* Gottes gegenüber den Menschen ist, ist auch das Verhältnis des einzelnen Menschen zu Gott eingebettet in die Geborgenheit dieser *raḥma*. Diese bestimmt die persönliche Beziehung des Menschen zu Gott. Sie bestimmt letztlich auch die Jenseitserwartung der Muslime, nicht die persönlichen Handlungen, wie die in der christlichen Bewertung häufig verbreitete Definition des Islam als ,,Gesetzesreligion" unterstellt. Nach muslimischem Verständnis erwirbt sich der Mensch durch gute Taten oder korrekte Erfüllung der Glaubenspflichten nicht automatisch einen Anspruch auf das Paradies. Ebensowenig bedingen Verfehlungen automatisch die Verdammnis in die Hölle. Eine mechanische Ursache-Wirkung-Relation widerspricht der göttlichen Wesenheit der *raḥma* (und der Entscheidungsautonomie Gottes).

Diese muslimische Überzeugung kommt in folgender Überlieferung des Propheten Muḥammad treffend zum Ausdruck:

> „Er (Muḥammad) sagte: ‚Niemanden bringen seine Handlungen ins Paradies.' Daraufhin wird er gefragt: ‚Auch dich nicht, o Gesandter Gottes?' Er antwortet: ‚Auch mich nicht, es sei denn, daß Gott mich mit seiner Güte und Gnade umhüllt'" (IBN TAIMIYA 1983:170)

Diese und ähnliche Quellen (Koran 40,7: 6,54) dokumentieren, daß aus islamischer Sicht *raḥma* als das „oberste göttliche Handlungsprinzip" und die „göttliche Verpflichtung" gegenüber der Schöpfung, die ohne Einschränkung alles umfaßt, verstanden wird.

Für das islamische Gottesverständnis ist besonders wichtig zu beachten, daß Gott sich zu keiner anderen Handlung oder Eigenschaft verpflichtet hat außer zu *raḥma*. Sie ist auch die einzige Eigenschaft Gottes, die in Verbindung mit dem Begriff „Allāh" zu einer festen Formel geworden ist, mit der alle Koransuren (außer Sure 9) beginnen: *Bismi Allāhi r-Raḥmāni r-Raḥīm* (Im Namen des barmherzigen und gütigen Gottes). Mit diesem Satz beginnt der gläubige Muslim jede Handlung, und ihn spricht er bei jeder Gelegenheit aus. So wird Gott nach islamischem Verständnis als Gott der Barmherzigkeit und Güte charakterisiert, so wie im christlichen Glauben Gott als Gott der Liebe gekennzeichnet wird. Auch das jeweilige Glaubensverständnis von Lohn und Strafe ist miteinander vergleichbar.

Die wichtigsten Elemente des islamischen Gottesverständnisses spiegeln sich wider in der Aufzählung der „Hundert schönsten Namen Allāhs", von denen jeder Name eine besondere Eigenschaft benennt.[6] Neben zahlreichen Varianten von *raḥma* stechen die Eigenschaften „Gerechtigkeit" und „Schöpfer" hervor. Im Grunde lassen sich die hundert Eigenschaften als weitere Detaillierung bzw. Beschreibung der Barmherzigkeit, Gerechtigkeit und Schöpfereigenschaft Gottes begreifen.[7] Wie Belege aus dem Koran dokumentieren, widerspricht insofern die Eigenschaft „Gerechtigkeit" nicht dem Wesensmerkmal „Allerbarmer", sondern ist als konkrete Ausformung der Barmherzigkeit zu verstehen (ebenso wie im christlichen Gottesverständnis die charakteristischen Gotteseigenschaften Gerechtigkeit und Liebe sich gegenseitig bedingen).

Die Schöpfertätigkeit Gottes ist wiederum ein Ausdruck der Barmherzigkeit und Gerechtigkeit Gottes. Die Schöpfereigenschaft hat zentrale Bedeutung für das Verständnis des islamischen Gottesbildes und Gottes Verhältnis zum Menschen als handelndem Wesen; sie wird ausschließlich dem Einen Gott zugesprochen. In dieser Ausschließlichkeit begründet sich die exklusive und uneingeschränkte Anbetungswürdigkeit Gottes. Zu den Wesensmerkmalen dieser Schöpfereigenschaft gehört die vollständige Willensautonomie Gottes, die im Gegensatz zum hierarchischen Götterglauben oder irgendwelchen Kausalbeziehungen, die diese Willensautonomie beschränken könnten, steht. Dieses Ausschließlichkeitsverständnis des Willens Gottes (*irāda, mašīya*) unterstreicht die Schöpfereigenschaft, d. h. außer Gott war kein Wesen oder Kausalzwang an der Schöpfung beteiligt. Die Willensautonomie Gottes meint nicht Willkür, wie häufig in christlichen Interpretationen unterstellt wird. Die im islamischen Gottesbild betonten Wesenseigenschaften der Weisheit und des Wissens schließen im Gegenteil blinde Willkür aus.

Gottes Allmacht wird gelegentlich die menschliche Handlungsfreiheit gegenübergestellt und so ein Spannungsfeld erzeugt. Beide Punkte liegen jedoch auf zwei verschiedenen Ebenen. Nicht die Willensfreiheit *(iḫtiyār)* des Menschen in Relation zur Willensautonomie Gottes wird in der islamischem Glaubenslehre *(kalām)* thematisiert, sondern im Mittelpunkt steht dabei die Frage nach der Verantwortung des Menschen für seine Handlungen im Rahmen der Schöpferallmacht und Willensautonomie Gottes.

Mit Ausnahme einer kurzlebigen Gruppe von Muslimen in frühislamischer Zeit besteht ein Konsens zwischen allen islamischen theologischen Schulen, daß der Mensch für seine Handlungen selbst verantwortlich ist. Die theologische Auseinandersetzung über die konkrete Ausformung dieser Handlungsfreiheit hat zum Entstehen verschiedener islamischer Schulen geführt:

a) Die muᶜtazilitische Schule (Höhepunkte 8.—10. Jh.) postuliert die völlige Freiheit des Menschen ohne jede göttliche Einmischung und begründet dies mit folgenden Koranversen:

„Gott belastet niemanden über sein Vermögen. Ihm wird zuteil, was er (an Gutem) erworben hat, und über ihn kommt, was er sich zuschulden kommen läßt." (2,28)

b) Die ašᶜaritische Schule (sie geht auf Abū l-Ḥasan al-Ašᶜarī (gest. 935) zurück und gilt bis heute) sieht in der muᶜtazilitischen Überzeugung einen Widerspruch zum Allein-Schöpfer-Sein Gottes. Sie entwickelte eine komplexe These, die die menschliche Verantwortung und Freiheit und die göttliche Allmacht in Verbindung bringt. Das wird beispielhaft in folgender Überlieferung des Propheten deutlich:

„Strebe nach dem, was dir Nutzen bringt und bitte Gott dabei um Hilfe. Halte dich nicht für einen Versager. Wenn dir etwas zustößt, jammere nicht: ‚Wenn ich das und das getan hätte'. Sage vielmehr: ‚Was Gott beschlossen und gewollt hat, das tut er.' Die Haltung: was wäre, wenn ... öffnet der Aktivität des Teufels die Tür." (IBN TAIMIYA 1983:170)

Der freie Wille des Menschen wird stets vom göttlichen Willen begleitet. Aus dem bisher Gesagten wird deutlich, daß weder der Wille Gottes, der von Weisheit und Wissen geprägt ist, die menschliche Freiheit einschränkt, noch das Vertrauen auf das Eingebettetsein in die göttliche Willenssphäre dem Menschen die Rechtfertigung gibt, die Verantwortung für sein Leben und seine Handlungen auf Gott abzuwälzen oder passiv zu bleiben. Im Gegenteil: Gerade das Wissen um die Geborgenheit im Willen Gottes soll die uneingeschränkte Aktivität des Menschen fordern, ihm alle Ängste vor vorhandenen oder eingebildeten Schwierigkeiten nehmen und ihn vor Selbstzweifeln bewahren.

Als wesensfremd dazu gilt der Fatalismus, worunter man religionswissenschaftlich die Tatsache des Sich-einer-impersonalen Macht (Fatum = Schicksal) Fügen-Müssens versteht. Genauso wenig hat die im Volksglauben verbreitete *Kismet*-Vorstellung (*kismet* = Los, Teil, Geschick) mit dem Islam zu tun; beide haben eine passive Haltung zur Folge, die der islamischen Lehre und der praktischen Haltung Muḥammads und seiner Gefährten widerspricht. Dagegen ist eine fatalistische Lebenshaltung — z. B. nach Auffassung des Reformers Al-Kawākibī — auf das spätere politische System, die Erfahrung einer despotischen Herrschaft, zurückzuführen (IRABI 1989:76).

Wenn somit auch nicht mit dem Islam begründbar, besitzen aufgrund ihrer Verbreitung solche Vorstellungen doch für das Handeln vieler Muslime eine Bedeutung, obwohl sie oftmals eher als Redensart ohne allzu tiefe innere Überzeugung gebraucht werden mögen.

Der Mensch in seiner Handlungsfreiheit gilt als Statthalter Gottes auf Erden. Dies wird u. a. aus dem Koranvers abgeleitet,

> „Und (gedenke der Zeit) als dein Herr zu den Engeln sagte: ‚Wahrlich, Ich werde auf Erden einen Statthalter (*ḫalīfa*/Nachfolger) einsetzen'." (2,30)

Nach koranischem Verständnis ist der Mensch das einzige Wesen, das die Verantwortung für sich und die ganze Schöpfung Gott gegenüber auf sich genommen hat (33,71). Dies hat eine ganze Reihe von Vorschriften zur Folge, die das Verhältnis der Menschen zur Natur regeln, die beispielsweise den behutsamen Umgang mit Tieren und die schonende Nutzung der Natur verlangen, sowie solche, die das Interesse und Wohl der Mitmenschen bewahren sollen oder auch Haus-, Wege- und Städtebau betreffen (vgl. Kap. 4,4). Es handelt sich meistens um prinzipielle Aussagen, die zu jeder Zeit und an jedem Ort volle Gültigkeit besitzen.

Was die Tierwelt betrifft, so werden alle Tiergattungen im Koran in gleicher Weise wie die Menschen als „*umma*/Gemeinschaft" (vgl. Kap. 2.2.3) gewürdigt:

> „Es gibt keine Tiere auf der Erde und keine Vögel, die mit ihren Flügeln fliegen, die nicht Gemeinschaften *(umamun)* wären gleich euch." (6,38)

In diesem Sinne werden u. a. das Gemeinschaftswesen von Bienen (Sure 16) und Ameisen (Sure 27) als zu bewundernde Zeichen Gottes hervorgehoben. Dementsprechend gibt es eine Reihe von Hadithen, die die Barmherzigkeit und Verantwortung für die Tiere betonen.

Das Verhältnis zur Natur unterliegt zwei sich ergänzenden Überzeugungen:

1. daß die gesamte Natur als Zeichen Gottes *(āya)* existiert („Im Aufeinanderfolgen von Nacht und Tag und in dem, was Gott in den Himmeln und auf der Erde erschaffen hat, sind gewiß Zeichen für Leute, die gottesfürchtig sind", 10,6), und

2. daß sie im Dienste des Menschen steht („Er hat euch von sich aus alles dienstbar gemacht, was in den Himmeln und was auf der Erde ist. Darin sind Zeichen für Leute, die nachdenken" 45,13).

Untersagt ist demnach erstens jede willkürliche Zerstörung der als Zeichen Gottes verstandenen Natur wie auch zweitens die Geringschätzung, d. h. Nichtnutzung dessen, was Gott damit den Menschen auf dem Wege seiner Vervollkommnung gewährt hat. Der Mensch kann der von ihm übernommenen Verantwortung für die Schöpfung nur gerecht werden, wenn alles, was er tut und erreicht, Ausdruck der *ʿibāda* (= Anbetung, Dienst für Gott) ist. Diese *ʿibāda* kann keineswegs auf rituelle Handlungen beschränkt werden, wirkt aber auch auf sie ein. So müssen Gebet, Fasten, Pflichtabgabe, Wallfahrt, die „fünf Säulen" des Islam, im Geist des Glaubensbekenntnisses vollzogen werden und sind nach islamischem Verständnis vor Gott nur gültig, wenn der Muslim die Gebote der Scharia *(šarīʿa)*, des islamischen Rechts, achtet.[8] Die rituellen Handlungen selbst beinhalten in sich das Verbot für alles, was einem anderen schadet bzw. was als Übertretung gilt:

> „Verlies, was dir von der Schrift (als Offenbarung) eingegeben worden ist! Und verrichte das Gebet *(ṣalāt)*! Das Gebet verbietet (zu tun), was abscheulich und verwerflich ist ..." (29,45)

Die Rituale sind also nicht primär ein formaler Akt, wie häufig interpretiert, sondern werden getragen von einer tiefen Gotteserfahrung und drücken die bewußte Beziehung zu Gott aus. Sie werden bestimmt von *ḥuḍūr al-qalb* (= mit dem Herzen dabei sein), vom Vertrauen in die Gegenwart und Barmherzigkeit Gottes.

Die Aufgabe, die „Gottesorientiertheit" als einen dauerhaften Habitus im Menschen zu festigen, fällt denjenigen Handlungen zu, die wegen ihrer rhythmischen Häufigkeit, der Tiefe ihrer Verbundenheit mit Gott und ihrer gesellschaftlichen Funktion die Bezeichnung *Fünf Säulen* des Islam erhalten haben. Es sind:

I. Das Glaubenszeugnis *(šahāda)*, das in Wirklichkeit die sechs Glaubensartikel impliziert: 1. den Glauben an den Einen Gott; 2: den Glauben an Gottes Gesandte und an Muḥammad als letztem Gesandten; 3. den Glauben an die von Gott offenbarten Bücher und den Koran; 4. den Glauben an Gottes Engel; 5. den Glauben an das Leben nach dem Tode; 6. den Glauben an die göttliche Vorsehung.

II. Das fünfmal am Tag zu verrichtende rituelle Pflichtgebet *(ṣalāt)*, dem die obligatorische rituelle Reinigung *(wuḍū')*, die einen Weihezustand eröffnet, vorausgeht.

III. Die Pflichtabgabe (*zakāt*).

IV. Das Fasten (*ṣaum*) im Monat Ramadan.

V. Die Wallfahrt nach Mekka (*ḥaǧǧ*), wenn die Voraussetzungen dafür vorhanden sind.

Die letzten vier sind von dem ersten als von einem Akt des Herzens abhängig, was die gegenseitige Bedingtheit des Glaubens und Handelns im Islam ausdrückt und erklärt, warum im Islam die Klassifizierung der Handlungen nach Sakralem und Profanem fehlt. Die profan scheinenden Handlungen werden aufgewertet: Durch die dahinterstehende Intention werden sie mit Gottgefälligkeit in Verbindung gebracht.

Zu I.: Das Aussprechen des islamischen Glaubenszeugnisses, der *šahāda* (von arab. *šahida* = „bezeugen, Zeugnis ablegen"), gehört zur ersten und wichtigsten Pflicht des Muslims. Der Muslim bezeugt durch diese Formel nicht nur den Glauben an einen einzigen Gott, sondern verneint zugleich alles, was diese Einheit in Frage stellen könnte (z. B. Personenkult, Glaube an andere Götter). Die wörtliche Übersetzung der *šahāda* lautet folgendermaßen: „Ich bezeuge, daß es keine Gottheit außer dem Gott gibt, und ich bezeuge, daß Muḥammad der Gesandte Gottes ist". Jeder, der diesen Satz bewußt und aufrichtig (vor Zeugen) ausspricht, gelobt damit seine Zugehörigkeit zum Islam und zur islamischen Gemeinschaft.[9]

Zu II.: Der Islam schreibt den Gläubigen das fünfmalige Pflichtgebet am Tag vor, das dem Leben des Muslims Ordnung und Struktur verleiht. Das muslimische Pflichtgebet mit seinen genau vorgeschriebenen Positionen erfüllt mehrere Aufgaben: Es bringt eine innere Einstellung zum Ausdruck, die „Anwesenheit des Herzens", demütige Ergebenheit, Vertrauen in die göttliche *raḥma*, Gnade. Darüber hinaus symbolisiert das rituelle Pflichtgebet, zu dem sich alle Gläubigen unabhängig von Rang und Stellung zusammenfinden, den Gedanken der Brüderlichkeit und Solidarität. Die Bedeutung des Pflichtgebetes wird in einem von Abū Hureira überlieferten Hadith, einem Ausspruch Muḥammads, ausgedrückt: „Stellt euch vor, jemand hätte vor seinem Haus einen Fluß und würde in ihm fünfmal am Tage baden, würde dann etwas von seinem Schmutz an ihm bleiben?" Die Gefährten antworteten: „Nichts von seinem Schmutz würde bleiben." Da sagte er: „Genau so ist es mit den fünf Gebeten, Allāh tilgt durch sie die Sünden." Zum menschlichen Gebet gehört auch der Gebetsruf:

Allāhu akbar! (4x)
Ich bezeuge, daß es keine Gottheit gibt außer dem einen Gott (2x)
Ich bezeuge, daß Muḥammad der Gesandte Gottes ist! (2x)
Kommt zum Gebet! (2x)
Kommt zum Heil! (2x)"
Allāhu akbar! (2x)
Es gibt keine Gottheit außer dem einen Gott (1x)."

Zu III. — Pflichtabgabe (*zakāt*): Zu Beginn ist auf die oft fehlerhafte Übersetzung des arabischen Wortes *zakāt* hinzuweisen. Sowohl die am meisten verbreitete Übersetzung „Almosen" als auch „Armensteuer" ist nicht korrekt. Muslime weisen gerne darauf hin, daß *zakāt* sich vom arabischen Verb (*zakā*) „reinigen, läutern" ableitet. Sie wollen damit unterstreichen, daß es bei dieser Abgabe um die Reinigung von Besitzgier, Haß und anderen Hindernissen des sozialen Friedens geht. Die Übersetzung „Almosen" führt in die Irre und läßt *zakāt* zu einer mildtätigen Gabe werden, analog dem Schärflein, das man in den Hut des Bettlers wirft. Der Koran bestimmt verschiedenartige Empfänger von *zakāt*, die jedoch alle in der einen oder anderen Weise bedürftig sind: Arme, Bedürftige, Steuerverwalter, mittellose Wanderer, die für den Islam Kämpfenden, die dem Islam Wohlgesonnenen, sowie für den Freikauf von Sklaven. Der dafür bestimmte Teil von jedem Gewinn gehört von Anfang an nicht dem Erwerber; d. h., durch die Abgabe dieses Teiles an die Betroffenen wird das erworbene Eigentum von dem von Anfang an enthaltenen fremden Eigentum gereinigt (*zakāt*).

Zu IV.: Das Fasten (*ṣaum*), eine nicht nur für den Islam typische Form der Askese, gehört mit zu den auffälligsten Praktiken der islamischen Religionsausübung. Jeder erwachsene und gesunde Muslim muß im Monat Ramadan, der aufgrund der islamischen Zählung nach dem Mondkalender bei uns jedes Jahr ca. 11 Tage früher als im Vorjahr beginnt, von Beginn der Morgendämmerung bis Sonnenuntergang fasten, d. h. er darf nicht essen, trinken, rauchen und keinen Geschlechtsverkehr ausüben. Altersschwache, Kranke und Reisende sowie schwangere und stillende Frauen erhalten Erleichterungen oder werden von der Fastenpflicht befreit, sollen das Fasten jedoch an anderen Tagen, wenn sie dazu in der Lage sind, nachholen. Die Behörde für religiöse Angelegenheiten in der Türkei führt in Übereinstimmung mit einer islamischen Rechtsschule in ihrem „Großen Islamischen Katechismus" und anderen Schriften aus, daß man das Fasten brechen muß, wenn die berechtigte Befürchtung besteht, daß eine Krankheit verlängert oder verschlimmert wird, bzw. dem Menschen ein Schaden zugefügt wird. Ferner werden Notsituationen genannt, in denen das Fasten mit Lebensgefahr oder großen Verlusten verbunden wäre. In bestimmten Fällen ist es möglich, als Ersatzleistung Geld für Arme zu spenden. Manche Theologen neigen dazu, Schwerstarbeitern eine Unterbrechung des Fastens zu gestatten.

Der Monat Ramadan ist die islamische Fastenzeit; in ihm wurde der Koran in der „Nacht der göttlichen Herrlichkeit" geoffenbart. In mancher Hinsicht ist diese Nacht dem christlichen Heiligabend vergleichbar, sie wird von den gläubigen Muslimen besonders inbrünstig (u. a. mit zusätzlichen gemeinschaftlichen Gebeten) und festlich begangen.

Die Fastenzeit gilt auch als Zeit der Buße und Selbstbesinnung, in der man sich mit Gegnern versöhnen soll. Ebenfalls kann der Muslim in dieser Zeit lernen, Selbstbeherrschung zu üben. Manche Mediziner raten dazu den Ramadan zum Anlaß zu nehmen, sich das Rauchen abzugewöhnen. Heutzutage soll die islamische Fastenzeit auch Anlaß geben, den Überfluß in der Konsumgesellschaft zu überdenken und gute Werke zu tun. Daher wird gerade in dieser Fastenzeit die Solidarität der islamischen Gemeinde deutlich.

Zu V. — Die Wallfahrt (*ḥağğ*): Mekka, die ,,Mutter der Städte" (Sure 42,7), aber vor allem die Kaaba selbst, sind das religiöse Zentrum der islamischen Welt. Die rituellen Pflichtgebete werden in Richtung der *qibla*, also zur Kaaba, ausgeführt. Muslime begraben ihre Toten mit dem Gesicht in diese Richtung. Jedes Jahr führt die Pilgerfahrt Millionen von Gläubigen nach Mekka zu der Stelle, wo nach islamischem Glauben Abraham, der ,,Vater der Propheten", zusammen mit seinem Sohn Ismael die Kaaba erbaute (Sure 3,96 f.).

Mit Mekka und der Kaaba verbindet sich nicht nur das Abraham-Geschehen, sondern auch die Erinnerung an Muḥammad, dessen Leben mit mehreren Orten verknüpft ist.

Alle erwachsenen Musliminnen und Muslime sollen einmal im Leben eine Wallfahrt nach Mekka unternehmen, sofern sie finanziell dazu in der Lage sind und keine anderen Hindernisgründe (z. B. Krieg, Krankheit) vorliegen. Der vorgeschriebene Zeitpunkt für die offizielle Wallfahrt ist die zehnte Woche nach dem Fastenbrechen am Ende des Monats Ramadan, beginnend am achten Ḏū' l-ḥiğğa, des 12. Monats des islamischen Mondjahres. Die Wallfahrt setzt sich aus verschiedenen zeitlich und räumlich gebundenen Riten zusammen: Bevor die Pilger nach Mekka gelangen, spätestens kurz vor den Grenzen des *ḥaram*, des für unverletzbar erklärten Gebietes, legen sie ihre Alltagskleider ab, führen Waschungen durch, schneiden sich die Nägel und ziehen sodann das weiße Pilgergewand, die *iḥrām*-Kleidung, an. Diese besteht für Männer aus zwei ungesäumten Tüchern, die um Hüfte und Schulter gelegt werden; die Frauen tragen ihre übliche Kleidung, dürfen jedoch ihr Gesicht nicht verhüllen. Damit befinden sie sich im Weihezustand (*iḥrām*, der wesentliche Bestandteil von *iḥrām* ist die *nīya*, Absichtserklärung, die *ḥağğ*- oder *ʿumra*-Rituale als reine, gottgefällige Handlung zu vollbringen). Die Pilger dürfen in dieser Zeit nicht streiten, jagen, Übeltaten begehen sowie geschlechtlichen Umgang haben.

In Mekka umschreiten die Pilger die Kaaba siebenmal *(ṭawāf)* (Abb. 8 (1)). Die Umschreitung beginnt gegenüber dem schwarzen Stein, der in einer Ecke eingelassen ist, und bewegt sich entgegen dem Uhrzeigersinn, so daß die Pilger der Kaaba ihre linke Schulter zukehren. Anschließend laufen sie zwischen den Hügeln Ṣafā und Marwa siebenmal hin und her *(saʿy)* (2); der Lauf beginnt auf Ṣafā und endet auf Marwa. Damit vollenden die Pilger *ʿumra*, die sog. kleinere *ḥağğ*, die man auch außerhalb des Pilgermonats während des ganzen Jahres verrichten kann. Dies ersetzt jedoch nicht die eigentliche *ḥağğ* und entbindet nicht von deren Verpflichtung.

Abb. 8: Die Stationen der Wallfahrt (ḥağğ)

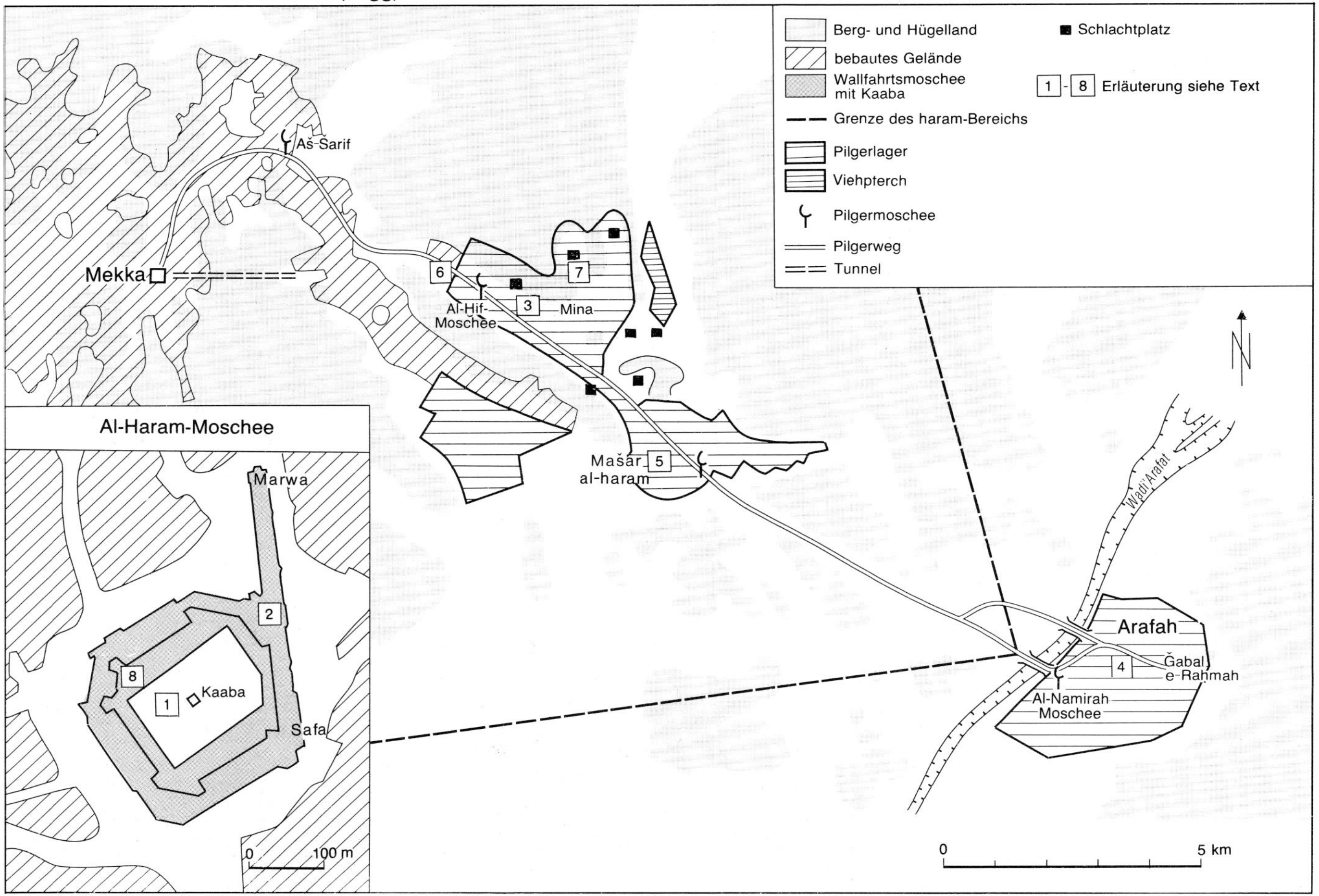

Die eigentliche Wallfahrt beginnt erst am achten Tag des Ḏū l-ḥiǧǧa damit, daß die Pilger im Weihezustand Mekka über Minā (3) in Richtung ʿArafāt verlassen.

Die Nacht zum neunten Tag übernachten die Pilger in Minā, wo sie bestimmte Gebete verrichten, oder bereits in ʿArafāt, einer Ebene, die direkt an der Grenze außerhalb des *ḥaram*-Gebietes liegt (4). Am neunten Tag müssen sie dort bis zum Sonnenuntergang verweilen *(wuqūf)*. Bei dem mit Andacht erfüllten *wuqūf* befinden sich die Pilger losgelöst von allem Irdischen nur in Gottes Gegenwart, was auf den Tag des Gerichts hinweisen soll.

Nach Sonnenuntergang des neunten Tages machen sich die Pilger auf in Richtung Muzdalifa (auch *Mašʿar al-ḥarām* genannt) (5). Hier lesen sie in der Regel kleine Kieselsteine auf, die sie später am 10., 11. und 12. Tag benötigen. Das obligatorische, mit Gebeten verbundene Verweilen in Mašʿar al-ḥarām wird vorzugsweise bis Sonnenaufgang hingezogen. Anschließend, am zehnten Tag, kehren die Pilger nach Minā zurück. Dort bewerfen sie drei Steinsäulen unterschiedlicher Größe (6), die Satan symbolisieren, mit den in Muzdalifa aufgesammelten Kieseln *(ramy al-ǧamara)*. Dieser Ritus erinnert an das Widerstehen Abrahams gegenüber den Versuchungen des Teufels, Gottes Gebot zu mißachten (Sure 37,102—106). Im Anschluß findet ein großes Schlachtopfer (7) zur Erinnerung an das Opfer Abrahams statt (37,107). Dieser zehnte Tag heißt daher *ʿĪd-al-aḍḥā* (Opferfest) und macht die Bereitwilligkeit der Muslime zum Verzicht deutlich.

Dem Opfer folgt *taqṣīr*, das Schneiden von Haaren und Nägeln, wodurch der Weihezustand aufgehoben wird.

Die Pilger begeben sich nun nach Mekka, um dort in der oben geschilderten Form *ṭawāf* und *saʿy* durchzuführen (8). Diese dürfen auch am 11. oder 12. Tag vollzogen werden. An diesen beiden Tagen werden auch, wie am 10. Tag, die Steinsäulen beworfen. Die Pilger beschließen die *ḥaǧǧ*-Riten mit einem letzten *ṭawāf* zum Abschied.

Die Pilgerfahrt ist von den Anfängen des Islam bis heute ein Symbol der Gleichheit und der Zusammengehörigkeit der Muslime vor Gott und den Menschen, denn im Weihezustand, gekleidet mit einem einfachen weißen Tuch, kann Herkunft und Status keine Rolle spielen. Dieses Gefühl der Zusammengehörigkeit erweckt bei vielen Muslimen die Bereitschaft, den Islam zu stärken und zu verteidigen. Während des Zusammenseins bei der Wallfahrt, vor allem am 10., 11. und 12. Tag in Minā, bot sich von jeher die Möglichkeit, Informationen aus den Heimatländern und neue Gedanken auszutauschen. Oft waren es Mekkapilger, die, beseelt von neuen Ideen, nach ihrer Rückkehr Reformen verwirklichen wollten oder sogar Umstürze planten.

Im Jahre 1980 nahmen knapp 2,08 Mio. Pilger an der Wallfahrt teil, zu etwa 41 % aus dem Ausland Anreisende und zu knapp 42 % in Saudi-Arabien lebende Ausländer (vgl. HÖHFELD 1986:24). An- und Abreise, Unterkunft, Verpflegung dieser riesigen Zahl, die Versorgung mit Opfertieren, die Aufrechterhaltung der Ordnung, der Gesundheitsdienst u. ä. stellen die saudische Regierung als Hüterin der Heiligen Stätten vor eine enorme organisatorische Aufgabe, die sie unter Federführung des Markaz Abḥāṯ al-Ḥaǧǧ mit hohem technischem und finanziellem Einsatz bewältigt. U. a. soll ein weiterer Ausbau der Haram-Moschee in Mekka nach Vollendung die Aufnahme von 650.000 Personen ermöglichen und der Ausbau der Pilgerroute, die z. T. durch Tunnel geführt wird, durch zahlreiche Einrichtungen den Vollzug der Riten erleichtern. Ohne die Einkünfte aus dem Erdölgeschäft (vgl. Kap. 5.1) wären diese Leistungen nicht zu erbringen.

(G. St.)

Aus den Ausführungen dieses Kapitels folgt, daß der Muslim im Weltbild des Hochislam nicht passiv diese Welt erleidet, sondern zur aktiven Gestaltung in eigener Verantwortung aufgerufen ist. wobei er sich aber in der Güte des Schöpfergottes aufgehoben weiß. Die von Gott dem Menschen zugestandene Handlungsfreiheit, bedarf allerdings einer Richtschnur, an der der Muslim sein Handeln orientieren kann. Eine solche Orientierungsfunktion nimmt, wie dargestellt, der Koran, daneben auch das Beispiel Muḥammads, die Sunna, wahr. Eine Orientierung findet der Einzelne aber auch bei seinen Mitmuslimen, d. h. in der Gemeinschaft, *umma*.

2.2.3 Die Ordnung der Gemeinschaft *(umma)*

Die Funktion der *umma* für den Muslim ist nur zu verstehen in der Wechselbeziehung Gott — Individuum — Gemeinschaft. Wesensmerkmal der muslimischen *umma* ist die Aufgabe, die Gottausgerichtetheit des Menschen in der Gemeinschaft zu organisieren und zu ermöglichen. Dabei ist zu beachten, daß nicht der einzelne, sondern das Eingebettetsein des Individuums in die Gemeinschaft auch das Menschenbild der tribalistisch strukturierten arabischen Welt prägte. Die vorislamische Stammesordnung als der soziale Raum, der dem Individuum erst seinen Wert zumißt aus seiner existentiell notwendigen Stammeszugehörigkeit, wird mit dem Aufbau der ersten *umma* in Medina durch Muḥammad abgelöst von der Zuordnung zur muslimischen Gemeinschaft; d. h., nicht mehr die ethnische Kategorie, sondern die Gottausgerichtetheit ihrer Mitglieder ist die Basis der Gemeinschaft (vgl. a. Kap. 2.1.1; 4.3.3). Jedes Mitglied ist für das andere und gegenüber der *umma* verantwortlich. Auf der anderen Seite gehört es zur Funktion der *umma*, das Individuum abzusichern, Leben und Besitz ihrer Mitglieder zu schützen.

Die Normen der Gemeinschaft orientieren sich nach Übereinstimmung aller islamischen theologischen Schulen am *maṣlaḥa* (= Wohl der Gemeinschaft) und sind festgelegt durch die aus Koran und Sunna abgeleitete Scharia *(šarīʿa)* (wörtlich: Weg, Gesetz). Die Scharia erweist sich in der Sprache der islamischen Gelehrsamkeit als der Weg zur Verwirklichung sämtlicher glaubens- und praxisbezogener, privater und gemeinschaftlicher Werte. In diesem Sinne regelt sie alle Lebensbereiche: rituelle Handlungen, Familien-, Erb-, Handels-, Zivil-, Strafrecht, die Wiedergutmachung von Schäden, die Regeln der Rechtsprechung usw. Bemerkenswert ist, daß diese Bestimmungen im Koran nicht dogmatisch festgelegt, sondern vielmehr begründet werden und damit an die menschliche Einsicht appelliert wird, was eine richtungsweisende Wirkung auf die islamische Gelehrten jeder Epoche haben müßte.

Am Beispiel des Wein-(Alkohol-)Verbots soll dies anhand der Koranverse erläutert werden: Das Wein-(Alkohol-)Verbot gehört wahrscheinlich zu den späten medinensischen Offenbarungen. Es ist in seiner sukzessiven Entstehung und gesellschaftlich-kausalen Begründung typisch für den Geist der islamischen Gesetzgebung: Zunächst sollte Alkohol im Zusammenhang mit dem Gebet vermieden werden:

„Ihr Gläubigen! Begebt euch nicht zum Gebet, während ihr betrunken seid, bis ihr (wieder) wißt, was ihr sagt." (4,43)

In ausgewogener Form gibt es als nächstes eine allgemeine Empfehlung, Alkohol (und Glücksspiel) zu meiden:

„Man fragt dich nach dem Wein und dem Losspiel. Sag: In ihnen liegt eine schwere Sünde. Und dabei sind sie für die Menschen (auch manchmal) von Nutzen. Die Sünde, die in ihnen liegt, ist aber größer als ihr Nutzen." (2,129)

Das endgültige Verbot begründet den Sinn im Nutzen und Zweck für die Gemeinschaft und schließt den Prozeß der Entstehung der Vorschrift ab:

„Ihr Gläubigen! Wein, Losspiele , Opfersteine und Lospfeile sind (ein wahrer) Greuel und des Satans Werk. Meidet es! Vielleicht wird es euch (dann) wohl ergehen. Der Satan will (ja) durch Wein und das Losspiel nur Feindschaft und Haß zwischen euch aufkommen lassen und euch vom Gedenken Gottes und vom Gebet abhalten. Wollt ihr denn nicht (damit) aufhören? Gehorchet Gott und dem Gesandten und nehmt euch in acht! Wenn ihr euch abwendet (und der Aufforderung nicht Folge leistet), müßt ihr wissen, daß unser Gesandter nur die Botschaft deutlich auszurichten hat." (5,90)

Zum Erhalt der islamischen Ordnung bestimmt der Koran auch Strafen. Dabei ist zu bemerken, daß das Strafrecht nur ca. drei Prozent der gesamten Rechtsnormen umfaßt. Man verkennt daher (bewußt oder unbewußt) den Sinn und Gehalt der Scharia, wenn man, wie dies auch häufig geschieht, zu deren Erläuterung fast nur die stark negativ beeinflussenden Strafmaßnahmen als typische Merkmale anführt. Die oft als zu hart angeprangerten Strafmaßnahmen wiederum sind in Wirklichkeit entweder an fast unrealisierbare Bedingungen gebunden[10] oder mit der Aufforderung verbunden, auf die Durchführung der Maßnahmen als Racheakte zu verzichten, wie Gott dann die Schuld des Leidtragenden vergeben würde (Mordfall), oder mit der Bestimmung, die Strafmaßnahmen zu unterlassen, wenn der Täter seine Tat bereut (Diebstahl usw.). Alles spricht dafür, daß die Strafen nicht primär als Vergeltung am Täter, sondern als Schutz des einzelnen und der Gemeinschaft gedacht waren und geleitet sind vom obersten koranischen Prinzip:

„Und wenn einer jemanden am Leben erhält, soll es so sein, als ob er die Menschen alle am Leben erhalten hätte." (5,32)

Die arabischen Eroberungen nach dem Tode Muḥammads (632) ließen bislang unbekannte Situationen entstehen und warfen eine Reihe neuer gesellschaftlicher, wirtschaftlicher, rechtlicher und anderer Fragen auf, für die Antworten gefunden werden mußten. Aus dem Mit- und Gegeneinander arabisch-islamischer, griechisch-byzantinischer und persisch-sassanidischer Elemente traten daher seit Beginn des 8. Jahrhunderts mehrere an Koran und Sunna orientierte Rechtsschulen hervor, von denen nur einige bis heute Gültigkeit genießen.

Im irakischen Raum entstand die *ḥanafitische* Rechtspraxis, benannt nach *Abū Ḥanīfa* (699—767). Sie betont, daß der Rechtsgelehrte vom „persönlichen Urteil *(ra'y)* Gebrauch mache. Neben den Rechtsurteilen *(fatwā)* der Prophetengefährten und dem Konsensus *(iǧmāᶜ)* gewinnt bei dieser Schule der Analogieschluß eine zentrale Bedeutung. Dem folgt *istiḥsān*, das „bestmögliche Urteil": Der Rechtsgelehrte hat hier ohne Rücksicht auf den Analogieschluß in einem konkreten Fall ein Urteil zu fällen, das den Belangen der Betroffenen am besten dienlich ist. Auch der Brauch *(ᶜurf)* hat in dieser Schule einen festen Platz. Sie wurde zur staatlichen Rechtsschule der Abbasiden und der Osmanen. Die Ḥanafiten überwiegen heute in der Türkei, auf dem Balkan, im Kaukasus, zum Teil in Afghanistan, Zentralasien, Pakistan, Indien und China. Etwa ein Drittel der Muslime sind Ḥanafiten.

In Medina entstand die Schule der Mālikiten, benannt nach Mālik ibn Anas (715—795). Sie bezieht sich gleichfalls auf das freie persönliche Urteil. Die Rechtsquellen Konsensus, Analogieschluß, das „bestmögliche Urteil" *(istiḥsān)* und Brauch finden auch hier ihre Zustimmung, allerdings mit einer ganz anderen Gewichtung: *istiḥsān* findet vor den anderen drei Rechtsquellen eine viel größere Anwendung. Auch dem Konsensus der Gelehrten wird in dieser Schule größere Bedeutung beigemessen. Wichtig sind die drei weiteren Rechtsquellen in dieser Schule: Konsensus der Medinenser, „allgemeine Nützlichkeit" für die islamische Gemeinschaft *(al-maṣāliḥ al-musrala)* und aḏ-ḏarāʾiᶜ, wörtlich „die Mittel". Darunter ist folgendes Prinzip zu verstehen: Der Rechtsgelehrte hat die Folgen der zur Debatte stehenden Frage zu überprüfen. Sind sie schädlich, so hat er die damit zusammenhängende Handlung zu verbieten. Sind sie nützlich oder nicht schädlich, so hat er die dahin führende Handlung zu gebieten bzw. zu erlauben. Sie ist heute vor allem in Nordafrika und Schwarzafrika verbreitet, zum Teil aber auch in Oberägypten, Mauretanien, dem Sudan und noch am Golf (Kuwait und Bahrein).

Die *Šāfiᶜīten* sind nach *aš-Šafiᶜī* (767—820), einem Araber aus dem Stamme des Propheten (der Qurayš), benannt, der bei den Ḥanafiten und Imam Mālik studierte und zuletzt in Ägypten wirkte. Er gilt als der eigentliche Begründer der islamischen Rechtswissenschaft. Er disziplinierte die Sunna und sollte die willkürliche Rechtsfindung der beiden anderen Schulen möglichst ausschließen. Er lehnt *istiḥsān* gänzlich ab und fordert eine strengere Anwendung des Analogieschlusses, nachdem es ihm gelungen war, diesen erstmals streng juristisch zu definieren und zu strukturieren. Charakteristisch für diese Schule ist der *iǧmāᶜ*, der auf den einstimmigen Konsens der ganzen Gemeinschaft ausgedehnt wird (und nicht nur wie bei den anderen Schulen auf den Konsens der Gelehrten einer bestimmten Zeit). In der späteren Praxis aber blieb es wieder bei der Begrenzung auf die Gelehrten, weil sich der *iǧmāᶜ* der Gesamtheit ja nicht organisieren ließ. Heute ist die šāfiᶜītische Schule vor allem in Unterägypten, Jordanien, Libanon, Südarabien, Indonesien, Philippinen und in den zentralasiatischen Gebieten verbreitet.

Die vierte Schule der Ḥanbaliten ist nach *Aḥmad ibn Ḥanbal* (780—855) benannt. Seine Lehre ist eine konservative Reaktion gegen eine mehr rationalistische Interpretation des Islam, besonders gegen die *Muᶜtaziliten*, einer islamischen philosophischen Schule im 9. Jahrhundert, bei der das Element der Ratio eine große Rolle spielte.

Die Ḥanbaliten lassen nur die Traditionen des Propheten und der ersten Prophetengefährten gelten. Andere Rechtsmittel treten völlig in den Hintergrund. Der Analogieschluß wurde zunächst völlig abgelehnt, später jedoch durch dessen Einteilung in den richtigen und falschen Analogieschluß entsprechend angewandt. Bei ihnen steht der *taqlīd*, die Zustimmung zur großen Vergangenheit, die immer noch als aktuell empfunden wird, im Mittelpunkt. Ihre Stärke liegt darin, immer wieder den Koran und die Sunna neu zu interpretieren und daraus neue Ansätze zu finden. Einer der Ansätze ist unter anderem *al-firāsa* (Scharfsinn), den der hanbalitische Rechtsreformer *Ibn Qayim al-Ǧauzīya* (gest. 1335) in seinem Werk *aṭ-ṭuruq al-ḥukmīya* (Kairo 1953) in aller Ausführlichkeit ausbaut.

Die Ḥanbaliten sind zahlenmäßig die kleinste Rechtsschule. Sie sind vor allem auf der arabischen Halbinsel, aber auch in Syrien und im Irak, Ägypten, Indien, Afghanistan und Algerien verbreitet.

Als fünfte Rechtsschule ist die bedeutendste Rechtsschule der Schia *(šīʿa)*, die der *Ǧaʿfariten* oder *Imāmiten* zu nennen, benannt nach dem 6. Imam *Ǧaʿfar* (gest. 765). Ihre Hauptdifferenz zu den anderen Schulen ist die *Imamats-Theorie*. Sie erkennt die Rechtsquellen des Koran und der Sunna an, bevorzugt jedoch die dazu überlieferte Interpretation der Imame. Sie verlangt strengere Gültigkeitsbedingungen für den Konsensus und lehnt die Anwendung des Analogieschlusses in den Entscheidungen der Scharia ab, außer in den Fällen, bei denen die Ursache *(ʿilla)* der bereits bekannten Vorschrift (Präzedenzfall) bereits vorliegt. An die Stelle des Analogieschlusses hat diese schiitische Rechtsschule die Vernunft *(ʿaql)* als Rechtsmittel gestellt und ihre Möglichkeiten und Grenzen diskutiert.

Diese Rechtsschulen entstanden vor dem Hintergrund der Probleme, die sich der muslimischen Gesellschaft im 8. und 9. Jahrhundert stellten, und ihre Unterschiede gehen zumindest teilweise auf die unterschiedlichen gesellschaftlichen, politischen und wirtschaftlichen Gegebenheiten der Orte ihrer Entstehung zurück. Somit erwies sich das islamische Recht durchaus als anpassungsfähig, bis die Rechtsgelehrten zu Beginn des 10. Jahrhunderts zu der Überzeugung gelangten, sämtliche Rechtsfragen ein für allemal gelöst zu haben, so daß nur noch eine Anwendung dieses Rechts nötig sei. „Das Tor des *iǧtihād*", des Verfahrens, durch eigene Verstandesanstrengungen auf der Basis von Koran und Sunna mittels Analogieschluß zu neuen Regelungen zu gelangen, wurde „geschlossen". Eine Erstarrung setzte ein, da eine Anpassung an sich verändernde Gegebenheiten ausblieb. Dieses Problem wurde im 19. Jahrhundert verstärkt erkennbar.

Für die heutige Rechtssituation in den Staaten des Islamischen Orients sind zwei miteinander in Beziehung stehende Entwicklungen bestimmend, die Einflußnahme europäischen Rechtsdenkens, sowie der Versuch, ein Rechtssystem auf islamischer Grundlage aufzubauen. Zum einen der Druck der Kolonialmächte, die im Interesse ihrer Siedler oder Händler auf eine sich auf Gesetze berufende Rechtssicherheit drängten, zum anderen ein in der einheimischen Elite empfundenes Modernisierunsbedürfnis setzten eine — in der Scharia bisher unbekannte — Kodifizierung von Recht in Gang, die im 19. Jahrhundert mit dem Zivilgesetzbuch *(Mecelle)* im Osmanischen Reich ihren Anfang nahm. Bei der Abfassung oder Übernahme von

Gesetzeswerken gewann — nicht nur in Kolonien wie Algerien — europäisches, in erster Linie französisches Rechtsdenken Einfluß, was sich auch bei der Rechtsprechung in der Schaffung neuer Gerichte mit Berufungsmöglichkeiten äußerte. Solche Gesetze besaßen jedoch den schwerwiegenden Fehler, entweder von einer Kolonialmacht aufgepfropft, oder doch zumindest europäisch und damit „unislamisch" zu sein, für eine Gesellschaft, die sich als „islamisch" empfindet, ein unhaltbarer Zustand. So verwundert es nicht, daß Staaten wie Algerien nach ihrer Unabhängigkeit ihr koloniales Recht annulierten. In den meisten Staaten, die oftmals dem Beispiel Ägyptens folgten, wurde versucht, den Gesetzen einen islamischen Charakter zu geben, die Scharia als „eine" oder „die" Hauptquelle der Gesetzgebung zu definieren, ohne daß hierbei europäische Vorbilder jedoch ganz ausgeklammert wurden. Lediglich die laizistische Türkei verzichtet seit Atatürk auf den Anspruch, auf dem Boden der Scharia zu stehen und orientierte sich offen an westlichen Vorbildern (z. B. Übernahme Schweizer Zivilrechts). Saudi-Arabien, das von kolonialen Einflüssen verschont geblieben war, hat bisher keinen Versuch unternommen, sein Recht zu kodifizieren.

Das Problem, das sich bei einem solchen Vorhaben stellt, liegt darin, daß nach dem Verständnis der Muslime das islamische Recht göttlichen Ursprungs, damit vollständig und unveränderbar ist. Eine Neuschaffung von Recht ist daher nicht möglich. Auch das Verfahren des *iǧtihād* ist, wie angeführt, für die meisten Muslime nicht mehr statthaft. Möglich bleibt in einem solchen Fall, statt neues Recht zu schaffen, Ausführungsbestimmungen zu erlassen, bei denen die Scharia nominell unangetastet bleibt, aber beispielsweise im Eherecht mögliche Eheverträge vorgeschrieben werden, die die Möglichkeiten der koranischen Ehebestimmung in der gewünschten Richtung einengen (vgl. Kap. 2.2.5). Zudem bleibt ein weites Feld, v. a. im Strafrechtsbereich, für das koranische Gebote fehlen. Hier bleibt es dem Herrscher (Staat), der für die Aufrechterhaltung der Ordnung in der Gemeinschaft zuständig ist, überlassen, diese Felder wenn nötig durch Verwaltungakte auszufüllen. Auch hier wäre eine Kodifizierung möglich (vgl. z. B. DILGER 1989).

Vereinfacht würde das Bestreben, ein an die modernen Verhältnisse angepaßtes islamisches Recht zu etablieren, sicherlich dann, wenn es gelänge, eine Übereinstimmung zu erzielen, „das Tor des *iǧtihād* wieder zu öffnen", d. h. nicht nur die Anwendung von Recht, sondern auch neue Rechtsvorschriften offiziell zuzulassen. Hierdurch würden zumindest legitimatorische Hindernisse ausgeräumt. Aber auch dann bleibt der grundlegende Gegensatz zu dem westlichen Rechtssverständnis bestehen, das die Offenbarung als Rechtsquelle nicht kennt.

(G. St.)

Die Scharia betrifft nicht nur Familien- und Strafrecht, sondern greift auch mit dem Anspruch alle gesellschaftlichen Bereiche zu regeln, in das Wirtschaftsleben ein. Zwar enthält sie keine „islamische Wirtschaftstheorie", kein Gesamtkonzept, nach dem sich ein „islamisches Wirtschaftssystem" errichten ließe. Sie sieht vielmehr den Wirtschaftsprozeß unter rein rechtlichem Aspekt und befindet über jede Art von Geschäftsverkehr *(muʿāmalāt)*. Es geht darum, sämtliche Geschäftsformen samt ihrer Voraussetzungen und Folgen auf ihre Zulässigkeit zu prüfen und zu bestimmen, was davon gültig (= *ṣaḥīḥ* bzw. *ḥalāl, mubāḥ*/zulässig) oder ungültig (= *bāṭil* bzw. *ḥarām*/verboten) ist. Entscheidend ist dabei das Prinzip einer gerechten Entsprechung zwischen Leistung und Gegenleistung, einschließlich immaterieller Leistungen. Dies bedeutet nicht eine Abschaffung des Eigentums oder gar eine gleiche Verteilung der Reichtümer unter allen Mitgliedern der Gemeinschaft. Es meint vielmehr Absage an Spekulationen, die letztlich die Wirtschaft in die Hände einiger Gruppen verlagern, von denen der Rest der Gesellschaft abhängig würde, gegenüber Monopolen, gegenüber all den Geschäften, die nicht die Leistung, sondern z. B. den Zeitablauf oder den Zufall bzw. das Glück als gewinnbringenden Faktor einsetzen. Dieses Prinzip hat konsequenterweise zum Zinsverbot und zum Verbot von Glücksspielen sowie der Geschäfte geführt, denen Geld plus Zeit, aber keine eigene Leistung für eine — daher ungerechtfertigte — Gegenleistung zugrunde liegt.

Während die islamische Tradition die Wirtschaft mehr aus einem juristischen Blickwinkel betrachte, hat die Einbettung der islamischen Länder in das Weltwirtschaftssystem die Muslime herausgefordert, sich mit in westlichem Sinne wirtschaftlichen Fragestellungen und den hierzu überlieferten islamischen Vorschriften auseinanderzusetzen. Seit den sechziger Jahren arbeiten sie vor allem an einem zinslosen Banksystem, bei dem die Überschüsse (nach einem Gewinn-Verlust-Ausgleich) als Gewinnanteil allen aus der breiten Masse der am Kapital Beteiligten zufließen, und welches im Gegensatz zu einer Monopolwirtschaft eine jeden einzelnen umfassende Volkswirtschaft ermöglichen soll. Die tragende Idee ist hierbei *al-muḍāraba*, d. h. eine Handelsgemeinschaft, an der der eine mit seinem Kapital, der andere mit seiner Leistung beteiligt ist.

Das gleiche Modell gilt für die Landwirtschaft. Im islamischen Sinne legal ist in der Landwirtschaft zum einen der Ertrag aus eigener Leistung und eigenem Grundstück. Legal ist zum anderen auch *al-muzāraʿa*, d. h. ein Teilhabergeschäft, bei dem das Grundstück von dem einen Teilhaber, die Leistung aber von dem anderen eingebracht wird. Hierbei ist allerdings die Leistung das Primäre. Heute wird lebhaft die Frage diskutiert, ob die Vorstellung von Privatbesitz an Grund und Boden genuin islamisch sein kann, oder ob der Boden (mitsamt den Bodenschätzen) zum Gemeinschaftseigentum zählt. Fest steht jedoch, daß der sogenannte Rentenkapitalismus (vgl. Kap. 4.2.3) in der islamischen Welt zu den Erscheinungen gehört, die von den zum Islam konvertierten Ländern, z. B. Iran, übernommen wurden.

Was die Versorgung leistungsunfähiger Bedürftiger sowie die Finanzierung der Staatsverpflichtungen für den Erhalt der *umma* betrifft, so ist nach dem Koran ein bestimmter Anteil der Gewinne — *zakāt* (Pflichtabgabe) bzw. *ṣadaqāt* (Almosen) — hierfür festgesetzt. Für ihre Verwaltung und Verwendung wurde eine Staatskasse = *bayt al-māl* eingerichtet, die sich in modernen Staaten zu einem Finanzministerium entwickelte. Von großer wirtschaftlicher Bedeutung war in der Vergangenheit zudem das ebenfalls in der Scharia (aber nicht im Koran) geregelte Stiftungswesen, auf das in anderem Zusammenhang noch ausführlich eingegangen werden soll (Kap. 4.4.6).

Auf der Grundlage des islamischen Rechts- und Gesellschaftsverständnisses entwickelte sich unter Einfluß des Ost-West-Gegensatzes eine Diskussion um einen „Islamischen Sozialismus", der als Dritter Weg zwischen Kapitalismus und Kommunismus stehen sollte, sowie in jüngerer Zeit um eine ,,Islamische Wirtschaftsordnung". Hierbei werden die rechtlichen und moralischen Anforderungen des Islam als konstituierend für die Sozialstaatlichkeit / den ,,Sozialismus" angenommen und beispielsweise Pflichtabgabe und Almosen als besondere soziale Errungenschaft herausgestellt. REISSNER (1989:167 f.) hebt die Realitätsferne dieser Diskussion hervor: ,,Bestimmungen und Normen einer vorkapitalistischen, vorindustriellen Gesellschaftsordnung werden als Lösung heutiger Probleme angeboten", die in den theoretischen Beiträgen jedoch so gut wie nie angesprochen werden. ,,Nicht das Wohl der Muslime heute, sondern die Erbauung an der reinen Lehre scheint das vornehmste Ziel dieser Schriften zu sein". (Hierbei ist aber zu berücksichtigen, daß ein Muslim eine solche historische Relativierung seines Normensystems nicht mitvollzieht !).

Nicht eine ,,Islamische Wirtschaftsordnung" als auf die Probleme zugeschnittenes Konzept, wohl aber Einzelmaßnahmen, die an der Scharia ausgerichtet sind, spielen in der praktischen Politik und Wirtschaft durchaus eine Rolle. Auf den Versuch, ,,islamische Banken" zu etablieren, wurde bereits hingewiesen. Daneben wurde das Attribut ,,islamisch" für nicht immer seriös arbeitende Investmentgesellschaften verwandt, nicht zuletzt, um Anleger zu motivieren. Manche Staaten wie Pakistan gingen zudem dazu über, die im Koran vorgeschriebene Zwangsabgabe *(zakāt)* wieder einzuführen. Das Beispiel Iran zeigt jedoch, daß sich im Bereich der Tagespolitik die Diskussion, ob eine zu treffende Maßnahme (z. B. eine Landreform, vgl. Kap. 4.2.4) ,,islamisch" und damit zulässig sei oder nicht, lähmend auf die Handlungsfähigkeit der Regierung auswirken kann. Dies aber ist eine Problematik, die jeder stark normativ ausgerichteten Politik innewohnt, bei der zudem sehr schnell Anspruch und Wirklichkeit auseinanderklaffen.

(G. St.)

Übersicht 1: Innere Differenzierung der Muslime

SUNNITEN		CHARIDJITEN			SCHIITEN		
Glaubenslehre/ Kalam-Schulen	Pflichtenlehre/Rechtsschulen/-systeme	Azrakiden	Sufriten	Ibaditen	Zaiditen	Imamiten	Ismāʿiliten
● An der Offenbarung orientierte Theologie *(ahl as-sunna wal-ǧamāʿa)* (die ursprüngliche und bis heute eigenständige theologische Richtung). ● Die rationalistische theologische Schule, die *muʿtazilitische* (Wāṣil b. ʿAṭā, 699—748, letzte Vertreter 12. Jh.). ● An der Offenbarung orientierte spekulative Theologie; *ašʿaritische Schule* (Abūl-Ḥasan al-Ašʿarī, gest. 935/6) und *maturidische Schule* (al-Māturidī, gest. 938/9). ● Heute: Rückbesinnung auf den Ursprung, mit steigender Tendenz zu einem kritischen Rationalismus.	● Im Rahmen eines multikulturellen Prozesses auf dem Weg zu einem systematischen juristischen Schulwesen. ● Ḥanafitische Schule (Imam Abū Ḥanīfa, gest. 767); Rechtsschule der Abbasiden und der Osmanen. Heute: 1/3 der Sunniten sind Ḥanafiten in: Türkei, Pakistan, Afghanistan, Turkistan, Indien, China, Zentralasien, Iran (bei den Turkmenen). ● Mālikitische Schule (Imam Mālik b. Anas, gest. 795); hauptsächlich nordafrikanische Ländern (auch Andalusien), Oberägypten, Sudan, Kuwait, Bahrain, Mauretanien, Nigeria. ● Schāfiʿitische Schule (Imam aš-Šāfiʿī, gest. 820). Unterägypten, Jordanien, Libanon, Südarabien, Indonesien, Malaysia, Ceylon, Philippinen, Daghestan, Tanzania, Bahrain, Indien, Palästi-	Radikale Sekte; Untergang um 700.	Verhältnismäßig gemäßigte Sekte: in Nordafrika und Oman. Ab dem 13. Jh. nach und nach aufgesogen von den Ibaditen.	Wichtigste und gemäßigtste Glaubensgemeinschaft, die als einzige alle anderen Charidschiten überlebt hat. ● Glaubensrichtung: *muʿtazilitisch* orientiert. ● Rechtslehre: nahe an sunnitischen Rechtsschulen.	● 9.—12. Jh. Staatsbildung in Tabarestan/ Iran; danach ging die Gemeinde in der Zwölferschia auf. ● Hauptsitz in Südarabien: Jemen. Staatsbildung (Imamat) gegen Ende des 9. Jh.s bis Ende 10. Jh.s (von den Fatimiden zurückgedrängt). Neugründung des zaiditischen Imamats im 12.-13. Jh. (Verdrängt von Rasuliden, Mamluken u. Osmanen.) Seit Anfang des 17. Jh.s Etablierung der Ima-	● Glaubens- und Pflichtenlehre (bis 9. Jh.) auf der Grundlage von Koran und Sunna, sofern die Sunna direkt von Ahl-al-Bait (hauptsächlich Imamen) überliefert oder deren anderweitige Überlieferung für richtig gehalten wurde oder auch sofern die Überlieferung — durch wen auch immer — mit dem Koran in Einklang stand. Hinzu kamen die Erklärungen von Koran und Sunna seitens der Imame.	● Ismāʿil (gest. 760) oder sein Sohn Muḥammad ist, so glauben sie, der 7. Imam nach Ǧaʿfar aṣ-Ṣādiq (gest. 765), dem Vater Ismāʿils. ● Die Frage, ob dem 7. entrückten Imam noch weitere sieben folgen (so die *Fatimiden* in Nordafrika) oder nicht (so die *Qarmatiden*) hatte ein Schisma zur Folge. ● Die Frage, ob der Nachfolger des Fatimiden al-Mustanṣir (gest. 1094) sein Sohn (gest. 1101) oder Nizār (gest. 1095)

Übersicht 1: Innere Differenzierung der Muslime Fortsetzung

SUNNITEN		CHARIDJITEN			SCHIITEN		
Glaubenslehre/ Kalam-Schulen	Pflichtenlehre/Rechts-schulen/-systeme	Azrakiden	Sufriten	Ibaditen	Zaiditen	Imamiten	Ismāᶜiliten
	stina, Iran (bei den Kurden). ● Ḥanbalitische Schule (Imam Ibn Ḥanbal, gest. 855; Reformer Imam Ibn Taymiya und Imam Muḥammad ᶜAbdu 'l-Wahhāb). Hauptsächlich die arabische Halbinsel, auch Syrien. ● *Ẓāhiritische Schule* (Dāwūd al-Isfahānī, gest. 833; Ibn Ḥazm al-Andalūsi, gest. 1064). Juristisch bedeutsam, ohne Volksanhänger. ● Heute: zunehmende Tendenz zum Eklektismus, vor allem unter den Muslimen in westlichen Ländern.			● Hauptsitz: Oman, dann Nordafrika, Libyen, Magrheb, Tripolitanien, Südalgerien, Insel Djerba, Sansibar.	matsführung bis 26. 9. 1962. ● Glaubenslehre: durchaus muᶜtazilitisch. ● Rechtsschulen: den sunnitischen Schulen sehr nahe. Bekannt als *Qāsimimīya-hādawīya-Schule* (al-Qāsim b. Ibrāhīm, gest. 860; sein Enkel al-Hādī ila 'l-Ḥaqq starb 911). ● Die Gemeinde zählt heute ca. vier Mio. Mitglieder	● Ab 10. Jh. Trennung zwischen Überlieferungsanhängern *(Aḫbāriten)* und *Iǧtihād*-Verfechtern *(muǧtahidūn)*. In der Glaubens- und Pflichtenlehre richtet sich die Schule der Aḫbariten fast kritiklos nach Überlieferungen *(aḫbār/aḥādīt)*. Die Muǧtahidūn hingegen bewerten diese mit historischen und logischen Prinzipien und machen — z. T. wie die Muᶜtaziliten — weitgehend von der Vernunft und deren Prinzipien Gebrauch.	sein sollte, führte zu einer weiteren Spaltung. ● Die Mustaᶜli-Ismāᶜiliten werden seit 1591 vertreten durch a) die Sulaimani-Gemeinschaft (ca. 100.000 Mitglieder), hauptsächlich in Jemen, Minderheiten in Indien; und b) die *Dāwūdi*-Gemeinschaft (ca. 500.000 Mitglieder) in Indien, wo sie sich wie in Jemen (ca. 2.500) *Boharas* („Kaufleute") nennen. Seit dem 19. Jh. haben sie sich von Sansibar aus in allen Hafenstädten der

Übersicht 1: Innere Differenzierung der Muslime Fortsetzung

EXTREME SCHIA				SCHIITEN		
Ahle Ḥaqq/Anhänger der Wahrheit	Nuṣairier	Drusen	Aleviden/ ᶜAlī-Verehrer	Zaiditen	Imamiten	Ismāᶜiliten
	rischen Küstengebirge und im heute türkischen Gebiet um Adana und Tarsus. ● Seit Beginn des 20. Jh.s nennen sie sich ᶜAlawiten (anders als die Aleviden) und repräsentieren heute mit 600.000 Anhängern ca. 11 % der syrischen Bevölkerung. Seit 1970 verfügen sie dank des nusairischen Staatschefs Hafez Asad über die politische Macht im Lande.	den die Grundlage ihrer Lehre. ● Nur der eingeweihten Minderheit (auch Frauen), genannt *ᶜUqqāl* (Sg. *ᶜĀqil*/der Weise) und nicht der Mehrheit der Unwissenden *(Ǧuhhāl*, Sg. *Ǧāhil)* ist die Geheimlehre zugänglich. ● Die Drusen leben überwiegend in Süd- und Zentrallibanon, im südsyrischen Ḥaurān; die Zahl ihrer Anhänger beträgt heute schätzungsweise über 200.000	leichtsinnig zu sein. ● Die Aleviden — nicht zu verwechseln mit den ᶜAlawiten/Nuṣairiern der Region von Tarsus und Adana — finden sich hauptsächlich in Zentral- und Ostanatolien, aber auch im Hinterland der ägäischen Küste. Die Zahl ihrer Anhänger beträgt, grob geschätzt, zwischen 7 und 10 Millionen.		30 % der Bevölkerung des Libanons und der Golfstaaten, 10—15 % der afghanischen und 15 % der pakistanischen Bevökerung sind Imamiten. In Indien werden sie auf 8—28 Mio. geschätzt. Von hier aus breiteten sie sich Ende des 19. Jh.s nach Sansibar und andere Länder Ostafrikas aus. Gemeinden in Kenia, Tanzania, Madagaskar.	Iran vom Qağaren Fatḥ ᶜAlī Shah (gest. 1834) bekam. ● Seit dem Übergewicht des Esorterischen in ihrer Glaubens- und Pflichtenlehre haben sich die Nizāri-Ismāᶜiliten bereits in früheren Phasen ihrer Geschichte von sonstigen sunnitischen und schiitischen Schulen in eine extreme Richtung entfernt.

Übersicht 1: Innere Differenzierung der Muslime Fortsetzung

EXTREME SCHIA				SCHIITEN		
Ahle Ḥaqq/Anhänger der Wahrheit	Nuṣairier	Drusen	Aleviden/ ᶜAlī-Verehrer	Zaiditen	Imamiten	Ismāᶜiliten
● Es handelt sich hierbei um Überreste bestimmter extremer Schiiten (*Ġulī*/Übertreiber) aus der Kalifatszeit ᶜAlīs in Kufa (656—661). Von ihren Nachbarn *ᶜAlī-ilālī* (ᶜAlī-Vergöttlicher) genannt, finden sie sich in größeren und kleineren Gemeinden unter den Kurden und ihren Nachbarstämmen, hauptsächlich im Westiran: in Kermanschah und den umliegenden Orten, sowie in den Dörfern um Qazqin, Haschtgard, Bumahan, Waramīn und im Gebiet von Lūrestān. ● Ihre Lehre besteht im Grunde aus oberflächlich (schiitisch-) islamisierten Elementen aus den Religionen und Weltanschauungen gnostischer u. indo-iranischer Herkunft.	● Anhänger von Ibn Nuṣair, der Offenbarungen von seinem Lehrer, dem 11. schiitischen Imam al-Ḥasan al-ᶜAskari (gest. 874) erhalten haben soll. ● Inhaltlich geht die Lehre jedoch auf al-Ḥaṣībī (gest. 957 oder 969) und seinen Enkelschüler Aṭ-Ṭabarānī (gesiedelt 1932 in Laodikeiea/Al-Lāḏiqīa) zurück. ● Gnostische Kosmogonie; Vergöttlichung ᶜAlīs, den Muḥammad als Propheten entsandt haben soll; dokeistische Umdeutung von al-Ḥusains Martyrium; Seelenwanderungslehre und die spirituelle Deutung des Koran und der Schia charakterisiert ihre Lehre. ● Sie haben sich behauptet am mittleren Euphrat (ᶜĀna), im sy-	● Anhänger einer von dem Ismailiten Dāᶜī Ḥamza al-Labbād (Filzmacher) begründeten extremen Lehre, benannt nach seinem in Kairo erfolgreichen Schüler Anūštekīn ad-Darsī (pers.: Schneider; pl. *drūs*). ● Ḥamzas Sendschreiben in den Jahren 1017—1020 bilden die Hauptquelle drusischer Theologie: eine Mischung von altismailitischen, neuplatonischen und extrem schiitischen Vorstellungen und Begriffen: Göttlichkeit der Fatimidenkalifen, Abrogation des Koran, der Offenbarung und ihrer ismailitischen Deutung, somit Aufhebung ihrer kultischen Handlungen, jedoch besonderes Gewicht auf Gottes Einzigheit (*tauḥīd*) bil-	● Sie gelten als Nachfahren der turkmenischen Qizilbaš (Rotköpfe), die Heere der Safawiden bei der Schiitisierung Irans zu Beginn des 16. Jh.s Mangels einer fundierten Theologie — bedingt durch ihre Isolation unter den türkischen Sunniten — galten und gelten sie (überwiegend Bauern) als unorthodoxe Schiiten. ● Sie praktizieren die Riten des Bektaşi-Derwisch-ordens. Eine große Rolle spielt bei ihnen das religiöse Festmal, bekannt als *Ā'in-e ǧamᶜ*-Zeremonie der Union, deren Symbole auf die Leiden der Imame verweisen. Dabei geht es dennoch unorthodox zu, was ihnen den Ruf eingebracht hat, religiös		● In der Glaubenslehre kommt bei den Imamiten zusätzlich zum sunnitischen Glaubensgut der Glaube an Gottes Gerechtigkeit und das Imamat hinzu. In der Glaubenslehre der Muǧtahidūn ist eine weitgehende Übereinstimmung mit sunnitischen Lehren festzustellen. ● Die Zahl der Imamiten wird nahe an 100 Mio. geschätzt. In Iran bildet diese Richtung seit dem 16. Jh. die Staatsreligion, 56 % der irakischen,	ostafrikanischen Küste verbreitet. ● Die reformorientierten *Nizāri-Ismāᶜiliten* werden repräsentiert durch Aga Khanis *(Hodjas)*. Sie leben in Nordwest-Indien (ca. 2 Mio.) ferner in Iran, Afghanistan, Turkistan, am Oberen Oxus, in allen Ländern Ost- und Südafrikas, Caylon, Burma usw. „Aga Khan" („Herr Fürst") ist ein Ehrentitel, den Hasan ᶜAli-Schah aus der Linie der Qāsim-Schahi in

2.2.4 Politische Aspekte der Gemeinschaftsordnung

Alle Mitglieder der *umma* sind für die Verwirklichung der islamischen Ordnung gleichermaßen verantwortlich. Die Gemeinschaft wird von allen getragen. In diesem Sinne ist auch die Erhaltung der Ordnung eine *religiöse* Aufgabe, was sehr früh in der islamischen Geschichte die Frage nach der Einheit von Religion und Politik aufgeworfen hat; Politik allerdings im Sinne einer Gesellschaftsordnung mit islamischem Inhalt und nicht — wie oft mißverstanden wird — Politik im Sinne von Herrschaftsanspruch besonderer Institutionen oder Personengruppen.

Organisatorisch wurde nach dem Vorbild der Gemeindebildung in Medina die Hauptverantwortung für die Gemeinschaftsordnung an bestimmte Personen (Kalife) delegiert, die auch in ihrer persönlichen Lebensgestaltung Vorbild sein mußten. Diese Teilung der Verantwortung sollte nicht zu einer Trennung in Herrscher und Beherrschte führen, deshalb blieb die Gesamtverantwortung weiter bei allen Mitgliedern der *umma*. Dafür war von Beginn an die Institution der *šūrā* (= Beratschlagung) vorgesehen. Der Kalif wurde wahrscheinlich von der ganzen islamischen Gemeinde kontrolliert und bestätigt, die auch das Recht hatte, ihn abzusetzen (was in der Geschichte zu teilweise heftigen Kämpfen führte). Seine Hauptaufgabe war die Koordination der Umsetzung der Scharia.

Wer in welcher Eigenschaft berechtigt sein sollte, nach Muḥammads Tod die Verwaltung der islamischen Gemeinschaft zu leiten, ist eine Frage, die schon gegen Ende der Ära der rechtgeleiteten Kalifen (632—661) die islamische *umma* mehrfach gespalten hat. Vor allem die Differenzierung in Sunna und Schia geht hierauf zurück. Besteht die Funktion der Nachfolgeschaft Muḥammads, des Kalifats, hauptsächlich darin, den Islam und die *umma* mit allen Kräften zu führen und zu beschützen — so die sunnitische Auffassung —, oder mußte Muḥammads Nachfolger darüber hinaus unbedingt über eine inspiratorische und wissenschaftliche Fähigkeit (geknüpft an die Abstammung von der Familie des Propheten) verfügen, die ihm den Zugang zu der Offenbarungssphäre ermöglichte, eine Fähigkeit, die keine neue Offenbarung, sondern — so lautete die schiitische Überzeugung — das absolut richtige Verständnis der Offenbarung zur Folge hatte?

Die erste Auffassung, der ca. 90 Prozent der Muslime folgen, sieht getreu der historischen Realität in Abū Bakr (st. 634), ʿUmar (644), ʿUṯman (656) und dann erst ʿAlī (661) die ersten rechtmäßigen Kalifen. Als *ahl as-sunna wa l-ǧamāʿa* (die Leute der Sunna und Gemeinschaft der Gefährten des Propheten) werden sie Sunniten genannt.

Diese historisch gesehen dominierende Auffassung mußte folgerichtig auch denjenigen Staatsmann als Nachfolger Muḥammads akzeptieren, der keinen Anspruch erhob, für die geistigen und religiösen Belange der *umma* zuständig zu sein. Da aber die Verantwortung für die geistigen Belange des Volkes einen ebenso wichtigen Teil von Muḥammads Funktion bildete, mußte sie konsequenterweise auch weiter vertreten und fortgesetzt werden. Diese Funktion fiel mit der Zeit — vor allem seit Beginn der umayyadischen Herrschaft — denjenigen Gruppen zu, die sich am meisten damit beschäftigten, also den Gelehrten, die nicht in der Form einer Körperschaft als Kirche, Moschee usw., sondern als Fachleute für religiöse Belange fungierten.

Die auf diese Weise entstandene Trennung ist in keiner Weise eine Trennung zwischen Staat und Religion. Vielmehr handelt es sich dabei um eine Teilung der Führungsfunktionen, die in der Person Muḥammads vereinigt waren, die sich aber bei seiner Vertretung in der islamischen Welt, sofern diese von Sunniten beherrscht wurde, de facto getrennt haben. So hat es — von der Zeit der ersten vier Kalifen abgesehen — für die sunnitische Gemeinschaft zwei nebeneinander bestehende wichtige Führungen gegeben, denen jeweils — nach der koranischen Anweisung — unbedingt gehorcht werden mußte: „Ihr Gläubigen! Gehorchet Gott und dem Gesandten und denen unter euch, die zu befehlen haben! (nämlich die *ulū l-amr*)" (Koran 4, 59).

Dieser sunnitischen Auffassung von der Nachfolgerschaft Muḥammads steht die schiitische Überzeugung gegenüber, die von einer anderen Voraussetzung getragen wird: Festhaltend daran, daß der Sinn und Zweck der Nachfolgerschaft Muḥammads erst gewährleiste ist, wenn der Nachfolger die beiden Funktionen in sich vereinigt, haben sich die Schiiten nämlich mit der Trennung in der Ausübung dieser Funktionen nicht einverstanden erklärt. So wird bei ihnen im Gegensatz zu ihren sunnitischen Glaubensbrüdern dieses komplexe Führungsamt *(Imamat)* zu einem weiteren Glaubensprinzip erhoben, neben den drei Prinzipien *(uṣūl al-ʿaqīda)* Glauben an Gott, an das Prophetentum und an *Maʿād*, Wiederkehr am Tage des Jüngsten Gerichts. Das Gemeinsame der sunnitischen und der schiitischen Auffassung bleibt jedoch, daß die Führung der *umma* ein religiöser Akt, eine religiöse Verpflichtung ist. Das fünfte Glaubensprinzip der Schiiten ist die Gerechtigkeit, die bei den Sunniten zwar als wichtiges gesellschaftliches Prinzip und als Maßstab eines islamischen Staates, aber nicht als Glaubenmoment gilt. An dieses Glaubensprinzip (*ʿadl*/Gerechtigkeit Gottes) lehnt sich die Rechtfertigung des Imamats. Im Rahmen der Schia haben sich verschiedene Richtungen herausgebildet (vgl. auch Übersicht 1).

Die Zaiditen haben mit einigen Unterbrechungen von 860 bis heute ihre Macht im Jemen behauptet, von wo aus sie auch in frühislamischer Zeit ihren Einfluß auf iranische Gebiete südlich des Kaspischen Meeres erweitern konnten (864—1126). Sie zählen, was ihre Haltung gegenüber den Imamen betrifft, zu den gemäßigten Schiiten und stehen den Sunniten am nächsten, sie respektieren die Kalifen vor ʿAlī, ehren in ihren Imamen von Gott beauftragte Menschen, lehnen aber eine weitergehende Überhöhung ab.

Im Gegensatz zu den Zaiditen stehen die Ismāʿiliten („Siebenerschia") in ihrer Weltanschauung wie in ihrer Einschätzung ihrer Imame als übermenschliche Gestalten stark unter der vorwiegend griechischen esoterischen Lehre, wozu der Wortlaut des Koran und der Sunna keine direkten Anlaß gibt; hierzu bedienen sie sich einer allegorischen Deutung, was von anderen Muslimen abgelehnt wird. Den bedeutendsten ismāʿilitischen Staat haben die *Fatimiden* als Rivalen der Abbasiden von 909 bis 1171 in Nordafrika mit Kairo als Kalifatszentrum gebildet.

Was die Zwölferschia betrifft, so ist es außer ʿAlī ihren anderen Imamen nie vergönnt gewesen, zusätzlich zu ihrer geistigen Führungsrolle auch die Staatsgewalt zu übernehmen, was aber keineswegs einen Verzicht auf diesen Anspruch bedeutete.

Übersicht 2: Untergliederung der Schia und Stammbaum der schiitischen Imame

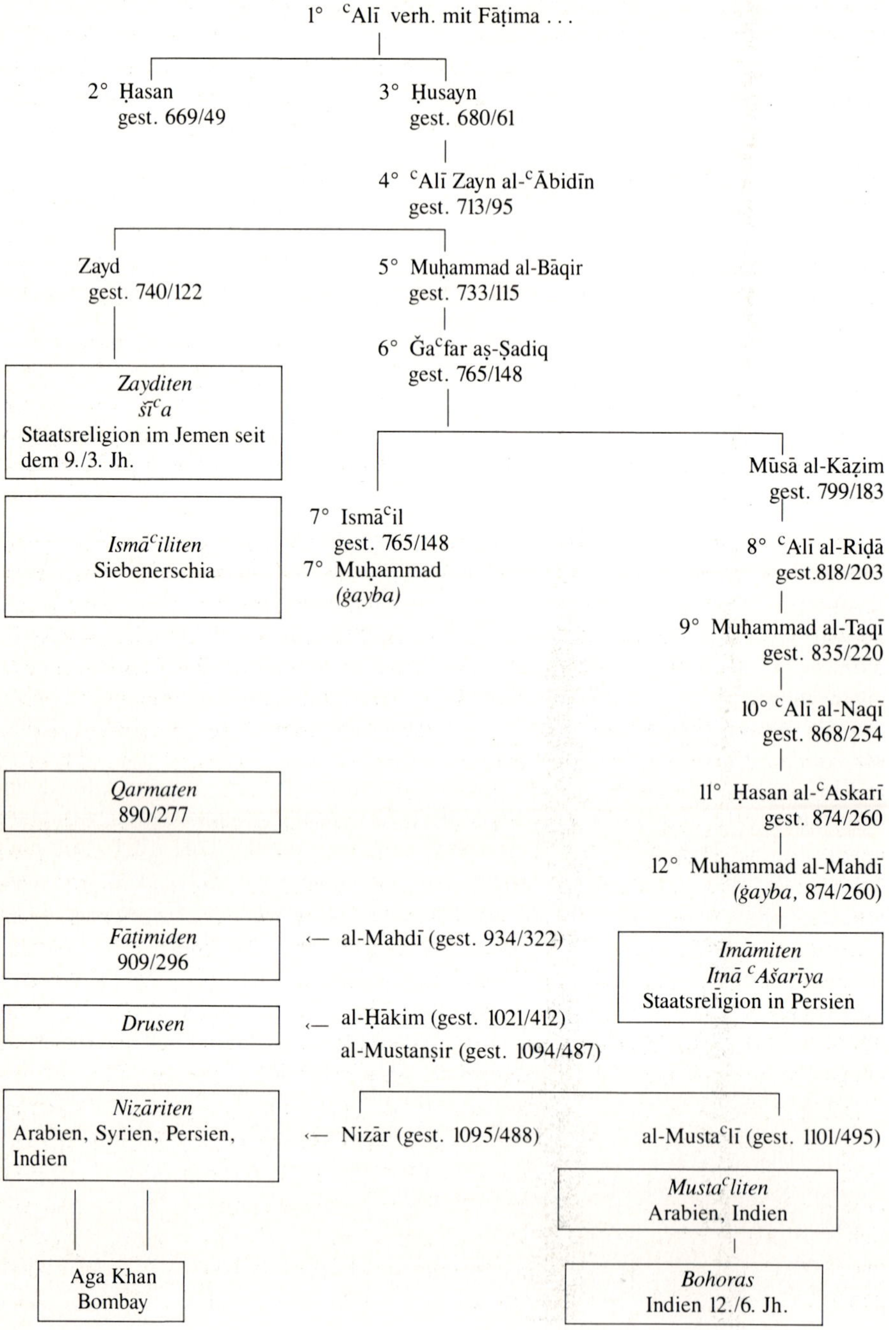

In ihrer Lehre vom Imamat nehmen sie eine Zwischenposition zwischen Zaiditen und Ismaʿiliten ein. Sie lehnen zwar jede Art Vergöttlichung oder Erhöhung über Muḥammad für ihre Imame ab, sehen in diesen aber außergewöhnliche Persönlichkeiten, die in der Lage sind, kraft göttlicher Inspiration *(ilhām)* den wahren Sinn der Offenbarung *(waḥy)* an Muḥammad zu erfahren. Sie halten die drei ersten Kalifen nicht für die von Muḥammad nominierten rechtmäßigen Nachfolger, was — vor allem durch äußere politische Anlässe — Grund von Auseinandersetzungen gewesen ist.

Im Gegensatz zu den Zaiditen und den Ismaʿiliten endet die Kette ihrer Imame mit dem 12. Imam (*al-Mahdī al-muntaẓar*/der erwartete Mahdi), der 874 entrückt wurde beziehungsweise in die Verborgenheit getreten ist. Damit wird die Zwölferschia mit einem Problem konfrontiert, das keine andere islamische Richtung kennt: Nach wem sollen sich die Schiiten nach 874 richten, wenn ihre Imame nicht mehr erreichbar sind?

Die Lösung ist typisch für die Imamiten: Es ist der Rechtsgelehrte, *faqīh*, der als *nāʾib al-imām*, Stellvertreter des Imam, die geistlichen und gesellschaftlichen, also die religiösen und weltlichen Ämter des Imam übernehmen soll. Im Gegensatz zu den Imamen fehlt ihm jedoch die Inspirationsfähigkeit. *Faqīh* ist also derjenige, der nur kraft wissenschaftlich-logischer Kriterien aus den islamischen Rechtsgrundlagen das jeweilige Urteil eruieren *(iǧtihād)* kann.

Das Ideal eines islamischen Staates wurde — so die herrschende Meinung vieler Muslime heute — nur in der Anfangsphase verwirklicht. Bereits nach der Zeit der „vier rechtgeleiteten Kalifen" (661) hat die islamische Welt die Form eines Imperiums angenommen, in dem Dynastien, Erbfolge usw. das Bild bestimmten. Die Einheit von Religion und Staat wurde vor allem nach außen nicht mehr gewahrt, Politiker versuchten allerdings, die inneren Strukturen ihres Territoriums weitgehend im Rahmen der islamischen Gesetzgebung aufzubauen. Auch die islamischen Theologen unternahmen immer wieder den Versuch, zumindest die Binnenstruktur mit islamischen Bestimmungen und Gesetzen zu füllen.

Es war und ist schwierig, einen islamischen Staat im Sinne der *umma* von Medina aufzubauen, der getragen wird von der religiösen (und damit — nach muslimischem Verständnis — der gesellschaftlichen) Verantwortung jedes einzelnen Mitglieds, nicht nur eines Teils (auch nicht einer Mehrheit). Wenn heute von Re-Islamisierung (vgl. Kap. 6) von Staaten die Rede ist, muß das als Versuch angesehen werden, die Scharia (in ihrem vollen Umfang)[11] bei der Strukturierung der Gesellschaft wieder als Staatsnorm einzuführen. Die gegenwärtige Weltlage, in der u. a. kontrahente Großmächte über das Schicksal schwächerer Völker bestimmen, bietet allerdings keine Voraussetzungen dafür, daß ein im umfassenden Sinne islamischer Staat entstehen kann.

Die Verpflichtung zum Schutz der *umma* hat neben der Bewahrung der inneren Ordnung auch einen außenpolitischen Aspekt. In diesem Zusammenhang spielt die militärische Auseinandersetzung eine gewichtige Rolle, die so eine religiöse Dimension erhält. Für den Krieg gegen die Feinde des Islam ist die Bezeichnung *ǧihād* gebräuchlich. Der Begriff *ǧihād* (wörtlich: Anstrengung, Abmühen, Einsatz) findet sich bereits in den ersten Offenbarungen aus mekkanischer Zeit, in der noch keine Rede von Kriegen war. In Sure 25,52 wird ausgeführt:

„Gehorche nun nicht den Ungläubigen, sondern setze ihnen damit (d. h. mit dem Koran) heftig zu *(wa-ǧāhidhum bihī ǧihādan kabīran)*! (Wörtlich übersetzt: Tritt ihnen mit großem Einsatz mit dem Koran entgegen.)"

Hier wird der Wesensgehalt deutlich: persönlicher selbstloser Einsatz für den Islam; Überzeugung der Ungläubigen mit Hilfe des Einsatzes des Koran. In diesem Sinne sprechen auch zwei weitere Koranverse aus mekkanischer Zeit von *ǧihād* — ohne jeden kriegerischen Bezug (29,6; 29,69). Der Wortstamm *ǧ-h-d* verweist somit in seiner nominalen und verbalen Form auf einen geistigen, gesellschaftlichen Einsatz. Das Wort *ǧihād* bezeichnet im Islam primär eine entschlossene geistige Haltung. Ausgehend von dieser Grundbedeutung wurde *ǧihād* in medinensischer Zeit (wahrscheinlich erst im zweiten Hedschrajahr) für den Einsatz für den Islam schlechthin verwendet mit einer weiteren Spezifizierung, dem Einsatz von Vermögen und Leben:

„ ... diejenigen, die glauben und ausgewandert sind und mit ihrem Vermögen und in eigener Person um Gottes willen sich abgemüht haben,[12] und diejenigen, die (ihnen) Aufnahme gewährt und Beistand geleistet haben, die sind untereinander Freunde." (8,72)

Wesentlich ist, daß *ǧihād* nicht töten und in diesem Sinne nicht Aggression beinhaltet, wie dies beim Wortstamm *q-t-l* der Fall ist. Im Gegenteil: Die Verbindung von „Vermögen und Leben" als weitere Inhaltsbestimmung des Wortes läßt keinen Zweifel daran, daß es sich bei *ǧihād* um Selbstaufopferung, um den Einsatz des eigenen Lebens und Vermögens für Gott handelt, was die religiöse Komponente von *ǧihād* ausmacht. Daher beziehen sich die Koranstellen zum *ǧihād* nicht auf konkrete Schlachten, wie dies bei *qitāl* (Wortstamm *q-t-l* = Krieg führen, töten) der Fall ist. *Qitāl* kann daher keine allgemeine Regel sein. Obwohl er nur auf den Rahmen der Schutzverpflichtungen gegenüber der *umma* und auf besondere Ereignisse beschränkt war, galten für ihn folgende Regeln:

- Der Krieg darf nur gegen Angreifer geführt werden, also nur zur Verteidigung und zum Schutz.
- Dabei darf nicht übertrieben werden, also nicht aus Rache usw. getötet werden.
- Er darf nur für die Sache Gottes geführt werden, also nicht aus materiellen Gründen.
- Er muß sofort beendet werden, wenn sich der Angreifer zurückzieht.

Deutlich wird das an folgenden Koransuren:

„Und kämpft *(qātilū)* um Gottes willen gegen diejenigen, die gegen euch kämpfen *(yuqātilūna)*. Aber begeht keine Übertretung (indem ihr den Kampf auf unrechtmäßige Weise führt! Gott liebt die nicht, die Übertretungen begehen." (2,190)

„Und wenn sie (d. h. die Feinde) sich dem Frieden zuneigen, dann neige (auch du) dich ihm zu (und laß vom Kampf ab)! Und vertraut auf Gott! Er ist der, der (alles) hört und weiß."(8,61)

Ǧihād hat also primär und direkt nichts mit Krieg zu tun, und dort, wo als eine seiner Verifikationsmöglichkeiten ein kriegerischer Einsatz gemeint ist, bedeutet er nicht das Töten des Feindes, sondern die eigene Aufopferung. Aber auch für den unumgänglichen *qitāl* (Schlacht) gilt, das Leben des Feindes möglichst zu verschonen. Keinesfalls zielen *ǧihād* oder *qitāl* auf eine Bekehrung des Gegners zum Islam ab.

Zusammenfassend muß festgestellt werden, daß es dem Wesensgehalt von *ǧihād* widerspricht, ihn als „Heiligen Krieg" aufzufassen. Auch *qitāl* für den Schutz islamischer Angelegenheiten ist kein „Heiliger Krieg". Krieg ist nie „heilig", selbst der Verteidigungskrieg ist ein notwendiges *Übel*.

Einer solchen theologischen Auffassung steht aber die politische Verwendung des *ǧihād*-Begriffs gegenüber. Schon die Kämpfe gegen Byzanz und das sassanidische Persien in der Zeit nach Muḥammads Tod standen, sofern es sich um reine Eroberungskriege handelte, in Widerspruch zum koranischen Verständnis des *ǧihād*.[13] Dessen geachtet wurden sie als Präventivmaßnahme zum Schutz des Islam aufgefaßt, was die Krieger sehr motiviert haben dürfte. Diese Mobilisierungs- und Legitimierungsfunktion hat der Begriff *ǧihād* — in der Regel verengt auf den kriegerischen Aspekt — bis heute behalten, wobei jeder Gegner, auch ein muslimischer, zum „Feind des Islam" abgestempelt werden kann.

Der Gedanke der kriegerischen Auseinandersetzung mit den Gegnern des Islam liegt auch einer Klassifizierung zugrunde, die die Welt einteilt in das „Gebiet des Islam" *(dār al-islām)* und das „Gebiet des Krieges" *(dār al-ḥarb)* bzw. das „Gebiet des Unglaubens" *(dār al-kufr)*. Diese Einteilung hat gewisse Konsequenzen für die Gläubigen, obwohl sie weder aus dem Koran noch aus der Sunna abgeleitet werden kann. Sie stammt vielmehr aus der theologisch-rechtlichen Diskussion des 8. und 9. Jahrhunderts, als das islamische Recht Gestalt gewann. Folgt man der Al-Azhar-Universität in Kairo, lassen sich diese Kategorien heute inhaltlich wie folgt fassen:

> „Das Kriterium dafür, ob ein Land „das Land des Islam" oder „das Land des Unglaubens" ist, ist die Sicherheit (des Muslim) in der Sache der Religion. Sogar wenn ein Muslim in einem Land ohne Religion oder mit einer nicht-islamischen Religion lebt, er aber dort die Vorschriften, die die Grundelemente seiner Religion *(šaʿā'ir)* ausmachen, frei befolgen kann, so gilt dies als „Land des Islam", und zwar in dem Sinne, daß ihm keine Hedschra aus diesem Land obliegt, wie den Muslimen vor der Eroberung der Stadt Mekka die Hedschra daraus auferlegt war. Da die Muslime dort der Versuchung *(fitna)* ausgesetzt waren, erhielten sie vom Propheten die Anweisung, von Mekka nach Äthiopien auszuwandern. Obwohl Äthiopien ein nicht-islamischen Land war, genossen die Muslime dort im Hinblick auf ihre Religion Sicherheit."[14]

Diese Erklärung, die die Koexistenz der Muslime mit anderen Religionen bzw. Nicht-Religiösen in der ganzen Welt problemlos ermöglicht, entspricht der Meinung des Imam Abū Ḥanīfa (vgl. Anm. 14, S. 248).

Aber auch Meinungen mit strengeren Bestimmungen für *dār al-islām* halten ausschließlich das Land für *dār al-ḥarb*, das sich im Kriegszustand gegen Muslime befindet. Daraus leiten sich weiterhin die Kategorien *dār aṣ-ṣulḥ* — das Land, mit dem Friede bzw. ein Waffenstillstand geschlossen ist — ab, sowie *dār al-ʿahd*: Vertragsgebiet. Dies bedeutet, daß die nicht-islamischen Länder auch nach strengeren Maßstäben zumindest als *dār aṣ-ṣulḥ* oder *dār al-ʿaAhd* gelten, selbst wenn das Land, obwohl es Freiheit für die islamische Religionsausübung gewährt, nicht für ein „Land des Islam" gehalten wird.

Das Verhältnis zwischen Muslimen und Nichtmuslimen war und ist jedoch komplizierter, als es die einfache Dichotomie *dār al-ḥarb / dār al-islām*, aber auch die zusätzlichen Kategorien glauben machen. In Gebieten des „Landes des Krieges", die im Zuge der Eroberungen, mögen sie als *ǧihād* bezeichnet werden oder nicht, dem „Land des Islam" einverleibt wurden, wurde zwar den Muslimen ein in ihrem Sinne gottgefälliges Leben ermöglicht, so daß der Definition dieser Kategorie entsprochen wurde. Die Einwohner wurden aber nicht zwangsbekehrt, was dem koranischen Gebot zuwidergelaufen wäre.[15] Selbst wenn im Laufe der Zeit ein Großteil der Bevölkerung aus Überzeugung oder Kalkül zum Islam übertrat, stellte und stellt sich für islamische Staatswesen die Frage nach der angemessenen Behandlung religiöser (Mehr- oder) Minderheiten. Auf Orientierungslinien wurde bereits verwiesen: auf Muḥammads Einschätzung der „Schriftbesitzer" (Kap. 2.1.1), auf das Verbot zwangsweiser Bekehrung. Trotz dieser vom Koran geforderten Toleranz, zumindest gegenüber Juden und Christen, war aber das Verhältnis zu ihnen in den eroberten Gebieten nicht konfliktfrei. Konfliktträchtig im täglichen Leben waren beispielsweise das koranische Zinsverbot, aber auch das Verbot des öffentlichen Handels mit Alkohol, Schweinefleisch usw. Bei allem ihnen zugestandenen Recht auf freie Religionsausübung hatten die Nichtmuslime alles zu unterlassen, was die islamische Ordnung in Frage stellte.

> Zu welch schweren Konflikten vergleichbare Situationen auch heute Anlaß geben können, sehen wir z. B. im Fall des Sudan, wo die Ausdehnung der Gültigkeit der Scharia auch auf Landesteile mit andersgläubiger Mehrheit (den weitgehend christlich und durch Stammesreligionen geprägten Süden) mit einen Auslöser für den langwierigen, blutigen Bürgerkrieg bildet.
>
> (G. St.)

Darauf, daß in den ersten Jahrhunderten des Islam die Andersgläubigen den Muslimen nicht gleichgestellt waren, weisen auch die von ihnen verlangten Abgaben hin. Zwar handelt es sich hierbei nicht um eine „Strafabgabe für die falsche Religion", sondern die *ǧizya* (= „Gegenleistung") stellte eine Ausgleichszahlung dafür dar, daß Juden und Christen nicht zum Wehrdienst herangezogen wurden, obwohl sie staatlichen Schutz beanspruchen konnten für ihr Leben, ihre persönlichen Freiheiten und ihren Besitz. Außerdem unterlagen die Andersgläubigen auch nicht der muslimischen Pflichtabgabe *(zakāt)*. Sie blieben damit aber aus den Angelegenheiten der islamischen Gemeinschaft ausgeschlossen, in die sie ökonomisch durchaus eingebunden waren. Die Idee einer Staatsbürgerschaft außerhalb der religiös begründeten Zugehörigkeit zur *umma*, die auch Nichtmuslime mit gleichen Rechten und Pflichten in das Gemeinwesen einzubinden vermag, ist eine jüngere Entwicklung und findet sich auch heute vor allem in Staaten mit laizistischer Verfassung wie der Türkei.

2.2.5 Exkurs: Die Stellung der Frau aus islamischer Sicht

Der Islam bestimmt die Rolle des Individuums weitgehend aus seiner Einbindung in die Gemeinschaft. Als kleinste Einheit dieser Gemeinschaft hat die Familie zentrale Bedeutung. (Familie nicht nur als Kleinfamilie westlicher Prägung, sondern der Verband der verwandtschaftlichen Großfamilie.) Aus diesem Verständnis heraus bestimmt sich auch die Rolle beider Geschlechter: Während der Mann die Familie nach außen in der Gesamtgemeinschaft vertritt und er allein (und nicht die Frau, selbst wenn sie vermögend ist) die Verpflichtung zu Fürsorge und Schutz der ganzen Großfamilie hat, kommt der Frau die Aufgabe zu, den Familienverband zu festigen und zu stärken. Hieraus leitet sich auch eine besondere Treueverpflichtung der Frau wie auch des Mannes ab.

Nach koranischem Verständnis gibt es keinen Wertunterschied von Frau und Mann. Beide wurden in gleicher Weise aus einem Wesen geschaffen (Koran, 4,1; 7,189) und für den Sündenfall im Paradies trifft beide gleichermaßen die Verantwortung (anders als nach der jüdischen und christlichen Auffassung, die die Verführung des Mannes durch die Frau unterstellt) (Koran 2,35—36).

Sure 9,71 belegt, daß beide Geschlechter auch als Muslime gleichwertig gesehen werden und die gleiche Verantwortung für die gesellschaftlichen Aufgaben haben:

> „Und die gläubigen Männer und Frauen sind untereinander Freunde und bilden eine Gruppe für sich. Sie gebieten, was recht ist, und verbieten, was verwerflich ist, verrichten das Gebet *(ṣalāt)*, geben die Almosensteuer *(zakāt)* und gehorchen Gott und seinem Gesandten. Ihrer wird sich Gott (dereinst) erbarmen."

Diese Betonung der Gleichwertigkeit im Koran stand in striktem Gegensatz zu damaligen arabischen Vorstellungen, Frauen als minderwertig zu betrachten. Einer der ersten offenbarten Koranverse bekämpft den Brauch, Mädchen nach der Geburt lebendig zu begraben (im Zusammenhang mit der Offenbarung des Jüngsten Gerichts):

> „ . . . wenn das Mädchen, das (nach der Geburt) verscharrt worden ist, gefragt wird . . ., bekommt einer zu wissen, was er (an Taten zur Abrechnung) beigebracht hat" (Koran 81,8 u. 14).

Ebenso angegriffen wird die Haltung, Söhne den Töchtern vorzuziehen (vgl. Koran 43,17—18).

Die Familienbildung steht nach dem Koran im Zeichen gegenseitigen Friedens, gegenseitiger Liebe und Barmherzigkeit und der daraus resultierenden inneren Ausgeglichenheit:

> „Und es gehört zu Seinen Zeichen, daß Er aus euch selber Gattinnen schuf, auf daß ihr Frieden (innere Ruhe = *sukūnat)* bei ihnen fändet; und Er hat Zuneigung und Barmherzigkeit zwischen euch gesetzt" (Koran 30,21).

Konform zu diesem Ideal gelten Mann und Frau in der Ehe im gleichen Maße als Schutz füreinander:

> „Sie (eure Frauen) sind (wie) ein Gewand für euch und ihr seid (wie) ein Gewand für sie" (Koran 2,187).

Trotz aller grundsätzlichen Äußerungen des Koran zur Gleichwertigkeit der Geschlechter kann im täglichen Leben nicht von einer Gleichheit ausgegangen werden. Der Vorrang des Mannes in der Familie, Polygamie, einseitiges Scheidungsrecht, Ausschluß der Frau aus dem gesellschaftlichen Leben belegen dies. Man muß allerdings dabei zum einen unterscheiden zwischen koranischem Verständnis und gelebter Realität. Sie gehen bei keinem anderen Phänomen so deutlich und zum Nachteil der Frau auseinander wie bei diesem. Das begann schon sehr früh in der islamischen Geschichte, nachweislich unter dem Einfluß vorislamischer und nicht-islamischer Gesellschaftsstrukturen, zu denen die koranischen Normen in Gegensatz standen.[16]

Zudem wird eine unterschiedliche Stellung von Männern und Frauen aus einer unterschiedlichen Funktionszuweisung abgeleitet:

> „Und wünscht euch nicht das, womit Gott die einen von euch vor den anderen ausgezeichnet hat! Den Männern steht ein (bestimmter) Anteil zu von dem, was sie erworben haben. Ebenso den Frauen. Und bittet Gott (um etwas) von seiner Huld (statt einander zu beneiden) (4,32).

Darauf aufbauend wird die Aufgabenteilung von Mann und Frau dargestellt:

> „Die Männer sind die Verantwortlichen für die Frauen, weil Gott den einen von ihnen mit mehr Vorzügen ausgestattet hat als die anderen und weil sie von ihrem Vermögen hingeben. Darum sind tugendhafte Frauen jene, die (Gott) demütig ergeben sind, die in Abwesenheit das bewahren, was Gott ihnen zu bewahren aufgab. Und jene, von denen ihr Widerspenstigkeit (*nušūz* = Auflehnung/Untreue) befürchtet, ermahnt sie, haltet euch fern von ihren Liegestätten und straft sie. Und wenn sie euch (wieder) gehorchen, dann trachtet nach keinem anderen Mittel gegen sie. Wahrlich, Gott ist der Erhabene, Allerhöchste“ (4,34).

Der Hinweis auf das Züchtigungsrecht, das beschränkt war auf berechtigten Verdacht auf Untreue, wird von der älteren islamischen Theologie so thematisiert, daß es als rigorose Einschränkung der zeitbedingten vorislamischen Praxis verstanden werden muß, in der die Mißhandlung der Frau alltägliche Erscheinung war. Dagegen stellt der Koran im Wesensgehalt das Verbot heraus, die Frau in irgendeiner Weise zu mißhandeln. In einer Reihe von Hadithen (Überlieferungen) wird das Schlagen als verpönte Handlung abgelehnt, was bedeutet, daß jede Art körperlicher Gewalt Anlaß einer gerichtlichen Verhandlung sein kann.

In modernen islamischen juristischen Schriften wird der Hinweis auf das Züchtigungsrecht überhaupt nicht mehr thematisiert, weil er als zeitbedingt (in Abgrenzung zur unmenschlicher Praxis der vorislamischen Bräuche) interpretiert wird. Der Mann hat kein Recht, der Frau Befehle zu erteilen, außer in religiösen Angelegenheiten; andererseits hat die Frau die Verantwortung dafür, auch den Mann für religiöse Verfehlungen zurechtzuweisen („achtet auf das, was verborgen ist ...“). Außer dem Recht auf sexuelle Beziehung, auf die beide in gleicher Weise Rechtsanspruch haben, kann der Mann rechtlich von seiner Frau nichts verlangen, auch keinerlei Dienste. Die Frau hingegen darf für jede Dienstleistung, sogar für das Stillen ihrer Säuglinge, vom Mann Geld verlangen. Die prägnante Formulierung: „Die Arbeit der Frau zu Hause ist eine *ṣadaqa* (Almosen) an den Ehemann und die Kinder“ zeigt, wie wenig Ansprüche der Mann seiner Frau gegenüber geltend machen kann. Im Grunde ist die finanzielle und soziale Belastung des Mannes im Islam sehr groß. Er ist verpflichtet, in jeder Hinsicht (geistig und materiell) standesgemäß bis zur Einstellung von Dienstpersonal für seine Frau zu sorgen, wenn sie das von ihrem Elternhaus her so gewöhnt ist; diese Verpflichtung gilt neben finanziellen und sozialen Belastungen für die Kinder, Eltern und nahen Verwandten (Geschwister), falls diese seiner Hilfe bedürfen. Die Frau hingegen, die uneingeschränkt und selbständig über ihr Eigentum verfügen kann, ist nicht verpflichtet, etwas beizusteuern.

Wenn bei der Rollenverteilung zwischen Mann und Frau (bei der jede einen eigenen und spezifischen Vorrang besitzt) vom Vorrang des Mannes die Rede ist, so ist dies in dessen hoher Verantwortung begründet; ein Vorrang, der ihm abgesprochen wird, wenn er nicht mehr in der Lage ist, seiner Verantwortung nachzukommen — ein rein funktionaler Vorrang also. Ebenso steht der Frau im Bereich ihrer spezifischen Verantwortung ein funktionaler Vorrang gegenüber ihrem Mann zu.

Zu den finanziellen Verpflichtungen des Mannes gehört auch die Anforderung, der Frau die *ṣidāq* (= „Brautgabe") zukommen zu lassen.

> „Und gebt den Frauen ihre Brautgabe als Geschenk. Doch wenn sie euch etwas davon freiwillig erlassen, dann genießt es als etwas Bekömmliches und Erfreuliches" (4,4).

Eindeutig wird im Koran die Brautgabe als Geschenk und nicht als (Kauf-)Preis charakterisiert. Das kann im Einvernehmen mit der Frau ein bescheidenes Geschenk sein. Seit frühislamischer Zeit jedoch hat man daraus zugunsten der Frau eine Prestigefrage gemacht. Damit sollte teilweise auch ein Schutz vor willkürlicher Scheidung seitens des Mannes bezweckt werden.

Grundsätzlich geht im Islam der Abschluß des Ehevertrages von der Frau aus. Sie erklärt ihren Willen zur Ehe, der Mann muß zustimmen. Entsprechend geht umgekehrt die Auflösung der Ehe vom Mann aus: Er zieht seine Zustimmung zurück, d. h. die Scheidungsmöglichkeiten liegen vor allem beim Mann, auch wenn der Frau das Recht auf Scheidung zugestanden wird. Für die Bewertung wesentlich ist dabei, daß der Koran selbst keine Aussagen über die Modalitäten einer Ehescheidung macht, sondern Frauen und Männern gleichermaßen nur das Recht auf Scheidung zuspricht, gleichzeitig aber die Trennung nur als allerletzte Möglichkeit empfiehlt, d. h. die Scheidung ist eigentlich verpönt: „Die vor Gott am meisten verhaßte erlaubte Handlung ist die Scheidung."

Trotzdem wurde das Scheidungsrecht in der Praxis einseitig zugunsten des Mannes mißbraucht. Diese Aushöhlung des islamischen Rechts vor dem Hintergrund geschichtlicher und gesellschaftlicher Zusammenhänge hat heute einige islamische Staaten und selbst theologische Rechtsschulen veranlaßt, eine Scheidung ohne vorangegangene Gerichtsverhandlung völlig zu unterbinden, um damit der Willkür der Männer zu begegnen und eine Gleichbehandlung von Frauen und Männern entsprechend den koranischen Prinzipien zu erreichen.

Neben der für Männer einfachen Form der Scheidung schränkt die Möglichkeit zur Polygamie die Position der Freuen ein. Diese wird im Zusammenhang mit Mahnungen an die Männer, die die Vormundschaft gegenüber Waisen (Mädchen) hatten — ein häufig auftauchendes Problem in den kriegerischen Stämmen Arabiens —, im Koran zur Sprache gebracht:

„Und gebt den Waisen ihren Besitz und vertauscht nicht das Schlechte gegen das Gute. Und bereichert nicht euren Besitz mit ihrem Besitz. Das ist wahrlich ein schweres Vergehen. Und wenn ihr befürchtet, daß ihr die Waisen nicht gerecht behandeln könnt, dann heiratet Frauen, so wie es euch gut erscheint, zwei drei oder vier. Doch wenn ihr befürchtet, sie nicht (alle) gleich behandeln zu können, dann (heiratet nur) eine oder jene, die euch gehören. Dies kommt dem am nächsten, daß ihr kein Unrecht begeht" (4,2—3).

Mit dieser Aussage wird die bis dahin übliche uneingeschränkte Polygamie eingeschränkt auf höchstens vier Frauen und durch eine schwer realisierbare Bedingung *de facto* unterbunden:

„Und ihr werdet alle Frauen nicht gerecht behandeln können, ihr mögt noch so sehr darauf aus sein" (4,129).

Dennoch haben die koranischen Anweisungen bei den herrschenden Gesellschaftsstrukturen und bei den herrschenden gesellschaftlichen Problemen, wie dem der Kriegswaisen, diese Sitte nicht ausgerottet, wenn auch, wegen der damit verbundenen wirtschaftlichen Belastungen des Mannes, erheblich eingeschränkt. Heute ist in vielen islamischen Ländern die Mehrehe entweder durch Gesetz verboten oder durch Vertragsbedingungen, zu denen sich der Mann verpflichten muß, de facto unmöglich oder doch zumindest für Notfälle vom Einverständnis der ersten Frau abhängig gemacht.

Im islamischen Kulturbereich kommt der Familie, wie schon erwähnt, eine grundlegende Bedeutung zu. Die zentrale Rolle dabei spielt die Mutter; von daher ist auch die betonte Würdigung der Mutter verständlich:

„Der Schlüssel zum Paradies liegt unter den Füßen von Müttern",

lautet eine Überlieferung von Muḥammad.

Im Verständnis des Koran war dies aber kein Hinderungsgrund für eine aktive Teilnahme der Frauen am Aufbau der *umma* mit allen damit zusammenhängenden Schwierigkeiten (auf unsere heutigen Verhältnisse übertragen, eine umfassende gesellschaftliche und politischen Aktivität). Wie keine andere Religion hat der Islam seine allerersten Erfolge einer Frau, Chadidscha — der Frau des Propheten —, zu verdanken, ohne deren Hilfe und Einfluß die erste muslimische Gemeinde in Mekka kaum zustande gekommen wäre. Von Muḥammad selbst ausgebildet, galten alle seine Frauen bei der weiteren Vermittlung des islamischen Geistes als sachkundige Lehrerinnen für Frauen und Männer. Ihre Wohnräume und die Moschee waren Ausbildungsstätten für gläubige Frauen. Ahnungsvoll richtete Muḥammad folgenden Appell an die Männer: *„lā tamna῾ū imā᾽a Allāh masāğid Allāh* (= Hindert die Gottesdienerinnen nicht am Besuch der Moschee)." Dabei ist zu beachten, daß die Moscheen Zentrum des gesellschaftlichen und geistigen Lebens der *umma* waren.

Trotz aller späteren Einschränkungen für die Frauen, kennt die islamische Geschichte viele Theologinnen (Koran-, und rechtskundliche Frauen), Schriftstellerinnen und vor allem bedeutende Mystikerinnen. Die Tatsache, daß Männer wie das Oberhaupt der *šāfi῾itischen Rechtsschule, al-Imām aš-Šāfi῾ī,* in Kairo bei einer hochangesehenen Frau — *sayyida Nafīsa,* aus der Nachkommenschaft von Muḥammads Enkel Ḥasan — Hadith lernten, die später auch als Imam das Totengebet am Leichnam von aš-Šāfi῾ī leitete, spricht für sich, wenn sie auch eher als Ausnahme anzusehen ist.

Heute greifen überzeugte Muslime auf diese Vorbilder zurück, um das Gebot der Ausbildung der Frauen („Die Suche nach Wissen ist jedem Muslim und jeder Muslimin eine Verpflichtung", betont eine Überlieferung von Muḥammad) voranzutreiben.

Die Kleidungsvorschriften sollten dabei kein Hindernis sein. Sie sind vom Koran nachweislich weder als Diskriminierung noch als Zurückdrängung der Frauen gedacht. Im Gegenteil, sie sollen die Frauen gerade in der Öffentlichkeit vor Belästigungen schützen und ihnen damit mehr Bewegungsfreiheit verschaffen. Von einem Gesichtsschleier ist im Koran keine Rede. Die entsprechende Koranstelle lautet:

> „Prophet! Sag deinen Gattinnen und Töchtern und den Frauen der Gläubigen, sie sollen sich etwas von ihrem Gewand (über sich) herunterziehen. So ist am ehesten gewährleistet, daß sie (als ehrbare Frauen) erkannt und daraufhin nicht belästigt werden. Gott aber ist barmherzig und bereit zu vergeben" (33,59).

Die Stellung der Frau kann u. a. daran gemessen werden, inwieweit sie öffentliche Funktionen und Ämter wahrnehmen kann. Ein Beispiel, das auch in der Scharia diskutiert wird, sind die Funktionen von Richterin und Zeugin. Im Geiste der Gleichheit aller Menschen vor Gott (Koran 49,13) sollte konsequenterweise jeder Muslim, Mann oder Frau, befugt sein, diese Funktionen auszuüben. So hat auch der Gründer einer nach im benannten islamischen Rechtsschule, *al-Imām Ibn Ǧarīr aṭ-Ṭabarī* (838—923) entschieden. Diese Meinung hat sich jedoch in der islamischen Rechtstradition nicht durchgesetzt. Die weit verbreitete ablehnende Meinung sieht nur im männlichen Geschlecht eine der geforderten Voraussetzungen für eine Qualifikation zum Richter, ohne dies von Koran oder der Sunna zu begründen.

Begründet wird eine dritte, vermittelnde (ḥanafitische) Meinung, die der Frau einräumt, in Eigentumssachen und in außerstraflichen Angelegenheiten Recht zu sprechen. Die Ausnahme der strafrechtlichen Angelegenheiten wird nur durch die Berücksichtigung der Schonung des weiblichen Wesens begründet.

Einige Kontroverse entzündeten sich ebenfalls an dem Stellenwert der Zeugenaussage der Frau. Hieraus resultieren Meinungsverschiedenheiten bezüglich des Geschlechts und der Anzahl der Zeugen: Sie beziehen sich nicht auf die Aussage als solche, über deren Gültigkeit Einigkeit besteht. Nur die jeweils erforderliche Anzahl der Frauen als Zeuginnen ist kontrovers; hauptsächliche Argumentationsgrundlage dafür bildet der Koranvers 2,282, der die „Aufnahme einer Geldschuld für eine bestimmte Frist" behandelt:

> „O ihr, die ihr glaubt, wenn es unter euch um eine Schuld auf eine bestimmte Frist geht, dann schreibt es auf. Ein Schreiber soll es in eurem Beisein der Gerechtigkeit gemäß aufschreiben. Kein Schreiber soll sich weigern, zu schreiben, wie Gott ihn gelehrt hat. Er soll schreiben, und der, gegen den das Recht besteht, soll es diktieren, und er soll Gott, seinen Herrn, fürchten und nichts davon abziehen. Und wenn derjenige, gegen den das Recht besteht, schwachsinnig oder hilflos ist oder nicht selbst zu diktieren vermag, so soll sein Sachwalter der Gerechtigkeit gemäß diktieren. Und laßt zwei Zeugen aus den Reihen eurer Männer es bezeugen. Wenn es aber keine zwei Männer gibt, dann sollen es ein Mann und zwei Frauen sein aus den Reihen der Zeugen, mit denen ihr einverstanden seid, so daß, wenn eine der beiden sich irrt, die eine von ihnen die andere erinnern kann."

Entgegen der weitverbreiteten Meinung der islamischen Rechtsschulen, die diese Koranstelle für eine allgemeine Anweisung für Zeugen vor dem Gericht halten, sieht der ḥanbalitische Rechtsreformer Ibn Qayyim al-Ǧauzīya (1291—1350) in diesem Koranvers keinerlei Hinweis für Gerichtsverhandlungen. Dieser richte sich nicht an die Richter *(ḥukkām)*, sondern lediglich an *Ṣāḥib al-ḥaqq* (Eigentümer), welchem das Schuldobjekt gehört.

Wichtig ist zudem allenfalls die Tatsache, wie der Koran diese Maßnahme begründet. Er läßt keinen Zweifel an der Gleichwertigkeit der Aussage einer einzigen Frau mit der eines Mannes. Denn wenn die Aussage einer Zeugin über die Höhe einer Schuld stimmt, so hat die zweite Frau keine Korrekturfunktion mehr. Sollte sich aber die erste Zeugin irren, so gilt dann allein die korrigierende Aussage der zweiten Zeugin ebenso als eine einzige Aussage. Beide Male gilt de facto letztlich die Aussage einer einzigen Zeugin als Beweis ebenso wie die eines einzigen Mannes.[17] Dennoch gehört die „Richter- und Zeugenfunktion“ der Frau zu den am häufigsten diskutierten Fragen unter den islamischen Wissenschaftlern. Historisch wie auch rechtswissenschaftlich gesehen, haben wir es mit einem sehr interessanten Phänomen zu tun. Es handelt sich nämlich um eine der Fälle, bei denen die Gesellschaftsstrukturen über Koran und Sunna dominieren.

Die Stellung der Frau und des Mannes — nicht nur die der Frau — ist (und bleibt) primär ein gesellschaftliches und kulturelles Problem. Das Juristische und sogar das Religiöse sind eher als Folge davon zu bewerten als umgekehrt. Nur aus diesem Blickwinkel ist die Stellung der Frau in der Vergangenheit aber auch in der heutigen islamischen Gemeinschaft zu begreifen.

Der soziale und kulturelle Wandel in den islamischen Ländern aber auch die Weltfrauenbewegung (vgl. Kap. 6) haben gerade im Hinblick auf die Stellung der Frau erhebliche Änderungen bewirkt. Verschiedene gegeneinander gerichtete Strömungen haben hierauf geistigen Einfluß genommen. Während westlich orientierte Pioniere (Frauen wie Männer) alles in ihren jeweiligen Gesellschaften Vorgefundene als islamisch zu bekämpfen suchten, verteidigten die an ihren eigenen Volksbräuchen und -sitten festhaltenden Männer (kaum Frauen) in der gleichen undifferenzierten Weise alles Herkömmliche als islamisch. Daraus kristallisierte sich zunehmend erstens die Einsicht, daß es wohl erhebliche Unterschiede gibt zwischen dem, was koranisch-islamisch ist, und dem, was jeweils an Raum und Zeit gebundene Gesellschaftstraditionen bzw. was sie davon außer Kraft gesetzt haben; zweitens die Erkenntnis, daß es grundsätzlich falsch ist, im Namen der Frauenemanzipation blindlings das Westliche kopieren zu wollen: Nicht einmal von einem islamischen Land auf das andere lassen sich die Verhältnisse ohne weiteres übertragen. Islamisch gesehen sind nämlich einige Errungenschaften der Frauenemanzipation überhaupt kein Problem: Es ist immer ein unstrittiges Recht der Frau gewesen, ohne jede Zustimmung ihres Mannes über ihr Vermögen zu verfügen bzw. Geschäfte abzuschließen. Ebenso war das Wahlrecht kein islamisches Problem: die Huldigung (*bayʿa*, ein Art Wahl) oder Ablehnung der islamischen Führung, gehörte auch zu ihren Pflichten.

Im Sinne einer positiven Änderung der Stellung der Frau im Rahmen einer muslimischen Gesellschaft bietet die Fülle der islamischen Vorschriften, die sich auf

Geschlecht und Familie beziehen, sehr viele Ansätze für eine neue — auch juristisch fixierte — Orientierung. Diese kann in mancher Beziehung sogar die westlichen Vorstellung von der Position von Mann und Frau in der Gesellschaft übertreffen (allerdings nicht im Sinne einer Gleichstellung). Hier sei nur auf die einseitige und hohe wirtschaftliche Belastung des Mannes und die rechtliche Entpflichtung der Frau von jeder — sogar häuslicher — Dienstleistung für Mann und Familie verwiesen.

Manche rechtlichen Änderungen in Richtung auf eine Besserstellung wurden in den islamischen Ländern bereits vollzogen. So wurden

a) Gesetze erlassen, die die Wiederbelebung fast außer Kraft gesetzter islamischer Vorschriften, vorwiegend im Bereich der Bildung und der Teilhabe an der gesellschaftlichen Verantwortung, zum Ziele haben.

b) Bestimmungen getroffen, die die Handhabung der islamischen Vorschriften regeln, die zu sehr der individuellen Willkür der Männer unterworfen waren, vor allem bei der Polygamie und beim Mißbrauch des Scheidungsrechtes.

Selbst ein Land wie der heutige Iran hat eine Neukonzeption des islamischen Familienrechtes inzwischen akzeptiert, die weitgehend von den großen Erfolgen der Frauenbewegung in der Welt inspiriert ist. Gemäß dem neuen Ehegesetz vom 30. 1. 1984 wird der Frau das Scheidungsrecht in elf Fällen — u. a. wenn der Mann ohne ihr Einverständnis eine andere Frau heiratet — eingeräumt und ihr dies per Vertrag schon vor der Eheschließung und als unverrückbare Voraussetzung dafür gesetzlich garantiert. Darüber hinaus muß ihr in gleicher Weise vertraglich zugesichert werden, daß im Falle einer Scheidung ohne ihr Verschulden diese nicht mehr aufgrund der Willkür des Mannes, sondern aufgrund eines Gerichtsbeschlusses vollzogen werden muß, und daß der Ehemann verpflichtet ist, die Hälfte des Vermögens, das er sich während der Ehe erworben hat, ohne Gegenleistung der Frau zu übertragen. Es handelt sich hiermit um eine Bestimmung, die in der islamischen Geschichte noch einmalig ist. Sie zeigt aber, daß auch auf der Grundlage des Islam eine Dynamik möglich ist, die es erlaubt, die Anforderungen aufzunehmen, die eine sich wandelnde Welt immer neu stellt.

Zusammenfassend läßt sich festhalten, daß, wenn von der Stellung der Frau im Islam gesprochen wird, eine aus dem Koran abzuleitende von einer realen gesellschaftlichen Position unterschieden werden muß, die wie die gesamte Gesellschaft einem Wandel unterworfen ist und auch — das kommt hinzu — in den zahlreichen Gesellschaften, die sich zum Islam bekennen, nicht überall gleich zu bewerten ist. Obwohl der Koran von einer unterschiedlichen Stellung aufgrund verschiedener gesellschaftlicher Funktionen von Mann und Frau ausgeht, ist hiermit doch keine Ungleichwertigkeit verbunden. Diese ist jedoch in der Praxis das Resultat patriarchalischer Gesellschaftsstrukturen. Die hieraus resultierenden Attitüden und Verhaltensweisen verwässerten selbst die koranischen Vorgaben. Die Forderung nach einer Verbesserung der Position der Frauen muß sich daher nicht *per se* gegen den Islam wenden; auch auf der Grundlage dieser Religion ist eine Besserstellung zu verwirklichen.

Schlußbemerkung: In diesem Kapitel wurde das Gottes- und Menschenbild des Islam und die daraus abzuleitenden Folgerungen für das gesellschaftliche Leben dargestellt. Zwar lassen sich nicht alle Aspekte der Kultur hieraus herleiten, doch werden weiter unten zahlreiche Anknüpfungspunkte an andere kulturelle Bereiche deutlich. Bei alldem bleibt zu beachten, daß religiöse Bezüge sich nicht nur auf den (hier dargestellten) ,,Hochislam" erstrecken — den Islam von Koran und Sunna wie sie von muslimischen Gelehrten interpretiert werden. Wie im Christentum ist die Glaubenswelt des überwiegenden Teils der Muslime auch von Vorstellungen geprägt, die in der Orthodoxie der Gelehrten nicht aufscheinen. Die ,,Hand der Fatima" beispielsweise, ein verbreitetes Amulett, das dem Touristen u. a. über Haustüren begegnet, ist ebenso dem ,,Volksislam" zuzurechnen wie Fruchtbarkeitsrituale und ähnlich motivierte Besuche der Gräber von ,,Heiligen", ,,Marabouts" (*qubba* = Kuppel, pers.: *ziyārat-gāh* = Wallfahrtsstätte), die für große Gebiete, so den Maghreb, typisch sind. Dieses weite, regional stark differenzierte Feld von Vorstellungen und Riten, das in weitaus geringerem Maße erforscht ist, als die Schriftzeugnisse des ,,Hochislam", spielt im täglichen Leben eine nicht zu unterschätzende Rolle (vgl. de JONG 1989). Wenn hier auch nicht näher darauf eingegangen werden kann, soll zumindest auf den Problemkreis hingewiesen werden.

(G. St.)

Prägt der Islam in beiden Formen, als ,,Volks-,, wie als ,,Hochislam, die Kultur unseres Untersuchungsraumes so ist auch die Naturausstattung prägend. Zum einen begrenzt sie die Nutzungsmöglichkeiten, zum anderen wird sie, vermittelt über die Wahrnehmung, in kulturellen Konzeptionen und Verhaltensweisen wirksam, mit denen die Menschen ihrer Umwelt gegenübertreten. Ein Überblick über den Naturraum des Islamischen Orients ist Gegenstand des folgenden Kapitels.

Anmerkungen zu Kapitel 2.2

1. Als Beweis dafür, daß der Koran das Muḥammad geoffenbarte (eingegebene) Wort Gottes ist und nicht ein Menschenwerk, fordert der Koran alle diejenigen, die Zweifel hegen, auf, selbst ein vergleichbares Werk zu schaffen:

   „Und wenn ihr im Zweifel seid über da, was Wir Unserem Diener (als Offenbarung) herabgesandt haben, so bringt (doch) eine Sure gleicher Art hervor und ruft eure Zeugen auf außer Gott, wenn ihr wahrhaftig sein." (2,23)

   Der Glaube an diese „Unübertrefflichkeit" des Koran und auch die Tatsache, daß er das einzige „Wunder" Muḥammads ist, das von keinem Menschen wiederholt werden kann, bedingt konsequenterweise seine von den Muslimen betonte Unantastbarkeit und Unübersetzbarkeit. Die Übertragung des Koran in andere Sprachen — von denen wahrscheinlich die Übertragung ins Persische in frühislamischer Zeit die älteste ist — gilt nur als Verständnishilfe für diejenigen, die der arabischen Sprache nicht mächtig sind. Als Beleg herangezogen und rezitiert werden kann nach islamischer Auffassung nur das arabische Original. Mit dem Glauben an die Heiligkeit des Koran ist auch die Überzeugung der Unveränderbarkeit verbunden. Für die notwendige Weiterentwicklung müssen deshalb die Interpretationen sorgen, die dazu dienen, die zu verschiedenen Zeiten und an verschiedenen Orten unterschiedlichen Fragen an den Koran zu beantworten.

2. Die Überbetonung des Willens Gottes, der häufig bei der Beschreibung des Phänomens „Islam" zugrunde gelegt wird, hat auch bei der Bewertung des Koran negative Folgen: Der Koran wird überwiegend einseitig als Offenbarung des „Willen Allahs" charakterisiert. Es wird unterstellt, daß dieser Wille in den Gesetzen des Koran seinen Ausdruck findet und daraus abgeleitet, daß der Koran „Gesetzbuch der Muslime" sei.

   Dafür, daß im Koran der „Wille" Gottes geoffenbart sein soll und daß der Koran als „Gesetzbuch" zu verstehen sei, findet sich weder im islamischen Sprachgebrauch noch in der islamischen Theologie ein Äquivalent. Eine solche Vorstellung ist den Muslimen fremd.

   Unverständlich und befremdlich wirkt auf Muslime auch der Versuch, den Koran mit Jesus zu vergleichen, wie es in der Vorstellung zum Ausdruck kommt, in Jesus sei das Wort Gottes „Fleisch geworden" und Islam nur ein Buch — der Koran. Sofern mit diesem Vergleich deutlich gemacht werden soll, daß im Islam die Schrift das Wesentliche ist und nicht die Person Muḥammad, wie vielleicht ein Christ die Parallele zu Jesus setzen würde, hat er seine Berechtigung. Daraus darf aber nicht gefolgert werden, daß alles, was für den Christen mit der Person Jesu verbunden ist, im Koran seine Entsprechung findet.
   Die eigentliche arabische Bezeichnung für den Koran ist „*waḥy*" (= Eingebung) von Gott. Für „Fleischwerdung des Wortes" läßt sich der Begriff *waḥy* nicht verwenden.

3. Die dafür angewandten Kriterien zielen hauptsächlich darauf ab, die Glaubwürdigkeit der Überlieferer nachzuweisen. Der westliche Wissenschaftler vermißt eine historisch-kritische Untersuchung.

4. Doch ist auf eine philologische Besonderheit hinzuweisen, die für viele Anlaß für Zweifel ist, ob „Allāh" wirklich so einfach mit „Gott" gleichzusetzen sei. Der Begriff „Allāh" setzt sich zusammen aus dem arabischen Artikel *al-* und dem Wort *ilāh* (= Gott) und bedeutet der Gott, der über jede andere Gottheit erhaben ist. In diesem Sinne war „Allāh" als Hochgott den arabischen Polytheisten bekannt; schon Muḥammads Vater hieß beispielsweise ʿAbdullāh (= Diener Allāhs). Für die Muslime ist *Allāh* mit der Betonung auf dem bestimmten Artikel *al* (= DER) der Inbegriff einer Reihe von Eigenschaften, die das Wesen Gottes im Islam bestimmen.

5. Arabische Wörter werden gebildet durch meist drei Konsonanten (oder lange Vokale), der „Wurzel", die auf die allgemeine Wortbedeutung, das Wortfeld, hinweist. Variiert wird die Wurzel durch unterschiedliche, hinzutretende Vokale, Vor- oder Nachsilben u. ä., die die Bedeutung differenzieren, ihr einen substantivischen oder verbalen Aspekt verleihen, mit deren Hilfe konjugiert wird etc. Von der Wurzel können durch Erweiterungen und unterschiedliche Vokalisation verschiedene „Stämme" (insg. zehn) gebildet werden, die — meist unter einem festen Aspekt — die Bedeutung des Grundwortes variieren. (G. St.)

6. Auch der Koran spricht davon ohne eine genaue Zahl anzugeben: „Und Gott stehen (all) die schönen Namen zu. Ruft ihn damit an ..." (7,180). Es gibt in der Tat keine verbindliche Abgrenzung der Namen Gottes. Die Zahl Hundert ist mehr eine Abrundung der am häufigsten in Koran und Sunna erwähnten Namen.

7. Die Barmherzigkeit, Güte und Liebe Gottes wird z. B. durch folgende Beinamen demonstriert:

   Ar-Raḥmān — Der Erbarmer, Der Barmherzige
   Ar-Raḥīm — Der Barmherzige, der Gnädige
   Al-Ġaffār — Der große Verzeiher
   Al-Ġafūr — Der Verzeihende
   Al-ʿAfuww — Der (Sünden) Vergebende
   At-Tawwāb — Der die Reue annehmende
   Ar-Ra'ūf — Der Liebe- und Erbarmungsvolle
   Al-Wadūd — Der Liebevolle
   Al-Wahhāb — Der Verleiher, Der Gewährer
   Ar-Razzāq — Der Ernährer
   Al-Karīm — Der Freigebige, Der Gütige
   Al-Muǧīb — Der (Bitten) Erhörende
   Al-Ḥalīm — Der Nachsichtige
   Al-Fattāḥ — Der Eröffnende
   Al-Barr — Der Wohltätige
   Al-Bāsiṭ — Der (Güte) Gewährende
   As-Salām — Der (Inbegriff des) Frieden

Al-Walīy — Der fürsorgliche Freund
An-Naṣīr — Der Helfer
Aṣ-Ṣabūr — Der Geduldige
Al-Munᶜim — Der Gunstverleiher
Al-Wāsiᶜ — Der allumfassend Wohltätige
Al-Muġnī — Der Versorger
An-Nāfiᶜ — Der Rechtleitende
As-Sāfī — Der Wohltäter
Al-Kāfī — Der Genügende
Al-Muᶜmīn — Der Verleiher (Stifter) der Sicherheit

Auf die Schöpfertätigkeit Gottes und deren vielfältige Aspekte weisen u. a. folgende Beinamen hin:

Al-Ḫāliq — Der Schöpfer
Al-Badīᶜ — Der Schöpfer
Al-Bārī — Der Gestalter
Al-Muṣṣawir — Der Former
Al-Mubdī — Der Urheber (der Schöpfung)
Al-Muᶜīd — Der Wiederholer (der Schöpfung)
Al-Muḥyī — Der Lebensgewährer
Al-Mumīt — Der Lebennehmende

Die Gerechtigkeit Gottes findet ihren Ausdruck in folgenden Beinamen:
Al-ᶜĀdil — Der Gerechte
Al-Muqsit — Der gerecht Handelnde
Al-Ḥaqq — Der Wahre
Al-Ḥakam — Der schlichtende Richter
Al-Wakīl — Der vertrauenswürdige Sachwalter
Al-Muntaqim — Der den Ungerechten der Gerechtigkeit Unterwerfende
Al-Šahīd — Der Zeuge
Al-Ḥasīb — Der Rechner

Die weiteren Beinamen drücken entweder Tätigkeiten aus, die auf das Zusammenspiel von Barmherzigkeit, Gerechtigkeit und Schöpfertätigkeit zurückgehen, wie:
Al-Ḥāfiẓ — Der Beschützer
Al-Rafīᶜ — Der Höchste
Al-Muᶜizz — Der Verleiher von Ehre und Macht
Al-Muḏḏil — Der Nehmer von Ehre und Macht

Oder sie beschreiben das göttliche Wesen wie z. B.:

Al-Ḥayy — Der Lebendige
Al-Qaiyūm — Der Beständige
Al-Wāḥid — Der Einzige
Al-Aḥad — Der Einzigartige
An-Nūr — Das Licht

Al-Quddus — Der Heilige
Al-Muhaimin — Der mit seiner Macht alles Umfassende
Al-ʿAziz — Der Mächtige
Al-Mutakabbir — Der Stolze
Al-Ǧalīl — Der Erhabene
Al-Maǧīd — Der Glorreiche
Al-Kabīr — Der Große
Al-Mutaʿāl — Der Erhabene
Al-Laṭīf — Der Unfaßbare
Oder sie beschreiben die notwendigen Voraussetzungen für die göttliche Aktivität schlechthin:
Al-ʿAlīm — Der Wissende
Al-Ḥakīm — Der Weise
Al-Ḫabīr — Der überall Bescheid Wissende
Ar-Raqīb — Der Wachsame
Al-Muḥṣī — Der mit seinem Wissen alles Erfassende
Al-Qawīy — Der Starke
Al-Awwal — Der Erste (Der vor allem Seiende)
Al-Āḫir — Der Letzte (Der nach allem Seiende)
Ar-Rašīd — Der Rechtliche
Al-Wāriṯ — Der Erbe
Al-Bāqī — Der Überlebende

8. So müssen beispielsweise der Platz, an dem das Gebet verrichtet wird, und die Kleidung, in der gebetet wird, mit rechtmäßig (nach der Scharia) erworbenem Geld bezahlt sein. Es ist auch üblich, daß der Muslim vor Antritt der Wallfahrt nach Mekka alle Menschen, mit denen er in geschäftlicher oder privater Beziehung steht, um Verzeihung für mögliche Verfehlungen bittet.

9. Der Koran und die islamische Theologie unterscheiden zwischen einem „Gesandten" *(rasūl)* und „Propheten" *(nabīy)*: Jeder *rasūl* ist ein *nabīy*, aber nicht umgekehrt. Ein *rasūl* ist ein Verkünder einer göttlichen Botschaft, während ein *nabīy* nur ein Warner ist, der sich dabei auf eine bereits vorhandene Offenbarung beruft. Das Glaubenszeugnis ist jedenfalls nicht korrekt wiedergegeben, wenn dies mit: „Ich bezeuge, daß ‚Muḥammad Prophet Gottes' (oder ‚sein Prophet') statt ‚Gottes Gesandter' bzw. ‚sein Gesandter' ist" lautet.

10. Z. B. im Falle eines Ehebruchs, wo vier Zeugen den Vollzug des Geschlechtsaktes als mit eigenen Augen, mit hundertprozentiger Sicherheit erlebte Tatsache bezeugen müssen.

11. Für einen Beobachter ist das Problem dabei zu beurteilen, inwieweit die dafür unternommenen Schritte in dem einen oder anderen islamischen Land ehrliche Versuche oder politisch begründete Show und Propagandademonstrationen sind.

12. Auch hier gilt die Bemerkung, *ǧihād* in Hinblick auf seine Grundbedeutung differenziert zu übersetzen und nicht die Bedeutung „Krieg führen" in den Vordergrund zu stellen, wie Paret dies in seiner Koranübersetzung tut.

13. Die Eroberungen in den ersten dreißig Jahren nach Muḥammads Tod werden im allgemeinen gedeutet als Vorbeugungskämpfe gegen die früheren Kolonialmächte Byzanz und Iran; diese hätten, nach aller Erfahrung der Geschichte, die neu entstandene Macht in ihrem Kolonialgebiet nicht geduldet. Charakteristisches Beispiel für koranwidrige Kämpfe — mögen sie auch noch so sehr unter dem Vorwand des *ǧihād* stattgefunden haben — sind die Eroberungskriege, die im Laufe der islamischen Geschichte unter den Muslimen selbst stattgefunden haben; diese gehen qualitativ und quantitativ weit über die Kriege gegen die Nichtmuslime hinaus.

14. Zitiert aus: *Bayānun li-n-Nās min Al-Azhar aš-šarīf*, Bd. 1, Kairo 1984; S. 248 f. (Übersetzung: A. F.)

15. Vgl. z. B. Koran 2,256; 10,99; 11,28; 18,29.

16. Die Position der Frau in der vorislamischen arabischen Stammesgesellschaft, in der dem Kampf um Ressourcen und Ehre ein bedeutender Stellenwert beigemessen wurde, war äußerst niedrig und ungesichert: Die Geburt einer Tochter galt als Schande, die Mädchen wurden daher oft umgebracht. Die Frauen, bei denen die Entfernung der Klitoris üblich war, dienten in erster Linie als Arbeitskraft und Lustobjekt: Neben normalen ehelichen Verbindungen, die einem Mann in unbegrenzter Zahl möglich waren, gab es neuen weitere Formen sexueller Verhältnisse, denen er sich bedienen konnte. Außerdem konnten die Frauen wie anderer Besitz verkauft oder verschenkt werden, und man konnte sich ihrer durch Verstoßen entledigen. Zwar konnten auch Frauen theoretisch Besitzansprüche geltend machen, in der Praxis besaßen die Verfügungsgewalt hierüber jedoch die Väter, Brüder, Vormunde und Ehemänner, die auch sonst die wichtigen Entscheidungen fällten. (G. St.)

17. Damit tritt der Koran der herrschenden Vorstellung entgegen, die Zeugenaussage der Frau sei grundsätzlich anzuzweifeln, vor allem bei der Wiedergabe von Zahlen aus dem Gedächtnis, um das er hier geht, weil die Frauen aus dem Wirtschaftsleben völlig ausgeschlossen waren. Daß es sich hier nicht um die Geringschätzung des juristischen Status der Frau handelt, beweist die ḥanafitische Schule, die die Frau als Richterin voll akzeptiert.

3. Der Naturraum

(E. Ehlers)

Schon aus den einleitenden Bemerkungen zur Kennzeichnung und Abgrenzung des hier interessierenden Raumes wurde deutlich, daß neben dem Islam die Naturausstattung, und hier insbesondere das Klima, von entscheidender Bedeutung für die geographische Eigenart und Eigenständigkeit des Natur- und Kulturraumes „Islamischer Orient" sind. In der Tat zeichnet sich das geographische Milieu für den unbefangenen Beobachter zunächst einmal durch eine große Monotonie aus. Klima und Vegetation scheinen dem gesamten Raum von Marokko im Westen bis Pakistan im Osten, von den unermeßlichen Weiten Zentralasiens im Norden bis zur Arabischen Halbinsel im Süden den Eindruck ermüdender Einheitlichkeit zu geben: Wüsten und Wüstensteppen dominieren; Vegetationslosigkeit oder Vegetationsarmut herrschen in Nordafrika wie in Vorderasien; Landwirtschaft und daraus entstandene Kulturlandschaften scheinen eher die Ausnahme zu sein, treten auf jeden Fall gegenüber den ariden Naturräumen deutlich zurück.

Dennoch wäre es grundlegend falsch, von einer naturgeographischen Einheitlichkeit des Gesamtraumes zu sprechen. Diese Feststellung gilt in gleicher Weise für den geologischen Bau wie für das daraus resultierende Relief. Es gilt aber auch für Klima, Vegetation, Wasserhaushalt und andere physisch-geographische bzw. ökologische Faktoren. Allein aus diesen Feststellungen resultiert dann auch bereits eine berechtigte Skepsis gegenüber jenen gelegentlich auch heute noch zu hörenden Pauschalurteilen über die Natur des Islamischen Orients. Und gar auf eine determinierende Prägung der Kultur und ihrer materiellen wie geistigen Äußerungen durch die „eintönige" Natur zu schließen, wird angesichts der naturgeographischen Differenzierung und Vielfalt des Raumes geradezu absurd.

Andererseits wäre es töricht, die von der Natur gesetzten Limitierungen bei der Erschließung und Nutzung des Raumes leugnen zu wollen. Gerade die Tatsache, daß die Region des Islamischen Orients einer der Kernräume der Kulturentwicklung ist, läßt die aus der Auseinandersetzung mit dem geographischen Milieu entwickelten kulturellen wie geistigen Leistungen der frühen Hochkulturen der Bewohner dieses Raumes in besonderem Licht erscheinen. Das geographische Milieu macht aber auch etliche der traditionellen Lebens- und Wirtschaftsformen des heutigen Islamischen Orients als optimale Anpassungen des Menschen an eine oftmals extrem lebensfeindliche Umwelt deutlich.

3.1 Der Islamische Orient: Naturraum im Überblick

Schon ein nur grober Blick auf jede Atlaskarte zeigt, daß wir in der Region des Islamischen Orients grundsätzlich zwei unterschiedliche, um nicht zu sagen: gegensätzliche Naturräume haben:

- Einen intensiv reliefierten und bis über 5.600 m Höhe aufragenden Kettengebirgsgürtel im Norden. Er erstreckt sich von der Türkei über das Hochland von Iran bis hin zu den Gebirgsknoten von Pamir und Hindukusch im Osten.
- Eine Region gebirgsarmer und meist flachlagernder Tafel- und Schollenländer in verschiedenen Höhenlagen. Zu ihnen gehören vor allem die weitgestreckten Wüstenplateaus der arabischen Welt und des nordafrikanischen Raumes.

Eine Mittlerrolle zwischen beiden Großlandschaften nehmen die großen Stromtiefländer ein. Obwohl regional eher den Plateaulandschaften des südlichen Islamischen Orients zuzuordnen, stellen besonders die Stromoasen von Euphrat und Tigris (Mesopotamien) sowie das Industiefland Verbindungsglieder zwischen den Hochgebirgsräumen im Norden und den südlich anschließenden Tafelländern dar. Der aus den Niederschlägen des tropischen Afrika gespeiste und von daher auch in seinem Abflußverhalten geprägte Nil nimmt eine Sonderstellung ein.

Ohne an dieser Stelle bereits auf Details der von der Natur vorgegebenen Unterschiede innerhalb unserer Region einzugehen, macht eine einfache vergleichende Übersicht von Relief, Klima und Landnutzung (Abb. 9—12) die ökologische Vielfalt des Islamischen Orients deutlich. Mit anderen Worten: Der von der Natur aus vorgezeichnete Gegensatz zwischen einem nördlichen und einem südlichen Teil des Islamischen Orients wird auf eindrucksvolle Weise auch durch viele andere geographisch-relevante Charakteristika akzentuiert und verschärft. So stellen die Gebirgsländer des Nordens sowohl rassisch-ethnisch als auch historisch ganz andere Kulturräume dar als die südlichen Wüsten und Wüstensteppen. Aber nicht nur das: Auch die Lebens- und Wirtschaftsformen der Bewohner beider Räume unterscheiden sich grundsätzlich in Vergangenheit wie Gegenwart.

3.1.1 Der Kettengebirgsgürtel des Islamischen Orients und sein Naturraumpotential

Einer der beiden naturgeographischen Großräume des Islamischen Orients läßt sich vereinfacht als Kettengebirgsgürtel bezeichnen. Bei ihm handelt es sich um intensiv reliefierte und hoch aufragende Gebiete im Norden unseres Raumes. In Vorderasien umfaßt er das Gebiet zwischen der Türkei im Westen und Afghanistan/Pakistan im Osten. Auch in Nordafrika ist dieser Landschaftstypus vertreten: Hier kommt er allerdings nur im äußersten Westen, d. h. in den Atlasketten des Maghreb vor.

Abb. 9: Großstrukturen des Reliefs

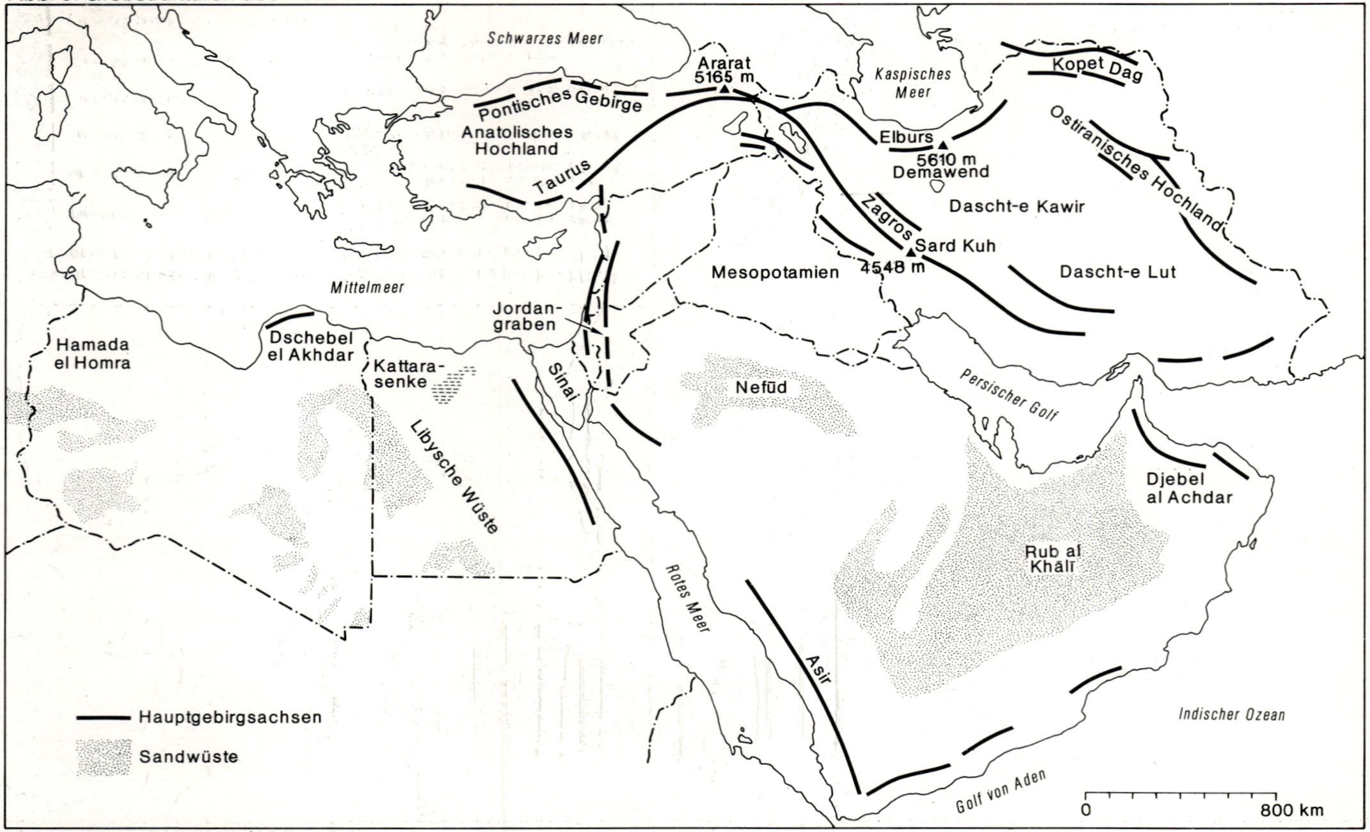

Quelle: BEAUMONT/BLAKE/WAGSTAFF [2]1988: Fig. 1.1

Abb. 10: Bioklimate im Mittleren Osten

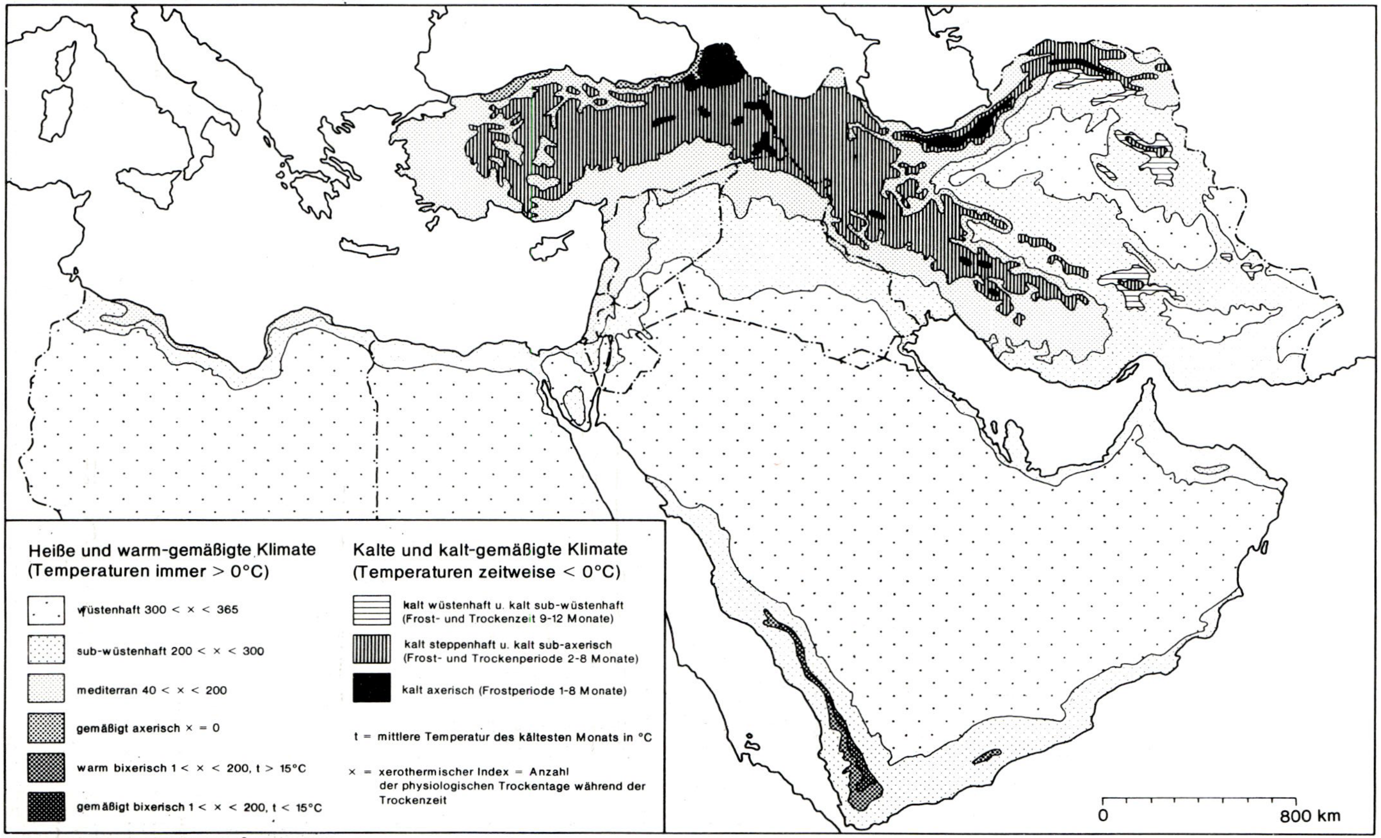

Quelle: BEAUMONT/BLAKE/WAGSTAFF [2]1988: Fig. 2.13

Geologischer Bau und Relief: Sowohl im Maghreb als auch in Vorderasien ist der Kettengebirgsgürtel in seinem West-Ost-Verlauf gekennzeichnet durch eine fast regelhaft zu nennende Abfolge von hochaufragenden Gebirgszügen, die girlandenförmig Hochländer umschließen und sich jeweils in einzelnen Gebirgsknoten wieder vereinen. In Marokko und Algerien umschließen die verschiedenen Ketten des Atlas das Hochland der Schotts. Von der Türkei ausgehend verläuft parallel zur Küste des Schwarzen Meeres das Pontische Gebirge, während die mediterrane Küste der Türkei durch den Taurus flankiert wird. Beide umrahmen das Hochland von Anatolien und vereinen sich in Armenien, das einen gewaltigen Gebirgsknoten bildet und im Kleinen und Großen Ararat (5165 m) kulminiert. Von hier aus setzt sich der Kettengebirgsgürtel abermals in einem nördlichen Ast *(Elburs-Gebirge, Kopet-Dagh)* im Norden sowie den *Zagros*-Ketten im Süden fort. Beide Gebirgsstränge umspannen das Hochland von Iran und vereinigen sich im *Hindukusch*, d. h. im Kernraum Afghanistans. Von hier aus schließt sich abermals ein divergierender Faltenbau im Bereich des *Himalaya* und des *Tien-Schan* an, der aber bereits außerhalb unseres Betrachtungsraumes liegt.

Die charakteristische Ausprägung eines jeweils nördlichen und südlichen Flügels der Kettengebirgstruktur hat zur Folge, daß die Hochgebirge die bereits genannten, weitgespannten Hochländer umrahmen. Das *Hochland von Anatolien* sowie das *Hochland von Iran* stellen durchschnittlich in 1.000 m Höhe gelegene Hochbecken dar. Im Wind- und damit auch im Regenschatten feuchtigkeitsbringender Luftmassen gelegen, sind diese Hochländer ebenso wie die ausgedehnten Ebenen Zentralasiens niederschlagsarm und weitgehend abflußlos. Extrem lebensfeindliche Salzwüsten (Kawire, Playas, Bolsones) sowie Salz- und Tonebenen nehmen ebenso wie winterkalte Sand- und Kieswüsten größere Ausdehnung an.

Alle genannten Hochgebirge sind Teil der alpidischen, d. h. tertiären Orogenese. Ihrer jungen Entstehung verdanken die großen Faltenzüge des Kettengebirgsgürtels ihren ausgesprochenen Hochgebirgscharakter. Durchweg über 3.000 m Höhe gelegen, erreichen sie ihre größte Höhe in dem dem Elburs-Gebirge aufgesetzten Vulkankegel des Demawend (5.670 m); im Gebirgsknoten des Hindukusch sind Erhebungen von über 6.000 m Höhe keine Seltenheit. Jugendliches Relief und große Massenerhebungen sind die Ursache einer verbreiteten eiszeitlichen Vergletscherung. Noch heute sind die Höhenregionen einzelner Bergmassive durch kleine Gletscher und Firnfelder geprägt, zugleich ein Hinweis auf die klima-ökologische Sonderstellung der Hochgebirge inmitten eines sonst durch extreme Niederschlagsarmut und Aridität geprägten Raumes.

Anders als die lebhaft reliefierten Gebirge stellen sich demgegenüber die den Gebirgsketten ein- und zwischengelagerten Hochländer dar; sie sind bereits im Erdaltertum entstandene Landmassen, die im Laufe geologischer Zeiträume abgetragen und eingerumpft wurden. Wenn die Hochländer Anatoliens und Irans dennoch durch Bergzüge vielfältig gegliedert und gekammert sind, dann ist dies eine Folge starker Vertikalbewegungen mit anschließender Bruchtektonik. Vor allem die alpidische Auffaltung der tertiär geprägten Ränder hat zum Zerbrechen der alten Landmassen sowie zur Hebung und Senkung einzelner Schollenteile beigetragen. Vulkanismus und starke Erdbebentätigkeit in allen Teilen des nördlichen Kettengebirgsgürtels zeigen, daß die erdbildenden Vorgänge in diesem Teil der Erde bis heute nicht abgeschlossen sind. Vor allem im Grenzbereich zwischen Mesopotamien einerseits und dem Zagros-Taurus-System andererseits, wo sich heute die Arabische Platte unter das Hochland von Iran vorschiebt, belegen zahlreiche und immer wieder verheerende Erdbeben die tektonische Labilität dieses Raumes.

Klima, Böden, Vegetation: Die skizzierte Zweiteilung des vorderasiatischen wie auch des maghrebinischen Kettengebirgsgürtels in Hochgebirge und Beckenlandschaft hat weitreichende Konsequenzen für das Ressourcenpotential und seine Aneignung bzw. Nutzung durch den Menschen. Allgemein gilt, daß alle Hochgebirgsräume klimatisch begünstigt sind. Dies gilt zunächst einmal für die Temperaturen: Besonders in den Sommermonaten bilden die Bergländer im Vergleich zu den Beckenräumen, mehr aber noch im Vergleich zu den großen Plateaulandschaften des südlichen Islamischen Orients, thermische Gunsträume mit herabgesetzten Tageswerten und vor allem auch nächtlicher Abkühlung. Daneben sind sie aber auch hygrisch bevorzugt. Vor allem der türkische Pontus und die Nordabdachung des Elburs-Gebirges im Iran zeichnen sich durch extrem hohe Niederschläge aus. Diese werden hervorgerufen durch die feuchtigkeitsbeladenen Passatwinde, die das Schwarze bzw. Kaspische Meer überstreichen und an den Randgebirgen zum Abregnen gezwungen werden. Aber auch der Libanon, der mediterrane Taurus wie auch Teile des Zagros-Gebirges zeichnen sich durch ein im Vergleich zu ihren Vorländern deutlich höheres Niederschlagsaufkommen aus. Während Pontus und Elburs fast ganzjährig ausreichend Niederschläge empfangen und somit eine dichte Waldvegetation vor allem ihre nach Norden gerichteten küstenseitigen Abdachungen prägt, sind Atlas, Libanon, Taurus und Zagros vor allem von mediterranen Winterregen begünstigt. Auch sie trugen einstmals ein durchgängiges Waldkleid, das allerdings vom Menschen durch eine Jahrtausende währende Nutzung weitgehend zerstört wurde. Ursprüngliche und nennenswerte Waldbestände finden sich hier heute nur noch vereinzelt.

In den Höhenlagen aller Hochgebirge führen die Niederschläge zu einer oftmals hohen und langanhaltenden Schneedecke. Das in Form von Schnee gespeicherte Wasser sowie die besonders im Herbst und Frühjahr nicht seltenen Regenfälle stellen für die intramontanen Becken und Täler sowie für die leeseitigen ariden Vorländer nicht selten eine wichtige Grundlage für deren land- und weidewirtschaftliche Nutzung dar.

Andererseits ist nicht zu verkennen, daß die ausgedehnten Hochländer der Türkei, Irans und Afghanistans, aber auch die intramontanen Becken des Maghreb durch die Sperrwirkung der sie begrenzenden Gebirge ökologisch benachteiligt sind. Infolge erheblich reduzierten Niederschlagsaufkommens im Regenschatten der Gebirge herrschten ursprünglich Steppen- und Wüstensteppen vor; wo immer möglich, wandelte der Mensch die Steppenländer in Ackerland um. Dennoch gibt es Unterschiede zwischen dem Hochland von Anatolien und dem von Iran. Das vergleichsweise hohe Niederschlagsaufkommen ist Grund dafür, daß heute weite Teile des Hochlandes von Anatolien durch Getreidebau auf der Basis eines extensiven Regenfeldbaus genutzt werden. Das Hochland von Iran zeigt demgegenüber eine sehr viel stärkere klimaökologische Differenzierung. Vor allem entlang der durch Bruchtektonik emporgehobenen Gebirgsschollen und -massive finden wir sporadischen Regenfeldbau sowie oasenähn-

Abb. 11: Mittlerer jährlicher Wasserüberschuß im Mittleren Osten

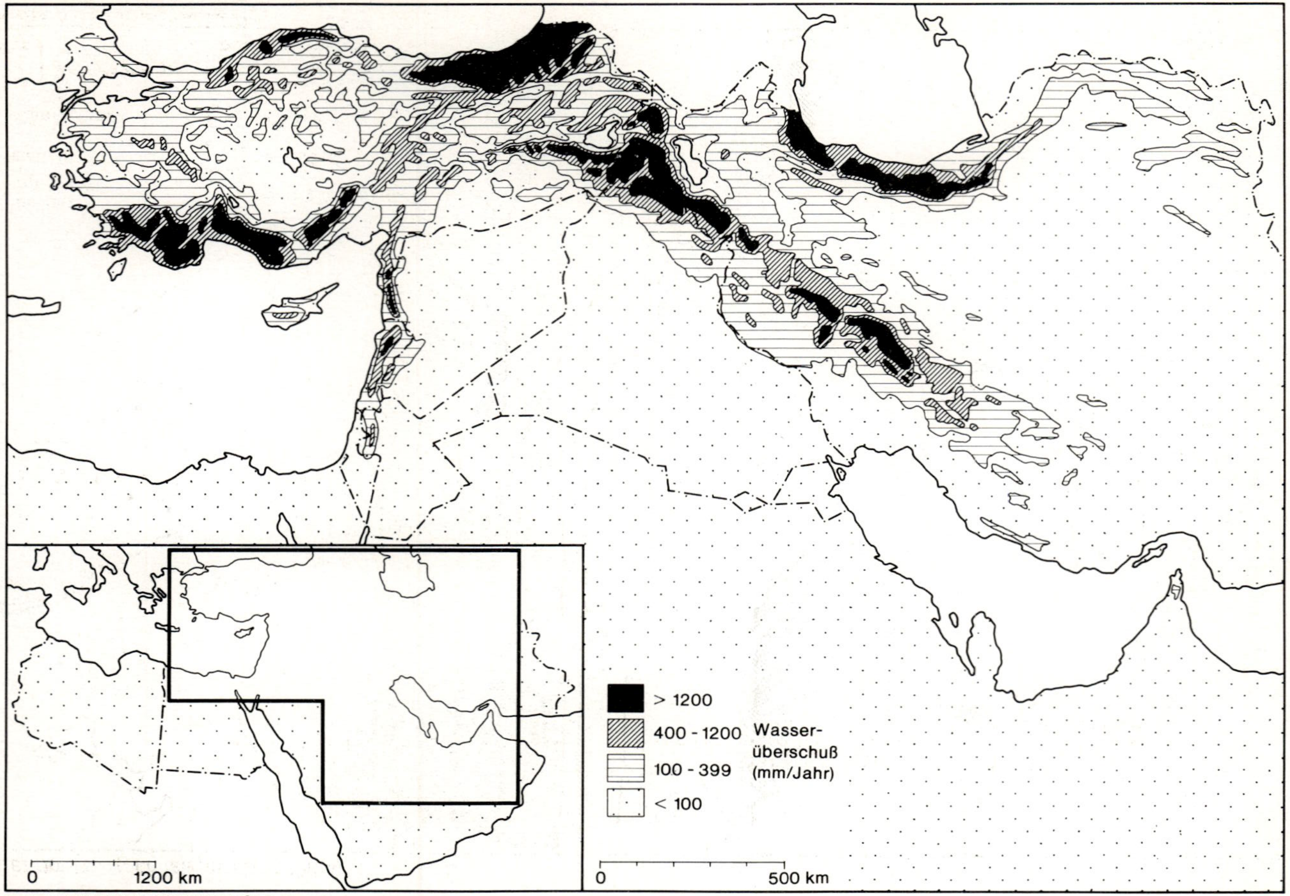

Quelle: BEAUMONT/BLAKE/WAGSTAFF [2]1988: Fig. 2.15

Abb. 12: Landnutzung im Islamischen Orient

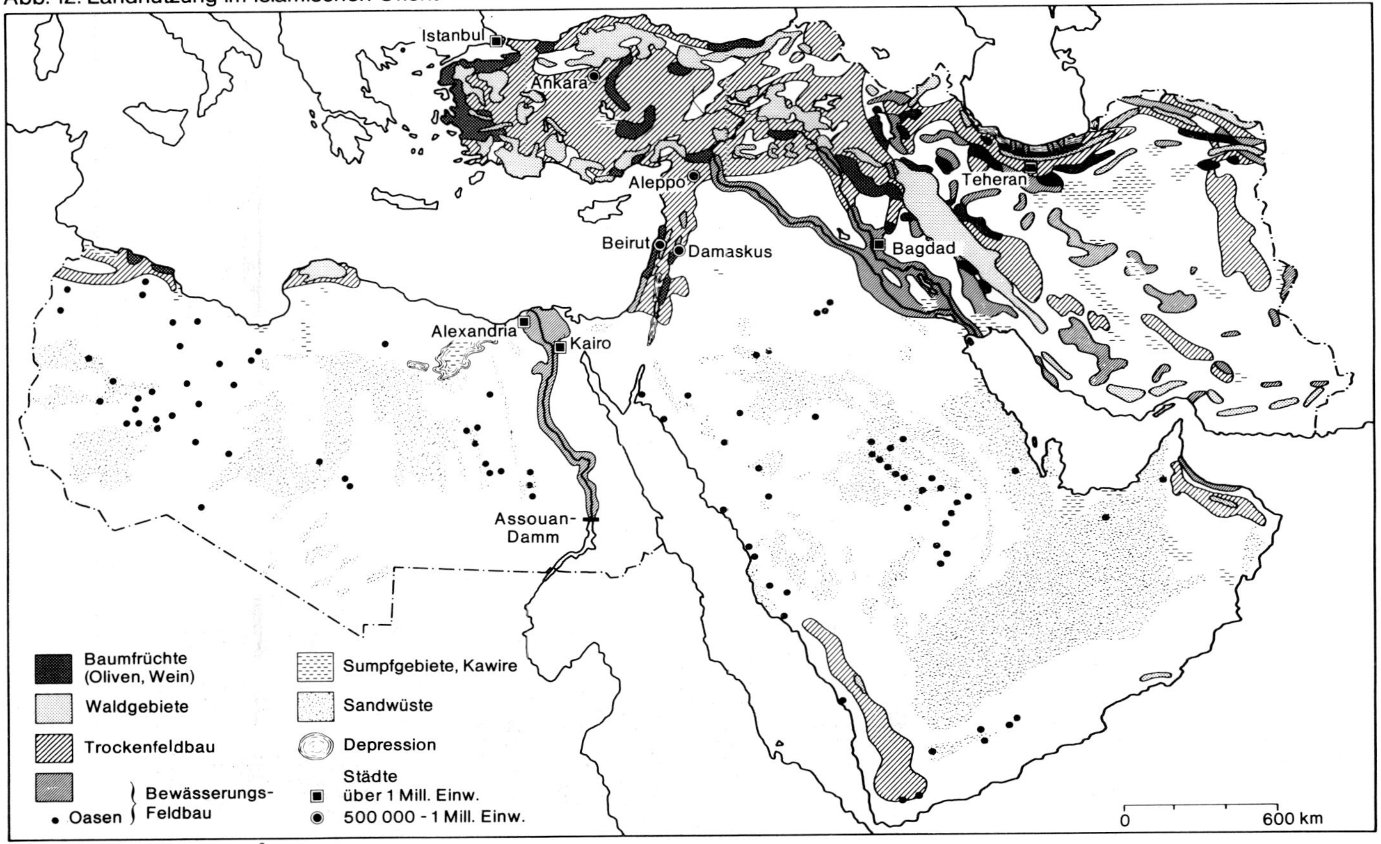

Quelle: BEAUMONT/BLAKE/WAGSTAFF [2]1988: Fig. 4.6

Abb. 13: Landnutzungsprofile durch die Türkei und Iran

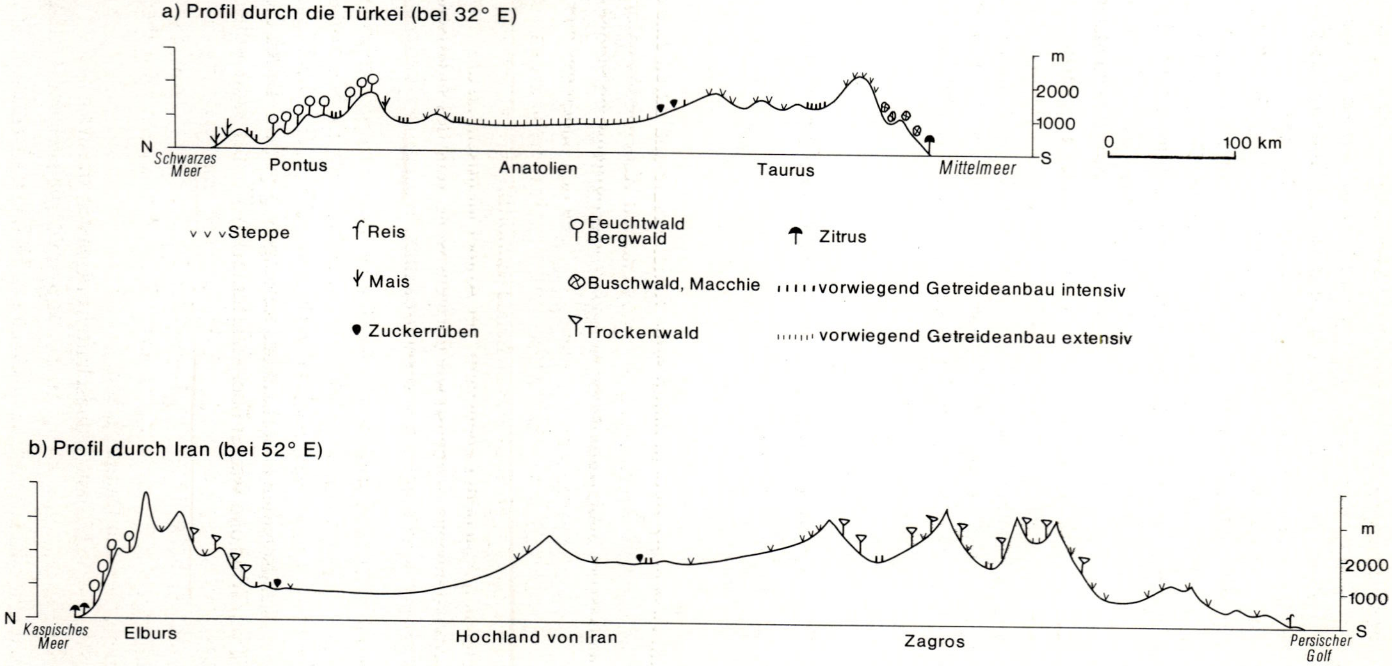

liche Bewässerungslandwirtschaft. Ganz eindeutig dominant aber ist im Hochland von Iran das wüsten- bzw. wüstensteppenhafte Milieu. Dies ist auch der Grund dafür, daß vom Hochland von Iran bzw. von der ganzen Staatsfläche des Landes nur äußerst geringe Teile agrarisch genutzt werden können (vgl. Abb. 13).

Idealtypisch läßt sich die Naturausstattung des nördlichen Kettengebirgsgürtels in einem Profil von Norden nach Süden am Beispiel der Türkei und Irans (Abb. 13) exemplifizieren. Dabei zeigt sich, daß die Flanken des Gebirgsrahmens die bevorzugten Naturräume sind. Niederschlagsreichtum, Vegetationsdichte und günstige Bodenverhältnisse haben hier zu fast lückenloser Landnahme und Kultivierung einer überwiegend bäuerlichen Bevölkerung geführt. Auch die Innenabdachung der Gebirge erscheint noch bevorzugt, während mit zunehmender Trockenheit nach Osten und zum Kern der Hochländer hin bäuerliche Nutzung immer mehr in Konkurrenz zu weidewirtschaftlich-nomadischen Formen der Viehhaltung tritt. Die Höhenregionen der Gebirge, winterlich durch lange Schneebedeckung gekennzeichnet, dienen häufig in den Sommermonaten bäuerlicher oder nomadischer Weidewirtschaft.

3.1.2 Die Schollen- und Plateaulandschaften des Islamischen Orients und ihr Naturraumpotential

Im Gegensatz zu dem durch seine Reliefenergie und durch eine dementsprechende ökologische Differenzierung gekennzeichneten Kettengebirgsgürtel des Islamischen Orients ist der Süden durch eine weitgehende geographische Monotonität gekennzeichnet. Weite und ausgedehnte Ebenheiten prägen den Süden des hier behandelten Raumes: Landschaften, wie BANSE sie offensichtlich im Sinne hatte, als er die Natur des Orients durch „alles gleichmachende Einförmigkeit und Ähnlichkeit" umschrieb. Weitgehend mit dem Lebensraum der Araber identisch, ist das Plateau- und Schollenland Vorderasiens — ebenso wie übrigens weite Teile des saharischen Afrika — durch ausgesprochene Trockenheit gekennzeichnet. Wüsten und Wüstensteppen dominieren.

Geologischer Bau und Relief: Als Teil des alten, aus präkambrischen Gesteinen aufgebauten Gondwana-Schildes bilden sowohl im arabischen Vorderasien als auch in Nordafrika kristalline Gesteine den Untergrund bzw. die Oberfläche der Schollen- und Plateaulandschaften außerhalb des Kettengebirgsgürtels. Durch die erosive Wirksamkeit von Wind und Wasser über viele hundert Millionen Jahre weitgehend eingerumpft, bilden lediglich der Grabenbruch des Roten-Meeres (und seine Fortsetzung nach Norden durch den Golf von Akaba und den Jordan-Graben) sowie seine randlichen Aufwölbungen eine markante Unterbrechung der ansonsten vorherrschenden flachen Tafelländer und Rumpfflächen.

Plateau- und Schollenlandschaften prägen den weitaus größten Teil des nordafrikanischen Raumes (mit Ausnahme des Maghreb) wie auch der Arabischen Halbinsel und ihrer nördlichen Fortsetzung. Beiderseits des Roten Meer-Grabens stehen dabei Granite und Gneise des kristallinen Sockels des alten Arabisch-Nubischen Schildes an. Ihnen sind in Form gewaltiger Schichtstufen flachlagernde, durch die Aufwölbung der Grabenränder jedoch schräggestellte Deckschichten aufgelagert. In Ägypten bilden vor allem die Sedimentpakete des Nubischen Sandsteins sowie kretazisch-tertiäre Ablagerungen ausgedehnte Plateaulandschaften. Auf der Arabischen Halbinsel sind es die an die gewaltige Schichtstufe des Djebel Tuwaiq gebundenen vergleichbaren Formationen, die insbesondere den Süden und Osten der Arabischen Halbinsel prägen. Wüsten dominieren und tragen zur Einheitlichkeit und Monotonie des Raumes bei: Sahara — Libysche Wüste — Arabische Wüste und Rub-al-Khali bilden den größten geschlossenen Wüstengürtel der Erde.

Lediglich die beidseits das Rote Meer und seine nördliche Verlängerung (Golf von Akaba — Jordangraben) begleitenden Aufwölbungen unterbrechen die vom geologischen Bau her vorgezeichnete Monotonie des Reliefs. Bis zu Höhen über 3.000 m NN aufragend, bilden die aus Grundgebirgsgesteinen aufgebauten und von häufigen Basaltaufbrüchen durchsetzten Bergländer von Jemen und Asir, aber auch die der südlichen Sinai-Halbinsel sowie die der Eastern Desert in Ägypten landschaftlich kontrastreiche Gegensätze. Dies gilt insbesondere für die monsunalen Niederschlägen ausgesetzten und dicht besiedelten Bergländer Südarabiens. Die Höhenregionen der Eastern Desert, des Hedschas und des Sinai sind demgegenüber extrem arid und von allenfalls oasenhaften Siedlungen besetzt.

Klima und Vegetation: Wie schon angedeutet, prägt sich die Zugehörigkeit des Islamischen Orients zum altweltlichen Trockengürtel im südlichen Teil dieses Raumes stärker noch als in der Region des nördlich anschließenden Kettengebirgsgürtels aus. Das Fehlen markanter Reliefunterschiede sowie die vollständige Lage dieses Teilraumes im Passat-Gürtel der Nordhemisphäre ist die Ursache für die flächenhafte Dominanz von Wüsten und Wüstensteppen. Sandwüsten, oftmals als Prototyp der Wüste schlechthin verstanden, nehmen dabei nur vergleichsweise kleine Areale ein. Ihre weiteste Verbreitung erreichen sie in den Ergs der Sahara sowie in der Rub-al-Khali. Eindeutig vorherrschend sind Kies- und Steinwüsten, Serire und Hamadas. Ihre Wasserdurchlässigkeit in Verbindung mit einer ohnehin extremen Aridität ist die wesentliche Ursache für ihre fast vollständige Vegetationslosigkeit. Lediglich an ihrer nördlichen wie südlichen Peripherie gehen die extremen Trockenwüsten des Schollen- und Plateaulandes in klimatisch günstiger ausgestattete Naturräume über.

Im Bereich der heutigen Staaten Jordanien, Syrien und Irak wird der nördlichste Teil des Arabischen Schildes, der hier von flachlagernden Kalkplateaus überdeckt wird, bereits von mediterranen Winterregen beeinflußt. Begünstigt sind dabei vor allem die nördlichen Teile sowie insbesondere jener mehr oder weniger ausgeprägte Streifen, der sich halbkreisförmig um die Außenabdachung von Libanon-, Taurus- und Zagros-Gebirge legt. Es ist dies der Bereich des sog. „Fruchtbaren Halbmondes". Der vor allem im Zagrosvorland niederschlagsbegünstigte Norden des Schollen- und Plateaulandes ist Teil jener natürlichen Steppenregion, in der sich erstmals in der Menschheitsgeschichte der Übergang von einer umherschweifenden Jagd- und Sammelwirtschaft zu einer seßhaften Lebensweise vollzogen hat. Nach allem, was wir wissen, müssen wir davon ausgehen, daß hier vor etwa 10.000 Jahren die Domestikation von

Abb. 14: Saudi-Arabien – Hydrogeologische Übersicht

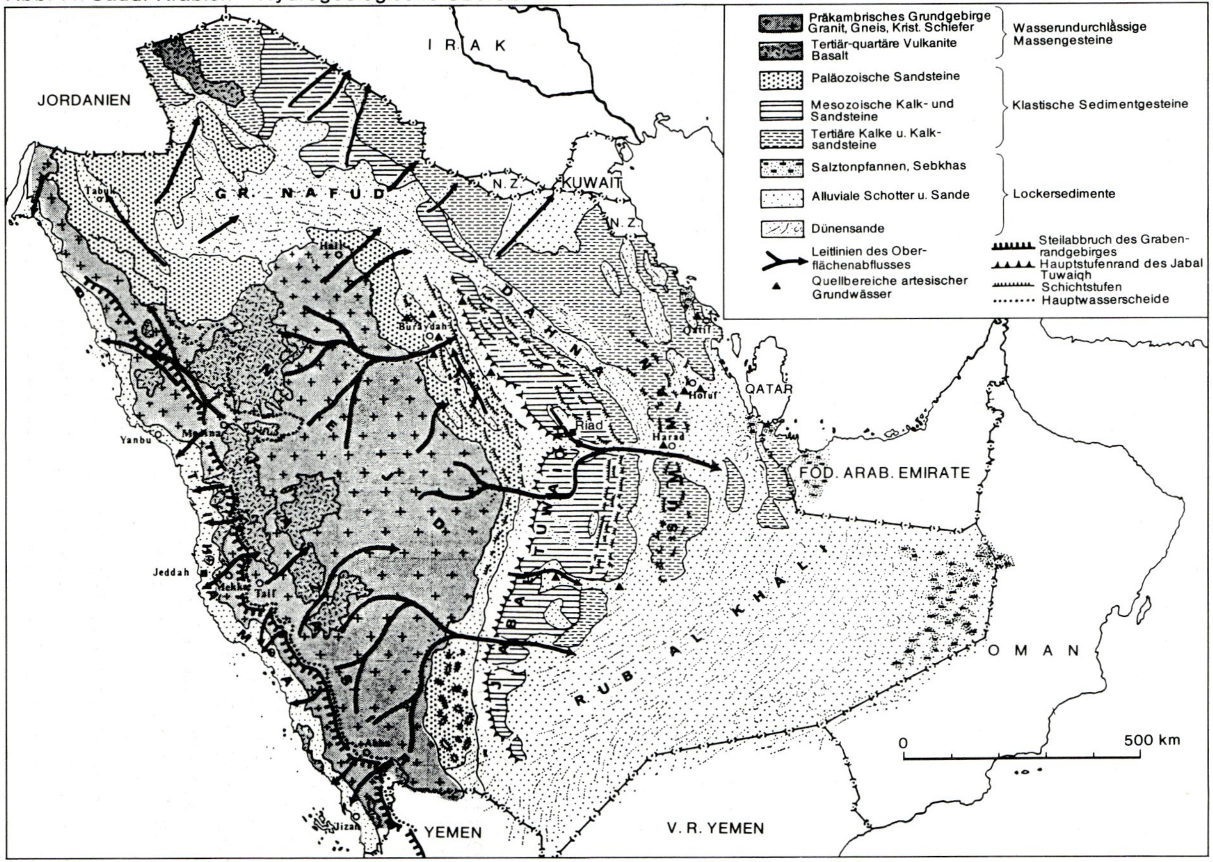

Quelle: BARTH 1976: Karte 1

Wildpflanzen und Wildtieren gelang und damit die Seßhaftwerdung des Menschen möglich wurde. Der natürliche Reichtum dieser Steppenregion an kultivierbaren Wildgetreiden (Weizen und Gerste), aber auch an domestizierbaren Steppentieren (Schaf, Ziege und Rind) bildet den Hintergrund für die sog. „Neolithische Revolution". Noch heute ist die Region des Fruchtbaren Halbmondes mit durchschnittlichen Jahresniederschlägen um 500 mm der mit Abstand wichtigste agrarische Produktionsraum im Bereich des Schollen- und Plateaulandes und wird, wie schon seit Jahrtausenden, durch Getreideanbau geprägt.

Der zweite vom Klima begünstigte Vorzugsraum innerhalb des Schollen- und Plateaulandes des südlichen Islamischen Orients ist das Bergland an der Südwestspitze der Arabischen Halbinsel: Jemen und Asir. Im Hochland von Asir, mehr aber noch in Jemen, sind tropisch-monsunale Niederschlagseinflüsse Ursache einer ursprünglich dichten Wald- und Strauchvegetation. Bereits in der Antike als „Weihrauchland" bekannt, haben sich in diesem Teil des Islamischen Orients schon frühzeitig eigenständige Reiche und Hochkulturen entwickeln können (Reich der Königin von Saba!), die in lebhaftem Handelsaustausch sowohl mit Ägypten als auch mit verschiedenen Mittelmeerreichen standen. Auch heute bildet der Raum des alten Südarabiens mit seiner kunstvollen Terrassenlandwirtschaft und einer autochthonen Stadtarchitektur einen Sonderfall inmitten der überwiegend beduinisch geprägten Wirtschafts- und Lebensweise der Arabischen Halbinsel.

3.1.3 Die Stromtiefländer des Islamischen Orients

Mesopotamien — das Zwischenstromland: Es ist nicht nur unbestrittener Bestandteil des Kernraums des Islamischen Orients, es ist zugleich Verbindungsglied zwischen der nördlichen Region des Kettengebirgsgürtels und den südlichen Schollen- und Plateaulandschaften. Euphrat und Tigris entspringen im Gebirgsland, durchfließen dann aber die weitgespannten und wüstenhaften Ebenheiten Zentraliraks als Fremdlingsflüsse und münden an der Nahtstelle zwischen Arabischem Schild und Kettengebirgsgürtel, dem Zagrosvorland, in den Schatt-el-Arab und in den Persischen/Arabischen Golf.

Aber nicht nur Euphrat und Tigris, sondern auch der Nil in Ägypten und der Indus an der östlichen Peripherie des Islamischen Orients sind Fremdlingsflüsse. Die von ihnen aufgeschütteten Stromtiefländer sind nicht nur agrarwirtschaftlich intensiv genutzt, sondern auch für das Selbstverständnis der Region und ihrer Bewohner von immenser Wichtigkeit: Die genannten Stromtiefländer sind die Geburtsstätten der ersten Hochkulturen der Menschheit.

Die wirtschaftliche Bedeutung der großen Stromtiefländer läßt sich vor allem aus ihrer agrarwirtschaftlichen Bedeutung für die jeweiligen Staaten, in denen sie gelegen sind, ermessen. So ist z. B. Ägypten ohne den Nil und das von ihm bewässerte Fruchtland als Staatswesen vollkommen undenkbar. Allein die Tatsache, daß — von wenigen vernachlässigenswerten Ausnahmen abgesehen — das gesamte Fruchtland ausschließlich und vollständig auf der Bewässerung mit Nilwasser basiert, macht die Bedeutung dieses Fremdlingsflusses für das Land deutlich. Ägypten: „Ein Geschenk des Nils"! — dieser von Herodot schon in der Mitte des 5. vorchristlichen Jahrhunderts geprägte Ausspruch gilt auch heute noch uneingeschränkt (für Einzelheiten der wirtschaftlichen Bedeutung des Nils vgl. EHLERS 1977, 1984; IBRAHIM 1982, 1984; MEYER 1978; SCHAMP 1983). Er gilt umso mehr, als Ägypten außerhalb der Nilstromoase und des Nildeltas über keinerlei landwirtschaftliche Nutzflächen verfügt. Auch sonstige nichtagrarische Ressourcen sind beschränkt.

Aber nicht nur die durch das tropische Niederschlagsregime im Quellbereich des Flusses bedingte Wasserwirtschaft des Nils, sondern auch die klimatisch andersartig gesteuerten Abflußspenden von Euphrat und Tigris sowie des Indus und ihrer Tributäre haben zur Entstehung großer Bewässerungslandwirtschaften im Trockengürtel der Alten Welt beigetragen. So ist beispielsweise die Bewässerungslandwirtschaft Mesopotamiens bzw. des heutigen Irak durch die mediterranen Winterregen einerseits, durch die Schneeschmelze in Ostanatolien und im Zagros-Gebirge andererseits geprägt. Ähnlich wie in Ägypten, hat auch in Mesopotamien die Regulierung der großen Ströme schon vor Jahrtausenden zur Entstehung erster Hochkulturen beigetragen. Das Land Sumer, Assyrien, Babylonien — um nur einige wenige der frühen Hochkulturen zu nennen: Sie alle basierten in ihrer Wirtschaft auf der Nutzung des Flußwassers. Militärs, Priester und eine große Beamtenschaft waren hier — wie in Ägypten — mit den vielfältigen Aspekten der Organisation und Administration der Bewässerungswirtschaft beauftragt. Astronomie und regelmäßige Beobachtung der Wasserführung der Flüsse führten allmählich zur Kalendrierung des Jahres. Vermessung der Felder, Kontrolle der Ernten und Teilung des Erntegutes förderten die Entwicklung von Mathematik und Schrift, die ihrerseits Kodifizierung des Rechts, Buchhaltung und damit perfekte staatliche Administration möglich machte. Auch heute prägt die jahreszeitlich schwankende Wasserführung von Euphrat und Tigris, die im Spätfrühjahr und Frühsommer den Höhepunkt ihrer Wasserführung erreichen, die volkswirtschaftlich ungemein wichtige Bewässerungslandwirtschaft des Landes (vgl. dazu WIRTH 1962).

Ähnliches gilt schließlich für das dritte große Stromtiefland, das allerdings bereits peripher zu dem hier betrachteten Raum liegt: das *Pandschab* oder *Fünfstromland*. Auch hier bilden saisonale und vor allem an den Abgang der Monsunregen gebundene sommerliche Hochwässer des Indus und seiner Tributäre die historische Grundlage für eine schon im 3. vorchristlichen Jahrtausend belegte Hochkultur, aber auch für die gegenwärtige Landwirtschaft.

Der Agrarstaat Pakistan insbesondere ist ohne die regulierte Wasserspende des Indus und seiner Quell- und Nebenflüsse nicht denkbar (SCHOLZ 1984). Nicht nur die Versorgung mit den Grundnahrungsmitteln Weizen und Reis, sondern auch der für die Exportwirtschaft des Landes wichtige Baumwollanbau sind an eine intakte Bewässerungswirtschaft gebunden. Die in Abb. 15 erfaßten Abflußspenden von Nil, Euphrat und Tigris sowie Indus machen die Saisonalität der Wasserführung aller drei Ströme deutlich. Dabei ist zu bemerken, daß durch den wasserwirtschaftlichen Ausbau das natürliche Abflußverhalten aller Flußsysteme heute weitgehend reguliert ist. Die besondere ökonomische Bedeutung dieser Wasserspenden im Trockenraum des Islami-

Abb. 15: Abfluß von Nil, Euphrat und Tigris sowie Indus –
Jahresgang von Niederschlag und Temperatur am Oberlauf und im Tiefland

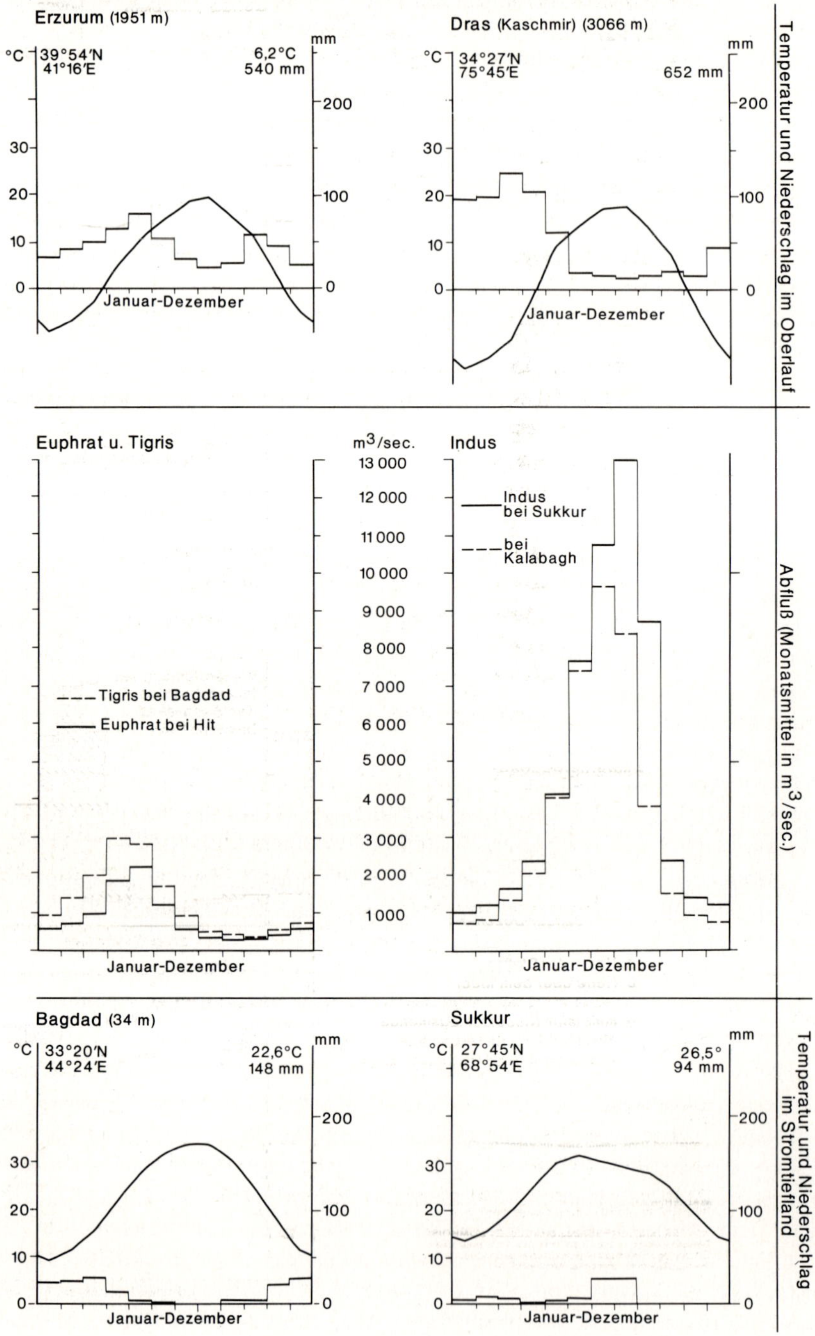

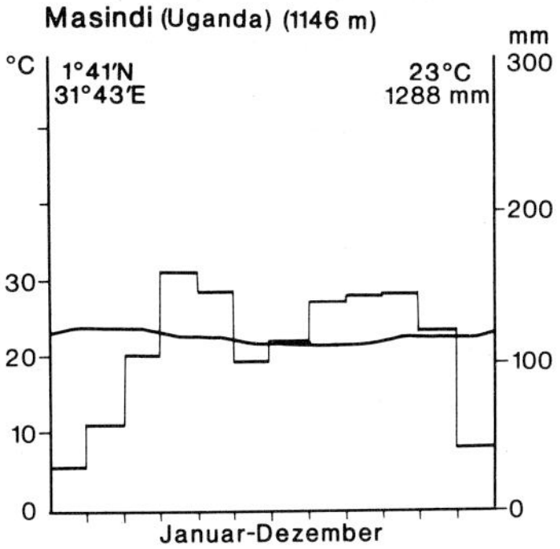

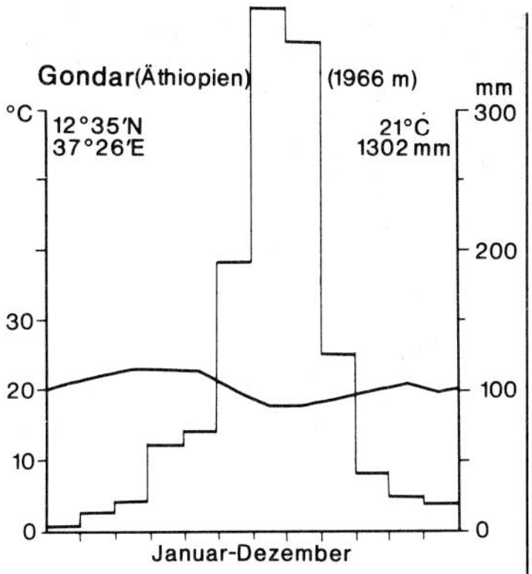

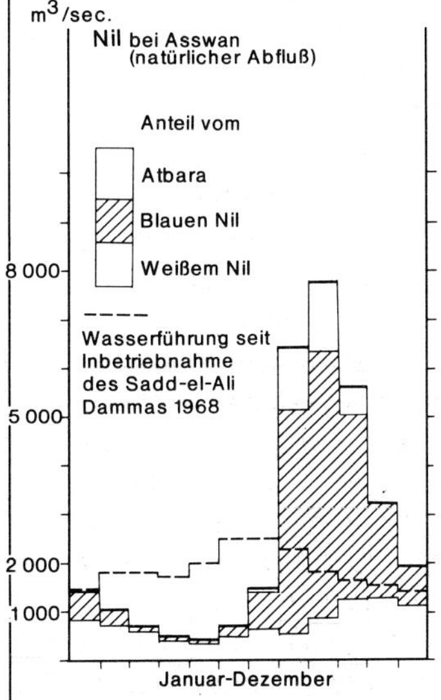

Klimadiagramme:

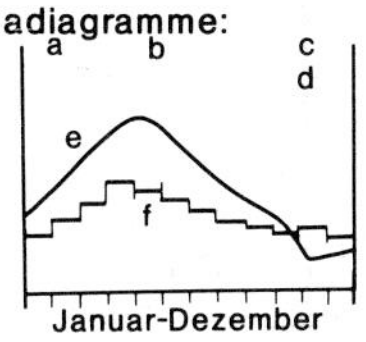

a Name der Station
b Höhe über dem Meer
c Jahresmittel der Temperatur (°C)
d mittl. jährl. Niederschlagsmenge
e Monatsmittel der Temperatur
f mittl. monatl. Niederschlagsmenge

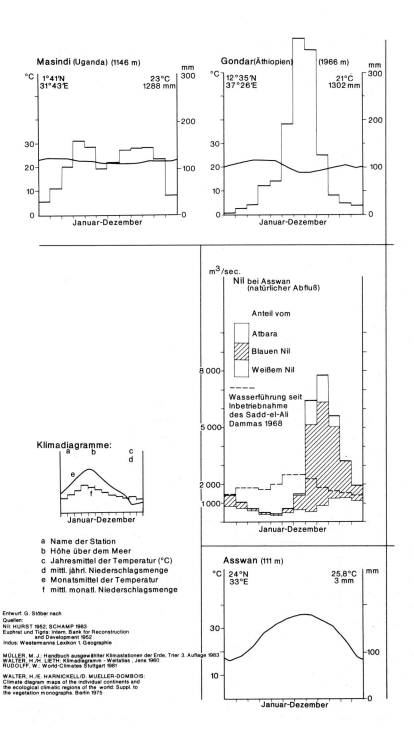

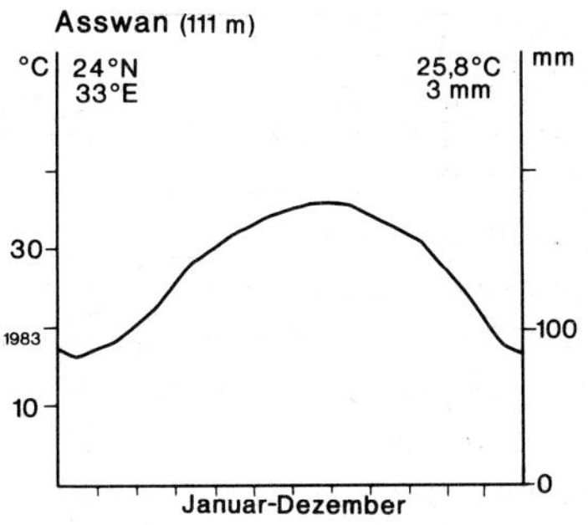

Entwurf: G. Stöber nach

Quellen:

Nil: HURST 1952; SCHAMP 1983
Euphrat und Tigris: Intern. Bank for Reconstruction and Development 1952
Indus: Westermanns Lexikon 1. Geographie

MÜLLER, M. J.: Handbuch ausgewählter Klimastationen der Erde, Trier 3. Auflage 1983
WALTER, H./H. LIETH: Klimadiagramm - Weltatlas , Jena 1960
RUDOLFF, W.: World-Climates Stuttgart 1981

WALTER, H./E. HARNICKELL/D. MUELLER-DOMBOIS: Climate diagram maps of the individual continents and the ecological climatic regions of the world: Suppl. to the vegetation monographs. Berlin 1975

schen Orients ist auch daraus ersichtlich, daß heute die letzten Reserven dieser Wasservorräte durch immer neue Staudammbauten erschlossen werden. So schreitet der Ausbau von Euphrat und Tigris auch heute noch durch immer neue Staudammprojekte in der Türkei und in Syrien (vgl. dazu MEYER 1982, 1984) zügig voran. Auch das Indus-Tiefland (vgl. DETTMANN 1978) hat unter der britischen Kolonialverwaltung schon seit der Jahrhundertwende einen so vollständigen Ausbau erfahren, daß heute bereits nicht mehr Be-, sondern Entwässerung das ökologische Hauptproblem dieser Räume ist. Hier wie übrigens auch in Ägypten und Teilen Mesopotamiens haben Versalzungs- und Versumpfungserscheinungen ein solches Ausmaß erreicht, daß heute bereits erhebliche Einbußen in den landwirtschaftlichen Erträgen zu konstatieren sind.

3.2 Zusammenfassung: Klima und Vegetation als entscheidende Geofaktoren menschlicher Inwertsetzung

Der notgedrungen kursorische Überblick über die naturräumliche Ausstattung und das Naturraumpotential des Islamischen Orients hat deutlich gemacht, daß die einst und oftmals postulierte Monotonie und Lebensfeindlichkeit des Natur- und Kulturraumes Islamischer Orient allenfalls auf weite Teile des südlichen Schollen- und Plateaulandes zutreffen. Den hier dominierenden Wüsten und Wüstensteppen steht im Norden des Islamischen Orients ein vielfältig gegliederter und stark reliefierter Hochgebirgsraum gegenüber. Lediglich die von den niederschlagabwehrenden Hochgebirgen eingefaßten Beckenräume, insbesondere diejenigen Irans, weisen ein wüstenhaftes Milieu auf. Das Relief ist für die klimaökologische Gliederung des Islamischen Orients von ausschlaggebender Bedeutung. Allgemein kann man sagen: Einem klimatisch wie auch von der Vegetationsausstattung her vielfältig differenzierten Norden steht ein benachteiligter Süden gegenüber. Im Kettengebirgsgürtel des nördlichen Islamischen Orients reicht das klimaökologische Spektrum von subtropischen Tieflandswäldern im südkaspischen Tiefland über einstmals mehr oder weniger dichte laubabwerfende Bergwälder in Pontus, Elburs, Zagros oder Hindukusch und über ausgedehnte Steppenräume hin zu den schon angesprochenen vegetationsarmen oder -freien Salztonebenen und Sandwüsten. Dementsprechend verbreitet sind im Norden landwirtschaftlich nutzbare Böden. Sie sind seit Menschengedenken die Grundlage einer schon früh entwickelten Land- und Weidewirtschaft mit einer daraus resultierenden — und im Vergleich zum Süden relativ dichten — bäuerlichen wie auch städtischen Siedlung. Genau umgekehrt das Naturraumpotential der Schollen- und Plateaulandschaften des Südens: Landwirtschaft und ländliche wie städtische Siedlung — meist punktuell als Oasen ausgebildet — sind die Ausnahme. Sie treten in dem insgesamt vorherrschenden und durch extreme Aridität gekennzeichneten Milieu der Wüsten und Halbwüsten zurück. Vor diesem Hintergrund gewinnt die oftmals gestellte und auch im älteren Schrifttum immer wieder angesprochene Frage, ob der Islam als Religion und Lebensform nicht in entscheidender Weise durch das geographische Milieu mitbestimmt oder gar geprägt sei, auch an dieser Stelle Bedeutung. Nicht wenige Autoren haben beispielsweise darauf hingewiesen, daß es dem Islam bei seiner Ausbreitung niemals gelungen sei, entscheidende Vorstöße und vor allem entscheidende Erfolge in kühl-gemäßigten Waldländern West- und Mitteleuropas zu erringen. 732 bereitet Karl Martell im Zentrum des heutigen Frankreich den vorstoßenden Arabern eine entscheidende Niederlage und trieb die Muslime auf die Iberische Halbinsel zurück. Im Jahre 1638 kam der Vorstoß der Türken vor Wien zum Stehen. Dem steht allerdings gegenüber, daß sich der Islam in weiten Teilen des bewaldeten Balkan bis heute ebenso hat erhalten können wie er auch die subtropischen Tieflandswälder Nordirans — wenngleich später als andere Teile des Landes — durchdrungen hat. Und die Tatsache, daß der Islam nicht nur weite Gebiete des indischen Subkontinents, sondern gerade in letzter Zeit auch große Areale des tropischen Südostasien für sich hat missionarisch gewinnen können, spricht gegen die These von der „Waldfeindlichkeit" des Islam.

Andererseits dürfte unbestritten sein, daß das geographische Milieu die frühe Ausbreitung der neuen Religion entscheidend gefördert hat. Die arabischen Erobererheere, im wesentlichen aus Beduinen zusammengesetzt, fanden in den Wüsten und Wüstensteppen nicht nur ihres eigenen Lebensraumes, sondern auch in denen des Hochlandes von Iran oder Nordafrikas (nicht aber in den umrahmenden Gebirgen) ein ihrer Kriegsführung angemessenes Terrain (vgl. DONNER 1981). Mit schnellbeweglichen Kamelen und/oder Pferden ausgestattet, vermochten die oft schwerfälligen Fußtruppen der Sassaniden- oder Byzantinerheere den Arabern meist nur kurzfristig zu widerstehen. Befestigte Städte als Bollwerke des Widerstandes fielen dagegen häufig erst nach längerer Belagerung und/oder nach Erschöpfung der Trinkwasservorräte in den Städten.

Überhaupt: Nicht so sehr Relief oder Vegetation, sondern vor allem Wasser ist unter allen physischen Geofaktoren das Element, das auch religiös und kulturgeschichtlich eine bedeutende Rolle spielt. Aufgrund der Aridität des Raumes hat Wasser in der Regel als „knappstes Gut" im Produktionsprozeß zu gelten, so daß ihm oftmals ein höherer Stellenwert zugemessen wird als beispielsweise dem Produktionsfaktor „Land" (vgl. Kap. 4.2) oder Wasserrecht in etlichen Gesellschaften dem Landrecht übergeordnet erscheint (vgl. CAPONERA 1973). Die mit Wassermangel verbundene Vegetationsarmut führt zudem zu einer besonderen Wertschätzung schattenspendender Gärten und Wasserspiele. Wo immer möglich, bilden Wasserbassins und Grünanlagen den Kern einer Wohnanlage oder eines Palastes. Großartigster Ausdruck einer solchen Wohn- und Gartenarchitektur sind die Gartenanlagen persischer Städte wie Isfahan oder Schiras, die ausgedehnten Palastgärten und Wasserspiele der Moghul-Herrscher auf dem indischen Subkontinent oder die kunstvollen Anlagen des Generalife in Granada und ihrer Pendants in Marokko. Daß Gärten von Muslimen häufig als irdisches Abbild des Paradieses aufgefaßt bzw. angelegt wurden (BROOKES 1987; MOYNIHAN 1979), stellt eine argumentative Umkehrung der stark diesseitig geprägten Jenseitsvorstellungen der Muslime dar. Es ist so selbstverständlich, daß Pflanzen und Wasser innerhalb eines extremen Trockenraumes eine besondere Bedeutung haben, daß es keiner religiösen Begründung bedarf, auch wenn die Betroffenen nachträglich zu solchen Überhöhungen neigen.

Eine wirklich religiöse Bedeutung erlangt das Wasser, das nach islamischer Rechtsauffassung als Allgemeingut der *umma* gilt (Gleiches gilt für Luft, Feuer und sonstige natürliche Energien), im Zusammenhang mit dem Konzept ritueller Reinheit. Da körperliche Sauberkeit als Voraussetzung und Zeichen geistiger Reinheit angesehen wird, ist das Waschen von Körper und Kleidung nicht nur aus hygienischen, sondern auch aus religiösen Gründen geboten. Hierauf wird in anderem Zusammenhang noch einzugehen sein (vgl. Kap. 4.4.3 und Übersicht 4).

4. Der Kulturraum

Nicht nur die physischen Verhältnisse die Wüsten, subtropischen Gebirge und Tiefländer der Fremdlingsflüsse erscheinen uns charakteristisch für die Länder des Islamischen Orients, sondern auch — und insbesondere — die Weise, wie ihre Bewohner sich mit diesem Milieu auseinandergesetzt haben, d. h. ihre Kultur. Neben ins Auge fallenden Elementen der materiellen Kultur, die ein Reisender als erstes registriert, ist hier die gesellschaftliche Struktur zu nennen, in der das Materielle erst seine spezifische Bedeutung erhält.

4.1 Bauer, Nomade und Stadt im Islamischen Orient

(G. Schweizer)

Die traditionelle, heute vielfach überprägte Sozialstruktur im Islamischen Orient wird bestimmt durch das Nebeneinander von drei Gruppen ganz unterschiedlicher Lebensweise: Bauern, Nomaden und Städter. Die drei Elemente dieser *orientalischen Trilogie*[1] sind nicht soziale Gruppen im engeren Sinne, denn jede Gruppe hat wieder ihre eigene, sehr differenzierte soziale Schichtung, vielmehr handelt es sich um Gruppen unterschiedlicher Lebens- und zugleich Wirtschaftsform. Während Bauern und Stadtbewohner seßhaft sind, in festen Siedlungen leben, ist der Nomade mobil, er „schweift", allerdings nach relativ festen Regeln. Während der Bauer von der Landwirtschaft, vor allem vom Feldbau, lebt, ist die Lebensgrundlage des Nomaden die Viehwirtschaft, die des Städters Handwerk, Handel oder eine Beschäftigung in sonstigen Dienstleistungsberufen.

Auch wenn vielerlei moderne Wandlungen die traditionellen Strukturen verwischt haben — erinnert sei an die einschneidenden Folgen von Agrarreformen, an die gewaltigen Urbanisierungsprozesse, an den Verlust ehemals nomadischen Lebensraumes durch moderne Bewässerungsprojekte — ist es doch unabdingbar, auf die traditionellen Verhältnisse und auch auf deren Wurzeln einzugehen, da ein tieferes Verständnis von Raum und Mensch ohne diese Kenntnisse nicht möglich ist.

Die älteste der drei Lebensformen ist das Bauerntum. Hier, im heutigen Islamischen Orient, spielte sich vor rund 10.000 Jahren die sog. „Neolithische Revolution" ab, der Übergang von einer nur aneignenden zur produzierenden Wirtschaftsweise, vom Wildbeuter- und Jägertum zum Bauerntum (vgl. Kap. 4.2.1). Hier wurden die Frühformen unserer Getreide gezogen, hier wurden Tiere erstmals zu Herden- und Zugtieren domestiziert, hier entstanden — allerdings später — so grundlegende technische Neuerungen wie der Pflug oder Rad und Wagen. Unterschiedliche ökologische Verhältnisse des Lebensraumes führten zu einer Differenzierung des frühen Bauerntums. Es entstand ein auf Regenfeldbau gegründetes Steppenbauerntum, aus dem sich durch viehwirtschaftliche Spezialisierung später auch das Nomadentum entwickelte (vgl. Kap. 4.3.1). Durch eine andere Art der Spezialisierung, nämlich durch die Nutzung des Wassers der großen Flüsse in Ägypten und im Zweistromland, entwickelte sich aus dem Steppenbauerntum ein Oasenbauerntum, gegründet auf den Bewässerungsfeldbau.

Der Bewässerungsfeldbau schuf die Voraussetzungen, unter denen sich die Stadt und ein Städtertum, überhaupt die frühesten Hochkulturen der Menschheitsgeschichte, entwickeln konnten. Bewässerung verlangt eine anspruchsvolle Technik der Wasserhebung und -verteilung; sie führt zu Aufgaben, die der Einzelne nicht mehr bewältigen kann, zu Gemeinschaftsaufgaben, deren Lösung einen hohen Grad an sozialer und politischer Organisation verlangt. Die komplizierte Bewässerungswirtschaft bringt ferner arbeitsorganisatorische und wasserrechtliche Probleme mit sich, die fast zwingend zu einer Arbeitsteilung zwischen eigentlichen Bauern und anderen, in der Organisation, d. h. in der Verwaltung oder, modern gesagt, im Dienstleistungssektor Tätigen, führen. Und gerade die Bedeutung des Dienstleistungssektors gegenüber anderen Wirtschaftsbereichen ist noch heute eines der wichtigsten Kennzeichen, ja geradezu Definitionsmerkmal der Stadt.

Frühformen der drei Gruppen unterschiedlicher Lebens- und Wirtschaftsform, Bauern, Nomaden und Städter, finden wir im Vorderen Orient bereits mit der Entwicklung der Stadt in sumerischer Zeit, d. h. an der Wende vom 4. zum 3. vorchristlichen Jahrtausend. Zu einem gleichzeitigen und vor allem auch konkurrierenden Nebeneinander aller drei Gruppen, zur Ausbildung also der „orientalischen Trilogie“ kam es erst mit der Nutzung von Kamel und Pferd als Reit- und Transporttier im 1. Jahrtausend vor Chr., mit der Entwicklung des militärisch überlegenen Reiternomadismus.

Das Nebeneinander der drei Gruppen war stets ein beziehungsreiches; es war zugleich ein Gegeneinander als auch ein Miteinander. Da **Bauer und Nomade** teilweise denselben Lebens- und Wirtschaftsraum haben, denn die Steppengebiete eignen sich sowohl als Bauernland wie auch als Weidegebiet nomadischer Herden, kommt es fast zwangsläufig zu einer Konkurrenzsituation, zu „Flächennutzungskonkurrenzen“ in moderner geographischer Terminologie. Die Geschichte des Vorderen Orients ist voll von Übergriffen der mobilen, daher überlegenen Nomaden auf die seßhafte Bevölkerung, insbesondere in politisch instabilen Zeiten. Teilweise kam es zum Rückzug der bäuerlichen Bevölkerung auf das den Reiternomaden nicht zugängliche Gebirge, wo in manchen Regionen ein agrarisch hoch entwickeltes Bergbauerntum entstand, das sich soziologisch in Form der nach außen völlig abgeschlossenen *Kabyleien* (BOBEK 1950) manifestiert, so etwa in den Gebirgen Südwestarabiens oder Maghrebs.

Der scharfe Gegensatz zwischen Nomadentum und Bauerntum muß allerdings auch unter dem Aspekt gesehen werden, daß der Nomade mit seiner rein wirtschaftlichen Existenzgrundlage nicht völlig autark ist, sondern auf die zusätzliche Versorgung mit Gütern aus dem bäuerlichen oder städtischen Raum angewiesen ist. Die wirtschaftliche Notwendigkeit solchen „Nebenerwerbs“, mag dazu geführt haben, daß der Raubüberfall *(ġazw)* im Selbstverständnis des Beduinen, des arabischen Nomaden der extremen Trockengebiete, geradezu zum Ideal wurde. In Einzelfällen kam es sogar zur totalen

Abhängigkeit von Gruppen seßhafter Oasenbauern *(fallāḥīn)* von Beduinenstämmen. Allerdings darf auch hier der gegenseitige Nutzen nicht übersehen werden: Die Bauern waren durch ihre Bindung an eine bestimmte Nomadengruppe zugleich geschützt gegen andere.

Auch das Verhältnis zwischen **Nomaden und Stadt** ist durch wechselseitiges Geben und Nehmen geprägt. Einerseits war und ist der Nomade auf die Stadt angewiesen, sei es als Markt für seine wirtschaftlichen Produkte, sei es zum Kauf handwerklicher Erzeugnisse. Andererseits war die Stadt für ihre Handelsbeziehungen auf die von Nomaden gezüchteten Lastkamele und auf den Schutz des Karawanenverkehrs durch nomadische Gruppen angewiesen. (Noch heute, wo Kamelkarawanen längst der Vergangenheit angehören, rekrutiert sich die dem saudischen Königshaus besonders verpflichtete Nationalgarde im wesentlichen aus Angehörigen (ehemaliger) Beduinenstämme.) Eine weitere Beziehung zwischen Nomaden und Stadt ist darin zu sehen, daß — insbesondere im Verbreitungsgebiet des Bergnomadismus — nomadische Stammesführer oft zugleich Häuser, ja sogar Großgrundbesitz, in der Stadt zu Eigentum hatten.

Noch heute, nachdem im Zeichen nationalstaatlicher Interessen das Nomadentum seine ehemalige Bedeutung verloren hat, ist für das historisch angelegte Dreiecksverhältnis zwischen Nomaden, Bauern und Städtern eine Reihe gegenseitiger Wirtschaftsbeziehungen charakteristisch (Abb. 16).

Abb. 16: Nomadisch-bäuerliche und nomadisch-städtische Wirtschaftsbeziehungen

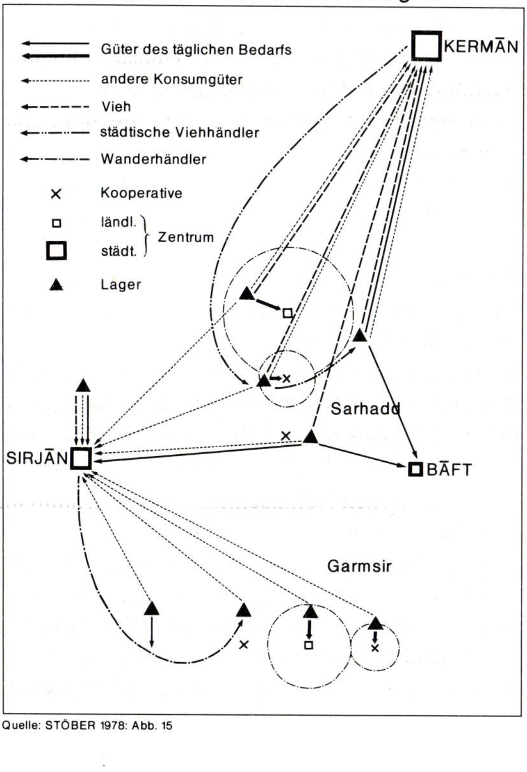

Quelle: STÖBER 1978: Abb. 15

Von besonderer Tragweite ist schließlich das Verhältnis zwischen **Bauer und Stadt**. Es ist in großen Teilen des Islamischen Orients geprägt durch ein Wirtschaftssystem, das BOBEK (1959) als „*Rentenkapitalismus*" bezeichnet hat. Bei diesem System, das nicht nur in der Landwirtschaft, sondern auch im ländlichen Heimgewerbe, in der Fischerei oder im Bergbau verbreitet ist, wird der Produktionsvorgang gedanklich in einzelne Produktionsfaktoren zerlegt, — im Falle der agrarischen Produktion wären dies z. B. der Boden, das Recht am Wasser, das Saatgut, die tierische Arbeitskraft bzw. Landmaschinen und schließlich die menschliche Arbeitskraft. Jedem dieser Produktionsfaktoren wird nun ein Anteil am Rohertrag, d. h. an der Ernte, zugeordnet. Da im Idealfall — und dieser ist sehr häufig gegeben — Boden, Wasser, Saatgut und Gespann bzw. Landmaschinen, d. h. vier Fünftel aller Produktionsfaktoren, sich in einer Hand, nämlich in der eines Großgrundbesitzers, befinden, bleibt dem das Land bewirtschaftenden Bauern für seine Arbeit nur ein Fünftel der Ernte. Dieses als „Teilbau" (PLANCK 1962) bezeichnete System kennt zahlreiche, z. T. komplizierte Varianten. (Näheres zu Rentenkapitalismus und Teilbau Kap. 4.2.3).

Hinzu kommt, daß der Großgrundbesitzer, der so den Löwenanteil des Ertrags aus der Landwirtschaft in Form von Renten abschöpft, nicht auf dem Lande lebt, sondern stadtsässig ist (Abb. 17). Häufig ist er zugleich städtischer Händler, der aus dem ländlichen Raum nicht nur die dort erwirtschafteten Erträge abschöpft — und dort nicht wieder investiert — sondern den von ihm abhängigen Bauern gegenüber zugleich als Geldverleiher auftritt, in dessen Handelsgeschäft oft das zuvor aufgenommene Geld auch wieder ausgegeben werden muß.

Angewandt auf das Verhältnis zwischen Bauer und Stadt, bedeuten Rentenkapitalismus und Absentismus eine völlige Abhängigkeit des Landes von der Stadt — häufig ist sogar von einem parasitären Charakter der Stadt gegenüber dem ländlichen Raum die Rede.[2] Diese Aussage gilt nicht für alle Teilgebiete des Islamischen Orients, vor allem nicht für den bergbäuerlichen Wirtschafts- und Lebensraum, doch ist diese Abhängigkeit in allen größeren Teilräumen des Kulturraumes Islamischer Orient zu finden und oft von dominanter Bedeutung.

Die hier skizzierten Wechselbeziehungen zwischen Bauer, Nomade und Stadt sind durchweg sehr alt, d. h. schon aus vorislamischen Quellen überliefert. Im einzelnen mag aber der Islam dazu beigetragen haben, Gegensätze zu verschärfen oder zu mildern.

Daß jüngere Entwicklungen, wie sie sich in zunehmender Urbanisierung, im Seßhaftwerden von Nomaden, in Agrarreformen usw. dokumentieren, die hier geschilderten traditionellen Verhältnisse überprägt und z. T. nachhaltig verändert haben, liegt auf der Hand. Dennoch sind auch die heutigen Verhältnisse in ihren Grundzügen ohne die Kenntnis der historischen Wurzeln nicht erklärbar.

Anmerkungen zu Kapitel 4.1

1. H. v. WISSMANN (1961); P. W. ENGLISH (1973)
2. BOBEK (1959, 1974, 1979); EHLERS (1978); WIRTH (1973)

Abb. 17: Landeigentum von Städtern in 170 Dörfern im Umland von Dezfūl

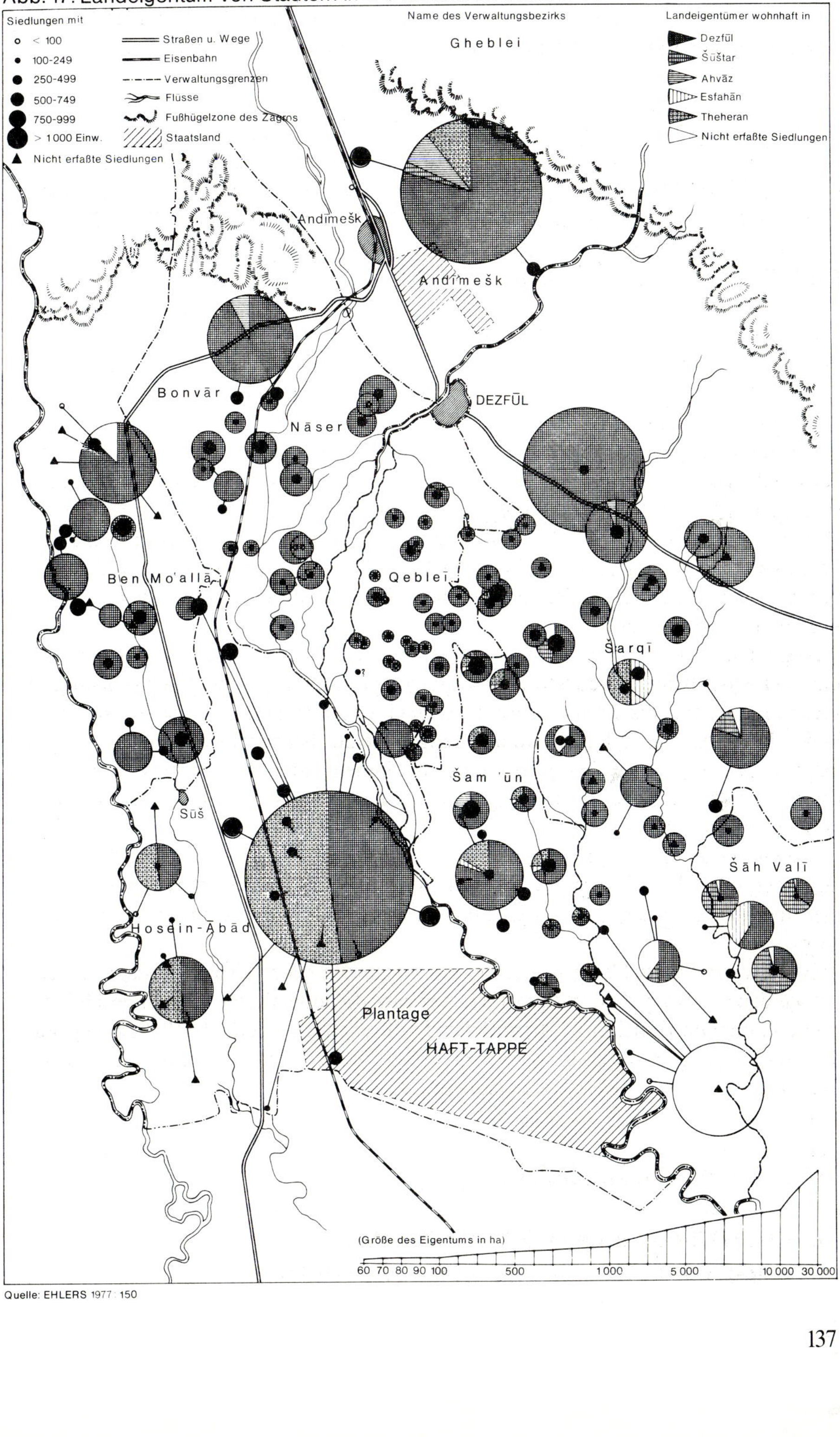

Quelle: EHLERS 1977: 150

4.2 Landwirtschaft und ländlicher Raum

(E. Ehlers)

„Der Boden unterscheidet sich (schon) innerhalb einer Handspanne" *(al-arḍ btifriq bi 'l-šibr)* ist eine gebräuchliche Redensart unter den Bauern Syriens, Libanons und Palästinas. Für sie ist der Boden entweder rot, schwarz oder weiß; er ist entweder ‚heiß' oder ‚kalt', bewässert oder von Regen abhängig, ein Garten oder ein Feld, und er ist entweder gepachtet oder Eigentum."

(Übers. G. St.).

Mit diesem Sprichwort levantinischer Bauern, das KHALIDI (1984) dem Vorwort seines großen Sammelbandes über die Agrarsozialstruktur und den sozialen Wandel im ländlichen Mittleren Osten vorausgestellt hat, sind wesentliche Aspekte der Landwirtschaft im gesamten Bereich des Islamischen Orients angesprochen. Die Vielgestaltigkeit der Agrarlandschaft, aber auch die Tatsache, daß Landwirtschaft in Vergangenheit und Gegenwart immer noch die wirtschaftliche und soziale Grundlage für viele Länder Nordafrikas und Vorderasiens war und ist — dies sind Tatsachen, die einer breiten Öffentlichkeit weitgehend unbekannt sind. Zu sehr haben Erdöl und politische Konflikte den Blick für die Lebensbedingungen und Lebensgrundlagen der großen Masse der Bevölkerung verstellt!

4.2.1 Landwirtschaftliche Nutzflächen — Grundzüge ihrer Verbreitung

Tab. 4 macht wesentliche Grunddaten der landwirtschaftlichen Nutzung in den Ländern des Islamischen Orients im Überblick deutlich. Generell gilt, daß die Kernregionen — d. h. die großen Wüstenplateaus Nordafrikas und Südwestasiens — naturgemäß nur wenig nutzbar sind, ihre Peripherien dagegen z. T. bedeutende Acker- und Weidewirtschaftspotentiale besitzen.

Was die absolute Verbreitung landwirtschaftlicher Nutzflächen anbelangt, so sind vor allem die Länder des nördlichen Kettengebirgsgürtels (Türkei, Pakistan, Iran und Afghanistan), aber auch die Länder der südlichen Peripherie (z. B. Sudan) bevorzugt. Wenn dieses Faktum auch ganz zweifellos mit der beträchtlichen Größe der Staatsfläche dieser Länder zusammenhängt, so sind sie aber auch durch ihren relativen Anteil der landwirtschaftlichen Nutzfläche an der gesamten Staatsfläche ausgezeichnet. In Pakistan macht die landwirtschaftliche Nutzfläche immerhin ein Viertel der Staatsfläche, in der Türkei sogar über ein Drittel aus. Aber auch andere Staaten wie beispielsweise Syrien, Irak, Tunesien, Nordjemen, Libanon und andere erreichen hohe relative Anteile der landwirtschaftlichen Nutzfläche an ihrem Gesamtterritorium. Ihnen allen ist gemein, daß sie Bergländer sind oder doch zu großen Teilen aus bergigem Relief aufgebaut sind.

Tabelle 4: Landwirtschaftliche Flächen in den Staaten des Islamischen Orients im Jahre 1983

Land	Ackerland u. Dauer-kulturen (A + D) (in 1.000 ha)	Anteil von A + D am Staats-gebiet (in %)	Bewässerte Anbaufläche (in 1.000 ha)	Anteil d. bewäss. Anbaufl. an A + D (in %)	Dauer-kulturen (in 1.000 ha)	Weide-flächen (in 1.000 ha)	Hektar LN pro Einwohner
Welt	1.472.502	11,30	213.361	1,5	100.769	3.162.370	0,3200
Naher und Mittl. Osten	124.679	6,30	28.754	23,1	8.280	393.550	0,3200
Türkei	27.281	35,00	2.080	7,6	2.892	9.400	0,5600
Pakistan	20.295	25,50	11.400*	56,2	335	5.000	0,2200
Iran	13.700	8,30	4.202	30,7	600	44.000	0,3300
Sudan	12.448	5,00	1.575	12,7	58	56.000	0,6200
Afghanistan	8.054	12,40	2.460	30,5	144	30.000	0,4700
Marokko	7.930	11,20	.540	6,8	485	12.500	0,3500
Algerien	7.513	3,20	341	4,5	638	36.315	0,3600
Syrien	5.801	31,30	567	9,8	513	8.312	0,5800
Irak	5.450	12,50	1.187	21,8	200	4.000	0,3800
Tunesien	4.997	30,50	163	3,3	1.510	3.142	0,7300
Nordjemen	2.790	14,30	245	8,8	50	7.000	0,4500
Ägypten	2.468	2,50	2.468**	100,0	163	—	0,0550
Libyen	2.092	1,20	304	14,6	327	13.200	0,6300
Saudi-Arabien	1.134	0,50	595	52,5	74	85.000	0,1100
Somalia	1.116	1,80	160	14,3	16	28.850	0,2100
Israel	420	20,20	203	48,3	95	818	0,1000
Jordanien	413	4,20	38	9,2	38	100	0,1200
Libanon ('75)	298	28,70	86	28,9	88	10	0,1100
Mauretanien	208	0,20	9	4,3	3	39.250	0,1200
Südjemen	207	0,60	70	33,8	20	9.065	0,100
Oman	41	0,20	38	92,7	23	1.000	0,0420
Verein. Arab. Emirate	14	0,20	14	100,0	7	200	0,0140
Bahrain	4	5,90	4	100,0	1	4	0,0120
Katar	3	0,30	3	100,0	—	50	0,0110
Kuwait	1	0,10	1	100,0	—	134	0,0006
Djibouti	1	0,04	1	100,0	—	200	0,0030
Zum Vergleich: Bundesrepublik Deutschland	7.462	30,50	316	4,2	218	4.675	0,1200

* davon 3,3 Mio. ha mit zwei Ernten im Jahr
** davon 1,89 Mio. ha mit zwei, teilweise mit drei Ernten im Jahr

Quelle: MEHNER 1988:369, Tabelle 1
Nach: FAO Production Yearbook 1983, Bd. 37, Rom 1984.

Ein zweites Phänomen, das in Tab. 4 eindrucksvoll belegt wird, ist der hohe Anteil des Bewässerungslandes an der landwirtschaftlichen Nutzfläche. Allen voran stehen hier Ägypten und Pakistan, deren landwirtschaftliche Nutzflächen zu großen Teilen bzw. zur Gänze auf der Grundlage künstlicher Bewässerung beruhen. Sind es in Pakistan und Ägypten die großen Stromtiefländer von Indus und Nil, so sind auch die hohen Anteile von Bewässerungsland in der Türkei, in Sudan, in Iran und Afghanistan sowie in Irak fast ausschließlich an Flußwasserressourcen gebunden. Ihre Ableitung und vor allem ihre Regulierung als Ergebnis z. T. gewaltiger Staudammprojekte ermöglichen allenthalben flächenhafte Bewässerungsvorhaben und haben vor allem seit dem Zweiten Weltkrieg zu erheblichen Intensivierungen der landwirtschaftlichen Produktivität beigetragen. — Alle anderen Staaten weisen demgegenüber vergleichsweise kleine Bewässerungsareale auf. Die hohen Prozentsätze von Bewässerungsland an der landwirtschaftlichen Nutzfläche in den Scheichtümern am Persischen Golf sowie in Saudi-Arabien resultieren aus der Tatsache, daß Pumpbewässerung in ihnen die fast einzige Möglichkeit landwirtschaftlicher Gütererzeugung ist.

Ein drittes Faktum, das aus Tab. 4 ersichtlich wird, ist die mehr oder weniger weite Verbreitung von Weideflächen. Vor allem in den Ländern des Kettengebirgsgürtels, aber auch im Bereich des sogenannten „Fruchtbaren Halbmondes“ erreichen Weideflächen große Ausdehnungen. Es sind dies die natürlichen Steppenlandschaften, die einstmals diese Region geprägt haben und die seit Jahrtausenden den ökologischen Rahmen abgeben, der auch hier die Grundlage jeder landwirtschaftlichen Betätigung ist.

Ohne an dieser Stelle in weitere Einzelheiten der landwirtschaftlichen Produktion in den Ländern des Islamischen Orients einzutreten, mag Tab. 5 die bereits angesprochene herausragende *sozioökonomische Bedeutung der Landwirtschaft* in dem Untersuchungsraum belegen. Tab. 5 macht deutlich, daß nicht nur viele Millionen Menschen im ländlichen Bereich leben und aus der Landwirtschaft die Grundlage ihrer Existenz beziehen, sondern daß die ländliche Bevölkerung in weiten Teilen der Region immer noch einen Anteil von 50 % und mehr an der Gesamtbevölkerung erreicht. Auch die überdurchschnittlich hohen Anteile der im Agrarsektor Beschäftigten an der Gesamtbeschäftigtenzahl verdeutlicht die Tatsache, daß viele Länder des Islamischen Orients in ihrer allgemeinen wirtschaftlichen und sozialen Entwicklung zunächst einmal nichts anderes sind als Entwicklungsländer. In dieser Hinsicht unterscheiden sie sich nicht von der großen Zahl anderer Länder der Dritten Welt.

Dennoch verleihen die historische Entwicklung dieser Region und ihre besondere ökologische Differenzierung in große und ausgedehnte Trockengebiete einerseits sowie in extrem fruchtbare und wasserreiche Stromtiefländer andererseits dem ländlichen Raum ein besonderes und für die Menschheitsgeschichte herausragendes Gepräge. Zum einen ist der Nahe und Mittlere Osten, insbesondere der „Fruchtbare Halbmond“, der Ursprungsraum permanenter landwirtschaftlicher Nutzung der Erde durch den Menschen. Es war hier, daß sich — wie schon erwähnt — die sogenannte „Neolithische Revolution“ vor etwa 10.000 Jahren vollzog. Die erste Domestikation von Haustieren (Schaf, Ziege und Rind) und die Entwicklung von Steppengräsern zu Frühformen unserer Getreide (Weizen und Gerste) ermöglichten in den Steppen des Vorderen Orients

Tabelle 5: Demographische Struktur des Nahen und Mittleren Ostens

Land	Bevölkerung insgesamt 1983 in 1.000	Steigerung 1970—1980 in %	Ländliche Bevölkerung 1983 in 1.000	Steigerung 1970—1980 in %	Anteil der im Agrarsektor Beschäftigten an der Gesamtbeschäftigtenzahl in % 1960	1980
Welt	4.669.685	26	2.075.884	9	56	45
Naher und Mittlerer Osten	395.209	48	182.842	23	69	53
Pakistan	94.656	44	49.094	27	61	57
Türkei	48.692	38	24.403	2	79	54
Ägypten	45.111	38	12.753	39	58	50
Iran	41.808	47	14.798	16	54	39
Marokko	22.383	48	11.058	29	62	52
Algerien	21.027	53	9.667	17	67	25
Sudan	20.020	42	15.033	30	86	76
Afghanistan	17.194	39	13.158	31	85	79
Irak	14.479	55	5.555	27	53	42
Syrien	10.084	61	4.680	46	54	33
Saudi-Arabien	10.055	75	5.861	55	71	61
Tunesien	6.831	33	2.587	10	56	35
Nordjemen	6.223	29	4.576	20	83	75
Somalia	5.301	90	4.157	76	88	82
Israel	4.100	38	253	- 12	14	7
Jordanien	3.617	57	854	10	44	20
Libyen	3.348	69	412	- 35	53	19
Libanon	2.811	14	222	- 54	38	11
Südjemen	2.010	34	1.140	31	70	49
Mauretanien	1.781	43	1.444	33	91	69
Kuwait	1.573	111	26	50	2	1
Verein. Arab. Emirate	1.180	420	129	148	4	7
Oman	978	50	782	42	80	45
Djibouti	340	113	102	92	45	41
Bahrain	340	55	68	55	7	3
Katar	267	141	40	21	2	3
Zum Vergleich: Bundesrepublik Deutschland	61.400	1	2.041	- 55	14	4

Quelle: MEHNER 1988:372

Nach: FAO Prodction Yearbook 1983, Bd. 37, Rom 184;
Weltentwicklungsbericht 1981 und 1984 der Weltbank, Washington;
Länderberichte des Statistischen Bundesamtes Wiesbaden, Bahrain 1984, Djibouti 1983, Katar 1984, Kuweit 1983, Oman 1984, Vereinigte Arabische Emirate 1983

den Übergang der Menschen von einer mobilen Lebensweise zu der eines seßhaften Bauerntums. Aber nicht nur dies: Zum zweiten war es ebenfalls in der Region des heutigen Islamischen Orients, wo in den großen Stromtiefländern von Nil, Euphrat und Tigris sowie des Indus erstmals eine großflächige Landwirtschaft auf Bewässerungsgrundlage entwickelt wurde.[1] Voraussetzung dafür waren exakte und langjährige Beobachtungen des Wasserhaushalts und der Gestirne, in Verbindung damit die Kalendrierung des Jahres, die Entwicklung von Schrift und Gesetzeswerken sowie mathematischer Kenntnisse, kurz: die Entwicklung von wissenschaftlichen und technischen Fähigkeiten, deren Träger eine herrschaftlich organisierte Priester- und Kriegerkaste einschließlich einer straff organisierten Beamtenschaft wurde. Die damit verbundene Entstehung des frühesten Städtewesens mit einer monumentalen Architektur ist an diese Phase der Entwicklung der ersten Hochkulturen in der Menschheitsgeschichte gebunden. Dieses bedeutet zum dritten aber, daß viele der heute noch vorhandenen Wirtschaftsweisen und Sozialstrukturen ebenfalls auf eine jahrtausendealte und in prä-islamische Zeit zurückreichende Wurzel verweisen können. Man mag dies als Ausdruck einer Stagnation und Rückständigkeit ansehen; man kann es aber auch als Ausdruck einer bewährten und optimal entwickelten Anpassung des Menschen an die ökologischen und ökonomischen Rahmenbedingungen des Raumes sehen.

Auf alle Fälle steht fest: die historischen Besonderheiten dieser Region machen den Kernraum des heutigen Islamischen Orients zur ältesten Kulturlandschaft der Menschheitsgeschichte. Der ländliche Raum und seine materielle wie geistig-organisatorische Kultur, die in weiten Teilen bis auf den heutigen Tag fortlebt, sind Ausdruck dieser großen und einmaligen Tradition.

4.2.2 Die naturgeographischen Grundlagen der Landwirtschaft

Wie bereits in Kapitel 3 dargelegt wurde, kann man die Region des Islamischen Orients aus physisch-geographischer Hinsicht in zwei Großräume untergliedern: Zum einen in den Bereich der Ketten- und Faltengebirgsgürtels des Maghreb, der Türkei, des Hochlandes von Iran und Afghanistan und die von ihnen umschlossenen Hochplateaus, zum anderen in den Bereich der Tafel- und Schollenländer der arabischen Welt Nordafrikas und Vorderasiens. Diese Zweiteilung ist — wie wir sehen werden — für die unterschiedliche Ausprägung der landwirtschaftlichen Nutzung in den verschiedenen Teilen der Region von ausschlaggebender Bedeutung. In Anlehnung an die naturräumliche Gliederung und Differenzierung, vor allem aber in Abhängigkeit vom Klima — insbesondere von der Verfügbarkeit von Niederschlagswasser — ergeben sich insgesamt drei Formen unterschiedlicher landwirtschaftlicher Nutzung. Sie lassen sich vereinfacht wie folgt differenzieren:

a) die Gebiete des Steppenbauerntums;
b) die Areale eines vorherrschenden Oasenbauerntums;
c) die Gebiete eines Gebirgsbauerntums.

Diese Gebiete unterscheiden sich nicht nur durch die landwirtschaftliche Nutzung, sondern insbesondere auch in den Ausprägungen ihrer traditionellen Agrarsozialstruktur sowie in den politischen Verhältnissen.

Zu a) Steppenbauerntum

Die Gebiete des Steppenbauerntums, häufig auch als solche eines extensiven Pflugbaus bezeichnet, sind im wesentlichen an die großen Hochländer im Kettengebirgsgürtel Nordafrikas und Vorderasiens sowie an die Außenabdachung der Hochgebirge geknüpft. Als solche umfassen sie im wesentlichen die Hochbecken der Maghreb-Länder, aber auch Zentralanatolien, die Hochländer von Iran und Afghanistan sowie vor allem das Gebiet des „Fruchtbaren Halbmondes". Bei letzterem handelt es sich um jene halbkreisförmig sich an die Außenabdachung von Libanon, Taurus und Zagros-Gebirge anlehnenden natürlichen Steppenlandschaften, die Teile des heutigen Jordanien, Syrien, der südlichen Türkei sowie des nördlichen und östlichen Irak und kleine Areale des westlichen Iran umfassen.

Allgemeines Kennzeichen der Gebiete eines traditionellen Regenfeldbaus ist die Tatsache, daß vor allem großflächiger Getreideanbau — insbesondere Weizen und Gerste — betrieben wird. Der Anbau vollzieht sich dabei im Regelfall auf der Basis einer zwei- oder dreijährigen Rotation mit Brache. Je nach Verfügbarkeit von Niederschlagswasser sind die beiden folgenden Rotationszyklen am häufigsten anzutreffen:

Weizen/Gerste		Weizen/Gerste
Brache	oder	Brache
		Brache

Während der Vorbereitungszeit der Felder für die Aussaat werden die Ackerflächen mehrfach gepflügt, um ein leichteres Eindringen der überwiegend winterlichen Schmelz- und Regenwässer zu ermöglichen, ihre Austrocknung zu verhindern und die kapillare Speicherkapazität zu steigern. Nach der Ernte dienen die Stoppelfelder in zunehmendem Maße bäuerlichen und nomadischen Viehherden als zusätzliche Weideländereien. Für die Abgrenzung der Areale des Regenfeldbaus gilt im Regelfall die 300mm-Isohyete, was bedeutet, daß sich das Verbreitungsgebiet im wesentlichen mit den feuchteren Teilen der natürlichen Steppengebiete deckt.

Bis weit in das 20. Jahrhundert hinein waren die Steppenlandschaften weithin nur extensiv genutzt und bewirtschaftet. Dörfer — meist große Haufendörfer mit aus Lehm errichteten Gehöften — lagen in weitem Abstand voneinander, nicht selten durch hohe Mauern gegen immer wieder auftretende Überfälle räuberischer Nomaden geschützt. Sowohl im Bereich des „Fruchtbaren Halbmondes" als auch auf den Hochländern des Kettengebirgsgürtels erfolgten allerdings seit dem späten 19. und frühen 20. Jahrhundert, vor allem aber seit dem Zweiten Weltkrieg, allenthalben eine starke Zunahme der Siedlungsdichte und Ausweitungen der landwirtschaftlichen Nutzflächen. Nicht nur die zunehmende Befriedung der Nomaden, sondern ebenso der zunehmende Bevölkerungsdruck waren Ursachen dieses Wandels. Dabei stießen diese Ausweitungen häufig an die agronomischen Trockengrenze, was gelegentlich — insbesondere nach Jahren überdurchschnittlich großer Trockenheit — zu Siedlungsaufgabe und -rückverlegung führte. Bis heute ist dieser oszillierende Grenzsaum ein Charakteristikum der Gebiete des Steppenbauerntums. Angesichts des großen Flächenbedarfs der Landwirtschaft ist das Siedlungsbild im Gebiet des Steppenbauerntums durch weitabständig voneinander gelegenen Großdörfer gekennzeichnet. Die traditionelle Agrarsozialstruktur unterscheidet sich indes kaum von der anderer Agrarlandschaften des Islamischen Orients. Wie wir aus zahlreichen Arbeiten über den Maghreb (MENSCHING 1957, 1968), die Türkei (HÜTTEROTH 1982), Syrien (WIRTH 1971), Irak (WIRTH 1962) oder Iran (EHLERS 1980) wissen, waren absentistisches Großgrundeigentum und Teilbau bzw. Teilpacht hier ebenso verbreitet wie anderswo. Wirtschaftliche Abhängigkeit der großen Masse der ländlichen Bevölkerung von stadtsässigen Landlords, Kennzeichen des für den Islamischen Orients so oft beschriebenen Systems des Rentenkapitalismus, galten bis zu Landreformen verschiedenster Ausprägung (für Irak vgl. WIRTH 1982, für das monarchische Iran EHLERS 1980) für fast alle Teile des Steppenbauerntums.

Zu b) Oasenbauerntum

Sehr charakteristisch für alle Teile Nordafrikas und Vorderasiens sind verschiedene Formen und Methoden der Bewässerungslandwirtschaft. Hier unter dem Begriff des Oasenbauerntums zusammengefaßt, müssen wir dennoch in zwei große Gruppen untergliedern:

- die Gebiete großflächiger Flußbewässerung sowie
- die Areale kleinflächiger Oasenbewässerung im weitesten Sinne.

Wie bereits in der Einleitung zu diesem Kapitel betont, stellen die Stromtiefländer von Nil, Euphrat und Tigris sowie des Indus die Zentren der ersten Hochkulturen der Menschheit dar. Wie angedeutet, war die Entwicklung dieser durch das Städtewesen gekennzeichneten Hochkulturen gebunden an die Regulierung und an das wissenschaftliche wie administrative Management von Wasser. Der bekannte Historiker WITTFOGEL (1962) hat deshalb diese Kulturen — wie auch jene in Süd- und Ostasien sowie in den indianischen Hochkulturen — als „hydraulische Zivilisationen" bezeichnet. Ihr Kennzeichen ist die herrschaftliche Organisation und Administration von Wasser und Bewässerungseinrichtungen. Entstehung und Ausbau eines differenzierten Staatsapparates mit einer großen Beamtenschaft, geführt von Gottkönigen (Pharaonen) und Priestern, ebenso aber auch von mächtigen weltlichen Herrschern, waren die Folge. Die herrschaftliche Durchdringung der Landwirtschaft sowie eine vollkommene sozioökonomische Abhängigkeit der Landbewirtschafter (Bauern und Pächter) von der Herrschaft entwickelte sich somit schon frühzeitig zu einem besonderen Kennzeichen dieser großflächigen Bewässerungskulturen auf der Grundlage der Regulierung von Flußwasser. Seit dem 19., vor allem aber seit dem 20. Jahrhundert sind künstliche Bewässerungsareale durch die Anlage großer Staudammprojekte zu diesem Typus der Bewässerungslandwirtschaft hinzugekommen. Gerade die aus vielen Teilen des Islamischen Orients beschriebenen großflächigen Bewässerungslandwirtschaften des 19. und 20. Jahrhundert tragen immer noch den Stempel herrschaftlicher Prägung und Organisation (vgl. dazu DETTMANN 1978, IBRAHIM 1982, MEYER 1984, SCHAMP 1983, SCHOLZ 1984).

Im Gegensatz zu den Formen extensiven Pflugbaus in den Steppengebieten ist die *Bewässerungslandwirtschaft der große Stromtiefländer und Staudammprojekte* gekennzeichnet durch äußerst intensive Formen der Landnutzung. Wie bereits aus Tab. 4 hervorgeht, erlauben diese Formen der Bewässerungslandwirtschaft, vor allem in den großen Tafel- und Schollenländern Nordafrikas und Vorderasiens, äußerst intensive Feldbewirtschaftung mit teilweise zwei oder sogar drei Ernten pro Jahr. Besonders ausgeprägt ist dies in Ägypten, wo aus verschiedenen Teilen des Landes z. B. die folgenden Fruchtfolgesystem beschrieben worden sind (nach SHAFSHAK 1973):

Dreijährige Bauwollfruchtfolge im Reisbaugebiet:

Flächenverhältnis	Anbausaison		1. Jahr	2. Jahr	3. Jahr
1. Feld	Winterung	Klee (Zwfr.)/Brache			
$33^1/_3$ %	Sommerung	Baumwolle	(A)	(B)	(C)
2. Feld	Winterung	Weizen u. Gerste			
$33^1/_3$ %	Sommerung	Reis	(B)	(C)	(A)
3. Feld	Winterung	Klee u. Ackerbohnen			
$33^1/_3$ %	Sommerung	Mais	(C)	(A)	(B)

Zweijähriger Getreide-Leguminosen-Fruchtwechsel:

Flächenverhältnis	Anbausaison		1. Jahr	2. Jahr
1. Feld	Winterung	Wintergetreide		
		Brache	(A)	(B)
50 %	Sommerung	Überschwemmung		
2. Feld	Winterung	Klee, Körnerleguminosen		
		Brache	(B)	(A)
50 %	Sommerung	Überschwemmung		

Wenn Ägypten auch ganz zweifellos die differenziertesten Landnutzungsmuster auf Bewässerungsgrundlage entwickelt hat und damit in der Intensität der Bewässerungslandwirtschaft einen großen Vorsprung z. B. vor den Stromtiefländern in Irak (WIRTH 1962) oder Pakistan (DETTMANN 1978) hat, so belegen die obigen Beispiele einer mehrjährigen und mehrgliedrigen Fruchtfolge, daß bis in die jüngste Zeit hinein die großflächige Bewässerungslandwirtschaft eine perfekte Organisation voraussetzt. So nimmt es auch kein Wunder, daß beispielsweise die Nilstromoase Ägyptens zu den ertragreichsten landwirtschaftlichen Produktionsgebieten der Erde zählt. Auf der anderen Seite ist nicht zu verkennen, daß der moderne Eingriff des Menschen in das natürliche Ökosystem auch in den großen Stromtiefländern zu problematischen ökologischen Entwicklungen geführt hat. Sowohl aus Ägypten (IBRAHIM 1982, SCHAMP 1983) als auch aus Mesopotamien und dem Industiefland (SCHOLZ 1984) sind Versalzung und Versumpfung landwirtschaftlicher Nutzflächen als Ergebnis einer permanenten Bewässerung beschrieben worden. Aber nicht nur ökologische, sondern auch ökonomische Problem prägen diese Gebiete moderner Bewässerungslandwirtschaft. Dies gilt vor allem für moderne Staudammprojekte, die den traditionellen Fähigkeiten und Verständnissen der Fellachen in keiner Weise angepaßt sind (POPP 1983). Aus diesem Mißverhältnis von modernster Technologie einerseits sowie einem tradierten Kenntnisstand und den beschränkten Möglichkeiten der Bauern und Pächter andererseits resultieren tiefgreifende soziale Probleme in vielen Teilen der modernen Bewässerungslandwirtschaft des Islamischen Orients.

Sehr viel kleinflächiger, dennoch aber nicht weniger intensiv und vor allem nicht weniger typisch sind die *Gebiete einer punktuellen Oasenlandwirtschaft*, die in allen Teilen des Islamischen Orients anzutreffen ist. Gebunden an den Austritt natürlicher Quellen, an die kunstvolle Erschließung von Grundwasserressourcen durch sogenannte Qanate, Foggaras oder Kareze (BEAUMONT/BONINE/McLACHLAN, Hg. 1989) sowie neuerdings an eine weitverbreitete Pumpbewässerung, die mit Hilfe von Dieselpumpen oberflächennahe Grundwasserreserven an die Oberfläche fördert, sind die Gebiete dieser Oasenwirtschaft durchweg kleinräumig. Sie erreichen — wie übrigens auch etliche Bewässerungsareale, die durch die Ableitung des Wassers periodisch/episodisch wasserführender Flüsse und Bäche gespeist werden — oftmals nur die Größe einzelner Garten- oder Ackerfächen und gehen oft nicht über 100 ha Größe hinaus. Dennoch sind sie in weiten Teilen sowohl des Faltengebirgsgürtels als auch der Tafel- und Schollenländer eine wesentliche Grundlage der traditionellen Landwirtschaft. Angepaßt sowohl an die ökologischen Gegebenheiten der Räume als auch an die technischen und ökonomischen Möglichkeiten der Oasenbauern, sind sie in weiten Teilen der ariden und semiariden Wüsten- und Steppenländer die Grundlage eines landwirtschaftlichen Einkommens für kleine Dörfer und Gehöftgruppen.

Ähnlich wie in den Gebieten des Steppenbauerntums, insgesamt aber dennoch sehr viel intensiver, sind die agrarsozialen Bedingungen des Oasenbauerntums durch Abhängigkeit von städtischen und — besonders in der Vergangenheit — von nomadischen Grundeigentümern geprägt. Die einst wie heute aufwendige Administration und Organisation der Bewässerungswirtschaft, mehr aber noch die kostenaufwendige Erschließung der Wasserressourcen, führte von Anbeginn zu einer starken eigentumsrechtlichen Überfremdung des Oasenbauerntums. Wie die Steppenbauern, so sind auch die Bewohner der Oasen meist nur Pächter oder Teilbauern, die gemäß den Aufteilungsmechanismen des Erntegutes (vgl. dazu Kapitel 4.2.3) nur einen Teil der Erträgnisse ihrer Arbeit zur Verfügung haben. Abhängigkeit von städtischen (oder nomadischen) Notabeln und damit insgesamt eine soziökonomische Rückständigkeit sind auch heute noch Merkmale vieler bäuerlicher Oasengebiete.

Zu c) Gebirgsbauerntum

Weniger durch den Anbau als vielmehr durch ihre soziale Organisation und ihre politische Eigenständigkeit heben sich die Areale des Gebirgsbauerntums von den beiden vorgenannten ab. Bedingt durch die Lage in schwer zugänglichen Hochgebirgen sowohl in Nordafrika als auch in den Bergländern der Türkei, Irans und Afghanistans, aber auch etwa in den Randgebirgen Arabiens in ihrem Abfall zum Roten Meer, haben sich politisch freie bäuerliche Gemeinwesen entwickeln können, die sowohl dem Zugriff städtischer Herrschaft als auch nomadischen Überfällen entzogen waren. Diese Gebiete eines freien und weithin unabhängigen Bauerntums, von BOBEK als „Kabyleien" bezeichnet, haben über Jahrtausende hinweg ihre wirtschaftliche, soziale und politische Unabhängigkeit bewahren können. Meist handelt es sich bei diesen

Gebieten des Gebirgsbauerntums um flächenmäßig kleine bzw. isoliert gelegene Talschaften, in denen die ländliche Bevölkerung eine Kombination von Land- und Viehwirtschaft ausführte.

In Landnutzung und Sozialstruktur unterscheiden sich die Siedlungsräume der Gebirgsbauern grundsätzlich von denen des Steppen- und Oasenbauerntums. In der Landnutzung dominieren, neben höhenangepaßtem Getreidebau, vor allem Sonderkulturen wie Obst verschiedenster Art, Gemüse sowie Blumenzucht. Sie verleihen dem Gebirgsbauerntum, zusammen mit den Erträgnissen aus der bäuerlichen Viehhaltung, auch heute noch eine besondere Bedeutung für die Versorgung der großen gebirgsnahen Städte mit Fleisch, Milch, Obst und anderen Lebensmitteln.

Das Beispiel Afghanistan lehrt, daß die Bergländer des Islamischen Orients selbst mit modernster Technologie und Logistik nicht zu erobernde und nur schwer passierbare Rückzugsgebiete darstellen. Wieviel schwieriger mußten diese Gebirgsregionen in der Vergangenheit in staatliche Gebilde einzugliedern gewesen sein! Die Geschichte zeigt, daß seit den frühesten Hochkulturen Bergvölker und Bergstämme immer wieder eine besondere Bedeutung im politischen Leben Nordafrikas und Vorderasiens besessen haben (BURNEY/LANG 1975). Vor allem nach der Islamisierung spielten Atlas- und Rifgebirge im Maghreb, Taurus und Pontus sowie das gesamte Ostanatolien ebenso wie Elburs und Zagros oder der Hindukusch nicht nur als Rückzugsgebiete für die eroberten Völker eine besondere Rolle, sondern zugleich als Ausgangspunkte für die Organisation des Widerstandes gegen Eroberer und Fremdherrschaft. Der Kabylei-Charakter dieser Siedlungen — d. h.: die meist durch keine Abhängigkeiten an fremde Grundherrschaft geprägte Agrarsozialstruktur, die Wehr- und Verteidigungsfähigkeit der Dörfer sowie die freiheitliche Tradition — verleihen den Gebieten des Gebirgsbauerntums bis heute eine Sonderstellung innerhalb des ländlichen Raumes des Islamischen Orients.

4.2.3 Die traditionelle Agrarsozialstruktur und ihre Wurzeln

Die skizzierten Formen der Landwirtschaft in ihrer regionalen Vielfalt und Differenzierung sind im Hinblick auf die Agrarsozialstruktur allerdings vor einem vereinheitlichenden Hintergrund zu sehen. Angesehen von den Gebieten des Gebirgsbauerntums und ihrer historisch bedingten Eigenstellung sind die allgemeinen Kennzeichen der Agrarsozialstruktur in den Verbreitungsgebieten des Steppen- wie des Oasenbauerntums:

a) die rentenkapitalistische Auflösung des landwirtschaftlichen Produktionsprozesses in vier bzw. fünf Produktionsfaktoren;
b) die weite Verbreitung von ideellem Grundeigentum und eine regelmäßige Umverteilung der Flur unter den Bauern;
c) das bereits mehrfach angesprochene absentistische Großgrundeigentum und
d) die damit zusammenhängende weitverbreitete Form des Teilbaus bzw. der Teilpacht.

Aufgabe diese Kapitels soll es sein, die wesentlichen Merkmale dieser kulturraumspezifischen Eigenheiten der Agrarsozialstruktur und ihre historischen Wurzeln aufzuzeigen.

Zu a): Auflösung des landwirtschaftlichen Produktionsprozesses in Produktionsfaktoren

Es ist allgemein bekannt und gilt als typisch für die wirtschaftliche Struktur des landwirtschaftlichen Produktionsprozesses in islamischen Ländern, daß insgesamt vier bzw. fünf Produktionsfaktoren für den Erfolg bzw. Mißerfolg einer Ernte in Rechnung gestellt werden. In den Gebieten des Regenfeldbaus — und damit vor allem in den Gebieten des Steppenbauerntums verbreitet — gelten die folgenden vier Faktoren als die entscheidenden:

Land — Saatgut — tierische Arbeitskraft und Gerät — menschliche Arbeitskraft.

Jeder dieser Faktoren wird — in einer vereinfachten Form — mit 25 % für Erfolg bzw. Mißerfolg der Ernte gerechnet. In den Gebieten des Bewässerungsfeldbaus und damit in fast allen Verbreitungsarealen des Oasenbauerntums kommt der entscheidende Faktor *Wasser* hinzu. Hier werden dann die insgesamt fünf Produktionsfaktoren zu jeweils 20 % am Ernteertrag beteiligt. Dieses System vor allem einer fünf Produktionsfaktoren berücksichtigenden Ertragsbildung in der Landwirtschaft ist so weit verbreitet, daß es im arabischen Sprachbereich mit dem Ausdruck *ḫamsāt*-System (von arab. *ḫamsa* = fünf) bezeichnet wird. Es war unter anderem diese Aufteilung des landwirtschaftlichen Produktionsprozesses in einzelne, unabhängig voneinander zu handelnde Produktionsfaktoren, die den österreichischen Geographen BOBEK zu seiner These vom Rentenkapitalismus anregte.

BOBEK, der den Begriff des Rentenkapitalismus erstmals 1950 prägte und beschrieb, versteht darunter den folgenden, in späteren Publikationen (v. a. 1959) präzisierten Vorgang:

> „Der Rentenkapitalismus entstand durch die Kommerzialisierung und die in völlig erwerbswirtschaftlichem Geiste Ausformung der ursprünglich herrschaftlichen Rentenansprüche an die bäuerliche und gewerbliche Unterschicht. (. . .)
>
> Das Wesen der Kommerzialisierung der ursprünglich herrschaftlichen Rentenansprüche bestand darin, ihnen Titel unterzulegen, die als Ware frei gehandelt werden konnten. So wurde die bäuerliche Erzeugungswirtschaft gedanklich in ein System von Produktionsfaktoren aufgelöst, deren jedem ein bestimmter, meist gleich hoch eingeschätzter Anteil am Rohertrage in natura zugerechnet wurde: Als die wesentlichen Produktionsfaktoren wurden und werden in der Regel heute noch die folgenden angenommen: Boden, Wasser (das in Gebieten ausreichenden Regenfalls oder reichlicher Wasserspende durch einen Fluß mit dem Boden gewöhnlich verbunden bleibt), Saatgut, Arbeitstiere (und sonstiges Inventar, das kümmerlich genug ist), schließlich die menschliche Arbeit. Gesonderte Bestimmungen regeln die Verpflichtungen hinsichtlich Staat und Dorfgemeinde. Offenkundig ist der rentenkapitalistische Idealzustand erreicht, wenn dem Bauern nur der knappe Anteil für seiner Hände Arbeit verbleibt. Doch ist es selbst möglich, die bäuerliche Arbeit aufzusplittern (etwa in Pflugarbeit, Erntearbeit, gegebenenfalls Baumpflege usw.) und mit entsprechenden Ertragsanteilen zu vergüten. Der Begriff des ‚Betriebs' beginnt bei einem solchen System sich aufzulösen in eine Serie von Eigentumstiteln bzw. Leistungen und zugeordneten Rentenansprüchen" (BOBEK 1959:280 f.).

Übersicht 3: Hadithe zur Landwirtschaft

- Der Prophet sagt: „Wer Land kultiviert, das niemandem gehört, hat das größere Anrecht darauf."
- Der Gesandte Gottes gab die Ḫaybar-Ländereien den Juden unter der Bedingung, daß sie sie bestellten und sie die Hälfte des Ertrags bekämen.
- Es gab in Medina kein Haus der Auswanderer, das nicht Land bebaute für ein Drittel oder ein Viertel des Ertrags ... Und ᶜUmar beschäftigte Leute (zur Feldbestellung) mit der Bedingung, daß, wenn ᶜUmar das Saatgut stellte, er die Hälfte (des Ertrags) erhalten solle, und wenn sie das Saatgut stellten, sie ebenso viel erhielten.
- Die Anṣār hatten den Propheten aufgefordert, die Palmgärtner zwischen ihnen und ihren Brüdern (den Muhāğir) aufzuteilen. Er antwortete ihnen: „Nein". Dann sagten die Muhāğir zu den Anṣār: „Ihr versorgt die Bäume und wir teilen die Früchte mit euch." „So sei es", antworteten die Anṣār.
- ... Einer von uns verpachtete seine Ländereien und sagte: „Das Stück sei für mich, das andere für dich." Dann geschah es, daß dieses einen Ertrag brachte, das andere jedoch nicht. Der Prophet untersagte diese Art von Kontrakten.
- Als Abū Umān einen Pflug und andere landwirtschaftliche Geräte erblickte, sagte er: „Ich hörte den Gesandten Gottes folgende Worte sprechen: ‚Dies geht nicht in das Haus einer Familie hinein, ohne daß Gott nicht gleichzeitig Niedrigkeit einziehen läßt'."

Nach: El-BOKHARI: Les traditions islamiques. Bd. 2, Paris 1977, S. 91—101; MAULANA MUHAMMAD ALI: *A Manual of Hadith.* London, Dublin [3]1978, S. 302—307.

In der Tat ist die von BOBEK beschriebene Auflösung des Produktionsprozesses in die genannten Produktionsfaktoren in fast allen Ländern des Islamischen Orients gang und gäbe. Das Beispiel unterschiedlicher Aufteilungsmechanismen von Erntegut, das GHARATCHEDAGHI (1967) aus Nordiran beschrieben hat und das in Tab. 6 widergegeben ist, zeigt die große Variationsbreite dieses Systems.

Hinzu kommt allerdings, daß — wie von BOBEK bereits angedeutet — nicht nur die Aufteilung in 20- bzw. 25 %-Anteile genügend und hinreichend ist. Einzelne Produktionsfaktoren wie z. B. tierische Arbeitskraft und Geräte werden noch in weitere untergeordnete Ansprüche an diesen Faktor gegliedert. So müssen z. B. für Dienstleistungen wie Erntehilfe, Überwachen der Felder zur Saatzeit oder auch für den von der Dorfgemeinschaft bestellten Wasserverteiler bestimmte Abgaben von dem Großgrundeigentümer oder aber von den Bauern entrichtet werden. Daneben sind einzelne dörfliche Notabeln wie der Geistliche *(mulla)*, der Bürgermeister des Dorfes *(kadhoda)* oder andere Mittelsmänner bei der Ernteaufteilung zu berücksichtigen.

Abb. 18: Ernteaufteilung einer 10 ha-Weizenfläche in Südiran: Beispiel Marvdasht/Fars

Gesamtertrag	77,5 dz	=	100%
Abzüge für	11,00 dz		
Saatgut			
Transport des Erntegutes	0,75 dz		
Schleppergebühren (für Eggen und Drusch)	3,87 dz		
Abgaben an den Ortsvorsteher (kadhoda, mubāšir)	10,07 dz		
Abgaben an Wasserverteiler, Feldhüter, Erntewächter usw.	2,26 dz		
Schreiner/Schmied	0,75 dz		
Zusammen	28,70 dz	=	37%
Restmenge für Ernteaufteilung	48,80 dz	=	63%
Grundherrschaft (50%)	24,40 dz	=	31,5%
Arbeitsrotte (50%)	24,40 dz	=	31,5%
Anteilbauer A	12,20 dz		
Anteilbauer B	12,20 dz		

Verteilung des Rohertrages von 20 ha Weizenland in einem Teilbauverhältnis
Beispiel aus einem südiranischen Dorf

ROHERTRAG:	77,50 dz Weizen (100 v. H.)
ABZÜGE FÜR:	
Saatgut	11,00 dz
Schlepperbenutzung (für Einfahren)	0,75 dz
Schlepperbenutzung (für Dreschen und Scheibenegge, 5 v. H. des Gesamtertrages)	3,87 dz
Ortsobmann (13 v. H. des Gesamtertrages)	10,07 dz
Wasserverteiler, Feldhüter, Erntewächter, Wägegebühren u. a.	2,26 dz
Pauschale für Instandhaltung der Geräte	0,75 dz
„REINERTRAG"	48,80 dz (63 v. H.)

48,80 dz (63 v. H.) →
- Grundherr: 24,40 dz (31,5 v. H.)
- Arbeitsrotte: 24,40 dz (31,5 v. H.) →
  - Anteilbauer A: 12,2 dz
  - Anteilbauer B: 12,2 dz

Quelle: nach PLANCK 1962

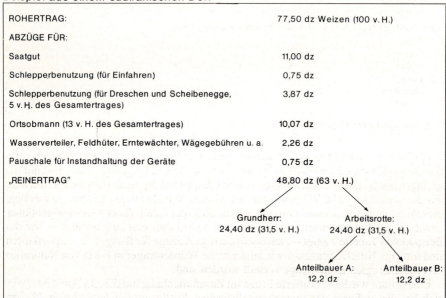

Tabelle 6: Traditionelle Formen der Teilpacht im Raum Veramin (Iran)

	Beteiligung der Pachtpartner an den Anbaufaktoren									Ernteanteile der Pachtpartner in %
	Boden	Wasser	Saatgut	Pflug	Arbeit	Dünger	Transport	Schädlingsbekämpfung	Arbeitsgeräte	
I. Getreidebau (kešt šatfi)										
1. Form										
Grundherr	+	+	+	+		+	+	+	+	75
raʿiyat					+	+	+	+		25
2. Form										
Grundherr	+	+	+	+		+	+	+	+	66
raʿiyat					+		+	+		33
3. Form										
Grundherr	+	+					+	+		55
raʿiyat			+	+	+	+	+	+	+	45
II. Anbau von Baumwolle und Hülsenfrüchten (kešt saifi)										
1. Form										
Grundherr	+	+	+	+		+	+	+	+	75
raʿiyat					+		+	+		25
2. Form										
Grundherr	+	+	+	+		+	+	+	+	66
raʿiyat					+		+	+		33
3. Form										
Grundherr	+	+		+		+	+	+		55
raʿiyat			+		+	+	+	+	+	45
4. Form										
Grundherr	+	+		+		+	+	+		50
raʿiyat			+	+	+	+	+	+	+	50
III. Gemüseanbau (Gurken, Melonen, Tomaten u. a) (kešt saifi)										
1. Form										
Grundherr	+	+		+		+	+	+		55
raʿiyat			+		+		+	+	+	45
2. Form										
Grundherr	+	+		+		+	+	+		50
raʿiyat			+	+	+	+	+	+	+	50

Quelle: GHARATCHEDAGHI 1967

Als Faktum und Ergebnis läßt sich festhalten, daß ein landwirtschaftlicher Produktionsprozeß in viele Einzeltitel aufgelöst wird und damit den Produzenten meist nur ein geringer Anteil an der Ernte verbleibt. Wie kompliziert die Aufteilung sein kann, mag das Beispiel einer 10 ha Weizenfläche in Südiran (Abb. 18) verdeutlichen. Dabei liegt diesem Aufteilungsmechanismus ein jeweils 50%iger Anteil für den Grundeigentümer sowie für die Bauern zugrunde. Dieser Anteil wird aber erst aufgesplittet — wie das Beispiel von Tabelle 7 zeigt —, nachdem die o.g. Abzüge für Saatgut, Transportkosten und sonstige Hilfeleistungen sowie an dörfliche Würdenträger in Form von Naturalien von der erzeugten Erntemenge verteilt worden sind.

Eine immer wieder diskutierte Frage im Zusammenhang mit diesem Punkt ist, ob es sich bei dieser Form der rentenkapitalistischen Auflösung des landwirtschaftlichen

Tabelle 7: Ernteaufteilung in einem boneh

Angenommene Gesamternte	100 %		
Anteil der Schmiede			0,16 %
Anteil der Tischler			0,16 %
Anteil der Feldhüter			1 %
Anteil des Bürgermeister *(kadhoda)*			1 %
Anteil des Religionsführers *(ahund)*			0,2 %
Anteil des Ochsentreibers			0,08 %
Anteile für sonstige Aufwendungen und zusätzliche Leistungen der *boneh*			5 %
Aufzuteilende Restmenge	92,4 %		
Endaufteilung des Erntegutes			
arbāb (Land, Wasser)	2 x 18,48 %	=	36,96 %
gāvband (Saat, tier. Arbeitskraft)	2 x 18,48 %	=	36,96 %
ra'iyat		=	18,48 %
			92,4 %

Quelle: nach EHLERS / SAFI-NEJAD 1979:65

Produktionsprozesses in einzelne Produktionsfaktoren und sonstige Ansprüche um eine Form des islamischen Rechtes handelt. Tatsache ist, daß dieses System heute in allen Ländern des Islamischen Orients legalisiert ist und auch im religiösen Recht mitgetragen wird. Auf der anderen Seite ist aber mit allem Nachdruck zu betonen, und BOBEK tut dies, daß ähnliche Formen der Ernteaufteilung bereits in den Hochkulturen des alten Orients weitverbreitet sind. So wissen wir aus Keilschrifttexten in Mesopotamien ebenso wie aus Urkunden ägyptischer Tempelwirtschaften, daß auch hier die Tempel bzw. die Gottkönige als Großgrundeigentümer agierten, während die große Masse des Volkes die Landwirtschaft betreiben mußte. Sie wurde dafür nur zu bestimmten Anteilen entgolten, die ihrer Arbeitskraft und den sonstigen in den Produktionsprozeß eingebrachten Faktoren entsprachen. So läßt sich mit gutem Recht sagen, daß die heute noch praktizierten und allgemein anerkannten Formen der Auflösung des Produktionsprozesses in vier bzw. fünf Produktionsfaktoren auf die prä-islamische Zeit zurückgehen.

Zu b): Ideelles Grundeigentum und die regelmäßige Umverteilung der landwirtschaftlichen Nutzflächen:

Das ohnehin schon komplizierte System der Agrarsozialstruktur wird in vielen Ländern des Islamischen Orients noch dadurch kompliziert, daß es eine katastermäßige Erfassung von Grundeigentum ursprünglich nicht gab. Sieht man einmal ab von den Gebieten einer späteren kolonialen Überprägung, in denen durch die Kolonialmächte Eigentumskataster angelegt wurden, so finden sich Eigentumsstrukturen, die von heutigen westlichen Konzepten abweichen,[2] beispielsweise in einem verbreiteten gemeinsamen Grundbesitz, bei dem die Miteigentümer nur ideelle Eigentumsanteile geltend machen können. Dieser gliedert sich nach unserem Verständnis in zwei verschiedene Kategorien, die wir als Kollektiveigentum sowie als ungeteiltes Privateigentum mehrerer Eigentümer bezeichnen würden. Im ersten Fall besitzt der einzelne Nutzungsrechte, kann aber Eigentumsansprüche nicht frei veräußern, im zweiten Fall ist das Eigentum im Prinzip teil- und veräußerbar.

Die Agrargesellschaften des Islamischen Orients haben diese Formen des Grundeigentums ausgesprochen flexibel gehandhabt. Aus Syrien beschreibt z. B. WIRTH (1971:227 f.) das System kollektiven Dorfeigentums wie folgt:

> „Die Regenfeldflur der Mochadörfer ist in mehrere große, gewannähnliche Komplexe aufgeteilt, welche hinsichtlich Bodengüte und Bodenfeuchtigkeit möglichst homogen sein sollen; pro Dorf sind es manchmal bis zu 50 oder 60. Jeder diese gewannartigen Komplexe wird dann in lange, schmale Parzellen unterteilt. Die Zahl der Langstreifenparzellen eines jeden Flurstücks entspricht in der Regel der Anzahl der männlichen Bewohner des bewirtschaftenden Dorfes. Die Parzellenbreite schwankt zwischen 1,20 m und 30 m (Durchschn. 10 m), die Länge zwischen 500 m und 5000 m (Durchschn. 2500 m).
>
> Die gesamte Flur steht im gemeinsamen Besitz aller Dorfbewohner. Jede Familie bekommt in jedem der genannten Flurkomplexe so viele Langstreifeneinheiten zur Bewirtschaftung zugeteilt, wie sie männliche Mitglieder (einschließlich der Kinder) zählt. Die Zuteilung gilt aber nur für ein oder wenige Jahre; in regelmäßigen Abständen wird die Gesamtzahl der Langstreifenanteile der wechselnden Zahl der männlichen Dorfbewohner angepaßt. Dabei erfolgt dann regelmäßig eine Neuverteilung, so daß jede Familie jeweils andere Langstreifenparzellen zugeteilt erhält. Die Bewirtschaftung der einzelnen Parzellen erfolgt zwar streng individuell; sie steht aber meist unter der gemeinsamen Regelung einer Art von Flurverabredung. Die Gründe hierfür sind die gleichen wie bei unserer traditionellen Dreifelderwirtschaft: Aus Mangel an Feldwegen lassen sich die meisten Parzellen nur über Nachbarparzellen erreichen; auch benötigt man als Weide für das Vieh des Dorfes oder für Nomadenherden einen möglichst geschlossenen Komplex von Brachland. So werden in gegenseitiger Absprache jeweils die gleichen Flurkomplexe bestellt oder brach liegen gelassen; auch Pflügen, Säen und Ernten wird von den Dorfbewohnern meist zur gleichen Zeit auf dem ihnen individuell zugeteilten Land durchgeführt."

Von den ideellen Eigentumsrechten an Kollektiveigentum muß eine Praxis unterschieden werden, bei der verschiedene Miteigentümer ihr Land ungeteilt lassen und Eigentumsrechte an Anteilen, aber nicht an ausgewiesenen Parzellen geltend machen können. Solches gemeinsame Eigentum entsteht oft im Erbfall, wenn die Erben (vorläufig) auf eine Teilung verzichten. Jeder Miteigentümer kann aber jederzeit eine Teilung verlangen. Von Vorteil erweist sich der Verzicht auf eine Aufteilung beispielsweise bei kleinen Betriebsgrößen, die sich sonst nicht mehr rentabel bewirtschaften lassen. Ein gutes Verhältnis der Eigentümer zueinander ist hier Voraussetzung; Streit führt meist zur Teilung. Auch bestimmte Bewirtschaftungskontrakte haben das Entstehen gemeinsamer Eigentumsrechte zur Folge.

Um anteilsmäßige Ansprüche zahlenmäßig fassen zu können, wird beispielsweise heute noch in bestimmten Teilen Irans jedes Stück Land — sei es ein Garten oder aber die Fläche eines ganzen Dorfes — in bestimmte ideelle Anteile untergliedert. Das ganze Dorf bzw. die ganze Dorfgemarkung wird demnach als *šiš dang*, d. h. in sechs-Sechstel untergliedert. Jedes *šiš dang* wird sodann in 24 „Gerste", jede „Gerste" in 24 „Erbsen" und jede „Erbse" in 24 „Sesam" unterteilt. Daraus ergibt sich, daß man jede Fläche, jeden Anteil einer Ernte, jeden Baum und jeden Strauch in 24 x 24 x 24 = 13.824 Teile untergliedern kann, so daß damit jede gewünschte Fläche bzw. jeder gewünschte Anteil an einer Gesamtheit umschrieben werden kann. Gemeinschaftlich gehaltenes Privateigentum kann in jeder Größe vorkommen. Oft trifft es sich aber mit Großgrundeigentum und verschärft dann die damit verbundene Problematik noch.

Wie bereits aus dem oben zitierten Text von WIRTH hervorgeht, wird das Prinzip kollektiven wie ideellen Grundeigentums zusätzlich differenziert durch die Praxis der jährlichen bzw. mehrjährig-regelmäßigen Umverteilung von Land. Dabei wird die jährliche Umverteilung unter den landnutzungsberechtigten Dorfgenossen — sei es als Miteigentümer, sei es als Pächter — in den dörflichen Gebieten auf der einen Seite als Ausdruck eines demokratischen Gleichheitsrechtes aller Nutzungsberechtigten am Grund und Boden verstanden. Vor allem in den herrschaftlich dominierten Gebieten des Großgrundeigentums bedeutet diese Maßnahme jedoch zugleich eine Vorsorgeregelung seitens der Eigentümer, um den abhängigen Bodenbewirtschaftern die Entstehung eigener Rechtstitel zu verwehren, die sich aus der permanenten Bewirtschaftung eines bestimmten Stücks Land über eine Reihe von Jahren ergeben. Wenn z. B. ein Pächter eine Parzelle 10 bis 15 Jahre lang in seiner Hand hat, ohne daß der Eigentümer sie selbst wieder in Besitz nimmt, kann der nunmehrige Besitzer nach islamischem Recht durch Einlegen von Rechtsmitteln hiervon nicht mehr vertrieben werden, da entsprechende Klagen nicht zugelassen werden können. Der Pächter erwirbt also ein Dauernutzungsrecht. Gewohnheitsrechtlich können aus einer längerfristigen Bewirtschaftung auch weitergehende Rechte entstehen, in Iran beispielsweise ein sog. ,,Baurecht" (pers. *ḥaqq-e ǧiwār* — Nachbarrecht) (BOBEK 1976:301). Hier stand einem Pächter nach mehrjähriger Bewirtschaftung der gleichen Parzelle ein Vorrecht auf die Bebauung dieses Landes zu, das der Pächter vererben und verkaufen und für das er bei Nichtverlängerung des Pachtvertrages Entschädigungszahlungen einfordern konnte. Zudem kann ein Pächter bei Investitionen auf fremdem Boden, z. B. bei der Pflanzung von Bäumen, an diesen Eigentumsansprüche geltend machen. Um alles dieses zu verhindern, untersagen die Grundherren solche Pflanzungen und haben ein Interesse an einer regelmäßigen Umteilung der bewirtschafteten Fläche.

Entwicklungspolitisch bedeutet dieses System allerdings, daß weder von Grundeigentümer- noch von Bewirtschafterseite irgendwelche Investitionen in den Grund und Boden getätigt werden und daß vor allem für die große Masse der Bauern, die das Land auf Teilbaubasis bewirtschaften (siehe zu d), eine permanente Rechtsunsicherheit besteht. Konkret heißt dies, daß Raubbau am landwirtschaftlichen Boden eine Regelerscheinung ist.[3] In der Praxis der jährlichen Umverteilung wird denn auch eine der wesentlichen Gründe für die geringe Leistungsfähigkeit der Landwirtschaft in vielen islamischen Ländern, vor allem in den Trockengebieten, gesehen.

Zu c): Absentistisches Großgrundeigentum

In den vorhergehenden Ausführungen wurde bereits mehrfach darauf hingewiesen, daß insbesondere in den Gebieten des Großgrundeigentums die Eigentümer des Landes meist nicht auf dem Lande selber, sondern in den Städten — bevorzugt in der Hauptstadt des jeweiligen Staates oder zumindest der Provinz — leben. Auch dieses Phänomen ist, wenn auch nicht immer und überall anzutreffen, im Gebiet des heutigen Islamischen Orients seit den frühesten Hochkulturen bekannt. Sowohl im alten Ägypten als auch in Mesopotamien war die Tempelwirtschaft , von der eine Priester- oder aber Militärkaste profitierte, stets auf die Städte als Zentren der politischen, militärischen und religiösen Macht hin ausgerichtet (vgl. Kap. 4.4.1): Priester, Beamte wie die Führung des Militärs lebten in den Städten. Nach hier erfolgte der Abfluß des Erntegutes und diente der Führungsschicht zur Repräsentanz weltlicher und göttlicher Macht. Fazit dieser Entwicklung war und ist, daß insbesondere die Städte einen enormen Aufschwung nahmen. Aus diesem Grunde auch weist BOBEK zu Recht darauf hin, daß der Rentenkapitalismus stets mit einem Aufschwung städtischer Kultur, einer Blüte städtischen Handels und Gewerbes sowie einer enormen Repräsentanz staatlicher Gewalt und Macht in den Städten verbunden gewesen ist (EHLERS 1978).

Diese Kennzeichnung gilt auch heute noch weithin. Noch immer sind Großgrundeigentümer, sofern ihr Besitz nicht durch Landreformen zerschlagen worden ist (vgl. dazu Kapitel 4.2.4), häufig in den Städten angesiedelt. Dies bedeutet aber auch nach dem vorher Gesagten, daß die Produktionsanteile, die auf die Grundeigentümer als den Eignern zumindest von Grund und Boden sowie Wasser entfallen, in den Städten kumuliert sind und hier auch konsumiert werden. So sind auch heute noch die Städte in vielfältiger Weise Nutznießer der im ländlichen Umland der Städte produzierten Güter. Dies gilt nicht nur für die landwirtschaftliche Produktion, sondern — wie verschiedene Arbeiten gezeigt haben — auch für Formen ländlichen Handwerks und Manufakturwesens (vgl. dazu BOBEK 1959, BONINE 1980, EHLERS 1978, WIRTH u. a.). So sind beispielsweise Teppichknüpferei und Teppichweberei in der Türkei, in Iran und Afghanistan, aber auch in Teilen des Maghreb großteils auf dem Lande konzentriert, werden organisatorisch und in der Vermarktung indes fast ausschließlich von städtischen Händlern kontrolliert (EHLERS 1978, JEBENS 1983, IBRAHIM 1975 u. a.) (vgl. Kap. 4.4.8).

Bezogen auf den ländlichen Raum heißt dies allerdings, daß im gleichen Maße, wie die Städte von der landwirtschaftlichen Produktion ihres Umlandes profitieren, der ländliche Raum in der allgemeinen Entwicklung zurückbleibt. Durch das ausgefeilte System der Aufteilung des Erntegutes in einzelne Produktionsfaktoren verbleibt meist nur so wenig an Kapital bzw. an Naturalien auf dem Lande, daß die Dorfbewohner damit ein nur kümmerliches Leben fristen können. Häufig reichen die erwirtschafteten und den Bauern verbleibenden Erträge nicht einmal aus, um ganzjährig ohne Verschuldung auskommen zu können. Da aber Kreditaufnahme ebenfalls bei den in den Städten wohnenden Großgrundeigentümern oder den dort lebenden Bazarhändlern erfolgt, ist die Anbindung des ländlichen Raumes an das zugehörige städtische Zentrum meist sehr weitgehend und permanent. Dieses Abhängigkeitsverhältnis trägt zur weiteren Festigung der wirtschaftlichen und politischen Vorherrschaft der Städte gegenüber dem Lande bei.

Zu d) Teilbau bzw. Teilpacht

Wie bereits aus dem zuvor Gesagten deutlich wird, erfolgte in der Vergangenheit der überwiegende Teil der landwirtschaftlichen Produktion im Islamischen Orient auf der Basis von Teilbau bzw. Teilpacht. Als Teilbau wird dabei eine Sonderform der Verpachtung (oftmals in Unterpacht) verstanden, die nichts mit einer echten bäuerlichen Erwerbsstruktur zu tun hat. Den Anteilbauern war eigen, daß sie keinerlei Verfügungsgewalt über den von ihnen bewirtschafteten Grund und Boden besaßen. Sie erhielten vielmehr das Land von den Grundeigentümern nach den geschilderten Modalitäten zugewiesen und wurden für die Bewirtschaftung des Landes gemäß der von ihnen eingebrachten Produktionsfaktoren entgolten. Wenn also ein Anteilbauer

Abb. 19: Talebabad: Landnutzung und Besitzverhältnisse 1340/41 - 1343/44 (1961/62 - 1964

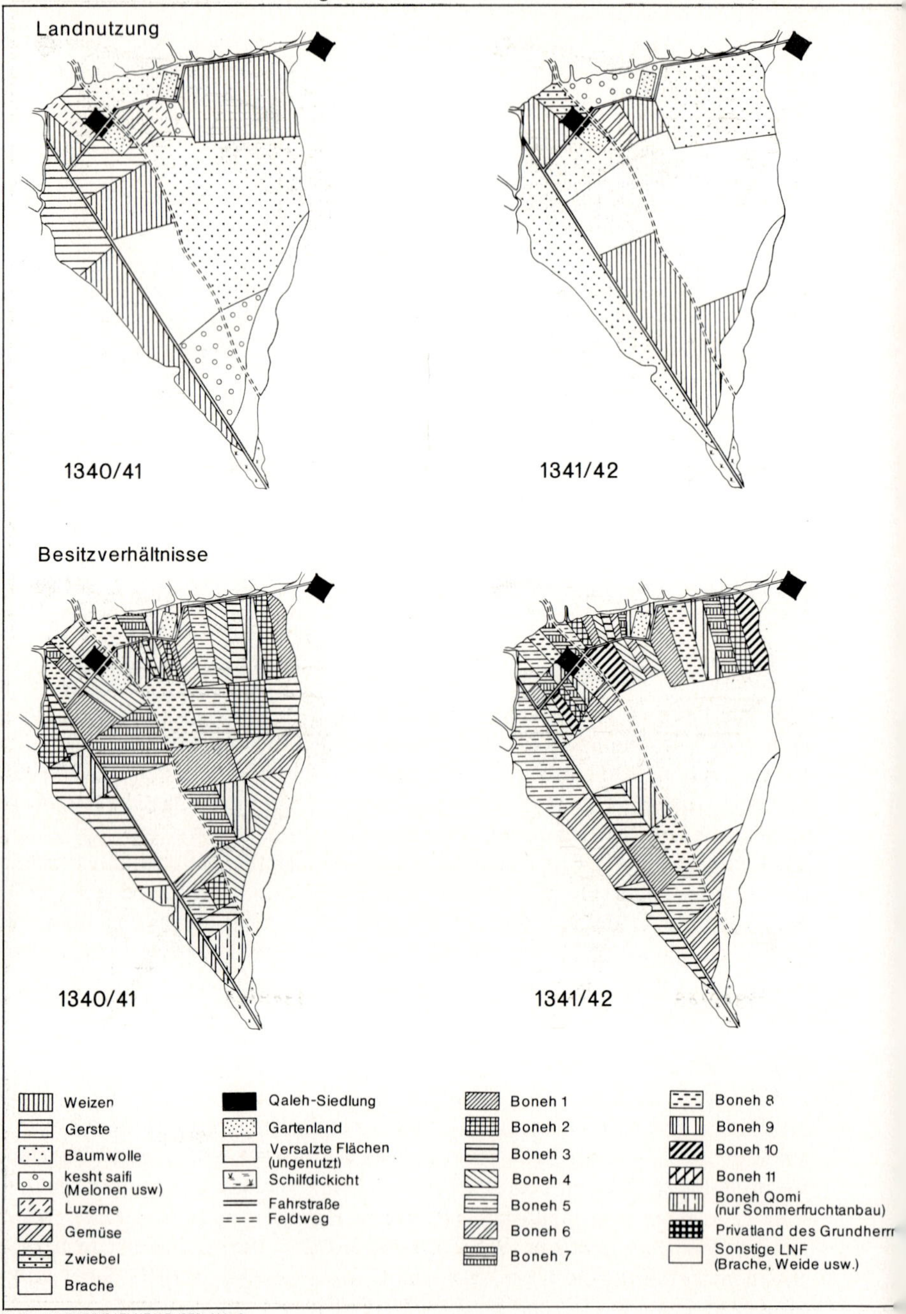

Quelle: EHLEHRS/SAFI-NEJAD 1979: Abb. 2

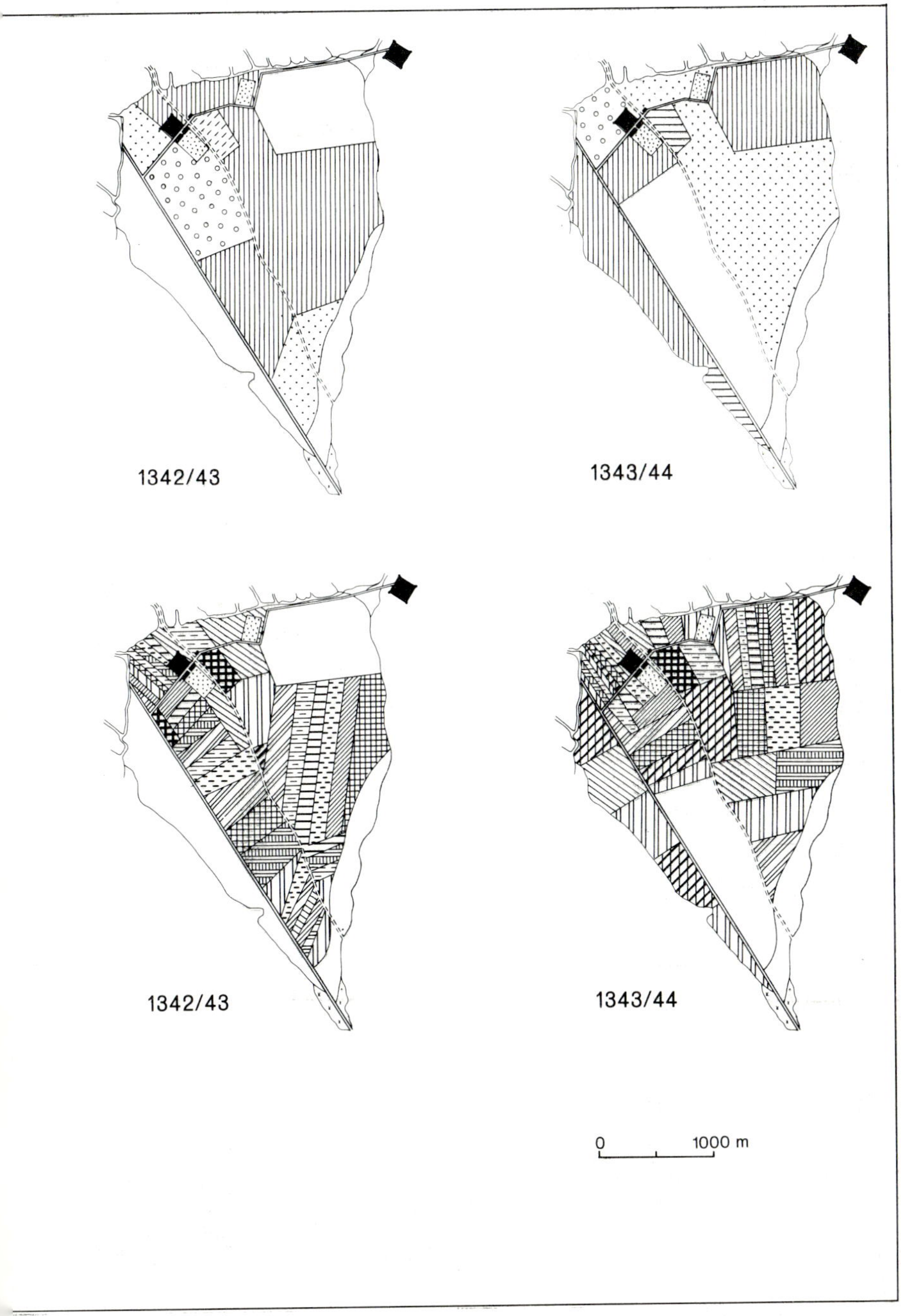
1342/43
1343/44
1342/43
1343/44
0
1000 m

neben seiner eigenen Arbeitskraft auch noch Arbeitstiere und landwirtschaftliches Gerät einbringen konnte, so wurde er dafür in den Gebieten des Regenfeldbaus — im Idealfall — mit der Hälfte der von ihm erwirtschafteten landwirtschaftlichen Produktion entgolten. Entfielen in den Gebieten der Oasenwirtschaft beispielsweise das Land, das Wasser sowie das Saatgut auf die Grundherrschaft, so konnte der Anteilbauer nur mit einem Anteil von 40 % am Erntegut, der Großgrundeigentümer demgegenüber von 60 % rechnen. Aufgrund der Tatsache, daß dem Anteilbauern jegliches Recht auf Nutznießung der von ihm erwirtschafteten landwirtschaftlichen Produkte fehlt, er zudem über keinerlei Entscheidungsfreiheit in der Bewirtschaftung des Landes, im Einsatz von Produktionsmitteln oder gar in der Verwendung der Gewinne verfügte, beschränkten sich seine Rechte und seine Ansprüche allein und ausschließlich auf die Entlohnung seiner Leistungen.

Wie bereits in dem Beispiel über das *mušāʿ*-System angedeutet, wie aber auch in Abb. 18 deutlich wird, schlossen sich die Anteilbauern häufig zu Arbeitsgruppen oder Arbeitsrotten *(boneh, paqav, ḥarrasseh* etc.) zusammen. Es versteht sich von selber, daß das geschilderte Prinzip der Ernteaufteilung auch im Bezug auf Arbeitsrotten nach dem gleichen Schema ablief. Der von den Arbeitsrotten erwirtschaftete Betrag wurde zunächst zwischen Grundeigentümer und Produzenten verteilt, dann in einem zweiten Schritt unter den Mitgliedern der Rotte abermals aufgeteilt.

Daß — ähnlich wie das Prinzip des ideellen Grundeigentums — auch die Arbeitsrotten in ihrer Zusammensetzung und ihrer inneren Struktur eine erhebliche Flexibilität und Anpassungsfähigkeit aufwiesen, belegt Abb. 19: Sie konnten demnach in Größe und Zahl von Jahr zu Jahr wechseln und sich somit den Vorgaben der Grundeigentümer anpassen. Ergebnis einer solchen Flexibilität und Variabilität in der Landbewirtschaftung und sozialen Gruppenbildung ist eine enorme Mobilität des gesamten agrarsozialen Systems: das bereits mehrfach publizierte Beispiel Talebabad (Abb. 19), die wohl bislang einzige über einen Zeitraum von mehreren Jahren sich erstreckende Dorfstudie zur Problematik der jährlichen Umverteilung des Landes, belegt dies eindrucksvoll.

Man hat das System des Teilbaus bzw. der Teilpacht auch als eine Art „Feudalismus islamischer Prägung“ gezeichnet. Sein allgemeines Kennzeichen ist, daß der Grundeigentümer um jeden Preis möglichst hohe Abgaben aus dem Lande zu pressen versucht, seinerseits aber keinerlei Anstrengungen macht, die Fruchtbarkeit des Landes zu erhöhen oder in sonstige Formen des landwirtschaftlichen Produktionsprozesses zu investieren.[4] Angesichts dieser Situation und unter Berücksichtigung der zuvor genannten sonstigen Merkmale der Sozialstruktur wird verständlich, daß sich in fast allen Teilen des Islamischen Orients die landwirtschaftliche Produktionstechnik bis in die jüngste Vergangenheit hinein auf der Handarbeitsstufe bewegte. Vor allem die Kapitalarmut der Anteilsbauern als den eigentlichen Bodenbewirtschaftern dürfte die Ursache für den in der Vergangenheit desolaten Entwicklungszustand der landwirtschaftlichen Produktionstechnik in vielen Ländern des Islamischen Orients sein.[5]

4.2.4 Landreformen und agrarsoziale Wandlungen

In den letzten Jahren haben in fast allen Ländern des Islamischen Orients mehr oder weniger tiefgreifende Land- und Agrarreformen stattgefunden. Die Einsicht, daß die im Vorhergehenden geschilderten Strukturen auf lange Sicht nicht mit den Bedürfnissen einer modernen gesamtwirtschaftlichen Entwicklung in Einklang stehen, haben zu unterschiedlichen Maßnahmen zur Verbesserung der Agrarsozialstruktur geführt. Dabei reichen die eingeschlagenen Wege von mehr oder weniger erfolgreichen Versuchen der Umverteilung landwirtschaftlichen Grund und Bodens bis hin zu tiefgreifenden Veränderungen der gesamten Agrarsozialstruktur. In Zeit und Raum weisen diese Maßnahmen eine so große Variationsbreite auf, daß es unmöglich ist, in dieser Übersicht auch nur annähernd alle Aspekte zu behandeln. Angesichts dieser Situation muß es genügen, in diesem Kapitel lediglich einige wenige Grundtatsachen vergleichend dar- und gegenüberzustellen sowie an drei Beispielen — Ägypten, Irak und Iran — einen Eindruck von der Variationsbreite agrarreformatorischer Bemühungen zu geben.

Die Problematik von Agrar- und Landreformen im Islamischen Orient hat schon früh Anlaß gegeben, sich über den besonderen Charakter solcher Maßnahmen unter dem Einfluß des Islam Gedanken zu machen. Ohne hier auf Einzelheiten einzugehen, seien insbesondere die Auffassungen von KLÖWER (1977) wiedergegeben, der sich vor allem mit dem Zusammenhang von Sozialismus, Islam und Genossenschaftswesen auseinandergesetzt hat. Wie allgemein bekannt ist, haben Agrar- und Landreformen im Islamischen Orient niemals den politisch-klassenkämpferischen Charakter wie in manchen Ländern Europas oder insbesondere Lateinamerikas und Asiens gehabt. KLÖWER begründet dieses damit, daß der Islam als staatstragende Religion in vielen Ländern als eine Art Puffer vor revolutionären Veränderungen westlicher Prägung fungiert habe. Nach KLÖWER ist jede durch den Islam mitgeprägte Wirtschaftsordnung insofern von der sozialistisch-östlicher Auffassungen verschieden, als der Islam prinzipiell „das Recht des Einzelnen auf Privateigentum und private Verfügung an Produktionsmitteln zum Nutzen der Allgemeinheit" befürwortet und bestätigt, zudem nicht materialistisch ist und auch nicht an Klassenunterschiede glaubt, sondern stattdessen „an gesellschaftliche Evolution auf der Grundlage der Familie als Kern der Gesellschaft". Insofern ist der Islam selbst dort, wo er sich sozialistisch nennt und gibt, ein wirtschaftliches System, das dem Einzelnen wie auch der Gemeinschaft große wirtschaftliche Freiheiten zugesteht (vgl. Kap. 2.2.3). In diesem Sinne und in diesem Geiste ist ganz offensichtlich auch die erste große Agrarreformmaßnahme im Islamischen Orient zu sehen: Die ägyptische Agrarreform von 1952.

In Ägypten wurde nach dem Sturz der Monarchie im Jahre 1952 als eine der ersten sozial- und wirtschaftspolitischen Maßnahmen eine große Umverteilung von landwirtschaftlichem Grund und Boden durchgeführt. Die in Tab. 8 aufgeführten Daten zeigen die Ausgangssituation aus der Zeit vor der Revolution sowie die Veränderungen der Eigentumsverhältnisse bis in die Mitte der 60er Jahre. Dabei geht es weniger um die absoluten Daten als vielmehr um die Intentionen, die hinter dieser Agrarreform stehen. KLÖWER (1977:53) beschreibt sie — in Auswahl — wie folgt:

Tabelle 8: Eigentums- bzw. Besitzverhältnisse in der ägyptischen Landwirtschaft, 1952 und 1965

Fläche	1952 (vor der Reform)				1952 (vor der Reform)				1965			
	Zahl der Betriebe		Fläche der Betriebe		Zahl der Betriebe		Fläche der Betriebe		Zahl der Betriebe		Fläche der Betriebe	
	absolut (in 1.000)	%	absolut (in 1.000 Feddan)	%	absolut (in 1.000)	%	absolut (in 1.000 Feddan)	%	absolut (in 1.000)	%	absolut (in 1.000) Feddan)	%
unter 5 Feddan	2642	94,3	2122	35,1	2841	94,4	2781	46,5	3033	94,5	3693	57,1
5 bis 10 Feddan	79	2,8	526	8,8	79	2,6	526	8,8	78	2,4	614	9,5
10 bis 20 Feddan	47	1,7	638	10,7	47	1,6	638	10,7	61	1,9	527	8,3
20 bis 50 Feddan	22	0,8	654	10,9	30	1,0	818	13,7	29	0,9	815	12,6
50 bis 100 Feddan	6	0,2	430	7,2	6	0,2	430	7,2	6	0,2	392	6,1
100 bis 200 Feddan	3	0,1	437	7,3	3	0,1	437	7,2	4	0,1	421	6,5
über 200 Feddan	2	0,1	1177	19,7	2	0,1	354	5,9	4	0,1	421	6,5
	2801	100	5984	100	3008	100	5984	100	3211	100	6462	100

Quelle: nach EHLERS 1977:100,103

Tabelle 9: Größe der landwirtschaftlichen Betriebe Iraks vor der Agrarreform

Insgesamt wurden im Irak 125.045 landwirtschaftliche Betriebe mit einer Fläche von zusammen 63.844 km2 gezählt. Durchschnittsgröße des Betriebes im Irak: 51 ha.

Unter 1 ha	24.270 Betriebe		
1 — 5 ha	25.849 Betriebe		
5 — 10 ha	15.923 Betriebe		
10 — 20 ha	19.402 Betriebe		
20 — 50 ha	23.954 Betriebe		
50 — 100 ha	7.915 Betriebe		
100 — 200 ha	3.458 Betriebe		
200 — 500 ha	2.357 Betriebe		
500 — 1.000 ha	988 Betriebe		
1.000 — 2.500 ha	657 Betriebe		
2.500 — 5.000 ha	168 Betriebe		
über 5.000 ha	104 Betriebe,	davon schätzungsweise:	
		5.000 — 12.000 ha	43 Betriebe
		12.000 — 25.000 ha	25 Betriebe
		25.000 — 50.000 ha	25 Betriebe
		etwa 100.000 ha	8 Betriebe
		etwa 250.000 ha	3 Betriebe

Etwa 12 % der LNF werden von nur	3 Betrieben bewirtschaftet
Etwa 25 % der LNF werden von nur	8 Betrieben bewirtschaftet
Etwa 50 % der LNF werden von nur	50 Betrieben bewirtschaftet
Etwa 80 % der LNF werden von nur	650 Betrieben bewirtschaftet
50 % aller Betriebe bewirtschaften nur	3 % der LNF
0,5 % aller Betriebe bewirtschaften nur	80 % der LNF
99,5 % aller Betriebe bewirtschaften nur	20 % der LNF

Quelle: WIRTH 1962 nach K. G. Fenelon und eigenen Erhebungen.

„Das Privateigentum an Produktionsmitteln ist nicht total aufgehoben, sondern nur weitgehend eingeschränkt. Es wird unterschieden zwischen „privatem dienendem Kapital" und „ausbeutendem Kapital". Verstaatlicht wurde nur das „ausbeutende" Kapital": Die Mittel- und Schwerindustrie, Banken, Versicherungen und Transportunternehmen, große landwirtschaftliche Besitze, zunächst über 200 *feddān* (84 ha), heute über 100 *feddān* (42 ha). Das private, „nicht ausbeutende" Kapital blieb weitgehend unangetastet, wie etwa der Einzelhandel, der städtische Grundbesitz und der ländliche Grundbesitz unter 100 *feddān*, wenn auch weitgehend genossenschaftlich organisiert und damit staatlich gelenkt, ..."

Dieses Prinzip eines islamischen Charakters des arabischen Sozialismus gilt im Grunde bis heute und prägt — über die Landwirtschaft hinaus — weite Bereiche der ägyptischen Wirtschaft.

Eine etwas andere Variante im Ansatz, eine grundlegend andere Form in der Durchführung zeigt demgegenüber das Beispiel Irak. Hier waren die Ungleichgewichte der Agrarsozialstruktur vor der Agrarreform des Jahres 1958 sehr viel extremer als in Ägypten: der größte Betrieb verfügte demnach über zehnmal soviel Land wie die 25.000 kleinsten Betriebe zusammen (Tab. 9). Selbst wenn man bedenkt, daß Irak im Gegensatz zu Ägypten einen Großteil seiner landwirtschaftlichen Nutzflächen in den Steppengebieten des ,,Fruchtbaren Halbmondes" und seiner Peripherie besitzt und allein von daher größere Mindestflächen pro Betrieb als im Bewässerungsland der Nilstromoase oder im Irrigationsgebiet des Euphrat und Tigris vonnöten sind, so sind die Disparitäten doch extrem!

Ähnlich wie in Ägypten vollzog sich auch in Irak die Durchführung der Agrarreform phasenhaft. Während die erste von 1958 bis 1970 währende Reformphase von WIRTH (1982) als eine Phase der ,,Enteignung ohne Reform der Bodenbewirtschaftung" bezeichnet wird, sind während der zweiten Phase (1970—1975) — ähnlich wie in Ägypten — neuerliche Beschränkungen der Höchstgrenze des Eigentums durchgeführt worden. Lagen bis 1970 die Obergrenzen im Gebiet des Regenfeldbaus bei 500 ha und im Bewässerungsland bei 250 ha, so erfolgte seit 1970 eine Begrenzung gemäß folgender Regelung:

> ,,Die höchstzulässige Obergrenze des Grundbesitzes wurde herabgesetzt und nach Bodengüte, Klimagunst und Wasserversorgung stärker differenziert. Sie beträgt jetzt z. B. bei Regenfeldbau unter günstigen, natürlichen Bedingen 25 ha, bei bewässertem Getreideland 75—150 ha, bei bewässertem Sommerfruchtland 20—30 ha und bei bewässerten Tabakkulturen 10—12 ha" (WIRTH 1982:191).

Empfänger umverteilten Landes (Neubauern) hatten einer Genossenschaft beizutreten. Eine seit 1975 effektive dritte Phase, zumindest bis zum Ausbruch des irakisch-iranischen Krieges durch starke Subventionen aus dem Erdölsektor geprägt, war durch weitere Vergenossenschaftlichung sowie durch die Einrichtung großer Staatsbetriebe gekennzeichnet. Staatsgüter und Kollektivbetriebe sowie Genossenschaften gelten heute als von der Regierung geförderte ,,sozialistische Varianten" (islamischer Prägung?), neben denen in bäuerlich-grundherrschaftlicher Form bewirtschaftete Eigenbetriebe stehen.

Die in Tab. 10 erfaßte Ausgangsituation der iranischen Landwirtschaft am Ende der fünfziger und zu Beginn der sechziger Jahre macht ebenfalls das Ausmaß sozialer Ungerechtigkeit deutlich. Das Dilemma der unter dem Schah durchgeführten Agrarreformen ist oft und unter verschiedenen Aspekten dargestellt worden (EHLERS 1980, HOOGUND 1982, LAMBTON 1969, McLACHLAN 1988, PLANCK 1975) und soll hier nicht wiederholt werden. Interessanter ist demgegenüber, daß mit der islamischen Revolution des Jahres 1979 auch Ayatollah Khomeini die Agrarreform des Schah als eine zerstörerische und die Landwirtschaft Irans schädigende Maßnahme angeprangert hat. Dem steht gegenüber, daß — von der Enteignung ausländischen Kapitals sowie monarchistisch gestimmter Großgrundeigentümer sowie von gewissen Umverteilungen staatlicher Betriebe abgesehen — die Regierung der Islamischen Republik Iran bisher keinerlei Maßnahmen zur Neuordnung des ländlichen Raumes und der nach wie vor problematischen Agrarsozialstruktur in Angriff genommen hat.

Tabelle 10: Besitz und Sozialstruktur der Landfamilien in Iran vor der Landreform

Grundeigentum	Prozent	Prozent	sozialer Status
kein Grundeigentum	60	6	landlose Landarbeiter
		54	landlose Anteilsbauern/Pächter
weniger als 1 ha	23		
1 — 3 ha	10	35	Anteilsbauern/Pächter mit Kleingrundbesitz
3 — 20 ha	6		
20 ha und darüber	1	5	selbständige Bauern
Landfamilien insges.	100	100	

Quelle: PLANCK 1962

Diese stagnative Situation (vgl. KOOROSHY 1987) ist nichts anderes als Ausdruck einer äußerst kontroversen und in Iran bisher nicht entschiedenen Diskussion um die religiöse Legitimation von Grundeigentum. Die widersprüchlichen Auffassungen, die in einzelnen Kreisen der islamischen Geistlichkeit so weit gehen, in der Agrarreform des Schahs und vor allem in der von ihm intendierten Umverteilung von Grund und Boden einen islamfeindlichen Akt zu sehen und eine Rückgabe einstmals enteigneten Landes an die früheren Eigentümer zu verlangen, sind bis heute nicht harmonisiert. Wirtschaftliche und soziale Stagnation bleiben somit bislang ein Kennzeichen des ländlichen Iran!

Der vorangegangene Überblick über Landreformen und agrarsoziale Wandlungen, der nur einen groben und vereinfachenden Überblick vermitteln konnte, zeigt, daß es ganz offensichtlich auch auf dem modernen Sektor der Landwirtschaft eine aus dem Islam heraus begründete Agrarreformpolitik gibt. Allerdings sind die Wege und das Verständnis der „Islamischen Prägung" grundverschieden. Die in den angedeuteten Beispielen hervortretende Variationsbreite macht deutlich, daß es eine einheitliche Agrarpolitik in den verschiedenen Ländern nicht gibt. Auch aus der Tatsache, daß Agrarreformmaßnahmen — von wenigen Ausnahmen abgesehen — meist nur halbherzig und ohne großen Nachdruck durchgeführt wurden, dürfte Ursache dafür sein, daß der ländliche Raum und die ländliche Bevölkerung nach wie vor zu den Problembereichen der Länder des Islamischen Orients gehören.

Schlußbemerkung:

Erdölwirtschaft und die von der Erdölwirtschaft ausgehenden Modernisierungen aller Bereiche des täglichen Lebens haben in der jüngsten Vergangenheit die allgemeine Diskussion um die wirtschaftliche Entwicklung der Länder des Islamischen Orients geprägt. Kaum vergeht ein Tag, wo nicht Probleme der Erdölförderung, der Vermarktung dieses für die westlichen Industrieländer so wichtigen Rohstoffes, über Preisschwankungen sowie über kriegerische Ereignisse, die die Belieferung des Weltmarktes mit Erdöl beeinflussen, durch die Presse gehen. Diese Meldungen sowie die in den letzten Jahren verstärkten militärischen Aktionen in verschiedenen Teilen des Islamischen Orients haben den Blick dafür verstellt, daß die Landwirtschaft für die betroffene Region und ihre Bevölkerung immer noch der wichtigste Wirtschaftssektor ist. Es ist deutlich geworden, daß die Landwirtschaft sich dabei nicht nur auf eine jahrtausendealte Tradition berufen kann, sondern daß sie sowohl in ökologischer als auch in sozialer Hinsicht sehr ausgefeilte Anpassungsformen an die natürlichen und historischen Gegebenheiten erzeugt hat. Die Landwirtschaft der Länder des islamischen Orients als primitiv zu bezeichnen, ist mit Sicherheit falsch. Im Gegenteil: Die differenzierten Formen der Agrarsozialstruktur sowie die große Flexibilität in der Handhabung der Eigentums- und Besitzansprüche an Grund und Boden verraten einen hohen kulturellen Entwicklungsstand. Vor diesem Hintergrund ist denn auch die Übernahme westlicher Vorbilder z. B. bei Agrarreformen selbst, beim Genossenschaftswesen oder bei der Einführung westlicher Anbautechniken und -methoden mehr als fragwürdig. Eher scheint es angebracht, anknüpfend an die eigenen Traditionen der Länder des Islamischen Orients, deren Potentiale behutsam und angepaßt an die modernen Gegebenheiten zu entwickeln und auf diese Weise eine dringend notwendige Verbesserung der Agrarsozialstruktur zu erreichen. Vor allem wenn es gelingt, die Verfügungsgewalt über Produktionsmittel und Ernten an die Landbewirtschafter selbst zu übertragen, dann scheint eine erhebliche Steigerung der Produktion sowie eine nachhaltige Verbesserung der wirtschaftlichen und sozialen Gegebenheiten der ländlichen Bevölkerung — und das heißt: des Gros' der Bevölkerung der Länder überhaupt! — möglich.

Anmerkungen zu Kapitel 4.2

1. Diese großflächige Bewässerungswirtschaft war das Ergebnis einer längeren Entwicklung. In Mesopotamien scheint in diesem Zusammenhang dem Wechsel der klimatischen Verhältnisse eine wesentliche Bedeutung zuzukommen: Einer sehr trockenen Phase folgte hier von etwa der Mitte des 6. bis zur Mitte des 4. Jahrtausends v. Chr. eine Feuchtphase, die wiederum von trockeneren Verhältnissen abgelöst wurde. Diese feuchte Periode ermöglichte nicht nur das Vordringen des Regenfeldbaus, sondern hatte auch enorme Konsequenzen für den Wasserhaushalt. Zum einen stieg die Wasserführung der Flüsse, zum zweiten auch (im Zuge des nacheiszeitlichen Meerespiegelanstiegs in Verbindung mit tektonischen Senkungserscheinungen des Zweistromlandes) der Wasserspiegel des Persischen

Golfes, der etwa 4000 v. Chr. eine Höhe von 3 m über dem heutigen Niveau einnahm. Diese Erhöhung der Erosionsbasis in Verbindung mit der verstärkten Wasserführung hatte einen Rückstau und eine Verwilderung der Flußsysteme zur Folge. Die zahlreichen aus dem Gebirge kommenden Wasserläufe mögen im Grenzbereich des Regenfeldbaus die Ansatzpunkte für eine einfache Bewässerung dargestellt haben, sei es, daß man ohne eigentliche Bewässerungstechnologie saisonal überschwemmte Bereiche nutzte, sei es, daß man Wasser auf die nahegelegenen Felder schöpfte oder daß man die natürlichen Dämme der Flüsse zeitweise öffnete. Ein erster Entwicklungsschritt war der Bau kurzer, einfacher Kanäle, wobei sich die Siedlungen entlang der natürlichen Wasserläufe aufreihten.

Das etwa seit Mitte des 4. Jahrtausends erfolgende Sinken des Meeresspiegels gab allmählich (in Südmesopotamien) neues Siedlungsland frei, auf der anderen Seite wurde das Verwildern der Flüsse rückgängig gemacht. Etwa gleichzeitig wurde das Klima zudem wieder trockener. Beides setzte den relativ einfachen Bewässerungsmöglichkeiten ein Ende, während der Bewässerungsbedarf wuchs (Abnahme der für Regenfeldbau geeigneten Areale). Dieser Krisensituation wurde etwa seit Anfang des 3. Jahrtausends mit der Anlage größerer Kanäle begegnet, bis ein ausgedehntes Kanalnetz auch flußferne Gebiete flächenhaft erschloß. Dies ermöglichte hohe Bevölkerungskonzentrationen — bzw. setzte sie wegen des hohen Arbeitskräftebedarfs auch voraus —, ging mit stärker hierarchischen Siedlungssystemen einher und mit der Herausbildung der aus der Geschichte Mesopotamiens bekannten Stadtstaaten des 3. Jahrtausends v. Chr. (vgl. z. B. NISSEN 1983).

Da die angesprochenen klimatischen Veränderungen mit einer Verlagerung der Klimazonen zusammenhängen, verlaufen sie in den verschiedenen Regionen nicht zeitgleich bzw. nicht gleichgerichtet. Auch wird die Frage von Auswirkungen von Klimaveränderungen auf die Kulturentwicklung im Niltal wie am Indus während des hier diskutierten Zeitraumes derzeit eher zurückhaltend beurteilt. Im Bereich der Induskultur, deren „reife", städtische Phase nach korrigierten ^{14}C-Daten etwa von 2700 bis 2100 v. Chr. anzusetzen ist, war eher eine tektonischen Prozessen zugeschriebene Verlagerung von Flußläufen (Sutlej, Yamuna) von Bedeutung, an deren ehemaligem Lauf wohl ein Zentrum der Induskultur lag. Aufgrund von Samenfunden wird im Indusbereich ein einfacher Anbau von Winterfrüchten im Anschluß an die natürliche Überflutung ohne größere Wasserbaumaßnahmen angenommen. Direkte Befunde, die sich als Kanäle o. ä. interpretieren ließen, liegen im Tiefland bisher nicht vor und sind infolge der mächtigen Schlammablagerungen auch kaum zu erwarten. Aus Rajasthan (Kalibangan) ist allerdings ein früh-harappazeitlich datierter Feldüberrest bekannt geworden, bei dem der Befund auf eine Furchenbewässerung hindeutet, wie sie heute bei Sommerfrüchten (Gemüse) üblich ist:

„Die hohe Konzentration kleinerer Siedlungen entlang der westlichen Bergländer und entlang des Flusses Ghaggar, also entlang kleinerer, stabilerer und somit kontrollierbarerer Wassersysteme läßt vermuten, daß zumindest dort Bewässerungsfeldbau betrieben wurde. Man könnte spekulativ sogar annehmen, daß die

Erschließung von Landwirtschaftsregionen mit kontrollierbaren Bewässerungssystemen, die notwendigerweise außerhalb oder am Rande des aktiv alluvialen Indussystems liegen mußten, ein dauerhaftes Anliegen der Städter und ihrer Herrschaftssysteme im Industal war ... " (JANSEN 1986:238).

Auch die Bestimmung der Agrarentwicklung im Niltal steht vor dem Problem einer hohen Sedimentation. Ist schon für die neolithischen prädynastischen Kulturen der Anbau von Gerste, Emmer sowie Flachs gesichert, so bleibt die Anbaupraxis doch offen. Es ist anzunehmen, daß die Aussaat nach der Flut auf den abtrocknenden, natürlich überschwemmten Landstrichen erfolgte. Die Agrarwirtschaft des dynastischen Ägyptens (seit dem 3. Jahrtausend v. Chr.) setzte dann aber eine Kontrolle der Überflutung voraus. Zu dem Bau von Schutzdeichen trat eine Anlage von Kanälen und Wasserrückhaltebecken mit nivellierter Fläche, was die bebaubare Fläche allmählich stark vergrößerte.

Nicht nur der Bau von Dämmen, Deichen und Kanälen ist mit „künstlicher" Bewässerung verbunden. Sofern das Irrigationswasser nicht nur seinem Gefälle folgen kann, um auf die Felder zu gelangen, sondern angehoben werden muß, werden zudem Hebevorrichtungen notwendig. Einfache Geräte wie der Schaduf Ägyptens, die mit menschlicher Muskelkraft betrieben werden, können sehr alt sein. Die großen, vom Euphrat bekannten Wasserräder, Norias, sind dagegen viel jünger; ihre Entwicklung wird in die ersten Jahrhunderte v. Chr. datiert (zur Geschichte der Bewässerungstechnologie vgl. SMITH 1978). (G. St.)

2. Auf die Unterscheidung zwischen *ḥaqq an-nās* und *ḥaqq al-umma* bzw. *ḥaqq Allāh*, dem Recht der Individuen und der Gemeinschaft bzw. Gottes, wurde oben (Kap. 2.2.3) bereits verwiesen. In diese Kategorien sind auch die Eigentumsrechte an Grund und Boden einzuordnen. Im islamischen Recht vorgenommene Klassifizierungen beziehen aber aufgrund ihrer Entstehung außer den Eigentumsverhältnissen noch andere Kriterien wie Steuerstatus und Verfügungsbefugnisse ein, die oft nicht klar voneinander getrennt werden können. So lassen sich folgende Bodenkategorien unterscheiden:

— „Totes", d. h. unbebautes Land gilt als Besitz der Gemeinschaft der Muslime bzw. des Staates. Hieran können Nutzungsrechte (für Weidewirtschaft o. ä.) geltend gemacht, aber keine privaten Eigentumsansprüche erworben werden, es sei denn, das Land wird bebaut und scheidet aus der Klasse des „toten" Landes aus.

— Privateigentum, *milk*, besteht an bebautem Land; ursprünglich muß ein Eigentümer *(mālik)* Muslim sein. Das Eigentum kann einer oder mehreren Personen gehören und ganz unterschiedliche Größenordnungen annehmen. Das in Monarchien oft existierende „Kronland" ist als Privateigentum des jeweiligen Herrschers anzusehen.

— Aus Privateigentum hervorgegangen sind Ländereien religiöser Stiftungen, *waqf* (pl. *awqāf*): Um eine gültige Stiftung vornehmen zu können, muß der Stifter über die gestiftete Sache als Eigentümer verfügen: andere Fälle — obwohl in der Realität existent — sind in der Rechtstheorie nicht zulässig. *Waqf*-Land ist nach islamischem Recht unveräußerlich, da seine direkte Nutzung oder hieraus erzielte

Einnahmen auf Dauer für einen Gott wohlgefälligen Zweck bestimmt sind. Als Eigentümer solcher Stiftungen wird von vielen Muslimen Gott angesehen (vgl. hierzu Kap. 4.4.6).

— In den ersten Jahrhunderten des Islam kam einer Bodenkategorie besondere Bedeutung zu, dem *ḫarāǧ*-Land. Hierbei handelt es sich um bebauten Boden in von Muslimen eroberten Gebieten, der in der Hand seiner nicht-muslimischen Bewirtschafter blieb. Diese hatten hierfür die *ḫarāǧ*-Steuer zu zahlen, die eine unterschiedliche Höhe annehmen konnte. Die Bebauer besaßen nur ein Nutzungsrecht, als Eigentümer galt die Gemeinschaft der Muslime. In diesem Fall kann *ḫarāǧ* als (Pacht-) Abgabe aufgefaßt werden. Z. T. wurde allerdings auch der nicht-muslimische Inhaber als Eigentümer akzeptiert, v. a. wenn das Land friedlich unter muslimische Herrschaft gekommen war. Hier besitzt *ḫarāǧ* den Charakter einer Steuer. Im Laufe der Zeit kam diese Landkategorie außer Gebrauch, nachdem die Bewirtschafter zum Islam konvertiert waren.

— Von Bedeutung blieb — und gewann in der Praxis noch — die umfassendere, rechtlich eher unbestimmte Kategorie des Staatslandes, das der Staat(-sapparat), theoretisch als Sachwalter der Interessen der Gemeinschaft der Gläubigen, kontrollierte. Von den oben erwähnten unbebauten Ländereien abgesehen zählen hierzu u. a. (nicht selten beschlagnahmte) Ländereien, deren Einkünfte für den Staatsschatz bestimmt waren, die aber auch — und das ist historisch äußerst bedeutsam — als Gunstbeweis oder Entgelt zu Eigentum *(iqṭāʿ tamlīk)* oder Nutzung *(iqṭāʿ istiġlāl)* verliehen wurden.

— Zum Staatsland wird auch meist das Land gerechnet, das gemeinschaftlich von Dorf oder Stamm genutzt wird. Als Mitglied seiner Gemeinschaft besitzt der einzelne ein Nutzungsrecht, aber keinen Eigentumsanspruch (er kann seinen Anteil z. B. nicht verkaufen).

— Schließlich ist noch das (flächenmäßig geringe) öffentliche Eigentum *(milk al-ʿāmma)* zu nennen, z. B. Durchgangsstraßen, die von jeder Person genutzt werden dürfen, soweit die Ansprüche anderer nicht eingeengt werden. (Zum Grundeigentum vgl. z. B. DEBS et al. 1986; SCHACHT 1964). (G. St.)

3. Die gleiche Problematik, findet sich auch bei anderen Eigentumsformen, so bei dem Besitz religiöser Stiftungen *(waqf)*, dem regional eine große Bedeutung zukommt.

4. Verschärft trat dieses Problem noch im Falle der Steuerpacht auf, bei der das Steueraufkommen eines Gebietes an den Meistbietenden versteigert wurde (eine in der Vergangenheit auch in Europa nicht unbekannte Praxis). Der Steuerpächter versuchte naturgemäß, seine Aufwendungen (weit) mehr als ersetzt zu erhalten. Im Falle von Staatsland, das oft ebenfalls an den Meistbietenden verpachtet wurde, konnten Steuern und Abgaben für den Boden ineinander übergehen bzw. identisch sein. (G. St.).

5. So charakteristisch die skizzierten Verhältnisse erscheinen mögen, man muß sich davor hüten, sie als „rentenkapitalistischen Komplex" klischeehaft auf die Vergangenheit zu übertragen. Wenn auch die einzelnen Elemente immer wieder

nachzuweisen sind, so doch nicht immer vergesellschaftet miteinander. Auf der Arabischen Halbinsel beispielsweise war zur Zeit Muḥammads wirkliches Großgrundeigentum unbekannt, obwohl Formen der Teilpacht — nicht immer genau dem o. g. Teilungsschlüssel entsprechend — durchaus üblich waren. Großgrundeigentum gelangte in den Gesichtskreis der Muslime nach der Eroberung des Sassanidenreiches in Chorasan; der Großgrundeigentümer, *dehqān*, war hier aber nicht in der Stadt, sondern auf seinen Besitzungen ansässig (also kein Absentismus) und glich sehr einem Feudalherren. Absentistisches Großgrundeigentum in der Hand von Arabern, vorherrschend der Stammesaristokratie und der herrschenden Dynastie, entwickelte sich gegen Ende des Omayaden-Kalifats, beispielsweise in Chorasan und in Irak, oft durch Okkupation des *ḫarağ*-Landes (vgl. Anm. 2), das der Staat eigentlich im Auftrage der *umma* verwaltete. Die geschichtliche Entwicklung des Islamischen Orients ließ keine langfristig stabilen Eigentumsverhältnisse aufkommen. Wenn auch, v. a. in großen Teilen des Osmanischen Reiches und in Iran, Großgrundbesitz oft eine bedeutende Rolle spielte, war das um die Mitte dieses Jahrhunderts anzutreffende absentistische Großgrundeigentum in vielen Fällen doch erst das Produkt des 19. Jahrhunderts (vgl. z. B. DURI 1979; LAMBTON 1953).

(G. St.)

4.3 Der Nomadismus

(G. Stöber)

Zum Anbau, der im vorhergehenden Kapitel angesprochen wurde, tritt in den Ländern des Islamischen Orients die Viehwirtschaft, nicht nur als ergänzende bäuerliche Viehhaltung, sondern auch als spezialisierter, selbständiger Erwerbszweig, der, nicht zuletzt aufgrund der Umweltbedingungen, als *Nomadismus* ausgeprägt ist. Dabei wird unter *Nomadismus* eine mobile Weidewirtschaft verstanden, bei der sowohl Weide- als auch Siedlungsplätze der Viehhalterfamilien periodisch oder saisonal verlegt werden. Hiervon zu unterscheiden sind mobile Formen der Viehhaltung Seßhafter, Transhumanz oder Almwirtschaft, bei denen Bauern oder Städter ihr Vieh mit Hirten zu von ihrem Wohnsitz entfernten Weidegebieten schicken.

4.3.1 Zur Entwicklung des Nomadismus

Voraussetzung für die Herausbildung einer nomadischen Wirtschaftsform in Afrika und Eurasien war u. a. die Domestikation von Herdentieren, aus deren Nutzung der Lebensunterhalt bestritten werden konnte, sowie von Lasttieren zur Verlagerung des Siedlungsplatzes etc.

Archäologisch läßt sich eine Domestikation erst sicher nachweisen, wenn sich eindeutige Domestikationsmerkmale (z. B. Kleinwuchs gegenüber Wildtierbestand) herausgebildet haben, zu deren Entwicklung es längerer Zeiträume bedarf. Frühe Datierungen beruhen auf umstrittenen Anhaltspunkten (siehe z. B. UCKO/DIMBLEBY (Hg.) 1969; UERPMANN 1979). Schafe und Ziegen können aber um die Wende vom 8. zum 7. Jahrtausend v. Chr. als domestiziert gelten.[1] Vermutlich vom Südrand des Taurus und Zagros ausgehend, sind sie als Haustiere zu Beginn des 7. Jahrtausends im gesamten besiedelten Bereich des Fruchtbaren Halbmondes zu finden, von wo sich ihre Haltung über das Hochland von Iran nach Mittelasien und über den Mittelmeerraum, incl. Nordafrika, ausbreitete.

Zur Kleinviehhaltung trat etwa in der 2. Hälfte des 7. Jahrtausends die Rinderdomestikation.[2] Spätestens bis zur Mitte des 6. Jahrtausends sind Hausrinder im ganzen Vorderen Orient nachzuweisen, 500 Jahre später auch in Mittelasien (UERPMANN 1979). Zu Beginn des 5. Jahrtausends hat sich auch im damals relativ feuchten Saharaumraum eine Rinderhaltung etabliert. Anfänge werden aber z. T. weit früher datiert und eine eigenständige Domestikation — aus einer Jägerkultur heraus — für wahrscheinlich oder zumindest möglich angesehen.

Erst weit später als Ziege, Schaf und Rind wurden die anderen Tierarten domestiziert, die in der Folge für idealtypische Formen des Nomadismus prägend werden sollten: Kamele und Pferde. Das zweihöckrige, gegen Kälte unempfindliche baktrische Kamel (Trampeltier) wurde im 3. Jahrtausend v. Chr. in Zentralasien, das an die heißen

Wüsten angepaßte, einhöckrige Dromedar wohl sekundär im arabischen Bereich domestiziert. Eine Pferdehaltung entwickelte sich wohl ebenfalls im 3. Jahrtausend in den eurasischen Steppengebieten. Im Fruchtbaren Halbmond erscheinen Pferde gegen Ende dieses Jahrtausends, und im 2. Jahrtausend ist die Pferdehaltung auch in Nordafrika nachzuweisen.

Vor dem Pferd waren andere Equiden domestiziert worden: Esel im afrikanischen und Onager im vorderasiatischen Raum. Beide Arten fanden als Trag- bzw. Zugtiere Verwendung. Der Onager büßte aber seine Bedeutung ein, als sich Pferde (und Kamele) durchzusetzen begannen.[3] Außer den Equiden wurden auch Rinder als Tragtiere genutzt — wie teilweise auch heute noch. Eine größere Transportkapazität wurde jedoch erst mit Pferd und Maultier bzw. mit Kamelen erreicht. Insbesondere das Kamel spielt bei der Durchquerung (und Nutzung) von Trockengebieten eine wesentliche Rolle.

Die Entwicklung des Wagens war in erster Linie militärisch bedeutsam (Streitwagen), wenn auch beispielsweise die nomadischen Skythen Wagen als mobile Wohnstätten einsetzten.

Für den nomadischen Gebrauch wichtiger war die Entwicklung der Reittechnik auf Pferden und Kamelen. Ungesattelte Pferde mögen gelegentlich geritten worden sein, aber erst mit dem Einsatz von Sätteln gewinnen Pferde als Reittiere eine Bedeutung. Sie begegnen uns erstmals zu Beginn des ersten Jahrtausends v. Chr. beim Vordringen der Meder auf das Iranische Hochland (DROWER 1969) und kommen bald auch bei den Heeren Mesopotamiens in Gebrauch. Das Dromedar scheint anfangs auf der Kruppe geritten worden zu sein. Die Entwicklung eines Polstersattels mit Sitz auf dem Höcker um das Jahr 100 v. Chr. und mehr noch die eines neuen Satteltyps (Sattelbogenkonstruktion) etwa im 3. Jahrhundert n. Chr. steigerten jedoch die kämpferischen Möglichkeiten der Reiter (DOSTAL 1967).[4]

Für eine Tiernutzung durch Nomaden ist allerdings nicht die Funktion als Reit- oder Lasttier primär, sondern die Rolle als Nahrungs- und Rohstofflieferant. Hierbei ist nicht nur an das durch Schlachtung zu gewinnende Fleisch sowie die dabei anfallende Tierhaut zu denken, sondern in erster Linie an die Nutzung des lebenden Tieres, das Milch, z. T. auch Blut[5] und Haare bzw. Wolle liefert.

Es muß offen bleiben, in welcher Phase der Domestikation die Milchnutzung einsetzte.[6] Heute wird Milch nicht nur frisch oder gesäuert getrunken, sondern in den meisten Gebieten auch weiterverarbeitet, um sie haltbar zu machen. Nur so läßt sie sich in Zeiten nutzen, in denen Frischmilch nicht verfügbar ist: Zum einen kann Butter und Butterfett hergestellt und die Buttermilch zu einem haltbaren, eiweißreichen Trockenprodukt eingedickt werden, zum anderen läßt sich durch Zusatz von Gerinnungsmitteln (Lab) Frischkäse erzeugen, der in haltbaren Trockenkäse überführt werden kann.[7] Wenn auch die zur Verarbeitung genutzten Gerätschaften einfach sind — zum Buttern aufgehängte Ziegenbälge, die hin und her geschwungen, Bälge, die auf den Knien geschüttelt, oder Gefäße, die auf dem Boden geschaukelt werden —, setzen die Techniken doch eine gewisse Entwicklung voraus.[8]

Auch die Verarbeitung von Haaren und Wolle, die vom lebenden Tier stammen, ist noch nicht mit dem Beginn der Haustierhaltung anzunehmen.[9] Das Überwiegen von

Wolle gegenüber den Haaren beim Wollschaf ist als Domestikationsfolge zu werten, wenngleich auch bei Wildtieren dichte Winterfelle vorkommen können, deren zur wärmeren Jahreszeit abgestoßene Woll-Haar-Büschel als Material verwendet worden sein können (ZEUNER 1967:140f). Das Scheren mit Messer oder Schere liefert aber erst größere Woll- oder Haarmengen, die zu Filz verarbeitet oder versponnen und verwoben werden können.

Grabungsbefunde weisen darauf hin, daß auch nach der Domestikation von Getreide und Haustieren noch ein breites Spektrum von Ressourcen genutzt wurde und Jagd und Sammeltätigkeit wesentlich zum Lebensunterhalt beitrugen. Auch als der Umfang des Anbaus zunahm, blieb die Jagd vorerst eine bedeutendere Fleischquelle als die Viehhaltung (FLANNERY 1969; LEGGE/ROWLEY-CONWY 1987).[10] Bei einer etwaigen Milchnutzung ist jedoch der Stellenwert der Haustiere für die Ernährung höher anzusetzen, als sie sich aus der Relation bei Knochenfunden ergibt. Aber auch bei der Fleischversorgung steigt die Bedeutung der Nutztiere im Vorderen Orient noch im 7. Jahrtausend v. Chr. steil an. Eine Spezialisierung auf die Viehwirtschaft ist hieraus aber noch nicht abzuleiten.

Als *Viehhalter* zu bezeichnende Gruppen scheinen zum erstenmal im afrikanisch-saharischen Bereich durch Felszeichnungen der sog. Rinderperiode faßbar zu werden. In diesen Malereien und Gravierungen sind Rinderhirten mediterranen, hamitischen und negroiden Typs dargestellt. Der Beginn dieser Periode wird mit 6000 v. Chr., eine größere Verbreitung seit 5000 v. Chr. angenommen (STRIEDTER 1984).[11] Bei fortschreitender Austrocknung im Sahararaum zogen sich diese Viehhalter teils in die etwas feuchteren Gebirge, teils nach Süden in den Sahelbereich zurück.

Im Vorderen Orient muß zwischen der Viehhaltung in den Bergländern (Taurus, Zagros) und in der Ebene unterschieden werden. Im Zagros scheint es aus gemischtwirtschaftlichen Formen heraus etwa seit 4000 v. Chr. zur Herausbildung eines eigentlichen Nomadismus mit Wanderwegen über mittlere bis größere Distanzen (zwischen Senken und Gebirge) gekommen zu sein. Indizien wie Siedlungsverteilung, das Bestehen von offenen Lagerplätzen und solchen in Höhlen seit dieser Zeit usw. werden in diesem Sinne interpretiert (HENRICKSON 1985; SUMNER 1986). Inwieweit solche regionalen Befunde verallgemeinert werden dürfen, müssen weitere Untersuchungen klären.

Auch für Mesopotamien wird mit dem Entstehen einer nomadischen Viehwirtschaft etwa gegen Ende des 5. Jahrtausends v. Chr. gerechnet (VERTESALJI 1984:193f.), wohl dadurch, daß sich Seßhafte einer spezialisierten, mobilen Viehhaltung zuwandten. Hier sind Wanderungen anzunehmen, die zwischen dem Uferbereich von Euphrat und Tigris bzw. deren Nebenflüssen und den angrenzenden Steppengebieten erfolgten. Eine größere Mobilität dürfte eingesetzt haben, als sich mit dem Esel als Tragtier auch entferntere Weidegebiete erschlossen. Eine „Eroberung der Wüste" konnte jedoch erst beginnen, nachdem das Dromedar — spätestens gegen Ende des 2. Jahrtausends v. Chr. — Herdentier der Nomaden geworden war. Nur mit ihm können Weiden fernab von Wasserstellen genutzt und größere Distanzen vergleichsweise schnell überwunden werden. Kamelnomaden drangen in der Folgezeit in die Wüsten der Arabischen Halbinsel vor, und Kleinviehnomaden gingen zur Kamelhaltung über. Gleichzeitig kam es immer wieder — v. a. in Krisenjahren — zu Vorstößen in die von Seßhaften besiedelten Gebiete des Fruchtbaren Halbmonds. Solche Vorstöße, oft verbunden mit der Seßhaftwerdung der beteiligten Gruppen[12], hatte es auch schon in der Vergangenheit gegeben. Sie erhielten nun aber eine neue Qualität, da die Nomaden durch ihre Dromedare weit mobiler waren als früher (KLENGEL 1972).

Außer mit Nomaden aus dem arabischen Raum kamen die Menschen des Fruchtbaren Halbmonds mit Völkern in Kontakt, deren Herkunft im eurasischen Steppenbereich zu suchen ist. Hier hatten sich seit dem 6. Jahrtausend v. Chr. gemischte Wirtschaftsformen mit Anbau, Viehhaltung und festen Dörfern ausgebreitet, wobei der Zweig der Viehhaltung z. T. mobile Formen annehmen konnte. Als eigentliche Nomaden werden in den antiken Quellen aber erst Skythen und Saken beschrieben, die in der ersten Hälfte des ersten Jahrtausends v. Chr. im Steppenraum der Ukraine und Kasachstans lebten. Neben Pferden beruhte die Viehhaltung dieser Reiternomaden auf Schafen und z. T. Rindern. Die Aufgabe des Anbaus, wenigstens bei einem großen Teil der jeweiligen Völkerschaften, wird auf 900 oder 800 v. Chr. angesetzt (z. B. KUSSMAUL 1969).[13] Diese ,,Nomadisierung" reichte bis an die Grenzen Chinas.

In der Diskussion um die Ursachen solcher Nomadisierungsprozesse, aber auch der Vorstöße in die von Seßhaften besiedelten Gebiete hinein, betonen zahlreiche Autoren die Bedeutung klimatischer Faktoren. BRENTJES (1981, 1986) beispielsweise weist auf die Rolle postglazialer Klimaschwankungen hin. Demnach begünstigte eine relativ humide Periode (5500—3500 v. Chr.) die Ausbreitung neolithischer Gemischtwirtschaft in den Steppenraum Eurasiens hinein (wie auch eine Rinderhaltung in der Sahara). Bei zunehmender Aridität verlegten sich an der Trockengrenze lebende Bauern verstärkt auf die Viehhaltung, bis sie den Anbau ganz aufgaben. War so eine nomadische Wirtschaftsweise entstanden, kam es in der Folge zu Ausbreitungszyklen: Zunehmende Humidität begünstigte ein starkes Wachstum der Herden. Diese konnten bei auch nur leicht verschlechterten Bedingungen im vorhandenen Territorium nicht mehr überleben, was eine Expansion notwendig machte (BRENTJES 1986). Unter den Verhältnissen des Vorderen Orients führten solche Dürreperioden dazu, daß die Nomaden während der Trockenheit in die Anbaugebiete vorstießen, um hier Weiden oder andere Einkommensmöglichkeiten zu suchen (vgl. z. B. KLENGEL 1972; NEUMANN/PARPOLA 1987).

Solcher klimabezogenen Argumentation stehen Auffassungen gegenüber, die die Ursachen eher in — im weitesten Sinne — kulturellen Faktoren suchen und sich explizit von ökologischen Standpunkten abgrenzen (z. B. JETTMAR 1966, 1981; KUSSMAUL 1969). Bezogen auf das zentralasiatische Nomadentum werden z. B. genannt: Entwicklung von Reiterei und Söldnertum, Existenz von Altersklassen und Männerbünden, Aufkommen von Eisen (Waffen). All dies ließe ein Reiterkriegertum entstehen, das die Verbände der späteren Nomaden quasi mitgerissen und eine mobile Lebensweise induziert habe.

Nun schließt die Existenz eines Faktors andere nicht aus. Ökologische, darunter auch klimatische, Faktoren können Krisensituationen auslösen (aber nicht jede Krise ist auf solche Ursachen zurückführbar!). Wie diese gesellschaftlich verarbeitet werden, hängt aber von der ,,Kultur" (im ethnologischen Sinne) der jeweiligen Gesellschaft ab. Für die Herausbildung des Nomadismus im Zagros führt HENRICKSON (1985) drei Faktorenkomplexe an: Bevölkerungswachstum mag zu Landknappheit und bei einem Teil der Bevölkerung zu einer Spezialisierung auf Viehhaltung in den Randbereichen geführt haben; kältere, feuchtere Winter um 4000 v. Chr. dürften bei einer quasi-stationären Viehhaltung die Sterblichkeit der Tiere stark erhöht und ein Ausweichen in wärmere Tal- und Vorlandregionen initiiert haben. Durch die Aufnahme der Mobilität könnten zudem die Gebirgsbewohner von den Marktchancen der im Vorland entstehenden Stadtstaaten profitiert haben. Andere Autoren benennen weitere mögliche Auslöser für eine Verselbständigung der Viehhaltung: eine Krise der auf einfacher Flußbewässerung beruhenden Landwirtschaft (SUMNER 1986) oder für Mesopotamien die Entwicklung arbeitsintensiven, auf Kanalbewässerung fußenden Anbaus (LEES/BATES 1974), der u. a. eine Spezialisierung erforderlich machte und durch den Gebiete genutzt wurden, die eine ganzjährige Weidewirtschaft nicht erlaubten (GILBERT 1983; LEVY 1983) u. a. m. Diese verschiedenen neueren Arbeiten geben plausible Interpretationen von Befunden. Sie stellen jedoch lediglich Modelle der „Nomadisierung" dar. Letztlich läßt sich nicht nachweisen, daß der Prozeß auf diese oder jene Weise tatsächlich in Gang gesetzt wurde.

Bei der weiteren Entwicklung des Nomadismus spielten ebenfalls zahlreiche Faktoren eine Rolle. Hierbei stehen einer Zunahme der Mobilität Seßhaftwerdungsprozesse gegenüber, die teilweise ganze Gruppen erfaßten und ganze Gebiete einer nomadischen Nutzung entzogen. Insgesamt behauptet sich aber bis ins 19. Jahrhundert hinein der Nomadismus oder gewinnt gar zunehmend an Raum. Dabei zeichnete sich in den Teilräumen des Islamischen Orients eine differenzierte Entwicklung ab (vgl. a. de PLANHOL 1975).

In Arabien und im Fruchtbaren Halbmond gingen seit dem 3. Jahrhundert n. Chr. kriegerische Auseinandersetzungen, Rückgang des Handels wie des Anbaus einher mit dem Vordringen nomadischer Araber[14] in die Anbaugebiete im Norden wie nach Südarabien. Hier ging auch ein Teil der bäuerlichen Bevölkerung zur mobilen Viehwirtschaft über. Die Islamisierung brachte zwar keine prinzipielle Änderung, da aber viele Beduinen sich als Soldaten an der Ausbreitung des Islam beteiligten, ging die Zahl der Nomaden Arabiens wohl zurück. Die Soldaten wurden zum großen Teil in den neuen Garnisonsstädten in den Randbereichen Arabiens seßhaft. Diese eingeschlossen, veränderte sich somit das Verhältnis von nomadischer zu seßhafter Bevölkerung. Auch in der Folgezeit findet sich immer wieder eine Zuwanderung von Beduinen in die Städte. Zudem kam es zu starken sozio-politischen Veränderungen mit umfangreichen Verlagerungen der Stammesterritorien. Dies führte aber nicht zu einem grundlegenden Wandel der Situation.

Auch in Nordafrika waren Kamele schon in vorchristlicher Zeit als Transportmittel bekannt. Aber erst nach der Zeitenwende breitete sich die nomadische Kamelhaltung über Libyen und die Zentralsahara sowie von Darfur aus in die Südsahara aus. Hiermit verbunden war ein Rückgang des Anbaus schon in spätrömischer Zeit. Die Islamisierung brachte hier keine wesentliche Änderung; erst mit der *Hilalischen Invasion* zur Mitte des 11. Jahrhunderts drangen auch arabische Kamelnomaden mit Familien und Herden bis in den Maghreb vor. Sie verstärkten nicht nur das arabische Element auf dem „offenen Lande“ und die Zahl der Nomaden, sondern setzten auch territoriale Verschiebungen in Gang, so daß in der Folgezeit Nomaden unter anderem in den Ebenen nördlich des Hohen wie Saharaatlas und im Mittleren Atlas zu finden waren. Neben einer solchen Nomadisierung kam es jedoch auch zu Seßhaftwerdungsprozessen, worauf schon HERZOG (1956:214 f.) hinwies.

Für den Nomadismus in den Hochländer von Kleinasien bis zum Hindukusch hatte die mit der Ausbreitung des Islam verbundene Einwanderung von Arabern keine nennenswerten Auswirkungen (zu den einheimischen Gruppen wie Kurden und Belutschen traten im Laufe der Zeit einige arabische, was das Bild einer auf die Gebirge konzentrierten mobilen Viehhaltung aber kaum veränderte). Mit den Seldschuken zur Mitte des 11. Jahrhunderts oder erst im Gefolge der mongolischen oder timuridischen Invasionen im 13. und 14. Jahrhundert wanderten jedoch zahlreiche, v. a. turksprachige Nomadengruppen über Turkmenien vorwiegend nach Anatolien und Aserbeidschan ein (BOSWORTH 1973; LAMBTON 1973). Als Folge der kriegerischen Auseinandersetzungen wurde der Anbau in Mitleidenschaft gezogen und mancher Seßhafte, v. a. in den Gebirgen, dürfte ein nomadisches Leben aufgenommen haben.[15] In Anatolien setzte schon bald eine Wiederbesiedlung der Ebenen durch seßhafte Bauern ein, die den Nomaden, deren zahlenmäßige Bedeutung sank, nur Weiden in den Berggebieten und Tiefländern beließ; der Osten blieb hierbei stärker nomadisch geprägt als Westanatolien. In Persien und den östlich angrenzenden Regionen blieb der Nomadismus dagegen wirtschaftlich wie politisch von Bedeutung, und nach Zentralafghanistan, in das Hazarajat, konnten paschtunische Nomaden gar erst etwa seit der Wende zum 20. Jahrhundert vordringen.

In der an das Iranische Hochland nördlich anschließenden Steppe und Wüstensteppe von Turkmenien bis Kasachstan lebten Gruppen mit vorwiegend nomadischer Lebensweise, abgesehen von den Oasen Turans. Während am Südrand die Nomaden ihre Weidegebiete bis ins 20. Jahrhundert hinein behaupten konnten, wurde Kasachstan in die russische Kolonisation einbezogen, und russische Bauern drangen seit dem 18. Jahrhundert von Norden in die Steppe vor. Die Landnahme reduzierte die Weidegebiete der Nomaden und setzte bei den betroffenen Gruppen einen Seßhaftwerdungsprozeß in Gang. Insgesamt blieb der Bereich jedoch ganz überwiegend weidewirtschaftlich genutzt (GIESE 1982; KARGER 1965). Entscheidend änderte sich die skizzierte Situation im 20. Jahrhundert (vgl. Kap. 4.3.4).

4.3.2 Formen des Nomadismus

Es ist schon angeklungen, daß es sich beim Nomadismus um keine einheitliche Wirtschaftsform handelt. Die Fernweidewirtschaft ist vielmehr äußerst differenziert, und man kann Unterschiede treffen u. a nach Art des Nutzviehs, den Bereichen der Produktion wie auch nach Art und Umfang der Mobilität, die mit der Viehhaltung verbunden ist. Hierbei sind die typologischen Übergänge zu bäuerlichen Nutzungsformen flie-

Abb. 20: Handelszüge und Weidegebiete der Ahaggar-Tuareg

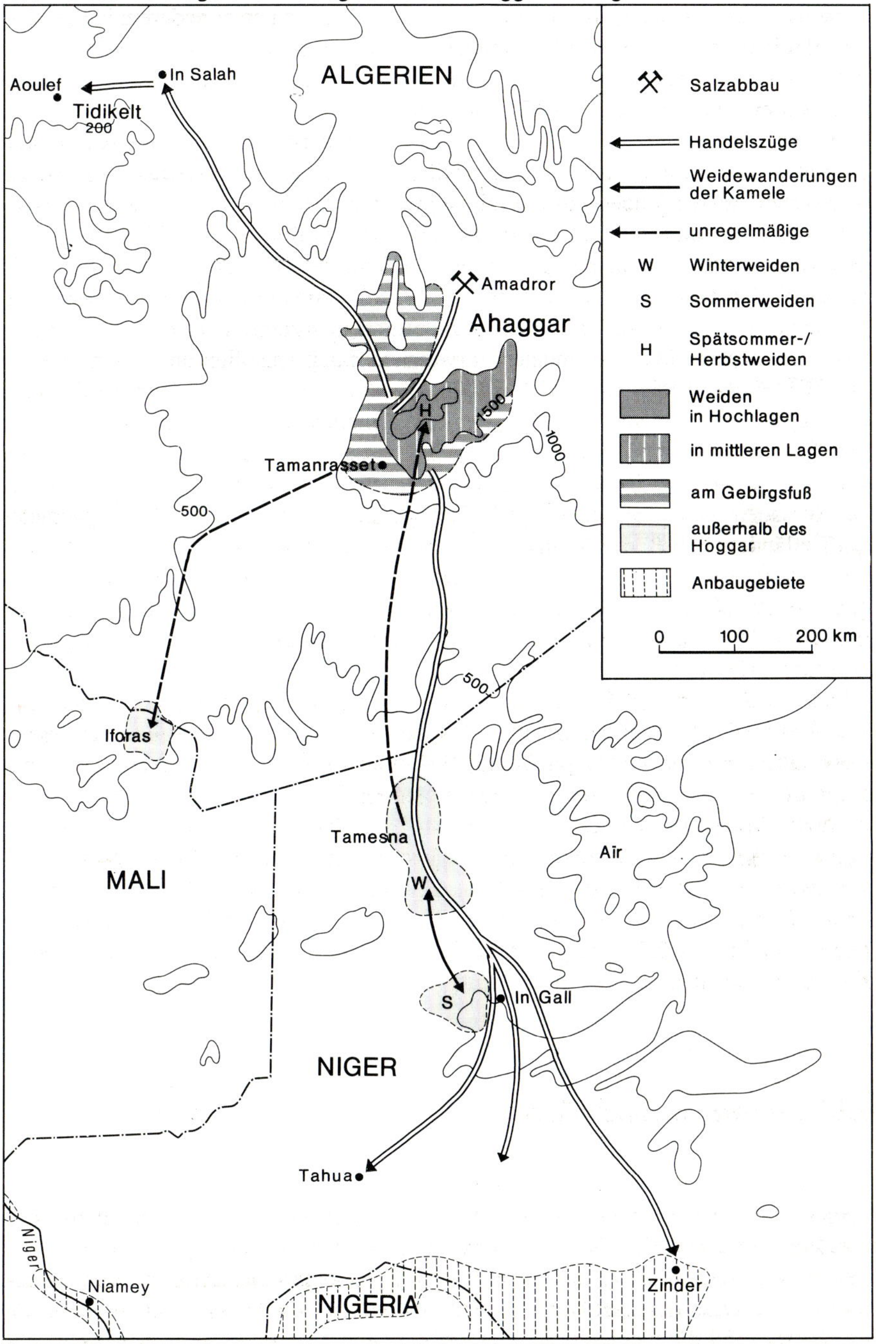

Entwurf: G. Stöber

ßend, so daß heute oft der reine, mobile Viehhalter wie der seßhafte Bauer als zwei Extreme eines Kontinuums betrachtet werden.

Die Nutztiere der Nomaden wurden bereits oben angesprochen. Während eine mobile Rinderhaltung v. a. im afrikanischen Bereich südlich der Sahara dominiert und das Rind auch in Zentralasien als Herdentier nicht selten auftritt — beides Regionen, die im Zusammenhang dieser Darstellung nur randlich Interesse finden können —, sind die dominierenden Herdentiere des nordafrikanisch-vorderasiatischen Raumes das Dromedar auf der einen, Ziegen und Schafe auf der anderen Seite.[16] Schafe spielen auch bei den Nomaden Eurasiens eine Rolle,[17] bei denen jedoch Pferde als Reittiere wie Milchlieferanten eine besondere Stellung einnehmen. Im Vorderen Orient und in Nordafrika dagegen wird das Pferd nur als Reittier mit hohem Prestigewert geschätzt. Wird hiermit auch eine Grobgliederung in subsaharische Rinder-, nordafrikanisch-vorderasiatische Kamel- bzw. Kleinvieh- und eurasiatische Pferdenomaden nahegelegt,[18] so muß festgehalten werden, daß die Grenzen auch hier fließend und die Herdenzusammensetzungen innerhalb der Großräume recht variabel sind, nicht nur zwischen verschiedenen Gruppen, sondern auch innerhalb einer Gemeinschaft.

Differenzen ergeben sich nicht nur bei der Art der gehaltenen Tiere, sondern auch bei der Art der Viehnutzung und Art wie Umfang der Einkommensquellen, die zusätzlich zur Viehhaltung herangezogen werden. Wichtig ist auch die Unterscheidung, ob die Nutzung für den Eigenbedarf oder für den Markt erfolgt. Der Umfang der Marktintegration ist dabei äußerst variabel. Fleisch wird von Nomaden in der Regel vergleichsweise selten gegessen. Wo ein Marktanschluß gegeben ist, werden Überschüsse aus dem Herdenwachstum verkauft — in erster Linie männliche Tiere, die weiblichen Jungtiere werden zur Aufstockung der Herde verwandt. Werden Tiere selbst geschlachtet, so können die Häute verarbeitet oder verkauft werden.[19] Milch und Milchprodukte, die schon oben angesprochen wurden, werden nur in wenigen Fällen (heute) marktorientiert genutzt (vgl. z. B. SCHWEIZER 1973). In erster Linie dienen sie dem Eigenbedarf, und auf den Markt gelangen nur etwaige Überschüsse. Auch Wolle und Haare werden oft selbst genutzt und etwa zu Web- oder Knüpfteppichen, Seilen und Zeltbahnen oder auch Filz verarbeitet. Z. T. gelangen aber diese Fertigprodukte, z. T. auch das Rohmaterial, in den Verkauf.

Nomadische Gruppen, die über eine große Transportkapazität verfügen, nutzen diese nicht nur im Rahmen ihrer Weidewanderungen, sondern vermieten z. T. Tragtiere, v. a. dort, wo die Existenz von Karawanenrouten hierfür eine größere Nachfrage entstehen ließ. Andere Nomaden sind auch selbst als Händler tätig und nehmen entweder auf ihren jahreszeitlichen Wanderungen Handelsgüter mit, die sie bei der Durchreise an Seßhafte verkaufen, oder aber sie unternehmen spezielle Handelszüge, wie paschtunische Händler-Nomaden, *Powindahs*, die zusätzlich zu den Weidewanderungen Handelszüge unternehmen und im Sommer Zeltbazare in Zentralafghanistan abhalten, im Winter aber bis nach Pakistan ziehen (FERDINAND 1962). Ein weiteres Beispiel ist der Salzhandel bei den Tuareg (vgl. Abb. 20) (RITTER 1980; 1988).

Zu den Einkommensquellen der meisten nomadischen Gruppen zählt direkt oder indirekt auch der Anbau. In vielen Fällen führen die Viehhalter diesen selbst in gewissem Umfang durch, sei es sporadisch in günstigen Jahren,[20] sei es regelmäßig auf

Abb. 21: Weidewanderungen der Arba^c^a

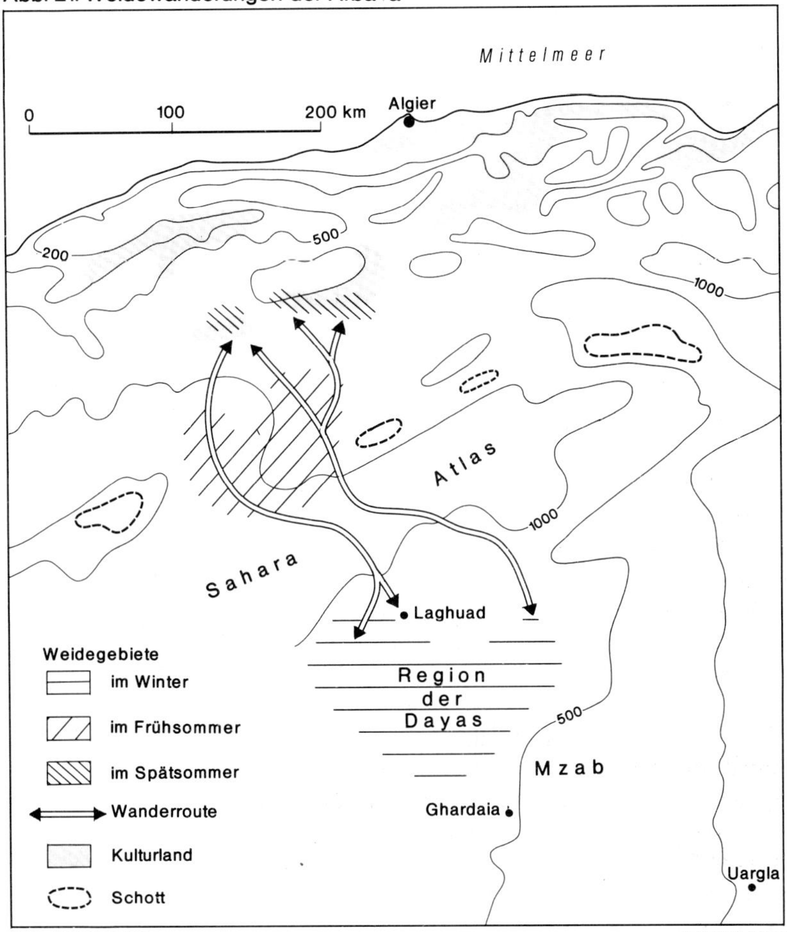

Quelle: JOHNSON 1969

Entwurf: G. Stöber

eigenen Ländereien. Im Verbreitungsgebiet der Dattelpalme verfügen Nomaden zudem nicht selten über Palmenhaine. Diese wie das Ackerland werden jedoch oftmals nicht selbst bestellt, sondern Pächtern oder Abhängigen überlassen, die einen mehr oder weniger großen Teil des Ertrages an die Eigentümer abführen. Auch wenn die Nomaden nicht Grundeigentümer waren, zogen sie in der Vergangenheit von Oasenbauern (z. T. auch von Städtern) Abgaben ein, wenn „Schutzverträge" mit ihnen abgeschlossen worden waren, die die Seßhaften vor Plünderungen durch die Vertragspartner oder fremde Gruppen bewahren sollten.

Eine andere Quelle vegetabiler Nahrung stellt das Sammeln von Wildgetreide u. a. Wildfrüchten dar, denen in verschiedenen Fällen eine nicht unbedeutende Rolle in der Ernährung zukommt. Neben Produkten für den Eigenbedarf werden auch Güter mit einem (z. T. hohen) kommerziellen Wert gesammelt, z. B. Harze, darunter in Südarabien Weihrauch (vgl. JANZEN/SCHOLZ 1979).

In jüngerer Zeit nimmt zudem die Bedeutung von — meist saisonaler — Lohnarbeit außerhalb des eigentlichen Lebensbereichs der Nomaden zu.[21] Wurden früher z. T. in Anbaugebieten Arbeiten als Erntehelfer aufgenommen (verbunden mit einer Stoppelweide des Viehs) (vgl. Abb. 21), so sind es heute meist ungelernte Tätigkeiten im Baubereich u. ä.

Mit der militärischen Stärke vieler nomadischer Gruppen hingen in der Vergangenheit weitere Einkommen zusammen: Zum einen stellte Viehraub eine Möglichkeit dar, die eigene Herde zu vergrößern oder nach Viehverlusten wieder aufzustocken. Zum anderen wurden von Karawanen Wege- und Schutzgelder erhoben (vgl. z. B. AFRICANUS 1984:61), deren Begleichung jedoch nicht immer Überfälle ausschloß. Nomaden, die in engerer Beziehung zu einer staatlichen Autorität standen, wurden zudem oft als irreguläre Truppen eingesetzt. Heute spielen sie beispielsweise in der Nationalgarde Saudi-Arabiens eine vergleichbare Rolle.

Die genannten Einkommensmöglichkeiten schließen sich z. T. aus oder sie mögen aus anderen Gründen nur teilweise realisierbar sein. In der Wirklichkeit ergibt sich ein recht vielgestaltiges Bild mit einer großen Zahl von Kombinationen der einzelnen, z. T. stark voneinander abhängigen Produktionsbereiche, die je nach Randbedingungen (ökologische und politische Gegebenheiten, Arbeitskräfteangebot u. a.) selbst von Haushalt zu Haushalt Unterschiede aufweisen können. Definitionsgemäß stehen die Einkünfte aus der Viehhaltung dabei im Vordergrund, wenn dies auch in der Realität in Grenzfällen oft schwer nachzuweisen sein mag.

Wenngleich viele der zusätzlichen Erwerbsquellen ebenfalls Mobilität bedingen, ist der saisonale oder periodische Wohnplatzwechsel der Nomaden in erster Linie durch die Erfordernisse der Herdenhaltung begründet. Zwar werden Richtung, Umfang und Zeitraum der Wanderungen von Erwägungen mitbestimmt, die Nutzung außerpastoraler Ressourcen zu gestatten.[22] Diese dürfen jedoch nicht so sehr in Gegensatz zu den Bedürfnissen der Viehhaltung geraten, daß diese gefährdet würde.

Ein Weideplatzwechsel wird für die Nomaden notwendig, da in den zur Diskussion stehenden Räumen eine ganzjährige großmaßstäbige Weidenutzung von einem fixen Wohnsitz aus nicht möglich ist. Ein Teil der Weiden bietet Futter nur während einer bestimmten Jahreszeit; sonst machen sommerliche Dürre (in den Wüsten, Steppen) oder Schneefall und Kälte (im Gebirge) einen Weidegang unmöglich. andere Weiden wären ganzjährig nutzbar, könnten dann aber nur einen stark reduzierten Viehbesatz tragen. Auch der Salzbedarf der Tiere kann das saisonale Aufsuchen bestimmter Weidegebiete mit halophytischer Vegetation notwendig erscheinen lassen. Manche Weidegebiete sind zu bestimmten Zeiten wegen Krankheiten zu meiden.

Neben dem Weide- spielt das Wasserangebot, insbesondere in der Trockenzeit, eine entscheidende Rolle und bestimmt den Verlauf der Wanderungen mit, wie auch die Art der Herdentiere, da diese unterschiedliche Anforderungen an Wasser und Weide stellen

Abb. 22: Weidegebiete der Afšār Kermāns

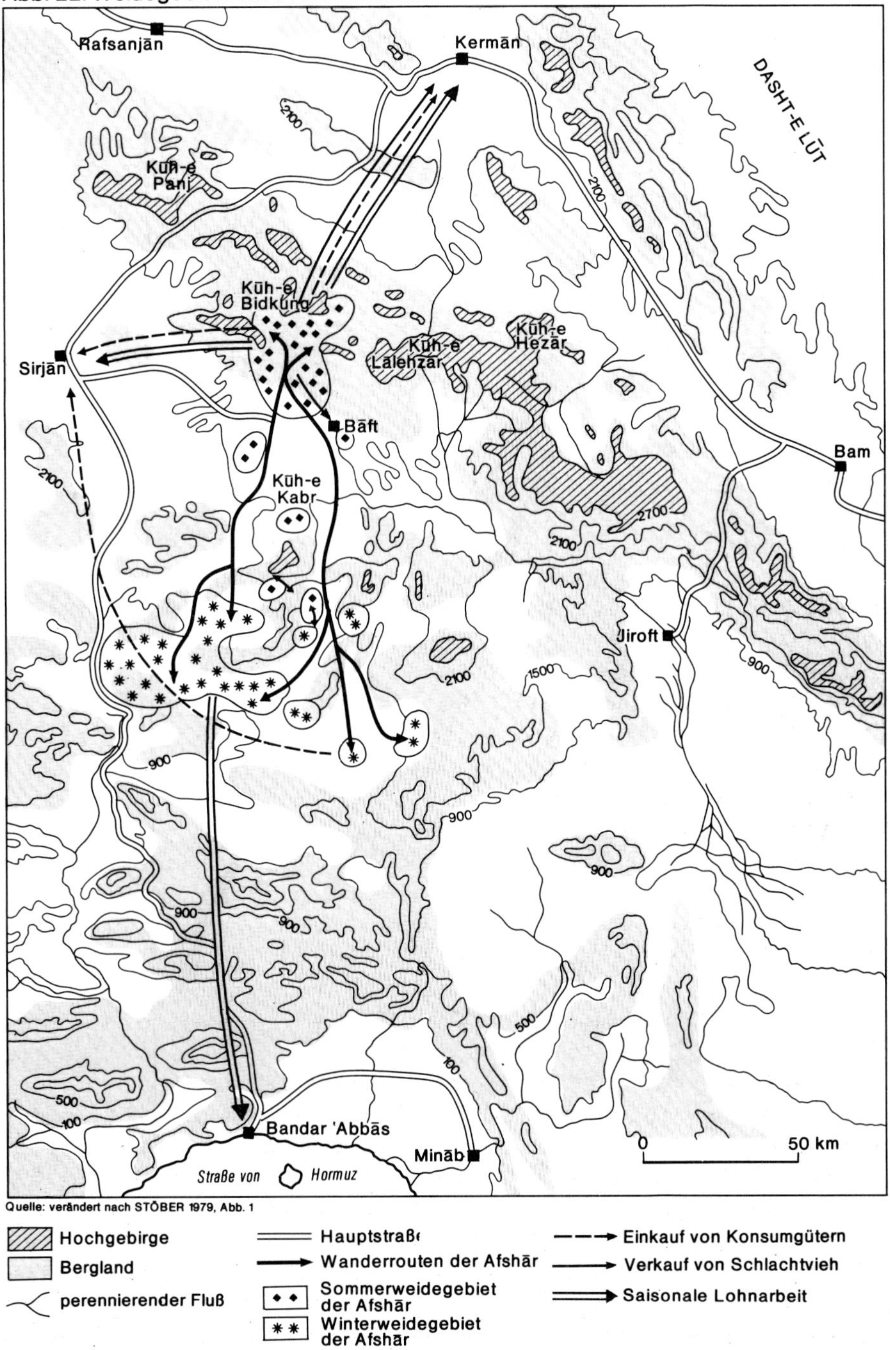

Quelle: verändert nach STÖBER 1979, Abb. 1

Abb. 23: Weidewanderungen der Al-Murrah Beduinen

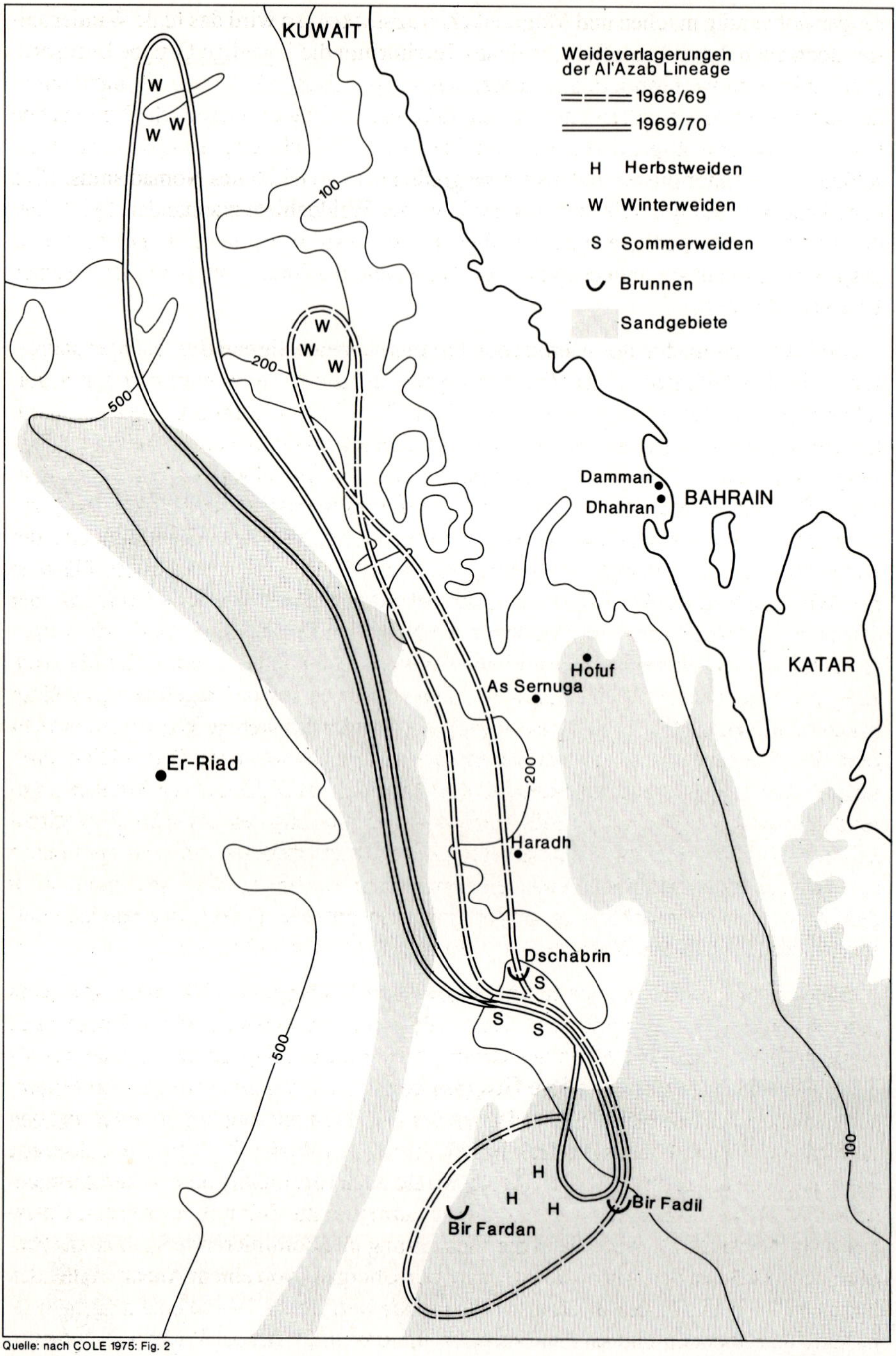

Quelle: nach COLE 1975: Fig. 2

und unterschiedlich mobil sind. Aber wenn auch diese physischen Faktoren die Wanderungen notwendig machen und Möglichkeiten abstecken, so wird das reale Wandermuster doch auch davon beeinflußt, welches Territorium die jeweilige Gruppe beanspruchen und verteidigen kann, d. h. von sozialen und politischen Faktoren, die nicht nur in der Gruppe selbst, sondern auch in der sie einschließenden Gesellschaft zu suchen sind. Aus dieser Komplexität der Determinanten der Wanderungen folgen ganz unterschiedliche Wandermuster und insg. eine große Formenvielfalt des Nomadismus. Eine erste Unterscheidung ergibt sich aus der Lage der Weidegbiete zueinander. Spielt hier die vertikale Komponente eine wichtige Rolle, wird von einem *Bergnomadismus* gesprochen, bleibt sie unbedeutend, von *Flächennomadismus*. Auch hierbei bestehen Übergangsformen.

Die Flächennomaden des islamischen Orients suchen während der feuchten Jahreszeit — in den Außertropen das Winterhalbjahr, im Süden der Sahara und der Arabischen Halbinsel der Sommer — Wüstengebiete ihres Territoriums auf, die nach räumlich begrenzten Niederschlägen saisonale Weidemöglichkeiten bieten. Wenn die Pflanzen verdorren und die Wasserstellen austrocknen, müssen Plätze aufgesucht werden, die auch während der Trockenzeit den Trinkwasserbedarf befriedigen können[23] und zumindest Notzeitweiden bieten. Hier kommen zum einen die Grenzbereiche der Anbaugebiete in Betracht, z. B. in Palästina, Syrien, Nordirak, zum zweiten Plätze in der Wüste selbst, in denen Grundwasservorkommen durch einfache Brunnen oder Oasen erschlossen wurden und an denen die Nomaden Dattelpalmen besitzen mögen. Je nach Ergiebigkeit der trockenzeitlichen Wasserstellen und der räumlichen Begrenzung der feuchtzeitlichen Weidemöglichkeiten kann es sowohl regelmäßig zu einer Konzentration der Mitglieder eines Nomadenverbandes um wenige Wasserstellen während der Trockenzeit und Ausschwärmen über weite Gebiete nach Regenfällen kommen als auch zu einer starken Streuung um zahlreiche wenig ergiebige Brunnen während der trockene Jahreszeit und Konzentration auf lokal eng begrenzte Weidemöglichkeiten nach unregelmäßigen Niederschlagsereignissen. Regionen mit nur sporadisch auftretenden, begrenzten Weideflächen erfordern große Streifgebiete und sind nur mit dem Kamel unter Zurücklegung großer Distanzen nutzbar. Diesen Bedingungen entspricht der Idealtyp des Nomaden, der Beduine (vgl. Abb. 23 u. 24a).

Die meisten Kamelnomaden halten in gewissem Umfang auch Kleinvieh, das dann getrennt von der Kamelherde geweidet werden muß. Daneben existieren jedoch auch Nomaden, bei denen die Kleinviehhaltung dominiert und bei denen Kamele nur als Tragtiere eine Rolle spielen. Diese Gruppen können nur weitaus geringere Entfernungen zurücklegen, beispielsweise zwischen der Euphratniederung im Sommer und den randlichen Wüstenplateaus des Irak im Winter oder Frühjahr. Z. T. besitzen sie einen ihrer Weideplätze in einem Anbaugebiet, wo sie auch regelmäßig dem Ackerbau nachgehen. Manche vertauschen während dieser Jahreszeit ihr Zelt mit einer festen Unterkunft (vgl. Abb. 24 b). Wenn dann die Viehhaltung ihre dominierende Stellung als Einkommensquelle an den Anbau abtritt, wird der Übergang von einem Anbau treibenden Nomaden — in der Literatur oft als *Halbnomade* bezeichnet[24] — zu einem auch Viehhaltung betreibenden und saisonal mobilen Bauern (u. U. *Halbseßhafter*) vollzogen.

Abb. 24: Mobilitätsmuster nomadischer Gruppen

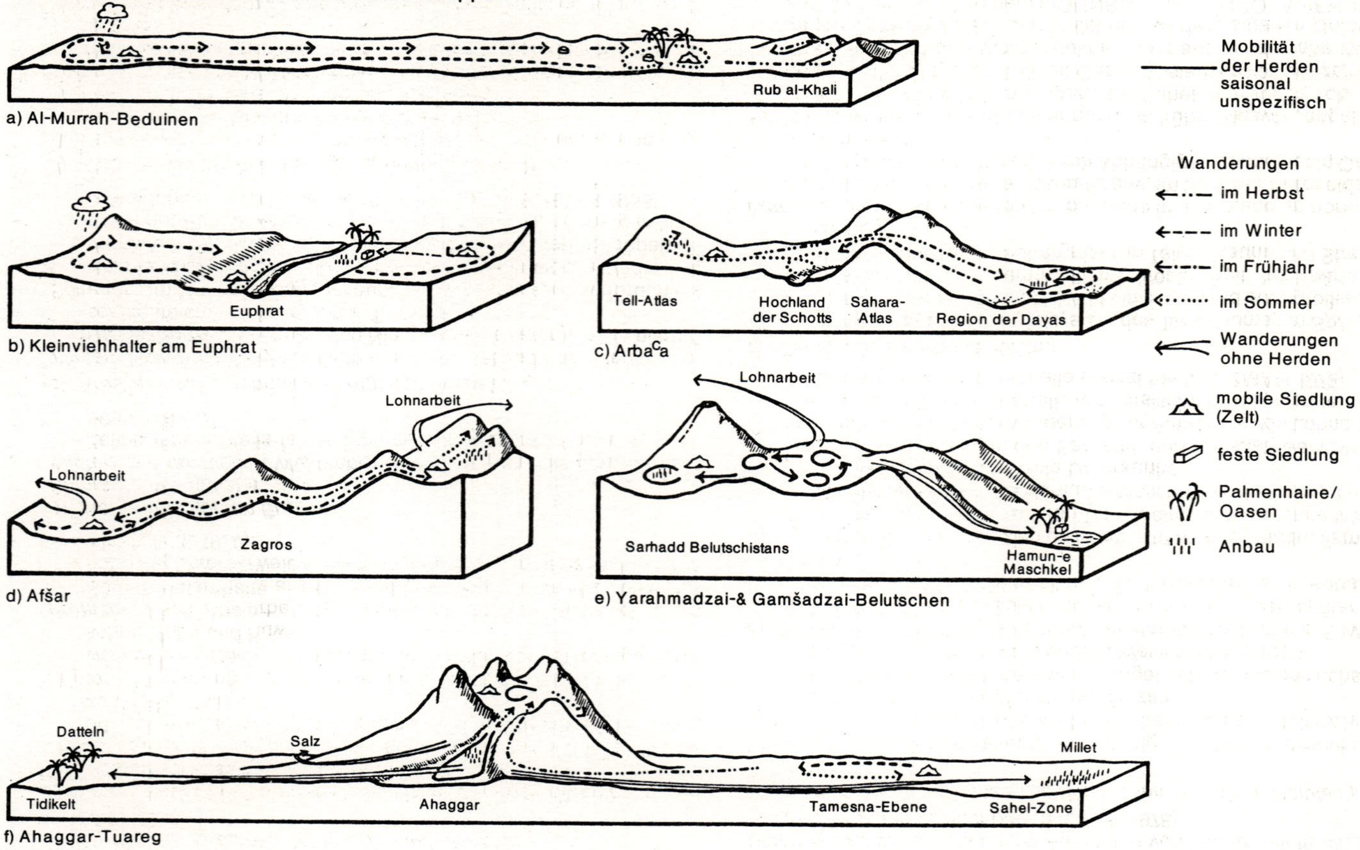

a) Al-Murrah — Kamelhalter in Ost-Saudi-Arabien (Mitte 20. Jh.)

Sommer: Lager bei Brunnen/Oase. Kamele werden oft getränkt und weiden sonst selbständig in der Umgebung.

Herbst: ab Sept. Weide in Dünen der Rub al-Khali kühleres Wetter erlaubt weniger häufiges Tränken und damit größere Entfernung zu Wasserstellen.

Winter: Wanderung (10—15 Tage) im Dez./Jan. nach Norden. Dort wechselnde Weide nach örtlich begrenzten Niederschlägen zwischen Hofuf und Kuwait.

Frühjahr: nach Absterben der Vegetation im April Aufbruch nach Süden. Aufenthalte an verschiedenen Brunnen im Mai zur Schonung der Sommerweide, bevor im Juni das Sommerlager bezogen wird (COLE 1975).

b) Kleinviehhalter am Euphrat

Sommer: in Flußnähe

Winter: auf randlichen Wüstenplateaus. Gruppen teils ganzjährig in Zelten lebend, teils fester Sommerwohnsitz und Anbau in Fluß-/Kanalnähe

c) Arba^{c}a — Kleinviehhalter in Algerien (Mitte 20. Jh.)

Winter: Nov.-April Weide südlich des Saharaatlas in der Region der Dayas (Senken, in denen sich Niederschläge sammeln); in niederschlagsreichen Jahren dort z. T. Anbau.

Sommer: im Mai nach Austrocknung der Wasserstellen Aufbruch ins Hochland der Schotts, Steppenweide, Konzentration in Wadis, seit Vorrücken des Anbaus zur Kolonialzeit im Aug./Sept. Stoppelweide an der Südflanke des Tellatlas. Im Ikt. Rückwanderung in Winterweidegebiete (JOHNSON 1969:98—103; NIEMEIER 1955).

d) Afšar — Kleinviehhalter in Südost-Iran (um 1970)

Winter: Lager in Senken des Zagros-Gebirges, Zufütterung und u. U. nächtliche „Aufstallung" unter Zeltdächern.

Frühjahr: etappenweise Wanderung ins Gebirge.

Sommer: Lager bei Walnußhainen und Feldern, Ernte nach Ankunft, Weidewanderung im Gebirge, u. U. Sammeln von Harzen (Tragantgummi).

Herbst: Rückwanderung des Viehs mit Hirten, Familien folgen nach Getreideaussaat.

Sommer und *Winter:* heute oft Aufnahme von Lohnarbeit in Städten, bei Berg- und Straßenbau (STÖBER 1978).

e) Yaraḥmadzai und Gamšadzai-Belutschen in Iranisch-Belutschistan (um 1970)

Kleinvieh- und Kamelhaltung ganzjährig im Sarhadd-Hochland.

Winter: Zufütterung und nächtliche Zelthaltung des Kleinviehs an gewohnheitsmäßigen Winterlagerplätzen.

Frühjahr: Vegetationszeit; häufiger, unregelmäßiger Weidewechsel je nach (jährlich starkschwankenden) Weidebedingungen.

Frühsommer: allmähliches Austrocknen der Weide, früher z. T. Weide in Tälern der Bergmassive, wo Austrocknung etwas später einsetzt; heute z. T. Erntearbeiten und Stoppelweide in Anbaugebieten.

Spätsommer, Frühherbst: Vieh bleibt mit Hirten im Sarhadd. Familien ziehen zur Dattelernte zu ihren Dattelpalmenoasen (ohne Weidemöglichkeiten) westl. des Hamun-e Maschkel an der iranisch-pakistanischen Grenze; dort feste Unterkünfte.

Herbst: Rückwanderung in den Sarhadd; dort Aussaat, wenn Anbau betrieben wird; Arbeiterwanderung zur Aufnahme von Lohnarbeit, die den Raub (früher Überfälle auf persische Dörfer, Handelskarawanen) als Einkommensquelle ersetzt hat (SALZMAN 1972).

f) Ahaggar-Tuareg (Mitte 20. Jh.)

Ziegenhaltung ganzjährig im Talsystem des Territoriums; im *Spätsommer/Herbst* nach Regen u.U. Weide im Hochland *oder* großteils im Hochland, während sommerlicher Trockenheit talabwärts (im Hochland nur annuelle Futtergräser, in Tälern Baum- und Strauchvegetation).

Kamelhaltung in guten Jahren Herbstweide im Hochland, in normalen Jahren ganzjährig auf Tamesna-Ebene, im Sommer Salzweide um I-n-Gall; Millet, Gemüse oft durch Abhängige, Teilpächter in Oasen im Talbereich.

Handel: Bezug von Salz (durch Abhängige, früher Sklaven, abgebaut) in Amadror (nordöstl. Ahaggar). Im Sahel Austausch von Salz gegen Millet (Hirse). In Tidikelt-Oasen Austausch von Weizen (aus Ahaggar), Vieh und Viehprodukten, aber auch sudanische Waren gegen Datteln (Datteln und Millet dienen dem eigenen Unterhalt und dem der Abhängigen) (JOHNSON 1969; NICOLAISEN 1964; ROGNON 1962).

Eine ähnliche Formenvielfalt findet sich auch bei den Bergnomaden. Diese besitzen ihre Winterweidegebiete im Gebirgsvorland oder in Senken im Gebirge. Eine Frühjahrswanderung führt Besitzer und Herden zu den Sommerweiden in den höheren Gebirgslagen, eine Herbstwanderung in die Niederungen zurück (vgl. Abb. 22 u. 24). Während im Gebirge ein Überwintern meist nur bei Stallhaltung möglich erscheint, machen in den Winterweidegebieten teils Futtermangel, teils hohe Temperaturen einen sommerlichen Aufenthalt schwierig. Hinzu tritt u. U. die Konkurrenz anderweitiger Raumnutzung, sei es durch Anbau, sei es durch weitere nomadische Gruppen mit anders strukturierter Viehhaltung.[25]

Wenn Dromedare von Bergnomaden gehalten werden, dann als Tragtiere. Aber auch in dieser Funktion sind sie oft durch Esel oder Maultiere, manchmal auch durch Ochsen ersetzt. Die eigentlichen Herdentiere sind Schafe und Ziegen. Bergnomaden betreiben häufig im Sommer-, im Winterweidegebiet oder entlang der Route eigenen Anbau. Die Distanzen der Wanderungen variieren äußerst stark und reichen von wenigen Kilometern bis zu Hunderten von Kilometern pro Strecke. Neben dem ganzjährig oder saisonal bewohnten Zelt finden sich Laubhütten oder feste Häuser als jahreszeitliche Unterkunft. Auch hier trifft sich der Nomadismus typologisch mit einer mobilen Wirtschaftsform bäuerlicher Gruppen, die als *Yaylā-Bauern* mit Vieh und Familie in den Sommermonaten höhergelegene Almen aufsuchen (HÜTTEROTH 1959, 1973).

Auch im Bereich des innerasiatischen Wüsten- und Steppengürtels waren in der Vergangenheit verschiedene Formen nomadischer Herdenhaltung ausgebildet, die teils horizontale Wandermuster, teils solche mit vertikaler Komponente aufwiesen. Hier, in der kühlgemäßigten Klimazone, bestimmt nicht nur Trockenheit mit begrenztem Wasser- und Weideangebot das Wanderverhalten, sondern Kälte und Schneefall treten auf den Hochebenen wie im Tiefland als Problem hinzu: Im Winter liegen die Weiden oft unter einer Schneedecke, und die — trockenen — Futtergräser sind bei verharschtem Schnee nur schwer zugänglich.[26] Winterlager wurden in der Mongolei daher in windgeschützten Tälern aufgeschlagen; als winterliche Weide kamen dagegen in erster Linie dem Wind ausgesetzte, weniger verschneite Hänge in Betracht. In Mittelasien spielte auch eine gesicherte Versorgung mit Oberflächenwasser eine bedeutende Rolle bei der Wahl der Winterweide (in Tälern, an Seen etc.). Wo diese in der Wüstenzone lagen, wurden bis zu den Sommerweiden oftmals große Wegstrecken (z. T. mehr als 1.000 km) zurückgelegt; in der Steppenzone waren die Distanzen weitaus geringer (meist 10—100 km). Die Wanderungen erfolgten entlang fester, meist meridional verlaufender Triftwege. Pferde und Schafe waren hier die wichtigsten Herdentiere; die Yurte diente ganzjährig als Unterkunft. Im Gebirge Mittelasiens *(Tien-schan, West-Altai)*, wo Sommerweiden in den Hochlagen und Winterweiden in den Vorländern in der Regel nahe beieinander lagen, überschritten die Wanderdistanzen nur gelegentlich 100 Kilometer. Hier waren feste Winterwohnungen und ungeregelter Anbau häufig. Rinder traten als Herdentiere in größerem Umfang zu Pferden und Schafen hinzu. Auch Wirtschaftsformen, die eher einem Yayla-Bauerntum entsprachen, fanden sich hier (vgl. z. B. GIESE 1983).

Wie groß die Unterschiede im Migrationsverhalten, in der Ressourcenkombination oder im Grad der Marktverflechtung auch sein mögen, gemeinsam ist den Nomaden das Privateigentum an Vieh, dem korporative Nutzungsrechte am Weideland zur Seite stehen. Die Zugehörigkeit zur Gruppe ist für den Zugang zur Weide entscheidend (wo diese nicht saisonal von Seßhaften gepachtet werden muß). Diese Weiderechte wurden teils staatlich zugeteilt, teils ohne übergeordnete Sanktionierung selbst in Anspruch genommen und mußten nach außen, wie auch das Vieh, militärisch verteidigt werden. Dies war nur in der Gemeinschaft möglich. So haben sich bis heute Strukturen erhalten, bei denen sich gemäß dem arabischen Sprichwort ,,ich gegen meinen Bruder, ich und mein Bruder gegen meinen Vetter, ich, mein Bruder und mein Vetter gegen die Welt" untergeordnete Einheiten im Konfliktfall zu übergeordneten Verbänden zusammenschließen. Diesen Strukturen liegt zum einen ein ,,Verwandtschaftsprinzip" zugrunde. Sippen (deren Mitglieder sich genealogisch nachweisbar — meist patrilinear — auf einen gemeinsamen Vorfahren zurückführen) formen sich zu Unterteilstämmen oder Teilstämmen (bei denen ein gemeinsamer Vorfahre meist beansprucht wird, in der Regel aber nicht nachzuweisen ist), diese wiederum zu Stämmen, in politischer und sozialer Hinsicht autonome Gruppen mit eigenem Territorium. Mehrere Stämme, auch ganz unterschiedlicher Herkunft, mögen sich aus politischen Gründen zu Verbänden zusammenschließen oder zusammengeschlossen werden wie die *Ḫahmseh* oder die *Šahsavān* Irans (vgl. BARTH 1961; TAPPER 1974). Diese sozio-politische Organisationsform, von vielen Autoren in die Definition des ,,Nomadismus" mit aufgenommen, unterscheidet die Nomaden von vielen, aber nicht allen Seßhaften des Vorderen Orients.

Solche segmentären Strukturen werden aber häufig differenziert und kompliziert durch eine soziale Hierarchisierung wie auch durch politische Strukturen, die anderen als Abstammungsregeln folgen. Zum einen wird in der Regel den einzelnen Segmenten eines Stammes eine unterschiedliche soziale Wertigkeit zugemessen. Oft begründet mit der Seniorität des Vorfahren, gelten einzelne Teilstämme oder Sippen als vornehmer als die anderen. Sie stellen daher auch die jeweiligen Stammesführer, die oft — so bei vielen Beduinen Arabiens — dennoch eher *primi inter pares* sind: Sie müssen von den Ältesten bestätigt werden und sind bei wichtigen Entscheidungen von deren Konsens abhängig.

In anderen Fällen sind die sozialen Unterschiede größer: Einem Stammesadel stehen Vasallen sowie Abhängige und Sklaven (z. T. nicht-nomadische Wirtschaftsgruppen) gegenüber (z. B. bei den Tuareg, Mongolen). Begründet sind diese Differenzierungen häufig in der Entwicklungsgeschichte der jeweiligen ,,Stammes"-Einheiten. Wurden z. B. fremde Segmente an eine Gruppe angegliedert, erhielten diese oftmals einen etwas geringeren sozialen Status als die anderen. Drangen militärisch stärkere Verbände in neue Gebiete vor, konnten sie sich u. U. als ,,Herrenschicht" etablieren und die bisherigen Bewohner in Abhängigkeit bringen, sofern diese nicht verdrängt wurden. Kriegsgefangene wurden versklavt und bildeten eine untere Schicht der sozialen Hierarchie. Auch in diesen Fällen kann die Abstammung die Zugehörigkeit zu einer politischen Einheit (,,Stamm") bestimmen und Territorialansprüche begründen. Zur Abstammung hinzutreten und politisch wie territorial entscheidend werden kann in stärker hierarchischen Sozialsystemen aber auch die Gefolgschaft. Hierbei formieren sich Gruppen um einen Führer herum, als deren Klientel erhalten sie Zugang zu Land und Weiden. Diese Gruppierungen können Verwandtschaftsgruppen umfassen, diese aber auch teilen, so daß Angehörige gleicher Abstammungseinheiten unterschiedlichen politischen Verbänden zuzurechnen sind (vgl. z. B. PASTNER 1978; SCHOLZ 1974). Die Position des Stammesführers ist hier in der Regel viel stärker und kann die Form von Herrschaft und arbiträrer Machtausübung annehmen, beispielsweise in Belutschistan.

Die Einbeziehung der Stämme in eine staatliche Verwaltungsstruktur kann zu einer Stärkung der Position der Stammesführer führen. Zum einen verschafft die Staatsgewalt dem Khan oder Scheich, über den sie die Stammesbevölkerung zu kontrollieren sucht, oft wirtschaftliche Vorteile und gliedert ihn als Amtsträger in ihren administrativen Apparat ein, zum zweiten gewinnt er für die Bevölkerung an Bedeutung, da die Kontakte nach außen durch ihn vermittelt werden. Einen ähnlichen, vielleicht noch weitergehenden Effekt hatte auch die Politik der Kolonialmächte, wo sie über die Stammesführer die Nomaden zu „pazifizieren" oder ihren Interessen gewogen zu machen trachteten (vgl. z. B. SCHOLZ 1974).

4.3.3 Nomaden und Islam

Wie gezeigt wurde, sind nomadische Formen der Weidewirtschaft weit älter als die Religion des Islam (— und reichen auch heute noch über den Bereich des *dār al-islām* hinaus). Vor allem, nachdem Muḥammad größere Erfolge im Kampf gegen Mekka errang (vgl. Kap. 2.1.1), nahmen auch immer mehr Beduinen die neue Religion an, und deren schnelle Verbreitung wäre ohne die Kriegsteilnehmer aus den Reihen der Nomaden nicht möglich gewesen. So ist heute der Islam nicht nur die Religion — auch — vieler, ja der meisten Nomaden Afrikas und Asiens, sondern die Beduinen fanden auch aufgrund der direkten Erfahrungen Muḥammads Eingang in die islamische Lehre (vgl. NAGEL 1981; STEPPAT 1982). Im täglichen Leben der Nomaden wie auch anderer Muslime ist zudem der Glaube heute wie in der Vergangenheit ein Mittel der Abgrenzung nach außen wie der Differenzierung nach innen (vgl. AHMAD/HART 1984). Denn Religion beschränkt sich nicht darauf, das Verhältnis des Gläubigen zu Gott zu definieren und soziale Normen zu setzen, sondern dient gleichermaßen zur Legitimierung der verschiedensten Aspekte sozialer Praxis.

Die Ausbreitung des Islam über die Grenzen Arabiens hinaus war damit verbunden, daß die neuen Muslime aus einer Vielfalt von Kulturen entstammten. Wie auch beispielsweise im Fall einer Christianisierung ist zu beobachten, daß mit der Annahme des neuen Glaubens nicht sämtliche Traditionen aufgegeben wurden, und manche Vorstellungen und Normen blieben bis heute bestehen, die durchaus zur Glaubens- und Rechtsauffassung des „Hochislam" in Widerspruch stehen können (z. B. Nichtanwendung der islamischen Erbregelung, Einfluß *schamanistischer* Vorstellungen). Dies gilt nicht nur, aber auch für die nomadisch lebende Bevölkerung.

Oftmals ist den Nomaden eine gewisse Laxheit in religiösen Dingen zugeschrieben worden. Zu diesem Klischee bleibt anzumerken, daß zum einen auch Beispiele tiefer Religiosität in nomadischen Gruppen, zum anderen auch Seßhafte gefunden werden können, die es mit ihren religiösen Pflichten nicht allzu genau nehmen. So geben solche stereotypen Aussagen die Realität kaum angemessen wieder. Beispielsweise zogen manche religiösen Bewegungen auch Nomaden an, ja, gründeten sich weitgehend auf deren Unterstützung. Zu nennen sind hier z. B. die Wahabiten Arabiens oder die Senussi-Bruderschaft Libyens. Die militärischen Erfolge dieser Bewegungen wären ohne den kämpferischen Einsatz der nomadischen Anhängerschaft nicht möglich gewesen, auch wenn zu Beginn des 20. Jahrhunderts das saudische Herrscherhaus versuchte, durch die Gründung von Siedlungen der *iḫwān*[28] ihren militärischen Anhang von seinen Stammesbindungen zu lösen und anzusiedeln. Die religiöse Werbung und Unterweisung solcher Bruderschaften hatte zudem mit Sicherheit auch Auswirkungen auf die Religiosität der Bevölkerungsgruppen, die nicht aktiv an den militärischen Unternehmungen beteiligt waren. Z. T. wurde ihnen wohl das Gefühl vermittelt, daß nomadisches Leben mit dem eines wahren Muslim unvereinbar sei, da ein Nomade nur selten dem Ritual voll genügen und eine religiöse Unterweisung erhalten könne (vgl. COLE 1975:121)[29].

Eine solche Einstufung der Nomaden als Muslime minderer Qualität findet sich auch schon zu Beginn der islamischen Ära. Bei den Übertritten von Beduinen zum Islam wurden zwei Arten mit unterschiedlichem Status unterschieden. Die eine war nur an die einfache Erfüllung der formellen Pflichten geknüpft, die andere — und weit verdienstvollere — beinhaltete den Anschluß an die Gemeinschaft des Propheten und seine Unterstützung im Kampf. Diese war mit der Aufgabe der nomadischen Viehwirtschaft und Seßhaftwerdung verbunden. Gleiches gilt für die zum großen Teil Beduinenstämmen entstammenden Krieger, die an den Feldzügen nach Muḥammads Tod beteiligt waren und die in Garnisonsstädten wie Kufa angesiedelt wurden.

Den weiterhin nomadisch lebenden Gruppen wurden negative Eigenschaften wie Unzuverlässigkeit, mangelnde Gesetzestreue und Oberflächlichkeit im Glauben zugemessen, was auch in einige Koranstellen Eingang fand oder zumindest damit untermauert wurde. Die Passagen beziehen sich jedoch auf historische Ereignisse, ausbleibende Unterstützung von zum Islam übergetretenen Stämmen (während des Kriegszuges nach Tabuk im Jahre 631 n. Chr.; Sure 9,90 ff.) sowie dem Erschleichen von Hilfeleistungen durch einen nur verbalen Übertritt zum Islam während einer Dürre (Sure 49,14). Im selben Zusammenhang (Sure 9,98—102) wird darauf hingewiesen, daß auch unter den Seßhaften (den Einwohnern Medinas) Heuchler, wie unter den Beduinen gläubige Muslime zu finden seien, was die Kritik an den Nomaden etwas relativiert.

Abgesehen von diesem auch aus der momentanen politischen Erfahrung resultierenden Negativimage und möglichen Hindernissen der formalen Religionsausübung, die in der Lebensweise der Nomaden begründet sind, findet sich ein tieferer Widerspruch zwischen der Lehre des Islam und der sozialen Organisationsform der Beduinen. Denn deren Stammesloyalitäten und kollektiven Verantwortlichkeiten (wie Blutrache, Blutgeldzahlung) stehen in Gegensatz zu einer Auffassung, nach der in einer stammesübergreifenden Gemeinschaft der Muslime das einzelne Individuum für seine Handlungen verantwortlich ist (vgl. Kap. 2.1.1, 2.2.2). Dieser Gegensatz kam aber auch in der städtischen Gesellschaft zum Tragen, wo z. B. zeitweise den Stadtvierteln die Verantwortung für Blutgeldzahlungen oblag (LAPIDUS 1984:97). So begründen die politische Situation wie auch religiöse Ansichten die zurückhaltende, ja ausgrenzende Haltung der jungen muslimischen Gemeinschaft den Beduinen gegenüber.

Auch heute noch dienen religiöse Argumente zur Abgrenzung — durchaus nicht nur einseitig im Sinne einer Ausgrenzung, sondern auch zur Abhebung der eigenen Sozialgruppe vom ,,Rest der Welt''. Innerhalb einer Gemeinschaft wird auf diese Weise eine innere Differenzierung unterstrichen. So ist beispielsweise die orthodoxe Befolgung der religiösen Pflichten nicht selten mit bestimmten soziale Positionen verbunden, und die Durchführung einer — kostspieligen — Wallfahrt, *ḥaǧǧ*, ist oft auch als Statussymbol zu werten.

Auch zwischen Nomaden und Seßhaften werden religiös untermauerte Grenzen gezogen. Den schon aufgeführten Argumenten, die Nomaden abqualifizieren sollen, stehen dabei Eigeneinschätzungen gegenüber, die die Nomaden als naturverbunden und dadurch Gott näher, als einfach und bedürfnislos und damit dem ursprünglichen Islam angemessener ansehen, als die den Luxus suchenden Seßhaften. Dies bleibt aber nicht nur Selbsteinschätzung. Beide Positionen finden sich, unterschiedlichen politischen Zielsetzungen entsprechend, schon in der muslimischen Literatur des Mittelalters (vgl. NAGEL 1981,II).

Solche religiösen Bewertungen sind jedoch immer nur Teil — und oft nicht der wichtigste — eines ganzen Arsenals von Abgrenzungskriterien. Das Bild des Beduinen und des Nomaden allgemein wurde auch in der muslimischen Welt vor allem von nicht religiösen Merkmalen geprägt, in der Selbsteinschätzung von Tugenden wie Gastfreundschaft u. a., in der Fremdeinschätzung von Lastern wie Grobheit, fehlende Bildung und eine Vorliebe für Straßenraub zum Schaden der städtischen Kaufmannschaft.

Ein ähnliches Bild hat sich bis in die Gegenwart hinein erhalten und bestimmt die Politik mit, die die Machthaber Nomaden gegenüber einschlagen. Diese bildet einen der Faktoren für die Wandlungen, denen der Nomadismus unterworfen ist.

4.3.4 Moderne Wandlungen

In den Augen der meisten betroffenen Regierungsvertreter sprechen zahlreiche Argumente gegen eine weitere Existenz des Nomadismus (HERZOG 1963). z. B. seien

a) Nomaden Ausdruck der Rückständigkeit des politischen und wirtschaftlichen Systems,
b) diese wegen ihrer mobilen Lebensweise unkontrollierbar und unregierbar sowie
c) von (stationären) Sozialleistungen des Staates nicht zu erreichen und
d) Stammesrecht und Stammesloyalitäten ein Hindernis auf dem Weg in einen modernen Nationalstaat. Zudem sei

e) wegen des wachsenden Bevölkerungsdrucks und der größeren Rentabilität eine intensive Landwirtschaft notwendig und sinnvoller als eine extensive, von Irrationalismen[30] gekennzeichnete Weidewirtschaft mit schädlichen ökologischen Konsequenzen.

Wenngleich diese Argumente falsch oder einseitig sind, bestimmen sie doch eine Reihe von Maßnahmen, die in zahlreichen Ländern darauf abzielen, den Nomadismus als Lebens- und Wirtschaftsweise zu eliminieren.

Manche Regierungen versuchten, über die Stammesführer eine Seßhaftwerdung voranzutreiben. Schon Ende des 19. Jahrhunderts übertrugen die Osmanen Stammesterritorien an diese (und schufen so Großgrundeigentümer) mit der Maßgabe, die Stammesangehörigen zur Aufnahme des Anbaus zu bewegen. Auch die Briten honorierten in NW-Indien Seßhaftwerdung u. a. durch Vergabe großer, neu erschlossener Ländereien an die jeweiligen Führer (HAIDARI 1982; SCHOLZ 1974b).

In anderen Fällen richteten sich die staatlichen Aktionen gegen Stammesführer, die wie die Khane und Sardare Irans aufgrund ihrer Machtkonzentration und der militärischen Potenz der Stämme eine Bedrohung staatlicher Souveränität darstellten. Sie versuchten, diese u. a. durch eine Entwaffnung der Stämme zu brechen und die Nomaden mittels einer Gendarmerie und neuer Verwaltungsstrukturen effizient zu kontrollieren.[31] Hierzu wurde zudem — beispielsweise in den 30er Jahren unter Reza Schah in Iran — eine z. T. äußerst gewaltsame Seßhaftmachungspolitik durchgeführt, bei der Wanderungen militärisch unterbunden, Zelte zerstört und Herdentiere abgeschlachtet wurden, um so die Grundlage einer nomadischen Existenz zu treffen. Da die Ansiedlungsgebiete meist für eine ackerbauliche Dauernutzung wie für eine auf Wanderungen verzichtende ganzjährige Viehhaltung ungeeignet waren, kam es zu hohen Verlusten an Vieh und Menschenleben. Als der staatliche Druck nachließ, nahmen die Betroffenen oft ihre Wanderungen wieder auf, sofern sie noch einen Grundstock an Vieh besaßen.

Andere Seßhaftmachungsversuche verliefen weniger brutal, in der Regel aber ebenfalls nicht sehr erfolgreich. Auch wenn staatlicherseits eine Infrastruktur erstellt wurde, waren die zugewiesenen Nutzflächen oft zu klein, lagen in Gebieten mit hohem Dürrerisiko an der Grenze möglichen Regenfeldbaus, oder ihre Bearbeitung setzte im Fall von Bewässerungsprojekten hohe Technologieinputs und agrarwirtschaftliche Kenntnisse voraus, über die die Neusiedler nicht verfügten.[32] Aus diesen und anderen Gründen gelang es auf diesem Wege meist nicht, Nomaden eine neue, ausreichende Existenzgrundlage zu schaffen, obwohl die Projekte zur Reduzierung des Nomadismus sicherlich beitrugen.

Nicht nur durch direkte Eingriffe, auch indirekt machten sich staatliche Maßnahmen im Verein mit ökonomischen Entwicklungen bemerkbar. Sie unterminierten die nomadische Weidewirtschaft, teils indem sie direkt den Bereich der Viehhaltung berührten, teils den einen oder anderen Nebenerwerb. So entfiel mit der Stärkung der staatlichen Kontrolle die Möglichkeit zu Raub und zur Einnahme von Wegegeldern (die zunehmende Sicherheit bot andererseits aber eine gute Voraussetzung für das Herdenwachstum und andere friedliche Aktivitäten). Der Bau von Pisten und Straßen reduzierte die Bedeutung des Karawanenverkehrs, Landreformmaßnahmen u. U. die Einnahmen aus Landwirtschaft und Verpachtung. Von besonderer Bedeutung sind jedoch Einschränkungen der Weidemöglichkeiten. Die Ursachen hierfür sind vielgestaltig: Staatsgrenzen, die mit modernen Mitteln gesichert werden, zerschneiden Stammesterritorien; der Zugang zu Weiden wird aus ökologischen Gründen begrenzt (meist nicht sehr erfolgreich durchgesetzt); als Folge staatlicher Projektplanung wie privater Initiative (z. T. auch aus den Reihen der Nomaden selbst, v. a. von deren Elite) wird die agrare Nutzung besonders in den als ,,Notzeitweiden" benötigten ökologisch begünstigteren Gebieten ausgeweitet; im Gefolge einer Politik, die das alleinige Nutzungsrecht der Nomaden an ihren Weidegründen aufhebt, kommt es zur Konkurrenz mit Herden Seßhafter, Bauern wie Städter. Dies alles führt leicht zu einer Überstockung der verbliebenen Weiden, diese zu einer Degradierung und letztlich zu weiteren Weideverlusten wie zu erhöhter Sterblichkeit des Viehs oder hohen Kosten für den Zukauf von Futter.

Da so gut wie alle Nomaden heute einen Teil ihres Bedarfs käuflich erwerben müssen, wirkt sich das Tauschverhältnis zwischen den von den Nomaden angebotenen Waren (Vieh, Milchprodukte, z. T. Teppiche etc.) und den nachgefragten aus, um so mehr, je geringer der Subsistenzgrad ist. Eine Erhöhung des Niveaus der Verbraucherpreise im Verhältnis zu dem der Erzeugerpreise an Vieh (u. ä.) reduziert die Profitabilität der Herdenhaltung, und die Zahl der Tiere steigt, die eine Familie zum Überleben benötigt. Nomaden, deren Einkommen infolge solcher verschlechterter Tauschverhältnisse oder wegen Viehverlusten, erhöhten Betriebskosten (Futter, Wasser), ausbleibenden Zusatzeinnahmen u. ä. nicht mehr ausreicht, sind gezwungen, entweder neue Nebenerwerbe zu erschließen (z. B. saisonale Lohnarbeit) oder aber völlig die mobile Viehhaltung aufzugeben. Seßhaftwerdung, meist verbunden mit Abwanderung in die Städte, ist die Folge.

Aber nicht jede Umstrukturierung der nomadischen Wirtschaft und nicht jede Aufgabe der mobilen Lebensweise geht auf direkten oder strukturellen Zwang zurück. Investitionen in Grundeigentum durch Nomaden, eine im Vergleich zur Herde sicherere, wenngleich weniger profitable Kapitalanlage, die Absicht, Eigentumsrechte zu sichern, z. T. auch der Wunsch, ,,Zivilisationsgüter" und staatliche Dienstleistungen besser nutzen zu können, führen oftmals zu einer freiwilligen Reduzierung der Mobilität, verbunden mit der Errichtung fester Wohnstätten (z. T. zur nur saisonalen Nutzung) und der Verlagerung der wirtschaftlichen Aktivitäten auf den Anbau o. a.; mobile Viehhaltung spielt in gewissem Umfang weiterhin durchaus eine Rolle, etwa als Transhumanz, bei der nur noch Hirten die Herde begleiten. Die Probleme, die eine zwangsweise Ansiedlung zum Fehlschlag werden ließen, treten hier in der Regel nicht auf, da das Land zum Anbau meist besser geeignet ist und die Mobilität der Tiere nicht unterbunden wird.

Eine mit anderen Ländern nicht ganz vergleichbare Entwicklung ist in Staaten der Arabischen Halbinsel zu verzeichnen, die — bei geringer Einwohnerzahl — über hohe Erdöleinnahmen verfügen (vgl. Kap. 5). Abgesehen von verschiedenen o. g., kostspieligen Ansiedlungsprojekten werden zum einen — mit der Intention, die Stammesbindungen zu reduzieren — Nomaden bevorzugt in Nationalgarde, Polizei etc. eingestellt, zum anderen werden, v. a. in den Vereinigten Arabischen Emiraten, die verschiedensten Privilegien, Renten usw. ausgeschüttet, die die Empfänger von einer eigenen Tätigkeit unabhängig machen. ,,Beduinentum" hat sich in vielen Fällen zu einer Freizeitbeschäftigung (Zucht von Rennkamelen, Camping zum ,,week-end") ohne ökonomische Bedeutung entwickelt (SCHOLZ 1987).

Einer Entwicklung, die auf eine Aufgabe oder Reduzierung der Viehhaltung hinausläuft, stehen Versuche gegenüber, diese auf eine neue Grundlage zu stellen.[33] Auf der einen Seite gehen sie von Viehhaltern selbst aus. In Saudi-Arabien beispielsweise werden LKWs zum Transport von Kleinviehherden und Tankwagen zur Wasserversorgung eingesetzt, was es ermöglicht, auch mit Schafen weit voneinander entfernt liegende Weiden ohne Wasserstellen zu nutzen. Dies war früher nur mit Kamelen möglich. Daß die Kosten einer solchen Viehhaltung auf längere Sicht auch betriebswirtschaftlich vertretbar bleiben (heute kann u. a. subventionierter Treibstoff eingesetzt werden), dürfte zweifelhaft sein (RITTER 1977:427). Häufig führt hier außerdem der Einsatz von angebautem Futter und ausländischen Lohnhirten weit weg von jeder Form einer nomadischen Weidewirtschaft.

In scharfem Kontrast zu einer solchen Entwicklung stehen die Transformationen der Weidewirtschaft, die sich im Zuge von Kollektivierungsmaßnahmen, beispielsweise in der UdSSR, ergaben. In Kolchos- und Sowchosbetrieben werden hier von Hirtenbrigaden große Herden, darunter auch Eigenvieh, betreut. Feste Zentren ermöglichen eine verbesserte Versorgung der Bevölkerung und der Herden, wobei eine Mobilität der Viehhaltung gewährleistet bleibt. Der überwiegende Teil der ehemals nomadischen Bevölkerung wurde allerdings als überzählige Arbeitskräfte aus der Viehwirtschaft abgezogen (GIESE 1982). Eine vergleichbare Entwicklung ist in der Mongolischen Volksrepublik zu verzeichnen (KREUER 1982).

Daß auch die Gründung von Viehhaltergenossenschaften bei Privateigentum an den Herden ein Weg sein kann, Raumnutzungskonkurrenz, Überweidung, Futterversorgung u a. Probleme der Viehhaltung bzw. der Viehhalter anzugehen, legt das Beispiel Syriens nahe, wo in den 70er Jahren eine viehhalterfreundliche Politik den Rahmen für eine Modernisierung der traditionellen Viehhaltung bei Beibehaltung mobiler Nutzungsformen bildete (MEYER 1982). Auch Algerien versucht im Zuge seiner ,,Agrarrevolution", Viehhalter in Kooperativen zusammenzufassen, wobei langfristig aber eine stationäre Weidewirtschaft angestrebt wird (TRAUTMANN 1982). Die Genossenschaften sollen dabei wohl die Absicherungsfunktionen übernehmen, die bisher der Stammesgemeinschaft zugefallen waren.

Nomadismus wird heute meist als gesellschaftliche und wirtschaftliche Anpassungsform an besondere Umweltverhältnisse angesehen. Nach einem solchen Verständnis macht aber auch eine Veränderung der sozio-ökonomischen Umwelt eine Neuanpassung notwendig. Solche modernisierten Formen der mobilen Viehhaltung dürften dann aber auch in Zukunft Überlebenschancen besitzen. Nur mittels einer extensiven Weidewirtschaft sind weite Teile der ariden Gebiete nutzbar. Die Ergebnisse der Entwicklung, nicht zuletzt abhängig von Steuerungsversuchen und indirekten Auswirkungen staatlicher Politik, dürften sich aber in jedem Fall von dem Idealtyp des Nomaden der ,,Orientalischen Trilogie" abheben, gleich ob sie auf eine bäuerliche, weidegenossenschaftliche oder anderweitige Form der Viehhaltung hinauslaufen.

Anmerkungen zu Kapitel 4.3

1. Die Domestikation von Getreide ist in Jericho dagegen schon für die Zeit vor 8000 v. Chr. nachgewiesen. Eine Tierdomestikation erfolgte somit erst in einem zweiten Schritt, nachdem lange Zeit der Bodenbau durch Jagd ergänzt worden war.
2. Die Schweinehaltung, die für den Anfang des 7. Jahrtausends v. Chr. belegt ist, setzt eine weitgehende Seßhaftigkeit der Bevölkerung voraus. Als Haustier eines später sich herausbildenden Nomadismus spielt das Schwein schon deshalb keine Rolle.
3. Weitere von Nomaden genutzte Herdentiere besitzen im Vorderen Orient keine oder kaum Bedeutung, so der Yak Tibets oder der Wasserbüffel, beides wohl Ersatzdomestikationen für Rinder. Büffel wurden von Indien her auch in Mesopotamien eingeführt und werden in gewissem Umfang im Süden Iraks im Rahmen einer mobilen Viehhaltung genutzt.
4. Der Polstersattel ermöglichte wohl eine Steigerung der Geschwindigkeit der Tiere und die zusätzliche Beförderung eines Bogenschützen auf der Kruppe, die Sattelbogenkonstruktion gab den Reitern festen Halt und gestattete den Gebrauch einer Lanzenbewaffnung.
5. Das Zapfen von Blut, das bei ostafrikanischen Rinderhaltern praktiziert wird, kommt im islamischen Orient nicht vor, da der Blutgenuß als verboten gilt. Von den Tuareg wird jedoch berichtet, daß sie im Notfall bei Wassermangel ihren Kamelen Blut abzapfen und dieses trinken. (NICOLAISEN 1969:179).
6. Darstellung vom Melken von Rindern sind vom Beginn des 3. Jahrtausends v. Chr. aus Ur (Mesopotamien) bekannt. Die Melker sitzen hinter den Rindern, was ZEUNER (1967:189 f.) als Übernahme der Melktechnik aus der Kleinviehhaltung interpretiert. Aus dem Sahararaum sind aber als noch älter eingestufte Felsbilder bekannt, bei denen anscheinend das Melken von der Seite dargestellt ist (vgl. STRIEDTER 1984).
7. In Zentralasien wird zudem Stutenmilch zu „Kumys" vergoren, und die Mongolen entwickelten sogar eine Methode zur Destillation von Milchbranntwein. Kamelmilch wird dagegen selten verarbeitet.
8. In den frühsten schriftlichen Dokumenten, Tontafeln aus Uruk, wurden gegen Ende des 4. Jahrtausends v. Chr. Milchprodukte aufgeführt (DAMEROW/ENGLUND/NISSEN 1988), ein Datum ante quem.
9. Auch heute ist die Nutzung des Haarkleides der Tiere nicht bei allen Viehhaltern üblich.
10. Im Sinne einer nur sekundären Bedeutung der Viehhaltung dürfte wohl auch der Befund zu interpretieren sein, daß auf nordafrikanischen Felsbildern zweifellos domestizierte Widder im Zusammenhang mit Darstellungen auftreten, die auf eine Jägerkultur hindeuten (STRIEDTER 1984:50 f.).

11. In Zusammenhang mit diesen Rinderhaltern werden zahlreiche mutmaßliche Feuerstellenreste („Steinplätze") auf den Plateaus der Sahara gebracht, deren Radiocarbon-Datierungen z. T. auf das 7. Jahrtausend, mit einem Höhepunkt um 4400 v. Chr., verweisen (GABRIEL 1977, 1984).
12. Als ein solcher Vorgang ist beispielsweise auch die Landnahme der Stämme Israels zu werten.
13. Andere Autoren wie BRENTJES (1986) legen dagegen die Entstehung des mittelasiatischen Nomadentums ins 13. Jahrhundert v. Chr.
14. *Aʿrāb* und *badw* (Beduine) sind zu dieser Zeit weitgehend Synonyme und bezeichnen den (kriegerischen) Kamelnomaden.
15. DE PLANHOL (1975) spricht in diesem Zusammenhang von einer „Beduinisierung". Der Begriff „Beduine" sollte m. E. jedoch auf den arabischen Kamelnomaden beschränkt bleiben.
16. In kleinem Umfang werden gelegentlich auch Rinder gehalten.
17. Auch bei afrikanischen Rinderhaltern wird zusätzlich Kleinvieh als Fleisch- und Milchlieferant gehalten.
18. Die Renhaltung des Polarkreises und ihre Problematik sei hier ausgeklammert.
19. In diesem Zusammenhang sei an die martktorientierte Karakulzucht erinnert, bei der Lämmer ihres („Persianer"-) Fells wegen kurz nach dem Wurf geschlachtet werden.
20. Beispielsweise wird Getreide ausgesät in Senken, in denen sich bei Niederschlägen Wasser sammelte, in verbauten Wadis nach einer Flut oder auf Schwemmfächern hinter Erddämmen nach Schichtfluten (z. B. NIEMEIER 1955; SCHOLZ 1970).
21. Eine nomadische Wirtschaft bietet Einzelpersonen in einem Teil der Fälle die Möglichkeit, als Lohnhirten zu arbeiten.
22. So erfordert z. B. ein Anbau den Aufenthalt bei den Feldern zur Aussaat und Ernte. Dies kann zusätzliche Wege notwendig machen oder den Aufbruch zur Wanderung verzögern und eine kurzfristige Trennung von Haushalt und Herde bedingen. Auch Dattelpalmenbesitz in Oasen führt z. T. eine solche Trennung herbei oder legt den saisonalen Aufenthaltsort der gesamten Gruppe fest (vgl. die verschiedenen bei JOHNSON (1969) zusammengefaßten Migrationsmuster).
23. Kamele müssen in der kühlen Jahreszeit bei sehr guter, frischer Weide gar nicht (einmal in drei Monaten), in der Trockenzeit nach höchstens 5—7 Tagen getränkt werden. Schafe und Ziegen halten es bei guten Weidebedingungen 14 Tage oder mehr ohne Wassergabe aus, obwohl sie normalerweise alle 4—5 Tage in der kühlen und täglich in der heißen Jahreszeit getränkt werden. Rinder benötigen in der Regenzeit zumindest nach 3 Tagen Wasser, in der Trockenzeit jeden zweiten Tag (SMITH 1978:85).
24. Der Begriff „Halbnomade" ist äußerst unbestimmt. Er bezeichnet oft alle Formen, die nicht dem Idealtyp des „Vollnomaden" — ständig mobil, ohne geregelten Anbau und ohne feste Unterkunft (u. a.) — entsprechen.

25. Für Wandermuster vgl. zusammenfassend JOHNSON (1969); für nordafrikanische Beispiele z. B. NIEMEIER 1955; für Südwestasien typisierend HÜTTEROTH 1973.
26. In solchen Fällen wird das Groß- vor dem Kleinvieh auf die Weide getrieben, damit die Hufe der Pferde den Harsch brechen und die Schafe leichter an die Halme gelangen können. Wenn aber Tauwetter von plötzlichem Frost gefolgt wird und die Weiden vereisen, bleibt auch diese Methode ohne Erfolg, und große Viehverluste (durch Futtermangel und anschließenden Seuchen) können die Folge sein, sofern nicht gefüttert werden kann, wie das heute meist der Fall ist.
27. Für die altorientalischen Staaten vgl. hierzu z. B. KLENGEL (1972).
28. Die *iḫwān* („Brüder") waren Beduinen, die seit 1912 dem Ruf ᶜAbd al ᶜAziz Ibn Saᶜuds gefolgt waren, sich in neu gegründeten Wehrsiedlungen niederzulassen. Eine solche Siedlung wurde *hiǧra*, „Auswanderung" genannt, wurden doch — wie bei der *hiǧra* des Propheten und seiner Gefährten — die Aufgabe der bisherigen Bindungen und Lebensweise verlangt. Die *iḫwān* sollten Soldaten darstellen, die mehr dem Herrscher (ihrem religiös legitimierten Führer) als ihren Stammesloyalitäten verpflichtet waren, und sollten zudem, wenn nicht zum Kampf aufgerufen, landwirtschaftlichen (Anbau und Weidewirtschaft) und kommerziellen Aktivitäten nachgehen. Insgesamt wurden etwa 200 solcher Siedlungen gegründet. Ende der 20er Jahre kam es jedoch zu unabhängigen Aktionen (Überfällen), die der Politik des Herrschers zuwiderliefen. Daher wurde die *iḫwān*-Bewegung nicht weiter forciert und schlief ein. Da es meist auch nicht gelungen war, den Siedlungen eine landwirtschaftliche Basis zu schaffen, wurden viele der *hiǧar* aufgegeben (vgl. z. B. COLE 1975:121—125; RITTER 1977:418 f.).
29. Abgesehen von den rituellen Waschungen, die aber notfalls mit Sand vorgenommen werden dürfen (Sure 4,46) gilt hier die Teilnahme am gemeinsamen Freitagsgebet als kritischer Punkt. Nomaden, die saisonal feste Wohnplätze aufsuchen, errichten daher nicht selten dort auch Moscheen. Selbst bei Jahr für Jahr aufgesuchten Lagerplätzen werden gelegentlich Moscheen errichtet, und wo dies nicht der Fall ist, werden oftmals Gebetsplätze markiert. Aber auch wenn ein gemeinsames Gebet möglich ist, ist nicht gesichert, daß das Freitagsgebet stattfinden kann. Denn nach hanafitischer und malikitischer Auffassung dürfen Freitagsgebete nur in Städten oder größeren Orten abgehalten werden. Die Šafi'iten halten sie dagegen in einer Moschee eines Ortes für möglich, in der mindestens 40 gebetsberechtigte Männer zusammenkommen, Restriktionen, die nicht nur Nomaden betreffen, sondern auch zumindest einen Teil der bäuerlichen Bevölkerung.
30. Hierbei wird z. B. daran gedacht, daß das Prestige des Eigentümers von der Größe der Herde, nicht von der Qualität abhänge und daß aufgestockt werde, statt überschüssige Tiere zu vermarkten. Es muß aber betont werden, daß innerhalb der nomadischen Ökonomie solche Verhaltensweisen durchaus rational sind, da sie der Risikominimierung dienen: Die Tiere sind zwar ertragsschwach, aber im Vergleich zu Leistungsvieh resistenter; eine große Zahl von weiblichen Tieren ist zur Regeneration nach krisenhaften Verlusten (Dürren, Seuchen) und zur Versorgungssicherung in schlechteren als „normalen" Jahren notwendig.

31. Auch in diesem Fall konnten die alten Stammesführer oder deren Familien nicht selten einen Platz in der neuen nationalen Elite behaupten, sei es auf wirtschaftlicher Ebene (z. B. als Großgrundeigentümer), sei es in der Einbindung in das neue politische System, etwa als Parlamentarier oder Beamter.
32. In den V.A.E. wurden Nomaden im Rahmen solcher Bewässerungsprojekte zu Grundeigentümern gemacht; die Bestellung liegt aber in den Händen ausländischer Arbeiter. In Saudi-Arabien wurde das König-Faisal-Projekt Haradh im Wadi Sabha, statt wie geplant 1.000 Beduinenfamilien Lebensunterhalt zu bieten, in die Hand eines ausländischen Unternehmens gegeben (SCHOLZ 1987:401).
33. Einfache Maßnahmen wie das Bohren von Brunnen zur Sicherung der Wasserversorgung haben oftmals den gegenteiligen Effekt gezeitigt. Wie besonders bei der Dürre im Sahel deutlich wurde, führte das Wasserangebot zu einer Verdichtung des Viehbestandes in Brunnennähe und zu einer Reduzierung der Mobilität, so daß im Umkreis der Brunnen die Weiden überstockt und stark geschädigt wurden, ein Problem, das bei völliger Seßhaftigkeit noch verstärkt wird (vgl. IBRAHIM 1982). Entfernte, nicht genutzte Weiden fallen dagegen leicht einer Verbuschung anheim.

4.4 Die Stadt im Islamischen Orient
(G. Schweizer)

Wenn vom Kulturerdteil Islamischer Orient die Rede ist, so kommt der Betrachtung der Stadt ein besonderes Gewicht zu. Dies nicht nur, weil Stadt und Städter eines der drei Elemente der klassischen Trilogie von Lebens- und Wirtschaftsformen in diesem Raum bilden, sondern auch, weil das Städtewesen als solches hier, in den Stromoasen Ägyptens und Mesopotamiens, seinen Ursprung hat. Hinzu kommt, daß die „islamisch-orientalische Stadt" als Prototyp eines kulturraumspezifischen Stadttyps gilt und immer wieder als Schul- und Lehrbeispiel par excellence für solch einen „kulturhistorischen Stadttyp" oder ein „kulturökologisches Stadtmodell" herangezogen wird.[1] Gerade die deutsche geographische Forschung hat viel dazu beigetragen, die Sonderstellung der islamisch-orientalischen Stadt aufzuzeigen.[2]

Zu bedenken ist auch, daß heute mindestens die Hälfte der Gesamtbevölkerung des Islamischen Orients in Städten lebt. In einzelnen Staaten erreicht der Anteil der städtischen Bevölkerung mehr als 60 Prozent, so in Algerien oder im Irak, insbesondere aber in den flächenmäßig kleinen, aber stark verstädterten Emiraten am Golf. Unter den eigentlichen Flächenstaaten bilden hierbei nur Afghanistan, die Arabische Republik Jemen und Oman eine Ausnahme, da hier der Verstädterungsprozeß erst in jüngerer Zeit eingesetzt hat.

Schließlich sei daran erinnert, daß der Islam oft als eine „städtische Religion" bezeichnet wird, und zwar in dem Sinne, daß die religiösen Pflichten in der Stadt, deren religiöses Zentrum die Freitagsmoschee bildet, besser ausgeübt werden kann als auf dem Lande oder gar im Lebensraum der mobilen Nomaden (vgl. Kap. 4.4.7).

4.4.1 Die Entstehung des Städtewesens

Sucht man in der archäologischen Literatur nach den Wurzeln des Städtewesens, so stößt man auf zwei Namen, *Çatal Hüyük* und *Jericho (Tell-es-Sulṭān)*, beides Ruinenhügel, der eine in der Ebene von Konya in Zentralanatolien, der andere nördlich des Toten Meers im Jordan-Graben gelegen. Die Ausgrabungen in Çatal Hüyük erbrachten eine neolithische Siedlung, deren Bevölkerung auf 1.000 bis 3.000 Einwohner geschätzt wird, d. h. eine für diese Zeit fast „großstädtisch" anmutende Bevölkerungskonzentration; die Grabungen in Jericho erbrachten einen ummauerten Siedlungsplatz, für den man ebenfalls etwa 1.000 Bewohner annehmen darf.[3]

Eine Antwort auf die Frage, ob es sich bei diesen neolithischen Siedlungen tatsächlich um Städte handelt, muß außer der Siedlungsgröße noch andere Kriterien berücksichtigen. Zwar sind Bevölkerungskonzentration oder — im Falle Jerichos — die Ummauerung, die als Gemeinschaftsleistung verstanden werden muß, durchaus städtische Züge. In wirtschaftlicher Hinsicht jedoch lassen die Funde in beiden Fällen auf eine rein bäuerliche Wirtschaft schließen. Eine differenziertere gewerbliche Tätigkeit, eine arbeitsteilige Wirtschaft, ausgeprägte Handelsbeziehungen oder auch eine soziale Schichtung ist aus dem Fundbestand nicht erkennbar. Wenn J. MELLAART also von Çatal Hüyük als einer „Stadt aus der Steinzeit" spricht, so handelt es sich zwar um eine für das Neolithikum ungewöhnlich große Siedlung, nicht aber um eine Stadt im Sinne eines geographisch-funktionalen oder soziologischen Stadtbegriffes. Die Wurzeln eines so gearteten Städtewesens sind erst Jahrtausende später, in der Zeit der altorientalischen Hochkulturen anzusetzen. Das Städtewesen ist in den Stromoasen von Euphrat, Tigris und Nil entstanden und war spätestens zu Ende des 4. vorchristlichen Jahrtausends voll entwickelt. Diese Entwicklung geht einher mit der Entwicklung und dem Gebrauch der Schrift, so daß wir erstmals über schriftliche Quellen verfügen. Hunderttausende von Tontäfelchen, vor allem Wirtschaftstexte, unterrichten uns über die Buchhaltung in einer differenzierten städtischen Wirtschaft. Das Städtewesen wird so zum Hauptkriterium einer kulturellen und gesellschaftlichen Entwicklungsstufe, die wir als Hochkultur bezeichnen.

Die Gründe dafür, daß sich eine städtische Zivilisation — und damit Hochkulturen überhaupt — gerade in den Stromoasen Ägyptens und Mesopotamiens, später in denen Indiens und Chinas, entwickelte, als „hydraulische Zivilisation" (WITTFOGEL), sind einmal, daß die periodische Überflutung dieser Tiefländer zu einer geschlossenen Siedlungsweise zwingt, zum anderen, daß die Bedrohung durch mehr oder weniger nomadische Steppenvölker oft eine nur durch Gemeinschaftsarbeit zu bewältigende Befestigung der Siedlung verlangt, vor allem aber, daß die arbeitsaufwendige und technisch komplizierte Bewässerungswirtschaft anderer Organisationsformen bedarf als der Regenfeldbau des Steppenbauerntums. Bewässerungswirtschaft zwingt zu gemeinschaftlicher Organisation, zur Arbeitsteilung, zur Spezialisierung im außer-agrarischen Bereich. An die Stelle der Autarkie der bäuerlichen Familie tritt nun ein arbeitsteiliges System vielfältiger Berufe. Aus Keilschrifttexten Mesopotamiens sind mehr als 70 Berufsbezeichnungen bekannt, darunter Schreiber Magazinverwalter, Katasterbeamte, usw., also typische Dienstleistungsberufe; hinzu treten Handwerksberufe. Damit tritt zum ersten Mal in der Menschheitsgeschichte neben den primären Sektor (Agrarproduktion) mit dem Handwerker ein sekundärer, und mit den Dienstleistungen ein tertiärer Wirtschaftssektor. Dies ist vor allem vor dem Hintergrund bedeutsam, daß noch heute ein hoher Anteil von im tertiären Sektor Beschäftigten eines der wichtigsten Definitionsmerkmale des Stadtbegriffes darstellt.

Merkwürdig scheint, daß die Texte aus den frühen, d. h. sumerischen Städten nicht auch von städtischen Händlern und Kaufleuten berichten. Dies liegt daran, daß in sumerischer Zeit eine Art Staatssozialismus herrschte, in deren Mittelpunkt der Tempel des Stadtgottes stand. Der Tempel solcher Städte wie Uruk oder Lagaš war nicht nur religiöser, sondern auch administrativer, juristischer und vor allem wirtschaftlicher Mittelpunkt. Außer dem Eigentum am Haus, das als Privateigentum galt, war alles Kollektiveigentum. Handel innerhalb der Stadt war nicht notwendig, da die Versorgung der nichtagrarischen Bevölkerung über Abgaben der Bauern an den Tempel, Vorratshaltung und Verteilung der Vorräte an die nichtagrarische Bevölkerung gewährleistet war.

Abb. 25: Spuren des hellenistisch-römischen Grundrisses im heutigen Damaskus

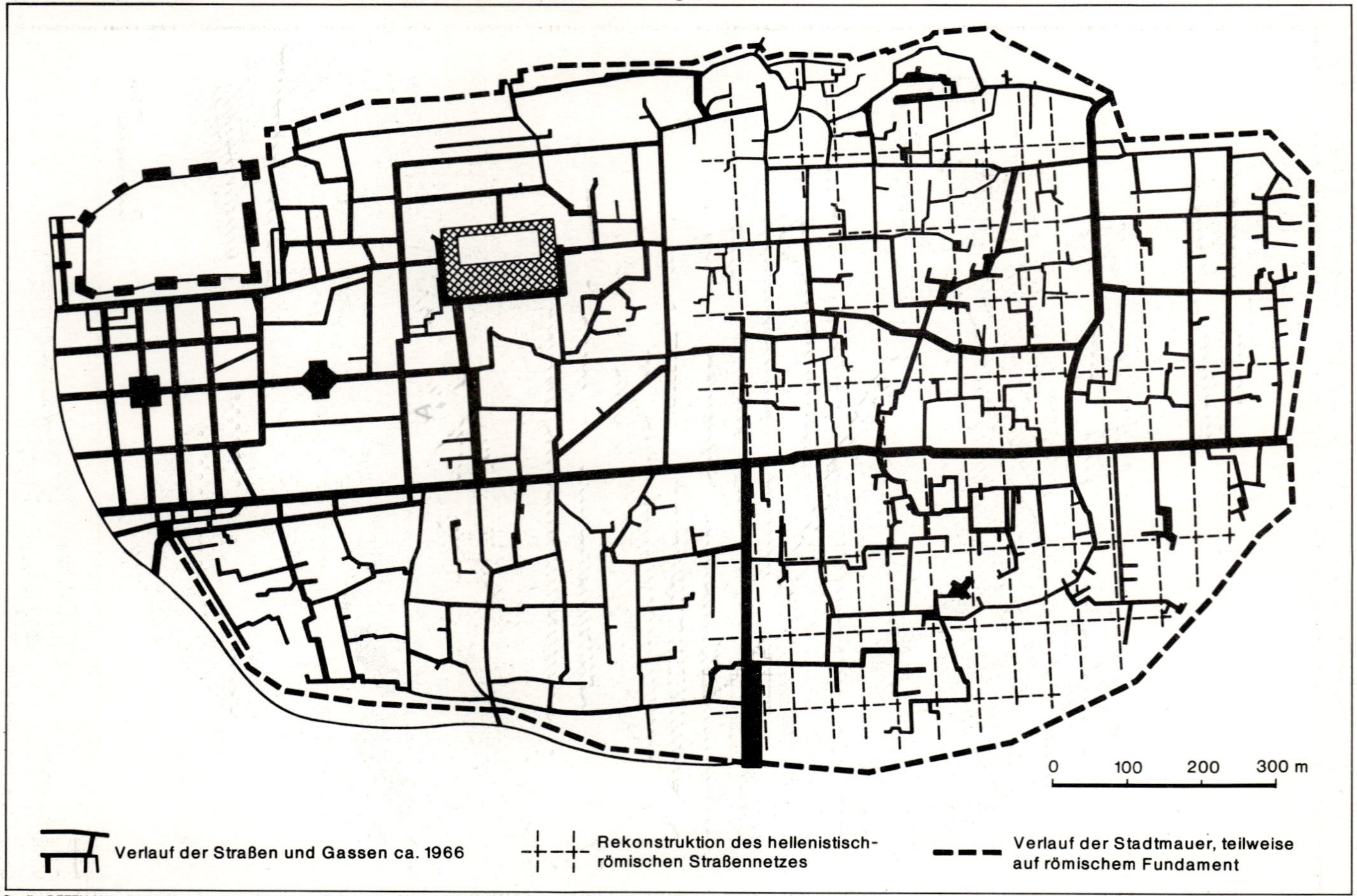

Quelle: DETTMANN 1969: Abb. 4

Abb. 26: Innenhofkomplexe u. funktionale Elemente
in der alt-orientalischen Stadt: Wohnviertel in Ur um etwa 1800 v. Chr.

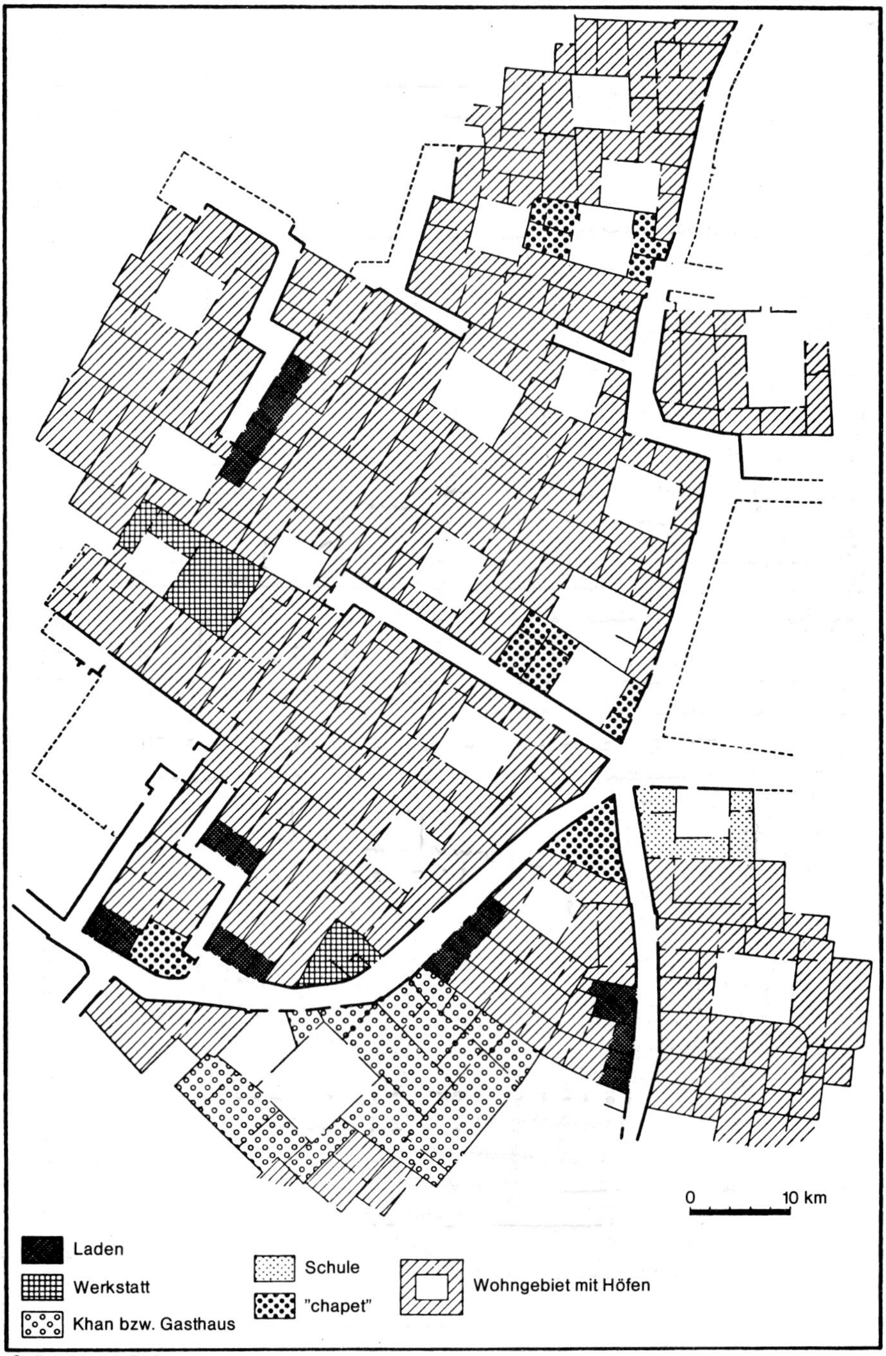

Quelle: WIRTH 1975: Fig. 2

Die mittlere Einwohnerzahl der sumerischen Städte wird für die Mitte des 3. Jahrtausends v. Chr. auf 17.000 Einwohner geschätzt, allerdings dürfte sich diese Angabe auf den gesamten Stadtstaat beziehen, d. h. die Bevölkerung des Stadtumlandes mit einschließen.[4] Begünstigt durch die politische Organisationsform des Stadtstaates kann hier erstmals von einem Umland der Städte, d. h. von Städten zugleich als von „zentralen Orten" gesprochen werden.

Die frühesten Städte der Menschheitsgeschichte, vor rund 5.000 Jahren entstanden, haben nicht bis heute überlebt. Nach den sumerischen Städten kamen weitere Generationen von Städten. Andere politische und soziale Organisationsformen setzten sich durch, beispielsweise in der griechischen Polis. Andere Gestaltungselemente prägten die äußere Form späterer Städte, so etwa im Plangrundriß der hellenistisch-römischen Stadt, der noch heute im Straßennetz vieler Städte des Islamischen Orients zu erkennen ist (z. B. Damaskus, vgl. Abb. 25). Auf die Frage, wie weit der Islam bzw. die islamische Zeit eine eigene Städtegeneration geschaffen hat, wird zu Ende dieses Kapitels eingegangen.

Festzuhalten bleiben aber zwei wichtige Fakten. Zum einen, daß im heutigen Islamischen Orient das Städtewesen entstand und von hier aus sich ausbreitet, sich um die Mitte des 3. Jahrtausends vor Chr. im Industiefland findet, zu Beginn des 2. Jahrtausends v. Chr. im östlichen Mittelmeerraum, in der Mitte des 2. Jahrtausends v. Chr. in Nordwest-China und im 1. Jahrtausend im westlichen Mittelmeergebiet, hier in Form der hellenistisch-römischen Stadt. Ein zweiter, für die weiteren Darlegungen wichtiger Punkt ist, daß eine Reihe von Merkmalen, die wir heute als typisch für die islamisch-orientalische Stadt erachten, schon in der Stadt des Alten Orients zu erkennen sind, worauf insbesondere WIRTH (1975) hinweist. Dazu gehören rein formale Elemente wie etwa Innenhof-Komplexe, aber auch z. T. die funktionalräumliche Gliederung (vgl. Abb. 26), und schließlich die soziale Prägung durch rentenkapitalistische Züge (vgl. Kap. 4.2.3).

4.4.2 Grund- und Aufriß als formale Elemente der islamisch-orientalischen Stadt

a) Aufriß: Dominanz des Innenhofhauses

Immer wieder wird betont, daß sich die orientalische Stadt schon bei der Betrachtung von ferne in ihrer Silhouette von der abendländischen Stadt unterscheide: ein einheitliches, flaches Häusermeer, überragt lediglich von den Minaretten der zahlreichen Moscheen, vielleicht auch von einer Zitadelle oder einem Festungshügel.

Sicherlich hängt dieser Eindruck damit zusammen, daß in der Tat viele Städte dieses Raumes in der Ebene liegen, sei es an einem der im ariden Raum seltenen Flüsse, sei es am flachen, durch Qanate mit Wasser versorgten Gebirgsfuß, sei es in einem grundwasserreichen intramontanen Becken, jedenfalls aber meist im Zentrum einer fruchtbaren Oasenlandschaft. Entscheidend aber für den wenig gegliederten Aufriß der traditionellen Stadt im Islamischen Orient ist die einheitliche Bauhöhe. Vorherrschend ist, sieht man von den Turmhäusern im Westen und Südwesten der Arabischen Halbinsel ab, das ein- bis höchstens zweigeschossige Haus, und zwar in der Form des Innenhofhauses.

Die eigentliche Bauform des Hauses variiert je nach dem verfügbaren Baumaterial, nach lokalen bzw. regionalen Bautraditionen, aber auch nach klimatischen Besonderheiten. Während an den bewaldeten Küsten Kleinasiens bis vor wenigen Jahrzehnten Holzbauten verbreitet waren, herrscht in den ariden Kernräumen des Orients das Lehmhaus vor. Gebaut wird vor allem aus luftgetrockneten Lehmziegeln, seltener in Stampflehmbauweise. Steinbauten und solche aus gebrannten Ziegeln verlangen höheren Aufwand, solche Materialien sind also Bauwerken der öffentlichen Hand oder denjenigen wohlhabender Städter vorbehalten. Allerdings sind Steinhäuser auch dort zu finden, wo das Bauhandwerk technisch hoch entwickelt ist und wo das verfügbare Baumaterial dies nahelegt, so etwa in den Städten der Levantestaaten bis nach Jordanien, aber auch an der Küste des Roten Meeres und in Südwestarabien.

Gerade der Südwesten der Arabischen Halbinsel stellt mit seinen Turmhäusern, spektakulären Hochbauten von bis zu acht Stockwerken, die HELFRITZ (1932) zu dem Buchtitel „Chicago der Wüste" verführten, eine eigene Hausprovinz innerhalb des Islamischen Orients dar (vgl. Abb. 27). Auch unter Bauhistorikern ist bis heute ungeklärt, aus welchen Gründen im Jemen, insbesondere im Wadi Hadramaut, aber auch im Hedschas oder in Asir, sich diese Tendenz zu Hochbauten entwickelt hat (SCHARABI 1979). Eine Art Konvergenzerscheinung hierzu bilden die festungsartigen, als *Kasbah* bezeichneten Baukomplexe im südlichen Marokko. Sicherlich spielt in beiden Fällen die ausgeprägte Stammesstruktur und das häufig zu Familien- und Sippenfehden führende tribale Recht eine Rolle. Die Bobachtung, daß Hochbauten und Turmhäuser nicht auf die Städte beschränkt sind, sondern auch im ländlichen Raum dominieren, mag diese Vermutung stützen.

Eine andere regionale Sonderentwicklung, die der rund um den Golf, aber auch im Innern Afghanistans und Irans verbreiteten Windfänger und Windtürme (persisch *bād-gir*), ist einfacher zu erklären. Der Grundform des Innenhofhauses sind hier turmartige Bauten mit zahlreichen schmalen Öffnungen aufgesetzt, deren Funktion es ist, den hier zumeist regelmäßig auftretenden Wind für die Ventilation der darunter liegenden Räume zu nutzen und damit die extreme Hitze, die in den Küstengebieten zudem von einer hohen Schwüle begleitet wird, für die Bewohner erträglicher zu machen. Die schönsten Beispiele solcher Häuser, teils mit drei oder vier Windtürmen, die damit auch für den Aufriß der Stadt bestimmend werden, finden sich im Altstadtquartier Bastakia der Stadt Dubai (COLES and JACKSON 1975).

Vorherrschend in den Wohnquartieren der traditionellen islamisch-orientalischen Stadt ist das einfache Innenhofhaus. In einer meist rechteckigen Anlage gruppieren sich die Wohn- und Wirtschaftsräume um den zentralen, oft mit Bäumen, einem Brunnen oder einem kleinen Garten ausgestatteten Hofraum. Auf das Flachdach des Erdgeschosses, an dessen Stelle in holzarmen Gebieten auch ein Kuppel- oder Tonnendach treten kann, sind häufig einige weitere Räume aufgesetzt, die vor allem in der heißen

Abb. 27: Grund- u. Aufriß eines südarabischen "Hochhauses" aus Sana
(Arabische Republik Jemen)

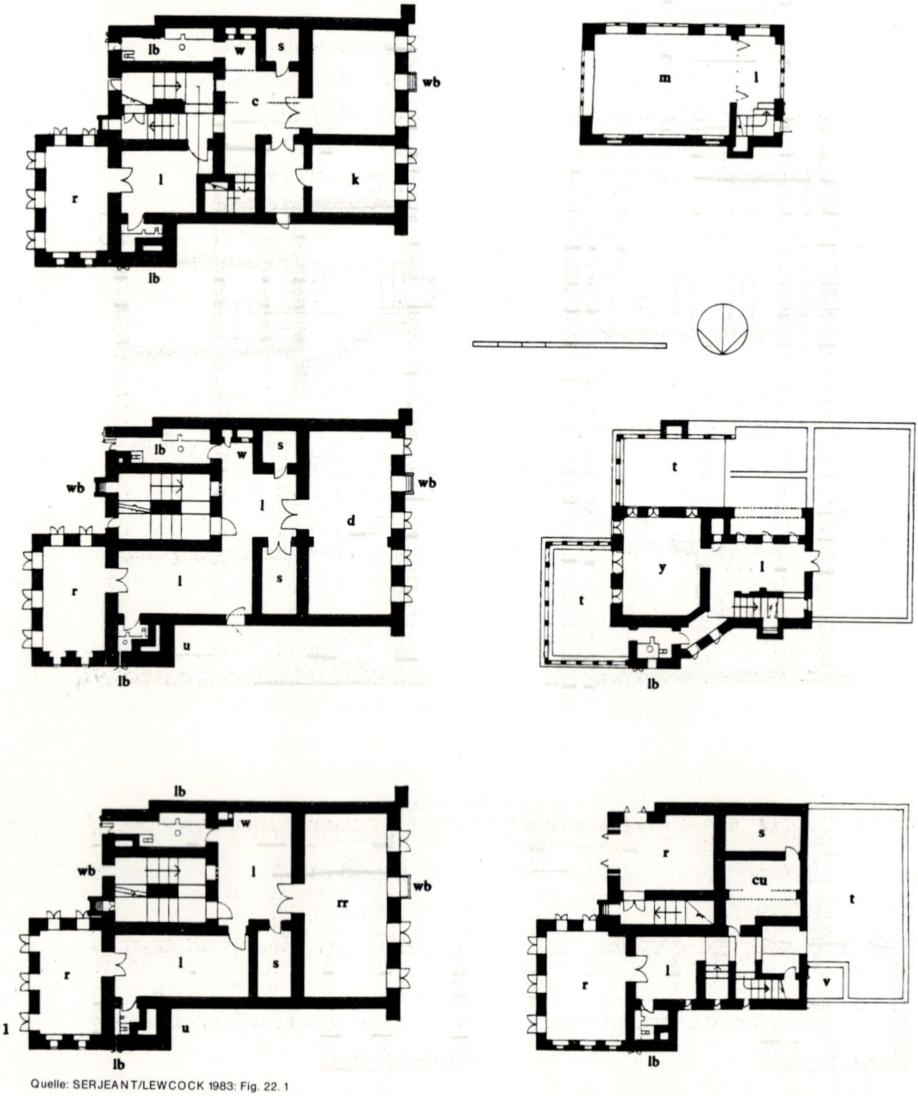

Quelle: SERJEANT/LEWCOCK 1983: Fig. 22. 1

Legende:

a Stallungen
c Hof
cu Hof im oberen Stockwerk
d diwān (Hauptwohnraum
e Eingangshalle
eu Eingang im oberen Stockwerk
g Mühlen
h Latrine
j Lagerraum für Getreide und Obst
l Vorraum

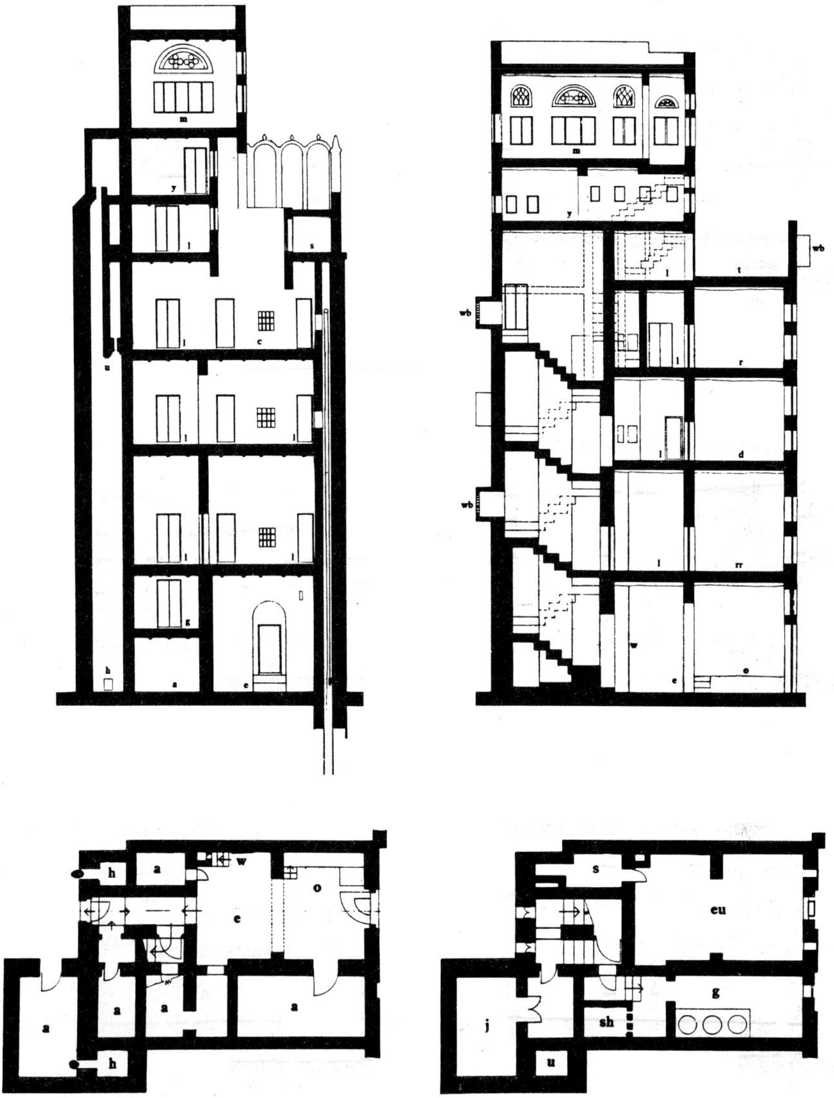

Legende:

m mafrağ (Empfangsraum)
o Beladen und Besteigen der Tiere
r Wohn- und Schlafraum
rr Empfangs- und Geschäftsraum
s Lager
sh Schafstall
t Terrasse
u Pfeiler
w Brunnen
wb Wasserkühlung

Jahreszeit, etwa als Schlafräume, genutzt werden. Das Flachdach des Erdgeschosses wird dann sozusagen zur Terrasse.

Meist sind nicht alle vier Seiten der rechteckigen Anlage mit Räumen besetzt, sondern die Bebauung beschränkt sich auf ein oder zwei Seiten. Der Hofraum ist aber auch auf den nicht bebauten Seiten durch eine hohe Mauer nach außen abgeschirmt. Das Haus und insbesondere der Innenhof sind das Reich der Familie, das Reich der Frau. Es ist der einzige Bereich, in dem sich die Frau unverschleiert bewegt. In dieser von der Frau dominierten Privatsphäre hat der Fremde, auch wenn er Gast ist, nichts zu suchen; sein Platz ist auf den Empfangsraum, der meist direkt beim Hauseingang liegt und keinen Blick in den Innenhof erlaubt, beschränkt.

Eine unangetastete Privatsphäre, Abschließung des Privatlebens von der Öffentlichkeit, Achtung der berechtigten Interessen des Nachbarn sind deutliche Kennzeichen islamischer Zivilisation, die im islamischen Recht ihren Niederschlag finden und von islamischen Juristen stets strikt aufrecht erhalten wurden. Jeder Muslim hat das Recht auf Wahrung seiner Privatsphäre und die Pflicht, diejenige anderer zu respektieren. Sie in irgendeiner Form zu beeinträchtigen, gilt es zu vermeiden. Zudem gilt es als unschicklich, materiellen Wohlstand nach außen zu demonstrieren. Grundlage für diese Verhaltensweisen bieten die Koranverse 24, 27—30:

> „Ihr Gläubigen! Betretet keine fremden Häuser, ohne zu fragen, ob ihr gelegen kommt, und (ohne) über die Insassen den Gruß auszusprechen! Das ist besser für euch. Vielleicht würdet ihr euch mahnen lassen. Und wenn ihr niemand darin antrefft, dann tretet nicht ein, bis man euch Erlaubnis erteilt. Wenn man aber zu euch sagt, ihr sollt umkehren, müßt ihr umkehren. So haltet ihr euch am ehesten sittlich. Gott weiß Bescheid über das, was ihr tut. Es ist (aber) keine Sünde für euch, Häuser zu betreten, die nicht bewohnt sind, und in denen etwas ist, was ihr benötigt. Gott weiß, was ihr kundgebt und was ihr verborgen haltet. Sag den gläubigen Männern, sie sollen ihre Augen niederschlagen ...“

und Vers 7,31:

> „... Seid nicht verschwenderisch. Gott liebt diejenigen nicht, die nicht maßhalten.“ (zit. nach der Übersetzung von Paret 1979:110, 246).

(G. W.)

Sowohl die Außenmauern der Gebäudeflügel als auch die Hofmauern sind fensterlos. Der Besucher eines Wohnviertels bewegt sich also in meist engen Gassen, die von einförmigen, abweisenden Mauern umrahmt sind, deren einzige Unterbrechung die nach außen ebenfalls schmucklosen und verschlossenen Eingangstüren darstellen. Hinzu kommt, daß die Gassen , da sich hier niemand aufhält und da sie nur den Zugang zum eigentlichen Lebensraum darstellen, oft ungepflegt und schmutzig sind, ganz im Gegensatz zur sehr sauberen, mit viel Liebe und Sorgfalt gepflegten Privatsphäre von Haus und Innenhof jenseits der hohen Mauern.

Die Abgeschlossenheit des Hauses gegen außen, die Schaffung einer geschützten, der Frau und der Familie eigenen Privatsphäre führen zu der Annahme, daß das Innenhofhaus der Stellung der Frau im Islam (Kap. 2.2.5) entspreche, dieses daher eine Schöpfung des Islams bzw. der islamischen Zeit sei. Andererseits zeigen die Grundrisse zahlreicher Ausgrabungsstätten antiker Städte des Alten Orients schon Innenhof-

Abb. 28: Grund- und Aufriß eines Innenhofhauses mit drei Windtürmen in Dubai

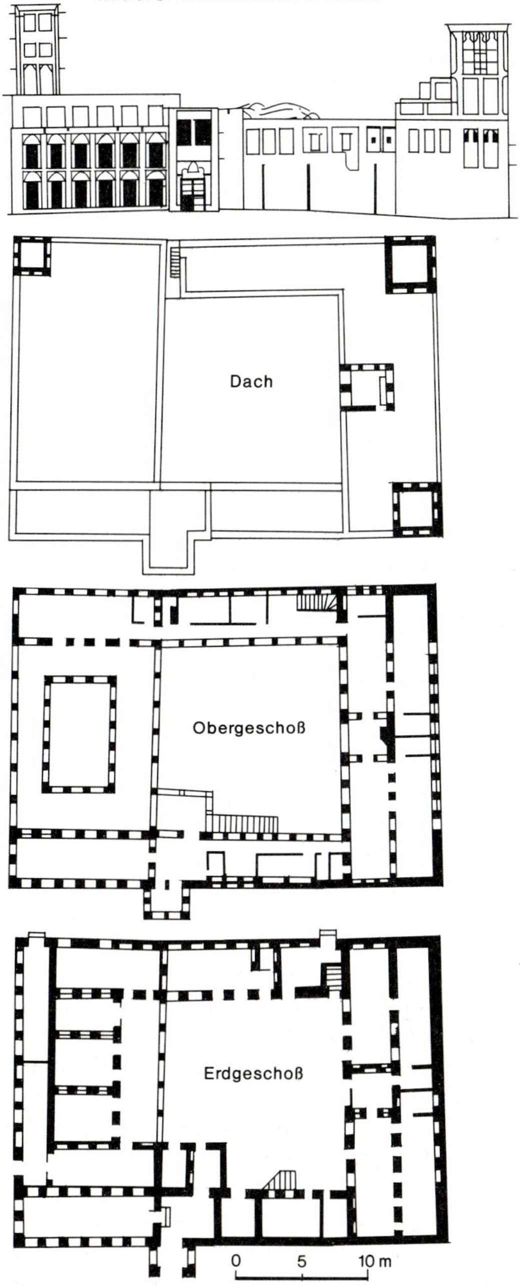

Quelle: COLES/JACKSON 1975, vereinfacht nach SCHARABI 1979: Fig. 6.7

Abb. 29: Grundrißskizze eines traditionellen Innenhofhauses in Damaskus

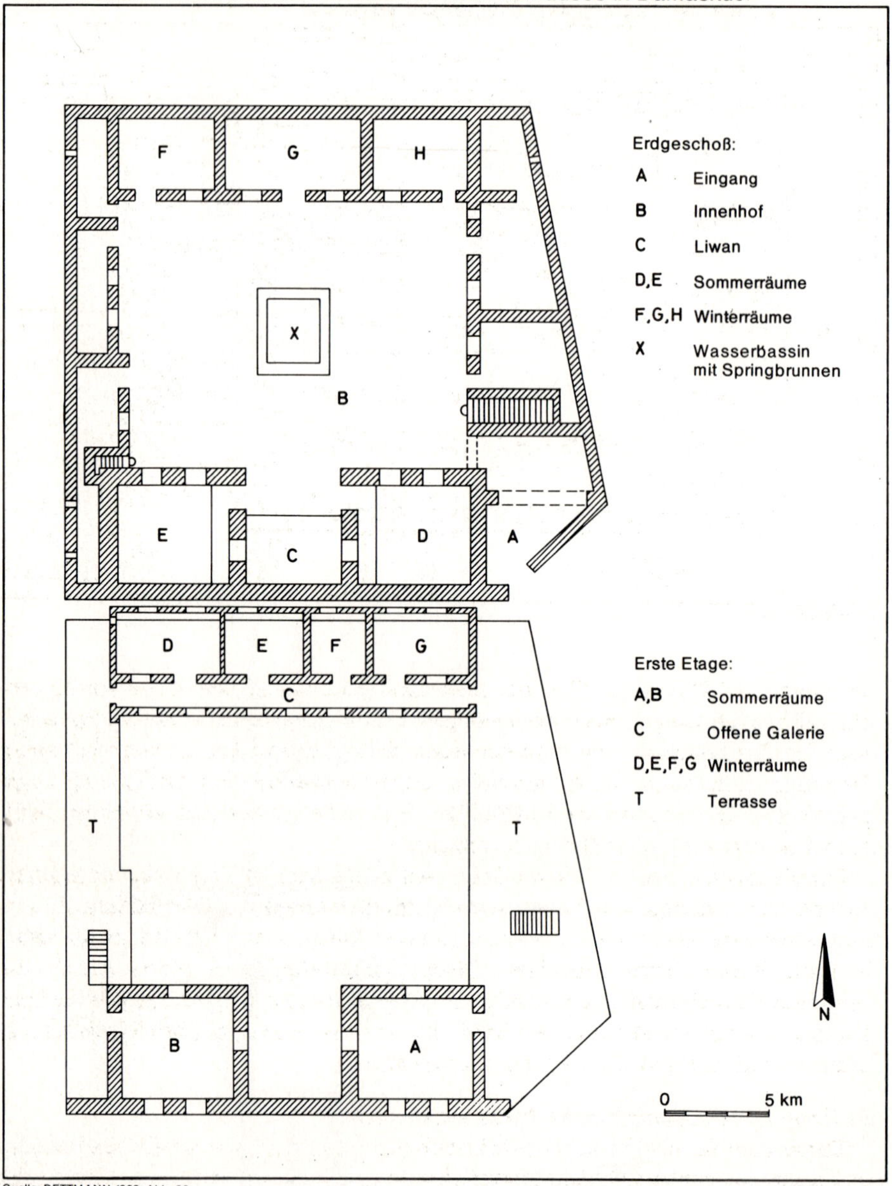

Quelle: DETTMANN 1969: Abb. 26

Abb. 30: Grundriß eines Hauses in Herat (Afghanistan) mit zwei Innenhöfen, wovon der äußere dem Gästetrakt angehört

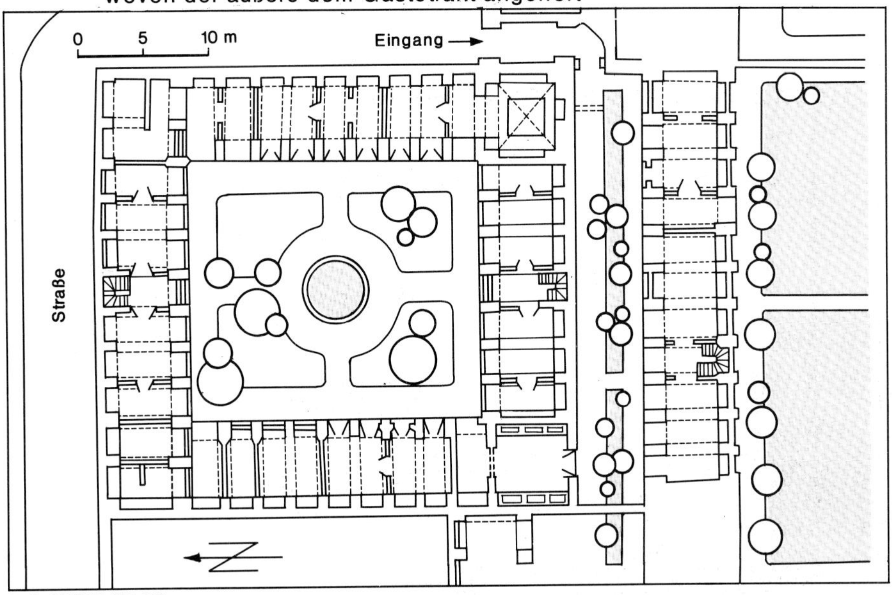

Quelle: SAMIZAY 1974: 248

strukturen. WIRTH (1975:75,79) hat dafür zahlreiche Belege vom 4. bis zum 1. vorchristlichen Jahrtausend zusammengetragen. Das noch heute fast ubiquitäre Innenhofhaus ist also keinesfalls im Zuge der Islamisierung entstanden, sondern hat seinen Ursprung im Alten Orient. Allerdings hat der Islam als Religion mit Sicherheit dazu beigetragen, den besonderen Charakter der gegen außen geschützten häuslichen Sphäre zu konservieren und vielleicht zu verschärfen.

Innenhofbauten sind im übrigen keine den städtischen Wohnvierteln vorbehaltene Erscheinung. Auch auf dem Lande ist im Islamischen Orient das Innenhofhaus die vorherrschende Hausform. Und selbst andere als dem Wohnen dienende Bauten wie antike Tempel, altorientalische Grabanlagen, Paläste, aber auch Khane, Karawansarais und schließlich Moscheen haben Innenhöfe. Die Gruppierung von Bauten um einen zentralen Innenhof scheint also einer sehr alten, über Jahrtausende tradierten Grundidee des Bauens im vorderasiatischen Raum zu entsprechen.

b) Grundriß: Dominanz von Sackgassen-Systemen

Der Grundrißplan der islamisch-orientalischen Stadt wird vom westlichen Besucher gemeinhin als unübersichtlich, als verwirrend empfunden. Straßen und Gassen sind nicht nur eng, sondern verlaufen oft abgewinkelt, und die Nebengassen, die die eigentlichen Wohnviertel erschließen, enden oft als Sackgassen. Gerade dieser ungeregelte „orientalische Sackgassengrundriß", der in scharfem Kontrast zu den schematischen Plangrundrissen der hellenistisch-römischen Antike oder auch der in der Neuzeit fast weltweit entstandenen Kolonialstädte steht, hat die Stadtforscher stark beschäftigt.

Eine zusammenfassende Darstellung des Problems, auf die hier zurückgegriffen wird, hat WIRTH (1975) gegeben.

Die Enge der Straßen läßt sich daraus erklären, daß sowohl der innerstädtische als auch der Fernverkehr bis zum 19. Jahrhundert weitgehend mit Lastkamelen oder anderen Tragtieren abgewickelt wurde, die Straße also nur so breit sein mußte, daß zwei sich begegnende Lasttiere passieren konnten. In der abendländischen Stadt dagegen war das Mindestmaß für die Straßenbreite durch zwei Wagengespanne vorgegeben (s. auch Übersicht 4).

Übersicht 4: Hadithe mit Auswirkung auf die Stadtgestaltung

- „Wenn ihr über die Breite einer Straße uneinig seid, macht sie sieben Ellen breit."
- „Gott schaut nicht auf eure äußere Erscheinung oder Besitz, sondern auf eure Herzen und Taten."
- „Wenn jemand in ein Haus blickt ohne die Erlaubnis der Bewohner und sie ihm ein Auge ausschlagen, so hat er keinen Anspruch auf Blutgeld oder Strafverfolgung."
- „Wenn ein Mann einen Vorhang wegzieht und seinen Blick hineinwirft, bevor es ihm erlaubt wurde, hat er eine Grenze erreicht, die er nicht zu erreichen berechtigt ist."
- „Ein Mann besaß einen Baum auf eines anderen Mannes Land. Der Grundstückseigentümer fühte sich gestört, wenn der Eigentümer des Baumes sein Grundstück betrat und beschwerte sich beim Propheten. Dieser forderte den Baumbesitzer auf, eine Ausgleichszahlung zu akzeptieren oder den Baum dem Grundstücksbesitzer zu schenken. Der aber tat dies nicht. Da erlaubte der Gesandte Gottes dem Grundstücksbesitzer, den Baum zu entfernen und sagte zu dem Besitzer des Baumes: ‚Du stiftest Schaden'."
- „Kennt ihr die Rechte des Nachbarn? . . . Ihr dürft nicht so bauen, daß ihr ihm den Wind abschneidet ohne seine Erlaubnis."
- „Wer gemeinsam mit jemandem anderen Palmen oder ein Wohnhaus besitzt, darf seinen Anteil nicht ohne die Erlaubnis seines Partners verkaufen."
- „Ein Partner hat Vorzugsrechte in allem, worin er Partner ist."
- „Reinigung ist der halbe Glaube.'
- „Es ist die Pflicht eines jeden Muslim, (mindestens) einmal in der Woche ein Bad zu nehmen und seinen Kopf und den ganzen Körper zu waschen."
- „Der Prophet ordnete an, in vier Fällen ein Bad zu nehmen: nach Geschlechtsverkehr, freitags, sowie im Falle des Schröpfens und nach dem Waschen eines Toten.

Quellen: Nach HAKIM 1986:146 ff. und MAULANA MUHAMMAD ALI 1978:41, 59, 60.

Ein weiterer Unterschied zu hellenistisch-römischen Stadt und zur europäischen Stadt ergibt sich daraus, daß in der traditionellen islamisch-orientalischen Stadt selbst die Durchgangsstraße, die etwa das Stadtzentrum mit den Stadttoren verbinden, keine repräsentativen Funktionen erfüllen, sieht man von einigen wenigen Ausnahmen in Residenzstädten ab. Hinzu kommt, daß im Abendland schon im Mittelalter ein wesentlich strengeres Stadtbaurecht galt, das sicherlich als Ausdruck der städtischen Selbstverwaltung zu verstehen ist. Im Islamischen Orient dagegen war das Baurecht und auch die Praxis der Bauaufsicht viel weniger rigoros (WIRTH 1975:65):

> „Im islamischen Recht hingegen wird das Bauwesen in den Städten durch die *ḥisba*, d. h. durch die religiös-moralischen Grundsätze eines gottgefälligen Lebenswandels und öffentlichen Wohlverhaltens, geregelt; die Aufsicht über Straße und Plätze bleibt dem *muḥtasib* vorbehalten. Dieser hat in der Regel nur dafür zu sorgen, daß der Passanten- und Durchgangsverkehr nicht behindert wird. Wenn das gewährleistet bleibt, kann er gegen Vor- und Zurückspringen von Baufluchten, gegen Biegungen und Krümmungen in der Linienführung und gegen alternierende Verbreiterung und Verengung selbst der Hauptstraßen kaum einschreiten. Vor allem die schafiitische, die malekitische und die hanefitische Rechtsschule waren hier sehr duldsam und großzügig."

Dies erklärt die Enge der Straßen und die oft unübersichtlich abgewinkelte Linienführung, nicht aber die Entstehung von Sackgassen (vgl. Abb. 31).

Zur Erklärung des Sackgassengrundrisses sind zwei Beobachtungen wichtig. Zum einen werden Sackgassen noch heute in planmäßig erstellten Neubauvierteln angelegt. Sie stellen offenbar ein Grundmuster der islamisch-orientalischen Stadt dar, das wie selbstverständlich in die moderne Planung übernommen wurde. Zum anderen zeigt sich eine deutliche Trennung zwischen einzelnen größeren Durchgangsstraßen, die nie als Sackgassen enden, und den, die einzelnen Baublöcke der Wohnviertel erschließenden, kleineren Gassen, die sich häufig in eine Reihe von Sackgassen verästeln.

Die erste Beobachtung läßt sich dahingehend interpretieren, daß den Sackgassensystemen die gleiche Bedeutung zukommt, wie den Innenhofhäusern, nämlich Schutz der Privatsphäre. Früher waren die sich meist baumartig in das Innere eines Baublocks verzweigenden Sackgassen z. T. sogar durch Tore verschließbar, insbesondere in politisch instabilen Zeiten, so daß der ganze Block, der oft von einer zusammengehörigen Gruppe bewohnt wurde, im Falle eines Angriffs leicht zu schützen und zu verteidigen war.[5] Aber noch heute stellen Sackgassen, auch in modernen Wohnvierteln, einen Schutz dar, denn eine Sackgasse wird nur derjenige betreten, der im Baublock zu Hause ist oder Gast einer der dort wohnenden Familien ist. Anders als im Bereich der Durchgangsstraßen fällt in der Sackgasse jeder Fremde auf und steht unter der Kontrolle der Bewohner.

Was die zweite Beobachtung anbetrifft, die klare Trennung zwischen mehr oder weniger geradlinig verlaufenden Durchgangsstraßen und dem Gewirr der unregelmäßigen Neben- und Sackgassensysteme, so gründet dies, wie WIRTH (1975:69) durch eine Reihe islamkundlicher Quellen belegt, auf der unterschiedlichen Rechtsqualität beider Bereiche: „Die meisten islamischen Rechtsschulen sehen die Durchgangsstraßen als öffentlichen Besitz an, den jeder nutzen darf; die Sackgassen hingegen gelten als gemeinsamer Privatbesitz der Anlieger". Die Durchgangsstraßen unterstehen der öffent-

Abb. 31: Altstadt von Schiras (Iran) um 1960

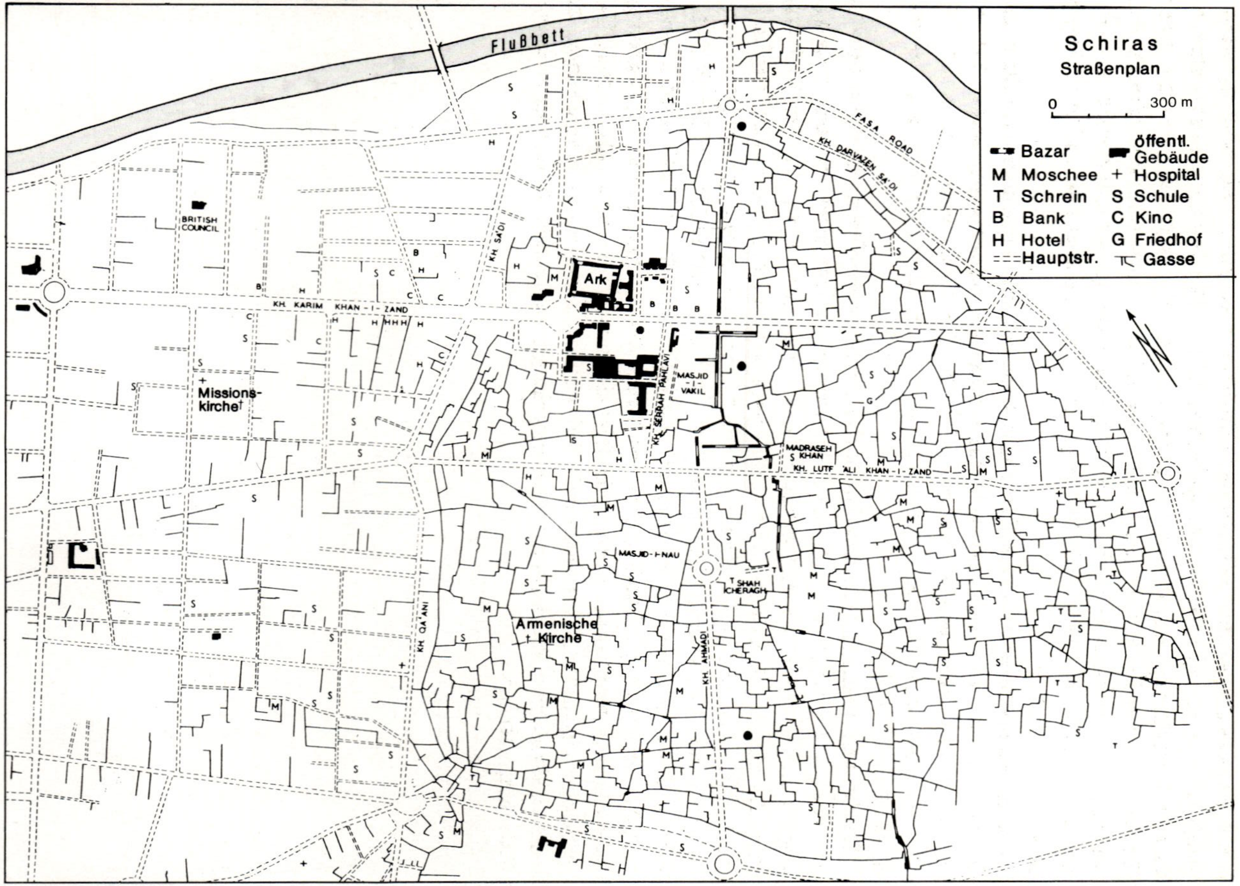

Quelle: J. I. CLARKE 1963: Fig. 5

lichen Bauaufsicht, in den Nebengassen jedoch kann die private Eigentümergemeinschaft selbständig bauliche Änderungen durchführen. Bei solchen Baumaßnahmen, aber auch bei der Neubebauung eines Areals wird nun häufig das die Privatsphäre der Familien schützende Sackgassen-Muster verwirklicht. Dieses bietet sich geradezu an, wenn ein abgegrenztes Areal, ohne vorhergehende Planung, von einem Punkt aus sukzessive bebaut wird, wofür STEWIG (1966) aus Istanbul ein schönes und gut belegtes Beispiel schildert.

Sackgassensysteme, die in den Wohnvierteln der islamisch-orientalischen Stadt das Grundrißmuster bilden, sind also keinesfalls zufälliges Ergebnis ungeplanten Bauens oder eines städtebaulichen Wildwuchses. Die Bauidee der Sackgasse entspricht vielmehr dem Streben nach Schutz der Privatspähre und wird von der Praxis des islamischen Rechts gefördert.

Die Frage, ob Sackgassen schon in den Städten des Alten Orients das Grundmuster der Wohnviertel ausmachten, ist wegen der wenigen Belege nicht eindeutig zu beantworten; daß es sie gab, ist nachgewiesen. Bemerkenswerter dürfte aber der Nachweis sein, daß die im Schachbrett- oder Rechteckschema erbauten Planstädte der hellenistisch-römischen Zeit in islamischer Zeit durch Sackgassensysteme überprägt wurden. Dies zeigt etwa der Grundriß der Altstadt von Damaskus (Abb. 25), und für die türkische Stadt Antakya, das antike Antiochia, hat WEULERSSE (1934, 47 und 60) einen eindrucksvollen Beleg erbracht (Abb. 33). Damit sind die Sackgassen der islamisch-orientalischen Stadt zwar nicht, jedenfalls nicht mit Sicherheit, islamischen Ursprungs, doch hat der Sackgassengrundriß als vorherrschendes Gestaltungselement der Stadt in islamischer Zeit erst seine volle Ausprägung und seine bis heute ungebrochene Bedeutung erhalten.

Abb. 32: Altstadt von Meknes (Marokko)

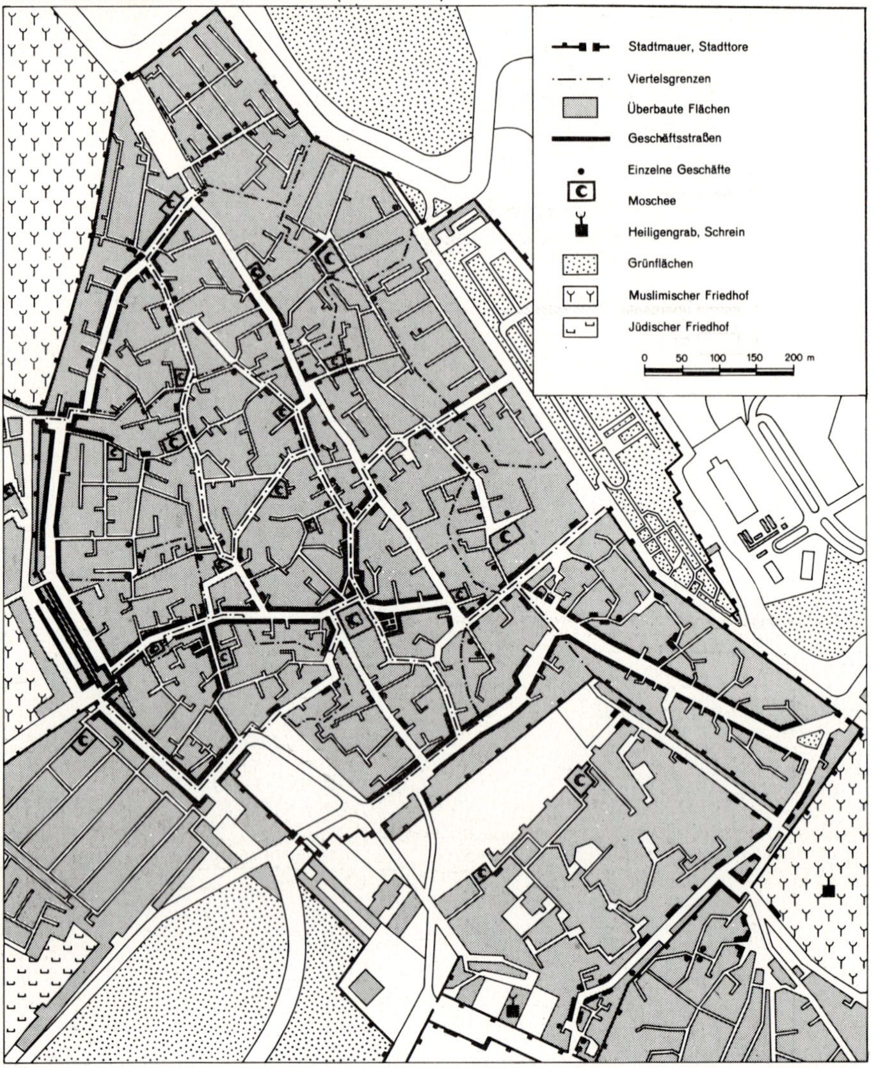

(Quelle: EHLERS 1984: Fig. 11)

Abb. 33: Antakya (Türkei) um 1930

a) Spuren des antiken Plangrundrisses

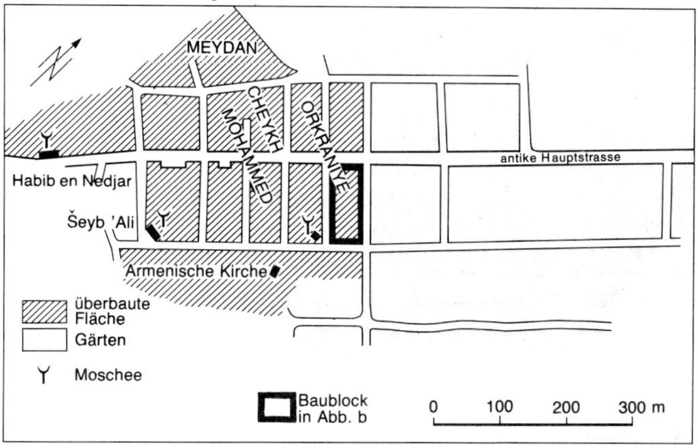

b) Erschließung eines Baublocks durch Sackgassensysteme

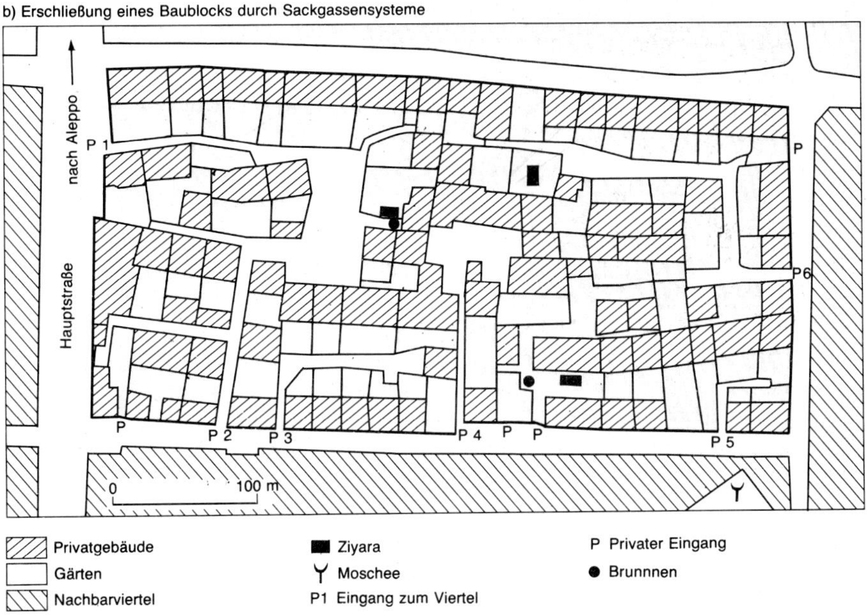

4.4.3 Das funktionale Gefüge der traditionellen islamisch-orientalischen Stadt

Die funktionalen Elemente der traditionellen Stadt sind im Islamischen Orient so einheitlich ausgebildet, daß DETTMANN (1969, Abb. 5) ein „Idealschema" entwerfen konnte, das auf Damaskus, an dessen Beispiel es entwickelt wurde, genauso zutrifft wie auf die Städte des Maghreb, der Arabischen Halbinsel oder Sowjetisch-Mittelasiens. So hat das Schema (Abb. 34) inzwischen seinen Einzug auch in mehrere Lehrbücher der Stadtgeographie gefunden.

Die wesentlichen funktionalen Elemente, die sich in jeder Stadt wiederfinden, sind
— Stadtmauer
— Zitadelle *(ark, qala*
— *Große Moschee*
— *Geschäfts- und Kommunikationszentrum (bāzār, sūq)*
— Wohnviertel

Die *Stadtmauer*, in manchen Städten wie z. B. Istanbul, Herat, Sana, Hofuf oder Marrakesch bis heute in größeren Teilen erhalten, hat bzw. hatte naturgemäß Schutz- und Verteidigungsfunktion. Nach Schleifung der Mauer entstanden, genau wie im Falle der europäisch-westlichen Stadt in der zweiten Hälfte des 19. Jahrhunderts, breite, die Altstadt ringförmig umgebende Boulevards, die vor allem mit zunehmender Motorisierung des Verkehrs Bedeutung erlangten.

Brennpunkte des Verkehrs waren stets die Stadttore. Von diesen aus verlaufen die Durchgangsstraßen, denen ja auch eine besondere Rechtsqualität zukommt, zum Stadtzentrum, zum Bazar. Das hohe Passantenaufkommen entlang dieser Durchgangslinien hat dazu geführt, daß sich gerade hier, und zwar in der Nähe der Stadttore, sekundäre Zentren entwickelten, denen zugleich die Aufgabe zufällt, als lokale Bazare die Versorgung der benachbarten Wohnviertel mit Gütern der unteren Bedarfsstufe zu gewährleisten. Am Beispiel der Stadt Täbris *(Tabrīz)* läßt sich die Lage der ehemaligen Stadttore noch heute aus der Verteilung dieser Sekundär-Bazare ablesen (Abb. 35).

Außerhalb der Stadtmauer finden sich neben den von der ländlichen Bevölkerung des Umlandes beschickten Vieh- und Getreidemärkten auch die Friedhöfe, natürlich getrennt nach unterschiedlichen Religionsgruppen.[6] Die unmittelbar an der Stadtmauer gelegenen Friedhöfe, die, entsprechend der religiösen Bedeutung der Stadt z. T. riesige Areale einnehmen, stellen, wenn ihre ursprüngliche Funktion aufgegeben wird, ein stadtplanerisches Potential hohen Ranges dar. So wurden in den iranischen Städten im Zuge der frühen Urbanisierung seit den 1930er Jahren ehemalige Friedhofsflächen zum Bau von größeren Schulkomplexen oder sonstiger öffentlicher Einrichtungen verwendet. In Riad *(Er-Riyāḍ)*, wo die wahabitische Ausrichtung des Islams die Bebauung solcher Flächen erst nach hundert Jahren der Ruhe gestattet, bilden die ehemals extra muros gelegenen Friedhöfe noch heute die größten innerstädtischen Freiflächen.

Die städtische Burg oder *Zitadelle*, arabisch *qalʿa*, ist mit ihren aufwendigen Befestigungen fast stets in die Ummauerung einbezogen. Als Sitz der staatlichen Zentralge-

Abb. 34: Idealschema der funktionalen Struktur einer islamisch-orientalischen Stadt

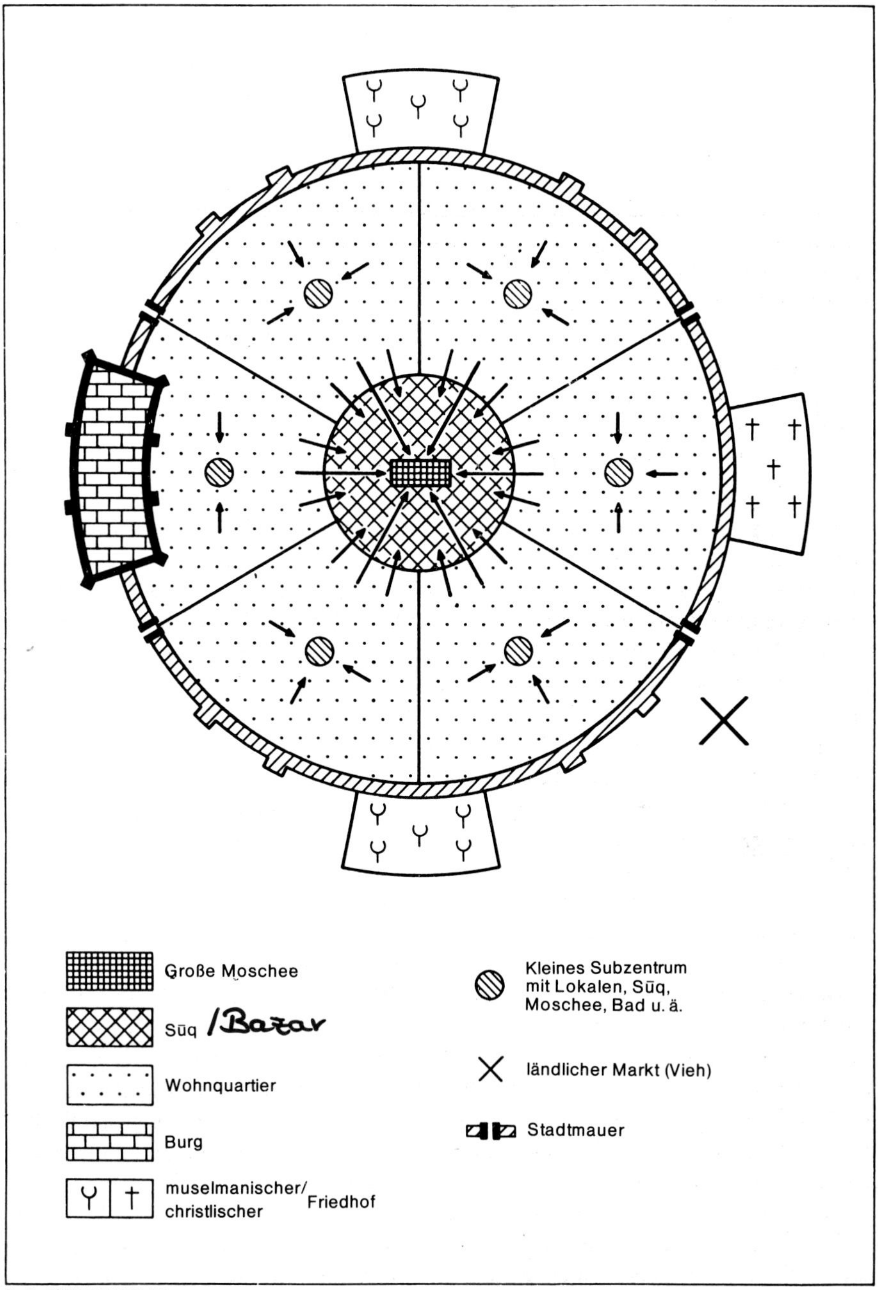

Quelle: DETTMANN 1969: 160

walt, insbesondere des Militärs, bildet sie ein eigenes Bollwerk innerhalb der Stadt (vgl. Kap. 4.4.7). Wenn das Gelände es erlaubt, liegt die Burg in erhöhter Lage und damit auch in bevorzugter Verteidigungsposition gegenüber der Stadt selbst, so etwa in Aleppo, in Herat oder in Sana (Ṣanᶜā).

Die *Wohnviertel* der traditionellen islamisch-orientalischen Stadt sind formal durch das sich ergänzende Nebeneinander von Durchgangsstraßen und den die eigentlichen Wohnquartiere erschließenden Sackgassensystemen geprägt. Sozialräumlich ist die Trennung unterschiedlicher religiöser oder ethnischer Gruppen, aber auch von Gruppen unterschiedlicher regionaler Herkunft, bestimmend. Vor allem in den Städten des Maghreb, aber auch in Sana, hatte die jüdische Bevölkerung häufig ein eigenes, oft von einer Mauer umgebenes Stadtviertel, die *mellah* (SEBAG 1959, RATHJENS 1957)[7]. Welche Bedeutung diese räumliche Segregation verschiedener Religions- oder sogar Konfessionsgruppen im Krisenfalle heute noch haben kann, zeigt sehr eindrucksvoll das Beispiel Beirut, wo sich im Gefolge des Bürgerkrieges regelrechte innerstädtische Demarkationslinien entwickelten. Auch wenn die Unterschiede nicht religiöser oder sprachlich-ethnischer Art sind, sind Quartiere *(ḥāra)* häufig von Gruppen bewohnt, die sich infolge gemeinsamer Abkunft als verwandtschaftliche Gruppe, durch gemeinsame Herkunft als regionale Gruppe oder durch gemeinsame Stammeszugehörigkeit als tribale Gruppe zusammengehörig fühlen. Durch diese Kammerung des städtischen Wohnbereichs scheint die islamisch-orientalische Stadt stärker in einzelne, mehr oder weniger selbständige Einheiten aufgelöst, als das in Städten anderer Kulturkreise zu beobachten ist.

Für diese ausgeprägte Quartierstruktur der islamisch-orientalischen Stadt gibt es bisher keine zufriedenstellende Erklärung. Verwiesen wird auf das Vorbild der Militärlager zur Zeit der frühen islamischen Eroberungszüge, das auch bei der Gründung neuer Städte jener Zeit herangezogen worden sei, z. B. bei der Gründung von Kufa, wie ṬABARI berichtet: „Dabei erhielt ein Stamm entweder eine ganze Straße für sich oder den Zwischenraum zwischen zwei Straßen, oder zwei Stämme erhielten gemeinsam eine Straße" (DIEM, zitiert nach WIRTH 1975:79). Sinn eines solchen Prinzips war es sicherlich, innerstädtische Streitigkeiten zu vermeiden. In anderer Form mag diese Erklärung auch für die späteren Jahrhunderte Gültigkeit haben: Die Trennung einzelner Gruppen nach Wohnvierteln entsprach deren Schutzbedürfnis. Denn es darf nicht übersehen werden, daß die Stadt im Islamischen Orient nie Bürgerstadt, sondern stets Herrschaftsstadt war. Die Stadt hatte keine von der städtischen Bevölkerung, von „Bürgern", getragene Selbstverwaltung. Damit waren Bedrohungen und Übergriffe von außen, auch von der in der „Burg" residierenden Zentralgewalt, viel leichter möglich als in der in stärkerem Maße autonomen Stadt des Abendlandes. Die Quartierstruktur der Stadt diente also dem Schutz einer Gruppe, deren Mitglieder, auf Grund welcher Kriterien auch immer, durch ein Zusammengehörigkeitsgefühl, durch Ethnizität im weiteren Sinne, verbunden waren.

Bei der Aufteilung der Stadt in die Wohnquartiere einzelner Gruppen kommt denjenigen funktionalen Elementen, die das Zentrum der ganzen Stadt bilden, eine wesentliche, nicht nur funktionale, sondern im Sinne eines einigenden Bandes, auch soziale und politische Bedeutung zu. Solche zentralen Elemente sind einmal die Große Moschee oder Freitagsmoschee, zum anderen der Bazar oder *sūq*.

Abb. 35: Altstadt von Täbris (Iran)

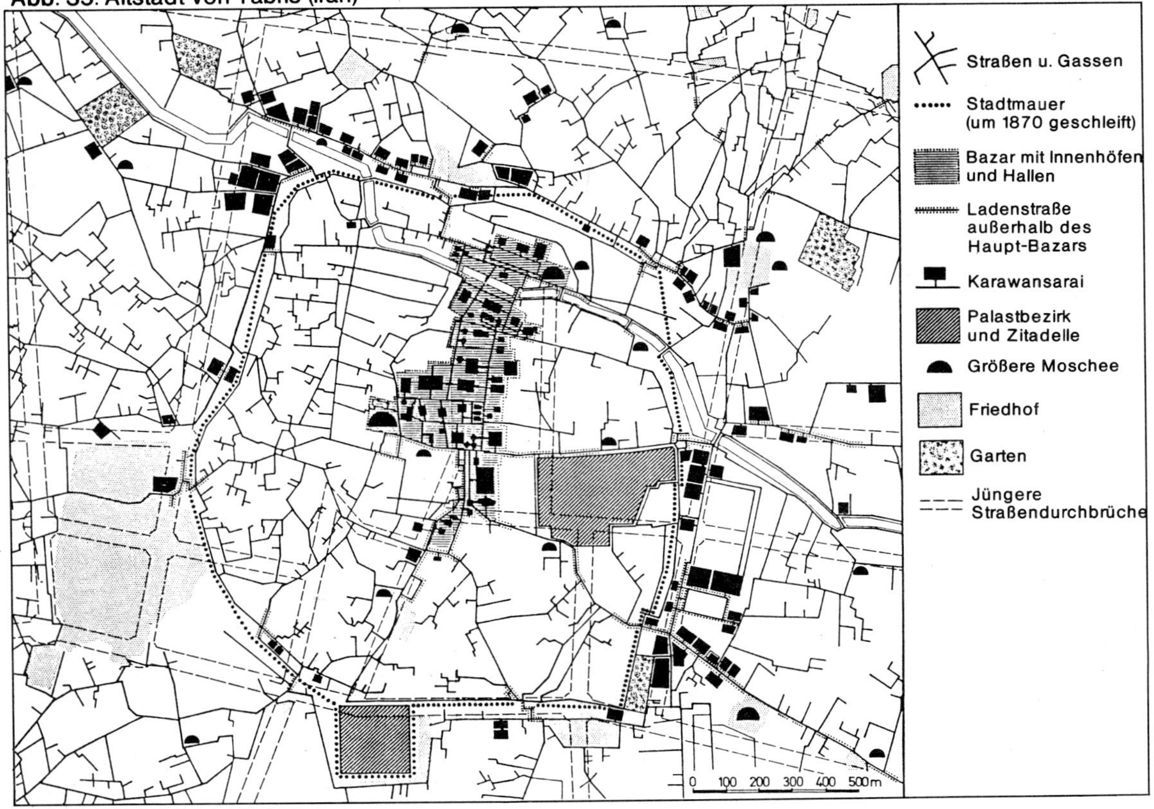

Quelle: SCHWEIZER 1972: Karte 2

Freitagsmoscheen wurden bis ins 8. Jahrhundert hinein nur in Städten mit einem gewissen Mindestanteil muslimischer Bevölkerung errichtet und unterstanden der Kontrolle des Kalifen. Durch das Vorhandensein einer Freitags- oder Großen Moschee (arab. *masǧid al-ǧāmiʿ*) unterschied sich demnach eine Stadt vom Land. Diese wurde dadurch zum Symbol urbanen Lebens und städtischer Einheit. Die gemeinsame Huldigung des Kalifen während des Freitagsgebets brachte darüber hinaus die Einheit der gesamten muslimischen Gemeinde zum Ausdruck. Bis ins 9. Jahrhundert standen die meisten religiösen Rechtsgelehrten der Zulassung mehrerer Freitagsmoscheen in einer Stadt strikt ablehnend gegenüber. Dann jedoch ließen sie in Anerkennung der physischen Probleme, die die Beschränkung auf nur eine Freitagsmoschee schaffen würde, und des Vorhandenseins unterschiedlicher urbaner Gruppen, die berücksichtigt werden mußten, in großen Städten mehrere Freitagsmoscheen zu. Auch in großen Dörfern entstanden nun Moscheen für das Freitagsgebet. Der *masǧid al-ǧāmiʿ* fallen verschiedene Funktionen religiöser, sozialer, kultureller, politischer und administrativer Natur zu. In ihrer zentralen Lage bildet sie eine Entsprechung zum Tempelbezirk antiker Städte. Aufgrund der islamischen Vorschriften muß sie baulich nach Mekka ausgerichtet sein. In unmittelbarer Nachbarschaft der Großen Moschee, die selbst auch als Unterrichtsstätte diente, finden sich meist religiöse Schulen (arab. *madrasa*, pl. *madāris*) und andere Bildungseinrichtungen.[8]

Einen anderen Rechtsstatus als die unter der Kontrolle des Staates stehenden Freitagsmoscheen besitzen die Moscheen der Wohnviertel. Hier haben die Muslime, in deren Viertel die Moschee steht und die dort regelmäßig beten, besondere Vorrechte. So können sie den Vorbeter *(imām)*, den Gebetsrufer (*muʾaḏḏin*, eingedeutscht: Muezzin) und das übrige Personal der Moschee ernennen. Das Nebeneinanderbestehen mehrerer muslimischer Kultstätten mit unterschiedlichem Rechtsstatus wurde zu einem juristischen Kriterium für den urbanen Charakter einer Siedlung (JOHANSEN 1981/82:149 ff.).

In den Wohnvierteln wie auch im Marktbereich gibt es öffentliche Bäder (arab. *ḥammām*) — ein weiteres charakteristisches Element islamischer Zivilisation. Diese häufig prächtig ausgestatteten Gebäude spielten v. a. in der Vergangenheit eine wichtige Rolle im gesellschaftlichen Leben und besitzen eine zentrale Bedeutung für die islamische Lehre von der rituellen Reinheit (vgl. Übersicht 4). Da früher nur wenige Privathäuser über ein eigenes Bad verfügten, konnte den Forderungen des Ritus nur in einem öffentlichen *ḥammām* nachgekommen werden. Dieses diente zugleich als Stätte vielfältiger gesellschaftlicher Zusammenkünfte. Manche Bäder wurden bevorzugt von bestimmten Personengruppen, z. B. solchen gleicher Berufszugehörigkeit oder Herkunft, aufgesucht.

(G. W.)

4.4.4 Der Bazar, das Herz der islamisch-orientalischen Stadt

Der Bazar (persisch *bāzār)* oder *sūq* (arabisch) ist derjenige Teil der Stadt, der den westlichen Besucher durch das geschäftige Treiben der Händler und Handwerker, durch die Vielfalt der wie auf einem Wochenmarkt offen ausgebreiteten Waren oder durch die fremdartigen Gerüche und Geräusche am stärksten fasziniert. In der Tat ist der Bazar ein Element der islamisch-orientalischen Stadt, das es in den Städten anderer Kulturerdteile nicht gibt, jedenfalls nicht in dieser Form.

Um die Erforschung des Bazars aus stadtgeographischer Sicht hat sich vor allem E. WIRTH (1974—75) verdient gemacht. Monographische Darstellungen einzelner Bazare oder *sūqs* liegen für Tunis (WAGNER 1973), Isfahan (GAUBE und WIRTH 1978), Täbris (SCHWEIZER 1972), Tašqurġan (CENTLIVRES 1970) und für Sana (DOSTAL 1979) vor.

Der Bazar ist der wirtschaftliche und gesellschaftliche Mittelpunkt, das eigentliche Herz der traditionellen islamisch-orientalischen Stadt. In ihm vereinigen sich auf engem Raum die Standorte des Einzelhandels, des Großhandels und des Fernhandels; innerhalb des Einzelhandels kommt dem ambulanten Handel eine große Bedeutung zu. Der Bazar ist jedoch nicht nur zentraler Geschäftsbezirk — in moderner Terminologie also der CBD (Central Business District) — der Stadt, den wir ja in den Städten jedweden Kulturkreises finden, sondern zugleich auch der Ort des Handwerks, wobei die Produktion und der Verkauf der Waren oft in einer Hand liegen. Darüber hinaus ist der Bazar Finanz- und Kreditplatz, denn die Händler, insbesondere die Großhändler sind oft zugleich Landeigentümer, Geldverleiher oder Verleger des ländlichen Heimgewerbes, worin sich die Bedeutung des Bazars auch für das Umland der Stadt zeigt. Schließlich ist der Bazar in dem sich tagsüber oft große Menschenmengen konzentrieren, naturgemäß der Hauptumschlagplatz für Nachrichten, ein Ort der Kommunikation. Es kommt nicht von ungefähr, daß die *bāzāri* seit alters als eine Art informelle politische Gruppe das Geschick ihrer Stadt mitbestimmen. Auch kulturelle bzw. religiöse Funktionen sind im Bazar konzentriert. Neben der Freitagsmoschee, die meist am Rande des Bazarbezirks liegt, finden sich innerhalb des Bazars eine Vielzahl kleinerer Moscheen und Medressen.

Den vielfältigen wirtschaftlichen Funktionen des Bazars entspricht auch der bauliche Bestand (Abb. 36). In den meist überdachten oder zumindest durch Sonnensegel geschützten, engen Bazargassen haben Einzelhandel und Handwerk ihre Standorte. Hunderte von einzelnen kleinen, tagsüber in ihrer ganzen Breite offenen, nachts mit einem Rolladen oder — früher — einer Holztür zu verschließenden Gelassen reihen sich aneinander. Neben den Gassen, die in unterschiedlichen Grundrißmustern angeordnet sein können, finden sich offene Höfe, die von oft mehrgeschossigen Galerien umschlossen sind — eine Bauidee, die im 19. Jahrhundert von den Architekten der modernen Passagen aufgenommen wurde und heute in den westlichen Großstädten eine Art Renaissance erlebt. Diese Bazarhöfe, in der Regel als *Ḫān, Sarāy (Kārawānsarāy), Funduq* oder *Samsarah* bezeichnet, waren ursprünglich die Stätten, in denen der Fernhandel seinen Sitz hatte, weshalb wir sie nicht nur im Innern des Bazars, sondern auch

Abb. 36: Baubestand des Bazars von Täbris (Iran)

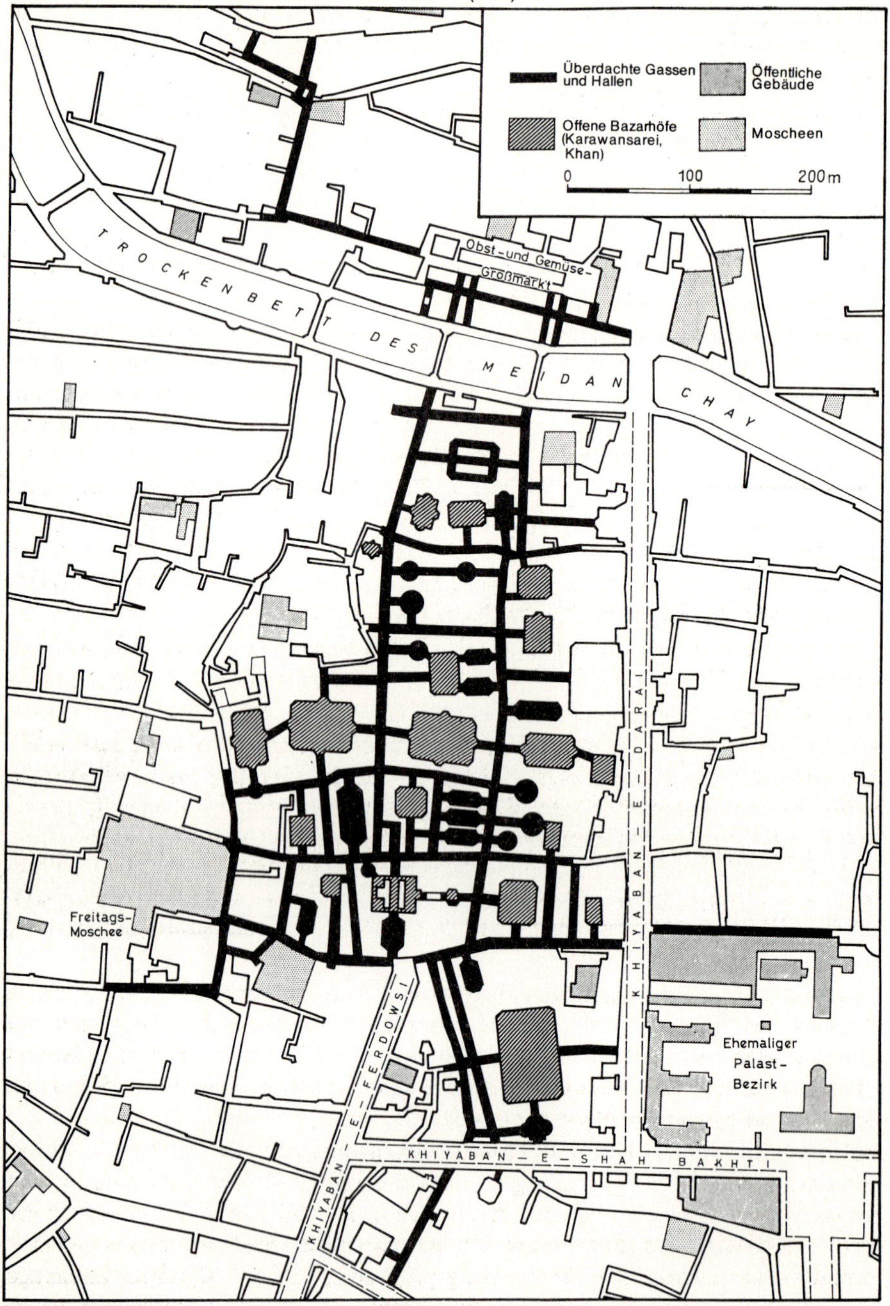

Quelle: SCHWEIZER 1972: Abb. 1

entlang der alten Ausfallstraßen und in der Nähe der ehemaligen Stadttore finden. Nach der Verlagerung des Transports auf Lastkraftwagen wurden die Bazarhöfe vielfach zu Stätten des Handwerks, das hier oft in Kolonien gleichartiger Handwerksbetriebe angesiedelt ist.

Ein weiteres bauliches Element des Bazars sind schließlich die überdachten Hallen, oft prächtig ausgeführte Gewölbebauten. In diesen meist zweigeschossigen, domartigen Hallen werden besonders wertvolle, aber auch sperrige Güter gehandelt, in Iran vor allem Teppiche. Hier hat die Oberschicht der *Bāzāri* ihren Sitz, und nicht selten stellt man fest, daß ein hier ansässiger Teppichhändler, dessen Geschäft sich gegenüber anderen nicht abhebt, Filialen in internationalen Zentren des Teppichhandels, in London, New York, Paris oder Hamburg, besitzt.

Eines der auffälligsten Kennzeichen des Bazars ist das Nebeneinander von Geschäften der gleichen oder verwandten Art. In ein und derselben Gasse mögen ausschließlich Schuhverkäufer und Schuhmacher ihren Sitz haben, wobei die Anbieter von Kinderschuhen von denen, die Damenschuhe herstellen und verkaufen, wiederum räumlich getrennt sind; in unmittelbarer Nachbarschaft zum Schuh-Bazar ist dann der Leder-Bazar zu finden, der das Rohmaterial für die Schuhmacher bereithält. Eine ähnliche Ordnung, ja Sortierung, zeigt sich auch in der räumlichen Verteilung der anderen Branchen. Dabei sind die auf kaufkräftiges Publikum ausgerichteten Branchen, wie etwa die der Goldschmiede, in der Regel dort zu finden, wo die stärkste Passantenfrequenz zu erwarten ist, nämlich in der Nähe der Bazar-Eingänge.

Ein weiteres typisches Merkmal hebt den Bazar, abgesehen von der baulichen Ausformung, ganz klar von den Geschäftsvierteln der westlichen Stadt ab: Der Bazar hat keinerlei Wohnfunktion, er ist ausschließlich wirtschaftlichen Funktionen vorbehalten. Diese absolute Trennung von Wohnen und Wirtschaften wird somit zu einem wesentlichen Kennzeichen der traditionellen islamisch-orientalischen Stadt überhaupt. Äußerlich zeigt sich diese räumliche Funktionstrennung darin, daß die Eingänge zum Bazar, auch viele einzelne Gassen, Hallen und Höfe, durch eigene Tore verschließbar sind. Bei den gewaltigen Werten an Waren, die hier lagern, ist dies verständlich. Noch heute wird in vielen Städte der Bazar während der Nacht und natürlich an Feiertagen auf diese Weise geschlossen. Möglich ist dies eben nur, weil im Bazarbezirk keinerlei Wohnhäuser liegen.

Interessant ist — und dies mutet fast paradox an — daß sich hier, ähnlich wie bei dem Vergleich von Bazar und modernen Einkaufspassagen, wiederum eine Parallele zu den Cities der modernen westlichen Städte zeigt: Auch diese haben, allerdings aus anderen Gründen, nämlich wegen der hohen Boden- und Mietpreise, kaum mehr Wohnfunktion, sind nachts menschenleer und verödet.

Da im Bazar keine Wohnhäuser liegen, sondern einfache Ladenzeilen vorherrschen und diese in der Regel eingeschossig sind, bildet der Bazar im Aufriß der Stadt oft eine Art Insel niedriger Bauhöhe, in der lediglich die Hallen und Höfe mit ihren zwei oder gar drei Geschossen herausragen. Gerade in den südarabischen Städten, die durch die Bauform des mehrgeschossigen Turmhauses geprägt sind, wird im Aufriß der inselartige Charakter des *sūq* deutlich. Wenn gelegentlich von Parallelen zur modernen westlichen Stadt die Rede war, so zeigt sich in dieser Eigenschaft des *sūqs* oder Bazars ein krasser

Abb. 37: Der Suq von Tunis

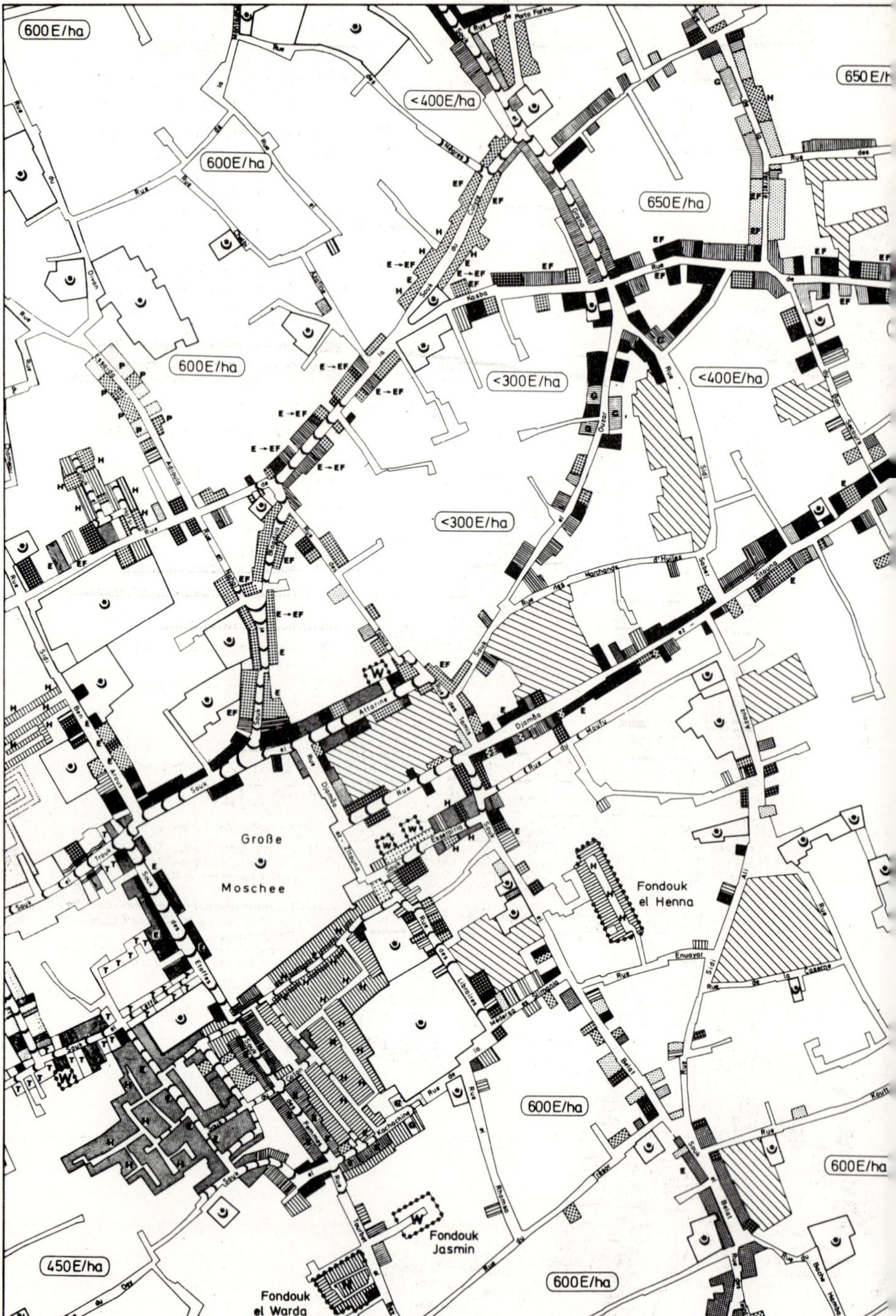

Quelle: WAGNER 1973: Abb. 1

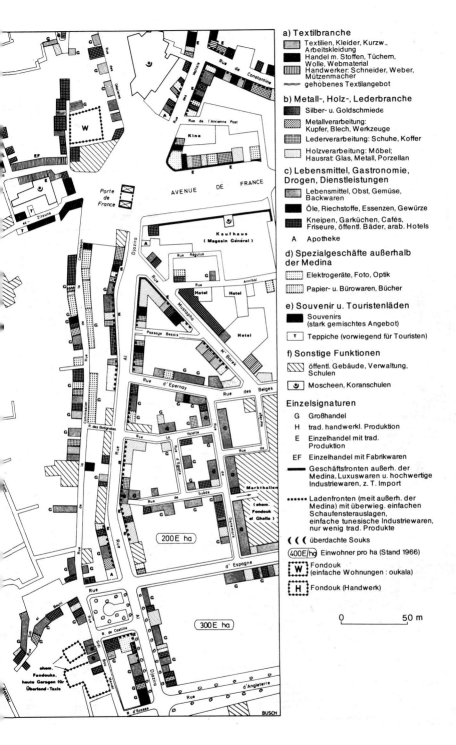

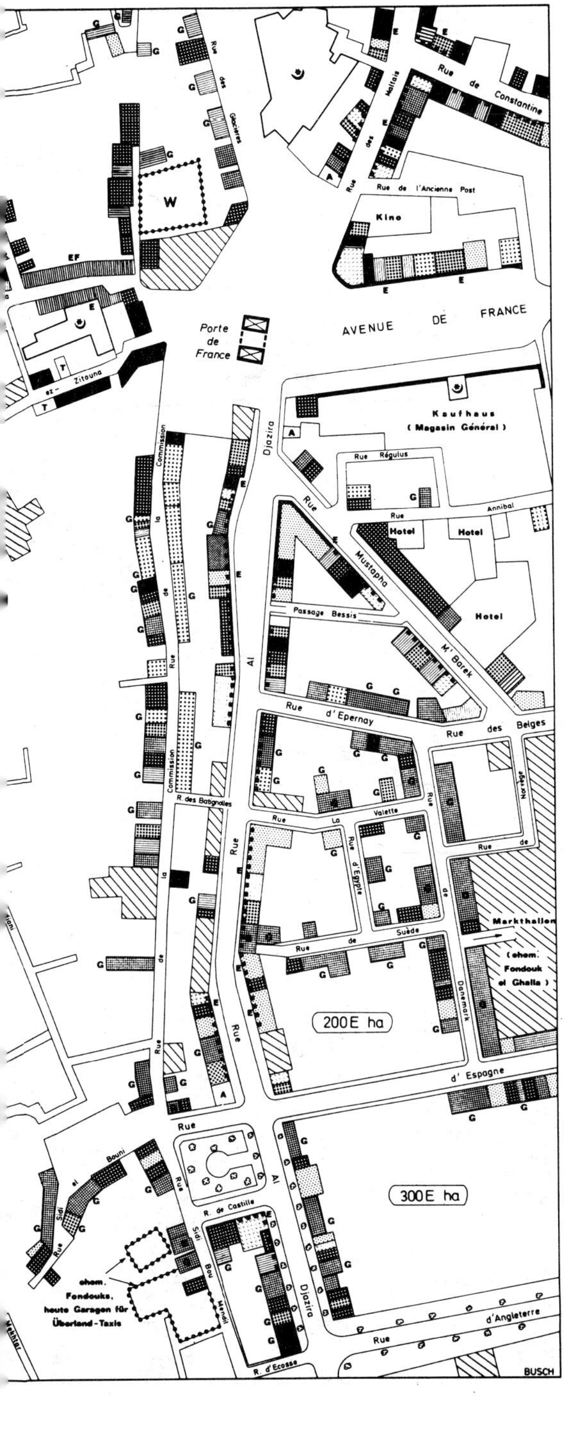

a) Textilbranche
- Textilien, Kleider, Kurzw., Arbeitskleidung
- Handel m. Stoffen, Tüchern, Wolle, Webmaterial
- Handwerker: Schneider, Weber, Mützenmacher
- gehobenes Textilangebot

b) Metall-, Holz-, Lederbranche
- Silber- u. Goldschmiede
- Metallverarbeitung: Kupfer, Blech, Werkzeuge
- Lederverarbeitung: Schuhe, Koffer
- Holzverarbeitung: Möbel; Hausrat: Glas, Metall, Porzellan

c) Lebensmittel, Gastronomie, Drogen, Dienstleistungen
- Lebensmittel, Obst, Gemüse, Backwaren
- Öle, Riechstoffe, Essenzen, Gewürze
- Kneipen, Garküchen, Cafés, Friseure, öffentl. Bäder, arab. Hotels
- A Apotheke

d) Spezialgeschäfte außerhalb der Medina
- Elektrogeräte, Foto, Optik
- Papier- u. Bürowaren, Bücher

e) Souvenir u. Touristenläden
- Souvenirs (stark gemischtes Angebot)
- T Teppiche (vorwiegend für Touristen)

f) Sonstige Funktionen
- öffentl. Gebäude, Verwaltung, Schulen
- Moscheen, Koranschulen

Einzelsignaturen
- G Großhandel
- H trad. handwerkl. Produktion
- E Einzelhandel mit trad. Produktion
- EF Einzelhandel mit Fabrikwaren
- Geschäftsfronten außerh. der Medina, Luxuswaren u. hochwertige Industriewaren, z. T. Import
- Ladenfronten (meist außerh. der Medina) mit überwieg. einfachen Schaufensterauslagen, einfache tunesische Industriewaren, nur wenig trad. Produkte
- (((überdachte Souks
- 400E/ha Einwohner pro ha (Stand 1966)
- W Fondouk (einfache Wohnungen : oukala)
- H Fondouk (Handwerk)

0 50 m

Gegensatz zur modernen City, deren physiognomisches Hauptmerkmal ja gerade die gewaltige bauliche Überhöhung, das Vorherrschen von vielgeschossigen Hochhäusern ist.

Im Gegensatz zu den meisten anderen funktionalen oder baulichen Elementen der traditionellen Stadt des Islamischen Orients ist der Bazar oder *sūq* ein ausgesprochen originäres Element. Der Bazar als städtisches Strukturelement unterscheidet sich grundsätzlich vom Geschäftszentrum der Stadt in anderen Kulturkreisen, gleich, ob zum Vergleich das Zentrum einer mittelalterlichen oder das einer modernen Stadt herangezogen wird.

Zum Problem der Entstehung des Bazars und der dafür maßgeblichen Ursachen sind weitere historische Untersuchungen notwendig, insbesondere auch zu der Frage, wie weit Religion, Kultur und soziales System die Entwicklung einer so eigenständigen Ausprägung des städtischen Geschäftszentrums beeinflußt haben. E. WIRTH (1974/75:6) kommt nach der Analyse vieler Einzelbeispiele zu dem Schluß, daß die „ganz spezifische räumliche und organisatorische Zusammenfassung (der wichtigsten Teilfunktionen des Bazars) zu einem im Stadtzentrum gelegenen, weitgehend geschlossenen Baukomplex und zu einem einheitlichen Funktionssystem ... eine eigenständige Leistung des islamischen Mittelalters ist". Daß dem Islam als Religion und als Wurzel bestimmter wirtschaftlicher und sozialer Organisationsformen hierbei eine wesentliche Bedeutung zukommt, geht u. a. aus der Rolle der Zünfte und des gerade im Bazar verbreiteten Eigentums der religiösen Stiftungen hervor (Abb. 38).

Abb. 38: Verzahnung von religiösen Einrichtungen, Waqf-Eigentum und Handel im Bazar von Jasd (Iran)

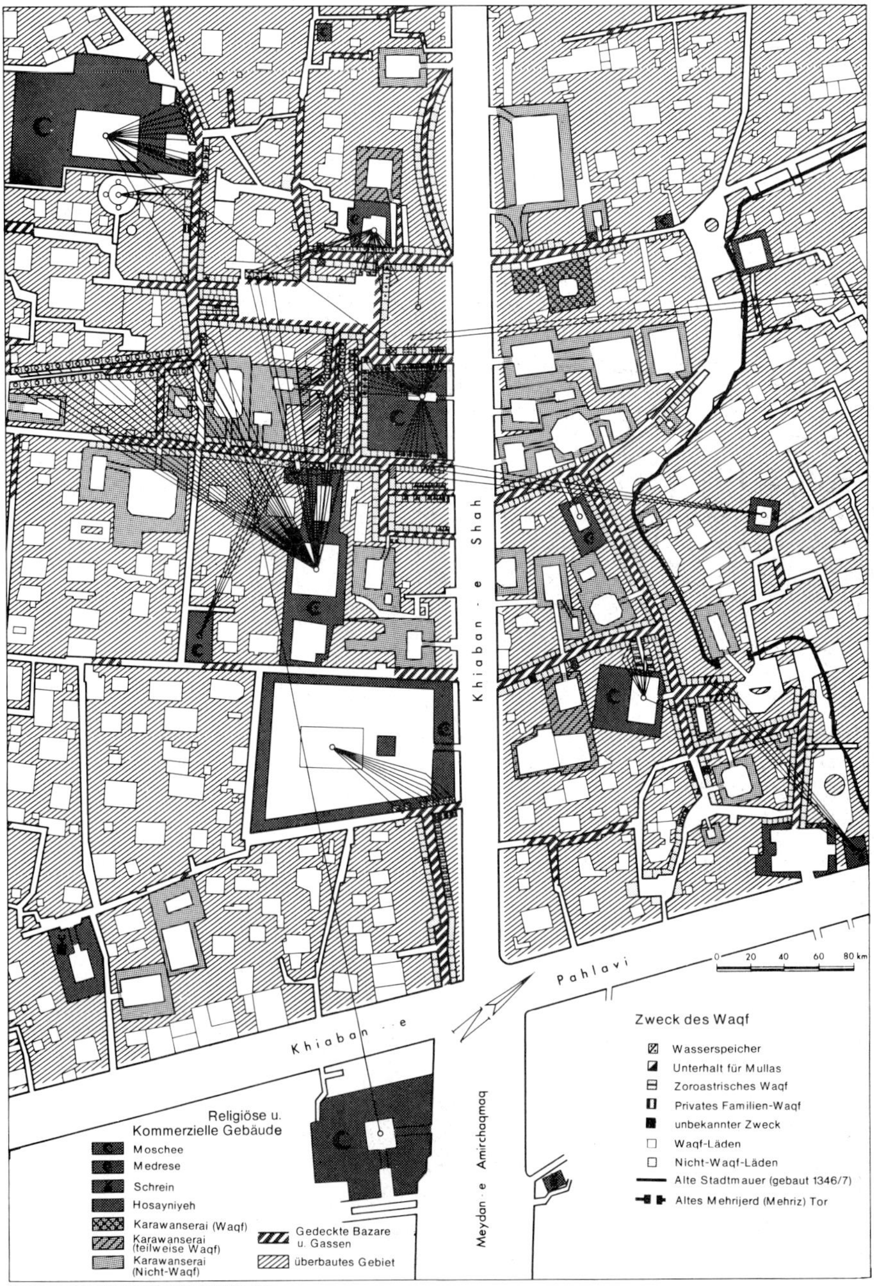

Quelle: vereinfacht nach BONINE 1987: Fig. 3 b

Abb. 39: Modell des Bazars im System der orientalischen Stadt

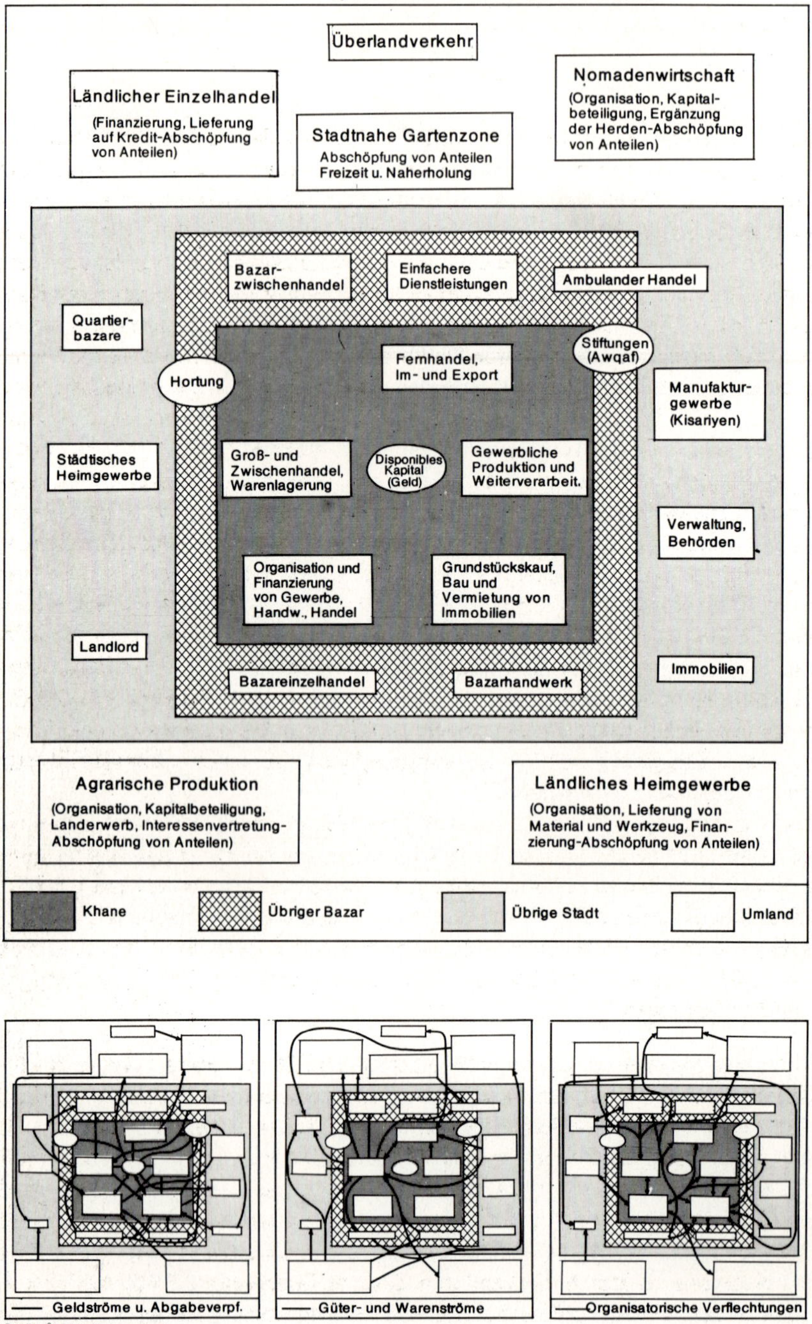

Quelle: WIRTH 1974-75: Fig. 3

4.4.5 Berufe und Zünfte

(G. Winkelhane)

Es wurde schon oben angesprochen, daß die *sūqs* oder Bazare fast überall nach den jeweils feilgebotenen Waren bzw. nach den dort hergestellten Produkten gegliedert sind. Seien es die Buchhändler oder die Fleischer, die Schuhmacher oder Weber, Parfüm- oder Textilhändler, Kupfer- oder Goldschmiede: alle Berufe finden wir, mehr oder weniger strikt, auf jeweils eigene Gassen oder Viertel konzentriert. Bei genauerer Betrachtung können wir dabei Regelmäßigkeiten erkennen; so sind Kerzen- und Buchhändler oft in der Nähe von Moscheen zu finden, Gerber, Färber, Kupferschmiede und andere Berufe dagegen in den äußeren Stadtbezirken. Gelegentlich wurde die Vermutung geäußert, „man könne die alte städtische Topographie nach der modernen Verteilung der Berufe auf Straßen und Viertel rekonstruieren, so unverändert sei sie geblieben. Ganz trifft dies allerdings nur für ... Ausnahmefälle zu" (CAHEN 1968:169).

Der topographischen Verteilung liegen verschiedene praxisorientierte Ordnungsprinzipien zugrunde; diese sind naturgemäß zunächst an ökonomischen Erwägungen ausgerichtet, d. h. daß die einzelnen Berufe sich bevorzugt dort angesiedelt haben, wo sie sich den größtmöglichen Absatz versprachen oder sonstige Standortvorteile ausrechneten. Wenn also, wie wir sagten, Buchhändler oder Kerzenverkäufer häufig in unmittelbarer Nähe von Moscheen anzutreffen sind, so geht dies weniger auf ein besonderes religiöses Ansehen dieser Gewerbe zurück, sondern vor allem darauf, daß ihre Artikel bevorzugt von Moscheebesuchern gekauft wurden (vgl. WIRTH 1974:242 ff.). Die an der Peripherie der Städte angesiedelten Handwerksberufe sind hingegen häufig solche, deren Tätigkeiten mit Lärm, unangenehmen Gerüchen, Brandgefahr oder anderen Belästigungen einhergehen.

Ist also die regionale Gliederung in erster Linie an ökonomischen und ökologischen Gesichtspunkten orientiert, so geht sie auch mit einer gewissen sozialen Abstufung der Berufe einher. Klassenunterschiede sind allerdings häufig fließend und kaum deutlich erkennbar. Jedenfalls stellte die berufliche Zugehörigkeit in den muslimischen Gesellschaften ein wichtiges Element dar. Das manifestiert sich nicht zuletzt in der Gliederung der Städte und ihrer Märkte und dem engen räumlichen Zusammenhang der diversen Berufsgruppen.

Berufsorganisationen, in denen sich Händler und Handwerker nach Gewerben geordnet zur Wahrung ihrer beruflichen Interessen zusammenschlossen, spielten eine wichtige Rolle im Wirtschaftsleben der islamischen Welt und wurden eine seiner auffälligsten Erscheinungen. Schon aus vorislamischer Zeit wissen wir von der Existenz zahlreicher Organisationen der gewerbetreibenden Bevölkerung, insbesondere in den byzantinischen Provinzen Syrien und Ägypten. In islamischer Zeit gewannen diese vor allem auf beruflicher Solidarität beruhenden Bünde jedoch erst etwa dreihundert Jahre nach der Hedschra, ab dem 9. Jahrhundert n. Chr., an Bedeutung (LEWIS 1937:21). Zu jener, durch tiefgreifende politische und soziale Umbrüche gekennzeichneten Zeit blühten die islamischen Städte auf; bald nahmen urbanes Leben, städtischer Handel und Produktion eine dominierende Rolle ein. In den Städten, den Zentren des Handwerks und des Handels, bildeten sich, neben anderen sozialen Bewegungen, die „Zünfte" (arab. *ṣinf* pl. *aṣnāf*) heraus, die jedoch nicht mit den europäischen Zünften gleichgesetzt werden dürfen (vgl. STERN 1970:36 ff.; GOITEIN 1969:93 ff.). In ihnen waren in dreifacher Rangabstufung Meister, Gesellen und Lehrlinge organisiert. Die Entwicklung der Handwerkskunst und eine Aufspaltung in einzelne Produktionsschritte ließen ständig neue Gewerbezweige entstehen. Da selbst kleinste Gewerbe, ja sogar außerhalb der gesellschaftlichen Normen Tätige wie Gaukler, Diebe und Räuber, solche Organisationen bildeten, stieg deren Zahl enorm in die Höhe. Außer der Produktion waren wesentliche Teile des Dienstleistungswesens und des Handels in Zünften organisiert. In Großstädten betrug ihre Anzahl oft mehrere hundert, in der Hauptstadt des Osmanischen Reiches, Istanbul, waren es wohl über tausend. Häufig bildete nicht allein der gemeinsame Beruf das einigende Band innerhalb einer Zunft, vielmehr gab es auch solche, die zusätzlich auf religiöser Homogenität oder gemeinsamer lokaler Herkunft basierten. Als weiteres Kriterium konten die jeweils verwendeten Arbeitsmittel hinzutreten. So bildeten die Färber beispielsweise verschiedene Zunftverbände je nach den von ihnen verarbeiteten Farben.

„Die Gesamtheit des Gewerbes bildete die Gemeinschaft der Zünfte" (DURI 1979:85). In ihnen war der größte Teil der männlichen Bevölkerung organisiert. (Über berufliche Organisationen von Frauen liegen bislang so gut wie keine Quellen vor.)

Die Zünfte entwickelten eigene Normen und Vorschriften beruflicher, religiöser und ritueller Art; sie prägten eigene Bräuche und Riten aus, wie z. B. bestimmte Zeremonielle für die Aufnahme von Neumitgliedern, Titelverleihungen und dergleichen mehr (vgl. QOUDSI 1885). Zum Brauchtum gehörten ferner bestimmte Berufstrachten. Fast alle Berufsgruppen wiesen, indem sie sich in bestimmten Stadtvierteln ansiedelten, regionale Konzentrationen auf. Sie kontrollierten die Vergabe von Betriebslizenzen und die Verteilung von Rohstoffen, Arbeitsmaterialien und -geräten, so daß es praktisch unmöglich war, ein Gewerbe auszuüben, ohne Mitglied der entsprechenden Zunft zu sein. Wer gegen die Regeln seiner Zunft verstieß, konnte aus ihr ausgeschlossen werden. Es war durchaus nicht immer einfach, die Mitgliedschaft in einer Zunft zu erlangen (FAROQHI 1984:278). Das Ansehen einer Zunft richtete sich nach der sozialen Bedeutung ihrer Mitglieder.

Die Zünfte stehen in der Tradition gewisser Jungmännerbünde, der sog. *futuwwa*. Dieses Wort bezeichnet ein altes arabisches Ideal, das man im Deutschen etwa mit „Ritterlichkeit, Tapferkeit, Männlichkeit" wiedergeben könnten. Die in solchen Bünden zusammengeschlossenen jungen Männer hatten sich der gemeinsamen Pflege traditioneller Tugenden verschrieben (siehe die Textsammlung von TAESCHNER 1979). In einer Verbindung des *futuwwa*-Ideals mit den aus byzantinischer Zeit erhaltenen Berufsorganisationen sehen manche Historiker die Entstehung der muslimischen *aṣnāf* (vgl. LEWIS 1937:28). Genauere Kenntnis dieser Vorgänge läßt die unzureichende Quellenlage bislang nicht zu.

Auch die auf den untersten Sprossen der sozialen Leiter stehenden Bevölkerungsgruppen, die Armen und Besitzlosen, bildeten — zur Verfolgung solcher Ideale, aber auch zur Linderung der gemeinsamen wirtschaftlichen Not — Vereinigungen. Auch diese waren straff durchorganisiert und hierarchisiert. In ihrem häufig militant geführten Kampf um soziale Emanzipation, in dem sie ihrer Unzufriedenheit mit ihren Lebensumständen Aus- und Nachdruck verliehen, scheuten sie sich nicht, sich außerhalb des Gesetzes und der etablierten Ordnung zu stellen. Die Solidarität dieser *ʿayyārūn* genannten Bünde beruhte nicht allein auf sozialer und familiärer Zusammengehörigkeit, sondern griff darüber hinaus (vgl. CAHEN 1968:174).

Da es keine urbane Selbstverwaltung gab (vgl. Kap. 4.4.7), übernahmen häufig Zunftorganisationen die Rolle des Mittlers zwischen dem Staat und seinen städtischen Untertanen. Sie waren die Verhandlungspartner der staatlichen Kontrollbeamten. Sie boten Solidaritätsebenen und bildeten lokale Machtfaktoren gegenüber dem Staat. Sie schufen kulturelle, rituelle und soziale Einrichtungen wie Moscheen, Ausbildungsstätten, Bäder, Kaffeehäuser.

Jede Zunft hatte i. d. R. ein weltliches Oberhaupt als offiziellen Vertreter. Er wurde von den Meistern seiner Zunft gewählt. Voraussetzung dafür war, daß er sein Handwerk hervorragend beherrschte. Erwies er sich in dieser Hinsicht als unfähig, konnte er wieder abgesetzt werden. Solange er im Amt war, war er uneingeschränkter Herr über die Zunft. Seine Rechte reichten bis hin zur Jurisdiktion. Daneben gab es meist ein religiöses Oberhaupt. (Zu verschiedenen lokalen Varianten in Struktur und Terminologie siehe u. a. LEWIS 1937:32—35; LIEBE-HARKORT 1970:50.)

Nur Meister durften Läden oder Werkstätten eröffnen und Lehrlinge ausbilden. Um Meister zu werden, waren umfangreiche Vorbedingungen zu erfüllen und Prüfungen zu absolvieren. Meistertitel und die damit verbundenen Rechte waren i. d. R. nicht erblich. Er konnte nur von den Meistern der jeweiligen Gilde verliehen werden. Dies verlieh den Meistern eine beinahe uneingeschränkte Kontrolle über die Berufsausübung. Wettbewerb und rücksichtsloses Profitstreben galten in den Zünften als verpönt, ein Charakteristikum, das sich vielfach bis in unsere Zeit erhalten hat. Die Zünfte nahmen ihre Angehörigen in Schutz, auch gegenüber anderen Zünften. Verarmten oder in Not geratenen Mitgliedern kamen sie zu Hilfe.

Berufliche Organisationen „sah man als ein Mittel an, die Berufe zu schützen, ihr Niveau zu haben und ihnen ihre soziale Rolle zuzuweisen" (DURI 1979:184). Sie trugen zur Entwicklung eines qualifizierten, stark arbeitsteiligen und spezialisierten Berufslebens bei.

Die Zunftoberhäupter (mancherorts gab es auch einen gemeinsamen Vertreter aller Gewerbe) waren dem Staat gegenüber für die Zahlung der Steuern ihrer Mitglieder verantwortlich, hatten Regierungsbefehle und Anordnungen bekannt zu machen bzw. in die Tat umzusetzen und im Kriegsfall Soldaten und Material bereitzustellen. Die Regierung ihrerseits war folglich in vieler Hinsicht auf die Willfährigkeit bzw. Kooperationsbereitschaft der Zünfte angewiesen, denen daraus ein erhebliches Machtpotential erwuchs. Daher versuchte die Regierung häufig, die Wahl der Zunftvorsteher zu beeinflussen und genehme Personen zu protegieren.

Der Staat besaß *de jure* die Aufsicht über die Berufswelt, und zwar durch das Amt des *muḥtasib*, zu dessen Aufgaben die Überwachung der Aktivitäten der Zünfte wie die Kontrolle der Vorgänge auf dem Markt, der Preise, Maße und Gewichte und der Einhaltung sittlicher Vorschriften gehörte. Die regionale Konzentration der Zünfte erleichterte dem Staat die Kontrolle. Islamische Juristen arbeiteten in sog. „*ḥisba*-Handbüchern" detaillierte Bestimmungen aus, die von den einzelnen Berufsangehörigen zu berücksichtigen waren. Der Herrschaftsapparat benötigte für fiskalische Aufgaben oder auch für die Aufrechterhaltung von Ruhe und Ordnung selbständige soziale Organisationen, wie die Zünfte sie darstellten. Daher zeigte er sich an ihrem Erhalt interessiert und gewährte ihnen staatliche Unterstützung und vielfältige Vorrechte. Die innere Organisation der Zünfte, die einen großen Teil der Bevölkerung erfaßten, machte der Staat sich als „Rahmen straffer Regierungskontrolle und Instrument effektiver Steuereintreibung" (ENDRESS 1982:195) zunutze.

Da die Zünfte i. d. R. einzeln besteuert wurden, strebten manche von ihnen in wirtschaftlich schwierigen Zeiten an, sich mit Zünften verwandter Berufe zusammenzuschließen, mit dem Ziel, die ihnen auferlegte Steuerlast zu reduzieren. Dazu benötigten sie aber eine entsprechende richterliche Genehmigung (vgl. RAFIQ 1981:40,42).

In Persien blieben die städtischen Handwerkszünfte abhängig von den Grundherren, die ihrerseits mit den Kaufleuten liiert waren (BAUSANI 1965:97).

In ihrer Blütezeit im späten Mittelalter beherrschten Handels- und Handwerkerorganisationen das gesamte Wirtschaftsleben. Händlerverbände organisierten den städtischen wie den Fernhandel. Eine der bekanntesten Gruppen orientalischer Kaufleute, die Karimi, bildeten jahrhundertelang eine der deutschen Hanse vergleichbare Händlerorganisation, die regelmäßigen Schiffsverkehr zwischen Nord- und Südarabien, Indien und China betrieb. Ihre Vertreter saßen in den verschiedensten Ländern. Zeitweilig konnten sie einzelne Handelszweige, beispielsweise den Gewürzgroßhandel, monopolisieren. Neben ihrer Handelstätigkeit wickelten sie umfangreiche Finanzierungsgeschäfte ab (GOITEIN 1968:351—360; LABIB 1984:34).

Unter den Osmanen wurde die staatliche Kontrolle über die Gewerbe und Zünfte etwa ab dem 17. Jahrhundert so stark, daß diese in immer größere Abhängigkeit vom Staat gerieten und ihre Rechte und Privilegien weitgehend einbüßten. Gegenüber dem nun übermächtigen Staat verloren sie viel von ihrer Bedeutung. Das ging so weit, daß die Zentralregierung die Affiliation der Zünfte an mystische Bruderschaften, die sich ursprünglich nachgerade gegen den Staat gerichtet hatte, nun eigens förderte, um angesichts zunehmender Machtfülle der Provinzgouverneure ihren eigenen Einfluß in den Provinzen mit Hilfe informeller Organisationen, wie die Zünfte und die Bruderschaften sie darstellten, auszubauen (FAROQHI 1984:145; vgl. Kap. 4.4.6 und 4.4.7).

Konnten die Zünfte sich auch weitgehend selbst verwalten, Merkmale beruflicher Solidarität ausprägen und zur Förderung und Entwicklung der Gewerbe beitragen, so waren sie doch im Prinzip niemals wirklich autonom. Sie stellten keine Korporationen im eigentlichen Sinne dar. Dafür bot sich in der muslimischen Gesellschaft angesichts des Anspruchs des Islam, alle Bereiche des gesellschaftlichen Lebens zu regeln, kein Platz. Ebensowenig waren die Zünfte Interessenvertretungen der in Lohnabhängigkeit arbeitenden Bevölkerung, deren Zusammenschluß sie durch ihre strikte Aufsplitterung in Berufsgruppen verhinderten. Sie fundamentierten vielmehr die privilegierte Stellung der Meister, denen so weitgehende Rechte zukamen wie die Erteilung von Betriebsgenehmigungen, die Festlegung der Höhe von Abstandszahlung für Läden oder Werkstätten, die Verleihung des Meistertitels und die Festlegung von Löhnen. Mit Hilfe solcher Maßnahmen konnten sie im Bedarfsfall unerwünschte Konkurrenz ausschalten. Die Regelung solcher Angelegenheiten überließ der Staat den Zünften ebenso wie die Umverteilung der Steuern oder Kriegsdienste auf die einzelnen Zunftmitglieder.

Als dann die Einbindung der islamischen Länder in den von Europa kontrollierten Weltmarkt das lokale Handwerk in den Konkurrenzkampf mit europäischen Industrieprodukten warf, die herkömmliche Güter und die diese produzierenden bzw. mit ihnen handelnden Berufszweige aus dem Geschäft verdrängten, wurden die Zünfte ohnmächtige Opfer dieser Entwicklung. Der in der Folge einsetzende wirtschaftliche Niedergang der Länder des Osmanischen Reiches setzte die Zünfte außerstande, ihren traditionellen Obliegenheiten gegenüber ihren sozial schwächergestellten Mitgliedern nachzukommen. Immer seltener konnten sie die ihnen auferlegte Steuerlast und die Lohnkosten tragen. Lohnstreitigkeiten zwischen Gesellen und Meistern brachen aus und führten zu sozialen Unruhen. Diese Entwicklung sowie die gleichzeitig zunehmende staatliche Einflußnahme trugen schließlich wesentlich dazu bei, daß die Zünfte fortan ihre vormals große Bedeutung einbüßten (vgl. RAFIQ 1981:52 ff.). Im Osmanischen Reich wurden die Handwerkskorporationen im Jahre 1912 durch ein Gesetz schließlich zumindest nominell abgeschafft.

Heute spielen Zünfte auch in der praktischen Berufsausbildung nur eine untergeordnete Rolle. Z. T. liegt diese in der Hand staatlicher Schulen (wie in der Türkei), z. T. erfolgt sie informell durch Teilnahme am Produktionsprozeß, ohne daß Prüfungen den Übergang zu einem Gesellen- oder Meisterstatus regeln. Auf der anderen Seite versuchen verschiedene Regierungen, nominell an die alten Zünfte anknüpfend, moderne *aṣnāf* ins Leben zu rufen — als Mittel zur Modernisierung des Handwerks wie auch als Kontrollinstrument. Größere Erfolge sind solchen Versuchen bisher kaum beschieden.

4.4.6 Die „fromme Stiftung“ *(waqf)* und ihre Bedeutung für die Stadtentwicklung

(G. Winkelhane)

Eine für die Entwicklung der islamischen Städte ebenfalls belangreiche Institution[9] ist das „*waqf*-Recht“. Es erlaubt die Errichtung einer sog. frommen Stiftung, d. h. die Stiftung von Eigentum zur dauerhaften Nutzung für wohltätige Zwecke, wobei sämtliche Verfügungen über Art und Umfang der Stiftung und ihrer Nutzung als ein verbindlicher Rechtsakt betrachtet werden und als solcher zu befolgen sind (vgl. CATTAN 1955:203).

Die Umstände der Entstehung dieser Rechtsinstitution, die auf das 1. Jahrhundert der Hedschra zurückgeht, sind noch nicht restlos geklärt. Sie ist nicht koranischen Ursprungs. Die Lehrmeinungen der islamischen Juristen über die frommen Stiftungen weichen z. T. stark voneinander ab und die Praxis wiederum von den Theorien. Allgemein versteht man unter *waqf* „eine Sache, die bei Erhaltung ihrer Substanz einen Nutzen abwirft und bei welcher der Eigentümer seine Verfügungsgewalt aufgegeben hat mit der Bestimmung, daß ihr Nutzen für erlaubte gute Zwecke verwandt wird. *waqf* bedeutet eigentlich aber die Rechtshandlung, durch die man eine solche Stiftung errichtet" (HEFFENING 1934:1187).

Diese Rechtshandlung erfolgte im Prinzip bereits verbindlich durch eine einfache mündliche Stiftungserklärung. Sicherheitshalber ließen jedoch viele Stifter den Stiftungsakt schriftlich beurkunden. (Solche Stiftungsurkunden, die uns in großer Zahl erhalten sind, dienen heute als historische Primärquellen von herausragendem Aussagewert.) Als im 19. Jahrhundert im Osmanischen Reich ein neuer Gesetzeskodex inkrafttrat, die *Mecelle*, wurde die Abfassung einer Stiftungsurkunde hier schließlich eine Voraussetzung für die Gültigkeit der Stiftung.

Bedeutung und Rolle des *waqf* haben im Lauf der Jahrhunderte Veränderungen erfahren. Noch heute wird das *waqf*-Recht (in Nordafrika meist als *ḥubūs* bezeichnet) in vielen muslimischen Ländern praktiziert. Im Unterschied zur traditionellen Praxis werden die Stiftungen heute von staatlichen Behörden verwaltet. Infolge der modernen Rechtsentwicklung hat der *waqf* in heutiger Zeit viel von seinem ursprünglichen Charakter verloren (vgl. STÖBER 1986:11 ff.; GHIRARDELLI 1984:68 f.; BARTELS 1967:8—19; GOICHON 1958/60: pass.).

Zu den juristisch an eine gültige Stiftungserklärung geknüpften Bedinungen zählen:

- Der Stifter muß ein freier, vollljähriger, körperlich gesunder und in vollem Besitz seiner geistigen Kräfte befindlicher Muslim sein, der über sein Eigentum frei verfügen kann.
- Die gestiftete Sache muß ungeteilter Besitz des Stifters sein. Sie muß außerdem von Dauer sein und einen Nutzen abwerfen; Kriterien, die in erster Linie auf Immobilien zutreffen.[10]
- Die Stiftung muß auf ewige Dauer bestimmt sein; sie ist unwiderruflich. Im Prinzip verliert sie ihre Gültigkeit nur in dem Fall, daß sie keinen Gewinn mehr abwirft bzw. sich nicht mehr selbst finanzieren kann. Durch den Stiftungsakt wird das Stiftungsobjekt unveräußerlich, d. h. es wird Bestandteil der „Toten Hand", ein für das Wirtschaftsleben sehr folgenreicher Vorgang.
- Der Zweck der Stiftung muß ein gottgefälliges Werk sein. Dies kann aus einer gemeinnützigen Stiftung *(waqf ḫairī)* bestehen. Aber auch die Sorge für die Angehörigen, die in einer Familienstiftung *(waqf ahlī)* zum Ausdruck kommt, bei der die von der Stiftung erwirtschafteten Überschüsse an den Stifter bzw. an die von ihm bedachten Nachkommen gehen, gilt als gottgefällig. Für den Fall des Aussterbens der genannten Nutznießer wird oftmals ein gemeinnütziger Stiftungszweck angeführt, was die Dauerhaftigkeit der Stiftung unterstreicht.

In jedem Fall bot die Errichtung einer Stiftung die Möglichkeit, die gestifteten Gegenstände zeitlebens jedem unerwünschten Zugriff zu entziehen und im Todesfall den Nachkommen einen gewissen Anteil an den Einkünften der Stiftung zu sichern. Auch konnte auf diese Weise eine unerwünschte Aufsplitterung des Nachlasses unter den Erben vermieden werden, die sich aus einer Aufteilung nach islamischem Erbrecht ergeben würden. Zu solchen materiellen Erwägungen trat natürlich der Wunsch des Stifters, für seine irdischen Wohltaten Lohn im Jenseits zu erlangen.[11]

Wir können hier nicht näher auf die vielfältigen juristischen Implikationen eingehen. Für die Sozial- und Wirtschaftsgeschichte der islamischen Welt gewannen die frommen Stiftungen große Bedeutung. Diese beruht zunächst auf der wichtigen Rolle, die der *waqf* im kulturellen und sozialen Leben spielte, für das er die materielle Basis lieferte. Moscheebedienstete, Prediger, Vorbeter, Lehrer bezogen ihr Einkommen meist aus Stiftungen (vgl. JOHANSEN 1982:23—31). Gottesdienst, Bildungs-, Wohlfahrtswesen, verschiedene Dienstleistungen und andere Dinge oblagen der Zuständigkeit der Stiftungen. Den enormen Einfluß der Institution des *waqf* auf das Wirtschaftsleben im Osmanischen Reich zeigt die große Verbreitung der in osmanischer Zeit errichteten Stiftungen: Erhebliche Teile der ländlichen Gebiete des Reiches sollen im Lauf der Zeit zu Stiftungsländereien geworden sein, in den Städten machten sie gar die Mehrheit des Grundbesitzes aus (MUTAFČIEVA 1975:54; TOMEH 1977:24, Anm. 8). Ein besonders wichtiger Faktor für die wirtschaftliche Entwicklung war dabei die Tatsache, daß alle gestifteten ertragsabwerfenden Liegenschaften, Betriebe etc. staatlicher Einflußnahme weitgehend entzogen waren. Vielfach konnte *waqf*-Land zu einer Begrenzung der Monopolisierung städtischen Grundbesitzes durch eine kleine Privilegiertenschicht beitragen (MARCUS 1983:152). Da viele Stifter ihr Kapital in wirtschaftlichen Unternehmen wie Bäder, Läden, Werkstätten, Färbereien, Mühlen und dergleichen investierten, wurde der *waqf* „hauptverantwortlich für die Entwicklung des Wirtschaftslebens in den Städten" (INALCIK 1969:134). Vielerorts wurden religiöse Stiftungen auch zu einem der wichtigsten Träger des urbanen Kreditwesens, wovon sie selbst wiederum erheblich profitierten (ÇAGATAY 1970:64 ff.).[12]

Meist bestand eine Stiftung aus den zentralen Stiftungseinrichtungen wie Moscheen, Schulen, Krankenhäusern, öffentlichen Brunnen sowie einer Reihe von ertragsabwerfenden Stiftungsgütern, aus deren Profiten erstere finanziert wurden. Von weniger bemittelten Privatpersonen wurden einzelne Wohnungen, Läden, Gärten o. ä. gestiftet und einer schon bestehenden gemeinnützigen Einrichtung oder anderen guten Werken zugedacht. Stiftungsgüter waren meist kommerzielle Einrichtungen in der Stadt (wie Läden, Werkstätten, Bäder und Kaffeehäuser) und/oder auf dem Land (landwirtschaftliche Nutzflächen und deren Produkte, Gestallungen oder Mühlen). Auch Betriebslizenzen *(gedik)* oder Ausstattungen von Läden und Werkstätten konnten Bestandteil einer Stiftung sein. In den Städten war ein großer Teil der Produktionsmittel in den Händen von Stiftungen, die auf diese Weise auch das Gildenwesen beeinflußten. Viele Gilden waren an religiöse Bruderschaften affiliert, die wiederum von Stiftungen finanziert wurden. (Der Scheich der Bruderschaft fungierte dann meist als religiöses Oberhaupt der entsprechenden Zunft.) Stiftungsgüter und -einrichtungen konnten nahe beieinander oder weit voneinander entfernt gelegen sein (vgl. auch Abb. 38).

Aufgrund ihrer großen Verbreitung erwuchs den Stiftungen vor allem infolge des Fehlens einer zuständigen zentralen munizipalen Institution besondere Bedeutung für die Entwicklung und Gestaltung der Städte, beispielsweise durch die Schaffung neuer Handelszentren, Bäder, Krankenhäuser, Wasserleitungen, Bildungsstätten und anderer für das urbane Leben essentieller Einrichtungen (DOSTAL 1979:18; ELISSÉEFF

1980:97 f.; GHIRARDELLI 1984: pass.). Durch die Errichtung einer neuen Moschee und einiger für ihren Unterhalt vorgesehener Wirtschaftsbetriebe an einem bestimmten Punkt einer Stadt konnte man die Besiedlung und Bebauung beeinflussen, neue Wohn- und Geschäftsviertel schaffen. So sind am Beispiel der räumlichen Entwicklung der Altstadt von Aleppo deutliche Merkmale gezielter Beeinflussung durch die Errichtung großer Stiftungskomplexe nachgewiesen worden, deren „Gründung ein bewußt und in voller Absicht durchgeführtes urbanistisches Unternehmen war" (GHIRARDELLI 1984: 61 nach DAVID 1982:61; vgl. GAUBE / WIRTH 1984:126 ff.). Das *waqf*-Recht bot also ein effektives Instrument zur Steuerung der Stadtentwicklung.[13]

Auch für die moderne Stadtplanung hat *waqf* eine Bedeutung. Unter abgewandelten Rechtsverhältnissen werden Stiftungsländereien, die weniger der Bodenspekulation unterliegen, z. B. als Baugrund für Siedlungsprojekte eingesetzt, oder die Organisationen, die *waqf* heute verwalten, führen selbst Baumaßnahmen durch. Zudem ist das Mietniveau in Läden, Wohnungen o. ä., die als Stiftungen ausgewiesen sind, häufig niedriger als auf dem „freien Markt". So sind oftmals Gewerbe, die nur geringen Gewinn abwerfen, überwiegend in Stiftungsgebäuden untergebracht. *waqf* stellt so nicht selten eine versteckte Subventionierung der Mieter dar (vgl. z. B. STÖBER 1985). Festzuhalten bleibt, daß *waqf* in den Ländern, in denen er in der jüngeren Vergangenheit nicht aufgelöst wurde, noch immer im städtischen Leben spürbar wird, wiewohl dies, da kaum physiognomisch wahrnehmbar, dem uneingeweihten Beobachter meist verborgen bleibt.
(G. St.)

4.4.7 Die Stellung der Stadt und die städtische Gesellschaft im Islam
(G. Winkelhane)

Im Prinzip kennt die Scharia, das islamische Recht, keine Differenzierung unter den Muslimen, sondern nur die Einheit der Gläubigen, die *umma*, in der das Individuum allein verantwortlich ist und agiert. Daher galt es in der wissenschaftlichen Diskussion um die islamischen Städte lange Zeit als unstrittige Tatsache, daß es im Islam keinerlei Formen korporativer Sonderstellung oder kommunaler Autonomie von Städten habe geben können. Neuere Untersuchungen haben jedoch gezeigt, daß islamische Rechtsgelehrte deutliche Unterschiede zwischen Stadt und Land machten und der Stadt einen Sonderstatus als Kult- und Rechtsbezirk zuwiesen (JOHANSEN 1981 und 1981/82).

Die Städte dienten ja in erster Linie als Zentren der politisch-militärischen Gewalt, der Religion und der Rechtsprechung, des Handels und des Handwerks, der Bildung und der Wissenschaft. Sie waren die „Basen einer neuen Gemeinschaft, Eckpfeiler der politischen Parteien und Militärzentren" (GRUBER 1975:49). Einigen Städten wurde schon im frühen Islam eine Art besonderer „Heiligkeit" zugesprochen. Hier sind v. a. Mekka, Medina, Jerusalem, Damaskus und Kufa zu nennen. Zuzug und Niederlassung eines zuvor Nicht-Seßhaften in der Stadt galt gleichsam als eine Art Hedschra, als ein Beitritt zur *umma* (LAPIDUS 1973a:53).

In ihrem Bemühen, Städte juristisch zu definieren, entwickelten die islamischen Rechtsgelehrten verschiedene Kriterienkataloge. Bei hanafitischen Juristen zählte hierzu z. B. das Vorhandensein von Arbeitsteilung, militärischer Stärke, von Repräsentanten des Staates (Gouverneur, Richter), von ökonomisch bedeutsamem Faktoren wie Märkten, Straßen und einem städtischen Umland oder auch die Existenz einer Freitagsmoschee und anderer religiöser Einrichtungen.

Nur derjenige Muslim war nach vorherrschender Rechtsauffassung zur Abhaltung des Freitagsgebets verpflichtet, der sich in einer Stadt aufhielt; nur in den Städten war somit eine vollständige Befolgung der Vorschriften des Ritus möglich und gefordert (s. a. Kap. 4.3.3).

Die hanafitische Rechtsschule differenziert zwischen Stadt und Land nicht nur in ritueller, sondern auch in steuerrechtlicher und strafrechtlicher Hinsicht (JOHANSEN 1981/82:140). Aufgrund der großen sozio-politischen Bedeutung der Städte gestanden die Rechtsgelehrten ihnen in Abweichung vom Gleichheitsprinzip bestimmte fiskalische Privilegien zu. In einzelnen Bereichen (z. B. der Zahlung von Blutgeld bei vorsätzlicher Tötung) gingen sie sogar so weit, ihnen eine Art korporativer Sonderstellung zu verleihen (HAVEMANN 1975:16).

Vieles von dem, was über islamische Städte gesagt und geschrieben worden ist, wirkt generalisierend und scheint zu verkennen, daß jede städtische Gesellschaft ein kompliziertes dynamisches Gefüge ist, dessen jeweilige konkrete Erscheinungsform in Abhängigkeit von Zeit und Ort steht. Zudem liegen viele Aussagen über die Entstehung und Ausformung der muslimischen urbanen Gesellschaft aufgrund der noch unzureichenden Quellenlage und -auswertung bislang im Bereich des Hypothetischen. Eine Rechtfertigung für Verallgemeinerungen beruht jedoch in der Tatsache, daß alle islamischen Städte durch ein einigendes Band verbunden waren, das islamische Recht, das — mit gewissen Varianten — einen gemeinsamen Rahmen für die Ausformung eines in seinen Grundzügen relativ einheitlichen Stadttypus schuf. So differenziert das islamische Recht z. B. zwischen einzelnen Bevölkerungsgruppen, zwischen Mitgliedern und Nicht-Mitgliedern der *umma* ebenso wie zwischen den Geschlechtern. Auch hat es spezielle Eigentums- und Nachbarschaftsrechte entwickelt. — Die Sonderstellung der Städte seitens der islamischen Juristen liefert letztlich eine Rechtfertigung für die Verwendung des Terminus „islamische Stadt" (vgl. ABU-LUGHOD 1975:236 und 1987: 162 ff.).

Zählen — wie angeführt — staatliche (militärische wie administrative) Funktionen zu den Kriterien, die für islamische Juristen eine Stadt kennzeichnen, so führen sie hiermit auf einen größeren territorialen Zusammenhang hin, in dem die Städte stehen und der sich auf die städtische Gesellschaft auswirkt: Da der Kalif als weltliches wie religiöses Oberhaupt der *umma* nicht an allen Orten präsent sein konnte, mußte er Macht delegieren. Hierzu wurde schon in der Zeit der frühen Eroberungen das Reich in Provinzen gegliedert. Jeder Provinz stand ein Gouverneur voran, der vom Kalifen ernannt wurde und diesem insbesondere für die Steuereinziehung verantwortlich war. Häufig hatte er einen Truppenbefehlshaber zur Seite, der ebenfalls von der Zentralgewalt eingesetzt wurde. Diese wie auch andere Amtsträger nahmen ihren Sitz meist im städtischen Zentrum ihres Amtsbereichs und dort oft in der Zitadelle (vgl. Kap. 4.4.3), die ihnen nicht nur Schutz nach außen, sondern auch vor der einheimischen Bevölkerung bot.

Grundsätzlich war die Ernennung sämtlicher Staatsdiener dem Kalifen vorbehalten. In umayyadischer Zeit wurde diese Funktion z. T. an die Gouverneure delegiert, die überdies mit weitreichenden Befugnissen ausgestattet waren. Die Mitte des 8. Jahrhunderts einsetzende Zentralisierungspolitik der Abbasiden-Kalifen schwächte die Position der Gouverneure erheblich; der Staat ernannte nun die Beamten wieder direkt. In Zeiten schwacher Zentralgewalt fiel diese Funktion wieder lokalen Potentaten zu. Oberster Rechtsherr war der Kalif.

> „So wie im islamischen Denken das religiöse Gesetz, die *šarī'a*, den Willen Gottes repräsentierte, so gehörte die Kontrolle über die Ausübung von Gerechtigkeit und die richtige Ausführung von Urteilen zu den Pflichten des Kalifen, der als Stellvertreter des Propheten Muḥammad und von Gott dazu eingesetzt die muslimische Gemeinde, die *umma*, zu leiten hatte. Die Umsetzung der Bestimmungen der *šarī'a* in die Praxis gab dem Amt des Kalifen seine Legitimation" (HAVEMANN 1975:46).

Für die Ausübung dieser Aufgabe auf lokaler Ebene setzte der Kalif Richter, Kadis *(qāḍī)*, ein, die zur Entscheidung in verschiedenen Streitfällen, Beaufsichtigung von religiösen Stiftungen, Nachlässen und Vormundschaften, Verwaltung des Besitzes Unmündiger, Verhängung von Scharia-Strafen und dergleichen befugt waren. Politische und administrative Funktionen konnten hinzukommen. Gelegentlich leiteten Kadis sogar militärische Aktionen.

Dem Richteramt kam große Bedeutung für die Aufrechterhaltung der öffentlichen Ordnung zu. Daher spielte der Kadi, besonders zu Zeiten schwacher Zentralgewalt, eine wichtige Rolle im städtischen Leben. Mancherorts konnten wohlhabende Richterfamilien das Amt sogar zu einer lokalen Dynastie ausbauen.

> „Gestützt wurden die Kadis ohne Zweifel durch ... Notabeln mit dem Ruf der Unbescholtenheit ... Diese traten neben dem Kadi als *šuhūd*, ‚Zeugen', auf, welche die Richtigkeit seiner Handlungen durch Gegenzeichnung der Dokumente garantierten, worin sie den Notabeln der alten curia oder denen der Feudalzeit vergleichbar sind" (CAHEN 1958:67).

Exekutivorgan der öffentlichen Gewalt war die *šurṭa*, eine Art Polizei. Der Chef *(ṣāḥib)* der *šurṭa* wurde im Prinzip ebenfalls direkt durch die Zentralgewalt eingesetzt. Faktisch ein Hilfsorgan des Kadi, war die *šurṭa* zuständig für den Strafvollzug und die Sorge für öffentliche Sicherheit.

Für die Aufrechterhaltung der Sicherheit bei Nacht gab es eine Spezialtruppe *(ḥarāsa)*, die ebenfalls von der Regierung eingesetzt und kontrolliert wurde.

Die Überwachung und Regulierung der städtischen Wirtschaft, des Handwerks und des Kleinhandels oblag dem *muḥtasib*, einem staatlichen Kontrollbeamten. Seine Aufgabe, „das Gute zu gebieten und das Verwerfliche zu unterbinden", bestand u. a. in der Durchsetzung religiöser und sittlicher Vorschriften. Auf dem Markt überwachte der *muḥtasib* die Preise, Maße und Gewichte und kontrollierte die Aktivitäten der Zünfte (vgl. Kap. 4.4.5). Auch auf die Einhaltung bestimmter baulicher Vorschriften hatte er zu achten (vgl. Kap. 4.4.2). Der *muḥtasib* spielte eine außerordentlich wichtige Rolle im urbanen Leben des Islam.

Ein weiteres wichtiges juristisches Amt ist das des Mufti *(muftī)*. Neben anderen Tätigkeiten erteilt der Mufti Rechtsauskünfte. Seine traditionelle Aufgabe ist die Rechtsberatung aller, die seines Rats bedürfen. Die Problemstellungen, mit denen Muftis beschäftigt waren, hatten häufig auch urbanistische oder städtebauliche Relevanz (BRUNSCHVIG 1947; HAKIM 1986). Auf die Vorlage eines entsprechenden Rechtsgutachtens *(fatwā)* des Muftis hin konnten der Kadi oder der *muḥtasib* in Aktion treten. Diese konnten ihrerseits, so auch der Kalif, Rechtsgutachten von einem Mufti anfordern. (Noch heute werden in muslimischen Ländern viele rechtliche und politische Entscheidungen auf der Grundlage von *fatwās* getroffen.)

Die Groß- und Fernhändler verfügten in den Städten über einen Agenten *(wakīl at-tuǧǧār)*. Er benötigte für die Ausübung seines Amtes eine offiziell bestätigte Ernennung. Häufig nahm ein wohlhabender Kadi, der selbst im Fernhandel geschäftlich tätig war, diesen Posten ein, wodurch er seinen persönlichen Einfluß erheblich mehren konnte.

Die Repräsentanten aller staatlichen Institutionen, in der Regel ortsfremde Personen, stellten die herrschende Elite *(al-ḫāṣṣa)* dar. Die übrige Bevölkerung teilte sich auf in die breite Masse des Volkes *(al-ʿāmma)* und die lokalen Notabeln *(al-aʿyān)*. Die Notabeln waren meist religiöse Würdenträger und Gelehrte *(ʿulamāʾ)*, denen als Koran-, Rechts- und Theologielehrern, Predigern, Vorbetern und dergleichen wichtige Positionen im öffentlichen Leben zufielen und denen fromme Stiftungen eine materielle Basis lieferten, und/oder reiche Kaufleute. Die Spitzen der Lokalbevölkerung entstammten häufig Familienzusammenschlüssen von *ʿulamāʾ* und wohlhabenden Händlern. Da sie über Wohlstand, Bildung und Einfluß verfügten, wurden auch sie mit offiziellen Ämtern ausgestattet. Die *ʿāmma* war in diesen Institutionen nicht repräsentiert.

Die „klassische" arabisch-islamische Stadtgesellschaft wurde in den ersten drei Jahrhunderten nach der Hedschra (7.—10. Jahrhundert n. Chr.) ausgeprägt. Dabei wirkten Elemente vorislamischen Städtetums, islamische Wertvorstellungen und altarabische Ideale zusammen. In einer städtischen Umgebung entstanden, hat sich der Islam nach den ausgedehnten Eroberungen und Neugründungen von Städten in einem städtischen Rahmen weiterentwickelt. Viele der eroberten Gebiete waren schon lange vor ihrer Islamisierung stark urbanisiert (vgl. Kap. 4.4.1). Die muslimischen Städtegründungen der Frühzeit dienten vor allem der Ansiedlung beduinischer Migranten und der Sicherung muslimischer Herrschaft in den eroberten Territorien und den Grenzgebieten des Reichs. Sie gingen stets vom Staat aus. Neuansiedlungen erfolgten zunächst nach tribalen Gesichtspunkten: Jedem Stamm wurde ein eigenes Stadtviertel zugewiesen. Dabei spielte die Vorstellung von der Einheit und Gleichheit aller Muslime, das *umma*-Ideal, eine wichtige Rolle.

Bereits im frühen 9. Jahrhundert war dieser relativ undifferenzierte gesellschaftliche Corpus in kleine Segmente zerfallen.[14] Aufgrund der großen territorialen Ausbreitung des Reiches, das viele verschiedene Völker einschloß, hatte sich eine multi-kulturelle Gesellschaft entwickelt; die alte, vor allem auf Abstammung und Clan-Zugehörigkeit beruhende Gesellschaft hatte sich in eine neue umgewandelt, die durch deutliche Unterscheidungen hinsichtlich Macht, Wohlstand und Ansehen gekennzeichnet war. Abgesehen von der bereits genannten Schichtung in *al-ḫāṣṣa, al-aᶜyān* und *al-ᶜāmma* waren gesellschaftliche Gruppierungen entstanden, die auf lokaler Abstammung, Verwandtschaft, Beruf, Religionszugehörigkeit, ethnischer Identität u. a. m. basierten (LAPIDUS 1973b:21—36).

Auch in der Religion und Theologie des Islam bildeten sich unterschiedliche Strömungen und Tendenzen aus. Von der 2. Hälfte des 8. Jahrhunderts an entwickelte jede islamische Glaubensrichtung eigene Formen des Rechts; allein der sunnitische Islam erkennt vier verschiedene *Rechtsschulen* an (vgl. Kap. 2.2.3). Zur gleichen Zeit entstanden auch zahlreiche mystische Bruderschaften, die *Ṣūfī*-Orden, die großen Zulauf hatten und die Entwicklung mancher Städte erheblich beeinflußten. Das Berufsleben war durch die Zünfte bestimmt. Ihre Rolle im städtischen Handwerk und Kleinhandel, ihre Verknüpfung mit den *Ṣūfī*-Orden und den frommen Stiftungen *(waqf)* und ihre Mittlerstellung zwischen Staat und städtischen Untertanen haben wir weiter oben (Kap. 4.4.5 und 4.4.6) bereits erwähnt.[15]

Auch die Wohnviertel stellten — wie schon in Kap. 4.4.3 angesprochen — wichtige gesellschaftliche Segmente in den Städten dar. Jedes Wohnquartier hatte einen Vorsteher, der dem Staat verantwortlich war. Außer der Vertretung des Stadtviertels gegenüber dem Staat umfaßten seine Aufgaben gewisse Sicherheitsmaßnahmen (z. B. zum Schutz vor Feuergefahr), Nachbarschaftshilfe und Steuerabgabe sowie verschiedene zivilrechtliche Funktionen. Auch als Schlichter bei Meinungsverschiedenheiten konnte er herangezogen werden. Unabhängig von der sozialen Stellung des Einzelnen stellte das Wohnviertel für seine Bewohner eine wichtige Solidaritätsebene dar.

Ein weiteres Charakteristikum der Städte des Vorderen Orients ist das Mosaik religiöser Gemeinschaften. Gerade in diesem Raum nahmen ja drei der größten Religionen der Menschheit ihren Anfang, das Judentum, das Christentum und der Islam. Sie alle untergliederten sich mit der Zeit in verschiedene kleinere Gemeinschaften und Riten. Die nicht-muslimischen Minoriäten stellten gesellschaftliche Gruppen dar, deren Sonderstellung als „Schutzbefohlene" *(ḏimmī)* ihren Fortbestand ermöglichte (vgl. Kap. 2.1.2). Oft lebte jede dieser Gemeinschaften in jeweils eigenen Wohnvierteln.

Fast jeder Stadtbewohner gehörte so mehreren unterschiedlich definierten Gruppen an. Diese bestimmten fast alle Bereiche öffentlichen Lebens und standen auf verschiedene Weise untereinander in Verbindung. Das Geflecht wechselseitiger Beziehungen und Interaktionen, das nicht nur das Stadtgebiet, sondern auch umliegende Regionen einschloß, trug zum Zusammenhalt der Gruppen und möglicherweise zum Fortbestehen der Strukturen über Jahrhunderte hinweg bei. Zudem hatten sowohl die Lokalbevölkerung als auch der Staat Interesse am Erhalt solcher informeller Organisationen, da beide Seiten von ihnen profitierten: Der Lokalbevölkerung boten sie Solidaritätsebenen, soziale Allianzen und ein geordnetes gesellschaftliches Leben, dem Staat dienten sie als Mittel zur Steuereinziehung und Kontrolle.

Staatliche Beamte bewiesen nicht immer großes Interesse an den internen Geschicken ihrer temporären Amtssitze, doch bemühten sie sich zu einem gewissen Grad um Förderung der lokalen Wirtschaft, Aufrechterhaltung der öffentlichen Ordnung und Pflege religiöser und kommunaler Institutionen. Da sie selbst meist städtischer Herkunft waren oder zumindest in Städten ihre Ausbildung erworben hatten, vertraten sie oft städtische Interessen gegenüber Nicht-Städtern.

Die Besetzung der städtischen Verwaltungsposten durch den Staat ließ im Prinzip keinen Raum für eine urbane Selbstverwaltung. Von den Bürgern getragene und deren Interessen vertretende munizipale Institutionen waren der klassischen islamischen Stadt grundsätzlich nicht zu eigen. Solche hat es ohnehin nur im mittelalterlichen Europa gegeben. Historische Beispiele zeigen jedoch, daß es unter bestimmten Umständen durchaus zu einer gewissen administrativen Autonomie der städtischen Bevölkerung kommen konnte. So traten im 11. und 12. Jahrhundert im syrischen Raum lokale Milizen *(aḥdāṯ)* auf, die sich meist für die Einhaltung von Gesetz und Ordnung verwendeten, ohne dabei über eine ideologische und initiatorische Ausprägung zu verfügen (ausführliche Darstellung dieser Bewegungen finden sich bei HAVEMANN 1976:120, 125 ff.; CAHEN 1955:pass.). Ihnen gelang es bisweilen, besonders in Zeiten schwacher Zentralgewalt, den Unwillen der einheimischen Bevölkerung gegenüber der Staatsgewalt zu nutzen und dem Staat Mitbestimmungsrechte für die Stadtbewohner bei der Besetzung kommunaler Verwaltungsposten abzuringen. Gelegentlich setzten sich einflußreiche Persönlichkeiten, z. B. Kadis, an die Spitze solcher Bewegungen und nahmen dann, mit der Rückenstärkung der *aḥdāṯ* und der lokalen Bevölkerung, bürgermeisterähnliche Funktionen ein, wodurch die Stadt zu einer weitgehenden kommunalen Selbstverwaltung gelangen konnte. In solchen Fällen wurden die Funktionen des staatlichen Kontrollbeamten, des *muḥtasib*, von lokalen Kräften wahrgenommen (vgl. HAVEMANN 1989:233).

Bis ins 19. Jahrhundert bestimmten diese Strukturen das urbane gesellschaftliche Leben in der islamischen Welt. Ihre größte Blüte erlebten sie v. a. zwischen dem 16. und 18. Jahrhundert. Mit der im 19. Jahrhundert einsetzenden Einbindung der islamischen Länder in den von Europa dominierten expandierenden Weltmarkt[16] und die daraus resultierende allmähliche europäische Durchdringung vollzogen sich dann aber tiefgreifende sozioökonomische Strukturveränderungen auf vielen Ebenen, auch in den Städten.

An dieser Stelle sollen nur drei Aspekte herausgegriffen werden:

a) die Auflösung der traditionellen städtischen Wirtschaftsstruktur,
b) die Veränderung der politisch-administrativen Strukturen,
c) die Veränderung der städtischen Lebensweise und sozialer Beziehungen.

Zu a):

1838 schloß das Osmanische Reich erst mit England, in den folgenden Jahren auch mit anderen europäischen Staaten Verträge, die sog. „Kapitulationen“, die europäischen Kaufleuten und den sie vertretenden Konsuln erhebliche Rechte und Privilegien sicherten und das städtische Wirtschaftsleben wesentlich veränderten.

Ähnliches geschah auch in Persien oder in Nordafrika. Die Verträge brachten den Industrienationen äußerst günstige Bedingungen für die Einfuhrihrer Produkte ins Osmanische Reich. So sahen sie beispielsweise vor, daß aus Europa importierte Waren mit höchstens 5 Prozent verzollt werden sollten; der interne Handel und der Export waren dagegen viel höheren Zöllen unterworfen. Infolge dieser Entwicklungen strömten fortan europäische Industrieprodukte in großer Zahl auf die Märkte der islamischen Städte, was sich auf die lokale Produktion ebenso wie auf die Konsumgewohnheiten und auf ideelle Wertvorstellungen auswirkte.

Europäische Waren, meist viel billiger als die lokalen, handfabrizierten, stellten das städtische Handwerk vor große Probleme. Die Textilbranche war der bedeutendste Produktionszweig islamischer Städte. Daß Textilien nach der Einbindung des Osmanischen Reichs in den Weltmarkt die wichtigste Gruppe von Importwaren ausmachten, hatte für die lokale Produktion zwangsläufig tiefgreifende Folgen. Angesichts der mächtigen europäischen Konkurrenz mußte das lokale Handwerk Überlebensstrategien entwickeln und sich auf veränderte Produktionsmittel und Produkte umstellen. Das hatte natürlich Auswirkungen auf die herkömmlichen Zunftorganisationen (vgl. Kap. 4.4.5). Traditionelle Gewerbe wurden zusehends marginalisiert.

Z. T. vertauschten Handwerker die Herstellung mit dem Vertrieb oder der Reparatur importierter Waren. Die wachsenden Verflechtungen mit dem Welt- und nationalen Markt vergrößerten die Bedeutung der Handelsaktivitäten, und die technologische Entwicklung ermöglichte die Etablierung neuer Gewerbezweige, z. B. im Kfz- und Baubereich. Zudem entwickelten sich Städte allmählich zu Industriestandorten (vgl. Kap. 5.2). Daß hierdurch nicht alle Teile der städtischen Bevölkerung eine neue ausreichende wirtschaftliche Basis fanden, wird in Kapitel 6 noch anzusprechen sein.

Zu b):

Im Osmanischen Reich wurde im Jahre 1826 unter Sultan Maḥmūd II. mit der Zerschlagung der Janitscharentruppe und dem Aufbau einer modernen Armee eine umfassende Verwaltungsreform eingeleitet und 1864—77 neue Munizipalgesetze eingeführt. Diese brachten vielen Städten des Reichs neue Stadtverwaltungsinstitutionen (arab. *baladīya*), in denen lokale Notabeln aus allen Bevölkerungsgruppen partizipieren konnten. Diese Munizipalverwaltungen hatten zunächst nur sehr begrenzte Kompetenzen, wie beispielsweise für die Wiedererrichtung eingestürzter Stadtmauern, für die Begradigung von Straßen oder auch die Errichtung überdachter Märkte und anderer öffentlicher Gebäude zu sorgen. Mit der Zeit wurde ihr Aufgabenbereich erweitert, doch blieben sie streng weisungsgebunden an die Zentralregierung. Sie überdauerten den Zusammenbruch des Osmanischen Reichs nach dem 1. Weltkrieg und sind in veränderter Form (z. B. als gewählte Stadträte) noch heute in vielen ehemaligen Provinzen des Reiches vorzufinden. Der Vorsitzende des Stadtrats trägt meist den Titel *ra'īs al-baladīya* (HILL 1969:975 f.).

In von Kolonialmächten abhängigen Gebieten wie den Maghrebländern änderten die Eingriffe der (französischen bzw. spanischen) Protektorats- und Kolonialverwaltungen die politisch-administrativen Strukturen. Es wurde beispielsweise ein eigener städtischer Verwaltungsbereich, municipalité, geschaffen, mit eigener Verantwortung und budget. In Marokko wurde der Gemeindeverwaltung eine ernannte, aus Notabeln bestehende beratende Versammlung zur Seite gestellt, nachdem Versuche mit einer von Notabeln gewählten *mağlis* rückgängig gemacht worden waren.

Aufgrund der zunehmenden Verwestlichung der Gesetzgebung in spät- und nachosmanischer Zeit oder kolonialer Einflußnahme verloren auch die traditionellen Rechtsinstitutionen und ihre Vertreter erheblich an Bedeutung. So wurden die Funktionen der nach religiösem Recht rechtsprechenden Kadis eingeschränkt (vgl. Kap. 2.2.3). Die Aufgaben des *muḥtasib* wurden im osmanisch geprägten Raum zunehmend von den *baladīyas* übernommen.[17] Auf diese Weise büßten die religiösen Rechtsgelehrten insgesamt viel von ihrem früher großen Einfluß auf Jurisprudenz und Bildung ein. Dafür entstanden Positionen in Rechtsprechung und Verwaltung, die europäischen Vorstellungen entsprechen (vgl. Kap. 6.3).

Zu c):

Die Veränderung städtischer Lebensweise sei hier nur am Aspekt der Individualisierung und am Wandel der Kleidungsgewohnheiten festgemacht. Infolge der Zersetzung sozioökonomischer und ideeller Traditionen — nicht zuletzt auch verursacht durch die erhebliche Verstädterung in der Gegenwart infolge von Landflucht und Bevölkerungswachstum (vgl. Kap. 6.2) — wird

> „die Sozialisation der jungen Generation ... immer weniger bestimmt von Solidarität und Rücksichtnahme. Es nimmt die Identifikation mit dem Gemeinwesen Stadt ab, so daß traditionelle gesellschaftliche Regelmechanismen versagen. Unterstützt vom Reiz der importierten Industriegüter werden dagegen Egoismen aller Art und Anspruchsdenken gefördert. ... Mehr und mehr wird das Individuum zum allein gültigen Maßstab; zum Prinzip, dem sich die gesellschaftlichen Beziehungen unterzuordnen haben" (LINGENAU 1987:12, 14).

Dieses Zitat ist einer Studie über die Stadt Sana entnommen, einer Stadt, wo es noch vor nicht langer Zeit üblich war, die Rechte des Nachbarn so weitgehend zu berücksichtigen, daß der Bauherr eines neuen Hauses seinem Nachbarn eine Urkunde übergab, in der er ihm die Rechte an der Verwendung der zum Nachbarhaus gerichteten Fenster abtrat.

Die Individualisierung läßt sich auch an dem Wandel der Kleidungsgebräuche nachvollziehen, der seit dem vorigen Jahrhundert in vielen islamischen Ländern stattgefunden hat. Jahrhundertelang war man traditionellen Kleidungssitten gefolgt. Durch seine Kleidung brachte man zum Ausdruck, welcher sozialen Gruppe man angehörte. Jede Bevölkerungsgruppe hatte eine spezielle Kleidung, die Aussagen über die regionale Abstammung, Religionszugehörigkeit und den sozialen Stand ihres Trägers machte: Muslim, Christ oder Jude, Gelehrter, Angehöriger eines *Ṣūfī*-Ordens oder einer Handwerkszunft, Stadt- oder Landbewohner, Araber, Türke oder welcher ethnischen Identität auch immer. Auch von Seiten der Zentralregierung wurde großer Wert auf die Einhaltung von Unterschieden in der Kleidung gelegt. Das zeigen eine Reihe höchstamtlicher Dekrete mit präzisen Kleidungsvorschriften für einzelne Bevölkerungsgruppen (vgl. KLEBE 1920; SENI 1984). Nach dem Zusammenbruch des Osmanischen Reiches und der Öffnung vieler islamischer Länder nach Europa wichen immer größere Bevölkerungteile von traditionellen Gesellschaftsidealen ab. In der Folge wurde soziale Gruppenzugehörigkeit nicht mehr durch Kleidung öffentlich demonstriert, sondern zunehmend zu einer privaten Angelegenheit. Ständig zunehmender Kontakt mit dem

Westen, hervorgerufen durch die Verbreitung der Massenmedien und den internationalen Tourismus, führten schließlich zum völligen Bruch mit den überkommenen Kleidungssitten, soweit nicht staatliche Zwangsmaßnahmen, die über ein Verbot traditioneller Kleidung (Fez, Schleier etc.) zur Modernisierung des Landes beizutragen beabsichtigten, diesen schon seit den 20er Jahren eingeleitet hatten. Aktuelle Ereignisse und damit in Verbindung stehende gesetzliche Kleidungsverordnungen in manchen islamischen Ländern (z. B. Türkei, Iran, Pakistan) erweisen, daß diese Entwicklung nicht ohne Konflikte verläuft.

Eine Untersuchung von J. ABU-LUGHOD (1975) zeigt, daß die Individualisierung der Gesellschaft und der Abbau traditioneller innerstädtischer Differenzierungen dort am weitesten fortgeschritten ist, wo der europäische Einfluß am längsten eingewirkt hat.

So hat sich in vielen Bereichen das städtische Leben stark gewandelt, jedoch nicht so stark, daß alle früher üblichen Praxisformen heute der Vergangenheit angehören. Dies wird beispielsweise an den Verbindungen der Städte mit dem ländlichen Raum deutlich, die im folgenden Abschnitt dargestellt werden.

4.4.8 Stadt und Umland

Wichtige Eigenschaft, ja geradezu Definitionsmerkmal der Stadt ist es, zentraler Ort zu sein, d. h. ein Umland zu besitzen, das von hier aus mit Gütern und Dienstleistungen versorgt wird, das aber seinerseits auch die Stadt mit landwirtschaftlichen Erzeugnissen beliefert. Wird die Gesamtheit der Städte eines Raumes, etwa eines Staates, betrachtet, so bilden diese ein den ganzen Raum überspannendes Netz von zentralen oder Versorgungsorten. Innerhalb dieses Systems gibt es Unterschiede nach Bedeutung und Reichweite der Städte, so daß das Netz zu einem hierarchisch angeordneten System wird.

In weiten Teilen des traditionellen Islamischen Orients wird das Verhältnis zwischen einer Stadt und ihrem Umland durch rentenkapitalistische Verflechtungen geprägt (vgl. Kap. 4.2.3). Ein Großteil der landwirtschaftlichen Nutzfläche im Umland der Stadt ist Eigentum von stadtsässigen Grundeigentümern, die auf dem Land erwirtschaftete Erträge in Form von Ernteanteilen abschöpfen, diesen Gewinn jedoch nicht so sehr auf dem Lande, sondern in der Stadt investieren. Zunehmende Verschuldung führt zu einer immer stärker werdenden Abhängigkeit der Teilbauern vom städtischen Grundeigentümer, der häufig identisch ist mit dem Bazarhändler, bei dem der abhängige Teilbauer gezwungenermaßen seinen in der Stadt zu deckenden Bedarf einkauft.

Diese Abhängigkeiten, wie sie hier für den Sektor der Landwirtschaft skizziert wurden, finden sich auch in anderen Wirtschaftsbereichen, insbesondere im Rahmen des von der Stadt aus organisierten ländlichen Heimgewerbes, so z. B. beim Teppichknüpfen (vgl. BAZIN 1973; EHLERS 1977). Der städtische Verleger stellt einen Teil der

Abb. 40: Schema der Stadt-Stadt- und Stadt-Umland-Beziehungen in Nordost-Iran

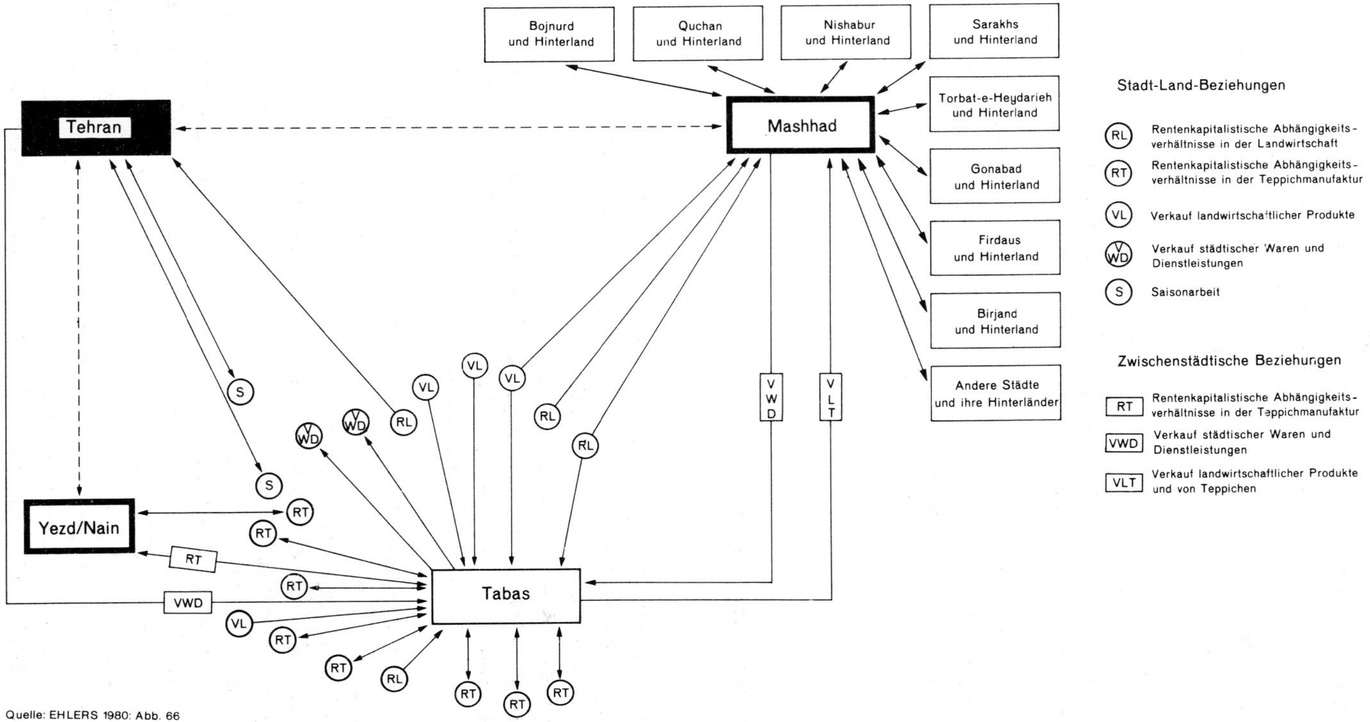

Quelle: EHLERS 1980: Abb. 66

Abb. 41: Schema der Hierarchie zentraler Orte im Iran

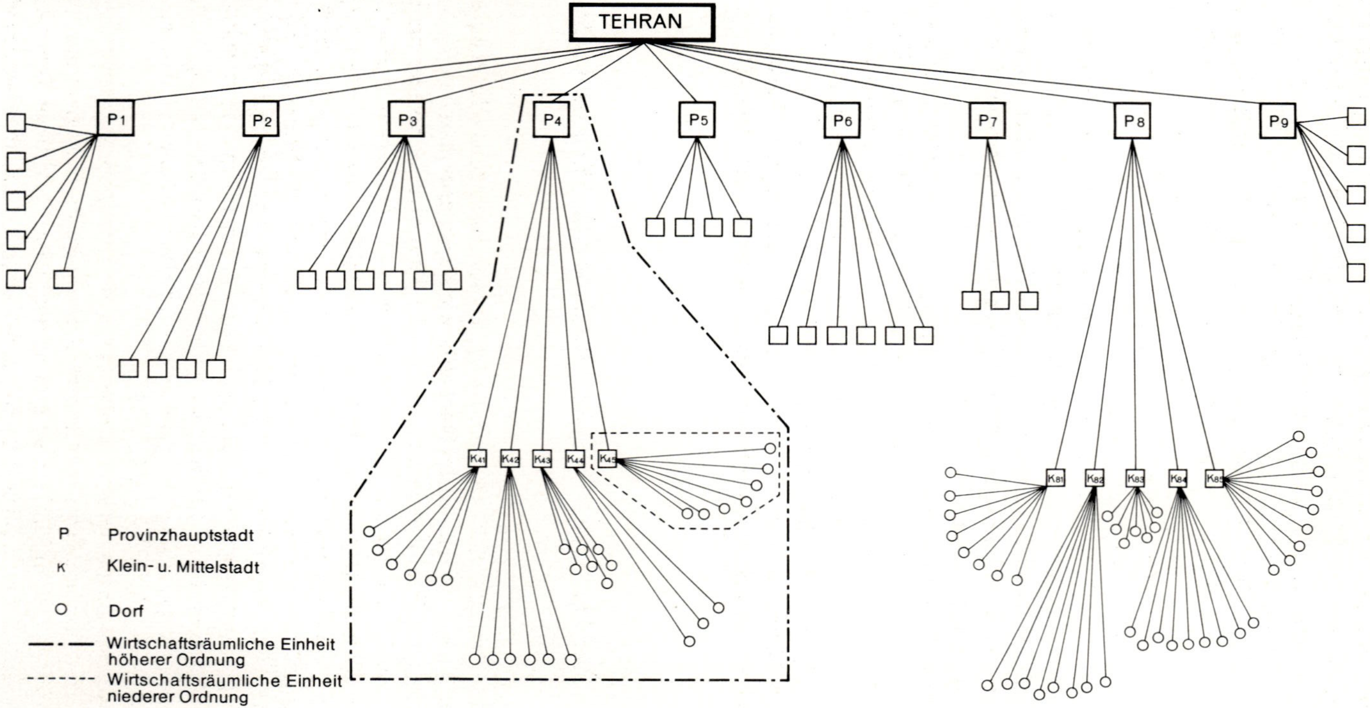

Quelle: nach EHLERS 1978

Produktionsmittel — beim Teppichknpüfen etwa den Knüpfstuhl und die Wolle — und schöpft entsprechende Ertragsanteile, d. h. einen Teil des Verkaufspreises, ab. Andererseits darf nicht verkannt werden, und das hat E. WIRTH (1973) in der Diskussion um den Begriff des Rentenkapitalismus gegenüber H. BOBEK (1974, 1979) hervorgehoben, daß ein ländliches Heimgewerbe, das für die auf dem Lande lebende Bevölkerung oft wichtiger ist als die Landwirtschaft (vgl. JEBENS 1983), ohne die von der Stadt ausgehende Organisation sich nur schwer entwickeln kann. Dominierend bleibt aber der abschöpfende Charakter, oft auch als die ,,parasitäre Rolle" der Stadt bezeichnet, gegenüber dem umgebenden Lande.

Für die Stadt-Umland-Beziehungen bedeutet dies, daß die Stadt im Islamischen Orient ein viel größeres Gewicht gegenüber ihrem Umland hat, als dies etwa im westlichen Kulturkreis der Fall ist (Abb. 40). Das Verhältnis zwischen Stadt und Umland ist nicht durch ein gegenseitiges Geben und Nehmen gekennzeichnet, sondern es ist einseitig zugunsten der Stadt ausgerichtet.

Auch für das gesamte Städtesystem eines größeren Raumes ergeben sich daraus Konsequenze, wie z.B. B. M. BONINE (1979, 1980) oder E. EHLERS (1980:295—300) am Beispiel Irans zeigen konnten. Das Netz der zentralen Orte erweist sich hier als besonders starr, die Hierarchie unter diesen Zentren ist viel stärker ausgeprägt als anderswo. An der Spitze dieses hierarchischen Zentrensystems steht, unangefochten und alle anderen Städte dominierend, eine Primatstadt, in der Regel die Landeshauptstadt, die alle höheren zentralörtlichen Funktionen auf sich vereinigt (Abb. 41).

4.4.9 Der Dualismus zwischen Tradition und Moderne im Modell

In den vorangehenden Abschnitten war stets von der traditionellen islamisch-orientalischen Stadt die Rede, von der Stadt also, wie sie vor dem massiven Eindringen westlich-moderner Einflüsse bestand, oder anders ausgedrückt, von der präindustriellen Stadt. Solche modernen Einflüsse meist westlicher Provenienz sind aber heute fast überall sichtbar, sei es in der Verkehrserschließung für den Kfz-Verkehr, in einem veränderten Konsumverhalten der Bevölkerung, im Entstehen neuer Geschäftsstraßen, in der Anlage neuer Gewerbe- und Industrieviertel oder im Breitenwachstum der Stadt durch zahllose neue Wohnviertel an der Peripherie. Die von einem gewaltigen Städtewachstum, insbesondere der übergeordneten Zentren, begleitete Urbanisierung, die für viele Staaten der Dritten Welt typisch ist, hat auch vor dem Islamischen Orient nicht halt gemacht. Die Entwicklung der Großstädte zielt rein äußerlich auf eine weltweit zu beobachtende städtische Uniformität.

Dennoch konnte die Stadt des Islamischen Orients eine Reihe der ihr eigenen Züge bewahren. Am deutlichsten zeigt sich dies am Bazar, dem Herz der traditionellen Stadt. Zwar wurden Straßendurchbrüche durch die Altstadt zum Bazar hin angelegt, doch lassen sie den Bazarbezirk selbst meist unberührt. Ohnehin wurden höchst selten

Abb. 42: Die dualistische Struktur der islamisch-orientalischen Stadt am Beispiel der Alt- u. Neustadt von Sfax (Tunesien) (Stand: 1943)

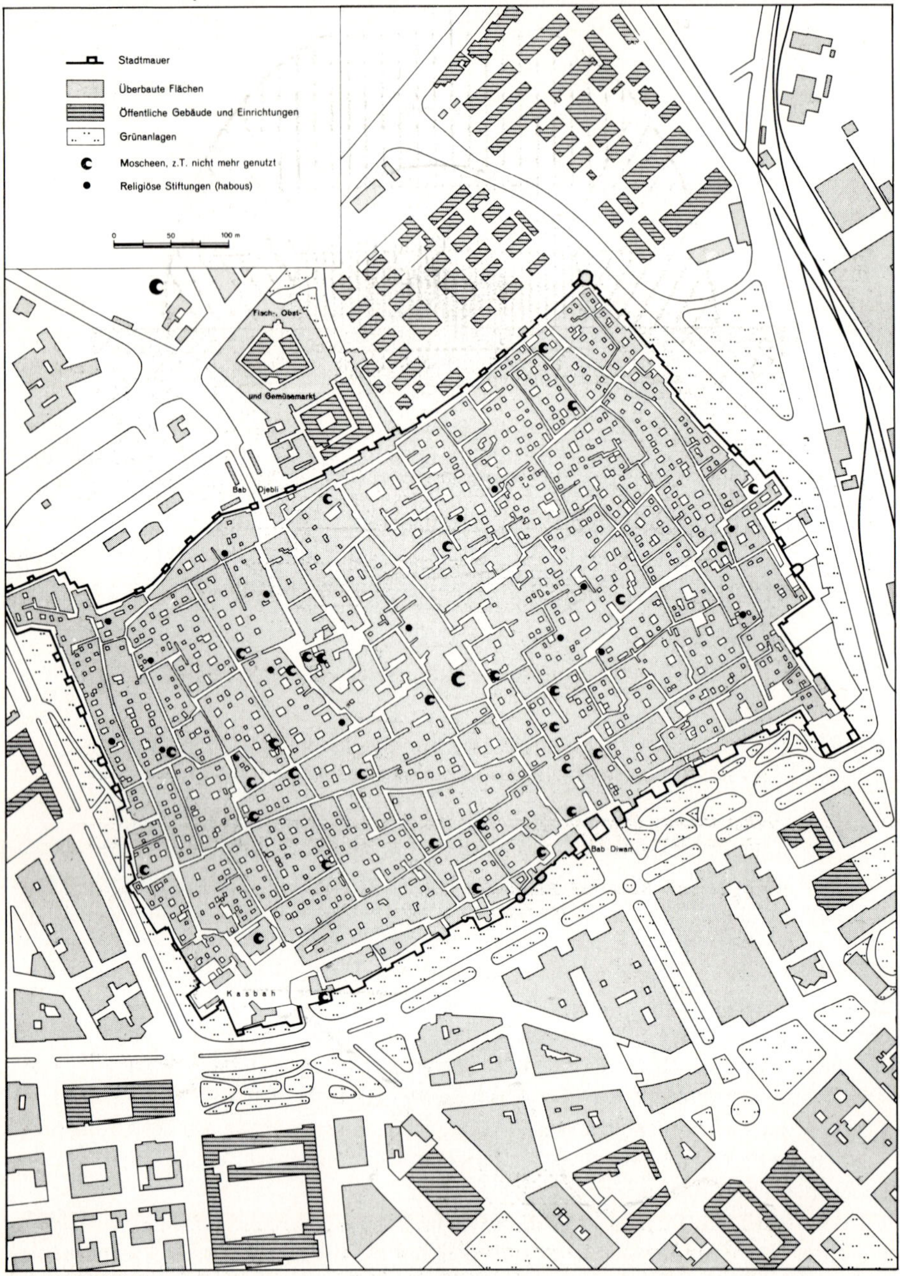

Quelle: EHLERS 1983: Abb. 1

Abb. 43: Modell der zweipoligen islamisch-orientalischen Stadt am Beispiel Teheran (vor der islamischen Revolution)

a)

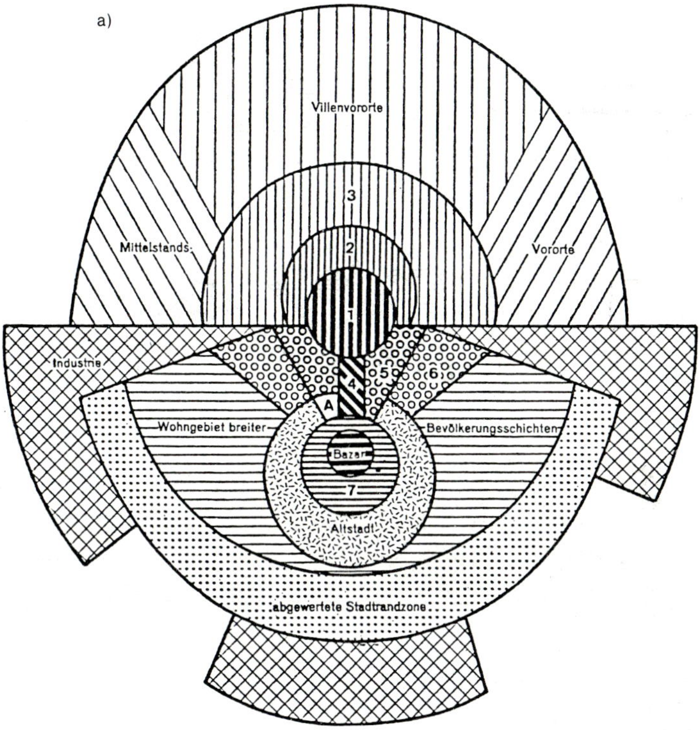

Neues Zentrum: 1 Kern der westlichen City, Hauptgeschäftsstraßen westl. Typs; 2 Randzone, jüngster Cityvorstoß in gehobenes Wohngebiet; 3 Bereich moderner dichter Wohnbebauung

Übergangszone: 4 ältere Geschäftsstraßen, abgewertet und „rückorientalisiert"; 5 überrollte ältere Peripherie der Stadt mit frühen zentralen (Regierungs-)Funktionen; 6 übrige ältere Villenzone

Altes Zentrum: Bazar und Palastbezirk (Ark = A) sowie 7 Bazarrandbereich, jüngere funktionelle Ausweitung des Bazars

b)

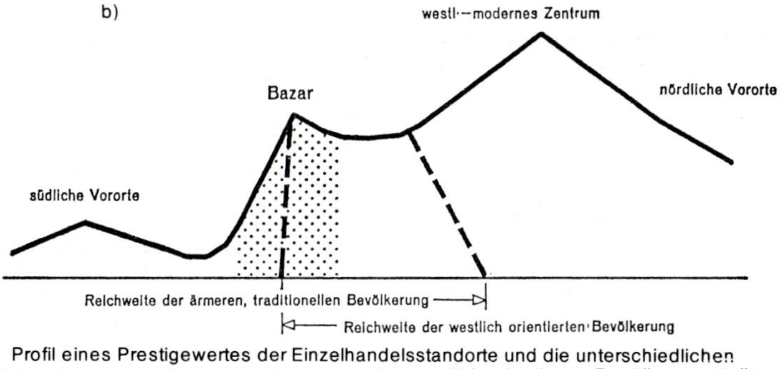

Profil eines Prestigewertes der Einzelhandelsstandorte und die unterschiedlichen Reichweiten des traditionell-ärmlichen und des westlich orientierten Bevölkerungsteiles

Quelle: SEGER 1978: Abb. 71, 75

Teile des Bazars abgebrochen, im Gegenteil, die großen Bazare erfuhren seit dem letzten Jahrhundert eine erhebliche Ausweitung in die bisherigen Wohnviertel der Altstädte hinein. Allerdings zeigen sich funktionale und vor allem sozialräumliche Veränderungen. Nicht nur, daß selbstverständlich Leuchtreklame und Schaufenster Einzug hielten, sondern daß die allgemeine Motorisierung sich auch dahingehend auswirkte, daß Handwerk und Gewerbe sowie der Großhandel andere Standorte suchte und aus dem Bazar abwanderte. Teilweise haben sich mit dem Bau von Durchbruchsstraßen durch die Altstadt die Bazar-Eingänge und damit auch die Passantenströme verlagert, was z. T. auch eine Verlagerung der bevorzugten Geschäftsstandorte mit hochwertigem Warenangebot nach sich zog.

Entscheidend aber ist, daß sich neben dem Bazar andere Geschäftsstraßen oder -viertel entwickelten oder, wie im Falle der Kolonialstaaten, bewußt und planmäßig als „Neustadt" gegründet wurden (Abb. 42), und zwar Geschäftsstraßen modernen Zuschnitts, wie wir sie in jeder westlichen Großstadt finden. Damit ist der Bazar nur noch **ein** Geschäftszentrum unter anderen. Seine Eigenständigkeit hat der Bazar insofern bewahrt, als er **das** Geschäftszentrum der traditionell ausgerichteten, d. h. der einfacheren, sozial schwächeren Bevölkerung geblieben ist.

In dieser sozialräumlichen Trennung der Geschäftsstandorte in der modernen islamisch-orientalischen Stadt, im kontrastierenden Nebeneinander von Bazar und westlich-moderner City, spiegelt sich ein Dualismus wider, der für die heutige Großstadt des Islamischen Orients grundlegend ist.

Aus der Erkenntnis eines solchen Dualismus heraus, der in den bewußt sich nach Westen öffnenden Gesellschaftsordnungen besonders stark wird — so im vorrevolutionären Iran zur Zeit des Schah-Regimes — hat M. SEGER (1978, 1975) am Beispiel Teherans ein „Modell der zweipoligen orientalischen Stadt unter westlichem Einfluß" entwickelt (Abb. 43).

Die beiden Pole dieses Modells sind einerseits der Bazar, andererseits die moderne City. Es sind Pole der innerstädtischen Zentralität, allerdings für unterschiedliche Sozialgruppen. In der Attraktivität für die jeweilige Bevölkerungsgruppe sind Bazar und City sich gleichwertig, doch dominiert die City, was die Wirtschaftskraft und das Sozialprestige betrifft. Dem Dualismus der Zentren entspricht eine Zweiteilung des Wohngebietes, wie sich an vielen sozialstatistischen Indikatoren erkennen läßt, so an der Wohn- und Bebauungsdichte, an der Qualität der Bausubstanz, deren Ausstattung, an der Durchmischung mit Industrie- und Gewerbegebieten, usw.

Dieser Dualismus, veranlaßt durch eine ungebremste „Verwestlichung", verbunden mit der Entwurzelung aus dem Geflecht originärer orientalischer Wirtschafts- und Lebensformen, ist sicherlich als einer der Gründe anzusehen, die in Iran zur „islamischen Revolution" von 1979 führten.

4.4.10 Orientalische Stadt oder Islamische Stadt?

Städte gab es im Raum des heutigen Islamischen Orients schon Jahrtausende vor dem Aufkommen und der Ausbreitung des Islams, allerdings hat kaum eine der frühen altorientalischen Stadtgründungen bis heute überdauert. Erst bei den Städten der hellenistisch-römischen Ära finden wir eine solche, z. T. bis heute ungebrochene Kontinuität. Nur wenige der heutigen Städte dieses Kulturraumes sind „islamische" Gründungen, d. h. planmäßige Neuanlagen im Rahmen der Ausbreitung des Islams durch arabische Eroberer. Betrachtet man solche Beispiele — etwa die Rundstadt Bagdad, Samarra, Kufa, Basra, Al-Fustat (Kairo) oder Marrakesch — so sind es entweder Residenzstädte, die z. T. rasch wieder aufgegeben wurden, oder es sind ehemalige Militärlager. In beiden Fällen entstanden zunächst zwangsläufig Plangrundrisse, die in krassem Gegensatz zu der heute für die islamisch-orientalische Stadt als typisch geltenden Struktur stehen. Hinzu kommt, daß diese Städte, soweit wir aus archäologischen oder literarischen Quellen wissen, sich zunächst kaum von abendländischen Städten, die aus gleichen Motiven gegründet wurden, unterscheiden.

Überprüfen wir das in den vorstehenden Abschnitten zur islamisch-orientalischen Stadt Gesagte dahingehend, was an diesem Städtetypus eigenständig oder gar „islamisch" ist, so stellen wir fest, daß viele der als typisch geltenden Merkmale schon in vorislamischer Zeit, oft schon in den Städten der altorientalischen Hochkulturen zu finden sind. Dies gilt für das Auftreten von Sackgassen ebenso wie für das Vorherrschen von Innenhofbauten. Allerdings ist anzunehmen, daß diese Strukturelemente in der islamischen Zeit eine schärfere Ausprägung erfahren haben.

Als eigenständige Entwicklung des islamischen Mittelalters und der frühen Neuzeit ist jedoch der Bazar hervorzuheben. Vereinfacht reduziert sich also die in der Überschrift aufgeworfene Frage „orientalische Stadt oder islamische Stadt" auf die Frage: „Ist der Bazar eine Schöpfung des Islams oder nicht?" Aber auch diese Frage kann nicht mit ja oder nein beantwortet werden. Eine Reihe von Forschern, so C. CAHEN (1958) auf der Basis historischer Untersuchungen oder E.WIRTH (1975) aufgrund seiner Forschungen zur materiellen Kultur, neigen zu einem klaren Nein.

Eingedenk der vor- und außerislamischen Wurzeln der meisten städtischen Elemente, eingedenk aber auch der Bedeutung der Religion für die städtische Kultur scheint es geboten, weder von einer orientalischen Stadt — denn aus abendländischer Sicht gehört auch China zum Orient — noch von einer islamischen Stadt zu sprechen, sondern von der Stadt des islamisch-orientalischen Kulturraums, allenfalls, wie hier verkürzt, aber in ausschließlich kulturräumlichen Sinne geschehen, von der islamisch-orientalischen Stadt.

Die islamisch-orientalische Stadt, aber auch der bäuerliche und nomadische Lebensbereich entsprechen heut in vielem nicht mehr dem traditionellen Bild orientalischer Kultur. Wandlungsprozesse wurden — wie angesprochen — in Gang gesetzt durch europäische Einflußnahme und Reaktionen darauf, ganz besonders aber im Gefolge der Erdölwirtschaft, die v. a. in den letzten zwei Jahrzehnten Wirtschaft und Gesellschaft zahlreicher Staaten rapide veränderte. Diese Transformationen sind Gegenstand der folgenden Kapitel.

Anmerkungen zu Kapitel 4.4

1. HEINEBERG 1986:101—103; LICHTENBERGER 1986
2. DETTMANN 1970; EHLERS 1978; SCHWEIZER 1977; WIRTH 1968; WIRTH 1974/75
3. MELLART 1967; zusammenfassend bei NARR 1979
4. Zur Vorbereitung der frühen Städte sei verwiesen auf die Karte B I 17 ,,Mesopotamien zu Beginn der Städtebildung" im Tübinger Atlas des Vorderen Orient. Vgl. zudem NISSEN 1983.
5. Nach NAGEL (1987:146) kamen Tore und Mauern zwischen den Vierteln um die Mitte des 11. Jahrhunderts unter den Buyiden in Gebrauch, nachdem es zu schweren Auseinandersetzungen zwischen Sunniten und Schiiten gekommen war. Innerstädtische Spannungen führten später immer wieder zu einer Reaktivierung der zwischenzeitlich verfallenden Befestigungen der Viertel (vgl. z. B. LAPIDUS 1984:94). (G. St.)
6. Nicht immer befanden sich alle Friedhöfe ,,extra muros". In Salé (Marokko) beispielsweise nahm ein Friedhof etwa 1/4 der ummauerten Fläche ein (vgl. BROWN 1976:43). Friedhöfe innerhalb der Stadtmauern gab es ebenfalls in Fes und Rabat, bis die französische Protektoratsverwaltung im Jahre 1915 aus hygienischen Gründen anordnete, neue Friedhöfe außerhalb der Stadt anzulegen. (G. St.)
7. Ein so festes städtisches Element wie oft dargestellt ist die Mellah nicht, v. a. ist sie nicht zeitlos ,,traditionell". In Rabat, in der Schwesterstadt Salé wie auch in Tétouan beispielsweise wurden eigene Judenviertel im Jahre 1805 oder 1807 auf Befehl des Sultans nach Übergriffen gegenüber Juden errichtet. Die jüdische Bevölkerung, die bis dahin — wenn auch mit gewissen Schwerpunkten — über die Städte verteilt lebte, wurde in diesen neuen Mellahs angesiedelt, die besser zu schützen waren. (Der Sultan kam auf diese Weise seiner auch religiös begründeten Pflicht zum Schutz der nichtmuslimischen ,,Schriftbesitzer" seines Landes nach.) In anderen Städten entstanden Judenviertel früher, in Meknès beispielsweise um die Wende vom 17. zum 18. Jahrhundert (ABU LUGHOD 1980:84; BROWN 1976:42).

   In kleineren Städten, in denen die Juden in verschiedenen Stadtvierteln lebten, mag der Stadtteil, in dem sich die Synagoge befand, die Bezeichnung ,,Mellah" erhalten haben (z. B. EICKELMANN 1976:45). (G. St.)
8. Zu weiteren städtischen Bildungseinrichtungen siehe NASHABI 1980.
9. Unter ,,Institution" verstehen wir hier (mit STÖBER 1986:7) einen ,,als in einem spezifischen kulturellen Zusammenhang stehenden, vergleichsweise dauerhaften Komplex von Normen und Vorstellungen ..., der in unserem Fall Stiftungsakte, -zwecke, -verwaltung usw. regelt".

10. Die Stiftung mobiler Gegenstände wird nur in Ausnahmefällen als rechtmäßig akzeptiert, etwa wenn diese auch Gegenstand eines Vertrages sein könnten oder wenn sie funktional mit einem gestifteten Bauwerk zusammenhängen (z. B. Einrichtungsgegenstände, Korane für eine Moschee und dergleichen).

11. Unter gewissen Umständen konnten Stiftungen auch noch posthum durch die Erben errichtet werden (vgl. SCHWARZ/WINKELHANE 1986:58), was diesen ermöglichte, ihre eigenen Vorstellungen über das weitere Schicksal des Nachlasses umzusetzen und Regelungen hinsichtlich der Verwaltung und der Nutznießung der Stiftung zu treffen.

12. Beispiele dafür, wie dabei das koranische Zinsverbot umgangen werden konnte, gibt RODINSON (1971:193).

13. Die Bedeutung des *waqf* für die Stadtentwicklung ist in den letzten Jahren für verschiedene Städte der islamischen Welt gezeigt worden (siehe u. a. BONINE 1987; EHLERS/ MOMENI 1989; RAYMOND 1980; STÖBER 1985).

14. Aufgrund der bislang unzureichenden Quellenlage haben wir noch keine genaue Kenntnis über diese Vorgänge. (vgl. LAPIDUS 1973a:53)

15. S. a. die relativierenden und einschränkenden Aussagen von CAHEN (1970), HAVEMANN (1975:72), HOFFMANN (1975:47 f.) und HOURANI (1970:14 ff.) über die Bedeutung der Zünfte in der Zeit vor dem 13. Jahrhundert.

16. Die Industrialisierung schuf in Europa in nie zuvor dagewesenem Maße Überproduktionen, für die neue Märkte gesucht werden mußten. Die Erfindung der Dampfmaschine eröffnete dem Verkehrswesen seit Anfang des 19. Jahrhunderts neue Möglichkeiten: Dampfschiffahrt und Eisenbahn führten zur Marginalisierung des Karawanenhandels und brachten Senkungen von Transportkosten und Lieferzeiten.

17. In Marokko z. B. sind noch einige *muḥtasibs* im Amt, doch sind ihre Funktionen mittlerweile erheblich reduziert worden. Freiwerdende *muḥtasib*-Stellen werden meist nicht wiederbesetzt. (ABDEL-RAHIM 1980:51)

5. Erdölwirtschaft und Industrialisierung im Islamischen Orient

(G. Stöber)

Unsere Vorstellungen vom Islamischen Orient werden von zwei gegensätzlichen Bildern geprägt, zum einen von einer auch touristisch erfahrbaren Exotik des Bazars, der Dattelpalmenhaine und der Kamele, zum anderen von der technisierten Welt der Bohrtürme, Pipelines und Großtanker, die unseren Alltag viel stärker berührt. Personifiziert wird dieser Gegensatz von Tradition und Moderne in der Figur des „Ölscheichs", der die „Petrodollars" mit vollen Händen für sich und seinen Harem verschleudert.

Widersprüche zwischen Überkommenem und Neuem bestehen in der Tat, doch verstellen solche Klischees den Blick auf ihren Umfang und darauf, daß die „Neuzeit" nicht nur als Ölhahn in den Islamischen Orient eingezogen ist. Im wirtschaftlichen Bereich beispielsweise sind in so gut wie allen Staaten z. T. äußerst moderne Industriebetriebe entstanden, und eine wachsende Zahl von Menschen nimmt nicht als Fellache, Nomade oder Handwerker, sondern als Industriearbeiter am Produktionsprozeß teil. Die Entwicklung und Bedeutung dieses Sektors gilt es in den folgenden Kapiteln aufzuzeigen. Hierbei kommt dem Erdölbereich ein besonderer Stellenwert zu.

5.1 Erdöl

Erdöl ist nicht nur ein Rohstoff unter anderen. Als „Schwarzes Gold" macht es die reich, die darüber verfügen, als „Waffe" wie im „Tankerkrieg" wird es als politisches Druckmittel eingesetzt, als „Entwicklungsmotor" soll es den Förderländern zu einem modernen Gesicht verhelfen. Als „Gottesgeschenk" schließlich soll es dort, wo es vorkommt, zum Wohlergehen der Menschen beitragen. Solche Schlagworte zeigen, wie sehr dieser Energieträger in der Gegenwart politische, wirtschaftliche und gesellschaftliche Bereiche berührt, direkt wie indirekt. Schlüssel hierbei sind seine ökonomische Bedeutung in der Industriegesellschaft wie seine umfangreichen Vorkommen im Gebiet des Islamischen Orients.

5.1.1 Erdölvorkommen

Erdöl stellt ein Gemisch aus diversen Kohlenwasserstoffen (Paraffine, Naphthene, Aromate) mit Beimengungen von Sauerstoff-, Stickstoff- und Schwefelverbindungen in unterschiedlichem Anteil dar. Während niedermolekulare Kohlenwasserstoffe (wie

Abb. 44: Profil durch die Erdöllagerstätte von Gačsaran (Iran)

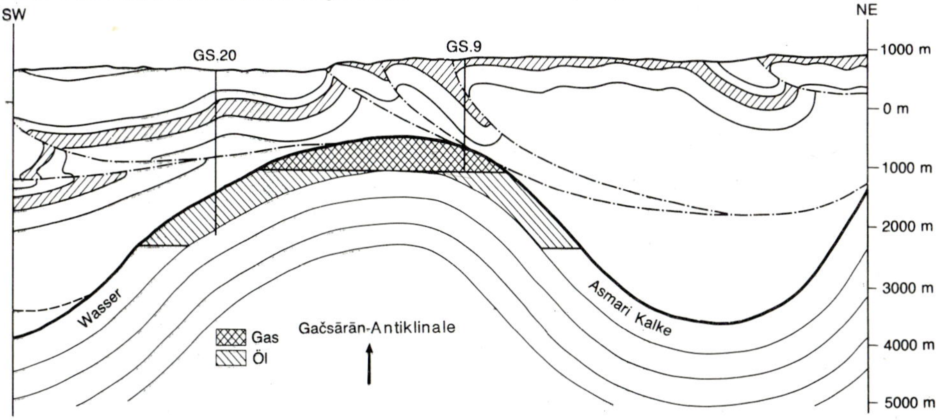

(verändert nach BADGLEY 1965: Fig. 6—33 nach F.C.P. Slinger & J.C. Crichton)

Methan, Äthan, Propan) unter den Druck- und Temperaturbedingungen der Erdoberfläche als Gase und hochmolekulare in festem Zustand auftreten, sind v. a. auch die beigemengten Sauerstoffverbindungen — Harze und Asphalte — für die unterschiedliche Zähflüssigkeit (Viskosität) der Öle verantwortlich. Diese ganz verschiedenartige Zusammensetzung hat in der Praxis zu einer Einteilung der Rohöle geführt, die sich am spezifischen Gewicht orientiert und in „° API" (American Petroleum Industry) angegeben wird. Höhere Gradzahlen entsprechen dabei einem geringeren spezifischen Gewicht (und damit einer größeren Anzahl von Fässern je Tone). Leichtöle mit mehr als 34° API (spez. Gewicht (bei 15,6° C) ‹ 0,885 g/cm³) ergeben bei ihrer Destillation 25—30 % Benzin, 35—40 % Mitteldestillat und 25—40 % Rückstände, Schweröle (‹ 20° API, spez. Gewicht › 0,934 g/cm³) nur 0—10 % Mitteldestillat, aber 60—80 % Rückstände (Bitumen, schweres Heizöl). Die hohe Nachfrage nach Benzin bringt es mit sich, daß die leichten Rohöle, v. a. mit niedrigem Schwefelgehalt, derzeit als wertvoller eingestuft werden als schwerere.

Die Entstehung des Erdöls gilt noch nicht als voll geklärt. Die überwiegende Zahl der Wissenschaftler nimmt einen organischen Ursprung an. Sie gehen davon aus, daß organische Materie, größtenteils Plankton, nach dem Absterben in Flachmeeren unter Sauerstoffabschluß (was ein Verwesen verhinderte) von anaeroben (ohne Sauerstoff lebenden) Bakterien über verschiedene Stadien zu Bitumen abgebaut wurde. Dieses wurde, wohl ebenfalls von Bakterien, in flüssige Kohlenwasserstoffe überführt, die bei zunehmendem Druck (zunehmender Sedimentmächtigkeit) dann den Ort ihrer Entstehung, das Muttersediment, verließen. Vereinzelt wird aber auch die Auffassung vertreten, Erdöl sei nicht organischen Ursprungs.[1]

Gleich, welche Theorie auch zugrunde gelegt wird, die Lagerstätten von Erdöl und Erdgas sind sekundärer Entstehung. Eine Verdichtung des Muttergesteins verdrängt die im Porenraum vorhandenen Kohlenwasserstoffe. Diese strömen — gemeinsam mit

Abb. 45: Profil durch Lagerstätten am Persischen Golf

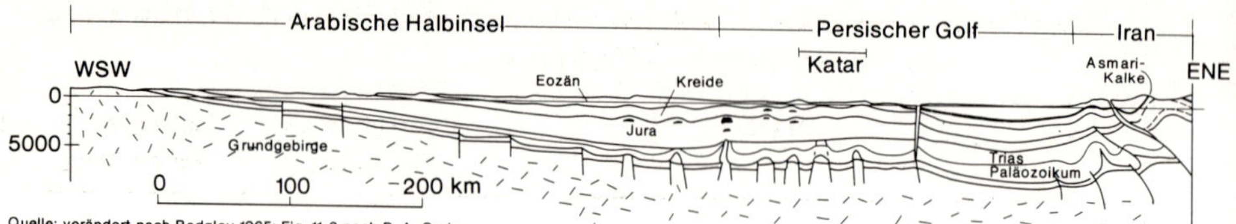

Quelle: verändert nach Badgley 1965: Fig. 11-3 nach D. A. Greig

Wasser — in wassergängigem Sedimentgestein (Kalkstein, Sandstein) in Richtung des niedrigsten Drucks. Bestimmte geologische Bedingungen können ein Weiterfließen unterbinden. Bei genügend großer Druckdifferenz strömen aber weiterhin Kohlenwasserstoffen nach, so daß es zu Anreicherungen von Erdöl und Gas, den Lagerstätten, kommt. Die auch im Orient wichtigste Form einer solchen ,,Erdölfalle" stellt eine Antiklinalstruktur dar, bei der ein Speichergestein von einem undurchlässigen Gestein (z. B. Evaporiten) überdeckt ist. Wasser und Kohlenwasserstoffe strömen in Richtung des Scheitels der Antiklinalen, wo sie am Weiterkommen gehindert sind. Entsprechend der unterschiedlichen spezifischen Gewichte bildet sich hier in der erdölführenden Schicht eine Gaskappe aus, unter der das Öl lagert.[2] Unter den Kohlenwasserstoffen führt das Sediment Wasser (vgl. Abb. 44). Ölführende Schichten unterschiedlicher stratigraphischer Zugehörigkeit können übereinanderliegen und so verschiedene Lagerstätten in unterschiedlicher Tiefe bilden. Andere Ölfallen an Verwerfungen, an den Flanken von Salzstöcken oder stratigraphische Fallen, bei denen poröses Gestein in darüber wie darunter liegendem undurchlässigem auskeilt, spielen weltweit wie im Islamischen Orient eine weitaus geringere Rolle als Antiklinalen, obwohl diese durch Verwerfungen, Fazieswechsel der Schichten etc. differenziert werden können.

Die großen Öl- und Gaslagerstätten im Vorderen Orient liegen in einer Geosynklinalen im Raum Mesopotamiens und des Persischen Golfes. Hier kam es nach einer vom Paläozoikum bis ins Miozän ununterbrochenen Sedimentation im Zuge der tertiären Gebirgsbildung zur Ausprägung großräumiger Faltenstrukturen in den (weitgehend karbonatischen) Sedimentpaketen des Untergrundes. Deren Antiklinalen fungieren als Erdölfallen. Die Lagerstätten haben sich zum einen im Taurus/Zagros-Vorgebirge gebildet, vor allem in Tertiär- (Oligozän, Miozän (Asmari-Kalke mit einer Deckschicht aus Evaporiten)) und Kreidesedimenten. Im Bereich des Golfes und der Arabischen Halbinsel findet sich Erdöl dagegen vorwiegend in Kreide- und Juraablagerungen bis in etwa 3.000 m Tiefe. In noch größerer Tiefe liegen z. T. reine Erdgaslagerstätten.

Im nordafrikanischen Raum findet sich der Großteil der bisher entdeckten Erdölvorkommen konzentriert auf drei Beckenräume: dem Syrte-Becken in Libyen, dem Trias- und dem Illizi- (Polignac-) Becken in Algerien (um Hassi-Messaoud bzw. Illizi). Die Lagerstätten liegen oft in verschiedenen geologischen Schichten übereinander, und die Tiefen schwanken stark. Sie reichen von wenigen hundert Metern bis über 3.000 Meter hinab. Im Gebiet von R'Mel (Algerien) sind zudem reine Gaslager in ca. 2.100—2.300 m Tiefe erbohrt worden.

Übersicht 5: Erstentdeckte und weitere wichtige Ölfelder in den Ländern des Mittleren Ostens und Nordafrikas

Staat	Ölfeld	Formation des Speichers	Jahr der Entdeckung
Mittlerer Osten:			
Iran	Masjid-i Suleyman	Oligo-, Miozän	1908
	Gach Saran	Oligo-, Miozän, Kreide	1928
	Agha Jari	Oligo-, Miozän, Kreide	1939
	Ahwaz	Oligo-, Miozän, Kreide	1958
	Marun	Oligo-, Miozän	1964
Iran/Saudi-Arabien	*Fereidoon — Marjan	Kreide	1966
Irak	Qaijarah		1912
	Kirkuk	Oligo-, Eozän, Kreide	1927
	Rumalia (Rumaylah)	Kreide	1953
Bahrain	Awali		1932
Kuwait	Burgan	Kreide	1938
	Raudhatain	Kreide	1955
Saudi-Arabien	Dammam		1937
	Abqaiq	Jura	1940
	Qatif	Jura	1945
	Ghawar	Jura	1948
	*Safaniya-Khafji[1]	Kreide	1951
	*Manifah	Kreide	1957
	Khurais	Jura	1957
Saudi-A./Bahrain	*Abu Safar	Jura	1963
	*Berri	Jura	1964
	*Zuluf	Kreide	1965
	Shayba	Kreide	1968
Katar	Dukhan		1939
Türkei	Ramandagh		1940
Abu Dhabi	Bab (Murban)	Kreide	1953
(V.A.E.)	*Umm Shaif	Jura	1958
	Bu Hasa	Kreide	1962
	*Zakum	Kreide	1964
	Asab	Kreide	1965
Israel	Heletz	Jura	1955
Syrien	Karachok		1956
Oman	Marmal, Mazrak		1957 (n.v.)
	Yibal (et. al.)		1962
Dubai (V.A.E.)	*Fateh		1966
Schardja	*Mubarak		1974
Jemen (A.R.)	Marib/Jawf		1985
Jemen (D.A.R.)	Shabwa		

Übersicht 5: Erstentdeckte und weitere wichtige Ölfelder in den Ländern des Mittleren Ostens und Nordafrikas Fortsetzung

Staat	Ölfeld	Formation des Speichers	Jahr der Entdeckung
Nordafrika:			
Ägypten	Gemsa	Miozän	19. Jh.
	Hurghada		1913
	Ras Gharib		1938
	Burg el-Arab	Kreide	
Algerien	Hassi-Messaoud	Kambrium	1956
	Edjéleh	Karbon, De-	1956
	Zarzaitine	von, Ordovizium	1957
Marokko	Meliah		1949
Libyen	Atshan	Devon	1957 (n.v.)
	Zelten	Paläozän, Oberkreide	1959
	Gialo		1961
	Sarir		1961
	Amal	Kambrium	
Tunesien	El Borma		1964

* = off shore
(n.v.) = nicht verwertbar
[1] = Neutrale Zone

Quellen: Das Buch vom Erdöl, 1978; *The Middle East and North Africa 1987 (1986)*; FURON 1971; OBST 1972; MAYER 1976

Die Bedeutung der verschiedenen Erdölprovinzen wird durch die hier lagernden Bestände deutlich gemacht: Von den 1988 als gesichert angenommenen Weltreserven an Erdöl befanden sich 65 % im Bereich des Zagros-Vorlandes und des Persischen Golfes (Saudi-Arabien allein verfügt über ein Viertel der Weltreserven) und etwa 3 % in den libyschen und algerischen Feldern. Andere Lagerstätten im Islamischen Orient außerhalb der genannten Zonen, so in Ägypten (im Golf von Suez und in der Libyschen Wüste) sowie in den jemenitischen Staaten machen weniger als 1 % aus. Algerisches und libysches Rohöl hat höchste Qualität; es besitzt einen niedrigen Schwefelgehalt und ist äußerst leicht (40°-50° API). Das Rohöl der Golfanlieger ist dagegen schwerer. Saudi-Arabien beispielsweise fördert Öl zwischen 27° und 39°API. Auch der Schwefelgehalt ist in der Regel höher.

Die Lagerstätten des Mittleren Ostens stehen unter hohem Druck, was eine Förderung vereinfacht und die Kosten senkt[3], da ein Öl-Gas-Wassergemisch bei Ausdehnung der Gaskappe und nachdrängendem Randwasser durch die Sonde ohne weitere Energiezufuhr (Pumpen) an die Erdoberfläche steigt. Im Laufe der Förderung vermindert sich dieser Druck jedoch, weshalb in der Regel nur ein Teil des vorhandenen Öls auch gefördert werden kann. Die Menge läßt sich erhöhen, wenn ein hoher Druck aufrecht erhalten wird, z. B. durch das Einpressen eines Teils des vom Rohöl abgetrennten Erdölgases. Dieses Gas, früher als nicht verwertbar abgefackelt, wird heute (neben Erdgas) zunehmend als Energieträger genutzt.

5.1.2 Erdölförderung

Kohlenwasserstoffe treten an verschiedenen Stellen am Zagrosrand wie in Mesopotamien unter natürlichen Bedingungen an die Erdoberfläche. Daher waren sie im Vorderen Orient schon im Altertum bekannt und in Gebrauch: „Erdpech" wurde als Binde- und Dichtungsmittel, aber auch zu militärischen und medizinischen Zwecken eingesetzt. Aber erst die technologische Entwicklung in den Industriestaaten des 19. Jahrhunderts, die Erfindung und Verbreitung von Petroleumbeleuchtung und Verbrennungsmotor etc., erweckten und steigerten dort das Interesse an diesem Rohstoff als Energieträger. Dessen industrielle Förderung, seit der Mitte des 19. Jahrhunderts in den USA und Kanada betrieben, faßte etwa um die Jahrhundertwende im Islamischen Orient Fuß. Von Ägypten abgesehen, wo bereits im 19. Jahrhundert etwas Öl gefördert wurde, wurde die erste, wenn auch wirtschaftlich nicht nutzbare, Bohrung im Jahre 1903 in Iran fündig, und in der Folgezeit wurde in fast allen heutigen Staaten Nordafrikas und Vorderasiens Erdöl entdeckt (bisher mit Ausnahme Jordaniens), zuletzt in den beiden jemenitischen Staaten (vgl. Übersicht 5). Nicht immer freilich waren die Funde von größerer wirtschaftlicher Bedeutung. Die wichtigen Vorkommen konzentrieren sich auf die in Kapitel 5.1.1. bereits genannten Gebiete.

Die Erschließung der Erdölvorkommen im Orient wie in anderen Teilen der Welt lag im wirtschaftlichen und militärischen[4] Interesse der Industrienationen, den Verbrauchern der Erdölprodukte. So wundert es nicht, daß die Prospektion im Orient von Europäern und später Amerikanern ausging und daß die Initiatoren zu allererst ihre eigenen finanziellen Belange im Auge hatten. Unter den Machtverhältnissen des ausgehenden 19. und beginnenden 20. Jahrhunderts, dem Zeitalter des Imperialismus, bedeutet dies jedoch, daß auf die Interessenslage der Einheimischen nur geringe Rücksicht genommen wurde. Bei der Erdölsuche und -förderung wurde auf eine Praxis zurückgegriffen, die auch bei anderen wirtschaftlichen Aktivitäten (Handel, Verkehr) von Europäern (hier in erster Linie Briten) in den islamischen Ländern üblich war, die Konzession.

Schon im Jahre 1872 hatte der persische Schah dem Briten Paul Julius Reuter eine Konzession gewährt, die u. a. das Recht übertrug, in Persien Öl zu fördern. Diese war so weitreichend, daß die Interessen anderer Mächte (Rußland) beeinträchtigt schienen und sie im Jahre 1889 rückgängig gemacht wurde, ohne daß es zu Aktivitäten im Erdölbereich gekommen wäre. Im Jahre 1901 jedoch erlangte der (australische) Brite William Knox d'Arcy eine auf Erdölprospektion und -ausbeutung zugeschnittene Konzession, auf deren Grundlage dann 1908 das erste wirtschaftlich verwertbare Öl gefunden wurde. Hiermit war die Zeit individueller Konzessionen vorbei. Das Erdölgeschäft wurde auch im Mittleren Osten Angelegenheit großer, kapitalkräftiger Gesellschaften, die allein die notwendigen Mittel aufbringen und Risiken der Prospektion tragen sowie ihre Interessen gegenüber Konkurrenten und Vertragspartnern mit Nachdruck vertreten konnten. Knox d'Arcy und seine „Exploration Company" brachten die Konzession in die 1909 gegründete „Anglo-Persian Oil Company" (APOC, ab 1935 „Anglo-Iranian Oil Company" AIOC, seit 1954 British Petroleum, BP) ein.

Nach den Erfolgen in Persien wurden nun auch in anderen Ländern des Mittleren Ostens Prospektionen aufgenommen. Für Arbeiten im zur damaligen Zeit türkischen Nordirak wurde (1912) die Turkish Petroleum Company (TCP) gegründet, mit britischen, französischen und niederländischen Anteilseignern. Wenn die Erdölvorkommen der gesamten Region von europäischem Kapital kontrolliert wurden, schienen aber amerikanische Interessen bedroht. Auch im Hinblick auf eine Sicherstellung der eigenen Versorgung konnten daher amerikanische Ölgesellschaften ihre Regierung mobilisieren. Unter deren Druck auf die Europäer gelang es fünf amerikanischen Gesellschaften, ebenfalls einen Anteil an dem in „Iraq Petroleum Company" (IPC) umbenannten Konzessionär zu erwerben (KNAUERHASE 1988:30f.). So konnten diese Ölfirmen ebenfalls im Mittleren Osten Fuß fassen, und in der Folgezeit setzten sich die Gesellschaften, die zum Zweck der Konzessionsvergaben gegründet wurden, hauptsächlich aus Beteiligungen von sieben das Ölgeschäft dominierenden Konzernen zusammen: den „sieben Schwestern" Standard Oil of New Jersey (USA, seit 1972 Exxon/Esso), Royal Dutch/Shell (NL, GB), Texaco (USA), Standard Oil of California (Chevron, USA), Mobil (USA), Gulf (USA), British Petroleum (GB). In Nordafrika, aber auch im Mittleren Osten, spielte zudem die Compagnie Française des Pétroles (CFP/Total) eine Rolle (JOHN/FIELD 1986:100).

Vergleicht man den ökonomischen, im Hintergrund auch politischen Einfluß der Ölkonzerne mit der häufig geringen Macht ihrer einheimischen Verhandlungspartner, die vom Ölgeschäft noch dazu wenig verstanden, so ist es kein Wunder, daß die Ölgesellschaften in der Regel ihre Interessen gegenüber den Konzessionsgebern durchsetzen konnten. Den Konzessionären wurden jeweils exclusiv, für einen langen Zeitraum und ein großes Gebiet die Rechte abgetreten, in eigener Entscheidungskompetenz Öl zu suchen, zu fördern und zu exportieren, das als ihr Eigentum galt. Sie waren zudem ursprünglich von Zollabgaben und Steuern befreit. Als Gegenleistung hatten sie für die Dauer der Konzession festgesetzte Beträge (Royalties, s. u.) an die Regierung zu leisten. Deren Souveränitätsverlust wird zudem daran sichtbar, daß bei Streitigkeiten international besetzte Schiedsgerichte zuständig sein sollten.

Die Ungleichgewichtigkeit und Ungunst solcher Bedingungen wurde mehr und mehr offensichtlich. In den arabischen Ländern konnte zwar 1950 eine neue finanzielle Regelung erreicht werden, die die Einkünfte erhöhte, in Iran kamen im Prinzip ähnliche Bedingungen aber erst als Konsequenz einer harten Machtprobe zwischen den Ölgesellschaften und dem Staat zustande, bei der sich das Ölkartell weitgehend durchsetzen konnte: Die Nationalisierung der Erdölförderung, im Jahre 1951 von der Regierung Mossadeq beschlossen, führte zu einem Boykott persischen Öls auf dem Weltmarkt. Nach einem (von der CIA unterstützen) Putsch im Jahre 1953 verständigte sich die neue Regierung mit den Konzernen dann 1954 auf die Bildung eines internationalen Konsortiums, dem nun auch verschiedene amerikanische Gesellschaften angehörten. Die Nationalisierung des Öls wurde im Prinzip zwar anerkannt, die Ausbeutung jedoch dem Konsortium übertragen. Die National Iranian Oil Company (NIOC) erhielt aber ein Mitspracherecht bei der Festlegung der Fördermengen, und die Abgabengestaltung wurde der der arabischen Länder angeglichen (s. u.).

Trotz solcher Zugeständnisse hatten die Konzerne klar ihre Macht dokumentiert, so daß die einzelnen Regierungen bei allen Wünschen, ihre Erdölproduktion selbst zu kontrollieren, erst einmal auf eine direkte Konfrontation mit den Konzessionären verzichteten. Immerhin aber wurden neue Konzessionen nur noch über kleinere Gebiete und für kürzere Zeiträume (35 — 45 Jahre statt 75 — 95 Jahre) eingeräumt und die Konzessionäre diversifiziert. Zudem konnten mit Neukonzessionären neuartige, für die Öllander weit günstigere Vereinbarungen getroffen werden; die Konkurrenzsituation, die bei dem Versuch nationaler europäischer, unabhängiger amerikanischer und japanischer Ölgesellschaften entstand, im Mittleren Osten Fuß zu fassen, machte dies möglich. Auch hierbei erwies sich Iran oftmals als Vorreiter. Ausgehandelt wurden v. a.

a) Beteiligungen, bei denen der ausländische Teilhaber auf seine Kosten die Prospektion durchzuführen hatte und gefördertes Öl zwischen den Partnern geteilt wurde. Für seinen Anteil mußte der ausländische Partner Steuern (z. B. 50 %) zahlen, wodurch dem Förderland der überwiegende Teil des Ertrags (z. B. 75 %) zufiel.
b) Dienstleistungsverträge, bei denen der ausländische Partner die Kosten der Ölsuche trug, gefundenes Öl aber zu 100 % im Eigentum der nationalen Ölgesellschaft blieb; der ausländische Partner übernahm aber gegen Kommission (versteuerbarer Gewinn aus dem Verkauf eines Teils der Produktion) den Vertrieb der Produkte.
c) Vereinbarungen über eine Aufteilung der Produktion, nach denen die ausländische Gesellschaft einen gewissen Anteil (15—25 %) des Öls erhielt und für ihre Aufwendungen durch Steuervorteile, in „cash" oder „kind" entschädigt wurde.

Diese neuen Formen der Kontrakte, die den Ölstaaten höhere Erträge und größere Verfügungsgewalt über ihre Bodenschätze ermöglichten, betrafen jedoch nicht die alten Konzessionen.

Schon die Gründung der OPEC (Organization of Petroleum Exporting Countries) im Jahre 1960 nach Preisdiktaten der Ölkonzerne, die die Einnahmen der Förderländer schmälerten, hatte den Wunsch nach größeren Einflußmöglichkeiten deutlich gemacht. Seit Mitte der 60er Jahre kam es daher in zahlreichen Ölstaaten zu Nationalisierungsmaßnahmen und anteiligen Übernahmen der Konzessionsträger durch nationale Ölgesellschaften. Algerien machte hier die ersten Schritte im Jahre 1967 und 1971; Irak nationalisierte die Iraq Petroleum Company und ihre Tochterunternehmen 1972/73; Libyen übernahm in mehreren Schritten die Mehrheit an den verschiedenen Fördergesellschaften und nationalisierte widerstrebende Unternehmen völlig. Die Staaten der

Arabischen Halbinsel nationalisierten in der zweiten Hälfte der 70er Jahre — über Mehrheitsbeteiligungen als Zwischenschritte — die auf ihrem Gebiet befindlichen Ölvorkommen und Einrichtungen.

Die Nationalisierung bedeutet nicht in jedem Fall eine Beendigung der Tätigkeit der ausländischen Gesellschaften. Deren Stellung unter den neuen Bedingungen variiert aber. Staaten wie den Vereinigten Arabischen Emiraten, denen das Potential zu eigenen Erschließungsarbeiten fehlt, räumen den Companies, die Förder- und Prospektionsarbeiten durchführen und denen dafür ein Teil der Fördermenge zu einem reduzierten Preis zugestanden wird, auch Entscheidungskompetenzen ein. In anderen Fällen fungieren die ausländischen Unternehmen, wie die ARAMCO in Saudi-Arabien, als Dienstleistungsunternehmen mit Kompetenzen nur im täglichen Arbeitsablauf. Wieder andere Staaten, so Kuwait und nach der Revolution auch Iran, verzichten ganz auf Aktivitäten fremder Gesellschaften im Förderbereich. Mit ihnen werden nur noch (übergangsweise) Abnahmeverträge ausgehandelt, soweit sich die nationalen Ölgesellschaften nicht selbst um von den Ölkonzernen unabhängige Annehmer kümmern.[5]

Binnen etwa eines Jahrzehnts vollzog sich dieser Wechsel im Status der Ölkonzerne, die einstmals die Souveränität der Förderländer in Frage stellten und nun als Auftrags- und Abnehmer tätig werden. Daß er möglich wurde, ist sicherlich mit eine Folge der Diversifizierung der beteiligten Gesellschaften, die bei selektiven Aktionen, wie sie in der ersten Phase der Nationalisierungen vorherrschten, solidarische Boykottmaßnahmen unwahrscheinlicher machte. Die Konzerne hatten zudem ihre Bezugsquellen zum großen Teil ebenfalls diversifiziert. Daneben gelang es ihnen über Verhandlungen, außer Entschädigungen auch feste Lieferzusagen zu erhalten, so daß ihre Versorgung gesichert erschien — ein wichtiger Punkt nach den Erfahrungen der „Ölkrise" (1973). Die politische Situation — die mächtigen amerikanischen Ölgesellschaften, die 1955 über 50 % der Ölförderung des Mittleren Ostens kontrolliert hatten, waren v. a. in konservativen, westliche orientierten Staaten aktiv — half ebenfalls, eine Machtprobe zu verhindern.[6] Auch verbuchten die Ölkonzerne weiterhin steigende Gewinne.

Ein wesentlicher Aspekt der dargestellten Entwicklung ist die finanzielle Seite der Kontrakte. Zwar waren auch bei den früheren Konzessionen die Zahlungen der Ölfirmen — die oft nicht vertragsgemäß geleistet wurden — für die Landesherren eine willkommene Ergänzung ihrer (z. T. Privat-) Einnahmen, doch blieben sie insgesamt gesehen bescheiden. Die Konzession der APOC beispielsweise sah neben einer einmaligen Zahlung von 20.000 Pfund Sterling und einem Aktienpaket in gleicher Höhe die Überlassung von 16 % des Reingewinns bei kommerzieller Förderung des Erdöls vor. Da den Zahlungsverpflichtungen — aus welchen Gründen auch immer — nicht in Iran zufriedenstellendem Maße nachgekommen wurde,[7] wurde 1933 — neben Dividendenzahlungen — der Umfang der Royalties an die Fördermenge gekoppelt (und nahm daraufhin zu). Die Abhängigkeit der Zahlungen der Ölgesellschaften von der geförderten Ölmenge war in den Konzessionsverträgen im Arabischen Raum allgemein üblich.[8]

Vor dem Hintergrund von Entwicklungen in Venezuela[9] gelang es verschiedenen Regierungen der islamischen Welt, eine finanzielle Besserstellung zu erreichen (so Saudi-Arabien, Irak und Kuwait 1950/51, Iran 1954). Der „Profit" (Listenpreis[10] abzüglich der Produktionskosten) fiel nun als Einkommensteuer zu 50 % den Förderländern zu, was z. B. im Falle Saudi-Arabiens die Einnahmen von ca. 22 Cents auf 80 Cents pro Barrel anhob. Durch die Abnötigung von Rabatten u. a. fielen die Erhöhungen oft aber weit geringer aus. Unter diesem System wurden die Royalties von den Konzernen als Teil der 50 %-Abgabe angesehen. Nach Gründung der OPEC[11] konnte im Jahre 1974 über Verhandlungen jedoch erreicht werden, daß — den internationalen Gepflogenheiten entsprechend — die Förderzinsen zusätzlich zur Besteuerung des Gewinns (Listenpreis abzüglich Produktionskosten und Royalties) zu entrichten waren. Z. T. konnte in der Folgezeit der Steuersatz auch über 50 % hinaus angehoben werden.

Ein neuer Verteilungsschlüssel folgte aus den Nationalisierungen und Beteiligungsverträgen, da nun der Anteil der Konzerne wie ehedem mit Förderzins und Steuern belastet war, zudem aber dem Ölland eigenes Öl zur Verfügung stand, das die Konzerne zu einem Preis, der über den Abgaben für ihren Anteile lag, rückkaufen oder aber der Staat auf dem freien Markt absetzen konnte. Um das dadurch entstehende gesplittete Preisniveau zu verhindern, wurden im Jahre 1974 Förderzinsen und Steuern für den Konzernanteil auf 20 % resp. 85 % erhöht und der Listenpreis leicht reduziert. In der Folge wurde daher (seit 1975) zumindest in den OPEC-Ländern der staatliche Verkaufspreis ausschlaggebend.

Die Preisgestaltung von Rohöl, die in Verbindung mit dem Verteilungsschlüssel der Gewinne und der Fördermenge die Einkünfte der Förderländer bestimmt, ist nicht nur Marktmechnismen unterworfen. Dies belegen schon Absprachen zwischen den Konzernen in den 20er Jahren,[12] die bei Nahostöl hohe Gewinnspannen erlaubten, selbst wenn der Preis im Jahre 1935 noch unter einem US-Dollar lag.

Wenn die Preise auch Schwankungen unterworfen waren — so Preissteigerungen nach dem 2. Weltkrieg auf über 2 US-Dollar pro Faß, gefolgt von einem Rückgang um fast 30 % in den folgenden sechs Jahren (trotz Irankrise!) — so blieben sie bis zum Ende der 50er Jahre doch für die heutigen Verhältnisse niedrig. Nach einer Preissteigerung infolge der Suezkrise (1957) auf über 2 Dollar sanken sie aufgrund eines Überangebots 1959/60 so weit, daß — wie angeführt — auch die Listenpreise, von denen die Einkünfte der Förderländer abhingen, einseitig durch die Konzerne reduziert wurden, was die Bildung der OPEC initiierte: In den ersten Jahren seines Bestehens führte dieser Zusammenschluß noch nicht zu einer Veränderung an der Preisfront.[13] Nach Abwertungen des Dollar, dem Zahlungsmittel bei Ölgeschäften, und wieder wachsenden Gewinnen der Konzerne gab die OPEC jedoch im Oktober 1973 einseitige Preiserhöhungen bekannt. Zudem drohte die Organisation Arabischer Ölexportierender Länder (OAPEC) als Reaktion auf den Oktoberkrieg Israels mit Ägypten und Syrien, die „Ölwaffe“ einzusetzen. Zum einen wurde ein Rückschrauben der Fördermenge beschlossen, zum anderen die USA und die Niederlande wegen ihrer Unterstützung Israels mit einem Lieferembargo belegt. Die hieraus resultierende Verknappung vor Wintereinbruch führte zu extremen Preissteigerungen auf dem Ölmarkt. Der Listenpreis stieg zum 1. 1. 1974 um 130 %, obwohl sich hiermit bereits wieder eine Stabilisierung abzeichnete. Die Produktionseinschnitte wurden gestoppt. Auch das Embargo gegen die USA und die Niederlande wurde (nach dem ägyptisch-israelischen Waffenstillstand) im März bzw. Juli 1974 aufgehoben.

Abb. 46: Entwicklung des Erdölpreises (in US $) 1900-1988

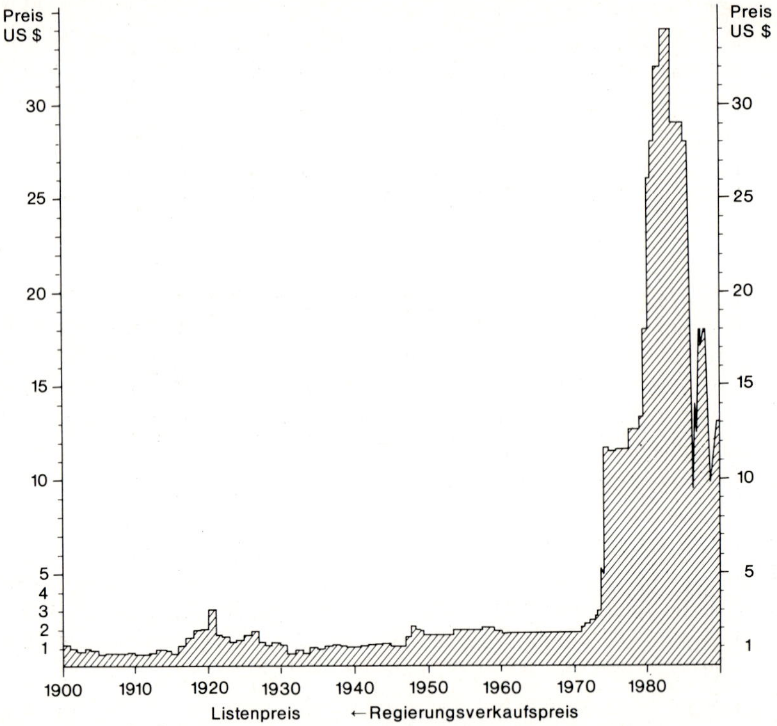

Es ist hier nicht der Ort, die Verhandlungen der OPEC und die Preisentwicklung im einzelnen nachzuzeichnen (vgl. dazu z. B. JOHNS/FIELD 1986). Das Ergebnis waren bis zum Jahre 1982 stufenweise Preissteigerungen — verstärkt nach der Revolution in Iran 1979 — (vgl. Abb. 46), die zu Beginn des Jahres 1982 zu dem elffachen des Preises vor Beginn der Ölkrise geführt hatten (34 US-Dollar/b). Dann setzte ein anfangs noch gemäßigter Rückgang ein, der aber um die Jahreswende 1985/86 in einen Preissturz überging und im September 1986 einen Tiefstand von nur 9,50 Dollar/b erreichte. Im Jahre 1987 stieg der Preis für ,,Arabian Light", der Referenzqualität, auf die sich alle Preisangaben beziehen, zwar wieder auf 17 Dollar/b, lag 1988 im Durchschnitt aber nur bei 13,50 Dollar/b. Derzeit (1989) versuchen die OPEC-Mitglieder, den Preis bei 18 Dollar/b zu stabilisieren.

Hinter diesem drastischen Fall des Ölpreises steht eine Überproduktion und der Umstand, daß der Anteil der OPEC an der Welterdölförderung von 44 % im Jahre 1980 auf 34 % im Jahre 1988 gesunken ist. Die hohen Rohölpreise, die die OPEC durchsetzte, ließen die Erschließung von Ölquellen durch Nicht-OPEC-Mitglieder rentabel werden, die bei niedrigem Preisniveau nicht wirtschaftlich betrieben werden könnten (z. B. die Off-shore-Förderung in der Nordsee). Zudem hatten die hohen Preise Ener-

Tabelle 11: Förderung und Reserven von Erdöl in den Ländern des Islamischen Orients

Land	Beginn kommerz. Förderung	Rohölförderung (in Mio. t)																	Reserven
		1915	1920	1925	1930	1935	1940	1945	1950	1955	1960	1965	1970	1975	1980	1985	1986	1987	1988
Bahrain	1934	—	—	—	—	—	—	—	1.5	1.5	2.3	2.8	3.8	3.1	2.4	2.1	2.1	2.0[5]	14[4]
Irak	1934	—	—	—	—	3.7	2.5	4.6	6.6	33.7	47.5	64.5	76.6	110.1	130.0	68.6	82.7	101.8	13.417
Iran	1912	0.46	1.63	4.6	6.0	7.6	8.8	17.1	32.0	16.4	52.1	92.4	191.7	266.7	76.4	109.4	93.4	113.4	12.694
Jemen (A.R.)	1987	—	—	—	—	—	—	—	—	—	—	—	—	—	—	—	—	0.5	137
Jemen (DRV)	1987	—	—	—	—	—	—	—	—	—	—	—	—	—	—	—	—	0.3	463
Katar	1949	—	—	—	—	—	—	—	0.1	5.5	8.2	11.0	17.2	20.0	22.8	14.5	16.0	15.1	417
Kuwait	1946	—	—	—	—	—	—	—	17.2	55.0	81.9	107.4	137.4	92.1	81.4	47.3	71.6	61.4	12.736
Oman	1967	—	—	—	—	—	—	—	—	—	—	—	17.2	16.5	14.0	24.3	27.5	28.3	551
Saudi-Arabien	1938	—	—	—	—	—	0.7	2.9	26.9	47.1	62.1	99.6	176.9	339.3	494.4	158.2	251.3	209.6	34.464
Syrien	19??	—	—	—	—	—	—	—	—	—	—	—	4.3	9.6	8.4	8.8	9.7	12.0	249
Türkei	1949	—	—	—	—	—	—	—	0.0	0.2	0.3	1.6	3.5	3.1	2.7	2.1	2.4	2.3[5]	53[4]
VAE[1]	1962	—	—	—	—	—	—	—	—	—	—	13.6	37.6	81.9	82.6	58.2	66.3	72.5	12.893
Neutrale Zone[2]	1954	—	—	—	—	—	—	—	—	—	1.3	7.3	19.1	26.7	25.4	—	—	—	763
Nordafrika																			
Ägypten	1911	0.04	0.15	0.2	0.3	0.2	0.2	0.5	2.3	1.8	3.3	6.5	20.9	11.7	30.1	44.9	40.9	45.9	594
Algerien	1914[3]	—	—	—	—	—	—	—	0.0	0.1	8.5	26.0	47.3	45.1	51.5	31.3	27.9	29.5	1.070
Libyen	1961	—	—	—	—	—	—	—	—	—	—	58.8	159.2	72.4	85.9	49.2	49.7	46.8	2.899
Marokko	1934	—	—	—	—	—	—	—	0.0	0.1	0.1	0.1	0.0	0.0	0.0	0.0	0.0	0.0	
Tunesien	1966	—	—	—	—	—	—	—	—	—	—	—	4.1	4.6	—	—	—	—	
Mittlerer Osten						11.5	13.7	26.4	85.5	160.5	261.3	410.4	694.0	964.5	917.3	493.7	623.0	619.6	88.855
Nordafrika						0.2	0.2	0.5	2.3	2.0	11.9	91.4	231.5	133.8	167.5	125.4	118.5	122.2	
Welt gesamt						235.8	293.1	365.7	538.5	797.5	1082.2	1546.2	2340.6	2699.6	3089.1	2762.2	2916.9	2909.8	134.483

1 vor 1974 Abu Dhabi und Dubai
2 zu je 50 % an Saudi-Arabien und Kuwait, ab 1980 in deren Fördermenge enthalten
3 im Tellgebiet, im Sahararaum 1958
4 Stand 1987
5 Vorläufiger Wert (Schätzung)
0,0 = 0 < x < 50.000 t.

Quellen: Das Buch vom Erdöl, 1978:724—727; ESSO AG: Oeldorado '88

giesparmaßnahmen und eine gewisse Umstellung auf andere Energieträger (Atomkraft) zur Folge. Dies ließ im Erdölbereich Überkapazitäten entstehen, so daß die hohen Preise nicht mehr aufrecht erhalten werden konnten. Zudem liefen die Interessen der OPEC-Mitglieder im Gefolge des iranisch-irakischen Krieges auseinander, so daß man sich nicht auf eine gleichmäßige Reduzierung der Förderung verständigen konnte.[14] So fielen nach einer Zeit stabilen Wachstums (vgl. auch Tab. 11) die Fördermengen bis 1985 in den Ländern des Mittleren Ostens und Nordafrikas zwar insg. auf 88 % des Wertes von 1982. Dies geht aber weitgehend auf eine Drosselung der Produktion in Saudi-Arabien zurück (1985: 54 % der Förderung von 1982), während Staaten wie Iran und Irak, die ihre Kriegsausgaben über Ölexporte finanzierten, aber auch Kuwait die Förderung ausweiteten und andere etwa ihre Position hielten.

5.1.3 Erdöleinkünfte und ihre Verwendung

Die Entwicklung bei Preis und Fördermenge hatte einen entscheidenden Einfluß auf die Einnahmen der Förderländer. Während diese in der Anfangsphase Einnahmesteigerungen (aus Royalties) nur über Produktionssteigerungen erreichen konnten, spielte eine Veränderung des Verteilungsschlüssels bei den Einnahmesteigerungen der 50er Jahre eine entscheidende Rolle. Mit dem „Ölschock" des Jahres 1973 sind dann die Rohölpreise der wichtigste Faktor für das Wachstum der Einnahmen (Tab. 12).

Der aus Preiseinbruch und Mengenreduktion resultierende Einnahmerückgang — in Saudi-Arabien von 1981 bis 1985 um 75 % — muß die Förderländer um so härter treffen, als deren Staatshaushalt hauptsächlich von den Erdöleinnahmen abhängig ist. Abgesehen von Algerien, das inzwischen über eine diversifizierte Produktions- und Einnahmestruktur verfügt, kommen die Einkünfte aus der Ölförderung in allen in Tabelle 12 aufgeführten Staaten, aber auch in Bahrain und Oman, um 1983/84 für 2/3 bis 9/10 des Staatshaushalts auf,[15] z. T. jedoch mit leicht abnehmender Tendenz. Der Einnahmesturz ließ sich daher kaum durch andere Einkünfte abfangen (Steuern werden oft nicht oder nur sehr zurückhaltend erhoben); z. T. ließen sich Reserven oder Kredite mobilisieren, im allgemeinen blieb nur eine Reduktion der Ausgaben.

Weitgehend mit Einnahmen aus dem Ölsektor finanziert werden zum einen die laufenden Ausgaben der Verwaltung, zum anderen Entwicklungsausgaben in verschiedenen Bereichen. In nicht wenigen Staaten schnellten die Militärausgaben zu Beginn der 70er Jahre steil in die Höhe. Vor allem Saudi-Arabien und Iran, in zweiter Linie auch Ägypten, Irak, Syrien, Libyen und Kuwait rüsteten auf, aber auch die kleineren Staaten leisteten sich z. T. verhältnismäßig hohe Militärausgaben. Bürgerkriege (Oman), der Krieg mit Israel (Ägypten, Syrien), Vormachtgelüste und Bedrohungsgefühle sind für solch hohe Ausgaben verantwortlich, die in Oman und Ägypten, beides Länder mit relativ geringen Öleinnahmen, im Jahre 1975 ein Drittel des Bruttoinlandsproduktes erreichten (SIPRI 1980:63). In der ersten Hälfte der 80er Jahre beliefen sich die Rü-

Tabelle 12: Regierungseinnahmen aus der Erdölförderung (in Mrd. US-Dollar

Jahr	Iran	Irak	Katar	Kuwait	Saudi-Arabien	V. A. E.	Algerien	Libyen
1985	14,00	12,00	3,00	9,00	28,00	12,00	8,00	10,00
1984	15,00	10,40	4,40	10,80	43,70	13,00	9,70	10,40
1983	20,00	8,40	3,00	9,90	46,00	12,80	9,70	11,20
1982	19,00	9,50	4,20	10,00	76,00	16,00	8,50	14,00
1981	8,50	10,40	5,30	14,80	113,30	18,70	10,80	15,70
1980	11,60	26,50	5,20	18,30	104,20	19,20	11,70	23,20
1979	18,80	21,20	3,10	16,30	59,20	13,00	7,50	15,20
1978	20,90	11,60	2,20	9,50	36,70	8,70	5,40	9,30
1977	23,00	9,50	1,90	8,50	38,00	8,00	5,00	9,40
1976	22,00	8,50	2,00	8,50	33,50	7,00	4,50	7,50
1975	20,50	8,00	2,00	7,50	27,00	6,00	4,00	6,00
1974	22,00	6,00	1,65	8,00	29,00	4,30*	3,50	6,00
1973	5,60	1,90	0,60	2,80	7,20	1,20*	1,10	3,00
1972	2,31	0,58	0,26	1,66	3,11	0,55*	0,70	1,60
1971	1,87	0,84	0,20	1,40	2,16	0,43*	0,32	1,77
1970	1,09	0,52	0,12	0,90	1,20	0,23*	0,33	1,30
1969	0,94	0,48	0,12	0,81	1,01	0,19*	0,30	1,13
1968	0,82	0,48	0,11	0,77	0,97	0,15*	0,26	0,95
1967	0,74	0,36	0,10	0,72	0,85	0,11*	0,20	0,63
1966	0,59	0,39	0,09	0,71	0,78	0,10*	0,15	0,48
1965	0,52	0,38	0,07	0,67	0,66	0,03*	0,10	0,37
1964	0,47	0,35	—	0,62	0,55	—	0,07	0,20
1963	0,40	0,31	0,06	0,56	0,49	—	0,04	0,11
1962	0,33	0,27	0,06	0,53	0,45	—	0,04	0,04
1961	0,30	0,27	0,05	0,46	0,40	—	—	—
1960	0,29	0,27	0,05	0,47	0,36	—	—	—
1959	0,26	0,24	0,05	0,41	0,32	—	—	—
1958	0,25	0,22	0,06	0,43	0,31	—	—	—
1957	0,21	0,14	0,05	0,34	0,32	—	—	—
1956	0,14	0,19	—	0,31	0,30	—	—	—

* nur Abu Dhabi

Quellen: The Middle East and North Africa 1965—66, 1967—68, 1976—77, 1987, London 1965 ff.

stungsausgaben im Falle Omans auf über 2/5 des Staatshaushaltes, sonst meist zwischen 1/7 und 1/4 des Etats.[16] Lediglich Algerien übt auf diesem Gebiet Zurückhaltung (1970—1977 ca. 2 % des BIP, 1980—1985 um 4 % des Staatsbudgets).

Die für Rüstung ausgegebenen Mittel fehlen zivilen Entwicklungsausgaben.[17] Denn in zahlreichen Bereichen hatten und haben die Förderländer einen hohen Investitionsbedarf. Zum einen war in den meisten Staaten die Gesundheitsversorgung der Bevölkerung unterentwickelt. Lebenserwartungen bei der Geburt von unter 60 Jahren, eine z. T. äußerst mangelhafte Versorgung mit medizinischem Personal[18] und andere Indikatoren weisen darauf hin. Inzwischen konnten mit dem Aufbau von Gesundheitsdiensten, Krankenhäusern und einer meist kostenlosen Versorgung der Bevölkerung beträchtliche Erfolge erzielt werden. Die Zahl von Ärzten und Pflegepersonal, z. T. ausländische Kräfte (vgl. Kap. 6.1), wie auch der Krankenhausbetten hat zugenommen, und die Lebenserwartung ist stark gestiegen (auf — z. T. beträchtlich — über 60 Jahre). Besonders hochwertig ist die medizinische Versorgung inzwischen in den kleinen Golfstaaten (Kuwait, Katar), während in den Flächenstaaten wie Saudi-Arabien trotz des Baus zahlreicher hochmoderner Krankenhäuser in den Städten[19] die ländlichen Regionen noch immer unterversorgt sind.

Für eine wirtschaftliche Entwicklung der Förderländer erwies sich vor allem auch der niedrige Bildungsstand der Bevölkerung als Hindernis. So lag in den Förderländern zu Beginn der 60er Jahre die Alphabetisierungsrate der Bevölkerung (älter als 15 Jahre) in der Regel unter 20 %, in den rückständigsten Ländern noch weit darunter (Saudi-Arabien 3 %). Nur Kuwait machte mit 47 % eine rühmliche Ausnahme. Vor allem auf der Arabischen Halbinsel war der Anteil der Kinder, die eine Grundschule besuchten, gering, bei den Mädchen noch geringer als bei Jungen,[20] von dem Besuch weiterführender Ausbildungsstätten ganz zu schweigen. Qualifiziertes Personal für zahlreiche Aufgaben fehlte. Daher investierten die Förderländer recht bedeutsame Summen in den Bildungsbereich. Algeriens Anstrengungen sind hier besonders groß, sie machen in den 70er und 80er Jahren um 20 % des Staatshaushaltes aus. In den anderen Staaten schwankt der Anteil um 10 %, zum größten Teil laufende Ausgaben. Ein Erfolg blieb diesen Bemühungen nicht versagt. Trotz einer stark wachsenden Bevölkerung konnte fast überall die Alphabetisierungsrate bis zur Mitte der 80er Jahre auf über 50 % gebracht und der Schulbesuch, auch der der Mädchen, stark gefördert werden. Dies gilt nicht nur für eine Basisausbildung an Grundschulen, sondern auch für einen weiterführenden Schul- und Universitätsbesuch, wenngleich das Geschlechterverhältnis der Schüler — v. a. in den höheren Bildungsabschnitten und in den konservativen Staaten — noch immer nicht ausgeglichen ist.

Ein großes Aufgabenfeld stellt die verkehrsmäßige Erschließung des Landes dar, Voraussetzung jeder wirtschaftlichen Entwicklung. Abgesehen von Algerien, wo schon während der Kolonialzeit ein Ausbau des Verkehrsnetzes stattgefunden hatte, war die Ausgangslage in sämtlichen der wichtigen Förderländer äußerst schlecht. So wurde ein beträchtlicher Teil der steigenden Erlöse aus der Erdölproduktion in die technische Infrastruktur investiert. Da auf der Arabischen Halbinsel und in Libyen ein ausgedehntes Eisenbahnnetz nicht existiert, kommt für die Erschließung des Landes in den Flächenstaaten dem Straßenbau die wesentliche Rolle zu. In den 70er und 80er Jahren wurde das Straßennetz stark ausgeweitet.[21] Die Straßen sind zwar nur z. T. befestigt, z. T. aber auch, gerade in den Golfstaaten, auf großzügige Weise ausgebaut.

Dem Straßen- steht der inländische wie internationale Luftverkehr zur Seite. Die Ölstaaten besitzen eigene oder gemeinsam betriebene Luftverkehrsgesellschaften und zahlreiche gut ausgebaute Flughäfen. Vor allem in den Vereinigten Arabischen Emiraten, die über fünf z. T. eng benachbarte Flughäfen verfügen, sind auf diesem Gebiet bereits Überkapazitäten entstanden. Der Ausbau entspricht oft neben praktischen Erfordernissen auch einem Bedürfnis nach Selbstdarstellung. So kostete der 1983 eröffnete ,,King Khaled"-Flughafen in Riad, der an vier Terminals 7,5 Mio. Passagiere pro Jahr abfertigen kann, 5 Mrd. US-Dollar und der Flughafen ,,King Abd el-Aziz" in Djidda (eröffnet 1981), über den der Pilgerverkehr abgewickelt wird, 4,4 Mrd. US-Dollar (The Middle East and North Africa 1987:692, 707). Saudi-Arabien verfügt zudem über zahlreiche weitere Flughäfen.

Für den internationalen Schwergutverkehr kommt in erster Linie ein Seetransport in Betracht. Da hier große Kapazitätsprobleme bestanden, kommt dem Hafenausbau (neben Ölterminals Industrie- und Handelshäfen) eine besondere Bedeutung zu. Vor allem an der Golfküste sind zahlreiche neue Häfen entstanden, andere etablierte Häfen wurden ausgebaut und modernisiert. In Iran betrifft dies v. a. Chorramschahr, Bandar Schahpur und Bandar Abbas (vgl. KORTUM 1971, SCHWEIZER 1972). An der arabischen Küste des Golfes gilt Mina Djebel Ali in Dubai, ein unter hohem Aufwand künstlich angelegter Tiefwasserhafen mit (1981) 66 Anlegestellen als der spektakulärste. Am Roten Meer ist der Hafen Djidda von großer Bedeutung, über den die Hälfte der auf dem Seeweg nach Saudi-Arabien gelegenen Importe angelandet und zudem der Pilgerverkehr abgewickelt wird. Ein neuer Industriehafen südlich des alten Handelshafens Yanbu wird mit dem Ausbau dieses Ortes als industrieller Entwicklungspol wohl einen größeren Stellenwert gewinnen (vgl. Kap. 5.2.1; The Middle East and North Africa 1987).

Neben dem Verkehrs- wurde auch das Kommunikationsnetz ausgebaut und auf einen leistungsfähigen Stand gebracht. Vor allem in Bahrain, Katar, Kuwait und den V A E ist das Fernsprechnetz dicht, mit 13 bis 23 Anschlüssen auf 100 Einw. dichter als z. B. in der DDR (1986: 10 Anschlüsse pro 100 Einw.). In weniger stark städtisch geprägten Räumen bzw. Staaten sind aber die Zahlen erwartungsgemäß weit geringer. Höher ist die Zahl der Fernsehempfänger, bei denen es sich ja um Statussymbole handelt. In den Ölförderländern der Arabischen Halbinsel entfällt zumindest auf jede fünfte Person ein Empfangsgerät. In das Verkehrs- und Nachrichtenwesen investierten die einzelnen Förderländer in der ersten Hälfte der 80er Jahre etwa 10—20 % der Entwicklungs-/Kapitalausgaben der öffentlichen Hand.

Aufgrund der Aridität des Raumes ist die Wasserversorgung ein großes Problem. Zu diesem Zweck wurden in den arabischen Golfstaaten zahlreiche Meerwasserentsalzungsanlagen eingerichtet. Zur Stromversorgung wurden Kraftwerke angelegt. In die Energie- und Wasserwirtschaft fließen in den 80er Jahren z. T. ein Drittel und mehr der Entwicklungsausgaben. In verschiedenen arabischen Golfstaaten kommen zudem Aufwendungen für eine Kanalisation hinzu.

Ins Auge fallen besonders die umfangreichen öffentlichen Bauvorhaben. Diese beschränken sich nicht auf einzelne Repräsentativbauten, sondern haben am Golf ganze Städte erfaßt und neu- oder umgestaltet (vgl. z. B. CORDES/BONINE 1983; WIRTH 1988)[22]. In solche Zusammenhänge werden auch private Baumaßnahmen einbezogen, die aber über Kredite und andere Vergünstigungen staatlich gefördert werden.

U. a. im Rahmen von Wohnungsbauprogrammen versuchen die Regierungen zudem einen gewissen Umverteilungseffekt zu erzielen, durch den die einheimische Bevölkerung an den ,,Segnungen des Ölreichtums" teilhaben soll. In allen Staaten werden hierfür gewisse Summen zur Verfügung gestellt. Von der öffentlichen Hand gebaut wird weitgehend Wohnraum für untere Einkommenskategorien in Low-cost-housing-Projekten. Diese sind auf der Arabischen Halbinsel im städtischen wie ländlichen Raum entstanden und beherbergen nicht selten seßhaft gewordene Beduinen (SCHOLZ 1987:96). Die staatlich erstellten Wohnungen können dann kostenlos oder durch Mietkauf zu einem Bruchteil des Erstellungspreises erworben werden. Neben dem Häuserbau durch staatliche Stellen wird Wohnungseigentum auch durch günstige Überlassung von Grundstücken und billige oder zinslose Kredite gefördert.[23] Diese Förderung stützt indirekt die private Bauwirtschaft, zu deren Boom private Baumaßnahmen wesentlich beitrugen.

Die bisher genannten Verwendungsbereiche der Öleinnahmen verändern zwar die Lebensbedingungen in den Ölförderländern, werfen aber keinen direkten Ertrag ab. Investitionen in einen eigenen industriellen Sektor, auf die im folgenden Kapitel eingegangen wird, sind eine Möglichkeit, dies zu erreiche. Aber verschiedenen Faktoren, darunter die anfänglich mangelhafte Infrastruktur und der Umstand, daß die Aufnahmefähigkeit der eigenen Wirtschaft z. T. überfordert war, führten zu einer Verlagerung von Investitionen ins Ausland. Eine Anlage in Immobilien, die anfangs vorherrschte und vor allem privat angeeignetes Kapital aufnahm, wurde in den 70er Jahren ergänzt durch staatliche Industriebeteiligungen wie durch Anlagen auf westlichen Kapitalmärkten. Diese erreichten teilweise einen solchen Umfang, daß Kuwait mit den Erträgen in der ersten Hälfte der 80er Jahre knapp ein Drittel seines Staatshaushaltes finanzieren konnte.

Aber nicht nur solche Investitionen werden getätigt, die sich für den Anleger finanziell auszahlen. Gerade die arabischen Golfstaaten leisten eine umfangreiche Entwicklungshilfe über verschiedene nationale wie multinationale Organisationen, so dem „Arab Fund for Economic and Social Development" und der „Islamic Development Bank". Die absolut größten Geldmittel stammen aus Saudi-Arabien: 1980 und 1981 wurden mehr als 5 Mrd. US-Dollar für Entwicklungshilfe bereitgestellt. Aber auch Kuwait und die Vereinigten Arabischen Emirate leisten beträchtliche Zahlungen. Die Länder der OAPEC (Organization of Arab Petroleum Exporting Countries) insgesamt stellten im Jahre 1980 mehr als 9,5 Mrd. US-Dollar zur Verfügung[24], ein Betrag, der sich bis 1985 infolge der Ölpreisentwicklung aber auf 38 % dieser Summe reduzierte.[25]

Gemessen als Anteil am BSP ist die Entwicklungshilfe der arabischen Golfstaaten weit größer als die der westlichen Industrieländer. In der zweiten Hälfte der 70er Jahre erreichte sie teilweise (Saudi-Arabien, V.A.E.) mehr als 8 % des BSP, ging dann aber — abgesehen von Saudi-Arabien und Kuwait (1986: 4,5 bzw. 3 %) — auf weniger als 1 % des BSP zurück.

Zu den Empfängern solcher Entwicklungshilfe zählten in erster Linie arabische Staaten, daneben in Asien und Schwarzafrika hauptsächlich islamische Länder oder solche mit starken muslimischen Minderheiten. Wenn auch die Hilfen aus islamischem Verständnis heraus interpretiert werden können — Bodenschätze wie das Erdöl gelten als Gemeinbesitz der *umma*, auch hat der Reiche den Armen zu unterstützen (vgl. Kap. 2.2.2) — sind diese doch nicht ganz uneigennützig. Zum einen werden sie vom Hauptgeldgeber eingesetzt, um eine Form des Islam zu fördern, die seinem Religionsverständnis entspricht, zum zweiten wird von den Geberländern der Arabischen Halbinsel mit diesen Mitteln ein gutes Klima für ihre konservative Politik erzeugt. Die Aufwendungen „revolutionärer" oder „fortschrittlicher" Staaten fallen demgegenüber weit zurück.

Auch bei der eigenen Bevölkerung soll eine Umverteilung eines Teils der Ölerträge für „good will" und Staatstreue sorgen und revolutionären Tendenzen den Boden entziehen. Neben der Unterstützung des Erwerbs von Wohnungseigentum, kostenloser Ausbildung und Gesundheitsversorgung, die schon genannt wurden, wird beispielsweise z. T. auf die Erhebung von Steuern verzichtet oder diese Belastung gering gehalten. In einigen Staaten werden Nahrungsmittel subventioniert.[26] Daneben werden andere Güter (Wasser, Benzin) zu niedrigen, oft nicht kostendeckenden Preisen angeboten, Stipendien und gut dotierte Positionen vergeben, ohne daß entsprechende Leistungen erwartet werden etc.

Solch „unverdiente Einkommen", die aus der Umverteilung von Öleinnahmen aus staatlichen in private Hände resultieren und zu denen Spekulationsgewinne und Einnahmen aus der Abschöpfung der Entlohnung von Ausländern (vgl. Kap. 6.1.2) u. a. treten, haben auch von privater Seite zu einer starken Nachfrage nach Konsumgütern geführt. Gemeinsam mit staatlichen und privaten Investitionen folgt hieraus ein Wachstum des Importvolumens, was dem einheimischen Importhandel hohe Umsätze beschert.[27] Allein Saudi-Arabien führte im Jahre 1986 Waren im Werte von mehr als 19 Mrd. US-Dollar ein (das entspricht fast einem Viertel des BIP), zu einem Fünftel Nahrungsmittel und Rohstoffe, zu einem Drittel Maschinen, Fahrzeuge und Güter der Elektrotechnik, der Rest entfiel auf Güter des sonstigen verarbeitenden Gewerbes (Möbel, Bekleidung usw.). Die anderen Ölexporteure weisen bei niedrigeren Importwerten eine in etwa vergleichbare Struktur ihrer Importe auf.

Neben Waren für den privaten Verbrauch und Investitionsgütern mußten auch in allen angeführten Entwicklungsbereichen die meisten wichtigen Leistungen (Planungen, Implementierung von Projekten) von ausländischen Firmen (meist Amerikaner, Europäer oder Ostasiaten) bezogen werden. So fließt letztlich ein großer Teil der für Erdöl eingenommenen Devisen für Konsum- und Investitionsgüter sowie Dienstleistungen in die Industrieländer zurück. Gewisse Einschränkungen dieses z. T. recht schnellen Rückflusses hat es jedoch in den letzten Jahren gegeben. In Saudi-Arabien beispielsweise müssen inzwischen bei von ausländischen Unternehmen ausgeführten staatlichen Projekten einheimische[28] Subunternehmer mit mindestens 30 % beteiligt werden. Auch internationale Finanzgeschäfte können seit einiger Zeit über eigene Banken abgewickelt werden.

Um die Abhängigkeit von Nahrungsmittelimporten zu reduzieren, wird in den meisten Förderländern auch in den landwirtschaftlichen Bereich investiert. Länder wie Algerien und Irak[29] weisen im Mediterranbereich oder im Stromtiefland ein relativ hohes landwirtschaftliches Potential auf. In den Wüstenstaaten der Arabischen Halbinsel oder in Libyen steht jedoch einem Ausbau der Landwirtschaft vor allem der Wassermangel entgegen, der nur durch technisch aufwendige, kostspielige Maßnahmen zur Grundwassererschließung und -verteilung behoben werden kann. In Libyen (Kufra-

Oasen) und Saudi-Arabien kommen kreisende, selbstfahrende Sprinkleranlagen über kreisrunden Nutzflächen zum Einsatz. Saudi-Arabien soll es gelungen sein, bei einer Steigerung der Weizenproduktion von 3.000 t im Jahre 1975/76 auf 1,4 Mio. t 1984 zu einem Getreideexporteur zu werden. Die oft hohe Produktivität solcher Unternehmungen (meist mit Agrobusinesscharakter) darf jedoch nicht darüber hinwegtäuschen, daß die Produktionskosten enorm sind (hoher Energie-, Dünger-, Pestizid- und Lohnaufwand) und die Erträge nur subventioniert abgesetzt werden können, sollen sie gegenüber Importen konkurrenzfähig sein (vgl. BARTH 1987). Auch abgesehen von Beschränkungen der Wasserverfügbarkeit lassen sich solche Projekte nur so lange aufrecht erhalten, wie günstige Öleinnahmen ein subventionierten Betrieb gestatten.

Neben dem Ausbau der Landwirtschaft hat unter Einsatz der Ölmittel der Aufbau einer eigenen Industrie begonnen, die einen Teil der Importe durch eigene Produkte ersetzen kann. Auf diese Industrialisierung ist im folgenden einzugehen.

Zuvor bleibt aber festzuhalten, daß dem Erdöl im Kontakt zwischen „Ost" und „West", zwischen der islamischen Welt und Europa/Amerika, in unserem Jahrhundert eine wichtige Funktion zukommt. An ihm entzündete sich das Interesse westlicher Mächte an für sie bis dahin weitgehend „bedeutungslosen" Regionen, oder es lieferte diesem neue Nahrung. Zum zweiten bildet das Öl in zahlreichen Staaten die Basis für eine immer stärker werdende Einbindung in den Welthandel. Die ins Land fließenden Dollars und Güter sind aber begleitet von einem Lebensstil, der in vielem — wenn auch diese oftmals karikierend — an westlichen Verhaltensweisen orientiert ist. Die Ölförderung leistet somit einer, wenn auch selektiven, „Verwestlichung" Vorschub, ein Problemkreis, auf den weiter unten zurückzukommen sein wird.

Anmerkungen Kapitel 5.1

1. Die meisten Theorien, die einen anorganischen Ursprung annehmen, sind ausgesprochen veraltet und nur von historischem Interesse. Nach einer neueren Theorie sollen folgende Bedingungen zu einer anorganischen Entstehung von Kohlenwasserstoffen führen: Unter Druck- und Temperaturverhältnissen, wie sie in Tiefen von 11.000 bis 14.000 Meter anzutreffen sind, sollen Graphit, Eisensulfide und Wasser galvanische Ströme hervorrufen. Hierdurch werden Wassermoleküle gespalten, und der freie Wasserstoff geht mit dem Graphit in die unterschiedlichsten Verbindungen ein. Diese Kohlenwasserstoffe wandern in Richtung Erdoberfläche und reagieren dabei mit anderen Elementen (v. a. Schwefel), bis sie sich in Lagern anreichern (MAYER 1976:108).
2. Außer dem im Erdöl gelösten oder als Kappe über den Lagerstätten auftretenden „Erdölgas" finden sich auch reine „Erdgas"-Lagerstätten. Soweit sie nur aus Methan bestehen, bilden sie „trockenes Gas", sind sie mit einem gewissen Anteil

höherwertiger Kohlenwasserstoffe durchmischt, „feucht Gas", da diese unter den Druck- und Temperaturverhältnissen der Erdoberfläche kondensieren.

3. Die Förderkosten betrugen beispielsweise um die Mitte der 80er Jahre in Saudi-Arabien zwischen 0,3 und 1,5 US-Dollar pro Barrel, in Kuwait gar nur 0,15 US-Dollar pro Barrel. Die kostenintensive Off-shore-Förderung im Nordseebereich dagegen schlug mit etwa 10 US-Dollar pro Barrel zu Buche.
4. Beispielsweise stellten die Briten in der Zeit vor dem ersten Weltkrieg den Antrieb der Kriegsschiffe ihrer Flotte im Indischen Ozean von Kohle auf Öl um, was ein Interesse der britischen Regierung an einer gesicherten Versorgung mit Ölprodukten begründete.
5. Zu dieser Entwicklung siehe JOHNS/FIELD 1986:100—107; KNAUERHASE 1988.
6. Die Investitionen der Mineralölindustrie im Mittleren Osten machten zudem um 1970 weniger als 4 % von deren Gesamtinvestitionen aus (USA 33 %, Westeuropa 19 %) (nach ELSENHANS 1974:328 f.). Dies relativiert doch die Bedeutung des Mittleren Ostens für die Ölkonzerne, die aufgrund seiner Ölvorkommen zu erwarten wäre.
7. Trotz einer Steigerung der Ölförderung von 1920—27 um fast 350 % lagen die Royalties 1927 um 15 % unter denen von 1920.
8. Zu dieser Zeit erhielten Irak, Saudi-Arabien und dann auch Iran 22 c pro Barrel; Kuwait mußte sich mit 13 c/b zufrieden geben (Al-EBRAHEEM (1975) zitiert nach SCHWEDLER 1988:27).
9. Hier wurden 1948 die Ölgesellschaften einer 50prozentigen Einkommensteuer unterworfen.
10. Der veröffentlichte Listenpreis (posted price) war der Preis, zu dem die Konzerne das Öl auf dem Markt anboten und einzig von deren Kalkulation abhängig.
11. Gründungsmitglieder der Organization of Petroleum Exporting Countries waren Iran, Irak, Saudi-Arabien, Kuwait und Venezuela. Später traten als Vollmitglieder hinzu: Katar (1961), Libyen und Indonesien (1962), Abū Dhabi (1967), Algerien (1969), Nigeria (1971), Ecuador (1973), Gabun (1975).
12. Bei Absprachen zwischen Shell, Standard Oil of New Jersey und der APOC im Jahre 1928 wurde der Ölpreis im Golf von Mexiko als für alle Exportgebiete der Erde gültig festgelegt und Frachtraten auf Mexiko bezogen berechnet, auch wenn das Öl aus anderen Regionen (oft mit geringeren Transportkosten) stammte. Andere Gesellschaften traten später diesem Kartell bei. Dieses Berechnungssystem war bis gegen Ende des 2. Weltkrieges in Gebrauch, als auf Druck der britischen Regierung, die die hohen imaginären Transportkosten nicht zu zahlen bereit war, ein auf den Persischen Golf bezogenes Berechnungssystem eingeführt wurde (JOHNS/FIELD 1986:107).
13. Da aber die Marktpreise für Öl von den der Steuerberechnung zugrunde gelegten Listenpreisen zuungunsten der Konzerne abwichen, erhöhte sich in der zweiten Hälfte der 60er Jahre der effektive Anteil der Förderländer zusätzlich — bei sinkenden Gewinnmargen der Konzerne. Bei längerfristig festgelegten Listenprei-

sen kehrte sich das Verhältnis 1972/73 jedoch um, Anlaß für die Aktivitäten der OPEC, die zur Ölkrise führten.

14. Auch auf ein einheitliches Preisniveau konnten sich die Förderländer in der ersten Hälfte der 80er Jahre in der Regel nicht mehr einigen.
15. Zu Beginn der 70er Jahre, vor der Ölpreiserhöhung, lagen die Anteile bei absolut niedrigeren Beträgen z. T in ähnlicher Höhe, in Kuwait, Saudi-Arabien und Libyen aber auch über den Anteilen von 1983/84. Nur im Fall Irans nahm der Ölanteil infolge des absoluten Zuwachses der Öleinnahmen rapide zu (vgl. OLSCHEWSKI 1974:144).
16. Ende der 60er Jahre lag der Anteil der Verteidigungsausgaben an den Etats der großen Ölproduzenten noch über diesen Werten (30—45 %), waren absolut aber weit geringer (NOUR 1974:50).
17. Diese machten um 1984 in den einzelnen Staaten etwa 20—40 % des Budgets aus.
18. Die schlechteste Versorgung wies Saudi-Arabien auf, das 1965 über einen Arzt pro 9.400 Einwohner verfügte, sowie Oman, in dem gar 23.790 Einwohner auf einen Arzt kamen (Weltbank, Weltentwicklungsbericht 1988:316f.).
19. Die in den letzten Jahren in Er-Riad zu Kosten von ca. 2 Mrd. S.Rls (ca. 550 Mio. US-Dollar) errichtete „King Fahad Medical City" beispielsweise soll neben 1.400 Krankenbetten und einer modernsten Einrichtung, Wohnungen, Vergnügungszentren, Sportplatz, Schwimmbad, Restaurant, Bank, Bibliothek und Moschee erhalten (StBA, LB Saudi-Arabien 1988:26).
20. 1965 besuchten 11 von 100 Mädchen eine Grundschule und 36 von 100 Jungen.
21. Beispielsweise verfügte Iran Mitte der 80er Jahre über eine Straßendichte von 0,84 km/km^2 (1970: 0,24 km/km^2) und Saudi-Arabien über eine halb so hohe Dichte (1975: 0,1 km/km^2).
22. Als derzeit jüngstes Projekt sei die Planung einer neuen Stadt, Subiya, angeführt, die im Norden Kuwaits entstehen und für 100.000, bis zum Jahre 2020 auch 250.000 Einwohner ausgelegt werden soll. Über einen langen Damm mit Kuwait-City verbunden, soll diese Stadt Einrichtungen höherer Bildung, Leichtindustrien und solche der Hochtechnologie u. a. beherbergen. Die Kosten sind auf etwa 3,7 Mrd. US-Dollar veranschlagt, davon knapp 40 % für Wohnung und 24 % für öffentliche Einrichtungen (CRUSOE 1989:7).
23. Zu Kuwait vgl. SCHWEDLER 1985:154—158, für Dubai WIRTH 1988:61—64.
24. Dieser Betrag entspricht in etwa der öffentlichen Entwicklungshilfe der Vereinigten Staaten im Jahre 1986.
25. Von 1976 bis 1986 zahlten an öffentlicher Entwicklungshilfe (abzüglich von Rückflüssen) insgesamt: Saudi-Arabien: 39.690 Mio. US-Dollar; Kuwait: 9.645 Mio. US-Dollar; Verein. Arab. Emirate: 5.796 Mio. US-Dollar; Irak: 1.928 Mio. US-Dollar; Libyen: 1.400 Mio. US-Dollar; Katar: 1.261 Mio. US-Dollar; Algerien: 787 Mio. US-Dollar; Iran: 529 Mio. US-Dollar (Weltbank, Weltentwicklungsbericht 1988:301).
26. So wiesen explizit die Haushalte von Bahrain, Katar, Kuwait, Saudi-Arabien und Algerien Posten für Nahrungsmittel- und andere Subventionen auf. (Hohe Sub-

ventionsausgaben finden sich aber auch in Staaten mit weitaus geringeren Staatseinnahmen im Vergleich zur Bevölkerungszahl, z. B. in Ägypten.)

27. So verzeichnen beispielsweise Kuwait zwischen 1965 und 1980 eine durchschnittliche jährliche Zuwachsrate der Importe von 11,8 %, die Ver. Arab. Emirate von 20,5 % und Saudi-Arabien von 25,9 %. In den 80er Jahren ist dann aber mit dem Rückgang der Öleinnahmen eine Abnahme zu verzeichnen (Weltbank, Weltentwicklungsbericht 1988:281).
28. Hierzu zählen auch Unternehmen mit saudischer Mehrheitsbeteiligung von mindestens 51 %.
29. Hier entfielen in der ersten Hälfte der 80er Jahre jeweils etwa 15 % der staatlichen Entwicklungsausgaben auf den agraren Sektor.

5.2 Industrialisierung

Der Aufbau einer Industrie trifft in den Ländern des Islamischen Orients auf ganz unterschiedliche Bedingungen. Ohne viele Worte mag dies durch die in Tabelle 13 wiedergegebenen Strukturdaten deutlich gemacht werden. Die Tabelle belegt, daß sich die einzelnen Staaten (der Staat Israel bleibt hier ausgeklammert) nicht nur nach Größe und Einwohnerzahl, sondern auch — begründet durch die Unterschiedlichkeit des Naturraums — im Hinblick auf landwirtschaftliche Aktivitäten unterscheiden. So treten nicht nur die Bergländer des Islamischen Orients, sondern auch die großen Stromtiefländer als immer noch stark agrarwirtschaftlich strukturierte Räume hervor. Vor allem hat aber die Entwicklung der Erdölwirtschaft zu einer sozio-ökonomischen Differenzierung der Region beigetragen, die über die naturräumlich bedingten Unterschiede hinausgeht. So haben sich die Erdölländer vor allem der Arabischen Halbinsel von Nomadengesellschaften zu urbanisierten Staatswesen gewandelt. Die Kleinstaaten der Golfregion sind letzten Endes nichts anderes als Stadtstaaten, die das Gros ihrer Bevölkerung in der Hauptstadtregion konzentrieren.

Aber auch die Ölstaaten müssen differenziert werden, wie vor allem der Indikator „Pro-Kopf-Einkommen" deutlich macht. Während die einen, wie die kleinen Golfstaaten, Saudi-Arabien oder Libyen, nur eine vergleichsweise kleine Bevölkerung aufweisen und daher rechnerisch auf jeden Staatsbürger eine hohe Summe der Öleinnahmen wie des gesamten Sozialprodukts entfällt, ist die Situation in Staaten mit relativ hoher Bevölkerung (Algerien, Irak, Iran) weniger günstig. Und auch zwischen den Staaten ohne größere Öleinnahmen sind Unterschiede festzustellen. SCHLIEPHAKE (1985:87 f.) beispielsweise differenziert zwischen

1. Ländern ohne bedeutende mineralische Rohstoffvorkommen und mit niedrigem Pro-Kopf-Einkommen, wie die beiden jemenitischen Staaten (in denen inzwischen, wie angeführt, Öl entdeckt wurde) und Länder im Randbereich unseres Raumes (so Somalia, Sudan, Mauretanien),
2. Ländern ohne bedeutsame mineralische Rohstoffe, die vom Überschuß der Ölproduzenten leben (Jordanien, Libanon, vgl. Kap. 6.1),
3. Ländern mit mineralischen Ressourcen, deren Exportwert in Beziehung zum Umfang der Bevölkerung relativ gering ist (Ägypten, Marokko, Tunesien, Syrien und — hinzuzufügen — die Türkei),
4. Ländern mit einem gewissen Gleichgewicht zwischen Produktion und Export von Mineralien und einer recht umfangreichen (und qualifizierten) Bevölkerung (Irak, Algerien und — für unseren Bereich noch hinzuzufügen — Iran),
5. Ölproduzenten mit sehr hohem Pro-Kopf-Einkommen aufgrund hoher Exporterlöse aus der Mineral(öl)förderung und/oder niedriger Bevölkerungszahl.

In fast allen diesen Ländern, in geringstem Umfang noch in der ersten Kategorie, wird inzwischen versucht, mit Hilfe einer Industrialisierung dem Land eine neue wirtschaftliche Basis zu schaffen. In den Förderländern der Arabischen Halbinsel weist diese einen eigenen, voll auf der Ressource Erdöl basierenden Charakter aus.

Tabelle 13: Der Islamische Orient: Sozio-ökonomische Strukturdaten

Staat	Fläche (1.000 km^2)	landwirtschaftl. Nutzfläche (1.000 km^2)	Einwohner (1.000)	Bevölk.-dichte (E/km^2)	Einw./LN (E/km^2)	Anteil städt. Bevölkerung (in %)		durchschnittl. jährl. Bevölk.-wachstum (in %)	BSP pro Kopf (in US-Dollar)	durchschnittl. jährl. Zuwachs (in %)	durchschn. jährl. Inflationsrate (in %)
		1986	1986	1986	1986	1960	1985	1980—1986	1986	1965—1985	1980—1986
Nordafrika											
Marokko	446,5	84,60	22.476	50,3	265,7	29	44	2,5	590	1,9	7,7
Algerien	2 381,7	75,30	22.421	9,4	297,8	30	43	3,1	2.590	3,5	6,1
Tunesien	163,6	47,00	7.234	44,2	153,9	36	56	2,3	1.140	3,8	8,9
Libyen	1.759,5	21,40	3.742	2,1	174,9	23	60	3,7	7.500	—,—	—,—
Ägypten	1.001,4	25,30	49.609	49,5	1.960,8	38	46	2,7	760	3,1	12,4
Arabische Halbinsel											
Kuwait	17,8	0,04	1.791	100,6	44.775,0	72	92	4,4	13.890	- 0,6	—,—
Saudi-Arabien	2.149,7	11,80	12.006	5,6	1.017,5	30	72	4,1	6.950	4,0	- 1,3
Bahrain	0,6	0,02	412	686,7	20.600,0	—	80	—,—	8.510	—,—	—,—
Katar	11,0	0,04	335	30,5	8.375,0	—	80	—,—	13.200	—,—	—,—
VAE	83,6	0,19	1.384	16,6	7.284,2	40	79	5,6	14.680	—,—	- 1,4
Jemen (A. R.)	195,0	13,60	7.046	36,1	518,1	3	19	2,5	550	4,7	13,1
Jemen (DVR)	333,0	1,67	2.365	7,1	1.416,2	28	37	3,1	470	—,—	4,8
Oman	212,5	0,47	1.300	6,1	2.766,0	—	9	4,7	4.980	5,0	3,6
Arabischer Mittelosten											
Syrien	185,2	56,60	10.612	57,3	187,5	37	49	3,5	1.570	3,7	6,2
Irak	434,9	54,50	16.450	37,8	301,8	43	70	3,6	—	—,—	—,—
Libanon	10,4	3,00	2.707	260,3	902,3	44	—	—,—	—	—,—	—,—
Jordanien	97,7	4,20	3.656	37,4	870,5	43	69	3,7	1.540	5,5	3,2
Nichtarabischer Mittelosten											
Türkei	780,6	275,20	50.301	64,4	182,8	30	46	2,5	1.110	2,7	37,3
Iran	1.648,0	148,30	45.914	27,9	309,6	34	54	2,8	—	—,—	—,—
Afghanistan	647,5	80,50	18.614	28,7	231,2	8	17	—,—	—	—,—	—,—
Pakistan	803,9	207,00	99.163	123,4	479,0	22	29	3,1	350	2,4	7,5

Quellen: FAO-Yearbook — Production, vol. 41, 1987, Rome 1988; UN-Demographic Yearbook 1986, New York 1988; Weltbank, Weltentwicklungsbericht 1983 und 1988, New York 1983, 1988.

5.2.1 Industrialisierung auf der Basis der Erdölwirtschaft

Wie oben gezeigt wurde, ist gerade in den Staaten mit einem hohen Pro-Kopf-Einkommen der Haushalt in hohem Maße von der Erdölförderung abhängig. Das Rohöl ist aber zum einen Preisschwankungen ausgesetzt, was Mitte der 80er Jahre fühlbar wurde, zum zweiten sind die Ressourcen begrenzt, auch wenn die Förderung noch mehrere Jahrzehnte aufrecht erhalten und der Zeitpunkt des Versiegens der Ölquellen durch sparsame Nutzung weiter hinausgezögert werden kann. Eine für perspektivisches Denken offene Wirtschaftspolitik wird daher versuchen,

- die gegebenen Ressourcen optimal zu nutzen,
- die Einnahmequellen zu diversifizieren, um von Preisschwankungen bei einem Produkt — Erdöl — unabhängiger zu werden,
- mit Hilfe der Erdöleinkünfte eine Wirtschaft aufzubauen, die auch in der zu erwartenden Nacherdölphase die Existenz der Gesellschaft ohne Bruch zu sichern gestattet.

Hierzu sind verschiedene Wege, oft nebeneinander, eingeschlagen worden, u. a. die Anlage von Erdöleinnahmen auf westlichen Kapitalmärkten, der Einkauf von Unternehmen der Industriestaaten und der Erwerb von Immobilien in westlichen Ländern. Eine solche Politik macht die Investoren von der Konjunktur in den Anlagestaaten abhängig, stärkt u. U. die westliche Wirtschaft, trägt aber nicht zur Entwicklung des eigenen Landes bei, sondern fördert lediglich eine — oft hervorgehobene — Mentalität, die darauf aus ist, Einkommen ohne eigene Arbeitsleistung zu erzielen.

Ein weiterer Weg, der im Prinzip allen drei Erfordernissen gerecht wird, stellt der Aufbau einer eigenen Industrie dar. Vor allem bei geringen anderen Ressourcen kann dabei nur an die Verfügbarkeit der Ressource „Erdöl" angeknüpft werden.

Konnten die Förderländer auch mit der Nationalisierung des Öls und der teilweise erfolgenden Übernahme der Förderung in eigene Regie ihren Gewinnanteil erhöhen, so verloren sie dadurch noch nicht ihren Status als reine Rohstoffproduzenten, auch nicht durch die Übernahme des Transports — durch Pipelines[1] zum Verladehafen und von dort z. T. mit eigener Tankerflotte nach Übersee. Ein erster Schritt zur Verarbeitung wird jedoch mit der Raffinierung des Rohöls getan.[2] Hiermit können zum einen Produkte für den einheimischen Markt, zum anderen für den Export hergestellt werden. Der durch Verarbeitung erzielte Wertzuwachs kommt potentiell dem Erzeugerland zugute.

Solche Überlegungen standen jedoch nicht hinter der Errichtung der älteren Raffineriekomplexe, die von den Ölgesellschaften bald nach Erschließung der ersten Felder eingerichtet worden waren, so in Abadan (Iran, 1909)[3], in Bahrain (1936), Tripoli (1941, für irakisches Öl) oder Ras Tamura (Saudi-Arabien, 1945). Denn deren Profite wurden voll von den ausländischen Unternehmen vereinnahmt. Zwar waren im Jahre 1950 57 % der Raffineriekapazität allein in den USA konzentriert (Anteil an der Weltrohölförderung 53 %), doch machte der Anteil des Mittleren Ostens immerhin 7,5 % aus (Anteil an der Weltrohölförderung 15,9 %). In den folgenden Jahren erhöhte sich die Kapazität der Raffinerien des Mittleren Ostens in absoluten Werten, ihr Anteil sank jedoch bei steigendem Anteil an der Rohölförderung (1975: 4,1 % bzw. 35,8 %). D. h., daß die Ölkonzerne eine wachsende Menge ihrer Förderung erst in den Verbraucherländern raffinierten.[4] Ein Grund hierfür war zum einen die wachsende Kapazität der Tanker, durch die die Rohöltransportkosten gesenkt wurden, während der Transport von getrennten Ölprodukten höhere Kosten verursacht, da kleinere, spezialisierte Schiffe benötigt werden. Zum zweiten spielte besonders nach der Ölkrise in den Industrieländern der Wunsch nach Sicherstellung der Versorgung mit der ganzen Palette der Ölprodukte eine Rolle und, wohl vor allem, die Unsicherheit der Investitionen der Konzerne im Mittleren Osten vor Nationalisierung und Beteiligungen, die den Wertzuwachs, der in den Händen der Ölgesellschaften verblieb, schmälern mußten. Durch einen forcierten Ausbau bei stagnierendem Verbrauch entstanden aber Überkapazitäten, die in Europa und den USA in der ersten Hälfte der 80er Jahre zu einem Kapazitätsabbau führten. Bei dieser Marktsituation gingen die Förderländer daran, unter Betreiben ihrer nationalen Ölgesellschaften, die die Raffinerien der Konzerne weitgehend übernommen hatten, ihre Raffineriekapazität auszuweiten.[5] Es gelang ihnen, sich einen wachsenden Marktanteil zu erobern, vor allem auch deshalb, weil sie mit modernen Einrichtungen und z. T. reduzierten Rohölpreisen konkurrenzfähig arbeiten können.

Nicht nur die Förderländer besitzen Raffinerien, auch Staaten ohne oder mit geringen Ölvorkommen verfügen über Kapazitäten, die für den lokalen Markt produzieren. Große Überkapazitäten im Vergleich zum heimischen Bedarf besitzen vor allem Saudi-Arabien und Kuwait, aber auch Bahrain sowie Libyen und Algerien. Selbst Irak und — vor dem Golfkrieg — Iran können bzw. konnten Rohöl in ihren Verbrauch beträchtlich übersteigender Menge raffinieren. So stammten im Jahre 1985 beispielsweise 13,6 % des Erlöses aus dem saudischen Mineralölexport von raffinierten Erzeugnissen.

Auch das gemeinsam mit dem Rohöl geförderte Gas, das bei niedrigen Ölpreisen nicht profitabel nutzbar schien und daher von den Fördergesellschaften früher meist abgefackelt wurde, ist inzwischen als wertvoller Rohstoff und Energieträger geschätzt (soweit es nicht in die Lagerstätte zurückgepreßt wird, um den Druck für die Ölförderung in ausreichender Höhe zu halten). Für Gas sind Verflüssigungsanlagen entstanden sowie ein Pipelinenetz, so daß in den Golfstaaten heute der allergrößte Teil des anfallenden Gases genutzt werden kann, meist für den eigenen Bedarf in nachfolgenden Industriezweigen („Down-stream"-Industrien). Raffinerien bilden einen ersten Schritt von „Down-stream"-Aktivitäten, aber nicht die einzige Bearbeitungs- und Einsatzmöglichkeit von Erdöl. Nach der Raffinierung sind die Kohlenwasserstoffe (Öl und Gas) zum einen als Rohstoff, zum anderen als Energieträger einsetzbar. So ergeben sich Möglichkeiten für die Ansiedlung petrochemischer sowie energieintensiver Industrien.

Die Petrochemie, die in den Ölländern der Arabischen Halbinsel errichtet wurde, stellt Düngemittel her, Ammoniak bzw. Harnstoff, sowie Methanol, Äthanol, Äthylene und Äthylenglykol, Styrol und Polyäthylene, also Ausgangsstoffe für eine weiterverarbeitende chemische Industrie. Mitte der 80er Jahre waren auf der Arabischen Halbinsel mehr als 20 dieser petrochemischen Komplexe in Betrieb oder in Bau, und jedes der Förderländer war hieran beteiligt. Die Werke, die in den 70er und 80er Jahren, fast alle nach der Ölpreiserhöhung von 1973, entstanden, besitzen eine hohe Kapazität, um kostengünstig produzieren zu können. Die Menge der Produkte geht weit über den eigenen Bedarf hinaus und muß daher zum großen Teil Abnehmer auf dem Weltmarkt finden.

Die zweite Einsatzmöglichkeit von Erdöl und vor allem Gas, die Wettbewerbsvorteile verspricht, eröffnet sich bei energieintensiven Produktionen, so bei der Metallgewinnung und bei der Zementherstellung. Bei der Eisen- und Stahlerzeugung kann das Gas zur Reduktion direkt eingesetzt werden. Das Erz muß jedoch importiert werden.[6] Bei der Aluminiumschmelze wird es verstromt, da hohe Mengen elektrischer Energie benötigt werden. Reiche Bauxitvorkommen wurden in Saudi-Arabien entdeckt, werden bislang aber noch nicht genutzt, so daß die Werke mit importiertem Bauxit arbeiten. Ebenfalls auf elektrolytischem Wege arbeitet eine Anlage in Oman, die eigene Kupfervorkommen verwertet. Auch die Zementindustrie kann neben dem Gas als Brennmaterial auf einheimisches Ausgangsmaterial zurückgreifen. Solche energieintensiven Industrien sind in allen Golfstaaten entstanden. Anders als nach den Produkten der chemischen Industrie besteht nach Eisen und Stahl, Aluminium und Zement in den Ölstaaten selbst eine große Nachfrage. So beliefern diese Industrien weitgehend den einheimischen Markt und wirken importsubstituierend. Bei Zement ist jedoch inzwischen eine Überkapazität entstanden, so daß vor allem bei einer Abschwächung des Baubooms zusätzlich auswärtige Märkte erschlossen werden müßten.

Alle diese Anlagen benötigen einen hohen Kapital- und Technologieinput. Kapital aus den Öleinnahmen steht den Regierungen zur Verfügung. Um das mit der Technologie verbundene Know-how zu erwerben, wurden die Unternehmen als Joint-ventures gegründet, wobei der jeweiligen Regierung eine Mehrheitsbeteiligung zufällt und der oder die Partner außer für die Schulung einheimischer Fachkräfte auch — besonders bei den petrochemischen Produkten — für die Vermarktung zuständig sind.

Während die Grundstoffindustrien in staatlicher Hand liegen, wurde die Ansiedlung verarbeitender Industrien in den Golfstaaten dem privaten Sektor überlassen. Sie wird aber durch diverse staatliche Hilfen finanzieller wie technischer Art gefördert. Ganz so erfolgreich wie vielleicht gewünscht war diese Ansiedlungspolitik nicht: Den Industrien, denen ein importsubstituierender Charakter zukommt, erwuchs aufgrund einer liberalen Handelspolitik im Importhandel eine so starke Konkurrenz, daß Investitionen im produktiven Sektor weniger lohnend scheinen als das Importgeschäft. Dennoch sind Industriebetriebe entstanden, im Gefolge des Baubooms in erster Linie in der Baustoff- und der mit dem Bausektor vielfach verbunden metallverarbeitenden Industrie, daneben auch im Chemie- und Kunststoffbereich sowie bei Nahrungs- und Genußmitteln. Diese Unternehmen greifen zwar weitgehend auf importiertes Material zurück, können zu einem gewissen Teil aber durchaus Produkte der Grundstoffindustrien weiterverarbeiten.

Bei der Standortwahl für solche Betriebsansiedlungen, vor allem auch im Grundstoffbereich, ist der Gas-/Ölbedarf wie auch ihre weitgehende Im- und Exportabhängigkeit zu berücksichtigen. Daher bieten sich (abgesehen von Zementwerken) in erster Linie Hafenstandorte am Endpunkt einer Pipeline an. Hier ist auch die Wasserversorgung mittels Meerwasserentsalzungsanlagen zu lösen. Zudem erscheint es günstig, größere Industriekomplexe zu schaffen, an denen ,,Down-stream''-Industrien miteinander verknüpft und Agglomerationsvorteile genutzt werden können. In den arabischen Golfstaaten wurden solche Komplexe häufig an gänzlich neuen Standorten gegründet, ohne Zusammenhang mit bestehenden Siedlungszentren (vgl. SCHLIEPHAKE 1985). In Saudi-Arabien entstanden beispielsweise die Städte Djubail in Nachbarschaft eines kleinen Fischerhafens am Golf sowie Yanbu am Roten Meer — neben Industrieprojekten in der Hafen- und Provinzhauptstadt Dammam. In Kuwait gilt gleiches für Shaiba, in Katar für Umm Said, in Abū Dhabi für Ruwais und in Dubai für Djebel Ali. Ob sich in diesen neuen Komplexen auch privatwirtschaftliche Unternehmen in geplantem Umfang niederlassen werden, bleibt abzuwarten. Soweit Wahlmöglichkeiten bestehen, dürfte für die meisten die Niederlassung an einem bereits etablierten Standort die erste Wahl sein. Dies kann den Enklavencharakter der Golfindustrien, auch über den Bereich von Exportproduktionszonen (vgl. Kap. 5.2.2) hinaus, nur perpetuieren.

Der skizzierte Industrialisierungsprozeß in den ölreichen, aber bevölkerungsarmen Staaten der Arabischen Halbinsel, aber auch in Libyen, steht vor verschiedenen Problemen, die seine Erfolgsaussichten beeinflussen. Zum einen herrscht hier ein Arbeitskraftproblem. Zwar sind gerade die Grundstoffindustrien kapital- und nicht arbeitsintensiv, doch benötigen sie dafür qualifizierte Arbeitskräfte, die erst herangezogen werden müssen. Derzeit werden sie durch Ausländer ersetzt, worauf in Kapitel 6.1.2 noch einzugehen sein wird. Ein zweites Problem ist der begrenzte inländische Markt, eine Folge der niedrigen Einwohnerzahlen der einzelnen Staaten. Eine Kooperation dieser Länder könnte hier ein Ausweg sein. Versuche hat es mit der Gründung der ,,Gulf Organization for Industrial Consulting'' (GOIC) im Jahre 1976 und des ,,Gulf Cooperation Council'' (GCC) 1981 gegeben. Das GCC, in dem die konservativen Golfanrainer zusammengeschlossen sind, hat aber vor allem sicherheitspolitische Funktionen, obwohl Ansätze zu einer wirtschaftlichen Zusammenarbeit durchaus gegeben sind (Freihandelszone, gemeinsame Zolltarife, gemeinsame Anlagengesellschaft für Entwicklungsprojekte, Zusammenarbeit im Energiebereich; vgl. MAULL 1985). Eine Verflechtung der jeweiligen Volkswirtschaften hat sich bisher jedoch noch nicht herausgebildet.

Wenn die Ölförderländer auch über Kapital und Energie verfügen, so sind sie in Bezug auf Technologie, aber auch auf viele zu verarbeitende Materialien auf Importe angewiesen. Auch eine weiter entwickelte Industrie muß den Mangel an den meisten Rohstoffen durch Einfuhren ausgleichen. Gleiches gilt für Investitionsgüter, so daß sich die Importabhängigkeit des industriellen Inputs bei einem weiteren industriellen Ausbau eher vergrößern als reduzieren dürfte. Die Devisen für solche Einfuhren müssen durch Exporte erwirtschaftet werden, wenn nicht durch Ausfuhren von Öl und Gas, dann durch solche auf dem Weltmarkt konkurrenzfähiger industrieller Produkte. Diese Konkurrenzfähigkeit ist, soweit derzeit absehbar, aber von günstigen Energiekosten und billigem Kapital abhängig, Bedingungen, die eine Öl-/Gasförderung voraussetzen. Die Industrialisierung erfolgt also bisher nicht nur mit Hilfe des Öls, sondern auf der Basis der Ölwirtschaft. Ein Versiegen der Ölquellen muß bei der derzeitigen Struktur für die Wirtschaft katastrophale Folgen haben. Ein Ansatz für eine neue Wirtschaftsstruktur, die auch in der Nacherdölära funktionsfähig bleibt, ist derzeit nicht erkennbar. Auch wenn die Ölreserven in den meisten Ländern noch über einen längeren Zeitraum verfügbar sein werden, bleiben die Voraussetzungen, die ökonomische Abhängigkeit vom Erdöl zu überwinden, trotz des Kapitalreichtums doch eher begrenzt, soweit keine neuen Entwicklungen neue Perspektiven bieten.[7] Anderen Staaten des Islamischen Orients werden oftmals größere Chancen zugestanden.

5.2.2 Formen und Probleme der Industrialisierung

Im Vergleich zu den Staaten der Arabischen Halbinsel oder zu Libyen können die meisten anderen Länder des Islamischen Orients auf längere Industrialisierungsversuche zurückblicken. Schon in der ersten Hälfte des 19. Jahrhunderts, verstärkt in der zweiten, wurden beispielsweise in Iran die verschiedensten Unternehmen von Europäern und Einheimischen gegründet. Diese konnten sich jedoch kaum halten. U. a. waren sie, wie auch das einheimische Handwerk, der Konkurrenz europäischer Importe in Qualität und Preis nicht gewachsen. Hinzu kamen Rohstoff- und Wartungsprobleme sowie das Fehlen jeder Infrastruktur (vgl. ISSAWI 1970:261—310). Auch war von staatlicher Seite kaum ein Interesse an dem Aufbau einer Industrie vorhanden. Zeitweise Ausnahmen — vor allem im militärischen Bereich — änderten diese allgemeine Tendenz weder in Iran noch in anderen Ländern (so in Ägypten unter Muḥammad ᶜAlī).

Die frühen Ansätze zu einer Modernisierung waren der Erfahrung der militärischen Unterlegenheit der einheimischen gegenüber europäischen Armeen entsprungen. Diese ist letztlich Ursache für zwei verschiedene Entwicklungen, die — in den 30er und 40er Jahren unseres Jahrhunderts einsetzend — Ausgangspunkte für eine Industrialisierung schufen: In den eroberten Kolonien bauten die Kolonialherren Wirtschaftsstrukturen auf, die ihren Interessen entsprachen; in den unabhängig bleibenden Nationalstaaten rief die Erfahrung europäischer Überlegenheit nach der Beseitigung alter Regime (Osmanen, Kadscharen) auch in der Staatsführung das Bestreben hervor, ihre Gesellschaft und Wirtschaft zu modernisieren. Hierzu gehörte auch die Schaffung einer Industrie.

Dennoch blieben die Ergebnisse in beiden Fällen beschränkt: Für die Kolonialmächte besaßen die Kolonien und Protektorate die Rolle von Rohstofflieferanten und in gewissem Umfang Absatzmärkten. Der Industrie des Mutterlandes sollte keine Konkurrenz erwachsen; daher lieferten die Kolonien nicht oder kaum bearbeitetes Material (z. B. Phosphate (Marokko), Wein und Weizen (Algerien)) und importierten das, was sie an verarbeiteten Produkten benötigten. So blieben einem verarbeitenden Gewerbe nur erste Bearbeitungschritte bei Agrargütern (Öl- und Getreidemühlen, Weinkeltereien etc.) und die Herstellung von Massengütern (Baustoffe), bei denen der koloniale Bedarf groß und die Transportkosten hoch waren. Eine Änderung hin zu einer Produktionsstruktur, die einen größeren Teil der Nachfrage befriedigen konnte, begann sich erst abzuzeichnen, als im Laufe des zweiten Weltkriegs die Versorgung der Kolonisten durch Importe in Frage gestellt wurde.

Die selbständigen Staaten verfolgten eher das Ziel, Einfuhren zu ersetzen, die zu einem großen Teil aus Textilien sowie Nahrungs- und Genußmitteln (Zucker, Tee) bestanden. Diesen Bereichen ist die Mehrzahl der zu dieser Zeit gegründeten Betriebe zuzurechnen, von der z. T. vorhandenen, in ausländischer Hand befindlichen Ölindustrie abgesehen. Der Staat fungierte als Motor dieser Industrialisierung; ein beträchtlicher Teil v. a. der größeren Betriebe befand sich daher in staatlicher Hand. Die Investitionen von privater Seite blieben begrenzt. Auch die noch mangelhafte Infrastruktur setzte einem forcierten Industrieausbau Grenzen.

Die eigentliche Aufbauphase einer Industrieproduktion begann fast überall erst nach dem Zweiten Weltkrieg bzw. nachdem die Staaten ihre politische Unabhängigkeit erlangt hatten. Dieser Industrialisierungsprozeß der einzelnen Staaten unterscheidet sich in verschiedenen Punkten, so in den Ausgangsbedingungen, der Zielsetzung, den Rollen, die dem Staat und dem privaten Sektor zugemessen werden, und in der Bedeutung ausländischen Kapitals. In der Regel steht zudem die Industrialisierung nicht als isoliertes Ziel, sondern wird im Rahmen einer gesamtgesellschaftlichen Entwicklungskonzeption gesehen.

Weder die bevölkerungsreichen Ölexporteure noch die restlichen Staaten verfügen über solche investierbaren Kapitalmengen, wie sie den in Kapitel 5.2.1 angesprochenen Förderländern zur Verfügung stehen. Doch wurde ihnen häufig eine größere Industrialisierungschance eingeräumt als jenen. Einer der Gründe hierfür liegt darin, daß sie zum großen Teil zahlreiche weitere Ressourcen in Anspruch nehmen können, Bodenschätze wie agrarisch produzierte Grundstoffe. Im Westen besitzen die Maghrebländer Marokko und Algerien, in beschränkterem Umfang auch Tunesien, relativ reiche Vorkommen an Phosphaten sowie Eisen-, aber auch Blei- und Zinkerz, zudem eine ganze Reihe weiterer Bodenschätze, wie Mangan, Kobalt, Kupfer, Antimon, Silber, Steinkohle und Schwerspat. Auch der Gebirgsraum im Nordosten, die Türkei und Iran, sind reich an mineralischen Rohstoffen. Eisen-, Mangan-, Chrom-, Kupfererz, Steinkohle sowie zahlreiche weitere metallische und nichtmetallische Minerale finden sich hier; die Lagerstätten sind erst zu einem Teil erschlossen. Weniger vielfältig sind dagegen die Staaten des eigentlichen „Fruchtbaren Halbmondes" ausgestattet. Phosphate, in Ägypten zudem Eisen, Mangan und Gold spielen eine Rolle, auch Salz, Gips und Schwefel (Irak). Zusätzlich liefert die Landwirtschaft mit der Baumwolle einen wichtigen Rohstoff, nicht nur als Exportgut, sondern auch für eine einheimische Industrie.

Sämtliche Staaten sind Exporteure solch mineralischer und landwirtschaftlicher Rohstoffe — und importieren in wachsendem Ausmaß verarbeitete Produkte, aber auch Nahrungsmittel. Oft stellen wenige Güter den Großteil ihrer Ausfuhr; von deren Preis und seinen Schwankungen sind sie in großem Umfang abhängig sowie von dem Preisverhältnis der exportierten zu den importierten Gütern (terms of trade — bei sich verschlechternden terms of trade muß die Exportmenge steigen, um die gleiche Importmenge halten zu können). Wie z. T. auch schon im Rahmen des Ölexports angesprochen, bieten sich vor diesem Hintergrund verschiedene Möglichkeiten, die Positionen zu verbessern:

- die Diversifizierung der ausgeführten Rohprodukte, um von Preisschwankungen eines Produkts unabhängiger zu werden,
- die Förderung der Landwirtschaft zur Importsubstitution von Nahrungsmitteln und/oder zur verstärkten Produktion von Exportgütern,
- die Weiterverarbeitung der Rohstoffe in Down-stream-Industrien, um über den Wertzuwachs beim Export einen höheren Preis zu erzielen,
- der Aufbau einer Konsumgüterindustrie, um die Importe verarbeiteter Produkte zu begrenzen,
- der Aufbau einer Exportgüterindustrie auch unabhängig von der eigenen Rohstoffbasis zur Exportdiversifizierung.
- Sowohl binnenmarkt- wie exportorientiert kann schließlich auch der Aufbau einer Grundstoff- und Schwerindustrie erfolgen. Diese wird z. T. als Grundlage für die Einrichtung einer Investitionsgüterindustrie gesehen und erhält so im Rahmen einer Industrialisierungsstrategie, die auf eine eigenständige Entwicklung zielt, eine besondere Bedeutung.

Die verschiedenen Möglichkeiten schließen sich nicht aus, da aber Kapital für Investitionen knapp ist, werden doch unterschiedliche Prioritäten gesetzt.

Vor diesem Hintergrund sind die diversen Industriegründungen unseres Raumes zu sehen. So sind in jüngerer Zeit in verschiedenen Staaten auch des Islamischen Orients reine Exportindustrien als Enklaven mit ausländischem Kapital entstanden, die auf niedrigem Lohnniveau, aber auch günstigen Im- und Reexportbedingungen basieren. Im Jahre 1985 waren in Ägypten vier Exportproduktionszonen in Betrieb und eine im Aufbau begriffen, ähnlich in anderen Staten: in Marokko (1 bzw. 33), Tunesien (9/25), der Demokratischen Volksrepublik Jemen (1/10), Jordanien (3/20), Syrien (6/1) und der Türkei (0/4), aber auch in den schon oben genannten Vereinigten Arabischen Emiraten (1/10) und in Bahrain (2/0). Freizonenbedingungen für Weltmarktfabriken bestanden zudem in weiteren Ländern (FRÖBEL et al. 1986: Tab. IV-A1). Bedingung ist in der Regel die 100%ige Ausfuhr der Erzeugnisse. Eine Verknüpfung mit der einheimischen Wirtschaft ist oft nur über die Arbeitskräfte gegeben.

Auch viele Industrien zur Weiterverarbeitung bisher unbehandelt exportierter Rohstoffe sind ausschließlich oder doch überwiegend auf den Export ausgerichtet. Das gilt für die im vorausgehenden Kapitel angesprochenen Einrichtungen zur Rohölverarbeitung in Förderländern meist ebenso wie für Werke der Phosphatchemie in Marokko, Tunesien oder Jordanien. In anderen Bereichen besteht jedoch im Lande selbst für Erzeugnisse auf der Basis einheimischer Rohstoffe ein beträchtlicher Markt, so daß deren Fabrikation eher importsubstituierenden Charakter besitzt wie bei der Textilindustrie in Ägypten, Irak oder Iran. Einige der Einfuhren ersetzenden Industrien auf der Basis einheimischer Rohstoffe setzte deren Produktion erst in Gang oder stimulierte sie stark. Dies gilt vor allem für die Zuckerraffinerien, denen bei dem hohen Zuckerkonsum im Islamischen Orient eine beträchtliche Bedeutung zukommt.

Eine größere Zahl von importsubstituierenden Industrien kann nicht auf einheimische Rohstoffe oder Zwischenprodukte zurückgreifen. Diese müssen dann statt des Endproduktes eingeführt werden, und nur gewisse Arbeitsschritte finden im Lande selbst statt. Als Beispiel sei nur auf die Montagewerke der Kfz-Industrie verwiesen, die in zahlreichen Ländern errichtet wurden.

Der Industrialisierungsprozeß ist für die betroffenen Länder jedoch nicht nur unter dem Aspekt der Gütererzeugung, seien es Waren für den Export oder den Binnenmarkt, interessant. Ein wesentlicher Aspekt ist auch die Schaffung von Arbeitsplätzen für eine ständig wachsende Bevölkerung, von der ein immer geringerer Teil (wenn auch z. T. noch der überwiegende) ein Auskommen in der Landwirtschaft findet. In bevölkerungsreichen Staaten wie Ägypten setzt das hohe Bevölkerungswachstum umfangreiche Investitionen voraus, soll der Anteil der Industriebeschäftigten auch nur gehalten werden können.

Unter dem Gesichtspunkt der Arbeitsplatzbeschaffung ist die Einrichtung arbeitsintensiver Industrien anzustreben. Allerdings wird — abgesehen von bestimmten Branchen (Textil) — in Industriegesellschaften oft unter geringerem Arbeitskräfte- und höherem Kapitaleinsatz und hoher Produktivität produziert. Die Erzeugnisse sind oft billiger, als sie in Drittweltländern hergestellt werden, von Qualitätsunterschieden einmal abgesehen. Auf dem Weltmarkt können neue Betriebe in der Regel nur konkurrenzfähig sein, wenn sie ebenfalls moderne Technologie einsetzen — diese ist aber teuer und schafft wenig Arbeitsplätze. Ähnliches gilt für den Binnenmarkt, wenn dieser für Importe offen ist. Eine den Interessen des Importhandels zuwiderlaufende Schutzzollpolitik kann hier Abhilfe schaffen, indem sie die Preise importierter Waren so weit erhöht, daß einheimische Firmen konkurrenzfähig werden. Bei einer Exportproduktion bleiben aber nur Subventionen, die auf lange Sicht eingeplant werden müssen, da eine baldige Angleichung des technologischen Niveaus nicht erwartet werden kann. Eine solche Wirtschaft ist äußerst labil und anfällig für politische Kurskorrekturen.

Eine importsubstituierende Industrie muß zudem die Enge des einheimischen Marktes in Rechnung stellen. Zwar ist diese nicht, wie in den arabischen Ölstaaten am Golf, eine Folge geringer Bevölkerungszahlen. Diese sind z. T. durchaus beträchtlich, doch wirkt die geringe Kaufkraft eines Großteils der Einwohnerschaft in die gleiche Richtung. Die meisten Betriebe stellen gehobene, auf Bedarf und Geldbeutel einer Mittelschicht ausgerichtete Bedarfsgüter her. Die nur geringe Gewinne versprechende Nachfrage eines bedeutenden Teils der Bevölkerung wird oft noch in traditionell kleingewerblichem Rahmen befriedigt.

Die prekäre Situation der gewerblichen Wirtschaft bringt sie nicht selten in Gegensatz zum Agrarsektor. Denn in der Regel wird versucht, durch eine sektorale Einkommensumverteilung (z. B. niedrige Einkaufspreise für cash crops) Kapital aus dem ländlichen Raum abzuziehen und für die Industrialisierung verfügbar zu machen.[8] Zudem werden die Bauern durch niedrig gehaltene Lebensmittelpreise geschädigt, die benötigt werden, um im städtischen Raum niedrige Lebenshaltungs- und damit Lohnkosten aufrechterhalten und auf diesem Weg die Wettbewerbsfähigkeit der Betriebe fördern zu können.

Beim Industrialisierungsprozeß stehen sich verschiedene Wege gegenüber. Planer, die die anfängliche Errichtung einer konsumorientierten Leichtindustrie befürworten, hegen in der Regel die Hoffnung, daß die von diesen Industrien ausgehende Nachfrage nach Zwischenprodukten in einem „Backward"-Effekt den Aufbau von „Upstream"-Industrien zu deren Herstellung initiiert. Bei der Einrichtung von Betrieben, die Zwischengüter erzeugen, besteht eine ähnliche Annahme bezüglich der Gründung von „Down-stream"-Industrien, d. h. es wird davon ausgegangen, daß sich über solche Induzierungseffekte im Laufe der Zeit über den Markt eine ausgeglichene, miteinander eng verflochtene Betriebsstruktur einstellt. Oftmals wird in der Theorie jedoch eher eine „gleichgewichtige" Entwicklung mit komplementären Investitionen in voneinander abhängigen Bereichen angestrebt. Gesamtwirtschaftlich muß dies aber aufgrund der nicht beliebig verfügbaren Investitionsmittel Postulat bleiben. In Teilbereichen existieren aber durchaus Ansätze, so im Industrialisierungsprogramm Algeriens.[9] Dies setzt jedoch eine beträchtliche zentrale Steuerungsmöglichkeit von Investitionen voraus, eine starke Stellung des Staates im Industrialisierungsprozeß.

Die Möglichkeit des Staates, aktiv die Industrialisierung voranzutreiben, hängt u. a. auch von der Höhe der zur Verfügung stehenden Mittel ab, neben Öleinnahmen in unterschiedlicher Höhe[10] Steuern und Abgaben aus diversen Bereichen, Einnahmen von Staatsbetrieben (Suezkanalgebühren in Ägypten), aber auch Gelder aus der Entwicklungshilfe.[11] Die Beträge sind weitaus geringer als die Budgets der Ölexporteure der Arabischen Halbinsel, besonders in Relation zur Bevölkerung. Während 1986 beispielsweise die saudische Regierung pro Kopf der Bevölkerung fast 2.800 US-Dollar einsetzen konnte und Kuwait fast 9.200 Dollar, mußten sich die Staaten mit geringem Ölexport mit Einnahmen zwischen etwa 100 Dollar (Jemen, A.R.) und 400 Dollar (Tunesien, Jordanien) begnügen. Förderländern wie Algerien oder Iran standen aufgrund ihrer relativ hohen Bevölkerungszahl Haushaltseinnahmen etwa zwischen 800 und 1.000 Dollar pro Kopf zur Verfügung.

In allen Ländern unseres Raumes hat der Staat neben sonstigen Aufgaben mit diesen Mitteln die materielle Infrastruktur[12] bereitzustellen sowie eine soziale, von der die Qualität des Arbeitskräfteangebots mit abhängig ist. Zudem beeinflußt der Staat durch administrative Maßnahmen, Steuern, Zoll etc., Umfang und Art privater Investitionen. In unterschiedlichem Ausmaß ist er aber auch direkt an der Einrichtung von Industriebetrieben beteiligt.

Vor allem die Länder, die einen sozialistischen Anspruch aufrechterhalten, das nasseristische Ägypten, das nachkoloniale Algerien, aber auch Syrien und Irak, weisen einen hohen Staatsanteil am industriellen Investitionsvolumen auf. Der Privatsektor ist dagegen stark eingeengt. In Algerien beispielsweise befanden sich Ende der 70er Jahre 80 % der Industriekapazität in staatlicher Hand, in Ägypten Anfang der 80er 75 % (The Middle East and North Africa 1987:289, 366). Privatunternehmen waren auf Kleinbetriebe, Handwerk und Dienstleistungen beschränkt. Die staatlichen Betriebe, in der Regel zu großen Unternehmen zusammengefaßt, litten unter einer gewissen Bürokratisierung und geringer Produktivität. In Algerien wurden daher zu Beginn der 80er Jahre organisatorische Reformen eingeleitet und die Großunternehmen in kleinere Einheiten aufgeteilt. In all diesen Staaten ist inzwischen zudem eine Öffnung in Richtung auf private Investitionen zu verzeichnen, z. T. — wie in Ägypten unter Sadat — mit bedeutenden politischen Kurskorrekturen verbunden. Der Konsumgüterbereich, aber z. T. auch Zuliefererbetriebe für staatliche Unternehmen, stehen der Privatwirtschaft offen, Bereiche, in denen die Staatsbetriebe ein Defizit aufweisen. Schlüsselindustrien bleiben jedoch in staatlicher Hand.

Andere Staaten, wie Marokko, Jordanien, Libanon, Iran oder die Türkei, sind eher privatwirtschaftlich orientiert. Zwar besitzt hier das private Kapital umfangreichere Anlagemöglichkeiten, doch enthält sich der Staat auch hier nicht einer industriellen Betätigung. So wird, ähnlich wie beim Erdöl, der Bergbau und Grundstoffbereich, daneben aber auch andere Schlüsselindustrien, in großem Umfang staatlich kontrolliert. Immerhin ist der Anteil der Privatwirtschaft größer als in den zuvor genannten Staaten. Für Iran beispielsweise wird derzeit (also nach der Revolution) ein Anteil von 86 % der Betriebe mit mehr als 10 Beschäftigten dem Privatsektor zugerechnet (StBA, LB Iran 1988:57). Die Großbetriebe liegen hier wie auch in Marokko überwiegend in öffentlicher Hand, so daß dieser Wert nicht die industrielle Kapazität wiedergibt. In der Türkei soll Anfang der 70er Jahre die industrielle Produktion zu etwa 50 % aus Privatbetrieben gekommen sein (The Middle East and North Africa 1987:821).

Die Unterschiede im staatlichen Engagement in der Industrie scheinen so eher gradueller als prinzipieller Natur. Auch in der Begründung der staatlichen Investitionstätigkeit existieren Unterschiede zwischen den politischen Richtungen, doch auch hier nicht unbedingt diametrale Gegensätze, und die Argumente können ineinander übergehen bzw. sich ergänzen. Während die „sozialistischen“ Länder neben einer weltanschaulichen Skepsis gegenüber Privatunternehmern (Ausbeutung, Machtkonzentration) vor allem eine mögliche Differenz zwischen volks- und betriebswirtschaftlich wünschenswerten Investitionen hervorheben — gesamtgesellschaftlich notwendige Bereiche mit geringen Profiterwartungen bleiben ohne ausreichende Aktivitäten privater Unternehmer, eine gleichgewichtige Entwicklung wird unmöglich — wird auf der anderen Seite der Mangel an privatem Kapital für Großinvestitionen und z. T. auch an unternehmerischen Fähigkeiten betont.

Die einheimischen Privatunternehmer können, das ist nicht verwunderlich, nur über weitaus geringere Mittel als der Staat verfügen. Zudem wurde häufig im Fall des Islamischen Orients eine äußerst geringe Investitionsbereitschaft im industriellen Bereich festgestellt. Freie Geldmittel wurden eher in der Landwirtschaft (Landkauf) oder im Handel angelegt. Die Ursache für ein solches Verhalten mag weniger einem „orientalischen Wirtschaftsgeist“ entspringen als der Unsicherheit und der zu erwartenden geringen Rendite einer Kapitalanlage im sekundären Sektor, worauf auch das beträchtliche Ausmaß von Investitionen in Boomindustrien (z. B. Baugewerbe) hinweist. Zwar wird inzwischen aus den verschiedensten Bereichen stammendes Kapital im sekundären Sektor angelegt, u. a. Handelskapital und Ersparnisse aus Auslandstätigkeiten (vgl. Kap. 6.1.3), verglichen mit Investitionen im Dienstleistungssektor bleiben Privatinvestitionen im verarbeitenden Gewerbe aber auch heute noch recht gering.

Ein gewisser Teil der Banken oder Investmentgesellschaften anvertrauten Mittel kommt dennoch, über deren Beteiligung, der Industrie zugute. „Islamische“ Investmentgesellschaften spielen besonders in Ägypten eine große Rolle. Bei ihnen waren im Jahre 1988 schätzungsweise 4,3 Mrd. US-Dollar angelegt (rund 10 % des BSP), zu einem beträchtlichen Teil Ersparnisse von im Ausland tätigen Ägyptern. Die Gesellschaften, deren Attribut „islamisch“ viel zu dem Vertrauen beiträgt, das sie genießen, erzielten vor allem mit Spekulationsgeschäften große Gewinne. Kapitalanlagen im industriellen Bereich, wie sie auch MEYER (1988:293) anführt, zählen nicht zu den

Hauptanlagefeldern, obwohl die großen Gesellschaften auch in Gewerbebetrieben der Konsumgüterindustrie investieren (MEED 14. 10. 1988:14 f.). Die Anleger erhalten keine Zinsen auf ihre Einlagen, sondern werden prozentual am Gewinn oder Verlust beteiligt, um dem koranischen Zinsverbot zu genügen.

Die Rolle, die ausländischem Kapital im Industrialisierungsprozeß zugemessen oder zugestanden wird, ist recht variabel. Nicht nur in den „sozialistischen" Staaten wurden, wie oben angeführt, ausländische Unternehmen im Erdölbereich verstaatlicht bzw. auf Minderheitsbeteiligungen zurückgeschraubt. Ähnlich verfuhr man in anderen sich heute in staatlicher Hand befindenden Bereichen wie dem Bergbau. Selbst in Staaten wie Iran unter der Schahregierung, die im übrigen eine liberale Wirtschaftspolitik vertrat, war und ist das Anlagefeld ausländischer Investoren begrenzt. (Trotzdem spielte in Iran das Auslandskapital in den 60er und 70er Jahren eine bedeutende Rolle, und seine Anlage wurde durch eine Schutzzollpolitik, verbunden mit Garantien für Fremdkapital, gefördert.)

Die „sozialistischen" Staaten standen ausländischen Investitionen eher ablehnend gegenüber, doch hat sich diese Haltung in jüngerer Zeit gelockert. In Ägypten ist seit der „*infitāḥ*" (Öffnung) Kapital aus dem Ausland wieder willkommen, und auch in Algerien sind ausländische Investitionen seit den 80er Jahren im Rahmen von Joint-venture-Unternehmen möglich und erwünscht. Vor allem besteht die Hoffnung, über solche Gemeinschaftsvorhaben das nötige Know-how in moderner Technologie zu erwerben. Das ausländische Kapital stammt nicht selten von multinationalen Unternehmen und fließt dann schwerpunktmäßig in größere Projekte. Ein Teil von Joint-ventures mit einheimischen Privatunternehmen ist dagegen eher „mittelständisch" orientiert.

Eine Politik wie derzeit in Ägypten, die ausländischem Kapital allzu freundlich gegenübersteht, ist für die Landesentwicklung eher von Nachteil. Denn soweit es frei entscheiden kann, drängt es selektiv in die hochprofitablen Bereiche und exportiert die Gewinne größtenteils. Weniger ertragsreiche Sektoren werden dagegen dem einheimischen privaten und staatlichen Kapital überlassen (vgl. PAWELKA 1985:310 ff.). Denn in den Bereichen, wo kapitalkräftige ausländische Unternehmen investieren, wird sich, wie schon oben angedeutet, die einheimische Konkurrenz auf dem Markt nur schwer behaupten können, da sie diesen gegenüber ja nicht durch Schutzzölle unterstützt wird.

Besonders problematisch erscheinen auch die oben angesprochenen weltmarktorientierten freien Produktionszonen. Die Staaten stellen die Infrastruktur und tragen die Grundausbildung der Arbeitskräfte. Als Investitionsanreize verzichten sie aber auf Einnahmen aus Import- oder Exportzöllen sowie lange Zeit auf Steuern. Anschließend wird meist nur ein reduzierter Steuersatz erhoben. Gewinne können sämtlich ins Ausland transferiert werden. Mit einem Transfer von Know-how in die Gegenrichtung ist dagegen kaum zu rechnen. Was bleibt, ist in gewissem Umfang die Schaffung von Arbeitsplätzen (vgl. FRÖBEL et al. 1986:438—479).

In dem genannten wirtschafts- und entwicklungspolitischen Rahmen ist die industrielle Entwicklung zu sehen, wie sie quantitativ in Statistiken zum Ausdruck kommt. In allen Staaten zeigen die Daten einen Ausbau der gewerblichen Wirtschaft. Das Schlußlicht bildet dabei die Arabische Republik Jemen, die den Anteil der im industriellen Sektor (incl. Bergbau, Energie und Baugewerbe) tätigen Erwerbspersonen zwischen 1965 und 1980 nur von 7 % auf 9 % steigern konnte. Auf über 30 % wuchs während dieser Zeit der Anteil in Tunesien (21 % bzw. 36 %), Iran (26 %/33 %) und den Vereinigen Arabischen Emiraten (32 %/38 %). (In Kuwait nahm er leicht von 34 % auf 32 % ab; unter Berücksichtigung des enormen Bevölkerungswachstums fand aber auch hier eine absolute Zunahme der Beschäftigtenzahl statt.) Das von allen Staaten stärkste relative Wachstum weist Tunesien auf (Weltbank, Weltentwicklungsbericht 1988:264 f.).

Der eigentliche Industrialisierungsprozeß betrifft in erster Linie das verarbeitende Gewerbe. Er wird an der Steigerung der Wertschöpfung deutlich, wie sie — soweit verfügbar — in Tabelle 14 dargestellt ist. Zudem gibt die Tabelle die Anteile der verschiedenen Produktionsbereiche für die Jahre 1970 und 1985 wieder. Auch unter Berücksichtigung der Inflation ist während dieses Zeitraums schon eine starke Zunahme der industriellen Produktion zu verzeichnen. Bedeutsam ist sie vor allem bei den bedeutenden Erdölexporteuren, aber auch in der Türkei oder in Marokko (obwohl keines der Länder auch nur ein Zehntel der gewerblichen Wertschöpfung der Bundesrepublik Deutschland aufweisen kann). Auch die Branchenstruktur weicht von derjenigen der Industrieländer wie der Bundesrepublik ab. Lediglich der Anteil der chemischen Industrie ist in etwa vergleichbar. Während der Bereich „Maschinenbau, Elektrotechnik, Fahrzeugbau" stark unterrepräsentiert erscheint, ist in den meisten Staaten die Textil- und Bekleidungsindustrie anteilsmäßig recht umfangreich, obwohl sich eine Tendenz zur Abnahme des Textilanteils und Zunahme der Maschinenbau-, Elektro- und Fahrzeugindustrie abzeichnet.

Das „übrige verarbeitende Gewerbe" faßt Industrien auf der Grundlage von Holz, Papier, Erdöl, Metallen und anderen mineralischen Rohstoffen zusammen. Daher werden spezielle Schwerpunkte der Industrieansiedlung in den Zahlen nur unvollkommen deutlich. Im Falle einiger Förderländer (Kuwait, Oman) spiegelt sich hier die hohe Bedeutung der Petrochemie; für andere (Libyen, Saudi-Arabien, Vereinige Arabische Emirate) fehlen leider Angaben. „Steine und Erden" treten besonders in Jordanien und Tunesien hervor, „Eisen und Stahl" in Algerien, aber auch in der Türkei und Ägypten. Holzverarbeitung und Möbelproduktion spielen insgesamt eine untergeordnete Rolle, sind aber in Syrien vergleichsweise wichtig (vgl. EL-SHAGI 1988:380).

Insgesamt macht der Anteil der Branchen deutlich, daß zumindest bisher eine Industriestruktur fehlt, die eine eigenständige Weiterentwicklung ermöglichte. Vor allem Investitionsgüter werden erst sehr begrenzt hergestellt. Wie schon angedeutet ist auch die interne Verflechtung der Industrie noch nicht befriedigend ausgeprägt, und die Integration mit anderen Wirtschaftsbereichen v. a. der Landwirtschaft (Lieferung von Investitionsgütern — landwirtschaftliche Maschinen, Düngemittel, Pestizide —, Bezug von Rohstoffen) muß verstärkt werden.

Ungleichgewichte sind auch bei der räumlichen Verteilung der Industrien zu verzeichnen. Für Industriegründungen boten die entwickeltsten Regionen der einzelnen Staaten, in der Regel die („heimlichen") Hauptstädte, die besten Möglichkeiten. Hier war die Infrastruktur am besten ausgebaut, die Marktverflechtung am ehesten sicherzustellen, das Bankenwesen am weitesten entwickelt, und auch Fachkräfte und Know-

Tabelle 14: Wertschöpfung im Verarbeitenden Gewerbe nach Wirtschaftsbereichen, 1970 und 1985

Land	Wertschöpfung (Mio. laufende US-Dollar)		(Anteil (%) der Produktionsbereiche) Nahrungsmittel & Landwirtschaft		Textilien & Bekleidung		Maschinenbau, Elektrotechnik, Fahrzeugbau		Chemische Erzeugnisse		übriges verarb. Gewerbe	
	1970	1985	1970	1985	1970	1985	1970	1985	1970	1985	1970	1985
Ägypten	—	—	17	20	35	27	9	13	12	10	27	31
Algerien	682	6.157	32	26	20	20	9	11	4	1	35	41
Irak	325	—	26	—	14	—	7	—	3	—	50	—
Iran	1.501	—	30	13*	20	22*	18	22*	6	7*	26	36*
Jemen, A.R.	10	259	20*	—	50*	—	0*	—	1*	—	28*	—
Jordanien	32	494	21	27*	14	6*	7	0*	6	10*	52	57*
Kuwait	120	1.654*	5	12*	4	8*	1	4*	4	11*	86	65*
Libanon	—	—	27	—	19	—	1	—	3	—	49	—
Libyen	81	1.215	—	—	—	—	—	—	—	—	—	—
Marokko	641	2.009	—	26	—	16	—	10	—	11	—	37
Oman	0	267*	—	29	—	0	—	0	—	0	—	71
Saudi-Arabien	372	7.586	—	—	—	—	—	—	—	—	—	—
Syrien	—	—	37	28	40	19	3	10	2	6	19	38
Tunesien	121	981	29	17	18	19	4	7	13	13	36	44
Türkei	1.930	12.277	26	20	15	14	8	15	7	8	45	43
V.A.E.	—	2.715	—	—	—	—	—	—	—	—	—	—
Zum Vergleich: Bundesrepublik Deutschland	70.888	201.640	13	12	8	5	32	38	9	10	38	36

Quelle: nach Weltbank, Weltentwicklungsbericht 1988, S. 274f., Tab. 8

how waren am leichtesten zu erhalten. Hinzu kommt in stark zentralistisch geprägten Staaten, daß sich bei einer Standortwahl in der Hauptstadt die Kontakte zur Administration optimieren und Reibungsverluste mit der Bürokratie minimieren ließen. Auch die höher bewertete „Lebensqualität" solcher Zentren mag die Standortentscheidungen mit beeinflußt haben.

So entwickelten sich in der Türkei der Raum Istanbul, in Iran Teheran, in Ägypten Kairo und Alexandria, in Algerien Algier und Oran und in Marokko Casablanca zur wirtschaftlich dominierenden Region. Auch wenn bald einige weitere wichtige Standorte hinzutraten, in der Türkei beispielsweise Izmir, Izmit, Bursa und Ankara, entstanden doch fast überall starke räumliche Ungleichgewichte, die sich über Migrationsprozesse (vgl. Kap. 6.2) und weiteren Infrastrukturausbau in den Zentren noch verstärkten. Die ursprünglichen Agglomerationsvorteile schlugen sehr oft in Nachteile um, wie ein überlastetes Verkehrssystem, Umweltprobleme usw. Dem entgegenzuwirken, die Standorte der Industrien zu diversifizieren und dadurch auch andere Landesteile zu entwickeln, wurde daher in allen Staaten eines der Ziele der Industrialisierungs- und Entwicklungspolitik. In den weitgehend privatwirtschaftlich orientierten Ländern stehen als Instrumente, die Standortwahl der Unternehmer zu beeinflussen, in erster Linie Neugründungsverbote für bestimmte Agglomerationen (z. B. Teheran) zur Verfügung, die sich aber oftmals umgehen lassen. Hinzu kommen Anreize, z. B. Steuervorteile, bei Betriebsgründungen in Landesteilen, die gefördert werden sollen. In Ägypten beispielsweise werden zur Entlastung von Kairo verschiedene Satellitenstädte angelegt (auf Wüstenland außerhalb des agrarisch wertvollen Nildeltas), die als Standorte sowohl für neue Betriebsgründungen als auch für Auslagerungen aus Kairo (Erweiterungsmöglichkeiten) gedacht sind. Gefördert wird die Ansiedlung durch Steuer- und Zollbefreiungen sowie durch die im Vergleich zu Kairo günstigen Bodenpreise (MEYER 1988).

Länder mit einem umfangreichen staatlichen Sektor können auch über staatliche Investitionsentscheidungen ihre Diversifikationsbemühungen nach überregionalen Gesichtspunkten vorantreiben. In Algerien beispielsweise wurden nach der Unabhängigkeit zahlreiche industrielle Komplexe im Osten des Landes angesiedelt, so ein Stahlwerk in Annaba, Petrochemie in Skikda, metallverarbeitende Industrie (Traktorenfabrik) in Constantine. Die Dominanz der Küstenstandorte, die sich für Exportindustrien wie dem Ölsektor, aber auch bei einem Einsatz importierter Massengüter (z. B. Koks für das Stahlwerk) anbieten, wird durch eine Ansiedlung von auf den Binnenmarkt bezogenen Industrien im Hochland relativiert. Selbst die Oasen im nordöstlichen Teil der algerischen Sahara wie Ghardaia oder Wargla verfügen über Industriebetriebe. Auch in Syrien sind alle größeren Städte (neben Damaskus, Aleppo, Hama , Homs und Latakia auch die verschiedenen Städte am Euphrat) mit Industrie ausgestattet.

Selbst bei Dominanz eines oder weniger Industriestandorte erreichen vergleichsweise stark industrialisierte Staaten (Türkei, Iran, ansatzweise auch Ägypten sowie Marokko) nicht nur im rohstoffabhängigen Baustoff- und Nahrungsmittelbereich eine gewisse Streuung der Betriebe.[13] In anderen Ländern haben sich inzwischen neben einem Hauptpol (Landeshauptstadt) wenige Nebenpole entwickelt, so in Irak neben Bagdad Mosul und Basra, in Tunesien neben Tunis v. a. Sfax und Sousse, oder es steht eine räumliche Streuung noch aus (Jordanien). Aber auch wenn diese im Zuge eines zukünftigen industriellen Ausbaus zu erwarten ist, werden stärkere staatliche Eingriffe nötig sein, soll die bestehende Kopflastigkeit abgebaut werden, anstatt sich weiter zu verstärken.

Sämtliche Staaten des Islamischen Orients befinden sich in einer Phase industriellen Aufbaus, der verbunden ist mit z. T. hohen Zuwachsraten industrieller Produktion, selbst wenn diese in der Regel hinter ehrgeizigen Planzielen zurückbleiben. In den meisten Ländern liegt die Wachstumsrate beträchtlich über derjenigen des gesamten Bruttoinlandprodukts (BIP), ebenfalls ein Ausdruck des Industrialisierungsprozesses.[14] Soweit Daten verfügbar sind, übertrifft sie auch die Zuwachsrate der Bevölkerung, was auf eine verstärkte Bedarfsdeckung mit einheimischen Produkten hindeuten mag wie auch auf eine zunehmende Bedeutung industrieller Arbeitsplätze. Daß trotz solchen Wachstums die Erfolge eher zurückhaltend beurteilt werden müssen, macht auf sozialem Gebiet die Einkommenssituation der industriell Beschäftigten deutlich, die in der ersten Hälfte der 80er Jahre zum überwiegenden Teil negative Zuwachsraten ihres Realeinkommens hinnehmen mußten (Weltbank 1988:276 f) (siehe auch Kap. 7.2.1).

Auch in den arabischen Staaten wird der derzeitige Stand eher kritisch beurteilt. Wenn auch die einzelnen Aspekte oben schon angesprochen wurden, seien als Beleg die Punkte genannt, die ABBOUD (1988:10) in seiner zusammenfassenden Einschätzung anführt:

- Trotz allen Ausbaus ist die Infrastruktur noch immer unzureichend;
- Forschung, Entwicklung und Ingenieurausbildung haben mit der Industrialisierung nicht Schritt gehalten;
- Investitionsgüter (Maschinen, Ausrüstung) müssen großteils importiert werden (aus eigener Produktion stammen nur schätzungsweise 10 %);
- Die auf Leichtindustrien basierende Industrialisierungsstrategie in Marokko, Syrien, Jordanien, Libyen und Tunesien hat weder die Abhängigkeit von den Industrienationen abbauen können, noch die Probleme ökonomischer Integration oder des Arbeitsmarktes angegangen;
- Die auf eine autozentrierte Entwicklung setzenden Staaten wie Algerien oder Ägypten sehen ihre Erwartungen ebenfalls enttäuscht, u. a. da die eigene Investitionsgüterproduktion in Qualität und Quantität hinter den Standards zurückbleibt;
- Die im vorhergehenden Kapitel angesprochenen Golfstaaten schließlich sehen sich vor Problemen, die sich aus dem massiven Einsatz ausländischer Arbeitskräfte ergeben, den ihre Industrialisierung voraussetzt. Auf dieses Problemfeld wird im folgenden Kapitel eingegangen.

Geben die Kritikpunkte auch nur die momentane Situation wieder, so zeigen die Defizite doch, daß sie nicht kurz- oder auch nur mittelfristig zu beheben sind. Auch wenn weiterhin — zumindest in den ölexportierenden Ländern — größere Kapitalmengen eingesetzt werden könnten — in den arabischen Ländern sollen zwischen 1981 und 1986 122 Mrd. US-Dollar in das verarbeitende Gewerbe investiert worden sein — bleibt der Bedarf doch weiterhin hoch. Zudem ist der Kapitalbedarf nur einer der Problempunkte. So sind schnelle Erfolge hin zu einer integrierten und produktiven Industrie kaum zu erwarten.

Anmerkungen zu Kapitel 5.2

1. Pipelines dienen dem Transport des Erdöls bzw. des Erdgases vom Bohrloch zur Weiterverarbeitung oder zur Umladestelle. Da die Ölfelder oftmals weitab von Häfen und Produktionszentren liegen, sind z. T. recht lange Rohrleitungen erforderlich. So verbindet eine 750 km lange Pipeline das Feld um Hassi-Messaoud mit der Hafenstadt Skikda (Algerien), und der Anschluß des weiter südlich gelegenen Feldes um In Amenas, nahe der libyschen Grenze, erfordert weitere 550 km Rohrleitungen. Im Mittleren Osten machen v. a. die Ölfelder Nordiraks lange Wege notwendig. Die Förderstellen am Persischen Golf liegen dagegen in weit geringerer Entfernung zu einem Verladehafen. Daß sich hier dennoch äußerst lange Pipelines finden, hat seine Ursache in politischen Faktoren. So ermöglichte die 1715 km lange, inzwischen ruhende „Tapline" den Transport von Golföl nach Sidon (Libanon) und ersparte so eine Passage der Straße von Hormuz wie des Suez-Kanals. Eine weitere Pipeline in Saudi-Arabien, „Petroline", verbindet die Ölfelder im Osten des Landes mit dem neuen industriellen Zentrum Yanbu am Roten Meer. Solche „strategischen Pipelines" diversifizieren die möglichen Exportwege und machen daher den Exporteur vom Good-will des einen oder anderen Nachbarn, der strategische Punkte an der Route kontrolliert, unabhängiger.
2. Mittels „Destillation" wird das Rohöl in seine verschieden schweren Bestandteile zerlegt, das „Reformieren" wandelt Schwerbenzin in Wasserstoff, Butan- und Propangas sowie hochklopffestes Benzin um, durch „Cracken" werden große Kohlenwasserstoffmoleküle des Schweren Gasöls in niederermolekulare aufgespalten (hochoktanige Kraftstoffbestandteile und gasförmige Olefine für die Petrochemie). Die „Raffination" schließlich dient der Reinigung der Produkte von unliebsamen Bestandteilen (vgl. z. B. MAYER 1976:128—133).
3. Der Bau der Raffinerie in Abadan war eine Folge des Treibstoffbedarfs der britischen Flotte im Indischen Ozean.
4. In Westeuropa allein stieg der Anteil der Raffineriekapazität an der Weltkapazität von 8,4 % im Jahre 1950 auf 28,5 % 1975 (berechnet nach: Das Buch vom Erdöl 1978:732).
5. 1987 besaß der Mittlere Osten einen Anteil von 6,6 % an der Weltraffineriekapazität (obwohl besonders die Raffinerien Irans schwer unter dem Golfkrieg gelitten hatten) und einen Anteil von 21,3 % an der Weltrohölförderung (ESSO: Oeldorado '88).
6. Die Qualität der in Saudi-Arabien und den V.A.E. entdeckten Vorkommen ist für das genannte Reduktionsverfahren unzureichend.
7. Zur Industrialisierung in den Ölförderländern der Arabischen Halbinsel siehe z. B. AL-MOAJIL 1985; BAHDIR 1985; EL-SHAGI 1988; SCHLIEPHAKE 1985, 1987; TOWNSEND 1985.

8. Um agrares Kapital in die Industrie umzuleiten, wurden in Iran im Zuge der Landreform (vgl. Kapitel 4.2.4) enteignete Grundeigentümer z. T. mit Industrieaktien entschädigt. Eine freiwillige Umorientierung wäre in der Regel wohl nicht zu erwarten gewesen.
9. Das algerische Konzept einer ,,industrialisierenden Industrie" sieht die Schwerindustrie als den Schlüsselbereich des Industrialisierungsprozesses an. Eine Grundstoffindustrie, die zum einen auf der Basis von Erdöl entstand und Kunstdünger, Chemikalien und Plastikprodukte bereitstellt und zum anderen Stahl erzeugt, liefert Ausgangsmaterial für Zwischenprodukte, die sowohl in der Konsum- wie Investitionsgüterindustrie eingesetzt werden sollen. Die einzelnen, voneinander abhängigen Schritte (z. B. Hüttenwerk — Röhrenwerk (Pipelines) / Walzwerk, darauf aufbauend Kfz-Produktion u. a.) wurden eng aufeinander abgestimmt geplant und teils simultan, teils im Anschluß aneinander in Angriff genommen. Dies führte jedoch dazu, daß eine große Anzahl von Projekten nebeneinander durchgeführt werden mußte, was einen großen Anteil der zur Verfügung stehenden Mittel in Anspruch nahm. Dies ging zu Lasten der Landwirtschaft wie des privaten Konsums.
10. Während die Ölexporteure der Arabischen Halbinsel, aber auch Libyen, bei hohen Öleinnahmen und einer zahlenmäßig vergleichsweise geringen Bevölkerung beträchtliche Summen frei zu Investitionszwecken einsetzen konnten, besitzen aus dem Kreis der restlichen Staaten selbst diejenigen mit relativ hohen Ölexporterlösen (Irak, Iran, Algerien) eine relativ große Bevölkerung, für die beispielsweise eine kostenaufwendige soziale Infrastruktur bereitzustellen ist. Bei anderen Ländern, wie gerade beim volkreichen Ägypten, spielt das Öleinkommen eine weit geringere Rolle, und Länder wie Marokko können nicht einmal ihren Eigenbedarf durch eigene Förderung decken, ja sie müssen einen beträchtlichen Teil ihrer Deviseneinnahmen für den Kauf von Erdöl und Ölprodukten aufwenden.
11. Gerade im Bereich der Entwicklungsausgaben spielt die öffentliche Entwicklungshilfe eine Rolle, die sowohl aus dem Kreis der OECD-Länder wie der OPEC-Mitglieder stammt (vgl. Kap. 5.1.3). In absoluten Zahlen steht Ägypten an der Spitze der Empfänger mit jährlich weit über 1 Mrd. US-Dollar (1980—1986 insg. 10.735 Mio. US-Dollar), gefolgt von Syrien (7.466 Mio. US-Dollar), Jordanien (5.689 Mio US-Dollar) und Marokko (4.620 Mio. US-Dollar). Pro Kopf der Bevölkerung wie auch als Anteil am BSP gemessen genießt jedoch Jordanien, in zweiter Linie Syrien eine Spitzenposition. (In Jordanien betrugen die Entwicklungshilfezahlungen im Jahre 1986 12 %, in Syrien 4,9 % des BSP; Weltbank, Weltentwicklunsbericht 1988, Tab. 22) Hierbei handelt es sich weitgehend um Kredite, die auch bei günstigen Konditionen die Auslandsverschuldung der öffentlichen Hand verstärken, die in den meisten Staaten 1986 bereits mehr als 50 % des BSP ausmacht — in Marokko über 100 % —, der Schuldendienst bis zu 12 % (Jordanien). Die Entlastung der öffentlichen Kassen ist daher nur vorübergehend, v. a. wenn keine produktiven Investitionen getätigt werden, mit denen die Schulden abgetragen werden können.

12. Aus militärischen wie wirtschaftlichen Gründen hatte Frankreich die verkehrsmäßige Erschließung seiner Kolonien eingeleitet, die Maghrebländer konnten daher bei ihrer Unabhängigkeit auf einem relativ gut ausgebauten Verkehrsnetz aufbauen. Die nicht kolonialisierten Staaten mußten solche Verhältnisse aus eigenem Antrieb schaffen. Der Aufbau einer Eisenbahn setzte im asiatischen Teil des Islamischen Orients Ende des 19. Jahrhunderts, noch unter den Osmanen, ein und war mit durch deren politische Interessen bestimmt. So sollte die Hedschasbahn die Bindungen Arabiens an das Osmanische Reich unterstreichen. In Ägypten wurde der Betrieb auf der ersten Strecke gar schon Mitte des 19. Jahrhunderts aufgenommen. Der Bahnverkehr erlangte größere flächenhafte Bedeutung v. a. in der Türkei (seit Atatürk), wenngleich auch in Iran der Streckenausbau bis in die Gegenwart vorangetrieben wird. Ebenso besitzt die Eisenbahn in Irak, Ägypten und Syrien eine wichtige, wenngleich eher linienhafte Funktion. Gleiches gilt für die Maghrebländer, wo der Transport von Bergbauerzeugnissen anfänglich die Hauptaufgabe der Eisenbahn war. Die flächenmäßige Erschließung bleibt in allen Staaten jedoch dem Straßenverkehr vorbehalten.

13. Für Iran vgl. beispielsweise KORBY 1977.

14. Besonders negativ fällt aus diesem Bild Ägypten heraus, dessen verarbeitendes Gewerbe zwischen 1980 und 1986 einen Rückgang des BIP von durchschnittlich jährlich -2,1 % verzeichnen mußte (Weltbank, Weltentwicklungsbericht 1988:262 f.).

6. Räumliche Mobilität und Gesellschaftsstrukturen
(G. Stöber)

Die Erdölwirtschaft und der Industrialisierungsprozeß haben nicht nur die wirtschaftliche Basis der Länder des Islamischen Orients verändert, auch die gesellschaftlichen Strukturen sind hiervon nicht unbeeinflußt geblieben. Unter anderem verlangen die neuen Industrien, aber auch ein stark wachsender Dienstleistungssektor, nach Arbeitskräften. Sie stellen ,,Pull-Faktoren" dar bei Migrationsprozessen, die international besonders in die bevölkerungsarmen Förderländer gerichtet, sowie in nationalem Rahmen als Land-Stadt und Stadt-Stadt-Wanderungen ausgeprägt sind. Arbeitsmigration und Urbanisierung, aber auch Prozesse, die nicht direkt mit räumlicher Mobilität verbunden sind, haben Anteil an der Aufweichung der alten Sozialstrukturen, der Entstehung neuer und der Umwertung bestehender sozialer Klassen und Schichten. Daß die internationale — wirtschaftliche wie politische — Einbindung des Islamischen Orients diese Prozesse wesentlich mitbestimmt, wird u. a. an der internationalen Arbeitskräftewanderung deutlich.

6.1 Internationale Arbeitskräftewanderungen

Die internationale Arbeitsmigration, d. h. die — mehr oder weniger befristete — Abwanderung ins Ausland zum Zwecke der Arbeitsaufnahme, betrifft die Länder des Islamischen Orients auf unterschiedliche Weise. Während aus den einen die Migranten stammen, bilden die anderen die Ziele, und wieder andere senden sowohl Migranten aus, wie sie Arbeitskräfte aus anderen Staaten aufnehmen. Hinter diesen Migrationen steht ein Gefälle zwischen Quell- und Zielgebieten, das sich in unterschiedlicher Lohnhöhe oder gar in fehlenden gegenüber reichlich vorhandenen (oder erwarteten) Verdienstmöglichkeiten ausdrückt. Daß eine Arbeitsmigration zustande kommt, ist aber nicht nur hierauf zurückzuführen. Es bedarf u. a. der Informationen über solche Gelegenheiten. Diese verbreiten sich von einer ersten Quelle aus in einem Diffusionsprozeß, und die Art ihrer Kanäle bestimmt häufig die Teilnehmergruppen und die Richtungen der Wanderungen mit (vgl. z. B. BARTELS 1968).

Unter dem Begriff ,,Arbeitsmigration" können sich verschiedene Formen mit ganz unterschiedlicher Bedeutung für die Sicherung des Lebensunterhalts verbergen. Sie kann beispielsweise in einer Agrargesellschaft ein Mittel sein, um gelegentlichen lokalen Krisen zu begegnen, oder sie kann als regelmäßiger Zuerwerb in die Strategien zur Sicherung des Lebensunterhalts einbezogen sein. Schließlich mag sie die Haupt- oder einzige Einkommensquelle bilden, sei es, daß landwirtschaftliche Ressourcen nicht oder nicht in genügendem Umfang zur Verfügung stehen, sei es, daß sie höhere Einkommen verspricht, als daheim mit landwirtschaftlichen oder anderen Tätigkeiten zu erzielen wären. Auch die Dauer der Abwesenheit ist äußerst variabel: Eine saisonale Arbeitsaufnahme für wenige Monate (häufiger im nationalen Rahmen) steht neben befristeten Verträgen von ein, zwei Jahren, denen sich weitere solcher kurzer Arbeitsverhältnisse anschließen mögen. Desweiteren kann eine Abwanderung auf unbestimmte Zeit stattfinden, die sich im Extremfall zur Auswanderung auf Dauer entwickeln mag. Diese Verschiedenartigkeit der Formen ist zu berücksichtigen, wenn die Bedeutung der Arbeitsmigration abgeschätzt werden soll.

6.1.1 Die Entwicklung der Arbeitsmigration

Die verschiedenen Formen der Arbeitskräftewanderungen, die heute z. T. nebeneinander bestehen, bilden oft auch Stadien eines Entwicklungsprozesses, der gesteuert wird durch die sozio-ökonomischen wie politischen Bedingungen der Entsender- wie der Zielländer. Ziele wie Herkunftsgebiete der Migranten unseres Untersuchungsraumes sind dabei nicht auf diesen beschränkt, und es lassen sich unterscheiden

a) Wanderungen aus Staaten des Islamischen Orients, die aus der Region hinausgerichtet sind; hierbei handelt es sich in erster Linie um Arbeitskräftewanderungen aus den Maghrebländern und der Türkei nach Westeuropa;
b) orientinterne Wanderungen, hauptsächlich zwischen bevölkerungsreichen und kapitalreichen aber bevölkerungsarmen Erdölstaaten des Untersuchungsraumes;
c) in die Region hineingerichtete Wanderungen, die aus verschiedenen, v. a. asiatischen Ländern in die Ölstaaten erfolgen.

Diese Wanderbewegungen sollen im folgenden skizziert werden. Eine Darstellung der Folgen und Probleme muß sich jedoch auf den hier zur Diskussion stehenden Raum beschränken.

Zu a) Arbeiterwanderungen nach Europa

Es sind v. a. zwei Räume des Islamischen Orients, aus denen Arbeitskräfte in europäische Industriestaaten ziehen, der Maghreb und die Türkei. Die bevorzugten Zielländer sind Frankreich und die Bundesrepublik Deutschland.

Für den Maghreb gehen die Wurzeln dieser Arbeitsmigration in die Kolonialzeit zurück, die Ansätze wohl bis in die letzten Jahrzehnte des vergangenen Jahrhunderts. Zu Beginn waren es Algerier, die im „Mutterland" zeitweilig eine (Zu-)Verdienstmöglichkeit fanden, während sich in den Kolonien die Lebensbedingungen der einheimischen Bevölkerung verschlechterten. Am Vorabend des ersten Weltkriegs waren die Zahlen jedoch noch begrenzt: 1912 wird von 3.000 Algeriern gesprochen, die in Marseiller Fabriken, in Paris, in Kohlebergwerken u. ä. arbeiteten. Während des Krieges wurden nicht nur (insg. ca. 160.000) algerische Soldaten rekrutiert, 78.000 Algerier wurden zudem im Laufe der Zeit dienstverpflichtet, um in Frankreich den Arbeitskräftebedarf der Kriegsproduktion zu decken und durch die Mobilmachung frei werdende Arbeitsplätze zu besetzen. Kehrten nach dem Krieg die Algerier auch in ihre Heimat zurück, so waren doch die Verdienstmöglichkeiten in Frankreich bekanntgeworden,

Abb. 47: Entwicklung der türkischen Bevölkerung in der Bundesrepublik Deutschland 1961-1987

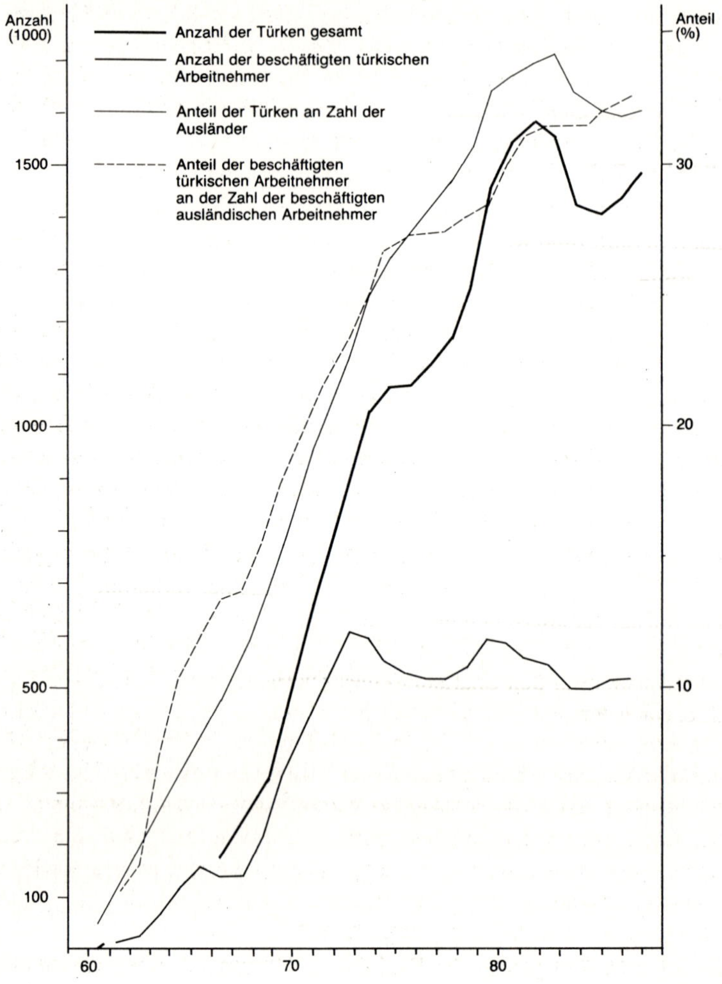

und als in den zwanziger Jahren ein wirtschaftlicher Aufschwung einsetzte, nahmen Tausende von Migranten die Gelegenheit zur Arbeit im französischen Baugewerbe, in der chemischen und Metallindustrie wahr: Die Volkszählungen von 1931 und 1936 erfaßten fast 86.000 bzw. knapp 73.000 Nordafrikaner im „Mutterland". Der zweite Weltkrieg führte zwar zu einem Rückgang dieser Zahlen, sie stiegen jedoch wieder an, als mit Kriegsende die Verluste an Kriegsopfern ausgeglichen und der Wiederaufbau in Angriff genommen werden mußte: In der Volkszählung von 1946 wurden ca. 43.500 Nordafrikaner in Frankreich gezählt, 1975 erreichte deren Zahl mehr als 1,1 Millionen.

Bei diesen Zahlen handelt es sich zum überwiegenden Teil zwar um Algerier, aber auch Angehörige der anderen Maghrebstaaten nahmen an der Arbeitsmigration teil. Anfangs war die Wanderung aus diesen Ländern nach Algerien gerichtet, wo sie z. T. algerische Arbeitskräfte ersetzten, die eine Tätigkeit in Frankreich aufgenommen hatten, und Algerien (Oran) diente in einer ersten Phase als Sprungbrett für eine Arbeitsaufnahme in Frankreich. Die Zahl der marokkanischen und tunesischen Migranten blieb bis zum Beginn der 60er Jahre begrenzt, bis zwischen verschiedenen Herkunfts- und Zielländern Rekrutierungsabkommen geschlossen wurden.

Der anfangs kaum behinderte Zuzug von Algeriern wurde mehr und mehr restriktiv gehandhabt, bis aufgrund wachsender Ausländerfeindlichkeit in Frankreich die algerische Regierung im Jahre 1973 die offizielle Abwanderung dorthin beendete. Die sich verschlechternde konjunkturelle Situation und die damit einhergehenden wachsenden Vorbehalte gegenüber Ausländern führten dazu, daß auch die Einwanderung aus Marokko und Tunesien stark gedrosselt wurde und in der zweiten Hälfte der 70er Jahre auf kaum nennenswerte Beträge zurückfiel. Insgesamt zeichnet sich während der Nachkriesgzeit eine Veränderung der herkunftsmäßigen Zusammensetzung der Migranten aus dem Maghreb in Frankreich ab. Obwohl die absoluten Zahlen bis in die 70er Jahre hinein noch zunahmen, sank der Anteil der Algerier beständig (1956: 93 %; 1982: 56 %), v. a. zugunsten der Marokkaner (1956: 5 %; 1982: 30 %).

Auch in anderer Hinsicht veränderte sich die Struktur der Wanderungen. In einer ersten Phase bis zum zweiten Weltkrieg waren es einzelne, verheiratete Männer mittleren Alters, die nur für kurze Zeit ins Ausland gingen und bei ihrer Rückkehr von einem anderen Mitglied der Gemeinschaft als Wanderarbeiter abgelöst wurden. Die Arbeitsmigration hatte hier nur den Charakter eines Zuerwerbs im Rahmen einer bäuerlichen Ökonomie. Nach dem zweiten Weltkrieg nahm für die Arbeitsmigranten die Bedeutung dieser Einkommensquelle zu, da sie in der Regel nicht mehr über ausreichende landwirtschaftliche Einkünfte verfügen konnten. Nun zogen junge, oftmals ledige Arbeitskräfte ins Ausland;[1] die Aufenthaltsdauer verlängerte sich, oder dem ersten schlossen sich weitere Aufenthalte an. Auch hier nahm aber im Laufe der Jahre der Frauenanteil zu, neben der sinkenden Erwerbsquote ein Zeichen dafür, daß nun ein wachsender Teil der Migranten im Familienverband in Frankreich lebte — und sich zumindest mittelfristig auf einen Aufenthalt in Europa einrichtete.[2]

Neben diesen Veränderungen der Funktion und Struktur der Arbeitsmigration verlagerten sich die Herkunftsregionen der Migranten. Zu Beginn lag in Algerien das Hauptabwanderungsgebiet in der Großen Kabylei, in Marokko war es der Souss und das östliche Rif, in Tunesien zahlreiche Oasen des Südens, alles Regionen mit begrenzten landwirtschaftlichen Ressourcen bei relativ hoher Bevölkerungsdichte, aber z. T. auch mit einer gewissen Tradition als Herkunftsgebiete von mobilen Händlern und Wanderarbeitern. Im Laufe der Zeit wurden auch Nachbarregionen einbezogen, so die Kleine Kabylei, das Plateau von Constantine, der Aures in Algerien, große Teile Ostmarokkos, aber auch Teile Nord- und Osttunesiens. Hinzu traten verstädterte Räume wie Algier, Tunis, Casablanca. Staatliche Lenkungsmaßnahmen führten in der Schlußphase schließlich zur weiteren Ausweitung und Verschiebung, wie auch manche traditionellen Abwanderungsgebiete an Bedeutung verloren, so der Souss.

Die Bundesrepublik Deutschland spielt als Ziel für Arbeitskräfte aus dem Maghreb nur eine untergeordnete Rolle. 1987 lebten hier etwa 85.700 Angehörige der Maghrebstaaten (zu nur 6 % Algerier, zu 28 % Tunesier und zu 65 % Marokkaner, insg. 1,8 % der in der Bundesrepublik lebenden Ausländer).

In Deutschland spielen mit fast 1,5 Millionen türkische Arbeitskräfte und ihre Angehörigen die überragende Rolle. Im Vergleich mit der Arbeitsmigration von Algeriern nach Frankreich ist die der Türken in die Bundesrepublik eine recht rezente Erscheinung. Nach dem Wiederaufbau der 50er Jahre wurden bei anhaltendem wirtschaftlichem Wachstum v. a.. nach dem Mauerbau 1961 hier die Arbeitskräfte knapp. Daher wurden verstärkt ausländische Arbeiter eingesetzt. Nach Anwerbevereinbarungen mit Italien (1955) und Spanien (1960) wurden auch ähnliche mit der Türkei (1961), Marokko (1963) und Tunesien (1965), später auch mit Jugoslawien (1968) geschlossen. Der Anteil der Türken an diesen „Gastarbeitern", die anfangs nur ein geringes Kontingent stellten, wuchs ständig, so daß diese heute etwa ein Drittel der Ausländer in der Bundesrepublik ausmachen. Auch nach Beendigung der Anwerbepraxis im Jahre 1973 stieg die Zahl der Türken bis 1982 weiter an, wie Abb. 47 zeigt. (Die Zahl der beschäftigten türkischen Arbeitnehmer erreichte jedoch schon um 1973 ihren Höchststand und blieb danach relativ konstant mit durch den Arbeitsmarkt bedingten Schwankungen!)

Wie im Maghreb erweiterten sich auch in der Türkei im Laufe der Zeit die Einzugsgebiete der Arbeitsmigration. War es ganz zu Beginn die dicht bevölkerte und am stärksten industrialisierte Region um Istanbul (ein herausragendes Ziel der Binnenwanderung), auf die sich die Abwanderung konzentrierte, so kamen bald v. a. die Gebiete um Ankara und Izmir hinzu, bis auch die Schwarzmeerregion und Ostanatolien einbezogen wurden. Verantwortlich für die anfänglichen Schwerpunkte bei der „offiziellen" Migration sind die Standorte der deutschen Rekrutierungsbüros, die in Istanbul, später auch in Ankara und Izmir eingerichtet wurden (vgl. BARTELS 1968). Die — geringere — Migration nach Frankreich weist eine etwas andere räumliche Schwerpunktbildung auf.

Abbildung 47 läßt im Groben zwei Phasen der Zuwanderung von Türken in die Bundesrepublik erkennen. In den ersten Jahren erfolgte ganz überwiegend ein Zuzug von Arbeitskräften, die in bundesdeutschen Betrieben Beschäftigung fanden. (Die Zahl der hier lebenden Türken ist nur unwesentlich höher als die Zahl der Beschäftigten, die Erwerbsquote ist daher ausgesprochen hoch, und die Anteile der beschäftigten türkischen Arbeitnehmer an der Zahl der ausländischen Arbeitnehmer ist höher als der Anteil der Türken an den Ausländern.) Dies änderte sich langsam mit Beginn der 70er Jahre und verstärkt mit dem Anwerbestopp 1973. Nun kamen mehr und mehr Angehörige hinzu, z. T. aus der Türkei nachgeholt, aber im Laufe der Zeit auch immer mehr in Deutschland geborene Kinder.[3]

Die skizzierte Entwicklung der Arbeitsmigration von einem zeitlich begrenzten Arbeitsvertrag hin zu einem langfristigen, wenn auch oft nicht für die Dauer gedachten Aufenthalt wird auch in gewissen Veränderungen der Erwerbsstrukturen deutlich:

Zwar überwiegen immer noch wenig attraktive Arbeitsplätze in Fertigungsberufen. Hierin waren 1982 75 % der türkischen Erwerbstätigen beschäftigt. Vor allem handelt es sich um Tätigkeiten in der Metallerzeugung und -verarbeitung und um Hilfsarbeiter-

Tabelle 15: Zahl der Ausländer (a) und ausländischen Arbeitnehmer (b) bzw. Erwerbstätigen (c) aus der Türkei, Marokko, Algerien und Tunesien in europäischen Staaten um 1985

Zielland	Bezugsdatum	Herkunftsland Türkei	Marokko	Algerien	Tunesien	Ausländer gesamt
Belgien	a) 1. 3. 81	63.587	105.133	10.796	6.871	878.577
	c) 1. 3. 81	12.699	19.959	1.835	1.878	252.363
BRD	a) 31. 12. 85	1.401.932	48.132	5.284	23.168	4.378.900
	b) 30. 6. 85	499.322	14.567	1.623	c) 9.500*	1.583.898
Dänemark	a) 1. 1. 86	20.408	2.329	—	—	116.951
Frankreich	a) 31. 12. 85	154.267	558.741	724.960	225.680	4.448.840
	b) ø 1985	31.200	139.200	189.000	54.300	1.259.700
Niederlande	a) 1. 1. 85	155.579	111.329	594	2.813	558.710
	c) 31. 3. 85	35.300	25.000	—	—	165.800
Norwegen	a) 31.12.85	3.406	1.404	—	—	101.471
Österreich	a) 12. 5. 81	59.900	76	74	489	291.448
	c) 12. 5. 81	30.894	49	38	277	165.679
Schweden	a) 31. 12. 85	21.538	1.094	466	733	388.641
Schweiz	a) 31. 12. 85	51.022	1.449	1.884	2.062	951.001
	c) 31. 12. 85	26.076	874	1.083	1.369	560.624
Spanien	a) 31. 12. 85	193	5.817	—	—	241.971

* Erwerbstätige laut Mikrozensus Juni 1985, revidierte Hochrechnung
— keine Angaben

Quellen: Institut National de Statistique: Annuaire Statistique de la Belgique, t. 107, 1987, Bruxelles
Statistisches Bundesamt Wiesbaden: Statistisches Jahrbuch 1988 für die Bundesrepublik Deutschland. Stuttgart/Mainz 1988
StBA Wiesbaden: FS 1 Bevölkerung und Erwerbstätigkeit. Reihe 1—4 Ausländer 1986, Stuttgart/Mainz 1986
Danmarks Statistik: Statistik årborg Danmark 1988. København 1988
Ministère de l'Intérieur: Etrangers titulairs de titre de séjour en cours de validité. Paris 1985
StBa, Wiesbaden: Länderbericht Frankreich 1987. Stuttgart/Mainz 1987
Netherlands Central Bureau of Statistics: Statistical Yearbook of the Netherlands 1987. The Hague 1988
Statistik Sentralbyrå: Statistisk Årbok 1987. Oslo 1987. Norges offisielle Statistikk B 690)
Österreichisches Statistisches Zentralamt: Volkszählung 1981. Hauptergebnisse 1, Österreich. Wien 1984 (Beitr. z. österr. Stat. 630/11. Heft)
Statistiska Centralbyrån: Tabeller över utländska medborgare utrikes födde m m, 31 december 1985. Stockholm 1985.
Bundesamt für Ausländerfragen: Zentrales Ausländerregister. Tab. 3.81. Bern
Instituto Nacional de Estadistica: Anuario Estadistico de Espana 1986 (edicion manual). Madrid 1986

funktionen, also um besonders konjunkturempfindliche Bereiche. Doch zeigt — nicht nur in Deutschland — eine Zunahme der Selbständigen, z. T. im Gefolge des Verlustes eines entlohnten Arbeitsverhältnisses, daß ein längerfristiger Aufenthalt im „Gastland" angestrebt wird (vgl. SCHOLZ 1985).

Für Migranten aus der Türkei wie aus dem Maghreb sind nicht nur die Bundesrepublik Deutschland und Frankreich, sondern in geringerem Umfang auch andere europäische Länder wie die Niederlande, Belgien, aber auch Österreich und die Schweiz als Ziele von Bedeutung (Tab. 15).

Insgesamt kann, legt man die verschiedenen nationalen Statistiken europäischer Staaten zugrunde, für die Mitte der 80er Jahre mit ca. 450.000 — 500.000 Marokkanern, Algeriern und Tunesiern sowie ca. 650.000 Türken gerechnet werden, die in Europa beschäftigt waren. Die Gesamtzahl der hier lebenden Angehörigen der Maghrebstaaten und Türken kann auf etwa ein dreiviertel bzw. über zwei Millionen geschätzt werden. Dies entspricht 3—4 % der Bevölkerung des Maghreb wie der Türkei.

Auch Angehörige anderer Staaten des Islamischen Orients leben und arbeiten in Europa. Ihre zahlenmäßige Bedeutung ist jedoch gering, verglichen mit derjenigen der Türken, Marokkaner, Algerier und Tunesier. Staaten mit einer hohen Zahl von Arbeitsmigranten wie Jordanien oder Ägypten speisen vielmehr die in andere arabische Staaten gerichtete Wanderung von Arbeitskräften, zu der aber auch die Türkei und Tunesien beitragen, trotz der Bedeutung des europäischen Arbeitsmarktes für diese Staaten.

Zu b) Arbeitsmigration im Islamischen Orient

Ein Faktor, der 1973 die Konjunktur in den Industrieländern bremste und damit zur starken Abschwächung der Arbeitsmigration nach Westeuropa führte, die Entwicklung auf dem Ölmarkt, erweiterte gleichzeitig einen anderen Arbeitsmarkt. Die Förderländer, die plötzlich über sprunghaft gestiegene Einnahmen verfügten, setzten diese, wie oben dargelegt (Kap. 5.1.3), z. T. für zahlreiche Projekte des materiellen und sozialen Infrastrukturausbaus ein. Dies erforderte neben dem Kapital- auch einen hohen Arbeitskräfteeinsatz, der v. a. in den bevölkerungsarmen Erdölstaaten der Arabischen Halbinsel, aber auch in Libyen, mit eigenen Arbeitskräften nicht zu erreichen war. Hinzu kam, daß den Einheimischen für viele der erforderlichen Tätigkeiten die Qualifikationen und das Interesse fehlten.

Wenn auch die genannten Bedingungen zu einem enormen Anstieg der Arbeitsmigration führten, so war dieses doch keine gänzlich neue Entwicklung. Arbeitskräftewanderungen, v. a. aus dem arabischen Raum, hatten schon zu einer Zeit eingesetzt, als der spätere Ölboom noch nicht absehbar war. Diese Arbeitsmigranten stammen im wesentlichen aus drei Staaten: Ägypten, Jemen und Jordanien/Palästina. Zahlreiche weitere Länder, so die Demokratische Volksrepublik Jemen, Syrien, Libanon, Tunesien, Oman sowie — aus der arabischen Peripherie — Sudan und Somalia, tragen aber ebenfalls zu dieser Arbeitskräftewanderung bei. Der Einsatz dieser Arbeitskräfte erfolgt zum größten Teil in Saudi-Arabien, Libyen sowie in Kuwait und den Vereinigen Arabischen Emiraten, aber auch in anderen, darunter Nicht-Erdöl-Staaten wie Jordanien sind ausländische Arbeitskräfte zu finden, wie Tab. 16 für das Jahr 1975, kurz nach Beginn des Booms, belegt.

Tabelle 16: Arabische Arbeitsmigranten im arabischen Raum im Jahre 1975

Zielland	Herkunftsland Ägypten	AR Jemen	Jordanien Palästina	DVR Jemen	Syrien	Libanon	Sudan	Tunesien	Oman	Irak	Somalia	Algerien Marokko	Gesamt
Saudi-Arabien	95.000	280.400	175.000	55.000	15.000	20.000	35.000	—	17.000	2.100	5.000	—	699.900
Libyen	229.500	—	14.150	—	13.000	5.700	7.000	38.500	—	—	—	2.500	310.350
Kuwait	37.558	2.757	47.653	8.658	16.547	7.232	873	49	3.660	17.999	247	47	143.280
V.A.E	12.500	4.500	14.500	4.500	4.500	4.500	1.500	—	14.000	500	1.000	—	62.000
Jordanien	5.300	—	—	—	20.000	7.500	—	—	—	—	—	—	32.800
Irak	7.000	—	5.000	—	—	3.000	200	—	—	—	—	—	15.200
Katar	2.850	1.250	6.000	1.250	750	500	400	—	1.870	—	—	—	14.870
Oman	4.600	100	1.600	100	400	1.100	500	100	—	—	300	—	8.800
Bahrain	1.237	1.121	614	1.122	68	129	400	—	1.383	126	—	—	6.200
Jemen	2.000	—	200	—	150	—	—	—	—	—	—	—	2.350
Gesamt:	397.545	290.128	264.717	70.630	70.415	49.661	45.873	38.649	38.413	20.625	6.547	2.547	1.295.750
Anteil (%)	30,7	22,4	20,4	5,5	5,4	3,8	3,5	3,0	3,0	1,6	0,5	0,2	100,0

Quelle: nach BIRKS/SINCLAIR 1980, Tab. 10

Im Jemen (Arab. Rep.) besteht eine gewisse Tradition zur Arbeitsaufnahme im Ausland. Diese erfolgte v. a. in Krisensituationen, wird aber seit der zweiten Häfte des 19. Jahrhunderts auch regelmäßiger faßbar. Ziele waren beispielsweise die ehem. britische Kronkolonie Aden, der Hedschas oder auch die Länder jenseits des Roten Meeres. Schon in den 60er Jahren unseres Jahrhunderts, also noch vor dem Ölboom, wird von 1—1,2 Mio. Migranten gesprochen, i. e. ca. ein Viertel der jemenitischen Bevölkerung (WILLEMART 1969:294). Die in Tabelle 16 genannten Zahlen von 1975 geben dagegen eine weitaus geringere Zahl an. Abgesehen von den Unsicherheiten, die allen quantitativen Angaben zu dieser Thematik innewohnen, und dem Umstand, daß in der Tabelle nur die arabischen Zielgebiete erfaßt sind (daneben spielen z. B. auch die USA und Großbritannien eine Rolle), läßt auch die Art der Migration unterschiedliche Angaben zu: Die — bäuerlichen — Migranten begeben sich meist nur für relativ kurze Zeit ins Ausland. Aus Saudi-Arabien kehren sie in der Regel nach einigen Monaten oder ein, zwei Jahren zurück; nach einem Heimataufenthalt von unterschiedlicher Dauer folgt dann ein weiterer Auslandsaufenthalt. So ist ein weit größerer Teil der Bevölkerung auch aktiv von der Arbeitsmigration betroffen, als sich zu einem gegebenen Zeitpunkt im Ausland befindet. Es ist davon auszugehen, daß der größte Teil der männlichen Bevölkerung zumindest einmal im Leben eine Auslandstätigkeit aufnimmt (vgl. KOPP 1977).

In Saudi-Arabien, dem größten Einzelimporteur jemenitischer Arbeitskraft, wurden im Jahre 1985 ca. 443.000 Jemeniten erfaßt, zu 91 % Männer, ein Zeichen für eine äußerst hohe Erwerbsquote (StBA, LB Saudi-Arabien 1988). Aufgrund ihres Ausbildungsniveaus kommen für die jemenitischen Arbeiter meist nur gering qualifizierte Tätigkeiten (v. a. im Bausektor) in Betracht: Nach einer Projektion für das Jahr 1985 stellten ungelernte Arbeitskräfte etwa zwei Drittel der Arbeitsmigranten (SERAGELDIN et al. 1984: 641).

Auch die Auslandstätigkeit der Jordanier hat Tradition. Dies trägt sicherlich mit zur Vielfalt der Zielgebiete jordanischer Arbeitskräfte bei: neben dem Mittleren Osten auch Länder Europas und Amerikas. Etwa zwei Drittel der jordanischen Arbeitskräfte konzentrierten sich (1975) in Saudi-Arabien, etwa ein Fünftel in Kuwait (vgl. Tab. 16; andere Schätzungen sprechen Saudi-Arabien einen etwas geringeren, Kuwait einen höheren Anteil zu). Außer den eigentlichen Jordaniern von der „East Bank" stellen Palästinenser, die nach den Kriegen mit Israel (1948, 1967) in Jordanien Zuflucht fanden, einen Großteil dieser Gruppe. Im Gegensatz zu den Jemeniten sind die Jordanier/Palästinenser recht gut ausgebildet. Sie nehmen daher überdurchschnittlich häufig hochqualifizierte Tätigkeiten wahr, u. a. als Lehrer. Insgesamt tendieren die jordanischen Arbeitskräfte oft zu einem längerfristigen Aufenthalt, und verheiratete Männer werden häufig von ihren Familien begleitet. So machte 1985 bei einer Gesamtzahl von ca. 233.000 in Saudi-Arabien lebenden Jordaniern der Anteil der Männer nur ca. 60 % aus; in Kuwait lag er (1975) noch darunter.

Daß der starke Umfang der Abwanderung aus Jordanien — man spricht von 40—50 % der jordanischen Arbeitskräfte , die sich im Ausland aufhalten (!) — hier zu Arbeitskräfteknappheit geführt und einen nach Jordanien gerichteten Strom ausländischer Arbeitskräfte in Gang gesetzt hat, wird weiter unten (Kap. 6.1.3) nochmals anzusprechen sein.

Die zahlenmäßig stärkste Gruppe der ausländischen arabischen Arbeitskräfte im Islamischen Orient stellen Ägypter dar. Auf eine lange Tradition blickt deren Arbeitsmigration aber anscheinend nicht zurück. Noch zu Beginn der 50er Jahre existierte so gut wie keine Auswanderung aus Ägypten (ISSAWI 1954:59).[4] Nassers Politik setzte jedoch erste Migrationsbewegungen in Gang, v. a. unter gut ausgebildeten Kopten. Diese verstärkten sich aber erst gegen Ende der 60er Jahre bei einer sich immer mehr verschlechternden Wirtschaftslage und gleichzeitig wachsenden Arbeitsmöglichkeiten in den Ölstaaten. Zu einem großen Teil waren die Migranten für qualifizierte Tätigkeiten gesucht, im Ausbildungssektor, Sozialwesen, technischen Bereich, aber auch für qualifizierte handwerkliche Tätigkeiten. Hierfür kamen in erster Linie Städter in Frage. In Jordanien fanden Ägypter zudem wachsende Möglichkeiten auch zu unqualifizierter, saisonaler Tätigkeit, auch in der Landwirtschaft. Der größte Anteil der ägyptischen Arbeitsmigranten, die wohl ein breites Spektrum von Fähigkeiten abdeckten, war 1975 jedoch in Libyen tätig, nicht selten nachdem sie heimlich die Grenze überschritten hatten.

Ob in den Golfstaaten oder Libyen, die ägyptischen Arbeitsmigranten scheinen ihren Auslandsaufenthalt in größerem Umfang als die Jordanier/Palästinenser als vorübergehend anzusehen: Die etwa 557.000 Ägypter beispielsweise, die im Jahre 1985 in Saudi-Arabien gezählt wurden, gehörten zu ca. 86 % dem männlichen Geschlecht an. Auch andere Daten deuten auf eine hohe Erwerbsquote, d. h. einen geringen Familienanhang, hin. Trotz der hohen absoluten Zahlen wird der Anteil der im Ausland arbeitenden Ägypter nur auf etwa 3 % (1975) der gesamten ägyptischen Arbeitskräfte geschätzt.

Jemeniten, Jordanier und Ägypter machten 1975 etwa 77 % der im arabischen Raum tätigen arabischen Arbeitsmigranten (ohne Sudan und Somalia) aus. Migranten aus den Maghrebländern, v. a. Tunesien, die weit überwiegend in Libyen arbeiteten, aber auch solche aus Syrien, dem Libanon oder der Volksrepublik Jemen spielen vom Umfang her eine geringere, in manchen Tätigkeitsbereichen jedoch eine nicht vernachlässigbare Rolle. Zudem nehmen in wachsendem Umfang auch türkische Arbeitskräfte Tätigkeiten in arabischen Staaten auf, v. a. in Saudi-Arabien und Libyen, aber auch in Irak. Besonders hinzuweisen ist auf Irak und Oman, die als Ölförderländer sowohl Arbeitskräfte importieren, als auch exportieren.

Zu c) Arbeitskräfteimport in den Islamischen Orient

Nicht nur die kapitalarmen Staaten der arabischen Welt füllen die Arbeitsplätze der Erdölländer. Zum einen tragen, wie schon anklang, auch die Türkei und Iran einen Anteil bei (1975: 0,5 % bzw. 5,8 %), zum anderen sind Europäer und Amerikaner — meist in gehobenen Positionen — beschäftigt (1975: 2,1 % der ausländischen Arbeitskräfte). Auch Afrikaner nehmen, in erster Linie in Saudi-Arabien und oft als Hausangestellte, einen Teil der Arbeitsplätze ein (1975 insg. 0,6 %).

Vor allem spielen jedoch Arbeitskräfte aus verschiedenen Ländern Süd- und Südostasiens seit Beginn des Ölbooms eine wachsende Rolle. In den Staaten des Golfrates (Gulf Cooperation Council, GCC) etwa, in denen der Anteil der arabischen Arbeitskräfte unter den Ausländern 1975 noch 67 % betrug, sank er bei absolut steigenden

Tabelle 17: Ausländische Arbeitskräfte in arabischen Staaten nach Beschäftigungs- und Herkunftsregion in den Jahren 1975 und 1985

Beschäftigungsregion		Herkunftsregion Arabische Staaten*		Südasien		Südostasien		Andere		Gesamt	
		Anzahl	%	Anzahl	%	Anzahl	%	Anzahl	%	Anzahl	%
Bahrain	1975[1]	6.200	21,2	15.623	53,3	981	3,3	6.481	22,1	29.285	100
	1985[2]	7.600	7,8	70.900	73,2	10.700	11,1	7.700	7,9	96.900	100
Katar	1975[1]	14.870	27,7	32.000	59,6	2.000	3,7	4.850	9,0	53.720	100
	1985[2]	16.400	23,2	46.200	65,3	4.000	5,7	4.100	5,8	70.700	100
Kuwait	1975[1]	143.280	68.9	32.513	15,6	1.103	0,5	31.105	15,0	208.001	100
	1985[2]	252.900	46,5	242.700	44,6	31.200	5,7	17.100	3,2	543.900	100
Oman	1975[1]	8.800	12,4	58.500	82,7	200	0,3	3.200	4,6	70.700	100
	1985[2]	20.900	6,6	280.800	89,4	4.600	1,5	7.800	2,5	314.100	100
Saudi-Arabien	1975[1]	699.900	90,5	30.000	3,9	8.000	1,0	35.500	4,6	773.400	100
	1985[2]	1.154.200	32,8	1.126.300	32,0	968.400	27,4	273.800	7,8	3.522.700	100
V.A.E	1975[1]	62.000	24,7	161.500	64,2	2.000	0,8	26.000	10,3	251.500	100
	1985[2]	95.500	16,0	447.700	74,8	25.000	4,2	30.300	5,0	598.500	100
Libyen	1975[1]	310.350	93,4	5.000	1,5	500	0,2	16.500	5,0	332.350	100
	1985[3]	o. A.		o. A.		o. A.		o. A.		583.900	100
Jordanien	1975[1]	32.800	99,7	—	—	—	—	100	0,3	32.900	100
	1984[4]	130.000	92,8	4.200	3,0	5.500	4,0	300	0,2	140.000	100
Jemen	1975[1]	2.350	95,9	—	—	—	—	100	4,1	2.450	100
Irak	1975[1]	15.200	23,1	10.000	15,2	—	—	40.000	60,9	65.700	100

* = incl. Sudan und Somalia

Quellen: *1 BIRKS/SINCLAIR 1980, Tab. 13*
2 BIRKS/SECCOMBE/SINCLAIR 1988, Tab. 2.1;
3 The Middle East and North Africa 1987:607; 4
4 nach StBA, LB Jordanien 1989:34f

Zahlen bis 1985 auf 30 %. Entsprechend nahm er bei den Südasiaten von 24 % auf 43 % und bei den Südostasiaten von 1 % auf 20 % zu. Diese Zahlen belegen einen bedeutenden Wandel der Struktur der Arbeitsmigration im Islamischen Orient, der zwar von Land zu Land gewisse Differenzen aufweist (vgl. Tab. 17), etwa in der Höhe der Anteile der einzelnen Herkunftsregionen, der aber doch durchgängig zu verzeichnen ist. Das dominante Ziel ist wiederum Saudi-Arabien, das 1985 etwa 51 % der in den GCC-Ländern tätigen Süd- und 93 % der Südostasiaten aufnahm.

Unter „Südasiaten“ werden hier Bewohner des Indischen Subkontinents verstanden, Inder, Pakistani sowie Einwohner Sri Lankas und Bangladeschs. Deren Einsatz als Arbeitskräfte in der Golfregion (nicht nur als Händler) findet sich in relativ geringem Umfang schon seit den ersten Jahrzehnten dieses Jahrhunderts, als britische Ölgesellschaften Arbeiter aus Indien heranzogen, soweit sie für anstehende Tätigkeiten keine einheimischen Kräfte fanden (SECCOMBE/LAWLESS 1986:255). Bedeutsam wurde der Mittlere Osten als Ziel für indische Arbeitsmigranten aber erst in den 70er Jahren. Wenn auch deren Zahl — sie betrug 1985 mehr als 1,1 Mio. — trotz ihrer Größe im Vergleich zum Arbeitskräftebesatz Indiens nicht ins Gewicht fällt, so muß doch berücksichtigt werden, daß ein großer Teil der Migranten (1/3—2/5) einer Provinz (Kerala) entstammt. Dies geht wohl darauf zurück, daß es dem muslimischen Bevölkerungsteil der Provinz gelang, ein Netz von Beziehungen aufzubauen, das sich später auch hinduistische und christliche Mitbewohner zunutze machen konnten (vgl. GULATI 1984).

Auch im Falle der Pakistaner dürften religiöse Affinitäten die Arbeitsaufnahme im Mittleren Osten erleichtert haben, v. a. in den Golfstaaten, denn zu Beginn waren es in erster Linie Oman, die V A E und Katar, die einen hohen Prozentsatz pakistanischer und indischer Arbeitskräfte einsetzten (vgl. Tab. 17). Im Laufe der Jahre nahmen Umfang und Anteil nicht nur hier zu, sondern der Beschäftigungsschwerpunkt verlagerte sich nach Saudi-Arabien, wenn die „Südasiaten“ hier von allen GCC-Staaten auch anteilsmäßig die geringste Rolle spielen. Während die indischen Migranten einen recht hohen Anteil an ungelernten Kräften aufweisen, nehmen Pakistanis überwiegend gelernte und angelernte Tätigkeiten auf.[5]

In den Zahlen von 1975 sind Migranten aus Bangladesch und Sri Lanka nicht enthalten. 1985 machten sie etwa 7 % der ausländischen Arbeitskräfte in den GCC-Staaten aus. Sri Lanka spielt dabei erst seit der zweiten Hälfte der 70er Jahre eine wachsende Rolle. Von hier kommt ein hoher Anteil weiblicher Migranten, die als Hausangestellte usw. eingesetzt werden. In Saudi-Arabien arbeiteten 1985 mehr als 173.000 Ceylonesen.

Wenn für Bangladesch auch erst 1976 mit Gründung eines entsprechenden Büros eine staatlich registrierte Arbeitsmigration einsetzte, so gelangten doch schon früher Angehörige Ostpakistans/Bangladeschs über Karachi in zahlreiche Länder des Mittleren Ostens,[6] so nach den V A E, Saudi-Arabien, Katar, aber auch Iran. Nach der Einrichtung von Vermittlungsstellen in Bangladesch wuchs die Zahl rapide, so daß 1985 beispielsweise in Saudi-Arabien ca. 1000.000 Bagladeschis arbeiteten, großteils als ungelernte Kräfte, aber auch in höher qualifizierten Positionen wie Ärzte etc.

Zur Kategorie ,,Südostasien" in Tab. 17 tragen in erster Linie die Philippinen, Thailand und Südkorea, daneben in weit geringerem Umfang auch Indonesien bei. Von größerer Bedeutung wurde die Arbeitsmigration aus diesen Ländern erst in der zweiten Hälfte der 70er Jahre. V. a. Saudi-Arabien nahm, wie erwähnt, diese Arbeitskräfte auf. Im Jahre 1985 lebten hier ca. 475.000 Philippinos, 315.000 Thailänder sowie 310.000 Koreaner. Aus den Philippinen emigrieren recht gut ausgebildete Kräfte, die einen hohen Anteil am akademischen und technischen Personal stellen. Aus Thailand dagegen kommt ein überdurchschnittlicher Anteil an Migranten mit niedrigem Bildungsniveau und ländlicher Herkunft.

In all diesen Ländern Süd- und Südostasiens übernehmen Anwerbebüros die Vermittlung von Arbeitsplätzen in den Ölländern. Illegalen Praktiken wie Ausbeutung des Arbeitsuchenden versuchen die Regierungen durch Gesetzgebung und eigene Kontrollinstanzen entgegenzuwirken. Eine Kontrolle über die Arbeitsverhältnisse im ,,Gastland" liegt jedoch außerhalb ihrer Einflußmöglichkeiten.

Neben Vermittlungsbüros, die Anfragen privater Arbeitgeber bearbeiten, werden Arbeitsverhältnisse im öffentlichen Bereich durch Regierungskontakte angebahnt. Als dritter Weg besteht für die Arbeitsuchenden die informelle Möglichkeit, sich über bestehende Kontakte (Verwandte, Freunde) das notwendige Visum besorgen zu lassen und auf eigene Faust einzureisen, eine Möglichkeit, die jedoch mehr und mehr Restriktionen unterliegt. Bei diesen Wegen der Migration besteht das Arbeitsverhältnis im Gastland. Dem steht eine Praxis gegenüber, bei der ausländische Firmen, die den Zuschlag für ein Projekt (v. a. im Baubereich) erhalten haben, in ihren Heimatländern Arbeitskräfte anwerben (und in heimischer Währung entlohnen), diese mitbringen und nach Projektabschluß wieder abziehen. V. a. die aus Südkorea stammenden Arbeitskräfte sind nach diesem Muster beschäftigt (vgl. SHAH/ARNOLD 1986).

Der größte Teil der Projekte — und damit der größte Teil der im Mittleren Osten beschäftigten Koreaner, zu Beginn der 80er Jahre über 70 % — fand sich in Saudi-Arabien. Deren Zunahme von etwa 400 im Jahre 1973 auf ca. 171.000 Ende 1982 hängt eng mit der Auftragslage der beteiligten koreanischen Baufirmen zusammen, die seit 1973 langsam auf den nahöstlichen Markt vordrangen. Sie erreichten 1981/82 ihr höchstes Auftragsvolumen und haben seitdem einen starken Rückgang neuer Aufträge zu verzeichnen (KIM 1988, MOON 1986). Trotzdem sprechen Statistiken noch für 1985 von ca. 310.000 Koreanern (= 6,8 % der Ausländer) allein in Saudi-Arabien, bei denen es sich zu 100 % um Männer und damit um Arbeitskräfte handelte (StBA, LB Saudi-Arabien 1988). Mit Erfüllung der Kontrakte ging aber die Zahl der Koreaner in den folgenden beiden Jahren um mehr als 75 % zurück (BIRKS et al. 1988:272).

Spätestens der scharfe Einbruch der Ölpreise Ende 1985 ließ in den Ölstaaten Haushaltsmittel spärlicher fließen. Dies machte Investitionen in bisheriger Höhe unmöglich und legte den Verantwortlichen zumindest Zurückhaltung bei neuen Projekten auf, was nicht ohne Auswirkungen auf die Zahl der ausländischen Arbeitskräfte bleiben konnte. Zudem erhalten in Saudi-Arabien zunehmend einheimische Firmen die Zuschläge für Projekte, was allerdings nicht den Einsatz ausländischer Beschäftigter unterbindet. Trotzdem gab es in den letzten Jahren nicht nur eine Verringerung der Zuwachsrate ausländischer Arbeitskräfte, sondern zumindest in einem Teil der Ölländer einen Rückgang der Zahlen. Dessen Höhe wird jedoch von verschiedenen Autoren unterschiedlich eingeschätzt. Z. T. waren wohl eher Lohnkürzungen als eine direkte Entlassung die Folge oder der Ersatz durch Migranten mit vergleichsweise niedrigem Lohnniveau (Südostasiaten) (BIRKS et al. 1988; MEED 16. 5.—20. 6. 1987, Demographic Briefing).

Schneller als die Länder des Golfrates reagierte Libyen auf die sich verschlechternde ökonomische Situation wie auf politische Differenzen mit seinen Nachbarn, indem es im Juli 1985 — nachdem schon vorher eine gewisse Remigration von Ausländern eingesetzt hatte — etwa 120.000 Arbeitsmigranten, v. a. Ägypter, Tunesier, Syrer, auswies. Trotzdem hielten sich am Jahresende wohl noch mehr Ausländer in Libyen auf (ca. 450.000) als zehn Jahre zuvor.

Auch in Irak, wo in den 70er Jahren ausländische Arbeitskräfte in größerer Zahl tätig waren, darunter zahlreiche Iraner, haben der Krieg mit Iran und eine restriktive Ausländerpolitik wohl zur Rückkehr eines großen Teils der Migranten geführt. Auf der anderen Seite ließ die Mobilmachung umfangreiche Vakanzen entstehen, die mit ausländischen Arbeitskräften, v. a. aus Ägypten, gefüllt wurden (vgl. SHERBINY 1984:660). Mehr als 4 Mio. Ägypter sollen während des Höhepunktes des Golfkrieges in Irak gelebt haben. Die zivile Wiedereingliederung der Soldaten nach Kriegsende führte zu wachsenden Spannungen zwischen Irakern und Ägyptern, und der größere Teil der Ausländer scheint inzwischen in seine Heimat zurückgekehrt zu sein (BERGER 1989).

Iran dagegen hat, wenn auch die Zahl anderer Ausländer nach Revolution und Kriegsbeginn wohl zurückging, einen starken Zustrom afghanischer, daneben auch irakischer Flüchtlinge (Kurden) zu verzeichnen gehabt, wobei schon in den 70er Jahren eine große Zahl von Afghanen (oft als illegale) Arbeitsmigranten die Grenze überquerten.

Insgesamt zeigt die Arbeitsmigration im Islamischen Orient ein recht vielgestaltiges Bild mit einem breiten Spektrum von Formen, vom saisonalen (Zu-)Erwerb bis hin zu einer langfristigen Tätigkeit, die einer Emigration auf Dauer nahekommen kann (v. a. bei Palästinensern). Zudem weisen u. a. die Migranten herkunftsspezifisch unterschiedliche Qulifikationsprofile auf. Qualität wie Quantität der Wanderungen zeigen in den Ziel- wie in den Herkunftsregionen Folgen, die diese Vielgestaltigkeit widerspiegeln.

6.1.2 Implikationen der Arbeitsmigration in den Zielländern des Islamischen Orients

Wenn auch schon der absolute Umfang der Arbeitsmigration auf eine hohe Bedeutung für die Zielländer hinweist, so wird diese doch besonders deutlich, setzt man die Zahl der Ausländer in Relation zur einheimischen Bevölkerung. Tabelle 18 zeigt zum einen, daß das Verhältnis in den Ländern des Golfrates sowie Libyen, d. h. in den kapitalreichen, aber bevölkerungsarmen Staaten, zwar schwankt, jedoch auch die geringsten Anteile im Jahre 1975 noch ein Fünftel der Bevölkerung ausmachte, im Extremfall (Verein. Arab. Emirate) sogar zwei Drittel. Bis zum Jahre 1985 war der Anteil noch gestiegen.

Tabelle 18: Anteil der Ausländer an der Bevölkerung (a) und an den Erwerbspersonen (b) in den GCC-Staaten, Libyen und Jordanien in den Jahren 1975 und 1985 (in %)

Land	1975[1]		1985[2]	
	a	b	a	b
Bahrain	20,7	39,6	33,2	57,2
Katar	58,8	81,1	60,5	81,3
Kuwait	51,6	69,4	59,9	81,5
Oman	19,4	34,0	30,5	71,4
Saudi-Arabien	25,4	43,0	41,4	71,7
V.A.E	69,5	84,8	74,0	90,7
Libyen	19,3	42,5	—	—
Jordanien	1,9	5,8	—	32,0

Quelle: berechnet nach 1) BIRKS/SINCLAIR 1980
2) MEED 16. 5.—20. 6. 1987, Demographic Briefings

Der Anteil der Ausländer an den Erwerbspersonen lag noch über demjenigen an der Gesamtbevölkerung. Im geringsten Fall (Oman) betrug er mehr als ein Drittel, im Extrem (Verein. Arab. Emirate) über 90 %! Auch hier ist zwischen 1975 und 1985 eine Vergrößerung des Ausländeranteils festzustellen.

Die Ursache für die Differenzen der Ausländeranteile an der Gesamtbevölkerung und an den Erwerbspersonen muß nicht besonders betont werden: Ein sehr großer Teil der Migranten reist ohne Familienanhang, daher ist die Erwerbsquote, der Anteil der Erwerbstätigen an der Bevölkerung, höher als bei den Einheimischen. Hinzu kommt, daß in den arabischen Staaten die Erwerbsquote der Einheimischen besonders niedrig ist, nicht nur, weil die Bevölkerung einen sehr hohen Anteil junger Menschen aufweist, sondern auch, weil der weibliche Teil der erwerbsfähigen Bevölkerung oft nur in einem äußerst begrenzten Umfang berufstätig ist. Die absolut geringe Zahl der einheimischen Bevölkerung wie die geringe Erwerbstätigkeit der Frauen sind denn auch ein Grund dafür, daß der Arbeitskräftebedarf im Wirtschaftsboom der 70er und beginnenden 80er Jahre bei weitem nicht von den Einheimischen gedeckt werden konnte.

Ein weiterer Grund kommt hinzu: Bei Beginn des Ölbooms besaßen die Förderländer kaum qualifiziertes Personal, das in der Lage gewesen wäre, Tätigkeiten auszuführen, die ausgebildete Fachkräfte — vom Facharbeiter bis zum Akademiker — ver-

Tabelle 19: Einheimische und ausländische Arbeitskräfte in Saudi-Arabien nach Wirtschaftsbereichen in den Jahren 1975 und 1985

Wirtschaftsbereich	1975					1985				
	Saudis		Ausländer		Ausländer-	Saudis		Ausländer		Ausländer-
	Anzahl	%	Anzahl	%	anteil (%)	Anzahl	%	Anzahl	%	anteil (%)
Landwirtschaft/ Fischerei	530.700	51,7	54.900	7,1	9,4	315.500	22,7	394.550	11,2	55,6
Bergbau/Erdöl	15.400	1,5	11.600	1,5	43,0	30.200	2,2	35.200	1,0	53,8
Verarbeitendes Gewerbe	21.550	2,1	94.350	12,2	81,4	51.400	3,7	359.300	10,2	87,5
Elektrizität/Gas/ Wasser	7.200	0,7	13.150	1,7	64,6	25.800	1,9	144.450	4,1	84,8
Baugewerbe	35.900	3,5	203.400	26,3	85,0	36.500	2,6	1.021.600	29,0	96,6
Groß- und Einzelhandel	60.600	5,9	131.500	17,0	68,5	159.600	11,5	468.500	13,3	74,6
Verkehr und Nachrichtenwesen	72.900	7,1	30.950	4,0	29,8	142.600	10,2	176.150	5,0	55,3
Banken/ Versicherungen	5.150	0,5	9.950	0,9	57,4	15.200	1,1	63.400	1,8	80,7
Öffentliche und private Dienstleistungen	277.100	27,0	226.600	29,3	45,0	614.200	44,2	859.550	24,4	58,3
Gesamt:	1.026.500	100	773.400	100	43,0	1.390.900	100	3.522.700	100	71,7

Quellen: berechnet nach BIRKS/SINCLAIR 1980, Tab. 51; BIRKS/SECCOMBE/SINCLAIR 1988, Tab. 2.2; StBA LB, Saudi-Arabien 1988, Tab. 6.3

langten. Der Ausbau auch gerade der sozialen Infrastruktur, durch den die eigene Bevölkerung von den Öleinnahmen profitieren und so zufriedengestellt werden sollte, setzte also den Import entsprechender Fachleute (v. a. aus Palästina/Jordanien, Libanon, Ägypten) voraus. Bei wachsendem Qualifikationsniveau der Einheimischen sollten im Laufe der Zeit eigene Fachkräfte herangebildet werden. Arbeitsintensive Tätigkeiten mit einem hohen Bedarf an ungelernten und angelernten Kräften fallen vor allem im Bausektor bei der Errichtung der materiellen Infrastruktur — Verkehrswege, Gebäude, Industrieanlagen — an. Bei Inbetriebnahme reduziert sich der Arbeitskräftebedarf, so daß auch hier ein Rückgang der Ausländerbeschäftigung erwartet wurde.

Tabelle 19 zeigt, aufgeschlüsselt nach Wirtschaftsbereichen, die Beschäftigung einheimischer und ausländischer Arbeitskräfte in Saudi-Arabien, dem größten der GCC-Staaten, in den Jahren 1975 und 1985. Die Zahlen belegen, daß sich die genannten Erwartungen bisher nicht erfüllt haben. Nicht nur, daß die Gesamtzahl der ausländischen Arbeitskräfte um 355 % stieg — bei einer Steigerung der Zahl der saudischen Erwerbstätigen um „nur" 35 % hat auch ihr Anteil drastisch zugenommen. Dies gilt für alle Wirtschaftsbereiche. Ein Ersatz von Ausländern im Dienstleistungssektor ist bisher ebensowenig zu bemerken wie der erwartete Rückgang im Baugewerbe (Steigerung um 400 %!). Erschwerend kommt hinzu, daß Ausländer jetzt auch in Bereichen aktiv sind, die vordem eine Domäne der Einheimischen waren. Besonders kraß zeigt sich das in der Landwirtschaft, wo nicht nur der Anteil, sondern auch die absolute Zahl der Saudis abnahm. Im Hintergrund steht zwar auch die Modernisierung der Landwirtschaft im Rahmen umfangreicher Bewässerungsprojekte, aber auch die abnehmende Bereitschaft zur eigenen Handarbeit: Die Aufgaben in Ackerbau und Viehhaltung (vgl. Kap. 4.3.4) werden daher Ausländern übertragen.

Ein überdurchschnitliches Wachstum der Anzahl einheimischer Erwerbspersonen haben v. a. die Bereiche Handel, Transport und Dienstleistungen erfahren, obwohl auch hier der Ausländeranteil überwiegt. Hierin sind Tätigkeiten mit einem vergleichsweise hohen Sozialprestige eingeschlossen.

In Saudi-Arabien wie auch in den anderen Golfstaaten ermöglichen die Erdöleinnahmen die aufgezeigte oder eine ähnliche Entwicklung:

- Zum einen leisten die Staaten verschiedenste Subsidienzahlungen und Subventionen an ihre Bürger, um über eine solche Teilhabe am Erdölreichtum keine politische Opposition aufkommen zu lassen. Dies enthebt die Empfänger oftmals von der Notwendigkeit zur eigenen Arbeitsleistung, vor allem, wo diese mit einem niedrigen sozialen Ansehen verbunden ist.
- Die Ausländerpolitik eröffnet weitere Einkommensquellen, wenn Ausländer einheimische Bürgen und Firmen Vermittler benötigen, die sich ihre „Leistungen" entgelten lassen. Der Wohnungsmarkt für Ausländer schafft zusätzliche Einnahmemöglichkeiten, durch die Lohnzahlungen teilweise abgeschöpft werden und Einheimische von der Ausländerbeschäftigung profitieren, auch ohne sich die Arbeitsleistung direkt anzueignen.
- In den oberen Einkommensklassen ermöglichte der Wirtschaftsboom hohe Einkommen durch Spekulationsgeschäfte, beim Import von Konsumgütern sowie aus Zinsgewinnen bei Anlagen im Ausland.

Insgesamt muß das Interesse an produktiver Tätigkeit als äußerst gering eingestuft werden. Zwar wird stark in den Ausbildungssektor investiert, aber gerade im technisch-naturwissenschaftlichen Bereich fehlen die Interessenten. Unqualifizierte Tätigkeiten werden abgelehnt, soweit sie mit Handarbeit verbunden sind (für einen Beduinen kommt z. B. eine Tätigkeit als Fahrer, aber kaum als Bauarbeiter in Betracht). Dies hat die Konsequenz, daß unter den gegebenen Rahmenbedingungen auch bei gedrosseltem Wachstum ein Ersatz der ausländischen Arbeitskräfte durch einheimische kaum möglich ist. Wenn also die Investitionen der Erdöleinnahmen den Ersatz der Fremdarbeiter in großem Umfang in Gang setzten, so hatte die Ausländerbeschäftigung einen selbstverstärkenden und perpetuierenden Effekt. Denn die mit ihrer Hilfe wachsende Wirtschaft vergrößerte den Bedarf an Arbeitskräften, den die einheimische Bevölkerung immer weniger befriedigen kann und will.

Die ökonomische Abhängigkeit vom Arbeitskräfteimport bedeutet jedoch nicht, daß dieser unumstritten ist. Die wachsenden Ausländerzahlen haben vielmehr in den Ölstaaten Überfremdungsängste und Vorbehalte wachgerufen, und die verschiedensten Maßnahmen sollen möglichen Gefahren entgegensteuern.

Die Ausländer werden als potentieller Unruheherd angesehen, bringen sie doch u. U. Ideen ins Land, die der herrschenden Ideologie nicht entsprechen und die eigene Bevölkerung infiltrieren könnten. Besonders politisierte Gruppen wie die Palästinenser werden als Quelle möglicher Aufruhr eingestuft. Nicht Arabisch sprechende Ausländer werden als sicherere Alternative angesehen. Eine Diversifizierung der Herkunftsregionen, wie sie seit einigen Jahren zu beobachten ist, die den Umfang der einzelnen Nationalitäten im Gastland limitiert, soll zusätzlich vor dem Import einer Revolution schützen.

Kuwait versucht, durch massive Einbürgerungen von dem Herrscherhaus verbundenen Beduinen den Prozentsatz der Einheimischen anzuheben. Da die Eingebürgerten nun in den Genuß der verschiedensten, den Einheimischen vorbehaltenen Vergünstigungen gelangen (und zudem meist als eher konservativ eingestuft werden), soll dies stabilisierend auf die vorhandenen politischen Strukturen wirken.

Kann man auch auf die ausländischen Arbeitskräfte nicht verzichten, so läßt sich doch dafür Sorge tragen, daß sich die Einwanderung auf Personen beschränkt, die einen Arbeitsplatz besetzen. Ein Familienanhang wird von der Einreise ausgeschlossen. Das trägt dazu bei, daß auch der Arbeitsmigrant den Aufenthalt nur als vorübergehend ansieht und sich nicht im Laufe der Jahre doch auf einen Daueraufenthalt einrichtet, wie es viele frühere Einwanderer, v. a. Palästinenser, aber auch andere Araber und Pakistanis/Inder, taten. Begrenzung der Aufenthaltsdauer auf den Zeitraum des Arbeitsvertrages und die Pflicht zur anschließenden Ausreise sind weiter verschärfende Möglichkeiten. Trotz einer verstärkten bürokratischen Kontrolle der Einwanderung werden solche Restriktionen aber nicht in allen Staaten gleich streng gehandhabt.

Potentielle Auseinandersetzungen zwischen Einheimischen und Ausländern, aber auch eine mögliche ideologische Beeinflussung, lassen sich vermeiden, wenn sich die Lebensbereiche beider Gruppen nicht oder kaum überschneiden. Der Idealfall im Sinne der GCC-Politiker ist gegeben, wo die ausländischen Arbeitskräfte, z. B. im Rahmen einer Baumaßnahme, im Projektcamp abseits der Siedlungen untergebracht sind und nach getaner Arbeit das Land verlassen. Aber auch die neuen Industrieansiedlungen wie Schaiba (Kuwait), Umm Said (Katat), Ruwais (Abū Dhabi), Djebel Ali (Dubai), Yanbu und Djubail (Saudi-Arabien) sind als Enklaven konzipiert, die die einheimische Bevölkerung von der weitgehend ausländischen Belegschaft fernhalten (NIBLOCK 1985:196).

Selbst da, wo sich in Städten wie Kuwait eine strikte räumliche Absonderung nicht durchführen läßt, führen verschiedene Faktoren doch zu einer räumlichen und gesellschaftlichen Segregation der Einheimischen von den Fremden. Hier spielt die staatliche Gesetzgebung eine Rolle, die Ausländern Immobilieneigentum verwehrt und diese auf teure Mietwohnungen verweist, die aber das Wohnungseigentum von Einheimischen fördert und die unterschiedlichen Bebauungen in der Regel räumlich voneinander trennt. Darüber hinaus findet auch eine soziale Abgrenzung statt, am wenigsten noch zu arabischen Nationalitäten, die auch höhere Funktionen einnehmen, Libanesen, Palästinenser, Ägypter, Syrer (im Falle Kuwaits). Die Sozialpolitik, die Ausländern viele Rechte und Leistungen verweigert, trägt bewußt zu dieser Abgrenzung bei (vgl. SCHWEDLER 1986).

Die soziale Situation der Ausländer ist unter diesen Bedingungen oftmals mißlich: mangelnde Partizipationsmöglichkeiten, fehlende soziale Absicherung, nicht selten schlechte (teure, beengte) Wohnverhältnisse, z. T. — vor allem bei privaten Arbeitgebern — ausbeuterische Arbeitsbedingungen etc. Trotzdem motivieren die im Vergleich zum Heimatland in der Regel höheren Löhne, aber auch die Kosten, die für die Einreise aufgewendet werden mußten (u. a. Vermittlungsgebühren), zumindest bis zum Vertragsende auszuharren. Und in vielen Fällen hat der Arbeitsmigrant bei seiner Rückkehr keine besseren Lebensbedingungen zu erwarten. In solchen Fällen bleibt trotz aller Restriktionen der Wunsch nach einer dauerhaften Übersiedlung und dem Nachkommen der Familie bestehen.

Für die Zielländer besitzen die verschiedenen Formen der Arbeitsmigration — von saisonaler Erwerbstätigkeit (v. a. im landwirtschaftlichen Sektor) bis hin zur (dauerhaften) Immigration — ganz verschiedene Konsequenzen. In allen Fällen erhalten sie zwar Arbeitskräfte für Tätigkeiten, für die sich keine Einheimischen finden oder nur zu höheren Löhnen und für deren Ausbildung sie keine Aufwendungen zu leisten hatten. Nur mit kurzfristig angestellten Arbeitern läßt sich jedoch leicht auf einen schwankenden Bedarf reagieren. Auf der anderen Seite erhöhen kurzfristige Arbeitsverhältnisse die Anlernkosten für Personal mit höherem Qualifikationsniveau infolge des häufigeren Belegschaftswechsels.

Bei einem relativ kurzen Arbeitsaufenthalt ist in der Regel die Erwerbsquote sehr hoch, da Familienangehörige in ihrer Heimat bleiben. Dies minimiert die Kosten, die für die soziale Infrastruktur aufgewendet werden müssen: Kosten für soziale Einrichtungen wie Schulen entstehen nicht; einfache Wohnmöglichkeiten in Containern, Gemeinschaftsunterkünften oder von mehreren Arbeitern gemieteten Wohnungen reichen aus. Als Konsequenz ist jedoch der Lohnanteil, der als Rimessen außer Landes gebracht wird, hoch, da hiervon der Lebensunterhalt der Familien im Heimatland zu bestreiten ist und spätere Anlagen der Ersparnis auch dort geplant sind. Demgegenüber reduziert sich bei längerfristigem Aufenthalt, der mit einem Familiennachzug verbunden ist, der Devisenabfluß durch Überweisungen — bei einer auf Dauer angelegten Immigration dürfte er gegen Null tendieren, da auch kaum noch Investitionen in der ehemaligen Heimat vorgesehen werden. Zudem mag sich die Produktivität der Arbeitskraft aufgrund des verbesserten sozialen Umfeldes vergrößern. Dafür steigen die Kosten, die mit dem Aufenthalt der Familie verbunden sind, Wohnungen, Schulen, medizinische Versorgung u. a., und bei der zweiten Generation der ausländischen Migranten entfällt so die Kostenersparnis bei der Heranbildung der Arbeitskraft. Es bleibt der Vorteil, über ein erhöhtes Arbeitskräftepotential verfügen zu können, sofern andernfalls ein absoluter oder sektoraler Mangel bestände.

6.1.3 Zur Problematik der Arbeitsmigration in den Herkunftsregionen des Islamischen Orients

Bei der Diskussion um die Folgen der Arbeitsmigration werden zwei Aspekte immer wieder aufgegriffen, die Auswirkungen auf den Arbeitsmarkt sowie die Bedeutung der Überweisungen (Rimessen). Am Ausgangspunkt stand die Überlegung daß die Herkunftsländer, die allgemein mit einer hohen, offenen oder verdeckten Arbeitslosigkeit zu kämpfen haben, diese Arbeitslosen über die internationale Arbeitsmigration exportieren und so den Druck auf ihr Wirtschaftssystem vermindern könnten und, daß zudem durch die Rücküberweisungen der Migranten die Außenhandelsbilanz positiv beeinflußt werde.[7] Daß beides so nicht gültig ist und die Auswirkungen nicht nur positiv eingeschätzt werden dürfen, haben inzwischen zahlreiche Studien gezeigt. Vor allem aber vermitteln beide Punkte, so wichtig sie sind, nur ein beschränktes Bild, da die Arbeitsmigration eine Umstrukturierung des Wirtschafts- und Gesellschaftssystems in Gang setzen kann. Intensität und Art der Auswirkungen hängen nicht nur vom Umfang ab, mit dem die Arbeitmigration verbreitet ist, sondern auch von ihrer Art und vom sozio-ökonomischen Kontext, in dem die Migranten stehen. Dies macht ganz allgemeine Aussagen problematisch.

Eine saisonale Arbeitsaufnahme, z. B. als Erntehelfer (oft eher im nationalen als internationalen Rahmen), aber auch eine kurzfristige Auslands- (oder Inlands-)tätigkeit einzelner Haushaltsmitglieder, auf deren Arbeitskraft zeitweise verzichtet werden kann, kann theoretisch durchaus einen stabilisierenden Effekt auf eine Dorfökonomie ausüben, wobei monetäre Zusatzeinkommen Defizite bei den agraren Einkommensmöglichkeiten ausgleichen. Von Dauer sind indes solche Erwerbsmuster kaum; sie stellen eher eine erste Phase einer sich entwickelnden ,,Migrantenwirtschaft" dar, dann, wenn die Auslandstätigkeit profitabler erscheint als die eigene Landwirtschaft. In einem solchen Fall wächst die Zahl der Migranten (vgl. das Beispiel Algerien), und dies bleibt nicht ohne Auswirkungen auf die heimische Wirtschaft.

Mehr und mehr macht sich in den Herkunftsgebieten ein Mangel an männlichen Arbeitskräften bemerkbar, da nicht nur einzelne unterbeschäftigte Familienmitglieder auswärts eine Tätigkeit suchen, sondern auch Personen, die in der eigenen Wirtschaft gebraucht würden. Es gibt verschiedene Wege, einen solchen Verlust aufzufangen. Bis zu einem gewissen Grade läßt sich die Arbeitsbelastung der Daheimgebliebenen steigern, der Frauen, aber auch der Alten, Kinder und geistig Behinderten, denen jetzt Aufgaben übertragen werden, die früher den nun abwesenden Männern vorbehalten blieben. Ergänzend oder als Alternative dazu werden auch — soweit verfügbar — auswärtige Arbeitskräfte angestellt, v. a. zu Arbeitsspitzen während der Erntezeit, für die das bei Arbeitskräftemangel steigende Lohnniveau in den Migrantengemeinden „attraktiv" sein mag. Mehr oder weniger bald kommt es zudem dazu, daß ein oder mehrere Wirtschaftsaktivitäten aufgegeben oder verändert werden, vom Hauswerk der Frauen über die Viehhaltung bis hin zum Anbau, z. B. durch Aufgabe eines Teils der Felder oder Extensivierung durch weniger arbeitsaufwendige Kulturen.[8]

Das Ergebnis, eine mit umfangreicher „Sozialbrache" durchsetzte Flur, wird u. U. auch auf direkterem Wege erreicht: Die außerhäuslichen Aktivitäten der Frauen waren auch in der muslimischen Agrargesellschaft überlebensnotwendig. Nur bei entsprechendem Wohlstand war es den weiblichen Familienmitgliedern möglich, sich auf innerhäusliche Tätigkeiten zu beschränken. Erreicht das durch Arbeitsmigration erzielte Einkommen eine gewisse Höhe, besteht für die Frauen keine Notwendigkeit mehr, nach außen hin sichtbar zu arbeiten. Sie können sich standesgemäß ins Haus zurückziehen. Wenn gleiche Wertvorstellungen zugrunde liegen, hängt die eingeschlagene Strategie davon ab, ob dem Anbau für die längerfristige Sicherung des Lebensunterhalts, und sei es nur im Subsistenzbereich, weiterhin eine Funktion zugemessen wird oder ob die Migrantenfamilie den Übergang vom Bauern- zum (abhängigen) Lohnempfängerhaushalt vollzog.

Selbst wenn die Landwirtschaft nicht ganz aufgegeben wird, ist mit einem Produktionsrückgang zu rechnen. Zumindest ein Teil der Überweisungen der Migranten muß nun dazu verwendet werden, ehemals selbst produzierte Nahrungsmittel zu kaufen, und aufgrund der gesteigerten Finanzkraft können nun auch mehr und „bessere" (höher bewertete) Lebensmittel verbraucht werden. Diese gesteigerte Nachfrage mag die Agrarproduktion im Lande anregen, oft läßt sie sich aber nur durch einen verstärkten Nahrungsmittelimport befriedigen. Zudem bleibt es nicht bei der Einfuhr von Nahrungsmitteln. Bei einem erhöhten Lebensstandard werden auch andere importierte Konsumgüter erschwinglich. Langlebige Güter, Fernsehgerät, Elektroherd oder Waschmaschine, oft vom Migranten mitgebracht, werden zu neuen Statussymbolen, der Migrant zum „trend setter" für Verbrauchsmuster, an denen sich auch Daheimgebliebene orientieren. Dieses neue Konsumverhalten ist nicht mehr durch die lokale Produktion zu befriedigen, meist auch nicht in nationalem Rahmen, wenngleich das verarbeitende Gewerbe sicherlich angeregt wird: Verlangt ist eine weltwirtschaftliche Einbindung. (Die Arbeitsmigration ist hierfür nicht die einzige Ursache, verstärkt die Geschwindigkeit dieses Prozesses aber mit Sicherheit.) Importe verlangen aber Devisen, die, um ein Extrembeispiel anzuführen, im Jemen (AR) Mitte der 80er Jahre nur zu etwa 2 % durch Ausfuhren aufzubringen waren. Während die Arbeitsmigration also auf der einen Seite durch die Rimessen zum Ausgleich der Handelsbilanz beiträgt, wird diese durch verändertes Konsumverhalten, das z. T. ebenfalls auf die Arbeitsmigration zurückzuführen ist, auch negativ beeinflußt. Beide Seiten gegeneinander aufzurechnen, bleibt eine eher theoretische Möglichkeit.

Die veränderten Konsumgewohnheiten setzen über eine verstärkte Nachfrage, vor allem soweit knappe Waren und Dienstleistungen verlangt werden, inflationäre Tendenzen in Gang oder vergrößern sie. Die Leidtragenden sind die Teile der Gesellschaft, die nicht an der Arbeitsmigration teilnehmen und die auch nicht von einer Erhöhung des Lohnniveaus profitieren.

Die Abwanderung trifft nicht nur bäuerliche Familien. Auch Spezialisten mit handwerklichen Fertigkeiten oder spezifischen Kenntnissen aus dem ländlichen wie städtischen Milieu nehmen daran teil. Da eine Arbeitsmigration selektiv erfolgt — sie erfaßt also nicht alle Gruppen der Gesellschaft gleichermaßen und noch weniger nur oder in erster Linie Arbeitslose — und da in den Zielländern oft gerade Qualifikationen gefragt sind, an denen in den Entsenderländern selbst ein Mangel besteht, werden u. U. Schlüsselbereiche für die Entwicklung der eigenen Wirtschaft personalmäßig ausgedünnt, Positionen, die von ungelernten oder fehlqualifizierten Arbeitslosen nicht eingenommen werden können. Ein solcher Arbeitskräftemangel, der mit einer Lohnkostensteigerung verbunden ist, kann eine Ersatzmigration, auch aus dem Ausland, auslösen. So wurde in Jordanien, wo im Jahre 1975 40—50 % der Arbeitskräfte als Migranten im Ausland lebten, Syrer, Libanesen und Ägypter — z. T. auf saisonaler Basis in der Landwirtschaft — eingestellt, um solch ein Arbeitskräftedefizit auszugleichen. Das Beispiel Jordaniens zeigt aber auch, daß diese Ersatzmigration Ausgangspunkt für eine darüberhinausgehende — spontane — Immigration sein kann und daß ein auf diese Weise verstärktes Arbeitskräfteangebot zu einer Reduzierung des Lohnniveaus und zur Verdrängung teurer einheimischer Arbeitskräfte eingesetzt werden kann (SECCOMBE 1986).

Wenn somit über die Arbeitsmigration die ,,traditionellen" wirtschaftlichen — und, das ist hinzuzufügen, sozialen — Strukturen aufgebrochen werden , ließe sie sich als ,,Modernisierungsinstrument" verstehen. Gelangen nicht neben neuen Ideen auch neue Fertigkeiten und Ersparnisse im Zuge der Rückwanderung ins ,,Entsenderland", mit denen sich neue, moderne, wirtschaftliche Aktivitäten begründen lassen? Falls neue Fähigkeiten erworben werden, so sind diese jedoch nur in den seltensten Fällen im Rahmen der einheimischen Wirtschaft von Relevanz oder beziehen sich auf die Tätigkeit, die der Rückwanderer später ausübt. Und die Verwendung der Ersparnisse erfüllte bisher die von Wirtschaftswissenschaftlern und Planern in sie gesetzten Erwartungen meist nicht. Es kann aber nicht verwundern, wenn die Migranten und ihre Familien ihre Finanzmittel dazu einsetzen, ihre Lebensumstände zu verbessern; oftmals bildet ein ganz konkretes Ziel ein oder das Motiv für die Aufnahme der Tätigkeit im Ausland. Häufig stehen verbesserte Wohnverhältnisse an vorderster Stelle der Wünsche, die Familiengründung, für die Brautgeld erarbeitet werden muß, oder auch die Schulbildung der Kinder.[9] Wenn auch in unserem Sinne unproduktiv, haben solche Anlagen der Ersparnisse doch bedeutende wirtschaftliche Implikationen: einen mit Preissteigerungen verbundenen gewissen Boom des Bausektors[10] in den Herkunftsgebieten der Migranten, inflationäre Tendenzen, die sich beispielsweise auch beim Brautgeld bemerkbar machen können und dann die Familiengründung für Nichtmigranten erschweren.

Solche Anlagen sind nicht dazu ausersehen, ein Leben auf veränderter wirtschaftlicher Grundlage zu ermöglichen. Neue Konsummuster machen aber eine Existenz im alten Rahmen oft unmöglich. Um den neuen Lebensstandard halten zu können, wird nach einem Arbeitsaufenthalt im Ausland oft ein weiterer notwendig, so daß sich eine Kette von Auslandsaufenthalten oder ein langfristiger mit Familiennachzug anschließt. „Gastarbeiter" in Westeuropa planen denn auch nicht selten, während ihres Erwerbslebens in ihrem „Gastland" Lebensunterhalt und Rentenansprüche zu verdienen, ihren „Lebensabend" dann aber in der Heimat zu verbringen.

Die Ersparnisse aus der Arbeitsmigration zu Investitionen zu nutzen, mit deren Hilfe der Lebensunterhalt nach einer Rückkehr ins Heimatland — nicht unbedingt in den Herkunftsort, sondern oftmals in eine Stadt, die bessere Möglichkeiten zu bieten scheint — bestritten werden kann, ist dagegen weniger häufig. Jedoch bestehen durchaus Unterschiede zwischen verschiedenen Migrantengruppen,[11] und es ist anzunehmen, daß sich auch im Laufe der Zeit Präferenzen ändern. Investitionen im Bereich der Landwirtschaft sind dabei nicht in jedem Fall ertragssteigernd. Wenn — soweit ein Bodenmarkt existiert — Land aufgekauft wird ohne weitergehende Investitionen, Treibt eine erhöhte Nachfrage durch Migranten lediglich die Bodenpreise in die Höhe. Auf der anderen Seite können auch Flächen, die ehemals von nun aus dem Agrarsektor ausgeschiedenen Migranten bewirtschaftet wurden, wieder unter Kultur genommen werden und durch Zukauf rentable Betriebsgrößen entstehen.

Relativ häufig werden Investitionen im Handel, Transportbereich oder auch bei anderen Dienstleistungen getätigt. Dies ist für den Betreiber mit einem im Vergleich zur Handarbeit höheren Sozialprestige verbunden, was mit ein Grund dafür sein mag, daß Tätigkeiten im produzierenden Gewerbe von Rückkehrern vergleichsweise selten aufgenommen und Investitionen in diesem Sektor nur sporadisch getätigt werden (vgl. Tab. 20). Mit einer verbesserte Absatzlage, die größere Gewinnaussichten auf dem heimischen Markt bietet, mag sich dies ändern. Selbst wenn das Volumen der Ersparnisse nicht die Gründung auch nur „mittelständischer" Unternehmen zuläßt, werden — beispielsweise in Kairo (MEYER 1989) — doch eine gewisse Zahl von Kleinunternehmen unter Einsatz von im Ausland erworbenem Kapital gegründet, und in der Türkei fördern „Arbeitnehmergesellschaften" und Ansätze zu einer Kooperation zwischen Remigranten und deutschen Unternehmen eine solche Entwicklung. Inwieweit so auf längere Sicht lebensfähige Betriebe entstehen, wird von der Konkurrenzsituation (auch gegenüber Importen) abhängen. Reine Nischenökonomien mögen zwar dem einzelnen eine Existenz sichern, zur wirtschaftlichen Entwicklung (im Sinne staatlicher Planung) tragen solche Betriebe oft nicht viel bei.

Auf soziale Aspekte der Migration kann hier nur kurz verweisen werden. Ein beträchtlicher Teil der Migranten ist jung, aber verheiratet. Die oft jahrelange Trennung junger Ehepaare bringt in der Regel emotionale Probleme mit sich, auch die Entwicklung der Kinder mag durch die Abwesenheit der Väter beeinflußt werden. Auf der anderen Seite sind die zurückbleibenden Familienmitglieder oft im größeren Familienverband aufgehoben — und werden von Blutsverwandten des Mannes kontrolliert, eine Abhängigkeit, die die Position der jungen Frau schwierig gestaltet. Sofern diese starke Einbindung nicht gegeben ist, kann die Frau andererseits viel stärker auch im öffentlichen Bereich tätig werden, da sie nun Entscheidungen treffen muß, für die sonst der Mann als Familienoberhaupt zuständig ist.

Tabelle 20: Getätigte Investitionen marokkanischer Migrantenhaushalte nach Art und Höhe (in Prozent der Investitionen)

Zahl der befragten Migrantenhaushalte: 2,139
Zahl der Migrantenhaushalte mit einer oder mehreren Investitionen: 1.165 = 54,5 % der befragten Haushalte
Zahl der Kapitalanlagen: 1.409

Bereiche der Kapitalanlage	Anteil	Wert (in DH)* < 5.000	5.000 <10.000	10.000 <20.000	20.000 <30.000	30.000 <50.000	50.000 <80.000	≧80.000	ohne Angabe	gesamt
Wohnung	**79,4**	7,6	7,9	18,0	17,6	26,9	13,1	4,9	4,0	100
zur eigenen Nutzung	73,3	7,3	7,5	17,4	17,9	27,8	13,4	4,9	3,7	100
zur Vermietung	6,0	10,0	12,5	26,3	13,7	16,3	8,8	5,0	7,5	100
Landwirtschaft	**9,3**	36,4	11,6	17,8	9,3	12,4	1,6	6,2	4,7	100
Land	7,6	34,0	9,4	21,7	9,4	12,3	0,0	7,5	5,7	100
anderes	1,7	47,8	21,7	0,0	8,7	13,0	8,7	0,0	0,0	100
nichtlandwirtschaftliche Unternehmen	**7,7**	14,1	13,2	20,8	12,1	15,1	6,6	2,8	12,3	100
Transport	0,9	7,7	23,1	23,1	7,7	15,4	15,4	0,0	7,7	100
Kfz-Werkstatt	0,1	0,0	50,0	0,0	0,0	50,0	0,0	0,0	0,0	100
Gastgewerbe	0,2	0,0	0,0	0,0	0,0	0,0	66,7	0,0	33,3	100
Baugewerbe	0,6	22,2	11,1	11,1	22,2	33,3	0,0	0,0	0,0	100
Handwerk	0,2	0,0	33,3	0,0	0,0	33,3	0,0	0,0	33,3	100
Handel	4,3	11,9	11,9	25,4	18,6	10,2	5,1	3,4	13,6	100
andere Dienstleistungen	1,2	29,4	5,9	17,6	11,8	17,6	0,0	5,9	11,8	100
gemischte Anlagen	**1,9**	0,0	4,0	0,0	0,0	12,0	36,0	36,0	12,0	100
keine Angaben	**1,7**									
gesamt	100,0	10,7	8,6	17,9	16,3	24,4	11,9	5,4	4,9	100

* =180: 1 DH = 0,4528 DM

Quelle: nach HAMDOUCH et al.: Migration internationale au Maroc. Rabat 1981. Tab VIII-1—3

Nicht unbeträchtliche Probleme sind häufig mit der Rückwanderung von Migranten verbunden. Neue Verhaltensmuster, bei Rückkehrern aus Saudi-Arabien auch strenge Formen des Islam (vgl. Kap. 7.2.2), der oft zur Schau gestellte (relative) Reichtum, dies alles läßt sie sehr häufig in ihrer alten Heimat schwer Fuß fassen, vor allem auch, wenn sich die Zurückgebliebenen von den Heimkehrern abgrenzen und diese mit Mißtrauen betrachten. Die (Re-)Integrationsprobleme von oft im Ausland geborenen Kindern der Migranten sind noch gravierender, besonders, wenn eine große kulturelle Diskrepanz zwischen dem neuen und dem alten Aufenthaltsort besteht, wie es bei einer Rückwanderung aus Westeuropa der Fall ist (vgl. WIDMANN 1982). Sofern es den Remigranten gelingt, sich zu etablieren, ist eine neue soziale Hierarchie auf lokaler Ebene wahrscheinlich, besonders, wenn diese durch den Einsatz der Auslandseinkünfte auch ökonomisch untermauert wird.

So ist der Einfluß der Arbeitsmigration im wirtschaftlichen wie gesellschaftlichen Bereich gewaltig, wenn er auch nicht überall und zu jeder Zeit in die gleiche Richtung weist. Es darf jedoch nicht vergessen werden, daß es nicht nur internationale Wanderungsbewegungen sind, die mit der sozialen Umstrukturierung des Islamischen Orients verbunden sind. Interne Wanderungen und Prozesse, die nicht mit einer räumlichen Bevölkerungsverlagerung verbunden sind, tragen ebenfalls das ihre dazu bei und gehen z. T. auf weit ältere Wurzeln zurück als die internationale Arbeitsmigration. Ja, sie haben dazu oft erst die Bedingungen geschaffen.

Anmerkungen Kapitel 6.1

1. Die Personen, die von den algerischen Behörden zwischen 1964 und 1968 eine Ausreisegenehmigung zur Arbeitsaufnahme erhielten, waren zu 44 % jünger als 22 Jahre: 51 % waren 26—45 Jahre alt. Je ein Drittel war ledig, verheiratet, aber kinderlos bzw. hatte (meist 1—2) Kinder. 68 % waren Analphabeten, 24 % konnten Lesen und Schreiben, aber nur 8 % hatten eine Schulausbildung abgeschlossen (VOSS 1981:169).

2. Vgl. z. B. FINDLAY/FINDLAY 1982; SALT/CLOUT 1976; TALHA et al. 1983; VOSS 1981.

3. Einige Zahlen belegen diesen Wandel: 1973 kamen 198 Männer auf 100 Frauen, 47 % der Türken gehörten der Altersklasse von 21—35 Jahren an; nur 18 % waren jünger als 15 Jahre; etwa 34 % waren ledig. 1987 hatte sich die Situation stark verändert: Auf 100 Frauen kamen nur noch 131 Männer, 30 % der Türken waren jünger als 15 Jahre. Der Anteil der Ledigen ist höher (55 %) infolge der Zunahme der Zahl der Familienangehörigen, Kinder und Jugendliche.Etwa 60 % der Türken lebte 10 Jahre und mehr in der Bundesrepublik. Von den Personen mit kürzerer

Aufenthaltsdauer entfielen fast die Hälfte auf Kinder in entsprechendem Alter. (Von den noch nicht 18jährigen waren 67 % in der Bundesrepublik geboren.) 1973 machte der Anteil der Kinder an den Personen mit einer Aufenthaltsdauer bis zu 10 Jahren nur 14 % aus, und nur 4 % der Türken lebten schon 10 Jahre und mehr in Deutschland (StBA: Stat. Jb. d. BRD 1974, 1988).

4. Was existierte, war eine interne Arbeitsmigration, die sich aus einer Zwangsrekrutierung im 18. und 19. Jahrhundert zum Ausbau des Bewässerungssystems und der Anlage des Suez-Kanals entwickelte und über ein Kontraktorensystem gesteuert wird. Die Arbeitskräfte, meist landlos oder -arm und ohne festen Arbeitsplatz, werden hierbei für eine 40-Tage-Periode angeworben und kehren danach bis zu einer erneuten Anwerbung in ihre Heimatsiedlung zurück (STAUTH 1983:185 ff.).

5. Die Struktur der pakistanischen Migration scheint sich gewandelt zu haben. 1975 betrug die Erwerbsquote nur 47 %. Dies weist auf einen nennenswerten Anteil von Frauen und Kindern hin. 1985 machte — bei mehr als 450.000 Pakistanis in Saudi-Arabien — der Männeranteil ca. 86 % aus, was auf eine stark gestiegene Erwerbsquote (und einen geringeren Anteil Abhängiger) hindeutet.

6. Es muß hier offen bleiben, ob diese in Tab. 17 für das Jahr 1975 unter „Südasien" (Pakistan) oder „Südostasien" enthalten sind oder aber nicht berücksichtigt wurden. Die Quelle bietet hierzu keine Hinweise. Der Größenordnung nach kann die in der Literatur genannte Zahl (1972 ca. 20.000 Personen) aber nicht unter „Südostasien" verzeichnet sein, da die in der Tabelle verzeichnete Zahl überwiegend den eigentlichen südostasiatischen Staaten zugerechnet werden muß.

7. In Jordanien beispielsweise erreichten private Überweisungen aus dem Ausland — ganz überwiegend wohl von Arbeitsmigranten — in der ersten Hälfte der 80er Jahre die Höhe eines Fünftels bis eines Viertels des BSP. Im Jemen lagen sie 1980 sogar bei über 40 %, fielen dann aber auf unter 30 % ab. Hier muß jedoch berücksichtigt werden, daß die Migranten nicht nur Beträge überweisen, sondern bei ihrer Rückkehr auch — neben Sachwerten — Bargeld mit sich führen. So liegen die vom Arbeits- zum Herkunftsland transferierten Werte noch über den statistisch erfaßbaren (berechnet nach StBA, LB Jordanien 1986; LB Jemen, Arab. Rep. div. Jahre).

8. Das gravierendste Beispiel stellt wohl der Jemen dar. Obwohl die Migranten eine enge Bindung an ihr Heimatdorf besitzen, hat die umfangreiche Auslandstätigkeit, die zur Haupteinkommensquelle avancierte, zu einer Vernachlässigung der Landwirtschaft geführt. Zwar werden Ländereien für die Dauer der Abwesenheit verpachtet, doch können diese aufgrund von Arbeitskräftemangel auch mit Hilfe der Frauen nur partiell bestellt werden. Umfangreiche Flächen fallen brach; v. a. aber verfallen die Feldterrassen, was auch eine zukünftige Nutzung in Frage stellt (KOPP 1977).

9. Eine besondere Art von Konsumausgaben wird im Jemen mit dem Verdienst aus der Arbeitsmigration bestritten: der Kauf des Rauschmittels Kat (qat). Durch Einladungen zu Kat-Sitzungen, bei denen — was anregend wirken soll — die Blätter

des Kat-Strauches gekaut werden, läßt sich das soziale Ansehen mehren. Solche Sitzungen haben daher rapide zugenommen, sind aber kostspielig und nehmen einen großen Teil möglicher Arbeitszeit in Beschlag. Der gesteigerte Kat-Konsum wirkt zudem auf die Landwirtschaft zurück, da nun der Anbau des Kat-Busches stark ausgeweitet wurde (KOPP 1977:228).

10. Im Nil-Delta Ägyptens hat dieser Bauboom schon fast katastrophale Konsequenzen für die Landwirtschaft. Wurden ehedem die Häuser aus ungebrannten Lehmziegeln errichtet, die im Laufe der Zeit wieder zerfielen, so sollen die neuen Häuser verbesserten Wohnkomfort und höhere Stabilität bieten; nach städtischem Muster kommen nur gebrannte Ziegel als Baumaterial in Betracht. Dies führt in großem Umfang zum Abgraben des Lehms zur Ziegelherstellung und damit zur Zerstörung des Ackerlandes, da der Lehm weder auf längere Sicht durch den Zerfall alter Gebäude noch durch die — infolge des Assuan-Dammes ausbleibende — Nilschwemme ersetzt wird. Die ägyptische Regierung versucht, diesen Raubbau an dringend benötigtem Ackerland dadurch zu stoppen, daß sie die Verwendung von gebrannten Ziegeln verbietet (ABU LUGHOD 1989).

11. In Marokko wurde beispielsweise ein Unterschied im Investitionsverhalten der Migranten aus dem Rif und aus dem Souss nachgewiesen. Die Migranten aus Südmarokko zeigten eine weit höhere Investitionsbereitschaft im produktiven Bereich, in der Landwirtschaft wie auch im Handel und Transportgewerbe (FINDLAY/FINDLAY 1982:108). Die Bevölkerung aus dem Souss ist „traditionell“ für ihre mobilen Handelsaktivitäten bekannt.

6.2 Die Gesellschaften des Islamischen Orients im Wandel

Die traditionelle Gesellschaft des Islamischen Orients erschien den Einheimischen wie dem kulturfremden Beobachter aus drei in sich differenzierten Komponenten aufgebaut, aus Städtern, Bauern und Nomaden (vgl. Kap. 4). Diese drei Kategorien finden sich, in anderen Proportionen als früher, auch heute noch. Trotzdem reicht dieses Modell zur Erfassung der heutigen gesellschaftlichen Verhältnisse nicht aus. Zum einen lassen sich andere Grenzen ziehen, die die gesellschaftlichen Positionen unter manchen Aspekten adäquater wiedergeben: Klassen oder Schichten, die z. T. erst im Zuge der modernen Entwicklung entstanden sind.[1] Zum anderen beinhaltet das Modell der Trilogie klar abgrenzbare dichotome Positionen zwischen Stadt und Land, zwischen Bauer und Nomade. Vereinfacht dies schon die früheren Verhältnisse, so wird ein solches Bild heute dadurch unpassend, daß im Zusammenhang mit Migrationsprozessen die Grenzen zwischen Stadt und Land, mehr noch zwischen Städtern und Landbewohnern, unscharf werden. Die internationale Arbeitsmigration leistet hierzu einen Beitrag, mehr aber noch die internen Land-Stadt-Wanderungen und die hiermit verknüpfte Verstädterung in den verschiedenen Staaten. Aspekte dieses Verstädterungsprozesses wie auch gesellschaftlicher Strukturveränderungen sollen im folgenden angesprochen werden.

6.2.1 Verstädterung und Land-Stadt-Wanderung

Wie andere Staaten der Dritten Welt haben die Länder des Islamischen Orients in den vergangenen Jahrzehnten einen bedeutenden Zuwachs an städtischer Bevölkerung zu verzeichnen, nicht nur in absoluten Zahlen. Auch das Verhältnis zwischen städtischer und ländlicher Bevölkerung verschob sich zugunsten der städtischen, so daß im Untersuchungsraum heute in der Hälfte der Staaten 50 % der Einwohner oder mehr in Städten leben, in den kleineren Staaten am Persischen Golf gar bis über 90 % (vgl. Tab. 13). Vor zwanzig Jahren besaßen erst zwei Staaten eine städtische Mehrheit.

Diese „Verstädterung" geht auf verschiedene Prozesse zurück. Zu einem gewissen Teil ist sie ein rein statistischer Vorgang. In den verschiedenen Ländern werden unterschiedliche Kriterien dafür zugrunde gelegt, was als „Stadt" anzusprechen (und zu zählen) ist. (Daher sind die Werte in Tabelle 13 in strengem Sinne nicht miteinander vergleichbar.) Z. T. werden hierfür Schwellenwerte der Einwohnerzahl verwandt (5.000 oder 10.000 Einw.). Wo infolge eines natürlichen Bevölkerungswachstums die Einwohnerzahl einer bis dahin ländlichen Siedlung einen solchen Schwellenwert überschreitet, wird diese Siedlung zur Stadt, die Einwohner von einer ländlichen zu einer städtischen Bevölkerung. Auf diese Weise nahm beispielsweise in Iran zwischen 1956 und 1976 die Zahl der städtischen Siedlungen (> 5.000 Einw.) von 140 auf 358 zu (vgl.

EHLERS 1980:199), und die statistische „Verstädterung" betraf über eine Mio. Personen, i. e. mehr als ein Zehntel des Zuwachses an Städtern. Ein ähnlicher Effekt kommt bei einer mit einer Erhöhung der Zahl der Städte einhergehenden Verwaltungsreform zustande. Veränderungen der Lebensweise sind mit diesem Vorgang nicht verbunden.

Der eigentliche Zuwachs der städtischen Bevölkerung resultiert jedoch aus Wanderungsprozessen (und aus der Nachkommenschaft dieser Zuwanderer). Wanderungen, d. h. dauernde oder befristete Wohnsitzverlagerungen, finden statt innerhalb des ländlichen Raumes, zwischen den verschiedenen Städten innerhalb eines Landes, vom Land in eine Stadt sowie aus der Stadt (zurück) aufs Land. Wenn auch, wie Studien zeigen, zwischenstädtische Migration den größten Anteil an diesen Wanderbewegungen ausmacht,[2] ist für das Ausmaß der Verstädterung nur die Bilanz der Wanderungen von Bedeutung, die vom Lande in die Stadt und aus der Stadt aufs Land gerichtet sind. Wie schon im Falle der internationalen Arbeitsmigration angesprochen, findet auch die Binnenwanderung zwischen Land und Stadt selektiv statt, d. h. es sind vorwiegend bestimmte Kategorien der ländlichen Bevölkerung — es überwiegen junge (20-30jährige), männliche Personen — die das Dorf mit einem städtischen Wohnsitz vertauschen.[3] Trotz des Überwiegens der jungen: auch ältere Migranten sind am Verstädterungsprozeß beteiligt.

Es kann nicht davon ausgegangen werden, daß sich alle Stadtwanderer auf Dauer im städtischen Bereich niederlassen. Ein Teil der jungen Männer vollendet dort seine Ausbildung oder leistet den Militärdienst ab, und viele von ihnen kehren anschließend — zumindest vorläufig — in ihre Dörfer zurück. Andere versuchen, als temporäre Arbeitsmigranten eine zeitweise Beschäftigung zu finden, ohne gleich eine dauerhafte Übersiedlung ins Auge zu fassen. Auch wenn sie nur vorübergehend in der Stadt leben, werden sie während dieser Zeit als „städtische Bevölkerung" statistisch erfaßt.

Mit der beruflichen und sozialen Etablierung der Migranten in den Städten wird eine Rückwanderung zunehmend unwahrscheinlicher. Sofern sie verheiratet sind und Frau und Kinder im Heimatdorf zurückließen, werden diese nicht selten nachgeholt. Auch wenn die Migranten als Junggesellen in die Stadt kamen, kehren sie oftmals zur Heirat ins Dorf zurück, ein Zeichen für weiterbestehende enge Beziehungen. Migranten aus unterschiedlichen Herkunftsregionen weisen aber durchaus Unterschiede in ihrem Wanderverhalten auf. Manche bleiben auf lange Jahre (saisonale) Pendler zwischen einem städtischen Arbeitsplatz und ihrer Familie auf dem Lande. Solche Beziehungen tragen mit dazu bei, die Grenzen zwischen Stadt und Land zu verwischen.[4]

Die Land-Stadt-Wanderung verjüngt den Altersaufbau der städtischen Bevölkerung, zum einen durch die Migranten selbst — die Alten bleiben im Dorf oder kehren dahin zurück —, zum anderen durch deren Nachkommen. Diese Nachkommenschaft der Migranten macht einen beträchtlichen Teil der städtischen Bevölkerungszunahme aus.

Eine Hauptursache der Land-Stadt-Wanderung wird oftmals im sog. Bevölkerungsdruck gesehen, ein Begriff, der das Mißverhältnis zwischen Bevölkerung und Ressourcen eines Raumes zum Ausdruck bringen soll. Die Bevölkerung wächst über dessen (agrare) Tragfähigkeit hinaus, so daß der „Überschuß" auf andere Weise sein Auskommen finden muß. Wenn auch das natürliche Bevölkerungswachstum auf dem Lande eine wesentliche Quelle des Städtewachstums darstellt, abstrahiert eine solche Formulierung doch stark von den konkreten wirtschaftlichen wie sozialen Verhältnissen, die erst eine Abwanderung in Gang setzen: Was als „Überschuß" aufgefaßt wird, läßt sich nicht durch einen fixen Ertragswert pro Person definieren, sondern ist abhängig davon, welchen Menschen der Zugang zu Ressourcen verwehrt wird. Eigentumsverhältnisse an Grund und Boden wie Bewirtschaftungspraktiken (z. B. Teilbau, mechanisierte Bewirtschaftung) spielen hier eine Rolle, aber auch die Erbgesetze, die in islamischen Ländern im Laufe der Zeit zu einer starken Zersplitterung des Besitzes führen. Aus solchen Bedingungen folgt nicht in jedem Fall eine Abwanderung. Einkommen lassen sich z. B. im nichtagraren Bereich, so aus befristeten Tätigkeiten an anderen Orten, erzielen (vgl. Anm. 4, Kap. 6.1). Krisensituationen wie Dürren können das Überleben auf dem Lande jedoch in Frage stellen. So sind Hungersnöte — im Islamischen Orient vor allem in früherer Zeit — eine bedeutende Ursache der in diesem Zusammenhang mit Recht so genannten Landflucht. Räumlich begrenzt setzen die unterschiedlichsten Bedingungen eine Abwanderung der Bevölkerung in Gang, z. B. Wassermangel, Versalzungsprobleme, Unruhen und Kriegshandlungen, aber auch Umsiedlungsmaßnahmen im Zuge großer Staudammprojekte (für Syrien vgl. MEYER 1984). Wenn auch nicht alle Abwandernden in die Städte ziehen, so doch ein großer Teil von ihnen.

Außer den genannten und weiteren „Push-Faktoren", die die Migranten — ehemalige Oasenbauern oder Nomaden, im Zuge von Mechanisierungsmaßnahmen freigesetzte landwirtschaftliche Arbeitskräfte, Landlose oder Kleinbauern, aber auch Schulabgänger ohne Aussicht auf eine ihren Vorstellungen entsprechende Position in der Heimat — zur Abwanderung bewegen, sind für die Zuwanderung in die Städte „Pull-Faktoren" maßgebend, d. h. Bedingungen, die die Städte zu bieten haben, die aber dem Lande fehlen. Dies sind zum einen und in erster Linie Arbeitsplätze, bzw. besser bezahlte Arbeitsplätze, oder die Hoffnung darauf. In zweiter Linie tragen auch die Ausbildungsmöglichkeiten für die Kinder, bessere technische und soziale Dienstleistungen u. ä. zur Attraktivität der Stadt bei. Diese Punkte spielen neben anderen eine wichtige Rolle in der Motivation der Stadtwanderer, in der die gesellschaftlichen Rahmenbedingungen, die für die Wanderungen verantwortlich gemacht werden, oft nur sehr verzerrt erscheinen — besonders wenn diese abstrakt formuliert sind.

Im Prinzip kann ein potentieller Migrant zwischen verschiedenen Zielorten wählen. Die Informationen, die eine solche Auswahl ermöglichen — und die Abwanderung häufig stimulieren —, sind jedoch in der Regel begrenzt. Oftmals stammen sie von Verwandten oder Bekannten, die sich früher in der Stadt niedergelassen haben, aus Erzählungen oder, bei Besuchen, aus direkter Anschauung. Dorfgenossen oder Verwandte am Zielort können zudem bei der Wohnungs- und Arbeitsplatzsuche wie auch bei anderen Problemen helfen und den Migranten beherbergen, bis er eine eigene Wohnung gefunden hat. Auch bieten verwandtschaftliche Bindungen in der neuen Umgebung eine gewisse emotionale Sicherheit. So verwundert das immer wieder beschriebene Phänomen der „Kettenwanderung" nicht, bei der ein Migrant, der sich an einem Ort etablieren konnte, Informations- und Anlaufstelle für Verwandte und Bekannte wird, diese „nachzieht" und so bestimmte Zielorte wie auch bestimmt Wohnviertel für einzelne Herkunftsorte oder -regionen typisch werden können. Da die „Vorläufer" die „Nachzügler" auch bei der Tätigkeitsaufnahme unterstützen und diese dann oft im eigenen Wirkungsbereich unterzubringen suchen, lassen sich vielfach die Migranten je nach Herkunftsregion sogar speziellen Berufsfeldern schwerpunktmäßig zuordnen (vgl. z. B. MEYER 1980). In der Literatur ist nicht selten eine ,,Etappenwanderung" als kennzeichnend für den Verstädterungsprozeß beschrieben worden, bei der beispielsweise der Dorfbewohner zuerst in die nächste Kleinstadt zieht und sich dort an das städtische Leben anpaßt. Später wechselt er oder seine Nachkommen in den Provinzhauptort, dann in die Landesmetropole. Wenn Wanderungen, die diesem Muster entsprechen, auch vorkommen, so kann eine solche Etappenwanderung (heute?) doch nicht als allgemein üblich bezeichnet werden.[6] Sobald in einer der größeren Städte ein ,,Brückenkopf" existiert, ist eine direkte Abwanderung dorthin eher wahrscheinlich als eine Etappenwanderung. Wenn somit auch Übersiedlungen vom Dorf in kleine, regionale städtischen Zentren eine Rolle spielen, sind es vor allem die Großstädte, Wirtschaftszentren, die überdurchschnittlich wachsen, während manche Kleinstädte eine unterdurchschnittliche Zunahme oder einen Rückgang ihrer Einwohnerzahlen zu verzeichnen und als Abwanderungsgebiete zu gelten haben.

In den Großstädten konzentrieren sich somit Zuwanderer aus dem ländlichen wie aus dem städtischen Bereich. Dies verursacht erhebliche Probleme u. a. bei der Wohnraumbeschaffung. Traditionelle Bleibe für Stadtfremde stellten die Karawansereien oder *funduqs* dar, die aber mit der Veränderung des Transportwesens (Einführung des Lkw-Verkehrs) ihre Funktion als zeitweise Unterkunft für reisende Händler und Karawanenführer einbüßten. Außer für Lagerzwecke standen sie nun Neuankömmlingen offen, die sich in der Stadt niederlassen wollten, und haben diese Funktion z. T. bis heute beibehalten (vgl. z. B. PLETSCH 1973a). Diese *funduqs* weisen, soweit sie aufgrund ihres baulichen Zustandes noch bewohnbar sind, eine extrem hohe Belegungsdichte auf und vor allem bei Einzelpersonen eine hohe Fluktuation. Aber auch allgemein kam es schon früh aufgrund der Zuwanderung zu einer starken Verdichtung der Bevölkerung der Altstädte.[7] Die Gebäude, die mietbar waren, (z. T. Stiftungsbesitz, nach dem Auszug der Oberschicht aus den Altstädten aber auch deren ehemaligen Wohnhäuser), wurden oft zwischen verschiedenen Mietparteien aufgeteilt. Denn die Miethöhen überstiegen die Zahlungsfähigkeit der Mieter in der Regel bei weitem. Zudem wurden Freiflächen (Friedhöfe, Gärten usw.) innerhalb der Mauern belegt, und viele Gebäude erhielten zusätzliche Stockwerke. Die Altstädte verslumten. Aber auch ihre Aufnahmekapazität war bald erschöpft.[8]

In bzw. am Rande zahlreicher Städte entstanden in dieser Situation — in Marokko beispielsweise etwa seit den 20er Jahren — ungeplante, ungenehmigte und oft sehr marginale Unterkünfte, im Maghreb ,,Bidonvilles" (Kanisterstädte), in der Türkei *gecekondu* (,,über Nacht gebaut") genannt, Bezeichnungen, die die Einfachheit und Billigkeit des Baumaterials wie auch die oftmals heimliche Errichtung widerspiegeln. Solche Quartiere beherbergen zu einem hohen Prozentsatz Landflüchtige, aber meist nicht, wie oft angenommen, zum Nulltarif. Zum Teil muß Pacht für den Boden abgeführt werden, z. T. gehören die Behausungen nicht den Bewohnern, sondern wurden von Vorgängern, die eine bessere Wohnung fanden, oder gar von ,,Bauunternehmern" gemietet. Auch hier ist die Aufnahme von Logisgängern, Einzelmigranten, belegt, selbst wenn hierdurch die Privatheit des Familienlebens, von der unter Kanisterstadtbedingungen sowieso nur in sehr begrenztem Sinne gesprochen werden kann, weiter reduziert wird. Solche Viertel konnten im Laufe ihres Bestehens oftmals ihre Wohnqualität verbessern, wurden beispielsweise mit Wasseranschluß, Sanitäranlagen, Moscheen, Koranschulen und Märkten ausgestattet, ohne daß sie jedoch ihren Charakter verloren[9] — es sei denn, die Quartiere wurden zwangsgeräumt und abgerissen. Andere erhielten schon sehr schnell eine feste Bausubstanz und lassen sich kaum als ,,Elendsquartiere" einstufen. Wieder andere Zuwandererviertel besitzen eher ein ländliches Gepräge, vor allem wenn auf dem Lande übliches Baumaterial zur Verfügung stand.[10]

Es wäre aber falsch, dic Land-Stadt-Wanderung nur mit solch ungeplant entstandenen Vierteln in Verbindung zu bringen. Es findet sich auch einfacher Wohnraum in festen Mietwohnungen. Für den Fall ,,Kairo" haben verschiedenen Autoren (u. a. ABU-LUGHOD 1961; MEYER 1980; PETERSEN 1971) die Zuwanderung aus verschiedenen Landesteilen untersucht. Es stellte sich heraus, daß sich die Ankömmlinge in solchen Vierteln — sei es am Stadtrand oder in der Altstadt — niederließen, die nicht nur preislich angemessenen Wohnraum boten, sondern auch verkehrsmäßig günstig mit ihrer Herkunftsregion verbunden waren; in der (weiteren) Nachbarschaft der entsprechenden Busterminals und Bahnstationen. Der Aktionskreis der Neuankömmlinge bei der Ankunft und die räumliche Ausdehnung der bei der Wohnungssuche aktivierbaren Beziehungen dürfte dafür verantwortlich sein, daß die Migranten mit gleicher Herkunft sich räumlich relativ stark konzentrieren (wenn auch nicht segregiert in ,,eigenen" Vierteln; der überwiegende Teil ihrer Nachbarschaft besitzt eine andere Herkunft). Aufgebrochen wird diese Konzentration im Laufe der Zeit in erster Linie von solchen Familien, die ihre wirtschaftliche und soziale Stellung verbessern konnten und dies auch in der Wohnplatzwahl dokumentierten.

So scheinen verkehrsmäßige Lage, Verfügbarkeit und Preis von Wohnraum und das soziale Beziehungsnetz bei der Wohnungsfindung wichtiger als der Habitus eines Viertels, obwohl verschiedentlich einer vergleichsweise ländlichen Ausprägung des Wohnumfeldes, die das Zurechtfinden in der neuen Umgebung vereinfachen soll, eine Bedeutung für die Wohnungswahl zugemessen wurde. Immerhin legen die Migranten ihre Verhaltensweisen und Wertmuster, die von ihrer ländlichen Herkunft geprägt sind, nicht mit der Übersiedlung ab. Selbst wenn sie sich nach und nach an ihr neues Umfeld anpassen, ist dies ein langfristiger Prozeß — und die Migranten in ihrer großen Zahl prägen dieses Umfeld ebenfalls. So kann man mit einer gewissen Berechtigung von einer Verländlichung sprechen, nicht — oder nur im statistischen Durchschnitt — der Stadt insgesamt, aber doch der städtischen Schichten, denen die Migranten in ihrer Mehrzahl zuzurechnen sind. Auf der anderen Seite verbreiten sich städtische Verhaltens- und Konsummuster durch die immer engeren Beziehungen auch auf dem Lande. Diese ,,Urbanisierung" läßt die Kluft zwischen Stadt und Land ebenfalls geringer erscheinen, als sie einem Bauern, der vor 50 Jahren sein Heimatdorf verließ, vielleicht vorgekommen sein mag. Unter diesem Blickwinkel wird deutlich, daß allzu generalisierende, ,,zeitlose" Aussagen zur Land-Stadt-Wanderung unangebracht sind. Die verschiedenen Generationen von Migranten, aber auch die Landflüchtigen in verschiedenen Regionen besaßen und besitzen unterschiedliche Ausgangsbedingungen und Möglichkeiten, die ihr Verhalten bestimmen und die nur in ihrem jeweiligen Kontext verständlich werden. Der Blick auf den weltweiten Verstädterungsprozeß sollte diese Unterschiede nicht verwischen.

6.2.2 Veränderungen des Gesellschaftsaufbaus im Islamischen Orient

Führt die Verstädterung auch zu einer wesentlichen Bevölkerungsverschiebung zwischen Land und Stadt und der Urbanisierungsprozeß zu einer Verbreitung als „städtisch" gekennzeichneter Verhaltensweisen, so umfassen beide Prozesse doch nicht das Ausmaß der gesellschaftlichen Veränderungen im Islamischen Orient, sind aber z. T. mit diesen eng verbunden. Die Transformation der Gesellschaft betrifft die unterschiedlichen sozialen Bereiche, Institutionen wie die Familie und die Stellung der Frau[11] ebenso wie Prozesse der Gruppenbildung. An dieser Stelle soll jedoch nur die soziale Schichtung der Gesellschaft angesprochen werden, die eng mit dem Wirtschaftsaufbau verbunden ist.

Tabelle 21 verzeichnet die Zahl der Personen der verschiedenen Berufskategorien für die Staaten des Islamischen Orients, für die entsprechende Daten zur Verfügung stehen. Selbst wenn die Zahlen aus verschiedenen Bezugsjahren stammen sowie unterschiedlich definierte Personenkreise betreffen und daher nur sehr begrenzt vergleichende Aussagen ermöglichen sowie an den Exaktheitsgrad keine allzu hohen Anforderungen gestellt werden dürfen, lassen sich doch einige generelle Schlüsse ziehen.

Die Anteile der einzelnen Berufskategorien in der Arabischen Republik Jemen kommen den „traditionellen" Verhältnissen auch in anderen Staaten relativ nahe, sind sie doch gekennzeichnet durch ein weites Überwiegen der Tätigkeiten im primären Sektor, eine eher geringe Bedeutung der Arbeitsplätze im produzierenden Gewerbe (meist im Handwerk) sowie einen rudimentären Anteil administrativen und technischen Personals. Die anderen Staaten der Arabischen Halbinsel (ohne Oman) sowie Jordanien besitzen dagegen eine kaum ins Gewicht fallende Landwirtschaft. Hier ist vor allem das produzierende Gewerbe als Betätigungsfeld bedeutsam, wie andere Statistiken zeigen, weniger das verarbeitende als das Baugewerbe — eine Folge des Ölbooms. Die agrarwirtschaftlich begünstigteren Länder weisen einen beträchtlich höheren Prozentsatz landwirtschaftlich Tätiger auf, zwischen 25 % und 40 %. Z. T. ist hiermit der erste Stellenwert verbunden, z. T. aber wird die Landwirtschaft als Arbeitsfeld überflügelt vom produzierenden (inkl. Transport-) Gewerbe. Beide Sektoren halten sich aber mehr oder weniger die Waage.

Das Ausmaß der administrativ-technischen, leitenden und Büroberufe liegt in den aufgeführten Ölstaaten bei einem Viertel, sonst zwischen einem Zehntel und einem Fünftel, im Jemen gar bei etwa einem Zwanzigstel der Erwerbstätigen. Es ist ein Zeichen für den wirtschaftlichen und gesellschaftlichen Transformationsprozeß (nicht aber ein Maßstab für eine „Modernisierung" der Gesellschaft !), der auch in den

Tabelle 21: Erwerbstätige bzw. Erwerbspersonen nach Berufsgruppen (Anzahl in 1.000 und %)

	Ägypten 1983		Irak 1977		Iran 1976		Jemen A.R. 1975		Jordanien 1986		Marokko 1982		Saudi-Arabien 1985		Syrien 1984		V.A.E 1980	
	Anzahl	%	Anzahl	%	Anzahl	%	Anzahl	%	Anzahl	%	Anzahl	%	Anzahl	%	Anzahl	%	Anzahl	%
Insgesamt	12.339,0	100,0	3.133,9	100,0	8.788,9	100,0	1.127,6	100,0	535,4	100,0	5.999,2	100,0	4.913,6	100,0	2.356,0	100,0	563,9	100,0
Wissenschaftl., technische u.ä. Fachkräfte	1.271,0	10,3	198,0	6,3	536,4	6,1	45,5	4,0	80,3	15,0	324,9	5,4	721,0	14,7	251,1	10,7	55,7	9,9
Leitende Tätigkeiten im öffentl. Dienst und in der Wirtschaft	236,0	1,9	13,1	0,4	48,0	0,5	5,7	0,5	7,5	1,4	252,3	4,2	104,3	2,1	9,1	0,4	11,7	2,1
Bürokräfte und verwandte Berufe	985,0	8,0	379,6	12,1	449,3	5,1	12,4	1,1	31,1	5,8	–,–	–,–	430,9	8,8	204,0	8,6	77,2	13,7
Handelsberufe	741,0	6,0	130,8	4,2	595,1	6,8	53,0	4,7	48,7	9,1	455,0	7,6	371,4	7,6	220,3	9,4	33,8	6,0
Dienstleistungsberufe	934,0	7,6	159,4	5,0	425,4	4,8	54,3	4,8	33,7	6,3	427,5	7,1	411,4	8,4	140,6	6,0	93,2	16,5
Berufe in Land- und Forstwirtschaft und Fischerei	4.642,0	37,6	924,6	29,5	2.969,8	33,8	799,6	70,9	32,1	6,0	2.380,1	39,7	710,3	14,5	566,4	24,0	25,6	4,5
Arbeiter des Produzierenden Gewerbes u. Bedienungspersonal für Transportmittel	2.761,0	22,4	940,9	30,1	3.298,7	37,6	140,0	12,4	302,0	56,4	1.707,2	28,5	2.164,3	44,0	898,0	38,1	264,1	46,8
nicht klassifiziert	26,0	0,2	288,0	9,2	466,2	5,3	16,9	1,5	–,–	–,–	452,2	7,5	–,–	–,–	–,–	–,–	0,2	0,0
erstmals Arbeitssuchende	737,0	6,0	–,–	–,–	–,–	–,–	–,–	–,–	–,–	–,–	–,–	–,–	–,–	–,–	–,–	–,–	0,2	0,4
Arbeitslose	–	–,–	101,7	3,2	–,–	–,–	–,–	–,–	–,–	–,–	–,–	–,–	–,–	–,–	65,2	2,8	–,–	–,–

Quelle: Statistisches Bundesamt Wiesbaden: Länderberichte der entsprechenden Staaten 1987–1989

hohen Zahlen des produzierenden Gewerbes zum Ausdruck kommt. Diese schließen jedoch neben Erwerbstätigen im modernen Teil der Wirtschaft auch Arbeitskräfte im traditionellen Sektor (Handwerk) ein. Unter „traditionellem Sektor" wird im gewerblichen Bereich der meist kleinbetrieblich organisierte und unter geringem maschinellen Einsatz ablaufende Arbeitsprozeß mit in der Regel überkommener Produktionsstruktur verstanden, unter „modernem" eine industrielle Fertigung. Daneben existieren jedoch Übergänge, zum einen modernisierte traditionelle Betriebe, solche, die in Teilbereichen moderne Maschinen einsetzen, oder auch Betriebe, die im traditionellen Rahmen neue, an eine moderne Wirtschaft gebundene Objekte bearbeiten (z. B. zahlreiche Kfz-Reparaturbetriebe u. ä.). Mehr oder weniger gegensätzliche Bereiche, die sich einem Gegensatz „traditionell — modern" zuordnen lassen, finden sich aber auch außerhalb der gewerblichen Wirtschaft.

In der Tabelle ist zwischen Fachkräften, leitenden Positionen, Arbeitern usw. unterschieden. Sie weist also schon auf Divergenzen der beruflichen Positionen hin, die sich gesellschaftlich auswirken. Auf gesellschaftlicher Ungleichheit fußende Sozialstrukturen lassen sich heute als „Klassenstrukturen" oder „soziale Schichtungen" fassen, wobei das Klassenmodell der Gesellschaft die Produktionsverhältnisse, die Verfügungsgewalt über die Mittel der Produktion, d. h. Eigentum an Grund und Boden, Produktionsanlagen, Arbeitskraft etc., zum Ausgangspunkt nimmt. Das Schichtungsmodell dagegen geht vom sozialen Status aus, der den Platz jeder Person in der Sozialhierarchie bestimmt. Dieser individuelle Status hängt von zahlreichen Faktoren ab, im Rahmen einer Modellbildung werden jedoch in erster Linie Beruf, Einkommen und Bildung berücksichtigt, wobei die Berufe entsprechend ihres gesellschaftlichen Prestiges in eine hierarchische Reihenfolge gebracht werden müssen. Klassenzugehörigkeit wie Status wirken sich auf Verhaltensweisen und Lebenschancen aus.

Schichtungssysteme sind nicht stabil. So ändert sich oftmals der Status des einzelnen im Laufe seines Lebens (Karrieremobilität) oder im Vergleich zu seinen Vorfahren (Inter-Generationen-Mobilität). Hierbei kann der Umfang der Schichten abnehmen (z. B. bäuerliche Schichten) oder wachsen (z. B. die der Angestellten oder der Industriearbeiterschaft). Auch kann sich der Platz ganzer Schichten in der Hierarchie verschieben im Rahmen einer kollektiven Auf- oder Abwertung des Prestiges, das bestimmte Berufs-, Einkommens- und Bildungsgruppen genießen. Hinter solchen Veränderungen im Gesellschaftsaufbau stehen sozio-ökonomische, aber auch politische Prozesse, die oft aus gegensätzlichen Interessen bestimmter Gruppen der Gesellschaft resultieren, z. T. aber auch durch externe Einflüsse in Gang gesetzt werden. Diese allgemeine Thematik findet sich wieder, wenn im folgenden Gesellschaftsstrukturen im Islamischen Orient aufgezeigt werden.

In Kapitel 4.2.3 wurde die ländliche Sozialstruktur dargestellt, wie sie bis in jüngere Zeit hinein im Islamischen Orient anzutreffen war und z. T. auch heute noch vorgefunden werden kann. Als bedeutendes Kennzeichen dieser Struktur wurde die große Bedeutung absentistisch gehaltenen Großgrundeigentums herausgestellt. Wenn dies auch für einen Teil unseres Raumes zutrifft, so sind diese Verhältnisse in einigen Fällen doch erst das Resultat einer jüngeren Entwicklung.

In Marokko beispielsweise befand sich der Boden zum großen Teil in Stammeshand, bis im Laufe der Kolonialzeit einzelne einheimische Notablen, die als Funktionsträger in die koloniale Verwaltungsstruktur eingebunden waren, die Möglichkeit erhielten, sich einen umfangreichen Grundbesitz anzueignen und das Land auf ihren Namen registrieren zu lassen (vgl. LEVEAU 1977). Auch europäische Siedler und Gesellschaften erwarben große und vor allem die fruchtbarsten Flächen, sahen sich nach der Unabhängigkeit aber oft gezwungen, diesen Boden zu einem niedrigen Preis an Marokkaner abzutreten (oder eine Enteignung zu riskieren). Auf diesem Wege kamen Marokkaner, die meist der städtischen Oberschicht (Politiker, Militärs, Angehörige der königlichen Familie) entstammten, zu z. T. beträchtlichem Grundeigentum (vgl. POPP 1980).

Im Osmanischen Reich wie im Vizekönigreich Ägypten setzte die Bildung einer Klasse von Großgrundeigentümern bereits früher, im 19. Jahrhundert, ein, als im Zuge von Reformmaßnahmen Eigentumsrechte garantiert wurden und einflußreiche Personen mit Hilfe lokaler Beamter sich umfangreiche Flächen überschreiben ließen. Nicht nur Stammesführer wurden so Grundeigentümer und setzten ihre Stammesgenossen als Teilpächter ein (vgl. auch Kap. 4.3.4); auch die städtische Oberschicht — kommunale und religiöse Führer, Kaufleute und Beamte — erwarben so ein ,,Standbein" auf dem Lande (vgl. KARPAT 1977; für Irak WIRTH 1962). Entwicklungen mit ähnlichen Ergebnissen ließen auch in Iran die Zahl der stadtansässigen — absentistischen — Grundeigentümer stark zunehmen.

In der zweiten Hälfte unseres Jahrhunderts führten dann in zahlreichen Staaten Landreformmaßnahmen (Kap. 4.2.4) zu einem Bedeutungsrückgang der Klasse absentistischer Großgrundeigentümer, die über traditionelle Teilpachtverträge ihren Boden bestellen lassen. Z. T. aufgrund der Landreformregelungen sind statt dessen oft mechanisierte, in Eigenregie (über Verwalter) und mit Lohnarbeit bewirtschaftete Großbetriebe entstanden, deren Besitzer teilweise den Familien der alten Großgrundeigentümer oder der ,,Stammesaristokratie" entstammen, sich teilweise aber auch als Städter erst seit kurzem in der Landwirtschaft engagieren. Die über das Grundeigentum vermittelten Beziehungen zwischen Stadt und Land sind also durch die Bodenreformen vielleicht reduziert, keineswegs aber aufgehoben worden. Das Ergebnis der Umstrukturierungen liegt oftmals eher in der Bewirtschaftungsweise (bei Großbetrieben nun meist mechanisierte Lohnbetriebe statt Teilbau) und in einem Wegfall von Verpflichtungen des Grundherrn dem Pächter gegenüber, die diesen in Krisenzeiten in gewissem Grade absicherten.

Die oft vorhandene Vermischung von Interessen im städtischen und ländlichen Bereich ermöglichte es der Schicht städtischer Grundeigentümer zudem, sich wirtschaftlich schnell umzuorientieren, wo eine Enteignung nicht vermieden werden konnte. Eine Etablierung als Industrieunternehmer ist dabei eher eine Ausnahme. Wichtiger als Anlageplatz und Einkommensquelle ist der Handels- und Finanzbereich. Zudem haben als erste Vertreter von Familien der Oberschicht von den Ausbildungsmöglichkeiten des Westens profitiert, Studien in Europa und Amerika absolviert, um später mit diesen Fähigkeiten Oberschichtspositionen neuen Stils einzunehmen, des Spitzenmanagements und z. T. der freien Berufe.

Abb. 48: Gesellschaftsaufbau u. soziale Hierarchie Irans vor der Islamischen Revolution

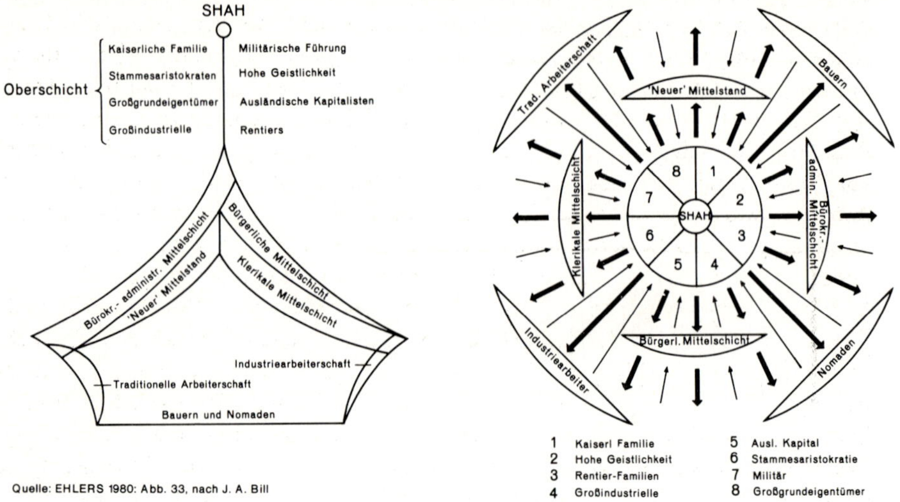

Quelle: EHLERS 1980: Abb. 33, nach J. A. Bill

Zur Oberschicht, die privatwirtschaftlich engagiert ist, gesellt sich ein Personenkreis, der höchste staatliche Funktionen bekleidet und so über politische Machtpositionen verfügt. Z. T. handelt es sich um Vertreter der alten Oberschichtsfamilien, die im Zuge ihrer Karriere auch Staatsaufgaben übernehmen. Z. T. steigen in diese Positionen aber auch Personen aus Kreisen außerhalb der Elite aufgrund ihrer Qualifikationen und/oder Herkunft auf, vor allem, wenn nach politischen Umwälzungen Neubesetzungen erfolgen.

Abbildung 48, die ein Modell des Gesellschaftsaufbaus Irans in den 70er Jahren und damit ein Beispiel für eine konservative Monarchie darstellt, weist als um den Schah angeordnetes Machtzentrum neben der kaiserlichen Familie und den angesprochenen Gruppen (Rentiers, Großindustrielle, Militärs und Großgrundeigentümer) die hohe Geistlichkeit, die Stammesaristokratie und ausländisches Kapital aus. Wiewohl wirtschaftliche und politisch bedeutsam, soll das Letztgenannte in unserem Zusammenhang unberücksichtigt bleiben. Die Stammesaristokratie in Iran wie auch in anderen Staaten ist überwiegend der Kategorie der Großgrundeigentümer zuzurechnen, auch wenn sie sich in ihrer Herkunft und z. T. auch in ihren Interessen von anderen Großgrundeigentümergruppen abhebt.

Daß die einzelnen Gruppen der Oberschicht unterschiedliche, teilweise entgegenlaufende Interessen verfolgen, macht auch die „hohe Geistlichkeit" anschaulich, unter deren Führung die Revolution von 1978/79 die Herrschaft des Schah schließlich beendete. Abgesehen von der derzeitigen Situation in Iran ist es aber eher unüblich, daß Vertreter der religiösen Elite politische Machtpositionen beanspruchen; über ihre traditionellen Mittel (Rechtsgutachten, Predigten etc.) verfügen sie in den islamischen Staaten dennoch über eine großen politischen Einfluß.

Vom Grad des Einflusses, Umfang des Besitzes und der Höhe der Einkünfte her, oft aber nicht in der durch die Produktionsverhältnisse bestimmten Klassenzugehörigkeit unterscheiden sich Gruppierungen von der Oberschicht, die den „Mittelschichten" zugerechnet werden. Auf dem Lande zählen hierzu mittlere Grundeigentümer, die als Bauern ihren Boden bewirtschaften, aber oftmals schon bei recht geringen Besitzgrößen Teilpächter, zumindest aber saisonal Tagelöhner beschäftig(t)en. Am unteren Ende stehen Kleinbauern (oder Viehhalter), die zwar über eigenes Land (oder Herden) verfügen, deren Erträge aber nur unwesentlich den Subsistenzbedarf übersteigen (vgl. Abb. 49). Im Handel reicht das Spektrum vom Groß- bis zum kleinen Einzelhändler, im produzierenden Gewerbe vom Unternehmer, der Lohnarbeiter beschäftigt, zum einfachen Handwerker mit und ohne Hilfskräften. In all diesen Bereichen sind traditionelle (und kapitalarme) und moderne Sektoren zu unterscheiden. Der heute als „traditionell" apostrophierte Teil der Mittelschicht hat gegenüber früher eine deutliche soziale Degradierung erfahren. Die Existenzkrise des Handwerks infolge von Importen und — heute — in gewissem Umfang nationaler industrieller Produktion ermöglicht in den meisten Fällen nur geringe Einkommen und birgt zudem die ständige Gefahr eines weiteren sozialen Abstiegs in sich, der im Fall einer Betriebsaufgabe erwartet werden muß. Auch für die nachfolgende Generation ist in der eigenen Schicht nur selten ein erstrebenswerter Platz zu erblicken. Anders als in der Industrialisierungsphase Europas bietet aufgrund der relativ niedrigen Zahl von Arbeitsplätzen auch die Industrie nur geringe Auffangchancen.

Im Vergleich mit den Arbeitern im traditionellen Sektor muß die Industriearbeiterschaft als privilegierte, durch Arbeitsgesetzgebung abgesicherte Schicht gelten, vor allem in den Staaten, die ihr aus weltanschaulichen Gründen einen hohen Stellenwert zuweisen. Daher werden bei Zugrundelegung eines Schichtungsmodells zumindest die qualifizierten und Facharbeiter oft ebenfalls zu den Mittelschichten gerechnet.

Die Industriearbeiter gehören dem „modernen" Sektor der Wirtschaft an. Abgesehen von diesen, ist neben dem „traditionellen" Mittelstand ein „neuer" entstanden, der neben großen Teilen der Bürokratie die Mehrzahl der freien und akademischen Berufe sowie die Angestellten der Privatwirtschaft umfaßt.

Aussagen über den Umfang der öffentlichen Verwaltung, die von den Entscheidungen treffenden Spitzenbeamten bis zu Aktenträgern und Teebereitern reicht, sind länderübergreifend nur schwer möglich. Statistische Angaben fassen meist den gesamten Dienstleistungsbereich (Verwaltung, soziale und persönliche Dienste) zusammen. Getrennt ausgewiesene Daten liegen vor für Algerien und Libyen, wo die Administration 10—15 % ausmacht. Für Ägypten errechnet sich der Anteil des öffentlichen Sektors für 1983 auf 20 % — Zentralregierung 6,6 %, kommunale Verwaltung 11,2 %, öffentlicher Dienstleistungsbereich 2,3 % (StBA, LB Ägypten 1988:40). Die absoluten Zahlen weisen eine kontinuierliche Steigerung auf und erreichten im Jahre 1986 knapp 3 Mio. Beschäftigte. Für verschiedene Ölstaaten werden in der Literatur noch weit höhere Werte genannt: für Kuwait fast 56 %, für die VAE 29 % und für Saudi-Arabien 26 % (NIBLOCK 1985:198). Hierbei handelt es sich aber wohl um die Gesamtzahl der Beschäftigten im Staatsdienst und nicht nur um den staatlichen Verwaltungssektor.

Abgesehen von den bevölkerungsarmen Ölstaaten während der Phase des Ölbooms, wo die Anstellung im „öffentlichen Dienst" zumindest in manchen Aufgabenbereichen (Miliz, Sozialdienste) unmittelbar oder mittelbar zur Politik der Umverteilung der Öleinnahmen gezählt werden mag (Kap. 5.1.3), obwohl diese Aufgaben zum großen Teil auch in anderen Ländern anfallen, belasten Personalausgaben die öffentlichen Haushalte stark und werden durch Minimierung der Ausgaben pro Person (zumindest in den meisten Dienststufen) den Möglichkeiten angepaßt. Trotzdem bleibt eine Anstellung im öffentlichen Dienst oftmals Karriereziel: Zum einen ist er für Berufsgruppen wie Lehrer einziger oder wichtigster Arbeitgeber, zum zweiten eröffnet er Machtpositionen, die sich — auch über das Salär hinaus — wirtschaftlich nutzen lassen. Ob die weitverbreitete Korruption nun Folge der niedrigen Besoldung ist (den Staatsbediensteten bleibt keine andere Wahl, als ihr Gehalt durch die Annahme von „Geschenken" aufzubessern), oder einem überkommenen Verständnis entspricht, das ein öffentliches Amt als Pfründe ansieht[12]. und so die Aussicht auf solche Nebeneinnahmen mit zum Interesse an einer Anstellung im bürokratischen Apparat beiträgt, sei hier dahingestellt.

Zugang zu diesem eher aufstiegsorientierten „neuen Mittelstand", sei es nun im Staatsdienst oder in der Privatwirtschaft, vermittelt in erster Linie eine moderne Ausbildung. Daher ist die mit viel Opferbereitschaft verbundene Tendenz eines Teils gerade auch der abstiegsgefährdeten Schichten verständlich, zumindest einem ihrer Kinder (Söhne) eine gute Bildung zu ermöglichen.[13] Da die Zahl der Aspiranten diejenige der zu vergebenden qualifizierten Positionen inzwischen weit übersteigt, ist in zahlreichen Ländern ein „akademisches Proletariat" entstanden, das sich in seinen Aufstiegserwartungen enttäuscht sieht. Wie in Kuwait wurde in Ägypten — noch unter Nasser — eine Beschäftigungsgarantie für Akademiker erlassen, nach der jedem Hochschulabsolventen eine öffentliche Anstellung zusteht. Abgesehen von der Belastung für den Staatshaushalt und der wenig produktiven Aufblähung des bürokratischen Apparats, kann eine solche Einstellungspraxis nur bei niedrigster Entlohnung erfolgen, die hinter den Einkommenserwartungen von Akademikern weit zurückbleibt und wenig motivierend wirkt. Sie liefert aber immerhin eine Grundversorgung, die oft durch weitere Tätigkeiten aufgebessert wird und werden muß. Eine Abwanderung in die Ölstaaten war für solche Akademiker oftmals ebenfalls eine Möglichkeit, eine angemessenere Anstellung zu finden (vgl. Kap. 6.1).

Die oben erwähnten Landreformen haben in der Regel zu einer stärkeren Differenzierung der ländlichen Gesellschaft geführt, als sie bis dahin üblich war. Dies liegt daran, daß die landlose Bevölkerung von den Maßnahmen in ganz unterschiedlichem Ausmaß profitierte. Während ein Teil der ehemaligen Teilpächter zu Eigentumsbauern aufstieg, blieben für andere Pachtverhältnisse in Geld- oder Teilpachtform bestehen. Wo Großgrundeigentümer zur Eigenbewirtschaftung übergegangen waren, konnten die ehemaligen Pächter sich nur als Landarbeiter verdingen, oder es blieb den Landlosen nur eine (saisonale) Beschäftigungsmöglichkeit als Tagelöhner.[14] Die ländlichen Randgruppen — Wanderhandwerker, Musiker — wurden dagegen von Landreformmaßnahmen wenig berührt, wohl aber aus verschiedenen Gründen die Nomaden (vgl. Kap. 4.3.3), die zu einem Teil der ländlichen Mittelschicht, großteils aber auch den landlosen Unterschichten zugerechnet werden müssen.

Abb. 49: Ägyptische Gesellschaftsstruktur um 1950 und um 1970

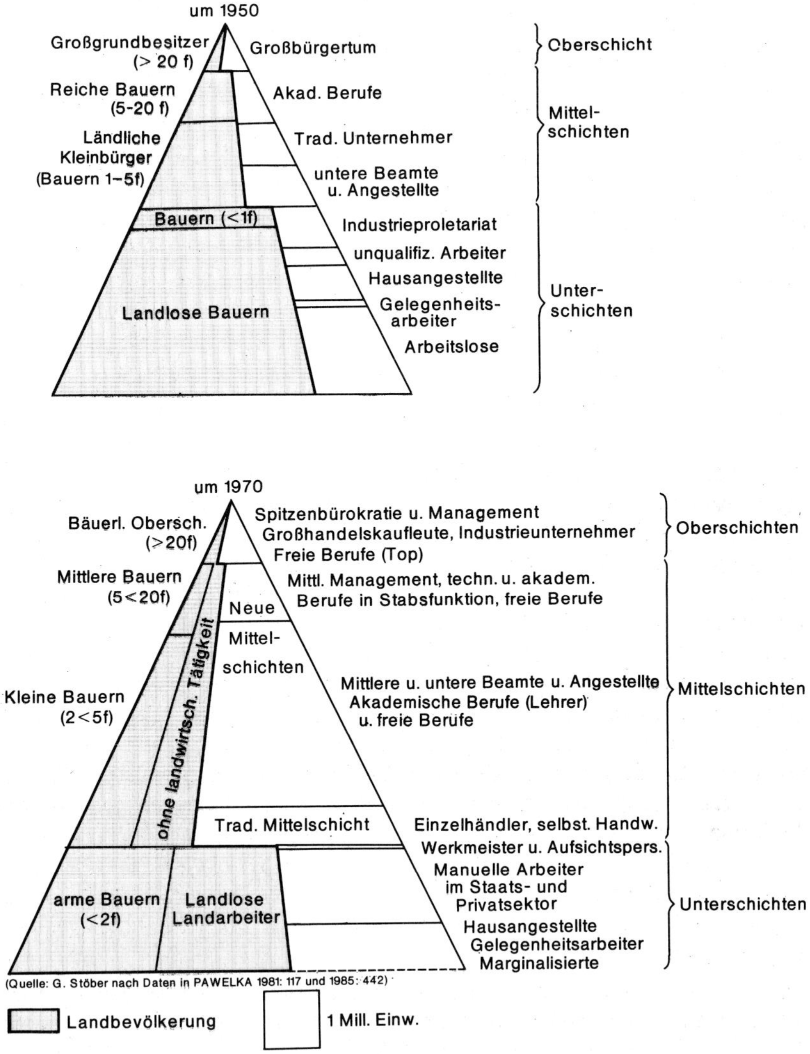

(Quelle: G. Stöber nach Daten in PAWELKA 1981: 117 und 1985: 442)

Lohnarbeit, die landlosen Gruppen ein Einkommen ermöglicht, kann auf dem Lande nicht in genügendem Umfang gefunden werden. Arbeitsmigration oder Abwanderung in die Städte sind die Folge. Aber auch in den Städten sind Arbeitsplätze für die meist schlecht ausgebildeten Migranten der Unterschicht nicht in ausreichendem Maße vorhanden, vielleicht noch weniger als für andere Gehaltsempfänger. Wenn sie sich daher in den Städten zu etablieren suchen, so oftmals als selbständige Kleinstgewerbetreibende, z. B. als ambulante Händler, im traditionellen Restaurationsgewerbe usw.[15]

Die dargestellte Entwicklung illustriert Abbildung 49 am Beispiel Ägyptens.[16] Zwischen etwa 1950 und 1970, also vor und am Ende der Nasser-Ära, ist die Bevölkerung beträchtlich gewachsen; auch auf dem Lande hat sie zugenommen, obwohl der Anteil der ländlichen Bevölkerung zurückging. In den ,,Unterschichten" stellt sie weiterhin die Mehrheit, in der Oberschicht haben sich anteilsmäßig nur geringe Verschiebungen ergeben. Die Mittelschichten aber, die beträchtlich gewachsen sind und die Gesellschaft zahlenmäßig dominieren, sind nun vorwiegend in den Städten angesiedelt: Die Verstädterung erscheint ganz überwiegend gebunden an die Zunahme städtischer Mittelschichten.

Bedeutende Veränderungen gab es in der Struktur der einzelnen Schichten. Im ländlichen Bereich fällt zum einen auf, daß sich die Statuszuweisungen der Besitzer einer bestimmten Fläche änderten. Eigentümer von 5—20 *Feddan* (1 *Feddan* = 0,42 ha), die 1950 als ,,reiche Bauern" eingestuft werden, gelten 1970 nunmehr als ,,mittlere Bauern"; Eigentümer von mehr als 20 *Feddan*, die um 1950 schon als ,,Großgrundeigentümer" angesprochen wurden, bilden um 1970 lediglich eine ,,bäuerliche Oberschicht". Hier ist anzumerken, daß im Zuge der Landreformen wohl die durchschnittliche Fläche in dieser Kategorie zurückgegangen ist. Dennoch wird hier eine Maßstabsänderung (wohl nicht nur des Wissenschaftlers) bei der Bewertung der gesellschaftlichen Positionen sichtbar. Diese wird ebenfalls darin deutlich, daß 1950 Bauern mit weniger als einem *Feddan*, 1970 aber schon mit weniger als zwei *Feddan* zur ,,Unterschicht" gerechnet werden. Eine unterdurchschnittliche Entwicklung bäuerlicher Einnahmen im Vergleich zu anderen Einkommen mag hierbei eine Rolle spielen. Insgesamt ist die Zahl der Bauern mit Grundeigentum stark gestiegen. Trotzdem hat — auch wenn die Zahl der landlosen Bauern um 1950 in Abbildung 49 übertrieben sein mag (PAWELKA 1981:118) — die Landreform nicht zu einer gleichmäßigen Begünstigung geführt; die Zahlen der landlosen und Boden besitzenden Landbevölkerung halten sich um 1970 in etwa die Waage.

Die städtische Gesellschaft hat sich seit dem Sturz der Monarchie im Jahre 1952 stärker differenziert. Vom Großbürgertum des Jahres 1952 sind Teile auch in die moderne Oberschicht übergegangen. Zudem konnten sich hier aus den Mittelschichten stammende ,,Aufsteiger" etablieren, die vor allem Spitzenpositionen in der Bürokratie wie im Wirtschaftsmanagement besetzten. Auch die obere der Mittelschichten besteht aus weitgehend akademisch gebildeten Führungskräften und Angehörigen der freien Berufe (und deren Familien). Fast die Hälfte der Stadtbevölkerung setzt sich nach den verwendeten Daten aus einer ,,neuen" Mittelschicht zusammen, die dem administrativen und sozialen Dienstleistungsbereich zuzurechnen ist. Es ist diese Schicht, die gegenüber der Mitte dieses Jahrhunderts ein gewaltiges Wachstum zu verzeichnen hat — die

Gründe wurden oben angesprochen. Gewachsen, wenn auch bei weitem nicht so stark wie die „neue“ ist auch die „traditionelle“ Mittelschicht, trotz der schon des öfteren erwähnten Krise des Handwerks. Hierbei eine Rolle spielen dürfte der Umstand, daß sich — wie erwähnt — ein Teil der vom Land stammenden Migranten in „selbständigen“ Tätigkeiten etabliert, die hier statistisch subsumiert sind, auch wenn sie nur äußerst geringe Einkommen ermöglichen. Der Anteil der städtischen Unterschichten ist dagegen eher leicht zurückgegangen, wenngleich die absoluten Zahlen stiegen. Zudem ist die Industriearbeiterschaft nach PAWELKA (1981:118) im Diagramm für 1950 unterrepräsentiert, was den anteilsmäßigen Rückgang noch vergrößert. Hierbei dürfte es sich aber weniger um eine wirkliche Tendenz als um Datenmängel handeln, die aus der unzureichenden statistischen Erfassung gerade der „marginalisierten“ Bevölkerungsteile resultieren (PAWELKA 1985:215). Besonders unter Berücksichtigung der oben skizzierten Effekte der Land-Stadt-Wanderung wäre eine reale anteilsmäßige Verringerung schwer erklärlich.

Eine besondere, mit dem bisher Gesagten nicht ganz vergleichbare Situation ist in den arabischen Ölstaaten mit ihrem hohen Anteil an ausländischer Bevölkerung gegeben. Zum einen treten hier die selbst in verschiedene Schichten zu differenzierenden Ausländer zur einheimischen Bevölkerung hinzu, zum zweiten ist aufgrund der Wohlfahrtstätigkeit des Staates die Situation der Unterschicht nicht so prekär wie in den ärmeren islamischen Staaten. Dies sei am Beispiel von Kuwait illustriert.

In der Vorerdölära lebten die Kuwaitis wie auch andere Golfanrainer vom Handel, von der Perlenfischerei, dem Bootsbau und Fischfang, Aktivitäten, die in eine Krise geraten waren, als in den 30er Jahren mit der Ölsuche begonnen wurde. Einige Oberschichtsfamilien kontrollierten zudem Dattelpflanzungen in benachbarten Oasen. Das Herrscherhaus der Sabah, das die Beziehungen zu den Beduinen der Umgebung aufrecht und damit die Handelswege über Land offenhielt, war wirtschaftlich wie politisch von einigen, der Oberschicht zuzurechnenden Händlerfamilien abhängig. Ende des 19. Jahrhunderts konnte dann der Scheich infolge britischer Unterstützung eine unabhängigere Position einnehmen und sich als absoluter Herrscher etablieren.

Den heutigen Gesellschaftsaufbau illustriert Abbildung 50, in der neben der Dimension „sozialer Status“ die Teilhabemöglichkeiten an politischem Einfluß und gesellschaftlichen Ressourcen Eingang gefunden haben. Dem politisch dominanten Herrscherhaus der Sabah-Familie schließt sich eine Oberschicht an, aus der sich u. a. die meisten kuwaitischen Minister rekrutieren. Sie setzt sich aus Familien der traditionellen Handelselite zusammen und aus Familien einer neuen wirtschaftlichen Elite. Aus dem Bereich der modernen Mittelschicht sind zudem einige Vertreter aufgrund ihrer Ausbildung als „Technokraten“ in Regierungsfunktionen in die Oberschicht aufgerückt. Die einheimische „Unterschicht“ wird großteils von — z. T. „naturalisierten“ (vgl. Kap. 6.1.2) — Beduinen mit niedrigem Bildungsniveau gebildet, die kaum in die kuwaitische Wirtschaft integriert sind und ihre Partizipationsmöglichkeiten oft nicht ausschöpfen.

Ausgeschlossen von politischer Partizipation wie von zahlreichen Sozialleistungen und so gegenüber den Einheimischen diskriminiert ist die ausländische Bevölkerungsmehrheit Kuwaits. In sich läßt sich dieser Bevölkerungsteil aufgrund von Merkmalen

Abb. 50: Modell der kuwaitischen Gesellschaftsstruktur

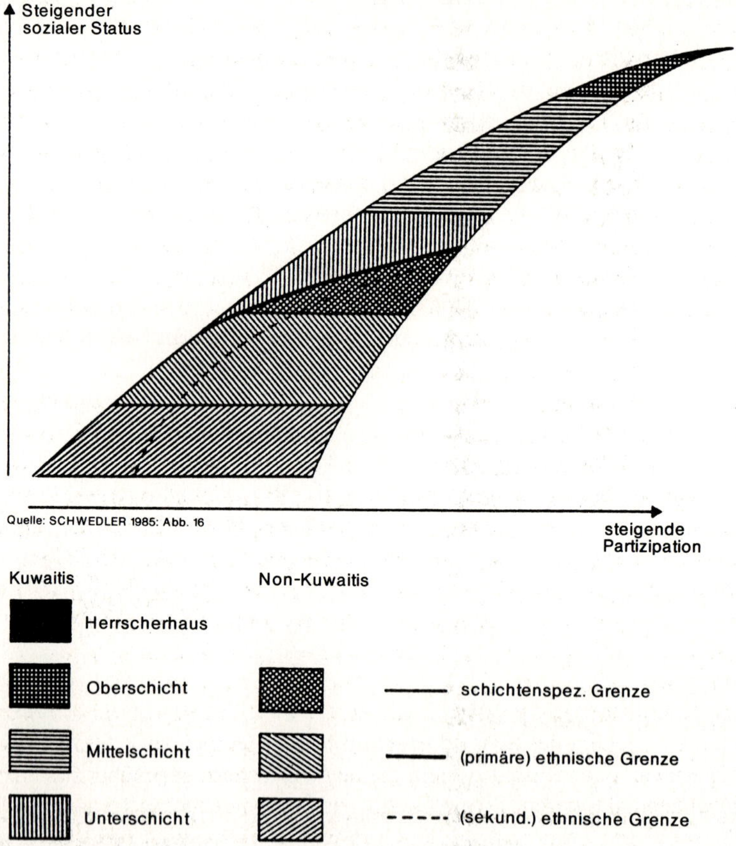

wie Einkommen, Berufstätigkeit und Ausbildung ebenfalls in Schichten gliedern; durch diese Schichten laufen aber Grenzen zwischen verschiedenen Nationalitäten, wobei vor allem die Grenze zwischen Arabern und Nichtarabern auch einen Einfluß auf die Teilhabemöglichkeiten besitzt (SCHWEDLER 1985:114—116; vgl. a. Kap. 6.1). Trotz einiger Abweichungen im Detail scheint dieses Modell in seiner Grundaussage auch auf die anderen arabischen Golfstaaten übertragbar (vgl. z. B. GABRIEL (Hg.) 1987).

Besonders in Bezug auf die konservativen arabischen Ölstaaten ergibt sich bei Verwendung solcher Schichtungsmodelle das Problem der Zuordnung der traditionell hoch angesehenen beduinischen Gruppen. Bei einem (eher traditionalistischen) Teil der Gesellschaft und oft in der Selbsteinschätzung hat sich diese Wertschätzung — die Zuweisung eines hohen sozialen Status — erhalten. In den Augen vieler erfuhr aber diese ganze Sozialkategorie eine kollektive Abwertung aufgrund ihres Bildungsmangels sowie ihrer Randposition in Bezug auf die ,,moderne" Gesellschaft und Wirtschaft (vgl. COLE 1981:146). Wo Nomaden sich außerhalb ihrer Viehwirtschaft engagieren wollen, bleiben ihnen in der Regel nur Beschäftigungsfelder, die mit einem vergleichsweise geringen sozialen Status verbunden sind (Kap. 4.3.4), auch wenn sie — und oftmals werden sie von den Regierungen darin unterstützt — Grundbesitz zu erwerben suchen und mehr oder minder seßhaft werden. Infolge der diversen staatlichen Unterstützungsmaßnahmen ist ihre wirtschaftliche Lage aber bei weitem nicht so prekär wie in manchem anderen Land des Islamischen Orients, wo nicht nur eine Verschlechterung der Lebensbedingungen stattgefunden hat, sondern die soziale Abwertung gesamtgesellschaftlich weiter vorangeschritten ist. Noch bestehen hier zwei Statussysteme nebeneinander, wobei in der Praxis aber mehr und mehr die ,,moderne" vor der ,,traditionellen" Einschätzung zum Tragen kommt.

,,Moderne" und ,,traditionelle" Denkmuster existieren nicht nur als Gegensätze wie im Fall des Sozialprestiges der Beduinen. Oft sind sie im Gegenteil eng miteinander verbunden, und das ,,Traditionelle", Überkommene durchdringt das ,,Moderne", d. h. das vor allem aus dem westlichen Kulturkreis Übernommene. Beispielsweise spielen Stammesloyalitäten und Klientelsysteme, die in Kapitel 4.3.2 in Bezug auf die Nomaden angesprochen wurden, als ,,traditionelle" Elemente selbst bei Rekrutierungsprozessen im modernen Sektor der Wirtschaft und im Staatsapparat eine Rolle. Schon oben wurde darauf verwiesen, daß ganze Belegschaften über Beziehungsnetze, die sich aus Herkunft und Verwandtschaft ergeben, zusammengesetzt werden. Auch der Staatsapparat stützt sich z. T. auf solche Bindungen, um seine Machtposition abzusichern. Das gilt für Staaten wie Syrien und Irak, in denen Schlüsselpositionen mit Personen aus der Herkunftsregion des Staatspräsidenten besetzt wurden (vgl. DAM 1980), ebenso, wie für Kuwait oder Saudi-Arabien, die den Herrschern gegenüber bestehende Stammesloyalitäten aktivieren. Selbst für Algerien weisen Untersuchungen die Bedeutung von Klientelbeziehunen nach, die in die Bürokratie hineinreichen (ROBERTS 1983). Daß diese Art von ,,Durchmischung" die Funktionsweise der Organisationen berührt, muß nicht gesondert betont werden.[17]

Das Gesagte macht deutlich, daß die Gesellschaften des Islamischen Orients auch unter der modernen wirtschaftlichen Entwicklung nicht ihre sozialen Strukturen — alt gegen neu — ausgetauscht haben. Neben den hier dargestellten Schichtungssystemen bleiben andere Strukturmuster und Gliederungsprinzipien, z. B. ethnischer oder religiöser Art, bestehen, auch wenn diese ihren Charakter ändern mögen. Die Bedeutung, die horizontale (Schichten) und vertikale (Religions-, Volksgruppen) Gliederungen erlangen können, wird besonders in Krisen deutlich, von denen über die Medien auch die europäische Öffentlichkeit erfährt (vgl. Kap. 7).

Anmerkungen zu Kapitel 6.2

1. Auch hierarchische Aspekte im Gesellschaftsmodell besitzen in der frühen islamischen Literatur Vorläufer, so wenn zwischen Männern des Schwertes, der Feder, Kaufleuten und Nahrungsproduzenten unterschieden wird.
2. Zensusergebnisse des Jahres 1966 aus Ägypten beispielsweise zeigen, daß ca. 60 % der Migranten aus einer Stadt in eine andere wanderten und knapp 34 % vom Lande in die Stadt. Die Wanderung zwischen Zielen im ländlichen Raum machte nur etwa 3 % aus, die aus der Stadt aufs Land ebenso (ABOU-AIANAH 1972/73:87).
3. In den Abwanderungsgebieten sind diese Altersklassen stark reduziert, und das Geschlechterverhältnis ist verschoben, was deutlich an graphischen Darstellungen ihres Altersaufbaus aufscheint. In den Zuwanderungsgebieten sind diese Klassen dagegen klar überrepräsentiert.
4. So wurde beispielsweise in Ägypten festgestellt, daß Zuwanderer aus dem Nildelta ganz überwiegend mit ihrem Familienanhang nach Kairo ziehen, so daß das Geschlechterverhältnis fast ausgeglichen ist. Bei Nubiern aus Oberägypten dagegen überwiegt der Männeranteil stark. Die Migranten kommen weitgehend als Einzelpersonen auf der Suche nach einem Arbeitsplatz. Auch bei längerer Tätigkeit des „Ernährers“ in der Stadt bleiben die Familien im Heimatdorf zurück (vgl. SCHAMP 1977:452 f.).
5. Die Geburtenziffern sind in den Städten fast immer erheblich geringer als auf dem Lande. In den 70er Jahren haben sich aber, soweit spärliche Vergleichszahlen dies erkennbar machen, die rohen Geburtenziffern, d. h. die auf die Gesamtbevölkerung bezogene Zahl der Geburten eines Jahres, im städtischen Bereich stärker erhöht als im ländlichen. Insgesamt geht die Erhöhung auf den wachsenden Anteil der jungen, sich fortpflanzenden Bevölkerung zurück. Die sich verringernden Unterschiede aber können zwei Ursachen besitzen, zum einen Unterschiede in der Veränderung des Altersaufbaus, was in den Städten zu einem stärkeren Anwachsen des Anteils der Kinder gebärenden Frauen führt, zum zweiten ein Fortpflanzungsverhalten in den Städten, das sich — im Durchschnitt (!) — ländlichen Gepflogenheiten annähert. Beides kann durch die beschriebene Land-Stadt-Wanderung hervorgerufen werden.

   Die Unterschiede in den Geburtenziffern lassen ein stärkeres natürliches Bevölkerungswachstum auf dem Lande erwarten. Dem wirkt jedoch zu einem gewissen Grade eine höhere Kindersterblichkeit der Landbevölkerung entgegen, eine Folge besserer medizinischer Versorgung, größerer Hygiene etc. in der Stadt als auf dem Lande. Diese differentielle Sterblichkeit reduziert die Zahl der Geborenen, die ins fortpflanzungsfähige Alter gelangen, auf dem Lande stärker als in der Stadt und verringert somit zukünftige Unterschiede des Bevölkerungswachstums beider Bereiche.

6. Von den erwachsenen Migranten, die PETERSEN (1971:564) in Kairo interviewte, waren 88 % aus ihrem Heimatdorf direkt nach Kairo gezogen, nur 7 % hatten vor ihrem Zuzug nicht in einem Dorf gelebt.
7. Dies trifft vor allem für die Maghrebstaaten zu, wo durch koloniale Politik den Einheimischen nur die Medinas als Wohnviertel offenstanden, aber auch für die Fälle, in denen die Neubautätigkeit mit dem Zustrom nicht Schritt halten konnte.
8. Für die Medina von Casablanca wird eine Bevölkerungsdichte von 1.290 Personen pro ha (1947) angegeben (Naissance du Prolétariat Marocain 1951:133). Für einige Altstadtbezirke Ankaras werden sogar 2.000 E/ha genannt (SEN 1972:28).
9. Daß Viertel ihren „vorläufigen" Charakter beibehalten, ist z. T. eine Frage von Eigentumsrechten, die eine feste Bausubstanz — ein Zeichen für die Etablierung der Bewohner in der Stadt — nicht zulassen, selbst wenn die Einkommenssituation der Bewohner dies möglich machte.
10. Für Marokko vgl. z. B. BARO et al. 1937; PLETSCH 1973 b. Für die Türkei siehe SEN 1972.
11. Zur sozialen Stellung der Frau in muslimischen Gesellschaften sind in den letzten Jahren zahlreiche Publikationen erschienen, z. T. auch von betroffenen Frauen selbst. Vgl. z. B. BOEHRINGER-ABDALLA 1987; EL SAADAWI 1980, HELLER 1979, 1988, aber auch verschiedene Beiträge in UTAS (Hg.) 1983. Vgl. aber auch FANON 1969. Kritisch mit dem im Westen gezeichneten Bild der „orientalischen", „islamischen" Frau, das heute oft an eurozentrischen Emanzipationsvorstellungen gemessen wird, setzt sich LUTZ 1989 auseinander.
12. Daß auch der „preußische"/deutsche Beamte nicht unbestechlich ist und die administrative Position auch bei uns als Pfründe genutzt wird, belegen zahlreiche, von den Medien aufgegriffene Beispiele. Die Konstruktion eines diametralen Gegensatzes zwischen Verwaltungen der westlichen Industrieländer und der Dritten Welt gilt auf diesem Gebiet vielleicht in der Theorie, nicht oder nur abgeschwächt aber in der Realität.
13. Der Anteil derjenigen, die eine höhere Schule oder eine Universität besuchen, ist allgemein in den letzten Jahrzehnten beträchtlich gestiegen, variiert aber von Land zu Land. Spitzenwerte erreichte er um 1985 in Jordanien (37 % — Zahl der Besucher höherer Schulen und Universitäten bezogen auf die Zahl der 20—24jährigen) und Ägypten (23 %). Auch Syrien (17 %) und Kuwait (16 %) weisen noch einen beträchtlichen Anteil auf, während er in den anderen Staaten zwischen 5 und 11 % variiert. Das Schlußlicht bildet Oman mit 1 % (Weltbank, Weltentwicklungsbericht 1988:318 f.).
14. Für Iran vgl. beispielsweise PLANCK 1979.
15. Für Kairo sei zudem auf die Rolle der Müllsammler verwiesen (MEYER 1987).
16. Zu einer ausführlichen Diskussion der Entwicklung in Ägypten vgl. PAWELKA 1985.
17. Dies heißt nicht, daß ähnliches nicht auch in westlichen Staaten auftritt. Stellensuche, die nur über Beziehungen Erfolg zu haben scheint, „Seilschaften", die einander helfen, in einflußreiche Positionen zu gelangen, Korruption nach dem Mot-

to „eine Hand wäscht die andere", d. h. persönliche Bindungen statt sachlicher Erwägungen, bestimmen häufiger als vielfach angenommen auch unsere Szene. Nur widersprechen sie unseren gesellschaftlichen Normen, nicht nur den Buchstaben von Gesetzen.

6.3 Ethnische und religiöse Differenzierung
(E. Ehlers, G. Stöber)

Bereits im Zusammenhang mit der für den Islamischen Orient oft beschworenen Trilogie von Bauer, Nomade und Städter wurde deutlich, daß wir es in dieser Region mit einer ausgeprägten ethnischen Differenzierung zu tun haben. Jeder, der längere Zeit im Orient geweilt hat, wird sich des Bewußtseins der Andersartigkeit beispielsweise der Iraner, Türken oder Araber gegenüber den anderen Völkern erinnern. Zu einem Gefühl der Überlegenheit des eigenen Volkes kommen besonders in der arabischen Welt, ausgeprägte Regionalismen hinzu: Maghrebiner, Palästinenser oder Levantiner sind nicht nur europäisch empfundene Nuancierungen des Arabertums. Wenn sich auch alle mehr oder weniger uneingeschränkt als Araber verstehen, so ist im Maghreb beispielsweise das berberische Bevölkerungselement in Sprache, Kleidung und sonstigen Sitten und Gebräuchen allenthalben präsent. Und wer wollte leugnen, daß Palästina oder die Levante immer schon enge Kontakte zu Europa und Europäern hatten und daß diese Kontakte Auswirkungen auf Mentalität, Bildungsstand und damit auch wirtschaftliche Führungsrollen der Levantiner oder der Palästinenser hätten. Bedenken müssen wir aber auch, daß z. B. der Ägypter umgangssprachlich mit *ʿarabī* nicht sich selbst als Araber, sondern den Nomaden schlechthin bezeichnet. So charakterisiert er mit dem Begriff *ʿarabī* — als Angehöriger eines seßhaften und über 5.000 Jahre alten Hochkulturvolkes — auch seine reichen libyschen oder saudischen Nachbarn und mißt sich damit selbst — bewußt oder unbewußt — eine aus der Geschichte heraus verständliche Sonderstellung zu.

Tatsache ist, daß sich die Iraner, Türken und Araber grundlegend unterscheiden. Die Iraner sind der großen Sprachfamilie der Indoeuropäer zuzuordnen. Diese Zugehörigkeit drückt sich auch in den anthropologischen Merkmalen der Iraner aus (vgl. dazu v. EICKSTEDT 1961), besonders aber in ihrer — das ist für die Zuordnung entscheidend — Kultur und Sprache. Wenn heute in Iran die arabische Schrift Anwendung findet, so ist dies lediglich ein Ergebnis der islamischen Eroberung im 7. nachchristlichen Jahrhundert. Die Sprache selbst weist viele unmittelbare Bezüge etwa auch zu den europäischen Sprachen auf.

Die Türken sind demgegenüber erst relativ junge Bewohner der Region des Islamischen Orients. Den zentralasiatischen Turkvölkern und auch den Mongolen anthropologisch verwandt, sind die Türken im 9. und 10. nachchristlichen Jahrhundert in diese Region vorgestoßen und haben sich — unter Führung der Dynastie der Seldschuken — in der Region des Islamischen Orients festgesetzt. Ihr heutiges Zentrum und Hauptverbreitungsgebiet, nämlich die Türkei, geht auf die Niederlassung der sog. Rum-Seldschuken im 10.—11. Jahrhundert in der Region von Konya zurück (vgl. Abb. 6). Hier vermischten sich die zentralasiatischen Eroberer mit den vorhandenen Bevölkerungsgruppen, so daß das Gros der heutigen türkischen Bevölkerung letzten Endes ein Bevölkerungsgemisch mit starken Anteilen einer indoeuropäischen Urbevölkerung (Hethiter, Kurden) sowie mediterranen Elementen ist. Auch für die Türken gilt, daß sie bis zu Beginn unseres Jahrhunderts die arabische Schrift benutzten. Erst die Moderni-

Tabelle 22: Ethnisch-sprachlich-religiöse Differenzierungen der Bevölkerung Irans (nach HIGGINS 1984)

Gruppe	Geschätzte Bevölkerungszahl (1977; in Tausend	Sprache	Religion
Perser	17.000	Persisch	Schiiten
Azeri	9.000	Azeri-Türkisch	Schiiten
Kurden	3.500	Kurdisch	Schiiten/Sunniten
Araber	600	Arabisch	Schiiten/Sunniten
Belutschen	600	Belutsch	Sunniten
Qashqai	400	Turk-Dialekt	Schiiten
Turkmenen	500	Turk-Dialekt	Sunniten
Bachhtiari	570	Bachtiari	Schiiten
Luren	500	Luri	Schiiten
Armenier	270	Armenisch	Christen
Assyrer	32	Assyrisch	Christen
Juden	85	Persisch	Juden
Zoroastrer	36	Persisch	Zoroastrisch
Bahāᶜī	300	Persisch	Bahāᶜī

sierungstendenzen unter Kemal Pasha, genannte Atatürk, haben nach dem Ende des Osmanischen Reiches zur Übernahme der europäischen Schrift geführt — ein Wandel, der heute noch nicht von allen Teilen der Bevölkerung akzeptiert ist, die Türken aber doch tiefgreifend von den übrigen Muslimen unterscheidet.

Das zweifellos am längsten in dieser Region ansässige Bevölkerungselement aber sind die Araber. Zur großen Sprachfamilie der Semiten gehörig, sind sie aller Wahrscheinlichkeit nach bereits im 3. vorchristlichen Jahrtausend aus ihrem Kernraum, der Arabischen Halbinsel, in den nördlichen Bereich des heutigen Palästina, Syrien und Mesopotamien eingewandert und haben sich, wie oben dargestellt, von hier aus mit der Ausweitung des Islam seit dem 7. Jahrhundert auch nach Nordafrika und in die anderen Gebiete des *dār al-islām* ausgebreitet. Während heute unter dem Begriff „Araber" vorzugsweise jene Bevölkerungen verstanden werden, die Bewohner der Arabischen Halbinsel sind oder aber, in einem weiteren Sinne, alle jene, die Arabisch als Muttersprache sprechen, so muß doch darauf hingewiesen werden, daß die so definierten Araber mit historischen Völkerschaften wie den Akkadern, Kannaanäern oder auch Aramäern sprachlich verwandt sind. Sie alle gehörten und gehören zur semitischen Sprachfamilie. Auch die Juden sind — wie allgemein bekannt — den Semiten zuzurechnen und stehen damit den Arabern näher als man gemeinhin und aufgrund der Jahrtausende währenden eigenständigen Geschichte denken möchte.

Die grob skizzierte Differenzierung der Bevölkerung des Islamischen Orients in die Gruppe der iranischen, türkischen und arabischen Völker ist für die Realität solange problemlos, als wir sie nicht in politische Grenzen einzuordnen suchen. Es gibt mit

Tabelle 23: Religionsgemeinschaften in Staaten des Nahen Ostens (in Tsd.)

	Türkei	Syrien	Libanon	Jordanien	Israel[1]
Sunniten	45.000	6.500	580	3.000	450
Schiiten	300	1.200	750	90	50
Drusen	—	200	150	10	45
Alawiten	30	650	10	—	—
Armenisch-Orthodox	65	140	156	12	6
Syrisch-Orthodox	35	85	30	15	4
Griechisch-Orthodox	37	220	215	45	18
Armen.-Katholisch	10	24	55	8	6
Syrisch-Katholisch	1	22	15	5	20
Maroniten	1	20	485	—	3
Melkiten (Griech.-Kath.)	1	68	188	28	40
Juden	38	4	4	—	3.300

[1] einschließlich Ost-Jerusalem

Quelle: RUPPERT 1983

Ausnahme der Kernräume der arabischen Welt kaum eine Region des Islamischen Orients, in der nicht mindestens zwei dieser oder auch anderer Völker (wie z. B. Berber) in einem Staatsgebiet zusammengefaßt sind. Als ein Musterbeispiel für ein solches Völkergemisch kann Iran als ein typisches Durchgangsland zwischen West und Ost, Norrd und Süd gelten. Wie die Tabelle 22 zeigt, sind neben den Indoeuropäern (beispielsweise Perser und Kurden) beachtliche Minderheiten arabischen bzw. turkvölkischen Ursprungs (z. B. Turkmenen) im Lande vertreten. Aber nicht nur ihre zahlenmäßige Präsenz, sondern auch ihre Siedlungsgebiete an den Grenzen des Landes und in unmittelbarer Nachbarschaft zu den jeweiligen Kernräumen der anderen Gruppen machen dieses Völkergemisch innerhalb eines Landes politisch höchst brisant, worauf noch einzugehen sein wird.

Die Tabelle macht aber auch deutlich, daß es weniger die großen „Völker-" oder Sprachfamilien sind, die im realen Leben bedeutsam werden, als Untergruppen, die sich als eigenständige Einheiten fühlen: Kurden, Belutschen, Bachtiari, Luren neben den Persern als „Indoeuropäern", Azeri, Qashqai, Turkmenen als Türken etc. Und drittens zeigt die Tabelle, daß neben ethnischen Gruppen auch Gruppen eine Rolle spielen, die sich auch oder nur über ihre Religion definieren.

Abgesehen von den Zoroastrern, z. T. auch als Parsen bekannt, die als Vertreter der vorislamischen Staatsreligion Persiens zu gelten haben, und den *Bahā'ī*, den Anhängern einer im 19. Jahrhundert in Persien gestifteten neuen Religion, finden sich die in Tabelle 22 aufgeführten Religionen auch in Tabelle 23 wieder. Diese verdeutlicht, daß die großen Religionen, der Islam und vor allem auch das nahöstliche Christentum, in zahlreiche verschiedene Bekenntnisse aufgesplittert sind.

Auf die Glaubensrichtungen des Islam wurde bereits in Kapitel 2.2 verwiesen (vgl. Übersicht 1). Die Drusen, die sich in Ägypten zu Anfang des 11. Jahrhunderts vom ismailitischen Zweig der Schia absonderten, leben heute vor allem in Teilen Syriens und im Libanon. Sie wie auch die Alawiten, deren Lehren sich zwischen dem 8. und 11. Jahrhundert herausbildeten, gelten vielen Muslimen nicht als echte Bekenner des Islam.

Im Christentum geht die Differenzierung in verschiedene Kirchen auf teilweise sehr frühe Entwicklungen innerhalb der Christenheit zurück. Im Zuge der Ausbreitung dieser Religion bildeten sich schon in den ersten Jahrhunderten in verschiedenen Regionen religiöse Zentren mit unterschiedlichem sprachlichen und kulturellen Hintergrund heraus, die sich dadurch auch in ihrer Liturgie und ihrer Kirchensprache unterschieden. Zu einer Aufspaltung in getrennte Kirchen kam es im — auch machtpolitisch beeinflußten — Streit über theologische Fragen, so nach der Natur Christi, wo einzelne Gruppen der in Konzilen festgelegten Lehrmeinung der Reichskirche nicht folgten. Zudem wurde im Jahre 1054 aus eher politischen Motiven eine Trennung zwischen der oströmischen, ,,orthodoxen", und der weströmischen, ,,katholischen", Kirche vollzogen. Im Gegenzug zu diesen Aufspaltungstendenzen wurden aber immer wieder Versuche zur Einigung, d. h. Unterordnung unter den ,,Stuhl Petri", in die Wege geleitet. Bis auf den Fall der Maroniten waren diese Versuche nur teilweise erfolgreich, so daß sich von den einzelnen orthodoxen Kirchen papsttreue ,,katholische" Zweige abspalteten und mit der römischen Kirche ,,unierten", wobei sie ihre liturgischen Formen aber beibehielten. Durch Missionstätigkeit seit dem 19. Jahrhundert, vor allem durch Briten und Amerikaner, ist es zudem zur Bildung verschiedener protestantischer Gemeinden gekommen.

Die christliche Kirche, der im Islamischen Orient die meisten Gläubigen angehören, ist die koptische Kirche Ägyptens (in Tabelle 23 nicht angeführt). Nach unterschiedlichen Angaben zählen sich heute 3,5—7,6 Mio. Menschen zu ihren Mitgliedern. Nach der Eroberung des christlichen Ägypten durch die Araber wurde die Bevölkerung allmählich arabisiert. In der Folge verlor die koptische Kirche einen wachsenden Anteil ihrer Gläubigen an den Islam, ein Prozeß, der heute noch andauert und der sie gegenüber den Muslimen in eine Minderheitenposition brachte.

Die koptische Kirche spaltete sich nach dem Konzil von Kalchedon (451 n. Chr.) als ,,Monophysiten", die Christus nur eine Natur (gottmenschlich), nicht zwei unvermischte aber unzertrennliche (Mensch **und** Gott) zubilligten, von der Reichskirche ab. Ein Teil der Gläubigen aber akzeptierte die Ergebnisse des Konzils. Sie blieben als ,,griechisch-orthodoxe" Christen der Reichskirche verbunden. In Ägypten war und ist deren Anzahl im Vergleich zu den Kopten gering. Eine größere Bedeutung besitzen sie in Syrien und im Libanon (vgl. Tab. 23). Die griechisch-orthodoxe Kirche paßte sich hier sehr schnell der islamischen Umgebung an, und schon bald wurde Arabisch auch die Sprache des Gottesdienstes. Wenn sie auch während der Kreuzzüge die Kreuzfahrer unterstützten, entwickelten sie später doch ein starkes arabisches Bewußtsein. Unter den griechisch-orthodoxen Christen entstand im Libanon zu Beginn des 18. Jahrhunderts eine Bewegung, die bei Beibehaltung ihres byzantinischen Ritus die Wiedervereinigung mit der römischen Kirche vollzog. Diese sind als

„griechisch-katholische" Christen bekannt. Auch die Bezeichnung „Melkiten" (die „Kaiserlichen"), die wohl den Gegensatz der griechischen von den „abgefallenen" monophysitischen Kirchen ausdrückt, wird meist auf sie bezogen.

Neben den Kopten existieren weitere monophysitische Kirchen, die armenisch- und die syrisch-orthodoxe. Die armenisch-orthodoxe Kirche, auch armenisch-apostolische oder gregorianische Kirche genannt, besaß ihren Schwerpunkt im armenischen Bereich, und ihre heutige Bedeutung im Libanon und in Syrien geht weitgehend auf die Flucht und Vertreibung armenischer Christen aus ihrer Heimat zurück (s. u.). In Jerusalem jedoch besteht seit dem Jahre 1311 ein Patriarchat, dem die Grabeskirche untersteht. Auch ein Zweig der armenischen Kirche — die armenisch-katholische — unierte mit Rom. Im Gegensatz zur armenischen ist die syrisch-orthodoxe oder „jakobitische" Kirche in Syrien entstanden. Nach der Eroberung durch die Muslime wurden die Gläubigen arabisiert, und der westsyrische Dialekt blieb nur als Kirchensprache erhalten. Auch diese Kirche weist einen kleineren katholischen Zweig auf.

Schon früher als die Monophysiten, nach dem Konzil von Ephesus im Jahre 431, trennte sich die assyrische Ostkirche („Nestorianer") von der herrschenden Lehre. (Hier war die Position des Nestorius verworfen worden, die eine noch stärkere Gegenposition zu den Monophysiten bezog als die orthodoxe Lehre und in Christus nicht nur zwei Naturen, sondern zwei Personen unterscheiden wollte). In Byzanz verfolgt, entwickelten die assyrischen Christen eine starke Missionstätigkeit nach Osten, wo sie freiere Bewegungsmöglichkeiten besaßen (vgl. Abb. 4). Im 14. Jahrhundert setzten jedoch Verfall und Verfolgung ein, vor der Überlebende nach Kurdistan flohen. Vor Verfolgungen im ersten Weltkrieg wanderte der überwiegende Teil nach Persien und Irak aus, aber auch nach Übersee. Ein Teil, die Chaldäer, unierte mit der Papstkirche. Während die assyrischen Christen die Sprache ihrer Umgebung als Umgangssprache benutzen, verwenden sie als Kirchensprache weiterhin Aramäisch.

Die einzige Ostkirche, die vollständig und schon früh (1182 n. Chr.) mit der römisch-katholischen unierte, ist die maronitische. Diese entstand etwa zur Zeit der islamischen Eroberung auf syrischem Boden. Ihre Anhänger zogen sich jedoch bald in das libanesische Bergland zurück, wo sie eine gewisse Selbständigkeit bewahren konnten. Heute stellen die Maroniten die bedeutendste christliche Glaubensgemeinschaft des Libanon dar (s. u.). Auch aufgrund ihrer Verbindungen zu Rom unterhalten sie seit langem recht enge Beziehungen zum Westen — mehr als die anderen Kirchen. Dies hat sich auch auf die wirtschaftliche (vgl. WIRTH 1965) wie jüngere politische Entwicklung ausgewirkt.

Auch die älteste der drei im Vorderen Orient entstandenen Weltreligionen, das Judentum, ist kein monolithischer Block. Zum einen haben sich verschiedene Grade der Strenggläubigkeit herausgebildet, zum anderen hat die Geschichte der Juden, gekennzeichnet durch Auswanderung und Verfolgung, infolge der räumlichen Trennung zu Auseinanderentwicklungen geführt. Genannt seien nur die Sefardim, Juden, die sich nach der Reconquista und der anschließenden Judenvertreibung und -verfolgung in anderen Teilen des Islamischen Orients (wo auch andere jüdische Gemeinden existierten), aber auch in Europa niederließen sowie die Aschkenasim, die nach Pogromen in Deutschland großteils nach Osteuropa zogen. Für das Judentum in unserem Raum ist vor allem die Gründung des Staates Israel von Bedeutung (auch wenn Israel in diesem Band weitgehend unberücksichtigt bleibt), da sich das Zusammenleben von Muslimen und Juden nach der Gründung des Staates und den verschiedenen Kriegshandlungen sehr verschlechterte und die Juden zu einem großen Teil nach Israel auswanderten. Dort trafen die orientalischen Juden auf Einwanderer aus Westeuropa und Amerika, aber auch auf solche aus Osteuropa (und heute auch auf äthiopische Juden, *Falaschas*, deren Anerkennung nicht unumstritten ist), eine weniger religiös als aufgrund der sozio-ökonomischen Voraussetzungen problematische Mischung (vgl. MAIER 1988; LEWIS 1985, 1989).

Wie kaum an einem anderen Ort der Erde läßt sich das Neben- und Miteinander dieser drei großen Religionen, Judentum, Christentum und Islam, auch räumlich lokalisieren: Jerusalem. Diese für Juden wie Christen religiös wie historisch äußerst bedeutsame Stadt, erfährt 638 durch die Eroberung durch den Kalifen ᶜUmar ihre heutige Stellung auch als Sitz wichtiger religiöser Einrichtungen der islamischen Glaubensgemeinschaft. Der wenige Jahrzehnte nach der Eroberung begonnene Bau des Felsendoms, einem der heiligsten Sakralbauten der islamischen Welt, unmittelbar über den heute wieder freigelegten Fundamenten des salomonischen Tempels der Juden und in unmittelbarer Nachbarschaft zu wichtigen Wirkungsstätten und dem Sterbeort von Jesus Christus manifestiert die religiöse und kulturgeschichtliche Sonderstellung dieser Stadt. So war Jerusalem nicht nur in der Vergangenheit Konfliktraum für den Gegensatz zwischen Juden und Christen, sondern seit dem 11. Jahrhundert auch Anlaß für offen ausbrechende Konflikte zwischen Christentum und Islam. Die ebenso erbarmungslosen wie grausamen Auseinandersetzungen im Gefolge der Kreuzzüge, deren Ziel die heiligen Stätten des Christentums und ihre „Befreiung" von den heidnischen „Mauren" war (vgl. dazu MAYER 1965), haben eine bis heute bleibende Wunde zwischen den großen Religionen geschaffen.

In Kapitel 6 wurde eine große Zahl unterschiedlicher Gruppierungen angesprochen: Stadt- und Landbevölkerung, Berufskategorien, Klassen, Schichten, ethnische Gruppen und Religionsgemeinschaften. Es sind immer dieselben Individuen, die mal unter diesem, mal unter jenem Aspekt betrachtet und einer Gruppierung zugeordnet wurden. Z. T. handelt es sich hierbei um Sozialkategorien, rein statistische Zuordnungen, die zwar soziologisch von Bedeutung sein mögen, bei denen aber unter den Individuen kein Gruppenbewußtsein besteht. Die Klassifizierungen nach dem Wohnort (Stadt/Land) oder nach der Berufskategorie sind hierfür Beispiele. Auch die Zugehörigkeit zu einer Klasse im oben angegebenen Sinne mag objektiv gegeben sein, ohne daß ein „Klassenbewußtsein" existiert. Andere Gruppierungen lassen sich „objektiv", d. h. aufgrund eines oder mehrerer unabhängig von der individuellen Einschätzung erfaßbarer Merkmale, nicht bilden. Entscheidend ist hier die eigene Zuordnung oder die Zuweisung der Gruppenzugehörigkeit durch andere, wobei durchaus bestimmte Merkmale von den Betroffenen als charakteristisch angesehen werden können, aber dennoch nicht eindeutig faßbar, unbestritten und real zwingend sein müssen. Ethnische Gruppen sind ein wichtiges Beispiel hierfür. Da solche Gruppen sehr komplex sind, gehören die Mitglieder gemeinsam verschieden definierbaren (sowohl in Art wie Spezifizierungsgrad) Gruppierungen an, und es kann von zahlreichen Faktoren abhängen, welcher dieser Gruppierungen in einem gegebenen Zusammenhang eine Rolle zugedacht wird, ob beispielsweise ein saudischer Beduine sich als Angehöriger eines Stammes (gegenüber anderen Stämmen), als Beduine (gegenüber Seßhaften), als Araber oder als Angehöriger seines Staatswesens begreift, oder ob er sich als Muslim, Sunnit oder Vertreter einer der Glaubensrichtungen oder Rechtsschulen versteht. Bei einer Abgrenzung von einer anderen Gruppe sind oftmals mehrere Möglichkeiten gegeben, eine solche (soziale) Grenze zu definieren, was vor allem im Konfliktfall bedeutend wird, bestimmt die Grenzziehung doch den Charakter der Konflikte mit, ohne jedoch hiermit die Ursachen zu erfassen. Dies soll im folgenden deutlicher werden.

7. Der Islamische Orient als Konfliktraum

(G. Stöber)

Krisensituationen im Islamischen Orient bieten in der Gegenwart reichlich Stoff für Pressemeldungen und Hintergrundberichte in Funk und Fernsehen: Der Libanonkonflikt, der irakisch-iranische Krieg, das Kurdenproblem, aber auch ,,Hungerrevolten" in zahlreichen Staaten unseres Raumes. Vor allem aber erscheint das Erstarken eines ,,fundamentalistischen" Islam als Bedrohung des internationalen Friedens wie einer stabilen internen Entwicklung.

In den verschiedenen Konflikten stehen ganz unterschiedliche Gruppierungen gegeneinander: zwei oder mehrere Staaten, der staatliche Machtapparat gegen einen Teil der Bevölkerung, sei es eine ethnische oder religiöse Minderheit oder eine soziale Schicht, oder aber verschiedene solcher Gruppen innerhalb eines Staates. Zudem ist der Islamische Orient eingebettet in die weltweiten internationalen Spannungsfelder, den ,,Ost-West-,, und den ,,Nord-Süd-Gegensatz". So spielen selbst in interne Konflikte Großmacht- und großräumliche Machtinteressen hinein und internationalisieren Spannungen, die entlang kleinräumiger Konfliktlinien entstanden sein mögen.

Eng verbunden sind solche Auseinandersetzungen mit Faktoren, die in den vorausgegangenen Kapiteln dargelegt wurden und die die Randbedingungen und Ursachen liefern: die horizontale und vertikale Gliederung der Gesellschaft ebenso wie die wirtschaftlichen Verhältnisse — die interne Verwendung von Ressourcen wie auch deren internationale Aneignung.

Der internationale Aspekt kann hier nur insoweit Berücksichtigung finden, wie er interne Auseinandersetzungen beeinflußt. Denn es geht im Rahmen dieser kulturgeographischen Einführung nicht um eine politologische Analyse internationaler Konflikte, sondern um Spannungen, in denen sich die Widersacher mit Rückgriff auf die eigene kulturelle Tradition bestimmen, auch wenn, wie zu zeigen sein wird, ,,alte" Formen nicht über neue Inhalte hinwegtäuschen dürfen. Dies gilt besonders für die bei uns als ,,Rückfall ins Mittelalter" eingestuften ethnisch-religiösen Konflikte wie für die ideologische Rolle, die der Islam heute oftmals übernimmt.

7.1 ,,Ethnische" und ,,religiöse" Konflikte

Während religiöse Gegensätze zwischen Juden, Christen und Muslimen auch in der Vergangenheit häufig mit Konflikten verbunden waren, spielten umfassende ethnische Kategorien wie Araber, Türken, Kurden oder Berber früher im Selbstverständnis nur eine vergleichsweise geringe Rolle, auch im Falle von Auseinandersetzungen. Es waren nicht solch große, für den Einzelnen kaum erfahrbare Einheiten, denen man sich verbunden fühlte, sondern Familien, Sippen, Stämme, seinem Viertel oder vielleicht seiner Stadt. Dies änderte sich im 19. und frühen 20. Jahrhundert, als der Nationenbegriff — auf sprachlicher Grundlage — auch im islamischen Raum Eingang und Verwendung fand. So wurde im auseinanderfallenden Osmanenreich gerade auch der Mangel an (nationaler) Einheit des Reiches als Grund für die Überlegenheit der nationalstaatlich auftretenden europäischen Mächte angesehen und eine Homogenisierungspolitik eingeleitet.[1] Ein Denken in diesen Kategorien kam in erster Linie in Zirkeln der städtischen Intelligenz auf, als sich in den Städten Ansätze zu einer „neuen Mittelschicht" herauszubilden begannen. In den Unterschichten und auf dem Lande hatte diese Stämme- und Regionen-übergreifende Kategorie nur beschränkten Einfluß: Während sich so der Widerstand gegen das europäische Vordringen auf der einen Seite beispielsweise als „arabischer" Widerstand verstand, griff der überwiegende Teil der Bevölkerung zu einer anderen Abgrenzung: Die Kolonisatoren waren nicht nur Europäer (Briten, Franzosen), sie waren auch „Ungläubige". Als Kampf des Islam gegen den Unglauben geführte antikoloniale Auseinandersetzungen finden sich beispielsweise im Mahdi-Aufstand im Sudan (1881—83), der von den Briten erst 1898 endgültig niedergeschlagen werden konnte.

Die religiöse Definition des Gegners wird jedoch dann schwieriger, wenn beide der gleichen Religion angehören, sei es, daß sich orientalische Christen gegen die Kolonialmächte wendeten, sei es, daß Differenzen unter den Muslimen entstanden. So hatten libanesische Christen einen hohen Anteil an der Formulierung eines arabischen Nationalismus — dies aber auch, um Gräben innerhalb der Bevölkerung, die sich infolge eines religiös definierten Selbstverständnisses auftaten, zu überbrücken und zuzuschütten. Und gegen den Nationalismus der Jungtürken nach dem Zerfall des Osmanenreiches bildete sich in den arabischen Anrainerstaaten eine panarabische Front (vgl. z. B. RODINSON 1981).

Auch innerhalb der Grenzen der neuen Staatsgebilde bahnten sich Konflikte an zwischen dem seine Kontrollmöglichkeiten ausweitenden zentralen Machtapparat und bisher in der Realität nicht selten semi-autonomen peripheren Regionen, wo sich oftmals ethnische oder religiöse Minoritäten gehalten hatten, oder zwischen verschiedenen Gruppen im Kampf um Einfluß und Macht. Diese Gruppen definierten sich, je nachdem wie sich die eigene Einheit herstellen und ein Gegensatz ausdrücken ließ, mal ethnisch, mal religiös oder „ethnisch-religiös", wo beide Ebenen miteinander verschmolzen. Die folgenden Beispiele sollen Aspekte dieser Konflikte veranschaulichen.

7.1.1 Zentralstaat und ethnisch-religiöse Minoritäten

Die Grundlage für „ethnisch-religiöse" Konflikte zwischen Zentralstaat und einer sich als Minorität empfindenden Bevölkerung ist überall dort vorhanden, wo — wie in Kapitel 6.3 angesprochen — in einem Staatsgebilde neben der staatstragenden „Nation" oder einer „Staatsreligion" Gruppen existieren, die sich als nicht zugehörig begreifen oder ausgeschlossen werden. Solche Bedingungen sind in allen Staaten des Islamischen Orients gegeben, freilich bisher nicht überall mit größeren Konflikten verbunden. Jeweils mehrere Staaten sind vor allem vom Kurdenkonflikt, aber potentiell auch vom „Berberproblem" betroffen.

Schon oben wurde angeführt, daß die Araber bei der Eroberung des Maghreb auf eine einheimische Bevölkerung, berberische Stammesgruppen, trafen (vgl. POPP 1990). Diese nahmen im Laufe der Zeit den Islam an und wurden z. T. arabisiert. Heute lassen sich Berber nur über ihre Sprache definieren. Eine Berbersprache verwenden noch heute beispielsweise die Rifkabylen (aber auch die Bewohner der Atlasgebirge) Marokkos, die Bewohner der Kabyleien Algeriens, die Einwohner von Matmata und der Insel Djerba in Tunesien oder die Tuareg. Die verschiedenen berbersprachigen Gruppen besaßen kaum eine gemeinsame Identität (auch die verschiedenen Sprachen sind wechselseitig nicht verständlich). Immerhin machten die Franzosen, die das Kolonisationsunternehmen wissenschaftlich begleiteten, bedeutende kulturelle Unterschiede zwischen den „Berbern" und (weitgehend städtischen) „Arabern" aus, die zur Grundlage der „Eingeborenenpolitik" gemacht werden sollten. In Marokko legte der berüchtigte „Berbererlaß" vom Jahre 1930 fest, daß die Berber nicht wie die Araber dem islamischen Recht, sondern ihrem Gewohnheitsrecht unterliegen sollten. Von den Einheimischen wurde dieser Erlaß als Mittel der Franzosen angesehen, die marokkanische Bevölkerung zu spalten (und die Berber im Laufe der Zeit zu christianisieren). Die einsetzende Unabhängigkeitsbewegung betonte daher die Einheit der Marokkaner und den Islam als Quelle dieser Einheit. Wenn diese Argumentation auch weitgehend von der städtischen Intelligenz ausging, verstärkte die Spaltungspolitik bei der eine Berbersprache benutzenden Bevölkerung doch das Ausmaß der Arabisierung, ein Zeichen für den Fehlschlag dieser Maßnahme und den wahren Verlauf der Konfliktlinien im Maghreb.

In Algerien hatten die Franzosen eine ähnliche Unterscheidung vorgenommen wie in Marokko. Hier — vor allem in der Kabylei — kam es jedoch seit der Unabhängigkeit zur Herausbildung einer „berberischen Identität", dies als Reaktion auf eine Arabisierungspolitik, durch die die Regierung nicht nur das Französische als Sprache der Kolonialherren zurückdrängen, sondern gleichermaßen auch die lokalen Sprachen, sei es Algerisch-Arabisch, seien es Berbersprachen, durch eine modernisierte Form des Hocharabisch ersetzen will. Der „algerischen Nation" wird ein islamischer und arabischer Charakter zugeschrieben; beide Aspekte werden — z. T. sicherlich als Entgegenkommen an eine (laut-)starke islamistische Bewegung (s. u.) in entsprechenden Maßnahmen umzusetzen versucht. Zur Bewußtseinsbildung der Gegenseite trug wesentlich das Engagement von Intellektuellen bei, von der Regierung, die eine Förderung des Regionalismus fürchtete, mit äußerstem Mißtrauen beobachtet. Verstärkter staatlicher Druck (Verbot des Vortrags alter Berbergedichte) führte 1980 zu gewalttätigen Unruhen, bei denen auch Tote zu beklagen waren. (Inzwischen ist eine gewisse Öffnung erkennbar geworden.) Die Berberbewegung vertritt aber keine separatistischen oder autonomistischen Tendenzen. Vielmehr geht es ihren Vertretern überwiegend um eine Förderung der Volkskultur und die eigene kulturelle Tradition (auch die algerisch-arabische) im Gegensatz zu — oder zumindest neben — der als fremd und aufoktroyiert empfundenen klassisch-arabischen Tradition. Sie besitzt also am ehesten eine gegen den Panarabismus/Panislamismus gerichtete Stoßrichtung (vgl. CLAUSEN 1984; MELASUO 1988).

Verlangen nach Autonomie und Eigenstaatlichkeit verschärfen dagegen den z. Z. bedeutendsten ethnischen Konflikt im Raum des Islamischen Orients: das Kurdenproblem. Das von Kurden, die eine dem Persischen nahe verwandte Sprache sprechen, besiedelte Gebiet, Kurdistan, umfaßt den größten Teil der Osttürkei, Gebiete entlang der iranischen Nordwestgrenze, Nordirak sowie einen Zipfel in Nordostsyrien. Einige kurdische Gruppen leben zudem auch in der UdSSR, Auswanderer und in andere Teile ihrer Heimatländer umgesiedelte Kurden nicht gerechnet. Die Anzahl der Kurden wird mit 15—16 Mio. Menschen angegeben, von Kurden selbst auch weit höher; davon lebt etwa die Hälfte in der Türkei und ein Fünftel bis ein Viertel in Irak bzw. Iran. Im Grenzraum zwischen dem Osmanenreich und Persien angesiedelt, versuchten lange Zeit die Führer der verschiedenen kurdischen Stämme und deren stammesinterne und -externe Rivalen, in ihren (innerkurdischen) Konflikten die Feindschaft beider Reiche auszunutzen, indem sie sich mal diesem, mal jenem Oberherrn unterstellten und dafür Hilfe gegen ihre Widersacher erwarteten. Aber auch Sultan und Schah spielten die unterschiedlichen Parteiungen gegeneinander aus — die übliche Methode, die Interessen der Zentralregierung in weitgehend autonomen Gebieten wahrzunehmen. Von einem Zusammengehörigkeitsgefühl der Kurden, von einer „kurdischen Identität", kann nur sehr begrenzt gesprochen werden. Verbunden fühlte man sich seinem Stamm und seinem Führer. Stämmeübergreifende Aktionen konnten nur religiöse Führer auslösen gegen im gleichen Siedlungsraum lebende Christen[2] wie gegen die Staatsgewalt. Deren Einfluß wurde seit dem Ende des 19. Jahrhunderts verstärkt spürbar und trat in Persien als schiitisch-türkisch den meist sunnitischen Kurden gegenüber. In der Türkei ist zwar auch das Staatsvolk sunnitisch, gehört aber einer anderen Rechtsschule an.[3]

In diesen Auseinandersetzungen spielte eine religiöse Komponente bei der Abgrenzung von Feind und Freund eine gewichtige Rolle, zudem entstand aber auch ein gewisses Zusammengehörigkeitsgefühl als Kurden. Ein kurdischer Nationalismus, der ein eigenes kurdisches Staatswesen forderte, bildete sich jedoch in größerem Umfang erst in Kreisen einer städtischen Mittelschicht im 20. Jahrhundert heraus, auch als Reaktion auf die Nationalbewegungen unter den „Staatsvölkern" ihrer Heimatländer.

Als am Ende des erste Weltkrieges das Osmanenreich zerfiel, schienen Chancen für eine Verwirklichung der Eigenstaatlichkeit gegeben: Im Vertrag von Sèvres (1920), dem nicht ratifizierten Friedensvertrag des Osmanenreiches, war die Einrichtung eines autonomen Kurdistan ins Auge gefaßt worden. Der — endgültige — Friedensvertrag von Lausanne (1923), der Juden und christlichen Minoritäten Minderheitenrechte garantiert, erwähnt die Kurden aber nicht mehr.[4] Auch in der Staatsideologie der Türkei, die einigend nach innen, abgrenzend nach außen wirken sollte, blieb kein Platz für ein nicht-türkisches Volk auf türkischem Boden. Zudem wuchsen überall die Machtmittel des Zentralstaates, so daß die bisher faktisch vorhandene weitgehende Autonomie mehr und mehr reduziert wurde und regelrechter Unterdrückung Platz machte. Dies verstärkte im Gegenzug die nationalistischen Tendenzen bei den Kurden.

Nach dem zweiten Weltkrieg konnte in Iran zeitweilig ein separatistisches kurdisches Staatswesen ausgerufen werden — die Republik von Mahabad (Jan.—Dez. 1946). Überwiegend mußten sich aber kurdische Parteien auf Untergrundarbeit zurückziehen; es entstanden Widerstandsorganisationen, die in den Grenzgebieten operierten. Diese konnten sich zeitweise der Unterstützung des jeweiligen Nachbarstaates „erfreuen": Im Zuge von Auseinandersetzungen zwischen Iran und Irak unterstützte die iranische Regierung irakische Kurden und umgekehrt. Sobald aber Konflikte — über die Köpfe der Kurden hinweg — bereinigt waren, waren solche als Druckmittel eingegangenen Allianzen hinfällig.

Dem Untergrundkampf begegnen die Zentralregierungen mit massiver Gewalt: Der von irakischer Seite unternommene Einsatz chemischer Kampfstoffe gegen die kurdische Zivilbevölkerung im Jahre 1988 und die verschiedenen Umsiedlungsmaßnahmen sind noch gut in Erinnerung. Aber auch die Türkei und Iran gehen hart gegen Widerstandgruppen wie gegen Regungen kurdischen Bewußtseins vor.

In der Türkei wird den Kurden jeder Minoritätenstatus verweigert, der anderen — zahlenmäßig geringen — religiösen oder sprachlichen Minderheiten gewährt wird (vgl. GÜRGENARAZILI 1989). Der Gebrauch der kurdischen Sprache in der Öffentlichkeit beispielsweise oder das Tragen kurdischer Tracht ist verboten und wird streng bestraft. Das Ziel ist eine vollständige Turkifizierung der „Bergtürken", die mittels einer abenteuerlichen Geschichtskonstruktion als nahe Verwandte der türkischen Einwanderer des 11. Jahrhunderts dargestellt werden. Hinzu kommt ein beachtliches Entwicklungsgefälle zwischen der West- und Osttürkei, vor allem auch dem kurdischen Siedlungsgebiet, das sich im Fehlen sozialer Infrastruktur, dem Mangel an außerlandwirtschaftlichen Erwerbsmöglichkeiten usw. äußerst — und die harte Hand von Militär und Polizei, gegenüber denen die „Ostbürger" kaum Bürgerrechte geltend machen können.

Wie die Türkei eine Turkifizierung, so verfolgte die irakische Regierung erfolglos eine Arabisierungspolitik. Der Widerstand gegen diese Art von Assimilation bewegte die Baath-Regierung, die Kurden als Minorität offiziell anzuerkennen und drei kurdischen Provinzen eine gewisse Autonomie zuzusichern. Kurdisch wurde als Amtssprache zugelassen, kurdische Publikationen konnten erscheinen, eine kurdische Universität wurde eingerichtet (bald aber wieder geschlossen) u. a. Wenn auch die Autonomiezusagen großteils auf dem Papier blieben — die Zentralregierung wollte die Kontrolle über die Erdölprovinzen nicht aus der Hand geben — war die kulturelle Situation aber besser als in der Türkei. Desweiteren versuchte die irakische Regierung jedoch, kurdischen Aufständischen Basis und Rückzugsmöglichkeiten zu entziehen. Die kurdische Bevölkerung im Grenzgebiet wurde seit Mitte der 70er Jahre in großem Umfang ins Flachland Südiraks umgesiedelt, und Wehrsiedlungen mit einer arabischen Bevölkerung wurden angelegt. Während des Golfkrieges wurden dann die kurdischen Kämpfer als Verbündete Irans aktiv. Wohl als Strafaktion und um solchen Bewegungen endgültig den Boden zu entziehen, wurden nach Beendigung des Krieges die kurdischen (und assyrisch-christlichen) Siedlungen mit Giftgaseinsätzen überzogen.

In Iran hofften die Kurden, wie andere Minoritäten (Belutschen, Turkmenen) auch, nach dem Zusammenbruch der Schahherrschaft auf größere Selbständigkeit. Solche

Bestrebungen machte jedoch die islamische Regierung mit Waffengewalt zunichte, und Tausenden von Kurden fielen nach 1980 „Säuberungen" zum Opfer. Die Regierung erkennt den zahlreichen Minoritäten Irans keine speziellen Minderheitenrechte zu mit der Begründung, innerhalb der Gemeinschaft dürfe es keinerlei Sonderrechte von Muslimen geben.

So setzen die einzelnen Staaten zwar die auf gegnerischem Gebiet operierenden kurdischen Widerstandgruppen als Instrumente in ihren jeweiligen Auseinandersetzungen ein, lassen es aber an einer eigenen Minoritätenpolitik fehlen, die diejenigen Kurden befriedigen könnte, die zwar nicht das Ziel eines eigenen Kurdenstaates anstreben, aber auch nicht zu einer Assimilation im Sinne der Zentralregierungen bereit sind.

Während beim Kurdenkonflikt noch keine Lösungen absehbar scheinen, ist das Armenierproblem, von einzelnen Anschlägen der ASALA (Armenian Secret Army for the Liberation of Armenia) gegen Türken und türkische Einrichtungen im Ausland abgesehen, heute für die Türken kein Thema: Weder spielen Armenier als Minorität noch eine größere Rolle, noch darf das Genozid an dieser Volksgruppe thematisiert werden.

Der Siedlungsraum der Armenier schloß bis zum Beginn dieses Jahrhunderts große Teile der Osttürkei ein. Wie andere christliche Glaubensgemeinschaften auch, erfuhren sie seit dem 18. Jahrhundert den Schutz europäischer Mächte (inkl. Rußlands), die auf diese Weise ihren Einfluß im Osmanischen Reich ausbauten. Teilweise konnten sie auch wirtschaftlich als Mittler von den Kontakten mit dem Westen profitieren. Im 19. Jahrhundert entwickelten sich in ihren Kreisen ebenfalls Unabhängigkeitsbestrebungen auf ethnisch-religiöser Grundlage. Ihre teils unterstellte, teils reale Kooperation mit den Feinden des Osmanenreiches (v. a. dem Russischen Reich während des türkisch-russischen Krieges (1877/78) und den Entente-Mächten im Ersten Weltkrieg) wie ein Aufstand in den Jahren 1890—97 lieferten v. a. in den Jahren 1894—96, 1909 und 1915—17 den Vorwand für Massaker und Deportationen, mittels derer man sich einer unbequemen Minderheit entledigte und die fast zwei Mio. Armeniern das Leben kosteten. Weitere Verfolgungen mußten verbliebene oder zurückgekehrte Armenier auch in der „modernen" Türkei erleiden (1919—22), und eine große Zahl wurde noch 1929/30 deportiert. Die heute noch in der Türkei lebende, vergleichsweise geringe Zahl von Armeniern (vgl. Tab. 23, Kap. 6.3) sieht sich einem starken Assimilationsdruck ausgesetzt (Beschlagnahme von Kirchenvermögen, Zwang zur Teilnahme am islamischen Religionsunterricht etc.). Die Verfolgungen und Vertreibungen sind die hauptsächliche Ursache dafür, daß die ca. sechs Mio. Armenier heute zum überwiegenden Teil in der Armenischen,[5] Georgischen und Azerbaidschanischen SSR der UdSSR beheimatet sind — auf die hier in jüngster Zeit aufgetretenen Spannungen kann nur verwiesen werden —, daneben aber auch in Syrien, Iran, Libanon, in europäischen Ländern (Griechenland, Frankreich) und in Amerika (vgl. KOUTCHARIAN 1989).

Anders als im Fall der Armenier, bei denen neben der religiösen auch eine „ethnische" Komponente eine Rolle spielt, unterscheiden sich die Kopten nur durch ihr religiöses Bekenntnis von ihren muslimischen Nachbarn. (Vielleicht haben sie sich weniger mit eingewanderten Arabern vermischt.) Während die offiziellen Stellen Ägyptens von einem Anteil von 7 % an der Gesamtbevölkerung, d. h. von etwa drei Mio. Menschen, ausgehen, beziffern die Kopten selbst ihre Zahl auf zehn Mio. Gläubige oder 23 % der Bevölkerung Ägyptens. Regional, vor allem um die Stadt Assiut, ist ihr Anteil aber weit höher. Das Verhältnis zu den Muslimen wird dadurch belastet, daß Kopten in der ägyptischen Wirtschaft einen überdurchschnittlichen Anteil an den wirtschaftlichen Führungspositionen einnehmen (vgl. IBRAHIM 1983). Zudem betreiben fundamentalistische Islamisten (s. u.) eine dezidiert antikoptische Propaganda, und Zusammenstöße wie im Jahr 1981 in Kairo bleiben nicht aus. Auch versuchen „islamische Gesellschaften" mit Handgeldern aus saudischen Quellen nicht ohne Erfolg, Kopten zum Übertritt zum Islam zu bewegen. Auf der anderen Seite vollzieht sich auch bei den Kopten eine verstärkte Hinwendung zur Religion und eine Stärkung des Gruppenbewußtseins. Die Grenzen zwischen Christen und Muslimen scheinen sich in der derzeitigen Situation zu vertiefen (vgl. SCHLICHT 1983).

Diese Beispiele ethnisch-religiöser Konflikte deuten alle auf einen sprachlichen und religiösen Assimilationsdruck hin, dem Minderheiten heute im Islamischen Orient ausgesetzt sind. Dies war, wie oben angedeutet, anders zur Zeit des Osmanenreiches, als die einzelnen christlichen und jüdischen Gemeinschaften in in internen Angelegenheiten autonomen *millets* organisiert waren. Daß eine solch innere Selbständigkeit Auseinandersetzungen nicht verhindert, sondern in Verteilungskonflikte einmünden kann, macht der Libanon-Konflikt deutlich.[6]

7.1.2 Der Libanon-Konflikt
(E. Ehlers, G. Stöber)

Schon in Tabelle 23 (Kap. 6.3) wurden die wichtigsten Religionsgruppen Libanons und ihre zahlenmäßige Stärke aufgeführt. Diese unterscheiden sich nicht nur in ihrer Religion, sondern auch in ihrer Herkunft: Während einzelne griechisch-orthodoxe sowie syrisch-orthodoxe Christen auf eine lange Geschichte im Libanon zurückblicken können, kam die Mehrzahl der griechisch-orthodoxen doch später als Flüchtlinge (z. B. nach der Niederlage der Kreuzfahrerstaaten, im Zuge von Verfolgungen im 18. Jahrhundert oder auf der Flucht vor den Wahabiten (s. Kap. 7.2.2) zu Beginn des 19. Jahrhunderts). Die Maroniten zogen sich aus Syrien, Irak und der Türkei schon in der ersten Hälfte des 8. Jahrhunderts ins Libanongebirge zurück. Die am längsten im Libanon ansässige muslimische Gemeinschaft sind die Schiiten (Mitwalis), die früher in einem umfangreichen Gebiet siedelten, sich aber vor sunnitischem Druck in die unzugänglicheren Teile ihres Siedlungsraumes zurückzogen. Die schiitische Gemeinschaft verlor zudem im 11./12. Jahrhundert Mitglieder an die Drusen, die, ebenfalls hart bedrängt, sich in Rückzugsgebieten wie den Schuf-Bergen halten und lange Zeit den Libanon dominieren konnten. Die sunnitische Bevölkerung geht zum einen auf Übertritte aus den Reihen der anderen Religionsgruppen unter mamelukischem Druck zurück, vor allem aber auf sunnitische Siedler (Kurden, Turkmenen, beduinische

Abb. 51: Religionsgemeinschaften im Libanon 1840 und 1953

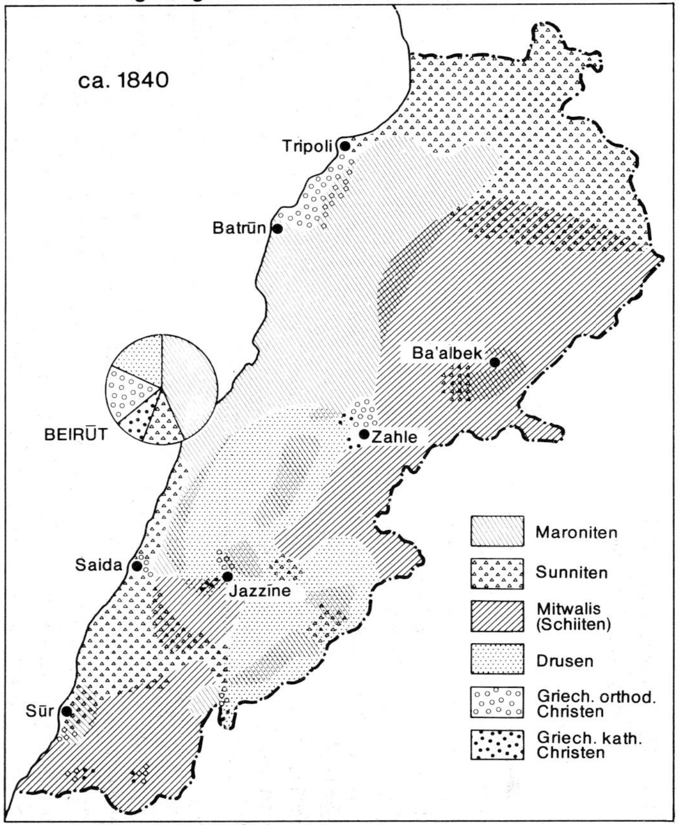

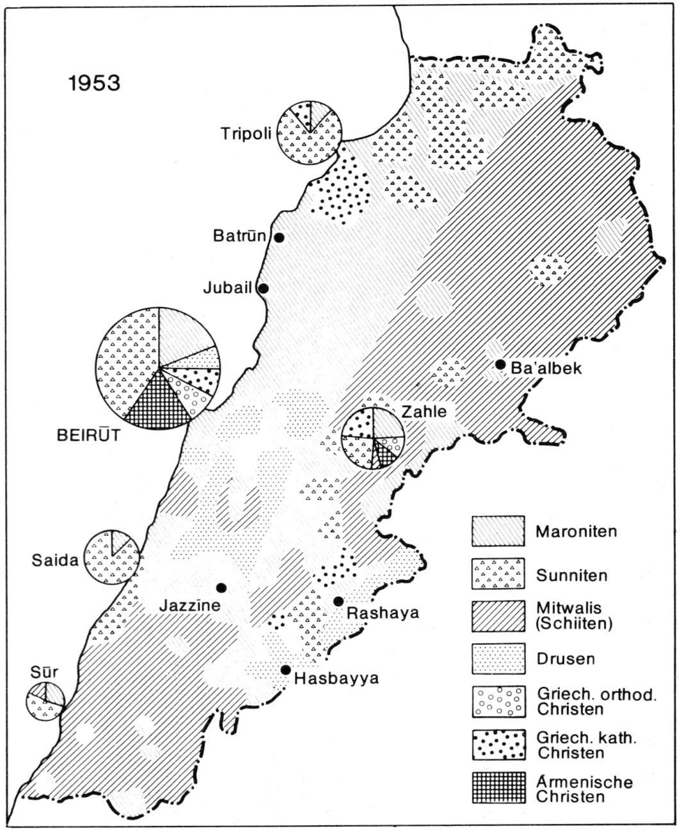

Quelle: BEAUMONT/BLAKE/WAGSTAFF [2]1988: Fig. 14.1 b, c

Gruppen etc.), die sich seit dem 13. Jahrhundert hier niederließen bzw. angesiedelt wurden (vgl. BEAUMONT et al. 1976:373 ff.). Daß die Siedlungsgebiete der einzelnen Religionsgemeinschaften, die sich um die Mitte des 19. Jahrhunderts teilweise überlappten, im Laufe der Zeit nicht konstant blieben, zeigt Abbildung 51. Neben einer Entmischung bildeten besonders Maroniten Siedlungsinseln in den Gebieten anderer Bekenntnisse aus, eine Ausweitung des Siedlungsraumes, die zu Spannungen vor allem mit den Drusen und zu den „Christenmassakern" des Jahres 1860 beitrug.

Die einzelnen Religionsgemeinschaften sind nicht nur Gruppen von Personen mit gleichem religiösem Bekenntnis. Es handelt sich vielmehr um soziale Gruppen, die sich zwar über ihre Religion definieren, zudem aber geschlossene gesellschaftliche Einheiten darstellen, mit einem hohen Endogamiegrad (Heiraten zwischen Personen unterschiedlichen Bekenntnisses kommen kaum vor). In allen Religionsgemeinschaften existiert eine Elite — oft den Familien der früheren Emire entstammend —, die über Klientelbeziehungen ihre Religionsgenossen für ihre Zwecke mobilisieren kann. Aus diesem Grund werden Auseinandersetzungen zwischen Angehörigen der Eliten unterschiedlicher Konfession als Auseinandersetzungen unterschiedlicher Religionsgruppen erscheinen. Dies gilt mehr oder minder selbst von politischen Parteien, die zwar einen gemischten Mitgliederkreis besitzen, sich aber doch in der Hand einer der führenden Familien befinden, deren Religionsgemeinschaft die Mehrzahl der Mitglieder stellt.

Auch abgesehen von den politisch führenden Familien sind die verschiedenen Gemeinschaften in sich „horizontal" gegliedert, d. h. sie weisen eine ausgeprägte soziale Hierarchie auf. Während bis zum 19. Jahrhundert meist landlose Pächter den Boden von Großgrundbesitzern bestellten, konnten im Laufe des 19. Jahrhunderts vor allem Christen bäuerliches Grundeigentum erwerben. Zudem entstand eine Schicht von Zwischenhändlern und eine Intelligenzija, vorwiegend ebenfalls aus den Reihen der besser ausgebildeten und westlichen Kontakten gegenüber offeneren Christen. Die Sozialstruktur der muslimischen Gemeinschaften, vor allem der Schiiten, blieb dagegen weit polarisierter. So sind auch heute noch die Christen in den „Mittelschichten", die Schiiten und Drusen unter den Pächtern und Kleinbauern anteilsmäßig überrepräsentiert. Zudem liegen gerade die schiitischen Gebiete an der Peripherie des auf die Küste hin orientierten Landes. Im Zentrum, Beirut, wie auch in Tripoli oder Saida, leben kaum Schiiten. Dies hängt zwar nicht von religiösen Faktoren ab, fördert aber dennoch das Unruhepotential in einem sich religiös definierenden Bevölkerungsteil.

Neben solchen internen Aspekten tragen jedoch auch Eingriffe von außen zum Libanon-Konflikt bei. So werden die Verhältnisse erst verständlich, wenn man berücksichtigt, daß das politische System des Landes durch aktives Einwirken ausländischer Mächte, vor allem Frankreichs, zustande kam und daß in den derzeitigen Konflikt neben den Interessen interner Gruppierungen auch auswärtige in die Geschehnisse eingreifen und eine Lösung erschweren. Vor allem sind die Ereignisse im Libanon eingebettet in den Palästina-Konflikt.

Die historische Entwicklung des Libanon- und Palästina-Konflikts unter äußerer Einflußnahme mag — notgedrungen verkürzt und daher teilweise lückenhaft — der folgenden Chronologie entnommen werden:

Im 19. Jahrhundert: beginnender Zerfall des Osmanischen Reiches: 1829 Unabhängigkeit Griechenlands; 1831/39 de facto Loslösung Ägyptens aus dem Osmanischen Reich; 1877/78 Russisch-türkischer Krieg; 1908 jungtürkische Revolution; 1912/13 erster und zweiter Balkankrieg mit Verlust von fast allen europäischen Gebieten.

1914 Eintritt des Osmanischen Reiches in den Ersten Weltkrieg auf der Seite der Mittelmächte; englische Unterstützung arabischer Aufstände gegen die Osmanenherrschaft (Lawrence of Arabia).

1915 MacMahon-Hussein-Agreement: Absprache zwischen dem brit. Unterhändler MacMahon und dem Großscherif Hussein von Mekka zur Gründung eines großarabischen Staates unter Einschluß von Palästina, Hedschas, Syrien und Irak nach der Zerschlagung des Osmanischen Reiches.

1916 Sykes-Picot-Abkommen: Geheime Abmachung zwischen den europäischen Großmächten zwecks Aufteilung der Region in Einflußsphären: Großbritannien und Frankreich mit freiem Zugang zu den Ölfeldern Iraks; Libanon und Syrien als französisches, Palästina und Irak als britisches Interessengebiet.

1919 Balfour-Erklärung: Aussage des britischen Außenministers, wonach England wohlwollend dem „establishment in Palestine of an national home for the Jewish people" gegenüberstehe.

30. 10. 1918 Waffenstillstand: bedeutet zugleich das Ende des Osmanischen Reiches;

1919—1922 Türkischer „Befreiungskrieg"; 29. 10. 1923 Proklamation der Türkischen Republik und (3. 3. 1924) Abschaffung des Kalifats.

10. 8. 1920 Vertrag von Sèvres mit territorialer Neuordnung des nordarabisch-palästinensischen Raumes: Syrien (einschl. des heutigen Libanon) an Frankreich, Irak und Palästina (Cis- und Transjordanien) sowie Schutzherrschaft über Arabien an Großbritannien.

1922 Bestätigung des Mandats-Status der zwischen England und Frankreich aufgeteilten Territorien durch den Völkerbund in Genf: Beginn des „nation-building" innerhalb der Mandatsgebiete und Anfänge der Schaffung politisch voneinander unabhängiger Territorien.

1920/21 Politische Eigenständigkeit des Irak unter Wahrung des brit. Mandatsverhältnisses ; 23 .8. 1921 Ausrufung einer konstitutionellen Monarchie unter König Feisal (zuvor Emir); 1930 Ablösung des Mandatsstatus durch brit.-irak. Bündnisvertrag;

1941 Unabhängigkeit des Libanon; mit Ende des Jahres 1946 Abzug der letzten französischen Truppen;

1. 1. 1944 Unabhängigkeit Syriens;

1946 Unabhängigkeit Jordaniens, das bereits seit 1920 als Ostjordanland als selbständiges Emirat Transjordanien unter brit. Mandatsverwaltung existierte; 22. 5. 1946 Königreich Jordanien.

1946 Mit der Unabhängigkeit Jordaniens verblieb lediglich das Mandatsterritorium Palästina unter britischer, d. h. direkter ausländischer Kontrolle.

1947/48 am 18. 2. 1947 stellt Großbritannien vor der UNO das Palästina-Problem zur Diskussion; am 29. 11. 1947 votiert die UNO für die Teilung Palästinas in einen jüdischen und einen arabischen Staat: dieser Teilungsbeschluß führt zu militärischen Konflikten zwischen Juden und Arabern.

14. 5. 1948 Proklamation des Staates Israel und Abzug der letzten britischen Truppen (15. 5. 48).

Die konkrete Gegenwartsituation im Libanon ist somit — wie die vorhergehende Übersicht zeigt — nur vordergründig durch religiöse Gegensätze geprägt. Gravierender sind die in Vergangenheit wie Gegenwart massiven politischen Einflußnahmen ausländischer Großmächte wie auch der an den Libanon grenzenden Nachbarstaaten, die die religiösen Gruppen als Mittel ihrer eigenen Absichten und Ziele nutzen. So erfolgte die erste massive Intervention europäischer Großmächte im Bereich des heutigen Libanon bereits Mitte des 19. Jahrhunderts. Als sich — wie oben schon erwähnt — 1860 Maroniten und Drusen erbitterte Auseinandersetzungen lieferten, die in gegenseitigen Massakern endeten, intervenierte Frankreich auf Hilfeersuchen der Maroniten. Das im Anschluß an diese Intervention erzielte und bis 1914 gültige „Règlement organique" zwischen dem Osmanischen Reich einerseits und europäischen Staaten (darunter England, Frankreich, Preußen u. a.) andererseits führte zu einem besonderen Status der osmanischen Provinz Lubnan: Lubnan (Libanon) erhielt unter Leitung eines christlichen Gouverneurs einen quasi-autonomen Status, der fremdländischen Interessen inmitten des Osmanischen Reiches Vorschub leistete (vgl. dazu GAUBE 1977).

Ähnliches gilt für die schon im 19. Jahrhundert einsetzende Einwanderungsbewegung jüdischer Siedler in den palästinensischen Raum. Ohne Duldung europäischer Mächte wäre eine solche Landnahme, die durch die Balfour-Erklärung sogar noch einen offiziösen Charakter erhielt, weder verständlich noch möglich gewesen (vgl. dazu zusammenfassend RICHTER 1979, 1980). Schließlich ist auch die heutige politische Situation Libanons und seiner Nachbarräume ohne historische Retrospektive (vgl. GAUBE 1977) nicht einsichtig. Sowohl das seit den 30er Jahren unter den Franzosen noch ausgehandelte Konstrukt, wonach der Staatspräsident ein Maronit, der Ministerpräsident ein Sunnit und der Parlamentspräsident ein schiitischer Muslim zu sein habe, als auch die Regelung der Sitzverteilung im Abgeordnetenhaus mit einem 6:5 Verhältnis zugunsten der Christen muß heute als überholt angesehen werden. Mögen die genannten Verteilungsschlüssel politischer Macht die religiösen Bevölkerungsverhältnisse der Zwischenkriegsjahre widerspiegeln, so haben sich — bedingt durch unterschiedliche Kinderzahl und überwiegend christliche Auswanderung — die Bevölkerungsanteile der verschiedenen großen Religionsgruppen eindeutig zugunsten der Muslime gewandelt. Tabelle 25 gibt diesen Wandel im Vergleich der Jahre 1932 und 1980 wider. Heute — gegen Ende der achtziger Jahre — hat sich das Verhältnis weiter zugunsten der muslimischen Bevölkerungsteile verschoben.

Die im September 1988 im Zusammenhang mit der Wahl eines neuen Staatspräsidenten — der traditionsgemäß ein christlicher Politiker zu sein hätte — offen ausgebrochene Konflikt zwischen Muslimen und Christen findet seinen Ausdruck in der Tatsache, daß seit dem 23. 9. 1988 erstmals in der Geschichte des Staates Libanon zwei Regierungen nebeneinander existieren: „... zwei Regierungen, die sich unter Berufung auf die Verfassung als legal betrachten... Die Spaltung des Landes in einen christlichen und einen muslimischen Teil erscheint formalisiert ..." (FAZ vom 24. 9. 1988, S. 1). Ob die im Oktober 1989 in Taif erzielte Kompromißformel, die eine paritätische Aufteilung der Macht vorsieht, Bestand hat, bleibt abzuwarten. Wie sich die politische Situation um Palästina unter Einflußnahme Syriens, Iraks und Israels, aber auch der Palästinenser u. a. weiterentwickeln wird, vermag im Moment wohl niemand mit auch nur annähernder Genauigkeit vorauszusehen!

Tabelle 24: Verteilung der Sitze im Abgeordnetenhaus der Republik Libanon nach Konfessionen:

Maroniten	30	Sunniten	20
Griech.-Orthodoxe	11	Schiiten	19
Griech.-Kathol.	6	Drusen	6
Armenier	4		
Sonstige	3		
Christen	54	Muslime	45

Tabelle 25: Libanons Bevölkerung nach Religionsgruppen (in %) 1932 und 1980

Religionsgruppe	Jahr 1932	Jahr 1980
Maroniten	28,0	18,0
Griechisch-Orthodoxe	9,0	8,0
Griech.-Katholiken (Melkiten)	6,0	7,0
Armen.-Orthodoxe (Gregorianer)	4,8	5,8
Armen. Katholiken	1,7	2,2
Syrisch-Orth. (Westsyrer/Jakobiten)	0,3	1,2
Syrische Katholiken	0,3	0,4
Röm.-Katholische (Lateiner)	0,3	0,3
Protestanten	1,1	0,3
Sonst. Christen	1,2	1,3
Christen insgesamt	52,7	44,5
Sunniten	20,8	21,0
Schiiten	19,0	28,1
Alawiten	0,5	0,5
Drusen	5,4	5,7
Juden u. andere	1,6	0,2
Nichtchristen insgesamt	47,3	55,5

Die verschiedenen in diesem Kapitel angesprochenen „ethnisch-religiösen“ Konflikte mögen sich darin gleichen, daß hier im weitesten Sinne „ethnische“ und/oder religiöse Kriterien benutzt werden, um „Fronten“ abzustecken, entlang derer Auseinandersetzungen ausgetragen werden. Es sollte aber deutlich geworden sein, wie sehr sich Zielsetzung und Gegenpositionen hierbei unterscheiden. Z. T. sind panarabische und islamistische Strömungen die Antipoden. Während aber die Berberbewegung rein sprachlich, nicht „ethnisch“ argumentiert, verstärken die Kopten die religiöse Grenze. In beiden Fällen ist eine „Bedrohung der nationalen Einheit“ (wohl aber z. T. der Legitimationsgrundlage des Staates) nicht beabsichtigt, obwohl die Gegner dies oft vorspielen. Anders sieht es bei dem „ethnischen“ Konflikt um Kurdistan aus. Auch hier bedroht die kurdische Abgrenzung das staatliche (panturanische oder panarabische) Selbstverständnis, der kurdische Anspruch, eine eigene „Nation“ zu sein, zusätzlich aber auch die staatliche Integrität. Sind solche Minoritätenkonflikte in der Regel gegen einen mächtigen Zentralstaat gerichtet, so ist im Falle des Libanon — abgesehen von den externen Interessen — ein Kampf zwischen Minderheiten um den größtmöglichen Einfluß entbrannt, wobei die Balance zwischen den einzelnen Gruppen, die Garantie, nicht völlig übergangen werden zu können, die eher pragmatische als ideologische Legitimation des Staatswesens liefert.

Trotz solcher Differenzen besitzen die „ethnisch-religiösen“ Konflikte auch Gemeinsamkeiten. Herausgestellt werden soll vor allem die große Bedeutung der neuen städtischen Mittelschichten bei der Formulierung der zugrunde liegenden Ideologien, seien sie nun die Ideologien der heute Herrschenden — die verschiedenen Nationalismen — oder diejenigen des Widerstandes. Aber nicht nur die städtische Mittelschicht ist hier involviert. So kann beobachtet werden, daß sich gerade in den wachsenden Städten die Zuwanderer den ethnischen und religiösen Unterschieden bewußt werden, die hier weit deutlicher erlebt werden, als in der oftmals weit homogeneren ländlichen Gemeinschaft. Denn die starke Konkurrenzsituation fördert Spannungen, und das unüberschaubare Umfeld verstärkt die Bindungen an die eigene Sozialgruppe. All diese Punkte deuten darauf hin, daß es sich bei solch ethnisch-religiöser Abgrenzung und den damit oft einhergehenden Konflikten nicht etwa um einen „Rückfall ins Mittelalter“ handelt, sondern um soziale Prozesse, die eng mit der modernen Entwicklung verbunden sind (vgl. SCHEFFLER 1985). Das gleiche gilt für den Bedeutungszuwachs, den der Islam zu erfahren scheint.

Anmerkungen zu Kapitel 7.1

1. Beispielsweise wurden die bisher intern autonomen und mit Sonderrechten ausgestatteten Religionsgemeinschaften in verschiedenen Schritten staatsbürgerlich gleichgestellt.
2. Diese fühlten sich durch den wachsenden Einfluß der Großmächte gestärkt und meinten, die bisherige Ebene des Zusammenlebens verlassen, beispielsweise auf Tributzahlungen verzichten zu können, was zu verschiedenen „Christenmassakern" führte.
3. Während sich die Kurden der schafiitischen Rechtsschule verbunden fühlen, gehören die Türken der hanafitischen an. Zur religiösen Gliederung Kurdistans vgl. van BRUINESSEN 1981.
4. Hierfür waren die Interessen der Siegermächte, v. a. der Briten, ausschlaggebend. Die Briten beanspruchten die im Kurdengebiet liegende Erdölprovinz als Teil ihres Schutzgebietes Irak. Zudem sollte die Türkei eine Stärke behalten, die sie in die Lage versetzte, ein Gegengewicht zur Sowjetunion zu bilden.
5. Ostarmenien, das im Jahre 1828 (Vertrag von Turkmantschai) von Persien an Rußland abgetreten werden mußte, wurde in der Folge Auffangbecken für zahlreiche Armenier, die aus dem türkischen Westarmenien flohen. Hier wurde die Armenische Republik realisiert, im Gegensatz zu der Türkei, die ein im Vertrag von Sèvres vorgesehenes Abtreten von Teilen der Osttürkei militärisch verhindern konnte. Ostarmenien wurde nach Besetzung durch die Sowjetunion im Jahre 1920 Teil, später eigene Republik, der UdSSR.
6. In diesem Zusammenhang sei auf die komprimierte und sehr lesenswerte Einführung in den Konfliktraum „Naher Osten" von RUPPERT (1983) verwiesen.

7.2 Soziale Krisen und die islamistische Antwort

Wenn in den vorhergehenden Abschnitten Konflikte zwischen Zentralstaat und sich ,,ethnisch'' oder ,,religiös'' definierenden Minderheiten aufgeführt wurden, so ist hiermit das Konfliktpotential innerhalb der einzelnen Staaten nicht erschöpft. Auseinandersetzungen mit der Staatsmacht (bzw. mit den hinter ihr stehenden gesellschaftlichen Gruppen) brechen nicht nur entlang ,,vertikaler'' Grenzen auf, sondern auch die in Kapitel 6.2.2 dargestellte ,,horizontale'' Gliederung der Gesellschaft birgt ein beträchtliches Konfliktpotential. Und auch in diese gesellschaftlichen Spannungen wird der Islam einbezogen.

7.2.1 ,,Brotaufstände''

Die vorausgegangenen Kapitel haben Aspekte der ökonomischen und sozialen Entwicklung des Islamischen Orients aufgezeigt. Es wurde deutlich, daß in zahlreichen Staaten der ländliche Raum sein Bevölkerungswachstum nicht absorbieren kann, daß aber auch die Städte weder in der Industrie noch im aufgeblähten Verwaltungssektor genügend Arbeitsplätze bieten, um ihrem eigenen Zuwachs und den vom Lande in die Städte Drängenden eine ausreichende ökonomische Basis zu liefern. Hinzu kommen aufgrund wirtschaftlicher Rezession verstärkt Rückwanderer aus dem Ausland. Unterbeschäftigung und Arbeitslosigkeit sind die Folgen. Daten, die deren Ausmaß verläßlich wiedergeben, sind kaum vorhanden: Die ägyptische Volkszählung des Jahres 1986 beispielsweise stellte mehr als zwei Mio. ,,Arbeitslose'' fest, d. h. Personen im Alter zwischen 12 und 65 Jahren, die in der Woche vor dem Stichtag an keinem einzigen Tag einer Beschäftigung gegen Entgelt nachgegangen waren. Das entsprach einer Arbeitslosenquote von 14,7 % (10 % bei den Männern, 40,6 % bei den Frauen) (StBA, LB Ägypten 1988:40 f.). Ähnliche Werte nennen offizielle Statistiken für die Maghrebstaaten. Andere Schätzungen liegen jedoch weit höher — für Tunesien bei ca. 25 % und im Falle der Altersklasse junger Männer zwischen 18 und 26 Jahren sogar bei 40 % (StBA, LB Tunesien 1988:34). So ist die Arbeitslosigkeit auch infolge des Altersaufbaus der Bevölkerung mit einem hohen Anteil junger Menschen schwerpunktmäßig eine Frage der Jungen, deren Zukunftsaussichten und Karrierechancen gering scheinen. Auch wenn für andere Staaten die offiziellen Angaben niedriger liegen, bleiben die Zahlen der Arbeitslosen dennoch bedeutend. Die soziale Situation wird aber erst deutlich, wenn man sich vergegenwärtigt, daß kaum eine nennenswerte Arbeitslosenunterstützung existiert und die Betroffenen auf familiäre Hilfe angewiesen sind. Ohne die große Zahl der bei niedrigen Einkommen im informellen Bereich Tätigen wäre die Zahl der als arbeitslos Registrierten zudem noch weit höher.

Jedoch geraten nicht nur Arbeitslose in eine prekäre finanzielle Situation. Das Verhältnis von Lohn- und Preisentwicklung trifft einen noch größeren Teil der Bevölkerung. Nun erreicht die Inflationsrate im Islamischen Orient kaum so horrende Höhen wie vor allem in Staaten Lateinamerikas oder auch in Israel (1980—86 im Durchschnitt jährlich 182,9 %!). Gerade in den letzten Jahren wird jedoch z. T. eine weit höhere Steigerung der Lebenshaltungskosten genannt, als sie für die erste Hälfte der 80er Jahre in Tabelle 13 angegeben ist. Die Lohnsteigerungen liegen in den meisten Fällen unter der Inflationsrate, wenn nicht gar Lohnstopps verfügt wurden. Kürzungen des Reallohns sind die Folge. Solch sinkenden Einkommen eines großen Teils der Bevölkerung stehen aber Wahrung des Besitzstandes oder — gerade in den Staaten, die wie Ägypten eine „Öffnung" zu privaten Bereicherungsmöglichkeiten erlebten — eine Verbesserung der Einkommenssituation privilegierter Schichten gegenüber.

Nicht immer sind die realen Verschlechterungen sehr drastisch. Auch wenn die Einkomensschere weiter auseinanderklafft, mögen sich für die Betroffenen die Verhältnisse z. T. sogar bessern (vgl. WIKAN 1985). So tragen neben der eigenen wirtschaftlichen Situation Aspekte wie die Hoffnungslosigkeit auf eine Verbesserung, die Privilegien einer Oberschicht, die als Maßstab zur Verfügung stehen oder auch enttäuschte Erwartungshaltungen zum Aufbau eines Konfliktpotentials bei, das bei Gelegenheit zum Ausbruch kommt. Die Auslöser hierfür können ganz unterschiedlich sein und sind oft in den Folgen einer verfehlten internen Politik zu suchen, aber auch ein Ergebnis internationaler Wirtschaftsverflechtungen.

In Marokko kamen (nicht zum erstenmal) im Jahre 1981 bei der Niederschlagung von Demonstrationen im Gefolge starker Preiserhöhungen für Grundnahrungsmittel in Casablanca zahlreiche Menschen ums Leben. Im Jahre 1984 kam es wiederum zu „Brotaufständen". Auch in Tunesien entzündeten sich im Januar 1984 blutige Unruhen an einer Verdoppelung des subventionierten Brotpreises. Gleichfalls eine Brotpreiserhöhung hatte 1977 in Ägypten zu offenen Protesten geführt. In Jordanien bildeten im April 1989 Preiserhöhungen bei Benzin (neben Getränken, Zigaretten und Waschmitteln) den Anlaß für Demonstrationen, Plünderungen und Brandstiftungen. In Ägypten wie in Jordanien waren Auflagen des Internationalen Währungsfonds (IWF), die über einen Subventionsabbau zur Gesundung der Volkswirtschaft beitragen sollten, für diese Preiserhöhungen verantwortlich.

Die Unruhen in Algerien im Oktober 1988 wurden durch eine katastrophale Versorgungslage ausgelöst, die nicht nur den Preis für wichtige Nahrungsmittel wie Fleisch oder Wasser in unglaubliche Höhen trieb — so kostete ein Kilogramm Fleisch umgerechnet 30—5 DM —, sondern auch Grundnahrungsmittel wie Couscous verknappte. Verantwortlich hierfür war der geringe der Landwirtschaft zugemessene Stellenwert, die daher lange Zeit hinter den Industrialisierungsbemühungen zurückstehen mußte. Als Folge hiervon ist der Staat für seine Versorgung mit Lebensmitteln zur Hälfte auf Importe angewiesen. Da jedoch der Rückgang der Öleinnahmen zu einer Devisenverknappung führte, die Zinszahlungen für die Auslandsschulden[1] aber erfolgen mußten, blieb nur eine Einschränkung der (lebensnotwendigen) Importe.

In Algerien waren es vor allem junge Leute (Schüler, Studenten), die als erste auf die Straße gingen, in Ägypten im Februar 1986 junge, wehrpflichtige Polizisten, die gegen miserable Dienstbedingungen und niedrige Besoldung demonstrierten. In Jordanien gingen die Unruhen von demonstrierenden Taxifahrern aus. Gemeinsam ist diesen Unruhen, daß Ursachen wie Anlässe klar erkennbar ökonomischer Natur sind. Die Demonstrationen wenden sich gegen den Staatsapparat, der für die Misere verantwortlich gemacht wird, aber auch gegen Symbole des Reichtums derer, die den eigenen Beschränkungen nicht unterliegen: Boutiquen, Luxusrestaurants, Ausländerhotels, Nachtklubs. Dennoch erhalten die Unruhen keinen offen klassenkämpferischen Charakter im westlichen Sinne. Sie finden ihren Ausdruck vielmehr in einem oppositionellen Islam. Einer der Faktoren hierfür ist, daß Oppositionsparteien meist nicht zugelassen sind oder keine Bedeutung besitzen. Religiöse Funktionsträger sind oftmals als einzige in der Lage, Unmutsäußerungen aufzugreifen und einen Gegensatz zur herrschenden Linie öffentlich mit Breitenwirkung zu artikulieren, vor allem während der Freitagsgebete in den Moscheen. Wie erfolgreich der über religiöse Kanäle mobilisierte Widerstand sein kann, demonstriert die iranische Revolution der Jahre 1978/79.[2] Unter dem Mantel des Islam vereinigten sich hier die unterschiedlichsten oppositionellen Strömungen und akzeptierten, zumindest aus taktischen Gründen, die Führung der religiösen Opposition, selbst wenn sie einer gänzlich anderen weltanschaulichen Richtung angehörten.

7.2.2 „Reislamisierung" und „Fundamentalismus" — Ideologisierung des Islam

Vor allem die erfolgreiche Revolution in Iran, aber auch Ereignisse in anderen islamischen Ländern wie in Staaten mit muslimischen Minderheiten haben bei uns den Eindruck erweckt, als habe plötzlich der Glaube eine neue Kraft entwickelt. Eine „Reislamisierung" jedoch, von der in diesem Zusammenhang oft gesprochen wird, findet — wenn überhaupt — in den Köpfen der Kommentatoren statt, die sich nun mit dem früher oft ausgeblendeten „Phänomen Islam" konfrontiert sehen. Eine „Reislamisierung" unseres Raumes dagegen kann es allein deshalb nicht geben, weil er nie „entislamisiert" wurde, weil der Islam als Religion existent blieb, auch wenn sich die Staaten z. T. nicht religiös legitimierten. Daß der Islam heute — teilweise recht militant — in unser Bewußtsein rückt, ist nicht darauf zurückzuführen, daß er neue Gläubige gewonnen und ehemalige zurückgewonnen hat, vielmehr darauf, daß er, wie schon angedeutet, verstärkt im politischen Kampf eingesetzt wird.

Wenn in der Religion die Antworten auf drängende Probleme der heutigen Zeit gesucht werden, so sind zwei Wege denkbar. Für die eine Richtung, die Traditionalisten, sind diese Probleme nur entstanden, weil die Menschen sich von den Fundamenten der Religion entfernt haben. Sie sehen den Weg aus der Misere darin, zu den Ursprüngen zurückzukehren. Die andere, modernistische Richtung versucht dagegen, auf der Grundlage der Religion für neue Probleme neue Antworten zu finden, und paßt die Glaubensvorstellungen in gewissem Umfang der gesellschaftlichen Entwicklung an. Auch wenn beide Strömungen im Islam heute eine Rolle spielen, sind weder sie noch Wandlungsprozesse und gesellschaftliche Krisen, die eine Antwort verlangen, nur das Ergebnis unserer Tage. So setzt im 19. und frühen 20. Jahrhundert neben den Nationalbewegungen, die oben angesprochen wurden, auch eine islamische Variante der Überwindung des Kolonialismus durch Erneuerung ein. Zudem kennt die Geschichte des Islam zahlreiche, auch vorkoloniale, Erneuerungsbewegungen, deren Zulauf ebenfalls von sozialen Problemen gesteuert wurde und die als politische Bewegungen in religiösem Gewand zu verstehen sind.

An dieser Stelle sollen nur zwei Strömungen angesprochen werden, die in der heutigen Diskussion eine besondere Rolle spielen: die bereits angedeutete Lehre des Muḥammad Ibn ʿAbd al-Wahhāb (1703/04—1792) und die des Ǧamal ad-Din al-Afghani (1838/9—1887) (vgl. PETERS 1984).

Der *Wahhabismus* ist eine der vielen Erneuerungsbewegungen im Islam seit dem 18. Jahrhundert und wird von manchen Autoren schon in engem Zusammenhang mit antikolonialistischen und nationalistischen Strömungen gesehen. Wie bereits angedeutet, ist er nicht nur eine religiöse Rückbesinnung auf Formen einer Art „Urislam", wie ihn der Prophet Muhammad selbst gelebt und gepredigt haben mochte, sondern er war und ist zugleich extrem modernismusfeindlich — wie man heute sagen würde. „Wahhabismus" bedeutet z. B. die volle Anwendung der strengen Regeln islamischen Rechts und Kampf allen Formen regionaler oder lokaler Volksgläubigkeit und die Ausrichtung auf einen strikten Monotheismus. Daß diese religiösen Ideale damals in Verbindung mit einer politischen Aufstandsbewegung gegen die Vorherrschaft des Osmanischen Reiches verbunden waren, belegt die enge Verbindung von Religion und Politik. Auch wenn sich die Stoßrichtung änderte hat dies aber dem bis heute fortwirkenden „fundamentalistischen" Erneuerungscharakter des „Wahhabismus" keinen Abbruch getan.

Im Gegensatz zum „Wahhabismus" kam die Erneuerungsbewegung des Ǧamal ad-Din al-Afghani (1838/9—1897) als eine intellektuelle und politische Rückbesinnung auf die dem Islam immanenten Kräfte und Möglichkeiten einer Adaption auch westlicher Neuerungen ohne Identitätsverlust bezeichnet werden. Ein reformierter, von späteren Zutaten und Umdeutungen befreiter Islam sei der abendländisch-christlichen Philosophie und Ethik so ebenbürtig, daß er als eine ausgesprochen vernunftbetonte Religion ohne Schwierigkeiten und Probleme westliche Technologie und auch westliches Gedankengut absorbieren könne, denn der „wahre Islam sei niemals gegen die Suche von Wahrheit und gegen die Pflege der Wissenschaft gerichtet" (PETERS 1984:120)

(E. E.)

Auf die Denkansätze des al-Afghani beruft sich auch die Muslimbruderschaft, die heute in vielen Fällen im Zusammenhang mit dem politischen Islam genannt wird. Im Jahre 1928 von dem Lehrer Hasan al-Banna in Ägypten gegründet, strebt sie einen religiösen Integralismus (oft als „Fundamentalismus" bezeichnet), die Regelung aller Lebensbereiche von Individuum und Gesellschaft durch die Religion, an und wendet sich hiermit gegen jede säkularisierte Politik (vgl. GARISHA 1988; KANDIL 1988).

Da sich die Muslimbrüder *(iḫwān)* stark für soziale und nationale Belange engagierten, gewannen sie rasch an Popularität, die sie den Machthabern gefährlich erscheinen ließ. Daher waren sie seit Ende der 40er Jahre z. T. heftigen Verfolgungen ausgesetzt, die zu ihrer Radikalisierung beitrugen. In diesem Zusammenhang ist nicht nur an die Ereignisse in Ägypten zu erinnern, die mit dem Tode Sadats verknüpft sind. Auch in Syrien kam es schon im Jahre 1980 zu Säuberungen gegenüber der islamischen Opposition, die dann im Februar 1982 zu einem Aufstand in Hama und dessen brutaler Unterdrückung führten.

Die „islamische" Opposition, gleich ob „modernistisch" oder „traditionalistisch", ist für zahlreiche Regime nicht nur dadurch ein Problem, daß sie soziale Mißstände anprangert und deren Beseitigung fordert. Problematisch ist sie auch deswegen, weil sie die legitimatorische Grundlage säkularisierter Staaten in Frage stellt. Die Versuche, diese Opposition zufriedenzustellen, sind es denn auch, die beispielsweise in Ländern wie dem Sudan zur Wiedereinführung der Scharia führten, aber auch in Algerien islamische Regelungen in die Gesetzgebung Eingang finden ließen.

Auch die „islamische" Opposition ist weitgehend eine städtische Bewegung. Sie findet Anhänger besonders in den Reihen der jungen Intelligenz, Ober- und Hochschüler, die aufgrund der Arbeitsmarktsituation[3] kaum berufliche Perspektiven besitzt. Das sich ihr Protest in islamischem Gewand äußert, ist auch eine Folge der ländlichen Herkunft vieler Mitstreiter und der damit verbundenen islamisch-traditionellen Erziehung (vgl. SCHÖLCH 1983). Auf dem Lande ist ein politischer Islam weniger verbreitet als in den Städten. Hier gehören seine Vertreter einer neuen ländlichen Mittelschicht (Lehrer, Ärzte etc.) an, und er wird vor allem von Leuten propagiert — dies wurde für Ägypten untersucht —, die einige Zeit lang als Arbeitsmigranten in Saudi-Arabien beschäftigt waren. Die bäuerliche Bevölkerung dagegen kann dem damit verbundenen Rigorismus kaum etwas abgewinnen. So stehen die „Islamisten" zwischen den ländlichen und unteren städtischen Schichten, die religiöse Formen praktizieren, die oft als „Volksislam" bezeichnet werden, — ein Personenkreis, der seine kulturelle Basis nie verloren hat — und einer Oberschicht, die die Religion zwar oft zur Legitimation ihrer Stellung einsetzt, in der Regel aber eher säkular ausgerichtet ist.

Unbefriedigt von den Traditionen ihrer Herkunft — und weitgehend auch ihres Lebensumfeldes — und mit einer durch die Ausbildung erweiterten Perspektive, die sie die Defizite der eigenen Gesellschaft erkennen und nach Schuldigen suchen läßt, sowie der Unmöglichkeit, aus dieser zerrissenen Welt auszubrechen, bleibt vielen die Flucht in den Rausch oder in eine Ideologie, die Sicherheit und Identität vermittelt. Ideologien westlicher Prägung, Sozialismus, Liberalismus oder auch die verschiedenen Nationalismen, kommen hierfür kaum in Frage, werden sie doch mit dem „Schuldigen" für die Probleme in Verbindung gebracht und haben, wo sie als Staatsideologien eingesetzt wurden, die Situation nicht bessern können, eher noch verschärft. Als das Eigene, auf das man bauen kann und dessen vergangene Größe Hoffnung auf eine bessere Zukunft verheißen mag, bleibt der Islam, der so die Basis für eine Ideologie liefert, die — auch von ihren Anhängern — als „Islamismus" *(islāmīya)* bezeichnet wird (vgl. REISSNER 1989). Hierbei handelt es sich nicht so sehr um eine Rückbesinnung auf die eigene kulturelle Tradition, die sich ja weitgehend als „Volkskultur" darstellt. (Als Rückbesinnung könnte man viel eher z. B. die „Berberbewegung" (Kap. 7.1.1) bezeichnen. Diese wendet sich aber, wie oben aufgeführt, auch gegen die für eine panislamische Zielsetzung regionale Spielarten der Kultur rigoros übergehenden (und ablehnenden) Bestrebungen der Islamisten.) So ist der Islamismus keine Wiederentdeckung einer verlorengegangenen alten muslimischen Identität, sondern vielmehr die Schaffung eines neuen Selbstverständnisses, das sich — alte Symbole nutzend — aus der Konfrontation mit dem Uniformismus westlicher Lebensweise ableitet, dem es eine Vereinheitlichung im Sinne eines neu interpretierten Islam (Panislamismus) entgegenstellt.

Die Islamisten vermögen sich lautstark zu artikulieren und finden besonders durch ihre Aktionen — Extremisten wurden selbst in Saudi-Arabien aktiv und besetzten im Jahre 1979 die Wallfahrtsmoschee in Mekka — oder die staatlichen Reaktionen auf ihr Wirken Eingang in unsere Medien. Dies läßt vielleicht vergessen, daß sie das Bild des Islamischen Orients nicht allein bestimmen, daß ein Großteil der Muslime den Islam auch heute als Hinwendung zu Gott und nicht als Kampfansage an den politischen Gegner versteht — und daß der religiöse Ausdruck dieser Hinwendung vielfältiger ist, als es puritanischen Vertretern lieb sein mag.

Im einleitenden Kapitel zu diesem Buch wurde es unter Berufung auf eine Forderung von Peter SCHÖLLER als Aufgabe regionaler Geographie bezeichnet, „Länder und Völker, Kulturen und Gesellschaften in ihrer spezifischen Lebenswirklichkeit zu begreifen und sie aus den Bedingungen ihrer eigenen raumbezogenen Entwicklung verstehen und achten zu lernen". Die Darstellungen dieses Bandes wollen einen Beitrag zu einer solchen kulturraumspezifischen Betrachtungsweise liefern. Gerade die Ausführungen der letzten Kapitel zeigen aber, daß dafür geographische Kategorien allein nicht ausreichen. Gesellschaftliche und religiös-geistige Hintergründe in historischer Perspektive müssen in die Betrachtung einbezogen werden. Aus diesem Grunde kommen den Ausführungen über die islamische Interpretation von Gesellschaft und Wirtschaft sowie die Frage nach der Bestimmung der Identität im Rahmen dieser Einführung in den Kulturraum „Islamischer Orient" besondere Bedeutung zu!

Der Versuch, Vertreter anderer Kulturen „verstehen und achten zu lernen", trägt vielleicht dazu bei, Konfliktpotential zwischen „ihnen" und „uns" zu reduzieren, vermeiden lassen sich Konflikte hierdurch nicht. Wie Taten und Worte Europas Weltbild und Selbstwertgefühl der Menschen im Islamischen Orient berührten, so wird im Zusammenleben mit Muslimen wie in der geistigen Auseinandersetzung vielfach das, was **wir** für unverzichtbar an unserer Kultur halten, **unsere** Identität, in Fragen gestellt — beispielsweise durch die Reaktion vieler Muslime auf den jüngsten Roman von S. Rushdie. Die unterschiedlichen Äußerungen in der Presse sind ein Zeichen dafür, wie tief hierdurch **unser** Selbstverständnis (liberal, pluralistisch, meinungsfrei) getroffen wurde. Der Versuch, auch bei Unvereinbarkeit der Positionen die Handlungsweise des Gegenübers nachzuvollziehen, mag uns aber helfen, auch ohne Aufgabe unserer Werte zumindest zu verhindern, daß sich Gräben, die aus beiderseitigem Vorurteil entstanden, vertiefen und daß Konflikte aus Unverständnis verschärft werden.

Anmerkungen zu Kapitel 7.2

1. In Algerien machte der Schuldendienst im Jahre 1986 8,7 % des BSP aus, 1970 waren es erst 0,9 % gewesen. Auch in den anderen kapitalärmeren Staaten waren Auslandsschulden und Schuldendienst in diesem Zeitraum stark gewachsen. Im Jahre 1986 hielt Jordanien mit 12,1 % die Spitze, gefolgt von Tunesien mit 10,0 % (Weltbank, Weltentwicklungsbericht 1988:294 f.).
2. Zur iranischen Revolution vgl. z. B. EHLERS 1980, 1988, MUGHADAM 1988.
3. In Algerien sind besonders diegenigen betroffen, die einen rein arabischsprachigen Bildungsgang durchlaufen haben, die Aufstiegschancen derjenigen mit einer französischsprachigen Ausbildung sind weit höher (CLAUSEN 1984).

LITERATURVERZEICHNIS

Vorbemerkung:

Das Verzeichnis enthält im wesentlichen nur die zitierte Literatur. Zu einer thematischen Vertiefung sei der Leser auf die in Text und Anmerkungen genannten Titel verwiesen.

Um die Orientierung zu vereinfachen, sind im folgenden einzelne Arbeiten, die als Länderkunden eine Einarbeitung unter regionalen Gesichtspunkten ermöglichen, sowie neuere Werke, z. T. mit Handbuchcharakter, die einen breiten Überblick über die hier behandelte Thematik liefern, durch »*« gekennzeichnet. Die hierin enthaltenen Beiträge sind, soweit im Verzeichnis getrennt aufgeführt, nicht extra hervorgehoben.

ABBOUD, A.-N.: *Arab Industrialisation: Questionable Success.* In: Middle East Economic Digest, 28. 10. 1988, S. 10.

ABDEL-RAHIM, M.: *Legal Institutions.* In: SERJEANT, R. B. (Hg.): The Islamic City. Paris 1980, S. 41—51.

ABOU-AIANAH, F. M.: *Internal Migration in Egypt between 1927—1966.* In: Bull. Soc. Géogr. d'Egypte 45—46 (1972/73), S. 57—109.

ABU-LUGHOD, J.: *Migrant Adjustment to City Life: the Egyptian Case.* In: American Journal of Sociology 67 (1961), S. 22—32.

Dies.: *A Comparative Analysis. Cairo, Tunis and Rabat-Salé.* In: Ekistics 233, (Athen 1975), S. 236—245.

Dies.: *Rabat. Urban Apartheid in Morocco.* Princeton, New Jersey, 1980.

Dies.: *The Islamic City — Historic Myth, Islamic Essence, and Contemporary Relevance.* In: International Journal of Middle East Studies 19 (1987), S. 155—176.

Dies.: *Die Wirkungen internationaler Migration auf das Wachstum von Kairo und die Urbanisierung der ländlichen Gebiete Ägyptens.* Arbeitsheft/Research Paper, Berliner Institut für Vergleichende Sozialforschung, Berlin 1989.

AFRICANUS, J. L.: *Beschreibung Afrikas.* (Hg. SCHUBERTH-ENGELSCHALL, K.) Leipzig 1984.

AHMED, A. S.; D. M. HART (Hg.): *Islam in Tribal Societies. From the Atlas to the Indus.* London u. a. 1984.

ALBAUM, L. I. ; BRENTJES, B.: *Herren der Steppe.* Berlin 1986.

AL-FARUQI, I. R.; L. L. AL-FARUQI: *The Cultural Atlas of Islam.* New York, London 1986.

AL-MOAJIL, A. H.: *Industrial Development in the Arab Gulf Region, Concepts and Realizations.* In: Arabian Gulf Studies I, Nürnberg 1985, (Nürnberger Wirtschafts- und Sozialgeographische Arbeiten 37), S. 9—23.

ARNOLD, F.; SHAH, N. M. (Hg.): *Asian Labor Migration. Pipeline to the Middle East.* Boulder, London 1986.

BADGLEY, P. C.: *Structural and Tectonic Principles.* New York 1965.

BAHADIR, S. A.: *Industrialization in the Arab Gulf States.* In: Arabian Gulf Studies I, Nürnberg 1985, (Nürnberger Wirtschafts- und Sozialgeographische Arbeiten 37), S. 25—67.

BANSE, E.: *Der Orient — ein geographischer Begriff?* Deutsche Rundschau für Geographie und Statistik. 31. Jg., 1/1908, S. 1—7.

Ders.: *Der Orient.* Peterm. Geogr. Mitt. 1909, S. 301—304; 351—355.

BARON, R; HUOT, J.; PAYE, L.: *Logements et loyers des travaileurs indigènes de Rabat-Salè.* In: Bulletin Economique du Maroc 4 (Rabat 1937), S. 3—19.

BARTELS, D.: *Türkische Gastarbeiter aus der Region Izmir. Zur raumzeitlichen Differenzierung der Bestimmungsgründe ihrer Aufbruchsentschlüsse.* In: Erdkunde 22 (1968), S. 313—324.

BARTELS, H.: *Das Waqfrecht und seine Entwicklung in der libanesischen Republik.* Berlin 1976.

BARTH, H. K.: *Probleme der Wasserversorgung in Saudi-Arabien.* Wiesbaden 1976 (Erdkundliches Wissen 45).

Ders.: *Agrarerschließung in den Wüsten Saudi-Arabiens.* In: Geogr. Rundschau 39 (1987), S. 386—393.

BARTH, F.: *The Land Use Pattern of Migratory Tribes of South Persia.* In: Norsk Geografisk Tidsskrift 17 (1959/60), S. 1—11.

Ders.: *Nomads of South Persia: the Basseri Tribe of the Khamseh Confederacy.* London 1961.

BEAUMONT, P.; BLAKE, G. H.; WAGSTAFF, J. M.: *The Middle East. A Geographical Study.* 1. Aufl. London u. a. 1976; 2. veränd. Aufl. (David Fulton Publishers), London 1988.

BEAUMONT, P.; BONINE, M.; McLACHLAN, K. (Hg.): *Qanat, Kariz & Khattara: Traditional Water System in the Middle East and North Africa.* Middle East Centre, School of Oriental and African Studies, University of London (in association with: Middle East & North African Studies Press Limited). The Cottons Outwell, Wisbech 1989.

BEAUMONT, P; McLACHLAN, K. (Hg.): *Agricultural Development in the Middle East.* Chichester 1985.

BAUSANI, A.: *Die Perser.* Stuttgart 1965.

BAZIN, M.: *Le travail du tapis dans la région de Qom (Iran central).* Bulletin de la Société Languedocienne de Géographie (Montpellier), 7, 1 (1973), S. 83—92.

BECKMANN, H. et al.: *Geologie der Kohlenwasserstoffe.* In: BENDER, F. (Hg.): Angewandte Geowissenschaften, Bd. III, Stuttgart 1984, S. 1—212.

BERGER, C.: *Egyptians 'killed in Baghdad riot'* In: The Independent, 24. 11. 89, S. 4.

BIRKS, J. S.; SINCLAIR, C. A.: *Egypt: A Frustrated Labor Exporter?* In: The Middle East Journal 33 (1979), S. 288—303.

Dies.: *International Migration and Development in the Arab Region.* Geneva 1980.

BIRKS, J. S.; SECCOMBE, J; SINCLAIR, C. A.: *Labour Migration in the Arab Gulf States: Patterns, Trends and Prospects.* In: International Migration 26 (1988), S. 267—286.

BLASCHKE, J; GREUSSING, K. (Hg.): *,,Dritte Welt'' in Europa. Probleme der Arbeitsimmigration.* Frankfurt/M. 1980.

* BLUME, H. (Hg.): *Saudi-Arabien. Natur, Geschichte, Menschen und Wirtschaft.* Tübingen, Basel 1976.

BOBEK, H.: *Soziale Raumbildung am Beispiel des Vorderen Orients.* In: Verhandlungen des 27. dt. Geographentages, München 1948, Landshut 1950, S. 193—206.

Ders.: *Die Hauptstufen der Gesellschafts- und Wirtschaftsentfaltung in geographischer Sicht.* In: Die Erde 90 (1959). S. 259—298.

Ders.: *Iran. Probleme eines unterentwickelten Landes alter Kultur.* Frankfurt, Berlin [3]1967.

Ders.: *Zum Konzept des Rentenkapitalismus.* In: Tijdschrift voor Economische en Sociale Geografie, 65, 2 (Amsterdam 1974), S. 73—78.

Ders.: *Rentenkapitalismus und Entwicklung in Iran.* In: SCHWEIZER, G. (Hg.), Interdisziplinäre Iran-Forschung. Wiesbaden 1979 (Beihefte zum TAVO, Bd. 40), S. 113—124.

BOEHRINGER-ABDALLA, G.: *Frauenkultur im Sudan.* Frankfurt/M. 1987.

BOESCH, H.: *Der Mittlere Osten.* Bern 1959.

BONINE, M. E.: *Where is the Geography of the Middle East?* In: The Professional Geographer. Bd. 28, 2 (1976), S. 190—195.

Ders.: *City and Hinterland in Central Iran.* In: SCHWEIZER, G. (Hg.), Interdisziplinäre Iran-Forschung. Wiesbaden 1979 (Beihefte zum TAVO, Bd. 40), S. 141—156.

Ders.: *Yazd and its Hinterland. A Central Place system of Dominance in the Central Iranian Plateau.* Marburg 1980 (Marburger Geogr. Schriften, 83).

Ders.: *Islam and Commerce: Waqf and the Bazaar of Yazd, Iran.* In: Erdkunde 41 (1987), S. 182—196.

BONINE, M. E.; CORDES, R.: *Oil Urbanization. Zum Entwicklungsprozeß eines neuen Typs orientalischer Städte.* In: Geogr. Rundschau 35 (1983), S. 461—465.

BOSWORTH, C. E.: *Barbarian Invasions: the Coming of the Turks into the Islamic World.* In: RICHARDS, D. S. (Hg.): Islamic Civilisation 950—1150. Oxford 1973 (Papers on Islamic History 3), S. 1—16.

BROWN, K. L.: *People of Salé: Tradition and Change in a Moroccan City, 1830—1930.* Manchester 1976.

BRENTHES, B.: *Die Entwicklung des Nomadismus im Alten Orient nach archäologischen Quellen und unter Berücksichtigung der postglazialen Klimaschwankungen.* In: Die Nomaden in Geschichte und Gegenwart. Berlin 1981, S. 41—48.

Ders.: *Nomadenwanderungen und Klimaschwankungen.* In: Central Asiatic Journal 30. (Wiesbaden) 1986, S. 7—21.

BROOKERS, J.: *Gardens of Paradise. The History and Design of the Great Islamic Gardens.* London 1987.

BRUINESSEN, M. van: *Nationalismus und religiöser Konflikt: Der kurdische Widerstand im Iran.* In: Religion und Politik im Iran. Mardom nameh — Jahrbuch zur Geschichte und Gesellschaft des Mittleren Ostens. Frankfurt/M. 1981, S. 372—409.

BRUNSCHVIG, R.: *Urbanisme médiéval et droit musulman.* In: Revue des Études Islamiques 15 (Paris 1947), S. 127—155.

BURKI, Sh. J.: *International Migration: Implications for Labor Exporting Countries.* In: The Middle East Journal 38 (1984), S. 668—684.

BURNEY, C.; LANG, D. M.: *Die Bergländer Vorderasiens. Armenien und der Kaukasus von der Vorzeit bis zum Mongolensturm.* Essen 1975 (Magnus Kulturgeschichte).

CAHEN, C.: *Mouvements et organisations populaires dans les villes de l'Asie musulmane au Moyen Age: milices et associations de Foutouwwa.* In: La Ville. Deuxiéme Partie: Institutions économiques et sociales. Brüssel 1955 (Recueils de la Société Jean Bodin), S. 273—288.

Ders.: *Zur Geschichte der städtischen Gesellschaft im islamischen Orient des Mittelalters.* In: Saeculum, Bd. 9, 1 (1958), S. 59—76.

* CAHEN, C.: *Der Islam I. Vom Ursprung bis zu den Anfängen des Osmanenreiches.* Frankfurt/M. 1968 (Fischer Weltgeschichte 14).

Ders.: *Y a-t-il eu des corporations professionelles dans le monde musulman classique?* In: HOURANI, A. H.; STERN, S. M. (Hg.): The Islamic City. A Colloquium. Oxford 1970, S. 51—64.

Ders.: *Nomades et sédentaires dans le monde musulman du milieu du Moyen-Age.* In: RICHARDS, D. S. (Hg.): Islamic civilisation, 950—1150. Oxford 1973, S. 93—104.

CAPONERA, D. A.: *Water Laws in Moslem Countries.* Rom 1973 (Irrigation and Drainage Paper 20/1. F.A.O.).

CATTAN, H.: *The Law of Waqf.* In: KHADDURI, M.; LIEBESNY, H. J. (Hg.): Law in the Middle East, Vol. 1. Washington 1955, S. 203—222.

CENTLIVRES, P.: *Un bazar d'Asie Centrale. Forme et organisation du bazar de Tâshqurghân (Afghanistan).* Wiesbaden 1972 (Beiträge zur Iranistik).

CLAUSEN, U.: *Zur Arabisierung in Algerien.* In: Orient 25 (1984), S. 39—64.

COLE, D. P.: *Nomads of the Nomads. The Al Murrah Bedouins of the Emty Quarter.* Arlington Heights, Illionois 1975.

Ders.: *Bedouin and Social Change in Saudi Arabia.* In: GALATY, J. G.; SALZMAN, Ph. C. (Hg.): Change and Development in Nomadic and Pastoral Societies. Leiden 1981, S. 128—149.

COLES, A.; JACKSON, P.: *A Windtower House in Dubai.* London 1975 (Art and Archaeology Research Papers).

CORDES, R.: *Vereinigte Arabische Emirate. Von der Piratenküste zum Wirtschaftswunderland.* In: SCHOLZ, F. (Hg.): Die Golfstaaten: Wirtschaftsmacht im Krisenherd. Braunschweig 1985, S. 249—266.

CORDES, R.; BONINE, M. E.: *Abu Dhabi Town. Oil Urbanization in Südostarabien.* In: Geogr. Rundschau 35 (1983), S. 466—475.

COSTELLO, V. F.: *Urbanization in the Middle East.* Cambridge 1977.

CRUSOE, J.: *Kuwait's City Dream.* In: Middle East Economic Digest, 10. 2. 1989, S. 7.

ÇAGATAY, N.: *Ribā and Interest Concept and Banking in the Ottoman Empire.* In: Studia Islamica 32 (1970), S. 53—68.

DAM, N. van: *Middle Eastern Political Cliches. ‚Takriti' and ‚Sunni' Rule in Araq; ‚Alawi' Rule in Syria; a Critical Appraisal.* In: Orient 21 (1980), S. 42—57.

DAMEROW, P.; ENGLUND, R. K.; NISSEN H. J.: *Die Entstehung der Schrift.* In: Spektrum der Wissenschaft 2/1988, S. 74—85.

DAVID, Jean-Claude: *Le Waqf i'Ipšir Paša à Alep (1063/1653). Etude d'urbanisme historique.* Damaskus 1982.

DAVIDSON, R. H.: *Where is the Middle East?* In: Foreign Affairs 38, 4 (1960), S. 665—675.

DEBS, R. A.; ZIADEH, F. J.; DILGER, K.: *Der Begriff des Eigentums im islamischen Recht.* In: Beiträge zu islamischem Rechtsdenken, Stuttgart 1986 (Studien zu nichteuropäischen Rechtstheorien 2), S. 93—115.

DEHMEL, R.: *Naher, Mittlerer, Ferner Osten.* In: Geogr. Rundschau 9 (1957), S. 115 f.

DELVAL, R. (Hg.): *A Map of the Muslims in the World.* Leiden 1984.

DETTMANN, K.: *Damaskus. Eine orientalische Stadt zwischen Tradition und Moderne.* Erlangen 1969 (Mitt. der Fränk. Geogr. Gesellschaft 15/16 (1968/1969)), S. 183—301 (auch: Erlanger Geogr. Arbeiten 26).

Ders.: *Zur inneren Differenzierung der islamisch-orientalistischen Stadt.* In: Deutscher Geographentag Kiel 1969, Tagungsbericht und wiss. Abh. Wiesbaden 1970, S. 488—497.

Ders.: *Die britische Agrarkolonisation im Norden des Industieflandes.* In: Mittl. d. Fränk. Geogr. Gesellschaft, Bd. 23/24. Erlangen 1978, S. 375—411.

DIEM, W.: *Koran.* In: KREISER, K; DIEM, W.; MAJER, H.G. (Hg.): Lexikon der Islamischen Welt, 3 Bde., Stuttgart 1974, Bd. 2, S. 103—106.

DILGER, K.: *Tendenzen der Rechtsentwicklung.* In: ENDE, W; STEINBACH, U.: Der Islam in der Gegenwart. München ^{2}1989, S. 170—197.

DONNER, F. McGraw: *The Early Islamic Conquests.* Princeton, New Jersey 1981.

DOSTAL, W.: *Der Markt von Ṣan'ā'.* Wien 1979 (Österreichische Akademie d. Wiss., Philosophisch-Historische Klasse, Sitzungsberichte 354).

Ders.: *Die Beduinen in Südarabien. Eine ethnologische Studie zur Entwicklung der Kamelhirtenkultur in Arabien.* Horn, Wien 1967 (Wiener Beiträge zur Kulturgeschichte und Linguistik — Veröffentl. d. Instituts für Völkerkunde der Univ. Wien 16).

Ders.: *Interpretation der sozio-ökonomischen Verhältnisse südarabischer Beduinen.* In: SNOY, P. (Hg.): Ethnologie und Geschichte. Festschrift für Karl Jettmar. Wiesbaden 1983 (Beiträge zur Südasienforschung, 86), S. 112—127.

DROWER, M. S.: *The Domestication of the Horse.* In: UCKO, P. J.; DIMBLEBY, G. W. (Hg.): The Domestication and Exploitation of Plants and Animals. London 1969, S. 471—478.

DURI, A.: *Arabische Wirtschaftsgeschichte.* Zürich, München 1979.

DÜRR, H.: *Kulturerdteile: Eine »neue« Zehnweltenlehre als Grundlage des Geographieunterrichts.* In: Geogr. Rundschau 39 (1987), S. 228—232.

EGGELING, W. J.: *Arbeitsemigration.* In: GROTHUSEN, K.-D. (Hg.): Türkei. Göttingen 1985 (Südosteuropa-Handbuch, Bd. IV), S. 519—527.

EHLERS, E.: *Bauern — Hirten — Bergnomaden am Alvand Kuh/Westiran: Junge Wandlungen bäuerlich-nomadischer Wirtschaft und Sozialstruktur in iranischen Hochgebirgen.* In: 40. deutscher Geographentag Innsbruck 1975. Tagungsberichte und wiss. Abh. Wiesbaden 1976, S. 775—794.

Ders.: *Ägypten: Bevölkerungswachstum und Nahrungsspielraum.* In: Geogr. Rundschau 29 (1977), S. 98—107.

Ders.: *City and Hinterland in Iran: The Example of Tabas/Khorasan.* In: Tijdschrift voor economische en sociale Geografie 68 (1977), S. 284—296.

Ders.: *Dezfūl und sein Umland. Einige Anmerkungen zu den Umlandbeziehungen iranischer Klein- und Mittelstädte.* In: SCHWEIZER, G. (Hg.): Beiträge zur Geographie orientalischer Städte und Märkte. Wiesbaden 1977 (Beih. z. TAVO, Reihe B. 24), S. 147—171.

Ders.: *Rentenkapitalismus und Stadtentwicklung im islamischen Orient. Beispiel: Iran.* In: Erdkunde 32 (1978), S. 124—142.

Ders.: *Die Erdölförderländer des Mittleren Ostens 1960—1976. Zum Wert- und Bedeutungswandel einer Wirtschaftsregion.* In: Die Erde 109 (1978), S. 427—491.

Ders.: *Iran — wirtschafts- und sozialgeographische Aspekte einer „islamischen" Revolution.* In: Geogr. Rundschau 32 (1980), S. 2—15.

* Ders.: *Iran. Grundzüge einer geographischen Landeskunde.* Darmstadt 1980 (Wissenschaftl. Länderkunden 18).

Ders.: *Sfax/Tunesien. Dualistische Strukturen in der orientalistisch-islamischen Stadt.* In: Erdkunde 37 (1983), S. 81—96.

Ders.: *Ägypten. Zur Urbanisierung einer agraren Gesellschaft.* In: Geogr. Rundschau 36 (1984), S. 220—228.

Ders.: *Agrarreform und agrarsozialer Wandel im Islamischen Orient.* In: ANDRES, W.; BUCHHOFER, E.; MERTINS, G. (Hg.): Geographische Forschung in Marburg. Marburg 1986 (Marburger Geogr. Schriften 100), S. 19—37.

Ders.: *Die Islamische Republik Iran — Ursachen, Verlauf und Konsequenzen einer ,,islamischen Revolution''.* In: Weltmacht Islam. München 1988 (Bayr. Landeszentrale für Pol. Bildungsarbeit D 28), S. 439—461.

EHLERS, E.; MOMENI, M.: *Religiöse Stiftungen und Stadtentwicklung. Das Beispiel Taft/Zentraliran.* In: Erdkunde 43 (1989), S. 16—26.

EHLERS, E; SAFI-NEJAD J.: *Formen kollektiver Landwirtschaft in Iran: Boneh.* In: EHLERS, E. (Hg.): Beiträge zur Kulturgeographie des islamischen Orients. Marburg/Lahn 1979 (Marburger Geographische Schriften 78), S. 55—82.

EHLERS, E; STÖBER, G.: *Entwicklungstendenzen des Nomadismus in Iran.* In: SCHOLZ, F.; JANZEN, J. (Hg.): Nomadismus — Ein Entwicklungsproblem? Berlin 1982, S. 195—205.

EICKELMAN, D. F.: *Moroccan Islam. Tradition and Society in a Pilgrimage Center.* Austin, Texas 1976 (Modern Middle East Series 1).

EICKSTEDT, E. v.: *Türken, Kurden und Iraner seit dem Altertum. Probleme einer anthropologischen Reise.* Stuttgart 1961.

EKBAL, K.: *Islam, Nationalismus und Identitätsfragen: Historische, ideologische und soziale Dimensionen des Irakisch-Iranischen Krieges.* In: Peripherie 18/19 (1985), S. 85—115.

ELISSÉEFF, N.: *Physical Lay-out.* In: SERJEANT, R. B. (Hg.): The Islamic City. Paris 1980.

EL-SAADAWI, N.: *Tschador. Frauen im Islam.* Bremen 1980.

ELSENHANS, H. (Hg.): *Erdöl für Europa.* Hamburg 1974.

EL-SHAGI, E. Sh.: *Gastarbeiter am Golf.* In: SCHOLZ, F. (Hg.): Die Golfstaaten: Wirtschaftsmacht im Krisenherd. Braunschweig 1985, S. 201—216.

Ders.: *Industrie und Industrialisierung.* In: STEINBACH, U; ROBERT, R. (Hg.): Der Nahe und Mittlere Osten. Politik, Gesellschaft, Wirtschaft, Geschichte, Kultur. Bd. 1. Opladen 1988, S. 377—403.

* ENDE, W.; STEINBACH, U. (Hg.): *Der Islam in der Gegenwart.* München ^{2}1989.

* ENDRESS, G.: *Einführung in die islamische Geschichte.* München 1982.

ENGLISH, P. W.: *Urbanites, Peasants, and Nomads: The Middle Eastern Ecological Trilogy.* In: Journal of Geography 66 (1967), S. 54—59.

Ders.: *Geographical Perspectives on the Middle East: The Passing of the Ecological Trilogy.* In: MIKESELL, M. V. (Hg.): Geographers Abroad. Essays on the Problems and Prospects of Research in Forein Areas. Chicago 1973 (The University of Chicago, Dep. of Geogr., Research Paper, 152), S. 134—164.

ESPOSITO, J. L. (Hg.): *Islam in Asia. Religion, Politics and Society.* New York, Oxford 1987.

FANON, F.: *Aspekte der Algerischen Revolution.* Frankfurt/M. 1969.

FAROQHI, S.: *Towns and Townsmen of Ottoman Anatolia.* Cambridge 1984.

FAWAZ, A. I.: *Sectarianism and Lebanon's National Dilemma.* In: Orient 28 (1987), S. 22—37.

FERDINAND, K.: *Nomad Expansion and Commerce in Central Afghanistan.* In: Folk 4 (1982), S. 123—159.

FERNEA, R. A.; MALARKEY, J. M.: *Anthropology of the Middle East and North Africa: A Critical Asessment.* In: Annual Review of Anthropology, Bd. 4, 1975, S. 183—206.

FINDLAY, A; FINDLAY, A.: *The Geographical Interpretation of International Migration. A Case Study of the Maghreb.* Durham 1982 (Univ. of Durham, Centre for Middle Eastern and Islamic Studies. Occasional Papers Series 14/1982).

FISHER, W. B.: *The Middle East.* London [7]1978.

FLANNERY, K. V.: *Origins and Ecological Effects of Early Domestication in Iran and the Near East.* In: UCKO, P. J.; DIMBLEBY, G. W. (Hg.): The Domestication and Exploitation of Plants and Animals. London 1969, S. 73—100.

FRANZ, E.: *Minderheiten in Iran. Dokumentation zur Ethnographie und Politik.* Hamburg 1981 (Aktueller Informationsdienst Moderner Orient, Sondernummer 8).

FRÖBEL, F.; HEINRICHS, J.; KREYE, O: *Umbruch in der Weltwirtschaft.* Reinbeck b. Hamburg 1986.

FURON, R.: *Geologie und Bodenschätze.* In: SCHIFFERS, H. (Hg.): Die Sahara und ihre Randgebiete. Bd. 1. Physiogeographie. München 1971, S. 113—155.

GABRIEL, B.: *Zum ökologischen Wandel im Neolithikum der östlichen Zentralsahara.* Berlin 1977 (Berliner Geogr. Abh. 279).

Ders.: *Zur vorzeitlichen Besiedlung Südalgeriens (Tanezrouft, Tidikelt, Touat, Gourara).* In: Die Erde 115 (1984), S. 93—109.

GABRIEL, E. F. (Hg.): *The Dubai Handbook.* Ahrensburg 1987.

GALATY, J. G.; ARONSON, D.; SALZMAN, P. C.; CHOUINARD, A. (Hg.): *The Future of Pastoral Peoples.* Ottawa 1981.

GALATY, J. G.; SALZMAN, P. C. (Hg.): *Change and Development in Nomadic and Pastoral Societies.* Leiden 1981 (International Studies in Sociology and Social Anthropology 33).

GARISHA, A. M.: *Die Muslimbruderschaft.* In: Weltmacht Islam. München 1988 (Bayr. Landeszentrale für Pol. Bildung D 28), S. 393—401.

GAUBE, H.: *Geschichtliche und soziale Hintergründe des libanesischen Bürgerkrieges.* In: Geogr. Rundschau 29 (1977), S. 286—290.

GAUBE, H.; WIRTH, E.: *Der Bazar von Isfahan.* Wiesbaden 1978 (Beihefte zum TAVO, Reihe B. 22).

Dies.: *Aleppo. Historische und geographische Beiträge zur baulichen Gestaltung, zur sozialen Organisation und zur wirtschaftlichen Dynamik einer vorderasiatischen Fernhandelsmetropole.* Wiesbaden 1984.

GHARATCHEDAGHI, C.: *Landverteilung in Varamin.* Opladen 1967 (Schriften des Deutschen Orientinstituts. Materialien und Dokumente).

GHIRARDELLI, G.: *„Fromme Stiftung" und Stadtentwicklung.* In: ERNST, R. W. (Hg.): Stadt in Afrika, Asien und Lateinamerika. Berlin 1984, S. 58—69.

GIESE, E.: *Seßhaftmachung der Nomaden in der Sowjetunion.* In: SCHOLZ, F.; JANZEN, J. (Hg.): Nomadismus — Ein Entwicklungsproblem? Berlin 1982, S. 219—231.

Ders.: *Nomaden in Kasachstan. Ihre Seßhaftwerdung und Einordung in das Kolchos- und Sowchossystem.* In: Geogr. Rundschau 35 (1983), S. 575—588.

GILBERT, A. S.: *On the Origins of Specialized Nomadic Pastoralism in Western Iran.* In: World Archaeology 15 (1983), S. 105—119.

GOICHON, A. M.: *Œvres de bienfaisance et œuvres sociales en Syrie.* In: Orient 11, S. 99—122; 12, S. 95—127; 13, S. 53—77; 14, S. 73—84, 217—237. Paris 1958—60.

GOITEIN, S. D.: *Studies in Islamic History and Institutions.* Leiden 1968.

Ders.: *Cairo: An Islamic City in the Light of the Geniza Documents.* In: LAPIDUS, I. M. (Hg.): Middle Eastern Cities. Berkely, Los Angeles 1969, S. 80—96.

GRADMANN, R.: *Blüte und Niedergang des Orients in geographischer Betrachtung.* In: Geogr. Zeitschrift 53 (1965), S. 286—290

GRUBER, E. A.: *Verdienst und Rang. Die Fada'il als literarisches und gesellschaftliches Problem im Islam.* Freiburg i. B. 1975.

GRUNEBAUM, G. E. v.: *Die islamische Stadt.* In: Saeculum 4 (1955), S. 138—153.

* GRUNEBAUM, G. E. v. (Hg.): *Der Islam II. Die islamischen Reiche nach dem Fall von Konstantinopel.* Frankfurt/M. 1971 (Fischer Weltgeschichte 15).

GÜRGENARAZILI, F.: *Zwischen Anerkennung und Verbot: Nichtmuslimische und sprachliche Minderheiten.* In: Geogr. Rundschau 41 (1989), S. 206—210.

HAIDARI, I.: *Der Auflösungsprozeß des Beduinentums in Irak.* In: SCHOLZ, F.; JANZEN, J. (Hg.): Nomadismus — Ein Entwicklungsproblem? Berlin 1982, S. 139—142.

HAIKAL, M. H.: *Das Leben Mohammads.* (Übers. aus dem Arabischen). Siegen 1987.

HAKIM, B. S.: *Arabic-Islamic Cities. Building and Planning Principles.* London, New York 1986.

HAMDOUCH, B. et al.: *Migration internationale au Maroc. Une enquête sur ses caractères et ses effets en milieu urbain.* Rabat 1981.

HARTMANN, K.-P.: *Untersuchungen zur Sozialgeographie christlicher Minderheiten im Vorderen Orient.* Wiesbaden 1980 (Beihefte zum TAVO, Reihe B. 43).

HAVEMANN, A.: *Ri'āsa und qaḍā. Institutionen als Ausdruck wechselnder Kräfteverhältnisse in syrischen Städten vom 10. bis zum 12. Jahrhundert.* Freiburg i. B. 1975.

Ders.: *The Vizier and the Ra'is in Saljuq Syria: The Struggle for Urban Self-Representation.* In: International Journal of Middle East Studies 21 (1989), S. 233—242.

HEFFENING, W.: *Waqf.* In: Enzyklopaedie des Islam,Bd. 4, S. 1187—1194. Leiden, Leipzig 1934.

HEINE, P.: *Das Verbreitungsgebiet der islamischen Religion: Zahlen und Informationen zur Situation in der Gegenwart.* In: ENDE, W.; STEINBACH, U. (Hg.): Der Islam in der Gegenwart. München 1984, S. 132—151.

HEINEBERG, H.: *Stadtgeographie* Paderborn 1986 (Grundriß Allgemeine Geographie, Teil 10).

HELFRITZ, H.: *Chicago der Wüste.* Berlin 1932.

HELLER, E.: *Die Situation der Frau in der islamischen Gesellschaft.* In: BUCHHOLZ, A; GEILING M. (Hg.): Im Namen Allahs. Der Islam — eine Religion im Aufbruch? Frankfurt, Berlin, Wien 1979, S. 70—86.

Dies.: *Die Frau im Islam.* In: Weltmacht Islam, München 1988, S. 347—361.

HENLE, H.: *Der neue Nahe Osten.* Frankfurt 1972.

HENRICKSON, E. F.: *The Early Development of Pastoralism in the Central Zagros Highlands (Luristan).* In: Iranica Antiqua 20 (1985), S. 1—42.

HERZOG, R.: *Seßhaftwerden von Nomaden.* Köln, Opladen 1963 (Forschungsberichte des Landes Nordrhein-Westfalen 1238).

Ders.: *Veränderungen und Auflösungserscheinungen im nordafrikanischen Nomadentum.* In: Paideuma 6 (4) (1956), S. 210—223.

HETTNER, A.: *Der Gang der Kultur über die Erde.* Leipzig, Berlin ^{2}1929.

Ders.: *Der Orient und die Orientalische Kultur.* In: Geogr. Zeitschrift 37 (1931), S. 193—211, 269—279, 341—350, 401—414.

HIJAZI, A. T.: *Nahezu eine Milliarde Muslime.* In: Al-Islam. Zeitschrift von Muslimen in Deutschland 4/5 (1982), S. 9—11.

HILL, R. L.:*Baladiyya. The Arab East.* In: The Encyclopaedia of Islam. New Edition. Vol. I. Leiden 1960, S. 975—976.

HOFFMANN, G.: *Kommune oder Staatsbürokratie? Zur politischen Rolle der Bevölkerung syrischer Städte vom 10. bis 12. Jahrhundert.* Berlin (DDR) 1975.

HÖHFELD, V.: *Persistenz und Wandel der traditionellen Formen des Fremdenverkehrs in der Türkei.* Wiesbaden 1986 (Beih. z. TAVO, Reihe B, 71).

HÖHFELD, V; HÜTTEROTH, W.-D.: *Türkei — Probleme einer Evolution.* In: Geogr. Rundschau 33 (1981), S. 540—548.

HOOGLUND, E. J.: *Land and Revolution in Iran, 1960—1980.* Austin/Tex. 1982 (Modern Middle East Series 7).

HORNDASCH, G.; SCHLIEPHAKE, K.: *Petro-Industrialization in Qatar-Achievements and Prospects.* In: Orient 26 (1985), S. 372—388.

HOURANI, A. H.: *The Islamic City in the Light of Recent Research.* In: HOURANI, A. H.; STERN, S. M. (Hg.): The Islamic City. A Colloquium. Oxford 1970.

HÜTTEROTH, W. D.: *Bergnomaden und Yaylabauern im mittleren kurdischen Taurus.* Marburg 1959 (Marburger Geogr. Schriften 11).

Ders.: *Zum Kenntnisstand über Verbreitung und Typen von Bergnomadismus und Halbnomadismus in den Gebirgs- und Plateaulandschaften Südwestasiens.* In:

RATHJENS, C.; TROLL, C.; UHLIG, H. (Hg.): Vergleichende Kulturgeographie der Hochgebirge des südlichen Asiens. Wiesbaden 1973, S. 146—156.

* Ders.: *Türkei.* Darmstadt 1982 (Wissenschaftl. Länderkunden 21).

IBN TAIMIYA: *Al-Istiqāma*. Riad 1983.

IBRAHIM, F. N.: *Das Handwerk in Tunesien, eine wirtschafts- und sozialgeographische Strukturanalyse.* Hannover 1975 (Jahrbuch der Geogr. Ges. zu Hannover, Sonderheft 7).

Ders.: *Nil und Assuan-Hochstaudamm. Eingriff in ein Flußsystem.* Düsseldorf 1982.

Ders.: *Die Rolle des Nomadismus im Desertifikationsprozeß im Westsudan* In: SCHOLZ, F.; JANZEN, J. (Hg.): Nomadismus — Ein Entwicklungsproblem? Berlin 1982, S. 49—58.

Ders.: *Die Kopten und ihre gegenwärtige Situation.* In: European Coptic Union e. V.: Les Coptes — The Copts — Die Kopten, Bd. 3. Hamburg 1983, S. 113—121.

Ders.: *Der Hochstaudamm von Assuan — eine ökologische Katastrophe?* In: Geogr. Rundschau 36 (1984), S. 236—242.

INALCIK, H.: *Capital Formation in the Ottoman Empire.* In: Journal of Economic History 29 (1969), S. 97—140.

IRABI, A.: *Arabische Soziologie. Studien zur Geschichte und Gesellschaft des Islam.* Darmstadt 1989.

ISSAWI, Ch.: *Egypt in Mid-Century. An Economic Survey.* Oxford etc. 1954.

Ders.: *The Economic History of Iran 1800—1914.* Chicago, London 1971 (Publication of the Center for Middle Eastern Studies 8).

JANSEN, M.: *Die Indus-Zivilisation. Wiederentdeckung einer frühen Hochkultur.* Köln 1986.

JANZEN. J.; SCHOLZ, F.: *Die Weihrauchwirtschaft Dhofars (Sultanat Oman).* In: Fragen geographischer Forschung. Innsbruck 1979 (Innsbrucker Geogr. Studien 5), S. 501—541.

JEBENS, A.: *Wirtschafts- und sozialgeographische Untersuchung über das Heimgewerbe in Nordafghanistan.* Tübingen 1983 (Tübinger Geographische Studien 87).

JETTMAR, K.: *Die Entstehung der Reiternomaden.* In: Saeculum 17 (1966), S. 1—11.

Ders.: *Die Bedeutung politischer Zentren für die Entstehung der Reiternomaden Zentralasiens.* In: Nomaden in Geschichte und Gegenwart. Berlin 1981 (Veröff. d. Museums f. Völkerkunde zu Leipzig, 33), S. 49—70.

JOHANSEN, B.: *Die feindlichen Städte — Marokkos blockierter Transformationsprozeß.* In: Das Argument 65 (1971), S. 394—423.

Ders.: *The All-Embracing Town and its Mosques: al-miṣr al-ǧāmiʿ.* In: ROMM 32 (1981/82), S. 139—161.

Ders.: *The Servants of the Mosques.* In: The Maghreb Review VII/1-2 (1982), S. 23—31.

JOHANSEN, B.; STEPPAT, F.: *Der Islam und die Muslime. Geschichte und religiöse Traditionen.* Berlin 1985.

JOHNSON, D. L.: *The Natur of Nomadism: a Comparative Study of Pastoral Migration in Southwestern Asia and Northern Africa.* Chicago 1969 (Univ. of. Chicago, Dept. of Geography, Research Paper 118).

JOHNS, R.; FIELD M.: *Oil in the Middle East and North Africa.* In: The Middle East and North Africa 1987, London 1986, S. 96—134.

JONG de, F.: *Die mystischen Bruderschaften und der Volksislam.* In: ENDE, W.; STEINBACH, U. (Hg.): Der Islam in der Gegenwart. München ²1989, S. 487—504.

KANDIL, F.: *Die Muslimbruderschaft.* In: Weltmacht Islam. München 1988 (Bayr. Landeszentrale für Pol. Bildungsarbeit D 28), S. 403—411.

KARGER, A.: *Historisch-Geographische Wandlungen der Weidewirtschaft in den Trockengebieten der Sowjetunion am Beispiel Kasachstans.* In: KNAPP, R. (Hg.): Weidewirtschaft in Trockengebieten. Stuttgart 1965, S. 37—47.

KARPAT, K.: *Some Historical and Methodological Considerations Concerning Social Stratification in the Middle East.* In: NIEUWENHUIJZE, C. A. O. (Hg.): Commoners, Climbers and Notables. Leiden 1977, S. 83—101.

KEDDIE, N. R.: *Is there a Middle East?* In: International Journal of Middle East Studies 4 (1973), S. 255—271.

KEELY, Ch. B.; SAKET, B.: *Jordanien Migrant Workers in the Arab Region: A Case Study of Consequences for Labor Supplying Countries.* In: The Middle East Journal 38 (1984), S. 685—698.

KEMP, P.: *Investing in Islam.* In: Middle East Economic Digest 21. 4. 1989, S. 2 f.

KHALIDI, T.: *Land Tenure and Social Transformation in the Middle East.* 1984 (American Univ. of Beirut).

KIM, S.: *The Korean Construction Industry as an Exporter of Services.* In: The World Bank Economic Review 2 (1988), S. 225—238.

KLEBE, T.: *Kleidervorschriften für nichtmuslimische Untertanen des türkischen Reiches im 16. Jahrhundert.* In: Der Neue Orient 8 (1920), S. 169—171.

KLENGEL, H.: *Zwischen Zelt und Palast.* Leipzig 1972.

KLÖWER, G. G.: *Arabischer Sozialismus, Genossenschaften und Islam.* In: Welt des Islams 18 (1977), S. 49—64.

KNAUERHASE, R.: *Öl — Grundlage der wirtschaftlichen Entwicklung.* In: STEINBACH, U; ROBERT, R. (Hg.): Der Nahe und Mittlere Osten. Politik, Gesellschaft, Wirtschaft, Geschichte, Kultur. Bd. 1. Opladen 1988, S. 329—349.

KOLB, A.: *Die Geographie und die Kulturerdteile.* In: LEIDLMEIER, A. (Hg.): Hermann von Wissmann-Festschrift. Tübingen 1962, S. 42—50.

Ders.: *Geofaktoren, Landschaftsgürtel und Wirtschaftserdteile.* In: Heidelberger Geogr. Arbeiten (Pfeifer-Festschrift), Heft 15. Heidelberg 1966, S. 29—36.

KOOROSHY, J.: *Agrarverfassung der Islamischen Republik Iran.* In: Orient 28 (1987), S. 229—243.

KOPP, H.: *Der Einfluß temporärer Arbeitsemigration auf die Agrarentwicklung in der Arabischen Republik Jemen.* In: Erdkunde 31 (1977), S. 226—230.

KORBY, W.: *Probleme der industriellen Entwicklung und Konzentration in Iran.* Wiesbaden 1977 (Beihefte zum Tübiger Atlas des Vorderen Orients, Reihe B, 20).

KORTUM, G.: *Hafenprobleme Irans im nördlichen Persischen Golf.* In: Geogr. Rundschau 23 (1971), S. 354—363.

KOUTCHARIAN, G.: *Der Siedlungsraum der Armenier unter dem Einfluß der historisch-politischen Ereignisse seit dem Berliner Kongreß 1878.* Berlin 1989 (Abh. d. Geogr. Inst. Anthropogeogr. 43).

* KREISSER, K.; DIEM, W.; MAJER, H. G. (Hg.): *Lexikon der Islamischen Welt.* 3 Bde. Stuttgart 1974 (Urban Taschenbücher 200/1—3).

KREUER, W.: *Kollektivierung und Seßhaftmachen von Nomaden in der Mongolischen Volksrepublik* In: Ergebnisse aktueller geographischer Forschungen an der Universität Essen, Paderborn 1982 (Essener Geogr. Arbeiten 1), S. 63—89.

KUSSMAUL, F.: *Das Reiternomadentum als historisches Phänomen.* In: Nomadismus als Entwicklungsproblem. Bielefeld 1969, S. 29—56.

LABIB, S.: *Wirtschaft und Handel im mittelalterlichen Orient.* In: KURZROCK, R. (Hg.): Die Islamische Welt, Bd. 2. Berlin 1984, S. 25—35.

LAMBTON, A. K. S.: *Landlord and Peasant in Persia.* London 1953.

Dies.: *Persian Land Reform 1962—1966.* Oxford 1969.

Dies.: *Aspects of Saljuq-Ghuzz Settlement in Persia.* In: RICHARDS, D. S. (Hg.): Islamic Civilisation 950—1150. Oxford 1973 (Papers on Islamic History 3), S. 105—125.

LAPIDUS, I.: *Muslim Cities and Islamic Societies.* In: LAPIDUS, I. (Hg.): Middle Eastern Cities. A Symposium on Ancient, Islamic, and Contemporary Urbanism. Berkeley, L.A. 1969, S. 47—79.

Dies.: *Traditional Muslim Cities: Structure and Change.* In: BROWN, L. C. (Hg.): From Medina to Metropolis. Princeton, N.J. 1973, S. 51—69. (1973 a)

Dies.: *The Evolution of Muslim Urban Society.* In: Comparative Studies in Society and History 15, Cambridge 1973, S. 21—50. (1973 b).

LEES, S. H.; BATES, D. G.: *The Origins of Specialized Pastoralism: a Systemic Model.* In: American Antiquity 392 (1974), S. 187—193.

LEGGE, A. J.; ROWLEY-CONWY, P. A.: *Gazellenjagd im steinzeitlichen Syrien.* In: Spektrum der Wissenschaft 10/1987, S. 66—74.

LEVEAU, R: *The Rural Elite as an Element in the Social Stratification of Morocco.* In: NIEUWENHUIJZE, C. A. O. van (Hg.), Commoners, Climbers and Notables. Leiden 1977, S. 268—278.

LEVORSEN, A. I.: *Geology of Petroleum.* San Francisco [2]1967.

LEVY, T. E.: *The Emergence of Specialized Pastoralism in the Southern Levant.* In: World Archaeology 15 (1983), S. 15—36.

LEWIS, B.: *The Islamic Guilds.* In: Economic History Review 8 (1937), S. 32—35.

Ders.: *The Question of Orientalism.* New York Review of Books, June 24, 1982.

Ders.: *Die Welt der Ungläubigen. Wie der Islam Europa entdeckte.* Frankfurt/M., Berlin, Wien 1983 (TB-Ausgabe Franfurt/M., Berlin 1989).

Ders.: *The Jews of Islam.* Princeton, N. J. 1985.

Ders.: *„Treibt sie ins Meer!" Die Geschichte des Antisemitismus.* Frankfurt/M., Berlin 1989.

LICHTENBERGER, E.: *Stadtgeographie.* Bd. 1. Stuttgart 1986 (Teubner Studienbücher der Geographie).

LIEBE-HARKORT, K.: *Beiträge zur sozialen und wirtschaftlichen Lage Bursas am Anfang des 16. Jahrhunderts.* Diss. Hamburg 1970.

LINGENAU, W.: *San'a'.* In: Jemen-Report 18, 2 (1987), S. 6—17.

LUTZ, H.: *Unsichtbare Schatten? Die „orientalische" Frau in westlichen Diskursen.* In: Peripherie 37 (1989), S. 51—69.

MAIER, J.: *Das Judentum. Von der Biblischen Zeit bis zur Moderne.* Bindlach [3]1988.

MARCUS, A.: *Men, Women and Property. Dealer in the Real Estate in 18th Century Aleppo.* In: Journal of the Economic and Social History of the Orient 26 (1983), S. 137—163.

MAULL, H. W.: *Zusammenarbeit am Golf? Der Gulf Cooperation Council (GCC).* In: SCHOLZ, F. (Hg.): Die Golfstaaten: Wirtschaftsmacht im Krisenherd. Braunschweig 1985, S. 171—186.

MAYER, F.: *Erdöl Weltatlas.* Braunschweig 1976.

MAYER, H. E.: *Geschichte der Kreuzzüge.* Stuttgart 1965.

McLACHLAN, K.: *The Neglected Garden. The Politics and Ecology of Agriculture in Iran.* London 1988.

MEED = Middle East Economic Digest.

MEHNER, H.: *Landwirtschaft und Ernährung.* In: STEINBACH, U. / ROBERT, R (Hg.): Der Nahe und Mittlere Osten. Bd. 1, Opladen 1988, S. 351—376.

MELASUO, T.: *Culture and Minorities in the Arabo-Islamic Identity of Algeria.* In: FERDINAND, K.; MOZAFFARI, M. (Hg.): Islam: State and Society. London, Riverdale 1988 (Studies on Asian Topics 12), S. 183—194.

MELLAART, J.: *Catal Hüyük. Stadt aus der Steinzeit.* Bergisch Gladbach 1967 (Neue Entdeckungen der Archäologie 1).

MENA = The Middle East and North Africa. London (verschiedene Jahre).

* MENSCHING, H.: *Marokko. Die Landschaften im Maghreb.* Heidelberg 1957 (Geogr. Handbücher).

* MENSCHING, H.: *Tunesien. Eine geographische Landeskunde.* Darmstadt [2]1974 (Wissenschaftl. Länderkunde 1).

* MENSCHING, H; WIRTH, E. (Hg.): Fischer-Länderkunde 4: Nordafrika — Vorderasien. Frankfurt/M. 1973. Überarbeitete Neuausgabe Frankfurt/M. 1989 (Fischer TB 6298)

MEYER, G.: *Erschließung und Entwicklung der ägyptischen Neulandgebiete.* In: Erdkunde 32 (1978), S. 212—227.

Ders.: *Die Zuwanderung aus den ägyptischen Oasen nach Kairo.* In: Der Islam 57 (1980), S. 36—50.

Ders.: *Umsiedlungsproblem des syrischen Euphrat-Projektes.* In: Geogr. Rundschau 34 (1982), S. 553—567.

Ders.: *Staatliche Fördermaßnahmen und aktueller Entwicklungsstand im nomadischen Lebensraum Syriens.* In: SCHOLZ, F.; JANZEN, J. (Hg.): Nomadismus — Ein Entwicklungsproblem? Berlin 1982, S. 131—137.

Ders.: *Ländliche Lebens- und Wirtschaftsformen Syriens im Wandel. Sozialgeographische Studien zur Entwicklung im bäuerlichen und nomadischen Lebensraum.* Erlangen 1984 (Erlanger Geogr. Arbeiten, Sonderband 16).

Ders.: *Abfall-Recycling als wirtschaftliche Existenzmöglichkeit im informellen Sektor — das Beispiel der Müllsammler in Kairo.* In: Die Erde 118 (1987), S. 65—78.

Ders.: *Wirtschaftsgeographische Probleme der Industrieansiedlung in den neuen Entlastungsstädten der ägyptischen Metropole.* In: Erdkunde 42 (1988), S. 284—294.

Ders.: *Small Businesses and Socio-Economic Development in the Middle East: The Example of Manufacturing Enterprises in Cairo.* Arbeitsheft / Research Paper, Berliner Institut für Vergleichende Sozialforschung, Berlin 1989.

MOON, C. I.: *Korean Contractors in Saudi Arabia: Their Rise and Fall.* In: The Middle East Journal 40 (1986), S. 614—633.

MÖLLER, H.-G.: *Israels Siedlungspolitik* In: Geogr. Rundschau 33 (1981), S. 187—202.

MOYNIHAN, E. B.: *Paradise as a Garden in Persia and Mughal India.* New York 1979.

MUGHADAM, M.: *Die Islamische Revolution.* In: Weltmacht Islam. München 1988, S. 427—437.

MUTAFCIEVA, V. u. a.: *Die Wakfe in Karaman (15.—16. Jahrhundert).* In: Études Balkaniques 11/1 (1975), S. 53—75.

MZIK, H. v.: *Was ist Orient? Eine Untersuchung auf dem Gebiet der politischen Geographie.* Mitt. Geogr. Ges. Wien, Bd. 61. Wien 1918, S. 191—208.

NAGEL, T.: *Staat und Glaubensgemeinschaft im Islam. Geschichte der politischen Ordnungsvorstellungen der Muslime.* 2 Bde. Zürich, München 1981 (Bibliothek des Morgenlandes).

Ders.: *Das Kalifat der Abbasiden.* In: HAARMANN, U. (Hg.): Geschichte der arabischen Welt. München 1987, S. 101—165.

Naissance du Prolétariat Marocain. Enquéte Collective exécutée de 1948 à 1950. Paris o. J. (1951), (Cahiers de l'Afrique et l'Asie III).

NAJAFI, S. B.: *Madinalogy.* Bd. 1. Köln 1985.

NEUMANN, J.; PARPOLA, S.: *Climatic Change and the Eleventh-Tenth-Century Eclipse of Assyria and Babylonia.* In: Journal of Near Eastern Studies 46/3 (1987), S. 161—182.

NEWIG, J.: *Drei Welten oder eine Welt: die Kulturerdteile.* In: Geogr. Rundschau 38 (1986), S. 263—267.

Ders.: *Zur Kulturerdteil-Diskussion. Eine abschließende Stellungnahme.* In: Geogr. Rundschau 40 (1988), S. 66—70.

NIBLOCK, T. C.: *Erdölwirtschaft und ihr Einfluß auf die sozialen und politischen Strukturen der Golfregion.* In: SCHOLZ, F. (Hg.): Die Golfstaaten: Wirtschaftsmacht im Krisenherd. Braunschweig 1985, S. 187—200.

NIEMEIER, G.: *Vollnomaden und Halbnomaden im Steppenhochland und in der nördlichen Sahara* In: Erdkunde 9 (1955), S. 249—263.

NIEUWENHUIJZE, C. A. O. van (Hg.): *Commoners, Climbers and Notables.* Leiden 1977 (Social, Economic and Political Studies of the Middle East 21).

NISSEN, H. J.: *Grundzüge einer Geschichte der Frühzeit des Vorderen Orients.* Darmstadt 1983 (Grundzüge 52).

Die Nomaden in Geschichte und Gegenwart. Berlin 1981 (Veröff. d. Museums für Völkerkunde zu Leipzig 33).

Nomadismus als Entwicklungsproblem. Bielefeld 1969 (Bochumer Schriften zur Entwicklungsforschung und Entwicklungspolitik 5).

NOTH, A.: *Früher Islam.* In: HAARMANN, U. (Hg.): Geschichte der arabischen Welt. München 1987, S. 11—100.

NOUR, S.: *Das Erdöl im Prozeß der Industrialisierung der Förderländer.* In: ELSENHANS, H. (Hg.): Erdöl für Europa. Hamburg 1974, S. 48—83.

OBST, J.: *Die Energiewirtschaft der Sahara.* In: SCHIFFERS, H. (Hg.): Die Sahara und ihre Randgebiete. Bd. 2, Humangeographie, München 1972, S. 388—408.

OLSCHEWSKI, M.: *Die OPEC — Erfolg der Förderländer durch kollektive Aktion.* In: ELSENHANS, H. (Hg.): Erdöl für Europa. Hamburg 1974, S. 132—155.

PANOFF, M.; PERRIN, M.: Taschenwörterbuch der Ethnologie. München 1975.

PARET, R.: *Der Koran.* Stuttgart 1979.

PASTNER, S.: *Conservatism and Chance in a Desert Feudalism: the Case of Southern Baluchistan.* In: WEISSLEDER, W (Hg.): The Nomadic Alternative. The Hague, Paris 1978, S. 247—260.

Pastoral production and society / Production pastorale et société. London, Paris 1979.

PARAT, R.: *The Middle East as a Culture Area.* In: The Middle East Journal 6/1 (1952), S. 1—21.

PAWELKA, P.: *Von Nasser zu Sadat: Ägypten heute.* In: Brennpunkt Mittel-Ost. Stuttgart etc. 1981, S. 115—141.

Ders.: *Herrschaft und Entwicklung im Nahen Osten: Ägypten.* Heidelberg 1985.

PEARCY, G. E.: *The Middle East — An Indefinable Region.* In: Department of State Publication No. 7684, Near and Middle Eastern Series 72/1964, S. 1—12.

PETERS, R.: *Erneuerungsbewegungen im Islam vom 18. bis zum 20. Jahrhundert und die Rolle des Islams in der neueren Geschichte: Antikolonialismus und Nationalismus* In: ENDE, W.; STEINBACH, U (Hg.): Der Islam in der Gegenwart. München 1984, S. 91—131.

PETERSEN, K. M.: *Villagers in Cairo: Hypotheses versus Data.* In: American Journal of Sociology 77 (1971), S. 560—573.

PHILIPP, Th.: *National State and Religious Community in Egypt — the Continuing Debate.* In: Die Welt des Islams 28 (1988), S. 379—391.

PLANCK, U.: *Der Teilbau im Iran.* In: Zeitschrift für Ausländische Landwirtschaft 1 (1962), S. 47—81.

Ders.: *Berufs- und Erwerbsstruktur im Iran als Ausdruck eines typisch frühindustriellen Wirtschaftssystems.* In: Zeitschrift für Ausländische Landwirtschaft 2 (1963), S. 75—96.

Ders.: *Die Reintegrationsphase der iranischen Agrarreform.* In: Erdkunde 29 (1975), S. 1—9.

PLANHOL, X. de: *Le boef porteur dans le Proche-Orient et l'Afrique du Nord.* In: Journal of the Social and Economic History of the Orient 12 (1969), S. 298—321.

Ders.: *Kulturgeographische Grundlagen der islamischen Geschichte.* Zürich, München 1975.

PLETSCH, A.: *Die Fondouks in den Medinen von Rabat und Salé (Marokko).* In: SCHOTT, C. (Hg.): Beiträge zur Kulturgeographie der Mittelmeerländer II. Marburg/L. 1973 (Marburger Geogr. Schriften 59), S. 7—22.

Ders.: *Wohnsituation und wirtschaftliche Integration in den marginalen Wohnvierteln der Agglomeration Rabat-Salé (Marokko).* In: SCHOTT, C. (Hg.): Beiträge zur Kulturgeographie der Mittelmeerländer II. Marburg/L. 1973 (Marburger Geogr. Schriften 59), S. 23—61.

Ders.: *Traditionelle Landwirtschaft in Marokko.* In: Geogr. Rundschau 29 (1977), S. 107—114.

POPP, H.: *Entkolonialisierung und Agrarreform in Marokko. Das Beispiel des Gharb.* In: Erdkunde 34 (1980), S. 257—269.

Ders.: *Bewässerungsprojekt Massa. Eine sozialgeographische Untersuchung der Planungsziele und der Anbaurealität in Südmarokko.* In: Geogr. Rundschau 34 (1982), S. 545—552.

Ders.: *Moderne Bewässerungslandwirtschaft in Marokko. Staatliche und individuelle Entscheidungen in sozialgeographischer Sicht.* Erlangen 1983 (Fränk. Geogr. Gesellschaft: Erlanger Geogr. Arbeiten, Sonderband 15).

Ders.: *Die Berber. Zur Kulturgeographie einer ethnischen Minderheit im Maghreb.* In: Geogr. Rundschau 42 (1990), S. 70—75.

QOUDSI, E.: *Notice sur les corporations de Damas.* In: Akten des VI. Internationalen Orientalistenkongresses. Bd. 2. Leiden 1885, S. 2—34.

RĀFIQ ʿAbdalkarīm: *Maẓāhir min at-tanẓīm al-ḥirafī fī bilād aš-Šām fī-l-ʿahd al-ʿuṯmānī.* In: Dirasat tarīḫīya 4 (1981), S. 30—62.

RATHJENS, C.: *Jewish Domestic Architecture in San'a, Yemen.* Jerusalem 1957 (The Israel Oriental Society, Oriental Notes and Studies. 7).

RAYMOND, A.: *Les grands waqfs et l'organisation de l'espace urbain a Alep et au Caire à l'époque ottomane (16e—17e siécles).* In: Bulletin d'Etudes Orientales de l'Institut Francais de Damas 31 (1979), S. 113—128.

REISSNER, J.: *Die innerislamische Diskussion zur modernen Wirtschafts- und Sozialordnung.* In: ENDE, W.; STEINBACH, U. (Hg.): Der Islam in der Gegenwart. München ²1989, S. 155—169.

Ders.: *Die militant-islamischen Gruppen.* In: ENDE, W.; STEINBACH, U. (Hg.): Der Islam in der Gegenwart. München ²1989, S. 470—486.

RITTER, H.: *Salzkarawanen in der Sahara.* Zürich, Freiburg i. B. 1980.

Ders.: *Der Karawanenhandel mit Hirse und Salz als autonome Wirtschaftsform in den westlichen Sahelländern.* In: Die Erde 119 (1988), S. 259—268.

RICHTER, W.: *Israel und seine Nachbarräume. Ländliche Siedlungen und Landnutzung seit dem 19. Jahrhundert.* Wiesbaden 1979 (Erdwissenschaftl. Forschung, Bd. 14).

Ders.: *Jüdische Agrarkolonisation in Südpalästina (Südisrael) im 20. Jahrhundert.* Köln 1980 (Kölner Forschungen zur Wirtschafts- und Sozialgeographie 27).

RITTER, W.: *A Note on the Sedentarization of Nomads in Eastern Saudi-Arabia.* In: GRUBER, G. et al. (Hg.): Studien zur allgemeinen und regionalen Geographie. Josef Matznetter zum 60. Geburtstag. Frankfurt/M. 1977 (Frankfurter Wirtschafts- und Sozialgeographische Schriften 26), S. 407—434.

Ders.: *Qatar. Ein arabisches Erdölemirat.* Nürnberg 1985 (Nürnberger Wirtschafts- und Sozialgeographische Arbeiten 38).

ROBERT, R.: *Zwischenstaatliche Arbeitskräftewanderung.* In: STEINBACH, U.; ROBERT, R. (Hg.): Der Nahe und Mittlere Osten. Politik, Gesellschaft, Wirtschaft, Geschichte, Kultur. Bd. 1. Opladen 1988, S. 489—499.

ROBERTS, H.: *The Algerian Bureaucracy.* In: ASAD, T.; OWEN, R. (Hg.): Sociology of „Developing Societies". The Middle East. London 1983, S. 95—114.

RODINSON, M.: *Islam und Kapitalismus.* Frankfurt 1971.

Ders.: *Die Araber.* Frankfurt/M. 1981.

RUPPERT, H.: *Der Nahe Osten — Ein Raum sozialer und politischer Auseinandersetzungen.* In: Geographie heute 15 (1983), S. 2—11.

SAID, E. W.: *Orientalism.* New York 1978. (Dt. Übers.: *Orientalismus.* Frankfurt, Berlin, Wien 1981.)

SALT, J; CLOUT, H. (Hg.): *Migration in Post-War Europe. Geographical Essays.* Oxford etc. 1976.

SAMIZAY, R.: *Herati Housing of Afghanistan.* In: Ekistics. Athens. Nr. 227. 38 (1974), S. 247—251.

SCHACHT, J.: *An Introduction to Islamic Law.* Oxford 1964.

* SCHACHT, J.; BOSWORTH, C. E. (Hg.): *Das Vermächtnis des Islams.* 2 Bde. München 1983.

* SCHAMP, H. (Hg.): *Ägypten. Das alte Kulturland am Nil auf dem Weg in die Zukunft. Raum — Gesellschaft — Geschichte — Kultur — Wirtschaft.* Tübingen, Basel 1977.

Ders.: *Sadd el-Ali, der Hochdamm von Assuan.* In: Geowissenschaften in unserer Zeit 1 (1983), S. 51—58, 73—85.

SCHARABI, M.: *Das traditionelle Wohnhaus der arabischen Halbinsel.* Architectura 9 (1979), S. 77—90.

SCHEFFLER, T.: *Staat und Kommunalismus im Nahen und Mittleren Osten.* In: Peripherie 18/19 (1985), S. 46—59.

Ders.: *Zwischen „Balkanisierung" und Kommunalismus: ethnisch-religiöse Konflikte im Nahen und Mittleren Osten.* In: Orient 26 (1985), S. 181—194.

SCHLICHT, A.: *Muslime und Kopten im heutigen Ägypten. Zum Minoritätenproblem im Zeitalter der Reislamisierung.* In: Orient 24 (1983), S. 226—234.

SCHLIEPHAKE, K.: *Die Oasen der Sahara — ökologische und ökonomische Probleme.* In: Geogr. Rundschau 34 (1982), S. 282—291.

Ders.: *Industrial Planning and New Industrial Towns in Saudi-Arabia, Qatar and Oman.* In: Arabian Gulf Studies I. Nürnberg 1985 (Nürnberger Wirtschafts- und Sozialgeographische Arbeiten 37), S. 85—133.

SCHMITTHENNER, H.: *Lebensräume im Kampf der Kulturen.* Leipzig 1938.

SCHÖLCH, A.: *Ein neues Pfingstwunder im Vorderen Orient?* In: Peripherie 12 (1983), S. 45—51.

SCHÖLLER, P.: *Aufgaben heutiger Länderkunde.* In: Geogr. Rundschau 30 (1978), S. 296—297.

SCHOLZ, F.: *Beobachtungen über künstliche Bewässerung und Nomadismus in Belutschistan.* In: Strukturwandlungen im nomadisch-bäuerlichen Lebensraum des Orients. Wiesbaden 1970 (Erdkundliches Wissen 26), S. 52—79.

Ders.: *Belutschistan (Pakistan). Eine sozialgeographische Studie des Wandels in einem Nomadenland seit Beginn der Kolonialzeit.* Göttingen 1974 (Göttinger Geogr. Abh. 63).

Ders.: *Seßhaftmachung von Nomaden in der Upper Sind Frontier Province (Pakistan) im 19. Jahrhundert.* In: Geoforum 18 (1974), S. 29—46. (Gekürzter Wiederabdruck in SCHOLZ, F. (Hg.): Entwicklungsländer. Darmstadt 1985, S. 221—248.)

Ders. (Hg.): *Beduinen im Zeichen des Erdöls.* Wiesbaden 1981.

Ders.: *Der Mittlere Osten. Ein wirtschafts- und sozialgeographischer Überblick.* In: Brennpunkt Mittel-Ost. Stuttgart, Berlin, Köln, Mainz 1981, S. 9—32.

Ders.: *Bewässerung in Pakistan. Zusammenstellung und Kommentierung neuester Daten.* In: Erdkunde 38 (1984), S. 216—226.

* Ders. (Hg.): *Die Golfstaaten: Wirtschaftsmacht im Krisenherd.* Braunschweig 1985.

Ders.: *Erdölreserven, Finanzreichtum und Wirtschaftskraft. Die globale Bedeutung der arabischen Golfstaaten.* In: SCHOLZ, F. (Hg.): Die Golfstaaten. Wirtschaftsmacht im Krisenherd. Braunschweig 1985, S. 107—129.

Ders.: *Räumliche Ausbreitung türkischer Wirtschaftsaktivitäten in Berlin. Ein Beitrag zur Integrationsfrage der Türken.* In: Berlin — Beiträge zur Geographie eines Großstadtraumes. Festschrift z. 45. Dt. Geographentag in Berlin. Berlin 1985, S. 519—527.

Ders.: *Nomaden und Erdöl. Über Lage und Rolle der Beduinen in den Erdölförderländern der arabischen Halbinsel.* in: Geogr. Rundschau 39 (1987), S. 394—401.

Ders.: *Nomadismus im Niedergang — ,,Desert-Farming" mit Perspektiven?* In: MÄCKEL, R.; SICK, W. (Hg.): Natürliche Ressourcen und ländliche Entwicklungsprobleme der Tropen. Festschrift für Walter Manshard. Stuttgart 1988 (Erdkundliches Wissen 90), S. 188—203.

* SCHOLZ, F.; JANZEN, J. (Hg.): *Nomadismus — Ein Entwicklungsproblem?* Berlin 1982 (Abhandl. d. Geographischen Instituts — Anthropogeographie 33).

SCHULZE, R.: *Islamische Kultur und soziale Bewegung.* In: Peripherie 18/19 (1985), S. 60—84.

SCHWARZ, K.; WINKELHANE, G.: *Hoga Sa'eddin, Staatsmann und Gelehrter (gest. 1599), und seine Stiftung aus dem Jahre 1614.* Bamberg 1986.

SCHWEDLER, H.-U.: *Die zionistische Siedlungsentwicklung in Palästina.* In: Geogr. Rundschau 33 (1981), S. 178—186.

Ders.: *Arbeitsmigration und urbander Wandel. Eine Studie über Arbeitskräftewanderung und räumliche Segregation in orientalischen Städten am Beispiel Kuwaits.* Berlin 1985 (Abhandl. des Geograph. Inst. — Anthropogeographie 39).

Ders.: *Kuwait. Wohlstand auf Zeit?* In: SCHOLZ, F. (Hg.): Die Golfstaaten: Wirtschaftsmacht im Krisenherd. Braunschweig 1985, S. 267—283.

Ders.: *Arbeitsmigration und sozialräumlicher Wandel in Kuwait.* In: Orient 27 (1986), S. 228—251.

SCHWEIZER, G.: *Nordost-Azerbaidschan und Shah Sevan-Nomaden.* In: Strukturwandlungen im nomadisch-bäuerlichen Lebensraum des Orients. Wiesbaden 1970 (Erdkundliches Wissen 26), S. 81—148.

Ders.: *Tabriz (Nordwest-Iran) und der Tabrizer Bazar.* In: Erdkunde 26 (1972), S. 32—46.

Ders.: *Bandar 'Abbas und Hormus. Schicksal und Zukunft einer iranischen Hafenstadt am Persischen Golf.* Wiesbaden 1972 (Beihefte zum TAVO, Reihe B. 2).

Ders.: *Das Aras-Moghan-Entwicklungsprojekt in Nordwest-Iran und die Probleme der Nomadenansiedlung.* In: Zeitschrift f. Ausländische Landwirtschaft 12 (1973), S. 60—75.

Ders.: *Lebens- und Wirtschaftsformen iranischer Bergnomaden im Strukturwandel. Das Beispiel des Shah Sevan.* In: RATHJENS, C.; TROLL, C.; UHLIG, H. (Hg.): Vergleichende Kulturgeographie des Hochgebirges des südlichen Asien. Wiesbaden 1973 (Erdwissenschaftl. Forschung 5), S. 168—173.

Ders.: *Traditionelle Lebens- und Wirtschaftsformen im Wandel.* In: BLUME, H. (Hg.): Saudi-Arabien. Natur, Geschichte, Menschen und Wirtschaft. Tübingen, Basel 1976, S. 184 ff.

Ders.: *Beiträge zur Geographie orientalischer Städte und Märkte.* Wiesbaden 1977 (Beihefte zum TAVO, Reihe B. 24).

Ders.: *Gastarbeiter in Saudi-Arabien.* In: BARTH, R.; WILHELMY, H.: Trockengebiete. Natur und Mensch im ariden Lebensraum. — Festschrift für Herbert Blume. Tübingen 1980 (Tübinger Geographische Studien 80), S. 353—365.

SEBAG, P.: *L'évolution d'un ghetto nord-africain. La Hara de Tunis.* Paris 1959 (Publications de l'Institut des hautes Etudes des Tunis. Mémoires du Centre d'Etudes de Sciences Humaine 5.).

SECCOMBE, I. J.: *Immigrant Workers in an Emigrant Economy: An Examination of Replacement Migration in the Middle East.* In: International Migration 24 (1986), S. 377—396.

SECCOMBE, I. J.; LAWLESS, R. I.: *Duty Shaikhs, Subcontractors and Recruiting Agents: the Impact of the International Oil Industry on Recruitment and Employment in the Persian/Arabian Gulf, 1900—1950.* In: Orient 27 (1986), S. 252—270.

SEGER, M.: *Teheran. Eine stadtgeographische Studie.* Wien, New York 1978.

Ders.: *Zum Dualismus der Struktur orientalischer Städte. Das Beispiel Teheran.* In: Mitteilungen der Österreichischen Geogr. Gesell. 121, 1 (1979), S. 129—159.

ŞEN, E.: *Die Entwicklung der Wohngebiete der Stadt Ankara. Ein Beitrag zum gecekondu-Problem.* In: Geogr. Zeitschrift 60 (1972), S. 25—39.

ŞEN, Z.: *Industrialisierung in der Türkei. Das Beispiel Çerkezköy.* In: Geogr. Rundschau 34 (1982), S. 58—62.

SENI, N.: *Ville Ottomane et représentation du corps féminine.* In: Les Temps Modernes 456-457 (1984), S. 66—95.

SERAGELDIN, I.; SOCKNAT, J.; BIRKS, J. S.; SINCLAIR, C.: *Some Issues Related to Labor Migration in the Middle East and North Africa.* In: The Middle East Journal 38 (1984), S. 615—642.

SERJEANT, R. B.; LEWCOCK, R.: *San'ā'. An Arabian Islamic City.* London 1983 (The Word of Islam Festival Trust.).

SHAFSHAK, K. El-Din: *Fruchtfolgen und Fruchtfolgeprobleme in der VAR.* In: Wiss. Zeitschrift Univ. Halle 22, 3. Halle 1973, S. 37—51.

SHAH, N. M.; ARNOLD, F.: *Government Policies and Programs Regulating Labor Migration.* In: ARNOLD, F.; SHAH, N. M. (Hg.): Asian Labor Migration. Pipeline to the Middle East. Boulder, London 1986, S. 65—77.

SHERBINY, N. A.: *Expatriate Labor Flows to the Arab Oil Countries in the 1980s.* in: The Middle East Journal 38 (1984), S. 643—667.

SIEVERNICH, G.; BUDDE, H. (Hg.): *Europa und der Orient, 800—1900.* Gütersloh, München 1989 (Katalog zur Ausstellung ,,,Horizonte '89", Berlin).

Dies.: *Europa und der Orient 800—1900. Lesebuch.* Berliner Festspiele 1989.

SIPRI (Stockholm International Peace Research Institut) (Hg.): Rüstungsjahrbuch '80/81. Reinbeck bei Hamburg 1980.

SMART, J. E.: *Worker Circulation between Asia and the Middle East.* In: Pacific Viewpoint 27 (1986), S. 1—28.

SMART, J. E.; TEODOSIO, V. A.; JIMENEZ, C. J.: *Filipino Workers in the Middle East: Social Profile and Policy Implications.* In: International Migration 23 (1985), S. 29—43.

SMITH, N.: *Mensch und Wasser: Bewässerung, Wasserversorgung, von den Pharaonen bis Assuan.* München 1978.

SMITH, S. E.: *The Environmental Adaptation of Nomads in the West African Sahel: a Key to Understanding Prehistoric Pastoralists.* In: WEISSLEDER, W. (Hg.): The Nomadic Alternative. The Hague, Paris 1978, S. 75—96.

STAUTH, G.: *Die Fellachen im Nildelta.* Wiesbaden 1983.

StBA, LB = Statistisches Bundesamt Wiesbaden, Länderberichte (verschiedene Staaten, verschiedene Jahre). Stuttgart, Mainz (Statistik des Auslandes).

STEINBACH, U.: *Der Islam und die Krise des Nahen Ostens.* Informationen zur Politischen Bildung 194 (1982).

STEINBACH, U.; HOFMEISTER, R.; SCHÖNBORN, M.: *Politisches Lexikon Nahost.* München 1979.

* STEINBACH, U; ROBERT, R. (Hg.): *Der Nahe und Mittlere Osten. Politik, Gesellschaft, Wirtschaft, Geschichte, Kultur.* 2 Bde., Opladen 1988.

STEPPAT, F.: *Die Beduinen als Randgruppe der islamischen Gesellschaft.* In: SCHOLZ, F.; JANZEN, J. (Hg.): Nomadismus — Ein Entwicklungsproblem? Berlin 1982, S. 113—118.

Ders.: *Schi'a und Sunna. Religiöse Konfliktlinien und politische Brisanz.* In: SCHOLZ, F. (Hg.): Die Golfstaaten. Wirtschaftsmacht im Krisenherd. Braunschweig 1985, S. 36—51.

Ders.: *Islamische Antworten auf die Fragen der modernen Welt.* In: Weltmacht Islam. München 1988 (Bayr. Landeszentrale für Pol. Bildungsarbeit D 28), S. 413—425.

STERN, S. M.: *The Constitution of the Islamic City.* In: HOURANI, A. H.; STERN, S. M (Hg.): The Islamic City. A Colloquium. Oxford 1970, S. 25—50.

STEWIG, R.: *Bemerkungen zur Entstehung des orientalischen Sackgassengrundrisses am Beispiel der Stadt Istanbul.* Wien 1966 (Mitt. d. Österr. Geogr. Ges. 108), S. 25—47.

Ders.: *Der Orient als Geosystem.* Opladen 1977 (Schriften des Dt. Orient-Institutes).

Ders. (Hg.): *Probleme der Länderkunde.* Darmstadt 1979 (Wiss. Buchgesellschaft: Wege der Forschung Bd. CCCXCI).

Ders.: *Landflucht und Verstädterung.* In: STEINBACH, U.; ROBERT, R. (Hg.): Der Nahe und Mittlere Osten. Politik, Gesellschaft, Wirtschaft, Geschichte, Kultur. Bd. 1. Opladen 1988, S. 479—487.

STÖBER, G.: *Die Afshār. Nomadismus im Raum Kermān (Zentraliran).* Marburg 1978 (Marburger Geogr. Schriften 76).

Ders.: *Zur sozioökonomischen Differenzierung der Afshar im Raum Kerman.* In: SCHWEIZER, G. (Hg.): Interdisziplinäre Iran-Forschung. Beiträge aus Kulturgeographie, Ethnologie, Soziologie und Neuerer Geschichte. Wiesbaden 1979 (Beihefte zum TAVO, Reihe B. 40), S. 101—112.

Ders.: *„Habous Public" in Chaouen. Zur wirtschaftlichen Bedeutung religiöser Stiftungen in Nordmarokko.* In: Die Welt des Islams 25 (1985), S. 97—125.

Ders.: *„Habous Public" in Marokko. Zur wirtschaftlichen Bedeutung religiöser Stiftungen im 20. Jahrhundert.* Marburg 1986 (Marburger Geogr. Schriften 104).

STRIEDTER, K. H.: *Felsbilder der Sahara.* München 1984.

SUMNER, W.: *Proto-Elamite Civilization in Fars.* In: FINKBEINER, U.; RÖLLIG, W. (Hg.): Ǧamdad Naṣr. Period or Regional Style? Wiesbaden 1986 (Beihefte zum TAVO, Reihe B. 62), S. 199—211.

TALHA, L. et al.: *Maghrébins en France — émigrés ou immigrés?* Paris 1983 (Coll. "Etudes de l'Annuaire de l'Afrique du Nord").

TAPPER, R.: *Shahsevan in Safavid Persia.* In: Bulletin School of Oriental and African Studies 37 (1974), S. 349—354.

Ders.: *Holier than Thou: Islam in Three Tribal Societies.* In: AHMAD, A. S.; HART, D. M. (Hg.): Islam in Tribal Societies. From the Atlas to the Indus. London etc. 1984, S. 244—265.

THOMPSON, R. W.: *Delineation Regional Subsystems: Visit Networks and the Middle Eastern Case.* In: Int. J. Middle East Stud., 13 (1981), S. 213—253.

TOEPFER, H.: *Die Entwicklungsdynamik in der Türkei.* In: Geogr. Rundschau 41 (1989), S. 211—219.

TOMEH, R. G.: *Landownership and Political Power in Damascus, 1858—1958.* M.A. Thesis. American University of Beirut. Beirut 1977.

TOWNSEND, J.: *Saudi-Arabien. Industrialisierung am Golf — Strategien, Möglichkeiten, Erfolge und Grenzen.* In: SCHOLZ, F. (Hg.): Die Golfstaaten: Wirtschaftsmacht im Krisenherd. Braunschweig 1985, S. 236—248.

TRAUTMANN, W.: *Zum gegenwärtigen Stand der staatlichen Umstrukturierungsmaßnahmen in der algerischen Steppe.* In: Ergebnisse aktueller geographischer Forschungen an der Universität Essen. Paderborn 1982 (Essener Geogr. Arbeiten 1), S. 91—111.

UCKO, P. J.; DIMBLEBY, G. W. (Hg.): *The Domestication and Exploitation of Plants and Animals.* London 1969.

UERPMANN, H.-P.: *Probleme der Neolithisierung des Mittelmeerraums.* Wiesbaden 1979 (Beihefte zum TAVO, Reihe B. 28).

UTAS, B.: *Women in Islamic Societies.* London, Malmö 1983 (Studies on Asian Topics 6).

VERTESALJI, P. P.: *Babylonien zur Kupfersteinzeit.* Wiesbaden 1984 (Beihefte zum TAVO, Reihe B. 35).

VORLÄNDER, D. (Hg.): *Libanon — Land der Gegensätze.* Erlangen 1980 (Erlanger Taschenbücher 57).

VOSS, T.: *Die algerisch-französische Arbeitsmigration. Ein Beispiel einer organisierten Rückwanderung.* Königstein/Ts. 1981 (Materialien zur Arbeitsmigration und Ausländerbeschäftigung 8).

WAGNER, H.-G.: *Die Souks in der Medina von Tunis. Versuch einer Standortanalyse von Einzelhandel und Handwerk in einer nordafrikanischen Stadt* In: Schriften des Geographischen Instituts der Universität Kiel, Bd. 38. Kiel 1973, S. 91—142.

* WATT, W. M.; WELCH, A. T.: *Der Islam. I. Mohammed und die Frühzeit — Islamisches Recht — Religiöses Leben.* Stuttgart u. a. 1980 (Die Religionen der Menschheit 25,1).

* WATT, ,W. M.; MARMURA, M.: *Der Islam. II. Politische Entwicklung und theologische Konzepte.* Stuttgart u. a. 1985 (Die Religionen der Menschheit 25/2).

WEEKES, R. V.: *Muslim Peoples. A World Ethnographic Survey.* Westport (Conn.), London 1978.

WEISSLEDER, W. (Hg.): *The Nomadic Alternative. Modes and Models of Interaction in the African-Asian Desert and Steppes.* The Hague, Paris 1978.

Weltbank: Weltentwicklungsbericht 1988. Washington, D.C. 1988.

* *Weltmacht Islam.* München 1988 (Bayerische Landeszentrale für Politische Bildungsarbeit D 28).

WEULERSSE, J.: *Antioche. Essai de Géographie urbaine.* In: Bulletin d'Etudes Orientales (Le Caire) 4 (1934), S. 27—79.

WIEBE, D.: *Die Demokratische Republik Afghanistan. Zum Umsturz in einem islamisch-orientalischen Entwicklungsland.* In: Geogr. Rundschau 33 (1981), S. 134—146.

WIDMANN, H.: *Reintegration türkischer Migrantenkinder. Bilanz einer Forschungsreise.* In: BIRKENFELD, H. (Hg.): Gastarbeiterkinder aus der Türkei. Zwischen Eingliederung und Rückkehr. München 1982, S. 132—143.

WIKAN, U: *Living Conditions among Cairo's Poor — A View from below.* In: The Middle East Journal 39 (1985), S. 7—26.

WILHELMY, H.; KOLB, A. (Hg.): *Erdkunde in Stichworten.* Heft 2: Wirtschafts- und Kulturräume der Erde. Kiel 1960.

WILLEMART, H.; WILLEMART P.: *Dossier du Moyen-Orient arabe.* Verviers 1969.

WIRTH, E.: *Agrargeographie des Irak.* Hamburg 1962 (Hamburger Geogr. Studien 13).

Ders.: *Zur Sozialgeographie der Religionsgemeinschaften im Orient.* Erdkunde 19 (1965), S. 265—284.

Ders.: *Strukturwandlungen und Entwicklungstendenzen der orientalischen Stadt. Versuch eines Überblicks.* Erdkunde 22 (1968), S. 101—128.

Ders.: *Der Orient.* In: HINRICHS, E. (Hg.): Illustrierte Welt- und Länderkunde in drei Bänden. Zürich 1970, S. 259—319.

* Ders.: *Syrien. Eine geographische Landeskunde.* Darmstadt 1971 (Wiss. Länderkunden 4/5).

Ders.: *Der Orient — Versuch einer Definition und Abgrenzung.* In: MENSCHING; WIRTH 1973, S. 11—19; 1989, S. 15—26.

Ders.: *Die Beziehungen der orientalisch-islamischen Stadt zum umgebenden Lande. Ein Beitrag zur Theorie des Rentenkapitalismus.* In: Geographie heute, Einheit und Vielfalt. Wiesbaden 1973 (Erdkundl. Wissen, 33), S. 323—333.

Ders.: *Zum Problem des Bazars (sūq, çarşi). Versuch einer Begriffsbestimmung und Theorie des traditionellen Wirtschaftszentrums der orientalisch-islamischen Stadt.* In: Der Islam, 51 und 52. (Berlin, New York 1974—75), S. 203—260; 6—46.

Ders.: *Die orientalische Stadt. Ein Überblick aufgrund jüngerer Forschungen zur materiellen Kultur.* In: Saeculum 26 (1975), S. 45—94.

Ders.: *Agrarreform und ländliche Abwanderung im Irak — Sozialer Wandel und wirtschaftliche Dynamik in einer „sozialistischen Gesellschaft" mit Freiräumen für Privatinitiative.* In: Erdkunde 36 (1982), S. 188—198.

Ders.: *Dubai. Ein modernes städtisches Handels- und Dienstleistungszentrum am Arabisch-Persischen Golf.* In: Mitt. d. Fränk. Geogr. Ges. 33/34 (1986/87), S. 17—128 (Erlanger Geogr. Arbeiten 48, Erlangen 1988)

WISSMANN, H. v.: *Bauer, Nomade und Stadt im islamischen Orient.* In: PARET, R. (Hg.): Die Welt des Islam und die Gegenwart. Stuttgart 1961, S. 22—63.

WITTFOGEL, K. A.: *Oriental Despotism. A Comparative Study of Total Power.* New Haven 1957 (Yale Univ. Press) — Deutsche Ausgabe: *Die Orientalische Despotie. Eine vergleichende Untersuchung totaler Macht.* Köln, Berlin 1962.

ZEUNER, F. E.: *Geschichte der Haustiere.* München, Basel, Wien 1967.

ZIMPEL, H.-G.: *Vom Religionseinfluß in den Kulturlandschaften zwischen Taurus und Sinai.* In: Mittl d. Geogr. Ges. in München, 48, München 1963, S. 123—171.

REGISTER

Abbasiden
S. 40, 45, 95, 236
Abadan
S. 276
Abdulmuṭṭallib (Großvater des Propheten)
S. 23 f., 66
Abendland
S. 16, 209
Abessinien
S. 44 (vgl. a. Äthiopien)
Abraham
S. 25, 27, 67, 80
Absentismus
S. 136, 329
Abū Bakr
S. 25, 37, 40, 94
Abū Dhabi
S. 271, 279, 312
Abū Ḥanīfa
S. 85, 99
Abū Ṭālib
S. 24 ff., 66
Adam
S. 74
Aden
S. 302
Ägypten, Ägypter
S. 12, 13, 15, 17, 40, 41, 44, 67, 85, 86, 87, 124, 126, 127, 130, 134,140, 145, 154, 159, 162, 166, 196, 227, 256, 257, 261, 264, 273, 281, 282, 284, 285, 286, 287, 289, 290, 292, 293, 300, 303, 307, 310, 312, 315, 320, 329, 331, 332, 334, 338, 339, 344, 353, 354, 362, 363, 365, 366
Äthiopien
S. 26, 28, 44, 67, 99
Afghanistan
S. 1, 12, 13, 17, 85, 86, 115, 118, 119, 138, 139, 140, 142, 147, 155, 174 176, 196, 201, 307,
Afrika, Afrikaner
S. 9, 44, 85, 115, 169, 170, 186, 268, 303
Agrarreformen (vgl. Landreform)
S. 133, 136, 159, 162, 163, 164, 191, 329
Agrarsozialstruktur
S. 138, 144, 147, 152, 159, 162, 164
Agrarwirtschaft
(siehe Landwirtschaft)
aḥdāṯ (lokale Miliz)
S. 239
Al-Afghāni (vgl. Ğamal-ad-Din ad-Afghani)
al-ᶜāmma (Masse des Volkes)
S. 237, 238
al-aᶜȳan (Notable)
S. 237, 238
Alawiten
S. 344
Al-Aws (Stamm)
S. 28, 30
al-Ḫazrağ (Stamm)
S. 23, 28, 30
al-ḫāṣṣa (Elite)
S. 237, 238
Albanien
S. 62
Aleppo
S. 216, 234, 289
Alexandria
S. 289
al-Fātiḥa (1. Sure)
S. 70

Algier
S. 289
Algerien, Algerier
S. 12, 15, 17, 86, 87, 118, 191, 196, 254, 259, 264, 265, 269, 271, 272, 274, 277, 286, 287, 289, 290, 295, 297, 298, 300, 313, 331, 337, 350, 363, 366
Alī
S. 25, 66, 94, 95
Alkohol(verbot)
S. 84
Allah vgl. Gott
al-mašriq (Osten)
S. 15
Almosen (ṣadaqa)
S. 79, 89, 102
Almwirtschaft
S. 169
Alphabetisierungsrate
S. 266
Alter Orient
S. 200, 204, 207, 211
Altes Testament
S. 72
Amerika, Amerikaner
S. 3, 4, 257, 261, 269, 276, 277, 302, 303, 329, 344, 346, 353
Anatolien
S. 40, 41, 118, 119, 127, 143, 147, 174, 196
Ankara
S. 289, 339
Annaba
S. 289
Antakya (Antiochia)
S. 211
Anteilbauer
(vgl. Teilbauer)
Aqaba
S. 32
Araber
S. 8, 28, 33, 40, 44, 67, 123, 131, 173, 174, 241, 311, 336, 341, 342, 344, 347, 348, 350, 353
Arabien
S. 14, 15, 23, 28, 38, 41, 85, 124, 126, 134, 146, 170, 173, 185, 186, 201, 230, 293
Arabische Halbinsel
S. 12, 15, 22, 28, 40, 86, 114, 123, 126, 171, 181, 190, 201, 214, 254, 260, 266, 267, 268, 269, 274, 277, 279, 280, 284, 292, 300, 326, 342
Arabische Platte
S. 119
arabischer Schild
S. 124 f., 126
arabische Sprache, arabische Schrift
S. 48, 109, 110, 341, 342, 344
Arabische Staaten
S. 258, 260, 290, 300, 303, 308, 335 f.
arabische Stämme
S. 28, 32, 33, 40
Arabische Wüste
S. 124
Arabisierung, -spolitik
S. 350, 352
aralokaspisches Tiefland
S. 7
Ararat
S. 118
Arbeitslosigkeit, Arbeitslosenquote
S. 362
Arbeitsmigration, -migranten
S. 294, 295, 297, 300, 302, 303, 305, 306, 307, 311, 312, 313, 315, 316, 318, 319, 320, 321, 322, 334, 366,
Arbeitsrotten
S. 158
Aridität
S. 114, 118, 119, 124, 130, 131, 146, 172, 191, 200, 267
armenische Kirche, — Christen
S. 345
Armenien, Armenier
S. 118, 353, 361
Armensteuer
(vgl. Pflichtabgaben)

Aš^c^ariten
S. 76
Aserbeidschan
S. 174
Asien
S. 10, 138, 159, 184, 186, 268
Asir
S. 124, 126, 201
Assuan-Damm
320
Assyrien
S. 127
assyrische Christen
(vgl. Nestorianer)
aš-Šafi^c^ī
S. 85, 104
Atatürk
S. 87, 293, 342
Atlas, Atlasketten
S. 118, 119, 147, 174
^c^ayyārūn (Bünde)
S. 229
Ayatollah Khomeini
S. 162
Azeri
S. 343

Babylonien
S. 127
Bachtiari
S. 343
Bäder
(vgl. hammam)
Bagdad
S. 40, 249, 289
Bahrain
S. 85, 264, 267, 272, 276, 277, 282
Bali
S. 45
Balkan
S. 41, 85, 131
Bangladesch
S. 45, 305
Banken (islamische)
S. 88, 89, 285, 287
Banū Naḍir (Stamm)
S. 28
Banū Qaynuāqā (Stamm)
S. 28
Banū Ourayza
S. 28
Basra
S. 249, 289
Bauer, Bauerntum (vgl. auch Fellachen)
S. 133, 134, 135, 136, 142, 144, 146, 147, 149, 150, 154, 172, 174, 176, 181, 190, 249, 283, 314, 321, 331, 334, 341
Bauwirtschaft
S. 268, 326
Baurecht
S. 209
bayt al-māl (Staatskasse)
S. 88
Bazar (sūq)
S. 214, 216, 219, 221, 222, 245, 248, 249, 252
bāzāri, Bazarhändler
S. 219, 242
Beduine
S. 68, 126, 131, 135, 173, 181, 185, 186, 187, 188, 190, 193, 194, 237, 268, 311, 335, 337, 347, 354
Beirut
S. 216, 356
Belgien
S. 63, 64, 300
Belutschen, Belutschistan
S. 174, 186, 343, 352
Berber
S. 341, 343, 348, 350, 360, 367
Bergbau
S. 285, 286
Bergnomadismus, Bergnomaden
S. 135, 181, 184
Berufsorganisation
(vgl. Zünfte)

Beschneidung, Klitorisentfernung
S. 67, 113
Bevölkerungswachstum
S. 241, 283, 290, 321, 322, 338, 362
Bewässerung
S. 127, 134, 142, 144, 145, 146, 165, 166
Bewässerungs(land)wirtschaft
S. 127, 134, 142, 144, 145, 146, 162, 165, 166, 319
Bewässerungprojekte
S. 133, 189, 195, 310
Bhutan
S. 45
Bidonvilles (Kanisterstadt)
S. 324
Binnenmarkt
S. 283, 289
Binnenwanderung
S. 298, 322
Blutrache
S. 187, 235
Böden
S. 119, 123
Bodenschätze (vgl. Ressourcen)
S. 268, 281
Borneo
S. 45
Brautgabe (ṣidāq)
S. 103
Bruchtektonik
S. 118, 119
Bruderschaft
S. 68, 187, 230, 233, 238
Bulgarien
S. 62
Burma
S. 45
Bursa
S. 289
Buyiden
S. 250
Byzanz
S. 22, 38, 40, 41, 67, 99, 113, 131, 227, 228
Casablanca
S. 289, 339
Çatal Hüyük
S. 196, 197
Ceylonesen
S. 305
Chadidja
S. 24, 26, 36, 66, 104
Chaldäer
S. 345
China
S. 44, 45, 85, 172, 197, 200, 249
Chiva
S. 17
Chorasan
S. 168
Christen
S. 16, 23, 27, 28, 34, 35, 40, 41, 44, 47, 62, 67, 71, 72, 73, 100, 108, 109, 241, 305, 344, 346, 348, 349, 351, 354, 356, 358, 359,
City
S. 248
Clan
S. 24, 31, 33, 237
Constantine
S. 289
Cordoba
S. 65

Dänemark
S. 64
Damaskus
S. 40, 200, 211, 214, 234, 289
Dammam
S. 279
dār al-ᶜahd
S. 99
dār al-ḥarb
S. 99
dār al-islām
S. 40, 99, 186, 342
dār al-kufr
S. 99

dār as-sulḥ
S. 99
Darfur
S. 173
Dattelpalme
S. 177, 181, 252
Demawend
S. 118
Deutschland, Bundesrepublik
S. 10, 14, 61, 64, 287, 295, 298, 300, 318, 319, 345
Devisen
S. 269, 279, 292, 313, 363
Dienstleistungssektor
S. 133, 134, 197, 228, 242, 269, 284, 294, 310, 316, 323, 331, 334
dihqān
S. 168
Djebel Ali
S. 279, 312
Djebel Tuwaiq
S. 124
Djibouti
S. 44
Djiddah
S. 267
Djubail
S. 279, 312
Domestikation
S. 169, 170, 171
Down-stream-Industrie
S. 277, 279, 282, 284
Drusen
S. 344, 354, 356, 358
Dschingis Khan
S. 41
Dubai
S. 201, 267, 279, 312
Dürre
S. 172, 178, 187, 189
Ḏu'l-ḥiǧǧa
S. 80, 82
Eastern Desert
S. 124
Ecuador
S. 271
Ehe
S. 36, 67, 68, 87, 103, 112
Eigentum
S. 159, 166, 167, 190, 211, 323, 328, 329, 332, 334
Eingottglauben
S. 27, 30
Elburs-Gebirge
S. 118, 119, 130, 147
England
S. 3, 10, 14, 17, 63, 64, 239, 257, 258, 271, 302, 344, 349, 358, 361
Entwicklungshilfe
S. 268, 272, 284, 292
Erbrecht
S. 20, 21, 186, 232, 323
Erdbeben
S. 118, 119
Erdgas
S. 253, 254, 257, 277, 278, 279, 291
Erdöl vgl. Öl
S. 1, 18, 138, 164, 190, 252, 253, 254, 256, 257, 258, 259, 261, 268, 269, 271, 274, 276, 277, 278, 279, 280, 285, 286, 287, 291, 292, 310
-Nationalisierung
S. 259, 260, 261, 276
Erdölfalle
S. 254
Erdölförderung
S. 163, 257, 258, 259, 260, 264, 266, 271, 276, 277, 279, 291, 292,
Erdölgas
S. 257
Erdöl- und Gaslagerstätten
S. 270, 291
Erdöl(förder)länder
S. 259, 261, 264, 265, 266, 267, 268, 269, 271, 274, 276, 277, 278, 279, 282, 284, 287, 292, 294, 295, 300, 303, 306, 307, 308, 311, 326, 331, 332, 335, 336

Erdölprodukte
S. 257, 271, 277, 292
Erdölprovinzen
S. 256, 352, 361
Erdölreserven
S. 280
Erdölvorkommen
S. 252, 254, 257, 258, 259, 260, 271
Erdölwirtschaft
S. 83, 163, 249, 252, 271, 274, 276, 279, 291, 294, 335
Erg vgl. Sandwüsten
Eritrea
S. 44
Erwerbspersonen
S. 287, 308, 310, 328
Erwerbsquote
S. 297, 302, 303, 308, 312, 319
Erwerbsstruktur
S. 298
Etappenwanderung
S. 324
Euphrat
S. 12, 115, 126, 127, 130, 142, 144, 162, 166, 171, 181, 197, 289
Eurasien
S. 169, 172, 176
Europa
S. 1, 9, 10, 16, 18, 40, 41, 47, 61, 62, 63, 64, 159, 209, 214, 231, 239, 241, 242, 249, 251, 258, 277, 295, 297, 300, 302, 329, 349, 353
Europäer
S. 9, 18, 47, 62, 239, 257, 258, 269, 280, 303, 329, 349, 353
Eurozentrismus
S. 10, 15
Evangelium
S. 27, 70, 71
Export
S. 274, 276, 278, 281, 282, 283, 286, 289
Faltengebirge (-sgürtel)
S. 7, 146
Familie
S. 101, 102, 104, 107, 201, 204, 211, 316, 326, 348, 356
Familienrecht (islamisches)
S. 87, 107
Fasten (ṣaum)
S. 68, 77, 78, 79
Fatalismus
S. 76
Fatima
S. 24, 108
Fātimiden
S. 95
fatwā (Rechtsurteil)
S. 85, 237
Fellachen
S. 135, 145, 252
Ferner Osten
S. 10, 44, 45
Fernweidewirtschaft
S. 174
Fes
S. 250
Feudalismus islamischer Prägung
S. 158
Finnland
S. 64
Flächennomadismus /-nomaden
S. 181
Flußbewässerung
S. 144, 173
Foggaras
S. 146
Frankreich
S. 3, 17, 40, 41, 64, 131, 258, 293, 295, 296, 297, 298, 300, 353, 356, 358
Franzosen
S. 10, 14, 349, 350
Frauen
S. 37, 101, 102, 103, 104, 105, 106, 107, 113, 204, 228, 297, 314, 316, 319, 326, 339

Freitagsgebet
S. 194, 218, 235, 364
Freitagsmoschee, große Moschee
(masğid al ğāmi^c)
S. 196, 214, 216, 218, 219, 235, 364
Fremdlingsflüsse
S. 126, 127, 133
Friedhöfe
S. 214, 250
Fruchtbarer Halbmond
S. 124, 126, 140, 143, 162, 169, 170, 172, 173, 281
Fruchtfolgessysteme, Fruchtfolge
S. 145
Fundamentalismus
S. 348, 354, 364, 365
funduq
S. 219, 324
futuwwa-Bünde
S. 228

(Imam) Ğa^cfar
S. 86
Ğafariten vgl. Imamiten
Ğamal ad-Din al-Afghani
S. 365
Gastarbeiter vgl. auch Arbeitsmigranten
S. 61, 298, 316
GCC (Gulf Cooperation Council)
S. 279, 303, 305, 307, 308, 310
Gebet vgl. auch *ṣalāt*
S. 77, 78, 101, 112
Gebirgsbauerntum
S. 142, 146, 147
Gecekondu
S. 324
Genossenschaftswesen
S. 159, 162, 164, 191
Gesandter Gottes
S. 35, 112
Gesellschaftsstrukturen
S. 70, 294, 313, 326, 328, 330, 335, 337, 338
Gesundheitsversorgung
S. 266
Ghardaia
S. 289
ğihād (Glaubenskrieg)
S. 97, 98, 99, 100, 112, 113
Gilde vgl. auch Zünfte
S. 229
Glaubensbekenntnis (šahāda)
S. 77, 78
GOIC (Gulf Organization for Industrial Consulting)
S. 279
Golfrat vgl. GCC
Golfstaaten
S. 196, 256, 266, 267, 268, 274, 278, 279, 290, 303, 305, 310, 335
Golf von Akaba
S. 123
Gott
S. 22, 34, 67, 68, 72, 95, 110, 167, 186, 188
— **Namen Allahs**
S. 75, 110
Grabenbruch
S. 123
Granada
S. 41, 131
Griechenland
S. 63, 353
griechisch-esoterische Lehre
S. 95
— **griechisch-orthodoxe Christen,**
— **Kirche**
S. 344, 354
griechische Polis
S. 200
Großbritannien vgl. England
Großbürgertum
S. 334
Große Moschee vgl. Freitagsmoschee
Großgrundeigentum
S. 135, 144, 147, 153, 154, 195, 328, 356

Großmacht
S. 15, 358, 361
Grundstoffindustrie
S. 278, 279, 285, 292

ḥabūs vgl. *waqf* und Stiftungswesen
S. 232
Hadith
S. 71, 78, 102, 149, 208
Ḥağğ (Wallfahrten)
S. 23, 26, 27, 28, 30, 77, 78, 80, 82, 112, 188
Halbnomaden
S. 181, 193
Halbwüsten
S. 130
Hama
S. 289, 366
Hamada
S. 124
hammam
S. 218, 229, 233
Ḫamseh (Stamm)
S. 185
Hanbaliten
S. 85, 86, 106
Hanafiten
S. 85,194, 209, 235, 361
Handel
S. 22, 24, 47, 133, 176, 197, 219, 227, 228, 230, 234, 278, 285, 310, 316, 324, 331, 335
Handwerk
S. 133, 197, 219, 221, 227, 228, 229, 230, 231, 234, 236, 240, 241, 248, 252, 280, 326, 331, 335
Handwerkskorporation vgl. Zünfte
S. 230, 231, 241
Ḥanifen
S. 23, 27
ḫarāğ
S. 167
ḥarām (heiliger Bezirk)
S. 80
Ḥarām-Moschee
S. 82
ḥarāsa (Truppen)
S. 236
Hasan al-Banna
S. 365
Ḥātam aṭ-Ṭā'ī
S. 28
Hazarajat
S. 174
Hedschas *(Hiğāz)*
S. 22, 124, 201, 302
Hedschra *(Hiğra)*
S. 31, 81, 99, 194, 227, 231, 235, 237
Heiligtum
S. 23
Heimgewerbe
S. 242, 245
Hellenismus
S. 8, 200, 207, 209, 211, 249
Herat
S. 214, 216
Hethiter
S. 341
Hilalische Invasion
S. 173
Himalaya
S. 118
Hinduismus
S. 20, 305
Hindukusch
S. 115, 118, 130, 147, 174
ḥisba
S. 209, 230
Hochislam
S. 108, 186
Hochkulturen
S. 114, 126, 127, 134, 142, 144, 147, 150, 154, 197, 249, 341
ḫodā vgl. Gott
S. 73

Hölle
S. 74
Hofuf
S. 214
Homs
S. 289
hudā (Rechtleitung)
S. 71
Humidität
S. 172
Ḥunafā
S. 25
Hungersnöte
S. 323
hydraulische Zivilisation
S. 144, 197

ᶜibāda (Anbetung)
S. 77
Iberische Halbinsel
S. 131
Ibn ᶜAbd al-Wahāb, Muḥammad
S. 365
Ibn Ǧarīr aṭ-Ṭabarī
S. 105
Ibn Hanbal Aḥmad
S. 85
Ibn Qayim al-Ǧauziya
S. 86, 106
ᶜīd-al-aḍḥā (Opferfest)
S. 82
iǧmā (Konsensus)
S. 85
ihrām (Pilgergewand)
S. 80
iḫwañ (Muslimbrüder)
S. 187, 194, 366
Illizi-Becken
S. 254
Imam (Vorbeter)
S. 62, 86, 95, 97, 104, 218
Imāmiten
S. 86, 95, 97
Imamatstheorie
S. 86, 95
Imperialismus
S. 14, 16, 17, 20, 257
Import
S. 269, 270, 273, 278, 279, 280, 281, 282, 283, 286, 289, 290, 310, 316, 331, 363
Imra'al-Qays
S. 28
Indien, Inder
S. 9, 17, 20, 40, 41, 44, 45, 64, 85, 86, 192, 197, 230, 305, 311
Indischer Subkontinent
S. 17, 45, 131
Indoeuropäer
S. 341, 343
Indonesien
S. 45, 47, 85, 271, 306
Industiefland
S. 40, 115, 126, 127, 130, 140, 142, 144, 145, 165, 166, 200
Industrialisierung
S. 251, 252, 270, 274, 276, 279, 280, 281, 282, 283, 284, 286, 287, 289, 290, 291, 292, 294, 331, 363
Industrie
S. 252, 268, 270, 274, 276, 278, 279, 280, 281, 282, 283, 284, 285, 286, 287, 289, 290, 291, 292, 294, 312, 328, 329, 331, 362
Industriearbeiterschaft
S. 252, 331, 335
Industriegesellschaft
S. 252, 283
Industrieländer
S. 1, 163, 239, 257, 268, 269, 276, 277, 287, 295, 300, 339
Industrieprodukte
S. 231, 240, 241, 279, 331
Industriestandort
S. 240, 287, 289
Inflation
S. 287, 363

Infrastruktur
S. 189, 266, 268, 280, 281, 286, 287, 289, 290, 292, 300, 310, 312, 352
Innenhofhaus
S. 200, 201, 204, 207, 249
Investition
S. 271, 281—286, 289, 292, 306, 311, 313, 316, 320
Investitionsgüter
S. 269, 279, 282, 287, 290, 292
Investmentgesellschaft (islamische)
S. 89, 285
Irak
S. 1, 12, 15, 85, 86, 124, 126, 127, 138, 140, 143, 144, 145, 159, 162, 181, 192, 196, 258, 259, 260, 264, 269, 271, 274, 276, 277, 281, 282, 284, 289, 291, 292, 293, 303, 307, 337, 345, 351, 352, 354, 359, 361
Iran
S. 2, 12, 88, 89, 95, 107, 113, 115, 118, 119, 123, 131, 138, 140, 142, 143, 144, 146, 153, 154, 155, 159, 162, 163, 170, 174, 189, 201, 221, 242, 245, 248, 257, 258, 259, 260, 261, 264, 271, 272, 274, 276, 277, 280, 281, 282, 285, 286, 287, 289, 291, 292, 293, 303, 305, 307, 321, 330, 339, 341, 351, 352, 353
iranisch-irakischer Krieg (Golfkrieg)
S. 1, 264, 277, 348, 352
Iranische Revolution (vgl. islamische Revolution)
S. 248, 262, 330, 364, 368
Irland
S. 64
Irrigation vgl. Bewässerung
Isfahan
S. 131, 219
ISLAM (Terminus)
S. 73, 74
Islamischer Orient
S. 1, 5, 7, 10, 12, 13, 14, 15, 16, 18, 20, 37, 62, 65, 86, 108, 114, 115, 119, 123, 124, 126, 130, 133, 136, 138, 140, 142, 144, 146 147, 150, 152, 154, 155, 158, 159, 163, 164, 173, 181, 192, 196, 200, 201, 207, 209, 214, 216, 222, 242, 245, 249, 252, 254, 256, 257, 274, 280, 282, 285, 290, 293, 294, 295, 300, 303, 305, 307, 313, 318, 321, 323, 326, 337, 341, 342, 343, 344, 348, 351, 354, 362, 363, 367
islamische Revolution vgl. iranische Revolution
S. 162, 248, 262, 330, 364
Islamisch-orientalische Stadt
S. 196, 200, 201, 207, 209, 211, 214, 216, 219, 221, 245, 248, 249
Islamischer Sozialismus
S. 88
Islamische Theologie
S. 48
Islamische Weltliga
S. 64, 65
Islamische Wirtschaftsordnung
S. 89
Islamisches Zentrum
S. 64, 65
Islamisierung vgl. Re-Islamisierung
S. 40, 44, 173
Islamismus
S. 360, 366, 367
Ismael
S. 80
Isma^ciliten
S. 90, 95, 97
Israel
S. 1, 15, 193, 261, 264, 274, 302, 346, 359, 363
Istanbul
S. 41, 214, 228, 289
Italien
S. 17, 65, 298
Izmir
S. 289
Izmit
S. 289

Jagd- und Sammelwirtschaft
S. 124, 192
Jakobiten vgl. syrisch-orthodoxe Kirche
Janitscharen
S. 240
Japan
S. 1, 45
Java
S. 45
Jemen
S. 28, 67, 95, 124, 126, 138, 196, 201, 256, 257, 274, 282, 284, 286, 300, 302, 303, 319, 326
Jericho
S. 192, 196
Jerusalem
S. 18, 234, 234, 346
Jesus
S. 67, 74, 109
Jordangraben
S. 123, 124, 196
Jordanien, Jordanier
S. 12, 15, 85, 124, 143, 201, 257, 274, 282, 284, 285, 287, 289, 290, 292, 300, 302, 303, 310, 315, 319, 326, 339, 363, 364, 368
Juden
S. 16, 22, 23, 27, 28, 30, 32, 34, 35, 67, 71, 72, 73, 100, 216, 238, 241, 250, 342, 345, 346, 348, 354, 358
Jugoslawien
S. 62, 64, 298

Kaaba (Ka^c^aba)
S. 22, 41, 80
Kabyleien
S. 134, 146, 147, 297, 350
Kadẖodah
S. 150, 152
Kadi
S. 236, 239
Kadscharen
S. 280
Kaffeehäuser
S. 229, 233
Kairo
S. 18, 95, 99, 104, 249, 289, 316, 325, 338, 339
Kalender (islamischer)
S. 68
Kalif
S. 25, 37, 40, 41, 94, 95, 97, 218, 235, 236
Kalifat
S. 40, 41, 47, 94, 95
Kambodscha
S. 45
Kamelnomaden
S. 171, 173, 181, 193
Kapital
S. 268, 276, 278, 279, 280, 281, 282, 283, 285, 286, 290, 292, 300, 316
Kapitulationen
S. 239
Karachi
S. 305
Karawanen(verkehr)
S. 22, 135, 176, 178, 189, 251, 324
Karawansarais, Karawansereien
S. 207, 219, 324
Kareze
S. 146
Karimi (Händler)
S. 230
Kasachstan
S. 172, 174
Kasbah
S. 201
Kaspisches Meer
S. 95, 119
Katar
S. 266, 267, 271, 272, 279, 305, 312
Kaukasus
S. 40, 85
Kenia
S. 44

Kettengebirge
S. 115, 118, 119, 123, 124, 130, 138, 140, 142, 143
Kettenwanderung
S. 323
Khamsat-System
S. 148
Khan (Gebäude)
S. 207, 219
Khan (Titel)
S. 186, 189
Khanat
S. 41
Kieswüste (Serire)
S. 118, 124
Kismet
S. 76
Klassenstruktur
S. 321, 328, 331, 346
Kleidung
S. 105, 241, 242
Kleinasien
S. 174, 201
Kleinbauern
S. 323, 331, 356
Kleinviehhaltung
S. 169, 176, 191, 192
Klientelbeziehung
S. 337, 356
Klima
S. 114, 115, 119, 124, 126, 130, 142, 165, 172
Kokand
S. 17
Kollektiveigentum
S. 152, 153, 162, 191, 197
Kolonialismus, Kolonie
S. 16, 44, 45, 47, 86, 87, 113, 130, 152, 186, 207, 240, 248, 266, 280, 281, 329, 349, 350, 365
Kolonialstädte
S. 207
Kommunikationsnetz
S. 267
Komoren
S. 44
Konstantinopel
S. 41
Konsumgüterindustrie
S. 269, 282, 284, 286, 292, 310, 314
Konsumverhalten
S. 314, 316, 325
Konya
S. 196, 341
Konzession (Öl)
S. 257, 258, 259, 260
Kooperativen
S. 191
Kopet-Dagh
S. 118
Kopten
S. 40, 303, 344, 345, 353, 354, 360
Koran
S. 2, 21, 25, 26, 32, 35, 36, 69, 70, 71, 72, 73, 74, 75, 83, 84, 86, 88, 89, 95, 100—109, 112, 251
Koranschule
S. 325
Koranverse (Koransuren)
S. 25, 33, 70, 72, 73, 75, 84, 98, 101
Korea, Koreaner
S. 45, 306
Korruption
S. 332
Kreuzritterstaaten
S. 41, 354
Kreuzzüge
S. 16, 344, 346
Kufa
S. 187, 216, 234, 249
Kultur
S. 5
Kulturerdteil
S. 3, 4, 7, 8, 9, 12, 14, 196, 219
Kulturraum
S. 5, 13, 14, 15, 18, 133, 367

Kurden, Kurdistan
S. 174, 341, 343, 345, 348, 351—354, 360, 361
Kuwait, Kuwaitis
S. 85, 260, 264, 266, 267, 268, 271, 272, 273, 277, 279, 284, 287, 300, 311, 312, 332, 335, 337, 339

Länderkunde
S. 2, 3, 7, 9, 12
Lagaš
S. 197
Land-Stadt-Wanderung
S. 321, 322, 325, 335, 338
Landflucht
S. 241, 323, 324, 325
Landreformen vgl. Agrarreform
S. 155, 159, 163, 189, 292, 329, 332, 334
Landwirtschaft
S. 115, 127, 138, 142, 152, 164, 173, 189, 242, 245, 269, 270, 274, 281, 282, 283, 285, 287, 292, 294, 297, 303, 310, 312, 313, 314, 315, 316, 319, 320, 326, 329, 363
Laos
S. 45
Latakia
S. 289
Lateinamerika
S. 159, 363
Lehmbauweise
S. 201
Leichtindustrie
S. 283, 290
Levante, Levantiner
S. 12, 201, 341
Libanon, Libaneser
S. 1, 12, 15, 85, 119, 124, 138, 143, 274, 277, 285, 291, 300, 303, 310, 312, 315, 344, 345, 353, 354, 358, 359, 360
Libanon-Konflikt
S. 1, 348, 354, 356
Libyen
S. 1, 12, 18, 63, 173, 187, 254, 256, 259, 264, 266, 269, 271, 272, 273, 274, 279, 280, 287, 290, 292, 300, 303, 307, 308, 331
Libysche Wüste
S. 124
Luren
S. 343

Maghreb
S. 13, 14, 15, 17, 108, 115, 118, 119, 123, 134, 142, 143, 144, 147, 155, 173, 216, 240, 281, 293, 295, 297, 298, 300, 303, 339, 341, 350, 362
mağlis
S. 240
Mahdi-Aufstand
S. 349
Malaysia
S. 45
Malediven
S. 45
Mālik ibn Anas
S. 85
Malikiten
S. 85, 194, 209
Manichaer
S. 23
Marabout (Heiligengräber)
S. 108
Maria
S. 27, 67
Markt
S. 135, 176, 184, 227, 229, 235, 236, 240, 261, 276, 277, 278, 279, 282, 283, 287, 316, 325
Marokko, Marokkaner
S. 12, 13, 15, 18, 40, 44, 114, 118, 131, 201, 240, 250, 251, 274, 280, 281, 282, 285, 287, 289, 290, 292, 297, 298, 300, 320, 324, 339

Maroniten
S. 40, 344, 345, 354, 356, 358
Marrakesch
S. 214, 249
Mauretanien
S. 85, 274
Mazdakiden
S. 23
Mecelle
S. 86, 232
Meder
S. 170
Medina, Medinenser
S. 23, 30, 31, 32, 33, 68, 70, 72, 83, 94, 234
Medressen *(madrasa)*
S. 218, 219
Meknēs
S. 250
Mekka, Mekkaner
S. 22, 23, 25, 26, 27, 28, 30, 35, 45, 70, 72, 80, 82, 99, 104, 112, 186, 218, 234, 367
mellah (Judenviertel)
S. 216, 250
Melkiten
S. 345
Mesopotamien
S. 17, 115, 119, 126, 127, 130, 145, 150, 154, 165, 170, 171, 173, 192, 196, 257, 342
Migration
S. 184, 289, 294, 255, 296, 298, 302, 303, 306, 316, 319, 321, 322, 338, 339
Migration — Quellgebiete
S. 297, 305, 307, 313, 315, 322, 323, 325, 338
— Migrationsziele
S. 297, 307, 311, 312, 315, 323
Milchnutzung
S. 170, 171, 190, 192
Mina
S. 82
Minarett
S. 63, 200
Mindanao
S. 45
Mittelasien
S. 169, 184
Mittelmeerraum
S. 14, 17, 169, 200
Mittlerer Osten
S. 10, 12, 13, 15, 138, 140, 256, 258, 259, 260, 264, 271, 276, 277, 291, 302, 305, 306
Mittelschicht, -stand
S. 331, 332, 334, 349, 356, 360, 366
Mitwalis
S. 354
Mobilitätsmuster nomadischer Gruppen
S. 182
Moghulherrscher
S. 131
Mongolen
S. 41, 174, 184, 185, 191, 192, 341
Monophysiten
S. 37, 344, 345
Monotheismus
S. 27, 32, 36, 73, 365
Monsunregen
S. 124, 126, 127
Morgenland
S. 16, 18
Moschee
S. 31, 62, 63, 64, 65, 95, 104, 194, 200, 207, 218, 219, 227, 229, 233, 234, 251, 325
Moses
S. 67, 74
Mosul
S. 289
Mozambique
S. 44
Muezzin
S. 218

Muftis
S. 62, 237
Muḥammad
S. 5, 22, 23, 24, 25, 26, 27, 30, 31, 32, 34—38, 40, 44, 66, 70, 71—76, 80, 83, 84, 94, 95, 97, 104, 109, 113, 126, 187, 236, 365
muḥtasib
S. 209, 229, 236, 237, 239, 241, 251
mullah
S. 150
mušaᶜ-System
S. 158
Muslimbrüder
S. 366
Muslime
S. 16, 20, 21, 22, 26, 27, 31, 32, 34, 35, 36, 37, 40, 41, 44, 45, 47, 48, 61, 62, 63, 64, 65, 66, 70, 71, 72, 73, 74, 75, 76, 80, 82, 83, 87, 88, 89, 97, 99, 100, 101, 105, 108, 131, 166, 186, 187, 204, 218, 234, 237, 241, 268, 305, 342, 344, 345, 346, 347, 348, 349, 353, 354, 356, 358, 359, 364, 367
Muᶜtaziliten
S. 76, 85
Mutter
S. 37, 104
Mystikerinnen
S. 104
mystische Bruderschaften
S. 230, 238

Nağrān
S. 28
Naher Osten
S. 10, 12, 13, 15, 140
Nahrungsmittelimporte
S. 269, 314
Nationalismus
S. 351, 365, 366
Natur
S. 77
Naturreligionen
vgl. Stammesreligionen
Neolithikum
S. 126, 133, 140, 166, 172, 196, 197
Nepal
S. 65
Nestorianer
S. 37, 345
Neues Testament
S. 71, 72
Neu-Guinea
S. 47
Niederlande
S. 63, 64, 258, 261, 300
Niederschläge
S. 118, 119, 123, 127, 142, 143, 181
Nigeria
S. 271
Nil
S. 115, 126, 127, 140, 142, 144, 145, 162, 165, 166, 197, 289, 320,
Nomaden, Nomadismus
S. 22, 133, 134, 135, 143, 146, 169, 171—178, 181, 184—197, 249, 252, 274, 321, 323, 332, 337, 341
Nordafrika, Nordafrikaner
S. 5, 7, 9, 12, 14, 16, 40, 44, 85, 95, 114, 123, 131, 138, 142, 143, 144, 145, 146, 147, 169, 170, 173, 176, 232, 239, 254, 257, 258, 264, 296, 342
Nordamerika
S. 1, 47
Norwegen
S. 45
Nutzungsrechte
S. 152, 154, 166, 167, 185, 190

OAPEC (Organization of the Arab Petroleum Exporting Countries)
S. 268
Oasen
S. 144, 145, 146, 174, 181, 193, 201, 270, 289, 335

Oasenbauerntum
S. 134, 135, 142, 144, 146, 147, 148, 177, 323
Oasenlandwirtschaft, Oasenwirtschaft
S. 144, 146, 158
Oberschicht
S. 329, 330, 331, 334, 335, 363, 366
Österreich
S. 63, 64, 300
Ölboom
S. 300, 302, 303, 308, 310, 326, 332
Ölkonzerne
S. 258, 259, 260, 261, 271, 276, 277, 305
Ölkrise
S. 260, 262, 264, 272, 277
Ölpreis
vgl. Erdöl
S. 1, 262, 264, 268, 272, 277, 278, 306,
Offenbarung
S. 25, 32, 36, 68, 72, 84, 94
Offenbarungsreligion
S. 40
Offenbarungsschriften
S. 71
Off-shore-Förderung
S. 271
Oman
S. 196, 264, 265, 278, 287, 300, 303, 305, 308, 326, 339
Omar siehe [c]Umar
OPEC (Organization of the Petroleum Exporting Countries)
S. 259, 261, 262, 264, 272, 290, 292
Oran
S. 289, 297
Orient
S. 1, 2, 4, 5, 6, 7, 8, 12, 13, 16, 17, 18, 40, 47, 200, 201, 204, 207, 211, 249, 254, 257, 341
Orientalische Trilogie
S. 133, 134, 191, 321, 341
Orientalismus
S. 15, 16, 17
Orientalistik
S. 15, 16, 17
Orthodoxe Christen , — Kirche
S. 37, 344
Orthodoxie
S. 45
Osmanen
S. 12, 16, 41, 44, 47, 85, 86, 189, 228, 230, 231, 232, 233, 239, 240, 241, 280, 293, 329, 342, 349, 351, 353, 354, 358, 365
Ostafrika
S. 22, 44, 47
Ostasien
S. 45, 144, 269
Osteuropa
S. 41, 61, 63, 345, 346

Pacht
S. 146, 147, 154, 155, 329, 332, 356
Pakistan, Pakistani
S. 13, 45, 64, 85, 89, 114, 115, 127, 138, 140, 145, 176, 242, 305, 311, 319
Palast
S. 131, 207
Palästina, Palästinenser
S. 1, 15, 67, 181, 300, 302, 303, 307, 310, 311, 342, 356, 359
Pamir
S. 115
Panarabismus
S. 351, 360
Panislamismus
S. 351, 360, 367
Pandschab
S. 127
Paradies
S. 74, 131
Paschtunen
S. 174, 176

Passatwinde
S. 119, 124
Persien, Perser
S. 12, 17, 22, 38, 40, 44, 174, 230, 239, 257, 258, 259, 343, 345, 351, 361
Persischer Golf (persisch-arabischer Golf)
S. 12, 126, 140, 165, 254, 256, 271, 291, 321
Petrochemie
S. 277, 278, 287
Pflichtabgabe (zakāt)
S. 68, 77, 78, 88, 89, 100, 101
Pflugbau
S. 143
Philippinen
S. 45, 85, 306
Pilgerfahrt vgl. *haǧǧ*
S. 45, 80, 82
Pipeline
S. 252, 276, 277, 278, 291, 292
Plateaulandschaft
S. 123, 124, 126, 130
Polen
S. 63
Polygamie, Vielehe, Mehrehe
S. 102, 104, 107
Polytheisten — Polytheismus
S. 23, 24, 25, 26, 27, 28, 30, 33, 35, 67, 72, 73, 110
Pontisches Gebirge, Pontus
S. 118, 119, 130
Portugal
S. 65
primärer Sektor vgl. Agrarsektor
Privateigentum *(milk)*
S. 152, 153, 159, 161, 166, 191, 197
Privatsektor (Industrie)
S. 278, 284, 285
Produktionsfakoren (Landwirtschaft)
S. 131, 136, 147, 148, 149, 150, 152, 155
Produktion (landwirtschaftliche)
S. 155, 159, 161, 178
Produktion (industrielle)
S. 233, 240, 245, 252, 280, 283, 286, 291, 326, 328
Pro-Kopf-Einkommen
S. 274, 276
Prophetentum
S. 22, 27, 31, 32, 34, 35, 74, 86, 95, 112, 187
Pumpbewässerung
S. 140, 146

Qanate
S. 146, 200
Quartiere *(hora)*
vgl. Wohnviertel
Qashqai (Stamm)
S. 343
Qurayš (Stamm)
S. 23, 24, 26, 31, 33, 34, 66, 85

Rabat
S. 250
Raffinerie
S. 276, 277, 291
Ramadan
S. 25, 78, 79, 80
Ras Tamura
S. 276
Raub *(ġazzu)*
S. 134, 178
Recht (islamisches)
S. 77, 83, 86—88, 97, 99, 132, 150, 154, 166, 204, 209, 218, 232, 234, 235, 241, 365
Rechtsgelehrter (islamische) Juristen
S. 85, 86, 97, 218, 234, 235, 241
Rechtsschulen (islamische)
S. 76, 84—86, 106, 209, 235, 238, 347, 351
— vgl. auch Aš^{c}ariten, Hanbaliten, Hanafiten, Malikiten, Schafiiten

Reconquista
S. 41, 345
Regenfeldbau
S. 119, 124, 143, 148, 153, 158, 162, 165, 189, 197
Re-Islamisierung
S. 1, 2, 364
Reiterkriegertum
S. 172
Reiternomaden
S. 134, 172
Rekrutierung von Arbeitsmigranten
S. 297, 298
Religion, religiöse Bedeutung, religöse Pflichten
S. 2, 20, 22, 24, 27, 28, 33, 36, 47, 61, 62, 65, 94, 95, 99, 104, 130, 131, 159, 186, 187, 188, 207, 222, 238, 269, 343, 344, 346, 349, 351, 353, 354, 356, 358, 360
Religionsgruppen, Konfessionsgruppen
S. 216, 346, 354, 358, 361, 364
Remigaration
S. 307, 315, 316, 318, 362
Rentenkapitalismus
S. 88, 136, 144, 148, 150, 155, 200, 242, 245
Residenzstädte
S. 249
Ressourcen
S. 119, 268, 274, 276, 281, 294, 297, 322, 323, 348
Riad
S. 214
Richter *(ḥukkām)*
S. 106
Rif
S. 147, 297, 350
Rindernomaden
S. 171
rituelle Handlungen
S. 70, 78, 83
rituelle Reinigung *(wuḍūᶜ)*
S. 78, 80, 194, 218
R'Mel (Algerien)
S. 254
Rohöl
S. 253, 256, 257, 261, 262, 264, 276, 277, 282, 291
Rom
S. 65, 345
römisch-katholische Kirche
S. 344
Rotes Meer
S. 123, 124, 146, 201, 267, 279, 291, 302
Rub-al-Khali
S. 124
Rumänien
S. 63
Rumpfflächen
S. 123
Russen, Rußland
S. 4, 14, 17, 44, 174, 257, 353, 361
Ruwais
S. 279, 312

Sabaer
S. 23
Sackgassengrundriß, orientalischer
S. 207, 209, 211, 216
Säulen des Islam
S. 77
Safawidenreich
S. 44
Šāfiᶜīten
S. 85, 104, 194, 361
Sahara
S. 9, 14, 44, 123, 124, 169, 171, 172, 173, 176, 181, 192, 193, 289
Sahel
S. 9, 171, 195
Šahsavan
S. 185

Saida
S. 356
Ṣalāt (rituelles Pflichtgebet)
S. 77, 78, 80
Salé
S. 250
Salzhandel
S. 176
Salzwüsten
S. 118, 130
Samarra
S. 249
Sana
S. 214, 216, 219, 241
Sandwüste
S. 118, 124, 130
Sardare
S. 189
Sassaniden
S. 40, 131
Satellitenstädte
S. 289
Saudi-Arabien
S. 18, 63, 82, 87, 140, 178, 191, 256, 260, 261, 264, 266—273, 274, 276, 277, 278, 279, 287, 291, 300, 302, 303, 305, 306, 310, 312, 318, 319, 331, 337, 366, 367
Sayyida Nafīsa
S. 104
Segregation
S. 216, 312
Seldschuken
S. 41, 174, 341
Semiten
S. 342
Senussi-Bruderschaft Libyens
S. 187
Serire vgl. Kieswüste
Seßhafter, Seßhaftigkeit
S. 172, 176, 177, 185, 187, 188, 189, 190, 192, 268, 347
Seßhaftwerdung
S. 173, 174, 189, 190
Sfax
S. 289
Shaiba
S. 279
Sinai-Halbinsel
S. 124
Sippen
S. 24, 185, 348
Sizilien
S. 65
Skikda
S. 289
Sklaven
S. 25, 26, 185
Skythen
S. 170, 172
Slum
S. 324
Somalia
S. 44, 274, 300, 303
Sousse
S. 289
Sozialbrache
S. 314
Sozialismus
S. 161
Sozialpolitik
S. 312
Sozialstruktur
S. 158, 294, 326, 328, 337, 346, 356
Spanien
S. 41, 65, 298
Sri Lanka
S. 305
Subsidienzahlungen
S. 310
Subsistenz
S. 314, 331
Subvention
S. 269, 270, 272, 283, 310, 363
Sudan
S. 44, 85, 100, 138, 140, 274, 300, 303, 349, 366

Südafrika
S. 44
Süd-Amerika
S. 47
Südarabien
S. 22, 28, 126, 134, 178
Südostasien
S. 44, 45, 131, 144, 303, 305, 306, 307, 319
Suez-Kanal
S. 284, 291, 319
Sūfī
S. 64, 238, 241
Sumer
S. 197, 200
Sumatra
S. 45
Sunna, Sunniten
S. 37, 40, 71, 72, 83, 84, 85, 86, 94, 95, 105, 106, 108, 238, 250, 347, 351, 354, 358
Sūq vgl. Bazar
Suren
S. 70
Šurṭa („Polizei")
S. 236
Syrien, Syrer
S. 12, 15, 23, 28, 40, 41, 67, 86, 124, 138, 143, 144, 181, 191, 227, 239, 261, 264, 274, 282, 284, 287, 289, 290, 292, 293, 300, 303, 307, 312, 315, 323, 337, 339, 342, 344, 345, 351, 353, 354, 359, 366
syrisch-orthodoxe Kirche, — Christen
S. 345, 354
Syrte-Becken
S. 254
Schachbrettgrundriß
S. 211
Scharia (šarīᶜa)
S. 77, 83, 86, 87, 88, 89, 100, 105, 112, 234, 236, 366
Schatt-el-Arab
S. 126
Scheich
S. 186
Scheidungsrecht, Scheidung
S. 67, 102, 103, 107
Schichten (soziale)
S. 321, 328, 331, 332, 334, 336, 337, 346, 348, 366
Schia, Schiiten
S. 37, 40, 44, 72, 86, 94, 95, 97, 250, 344, 354, 356, 358
Schiras
S. 131
Schlachtopfer
S. 82
Schleier
S. 105, 242
Schlüsselindustrie
S. 285
Schollenländer
S. 115, 123, 124, 126, 130, 142, 146
Schotts
S. 118
Schrift *(kitāb)*
S. 66, 197
Schriftbesitzer
S. 33, 67, 69, 72, 100, 250
Schriftstellerinnen
S. 104
Schutzbefohlene (ḏimmī)
S. 40
Schwarzes Meer
S. 118, 119
Schweden
S. 65
Schweiz
S. 64, 65, 300
Staatsgüter (-betriebe)
S. 162, 284
Staatsland
S. 167
Staatshaushalt
S. 264, 265, 266, 268
Stadtbegriff
S. 196 f.

Stadtbewohner
S. 133, 134, 190, 334, 346
Stadtentwicklung
S. 234, 251
Städtegründungen, muslimische
S. 237
Stadtmauer
S. 214
Stadttore
S. 214
Stadtviertel
vgl. Wohnviertel
Städtewachstum
S. 245, 322
Städtewesen
S. 196, 197, 200
Stämme
S. 32, 33, 34, 37, 113, 185, 186, 187, 189, 190, 191, 216, 348, 349, 350, 351
Stammesaristokratie, -adel
S. 185, 329, 330
Stammesführer
S. 185, 186, 189, 195, 329
Stammesloyalität
S. 187, 188, 194, 337
Stammesreligionen
S. 47, 100
Stammesstrukturen
S. 23, 26, 32, 201
Standortvorteile
S. 227, 278, 289
Staudammprojekte
S. 130, 140, 144, 145
Steinbauten, Steinhäuser
S. 201
Steinwüste
vgl. Hamada
Steppe
S. 5, 119, 124, 126, 130, 134, 140, 143, 144, 146, 162, 170, 171, 172, 174, 184
Steppenbauerntum
S. 134, 142, 143, 144, 146, 147, 148, 197
Steuerpacht
S. 167
Stiftungswesen
siehe auch **ḥabūs** und **waqf**
S. 88, 166, 167, 231—234, 236— 238, 250, 251, 324
Stoppelweide
S. 178
Strafrecht
S. 83, 84
Stromoasen
S. 115, 196, 197
Stromtiefländer
S. 115, 126, 127, 140, 142, 144, 145, 269, 274

Tabūk
S. 34, 187
Täbris
S. 214
Tafelländer
S. 115, 123, 145
Tajiken
S. 4
Tanzania
S. 44
Tartaren
S. 44
Taurus
S. 118, 119, 124, 143, 147, 169, 171, 254
Technologie
S. 278, 279, 283, 286, 365
Teheran
S. 18, 248, 289
Teilbau
S. 136, 144, 146, 147, 154, 155, 158, 242, 323, 329
Tempel, Tempelbezirk
S. 207, 218
Teppichknüpferei
S. 155, 176, 190, 242, 245
Tétouan
S. 250
Textilindustrie
S. 283, 287

Thailand
S. 306
Theologinnen
S. 104
theologische Schulen
vgl. auch Rechtsschulen
S. 71, 83
Thora
S. 27, 71
Tibet
S. 45, 192
Tien-Schan
S. 118, 184
Tigris
S. 115, 126, 127, 130, 142, 144, 162, 171, 197
Timur Lenk
S. 41
Töchter
S. 20, 101, 113
Totes Meer
S. 196
Tourismus
S. 242
Traditionalisten
S. 364, 366
Tragtiere
S. 170, 171, 176
Transhumanz
S. 169, 190
Transportwesen
S. 170, 173, 176, 277, 310, 316, 324
Triftwege
S. 184
Tripoli
S. 276, 356
Trockengrenze (agronomische)
S. 140, 143
Trockenheit
vgl. auch Aridität
S. 5, 123, 140, 143, 172, 178, 181, 184
Trockenraum
S. 127, 131, 134, 154, 170
Tuareg
S. 176, 185, 192, 350
Tunesien, Tunesier
S. 12, 15, 18, 138, 274, 281, 282, 284, 287, 289, 290, 297, 300, 303, 307, 350, 362, 363, 368
Tunis
S. 219, 289
Turkifizierung
S. 352
Türkei, Türken
S. 12, 13, 64, 79, 85, 87, 100, 115, 118, 119, 130, 131, 138, 140, 142, 143, 144, 146, 155, 231, 241, 242, 258, 274, 281, 285, 287, 289, 293, 295, 298, 300, 303, 316, 318, 319, 324, 341, 342, 343, 348, 351, 352, 353, 354
Turan
S. 174
Turkestan
S. 45
Turkmenen, Turkmenier
S. 174, 343, 352, 354
Turkvölker
S. 44, 341
Turmhaus
S. 201, 221

UdSSR
S. 191, 351, 361
Uganda
S. 44
ᶜulāma'
S. 237
ᶜUmar (Kalif)
S. 5, 40, 346
Umayyaden
S. 40, 41, 94, 236
Umma
S. 32, 33, 34, 35, 37, 38, 68, 77, 83, 88, 94, 95, 100, 104, 132, 234, 235, 237, 268

Umm Said
S. 279, 312
Unabhängigkeitsbewegung
S. 350
Ungarn
S. 63
Ungläubige
S. 34, 349
Unterschichten
S. 332, 334, 335, 349
Upstream-Industrie
S. 283
Urbanisierung
S. 133, 136, 214, 237, 245, 274, 294, 325, 326
Uruk
S. 197
USA vgl. Amerika
ᶜUṯmān (ibn ᶜAffān)
S. 25, 72, 94
Uzbeken
S. 4, 41

VAE (Vereinigte Arabische Emirate)
S. 267, 268, 273, 282, 287, 291, 300, 305, 308, 331
Verbalinspiration
S. 70
Vegetation
S. 114, 119, 123, 124, 131
Venezuela
S. 260, 271
Vergletscherung
S. 118
Verkehrsnetz vgl. Transportwesen
S. 266, 267
Versalzung
S. 130, 323
Verstädterungsprozeß
S. 196, 241, 297, 321, 322, 324, 326, 334
Versumpfung
S. 130
Verwaltung
S. 189, 322, 331
Viehhaltergenossenschaft
S. 191
Viehwirtschaft, Viehhaltung, Viehhalter
S. 133, 169, 171, 172, 173, 174, 176, 178, 181, 184, 189, 190, 191, 192, 314, 331, 337
Vielgötterei vgl. Polytheismus
Vietnam
S. 45
Volksislam
S. 108, 366
Vorderasien
S. 5, 7, 12, 14, 16, 114, 115, 118, 123, 138, 142, 144, 147, 169, 170, 207, 257
Vorderer Orient
S. 9, 10, 15, 134, 171, 172, 176, 185, 192, 238, 254, 257, 345
Vulkanismus
S. 118

Wadi
S. 193
Wadi Hadramaut
S. 201
Wadi Sabha
S. 195
Wahabiten
S. 214, 354, 365
Wallfahrten vgl. Ḥaǧǧ
Wanderarbeiter, Wanderhandwerker
S. 332
Wanderung (nomadische)
S. 171, 178, 181, 184, 189
Wanderung
siehe auch Arbeitsmigration, Land-Stadt-Wanderung, Migration
S. 294, 295, 297, 300, 302, 306, 307, 316, 318, 321, 322, 323, 325, 335

waqf (fromme Stiftung) siehe auch Stiftungswesen
S. 166, 167, 222, 231, 232, 233, 234, 236, 237, 238, 251
Wargla
S. 289
Wasser
S. 114, 127, 142, 164, 165, 166, 181, 191, 195, 267, 269, 270, 278, 323
Wasserrecht
S. 131, 134, 136
Weidewirtschaftliche Nutzung
S. 140, 169, 172, 173, 174, 178, 181, 184, 185, 186, 189, 190, 191
Weltmarkt
S. 47, 164, 231, 239, 240, 259, 278, 279, 283, 286
Westafrika
S. 44, 47
West-Altai
S. 184
Westeuropa
S. 61, 62, 63, 131, 291, 295, 300, 316, 318, 346
Windtürme
S. 201
Winterregen
S. 124, 127
Wohnviertel
S. 214, 216, 218, 238, 248, 325, 339, 348
Wüste
S. 5, 114, 115, 123, 124, 130, 131, 133, 138, 146, 170, 171, 178, 181, 184, 289
Wüstensteppen
S. 114, 115, 123, 130, 131, 174

Yanbu
S. 267, 279, 312
Yaṯrib (Medina)
S. 22, 23, 31
Yayla-Bauern
S. 184
Yurte
S. 184

Zagros-Gebirge
S. 118, 119, 127, 147, 171, 173, 254, 256, 257
Zaiditen
S. 95, 97
Zeitrechnung (der Muslime)
S. 31
Zentralafrika
S. 44
Zentralasien
S. 4, 17, 40, 85, 114, 118, 169, 176, 192
zentrale Orte
S. 242, 245
Zeugen *(šuhud)*
S. 236
Zinsverbot
S. 20, 88, 100, 251, 286
Zitadelle *(ark, qalʿa)*
S. 214, 236
Zoroastrer (Parsen)
S. 23, 343
Zünfte *(ṣinf, aṣnāf)*
S. 227, 228, 229, 230, 231, 233, 236, 238, 240, 241, 251
Zwölferschia
S. 95, 97
Zypern
S. 63